非常年代
1964–1978

非常年代

1964-1978

上卷

趙園

OXFORD
UNIVERSITY PRESS

OXFORD
UNIVERSITY PRESS

Oxford University Press is a department of the University of Oxford.
It furthers the University's objective of excellence in research, scholarship,
and education by publishing worldwide. Oxford is a registered trade mark of
Oxford University Press in the UK and in certain other countries

Published in Hong Kong by

Oxford University Press (China) Limited
39/F One Kowloon, 1 Wang Yuen Street, Kowloon Bay, Hong Kong

© Oxford University Press (China) Limited

非常年代
1964–1978
[兩卷本]

趙園

ISBN: 978-019-098868-5

4 6 8 10 11 9 7 5 3

目　錄

下 編

前　言

　　本書嘗試討論的是，一個擁有自信的民族應當如何面對歷史。

　　文革進行的當時，一些知識人、文化機構即有「存史」的自覺。城市及高校圖書館，有徵集相關文獻以供保存者。據金大陸說，當時上海各高校圖書館系統的造反派編《簡報》、開會，交流、討論文革資料的收集與保存問題(《非常與正常——上海「文革」時期的社會生活》上冊，頁242)。復旦大學圖書館建立「文化大革命資料組」進行工作。[1]甚至該校的紅衛兵組織也曾保存文革書刊(同書，頁245)。據該書所附訪談，1977年春，曾有「上級」通知，「所有『文革』資料要進行處理，一般的單位都要上繳、銷毀，統一規定由上海圖書館保留一套」(頁246)。此「通知」由何種「上級」發出，待考。存史，從來是人文知識分子的職份，對歷史，對未來；為後人，為我們身後的無盡世代。

　　鄧小平《對起草〈關於建國以來黨的若干歷史問題的決議〉的意見》(1980年3月–1981年6月)說：「爭取在決議通過以後，黨內、人民中間思想得到明確，認識得到一致，歷史上重大問題的議論到此基本結束。」(中共中央文獻研究室《〈關於建國以來黨的若干歷史問題的決議〉註釋本》頁75)一紙官方文件不能終結對一段歷史的「議論」，更遑論掌控甚至壟斷對該段歷史的解釋權。憑藉執政黨的權威「統一認識」，與「開放時代」的精神不相容。至於「宜粗不宜細」，即使可以作為撰寫《決議》的原則，也不宜用

1　該書也寫到復旦大學圖書館已保存的材料文革後的散失(同書，頁139)。

於規範歷史研究。[2]《決議》不包含對「土改」、「鎮反」、「三反五反」、「反右」、「城鄉社會主義教育」（「四清」）的檢討。這些工作，也應由文史工作者承擔。

即使在文革後較為開放的年代，文革史研究也舉步維艱。某些水平較高的文革史只能出版於境外。有人說，「在『宜粗不宜細』的框框下，檔案不能解密」，使得學術研究難以開展（《南方週末》2009年9月10日D24版王海光文《尋找「文革」歷史的真相》）。針對「宜粗不宜細」，季羨林在其《牛棚雜憶》（第二版）《自序》中說「粗過了頭」，不利於汲取教訓、避免「重蹈覆轍」（頁4）。

卜偉華《「砸爛舊世界」——文化大革命的動亂與浩劫(1966–1969)》一書《後記》：「1986年11月，中宣部發出通知說：『對專門敘述『文化大革命』史實的專著文章，未經嚴格審查，各出版社不要出版；各報紙、刊物和電臺不要刊登、廣播，對已經出版的這類專著文章，不發評論和消息。』1988年12月，中宣部又發出《關於出版『文化大革命』圖書問題的若干規定》，對出版文革類圖書作出了更為嚴格的規定，在更大程度上限制了此類圖書的出版發行。」（頁796。上述文件引自《中國文化大革命文庫》）《文匯讀書週報》2014年8月15日刊登國家新聞出版總署原署長宋木文關於怎麼管理文革選題圖書的文章。該文說，1988年12月主管部門發出專門文件，要求全國出版社從嚴掌握「文革」選題，並且對需要報批的項目分別作出具體規定。該文還說，前不久新聞出版社負責人就文革研究和著作出版問題答新華社記者問，是經中央領導審定後發表的。中央黨校教授金春明寫的「文革」史是經層層報批才得以出版的著作，後來想按需重印，卻未獲批准。實際主持《辭海》編輯工作的編輯大家巢峰的《「文革」辭典》則轉移香港出

2　「宜粗不宜細」，見同書頁75、77。鄧還說，《決議》中「關於『文化大革命』這一部分，要寫得概括。」（頁87）

版。該文還説，對這項管理辦法，1988年提「出版『文化大革命』圖書」，1997年調整為「涉及『文化大革命』的選題」，看似報批面更寬，管控度更嚴，而實際上，一則凡「涉及者」未必都屬「重大」，使本不「重大」者也要去報批；二則凡涉及者又有許多未曾報批而出版的。該文還引用老黨員、資深編輯戴文葆所説，「否定『文革』，並不是冷藏『文革』」（錄自2014年8月22日第8版《報刊文摘》對該文的摘登）。[3]這種對涉文革出版物的「管控」，有違《憲法》關於言論自由、出版自由的承諾，到文革爆發50周年的2016年達於極致，甚至令人懷念上個世紀八九十年代相對寬鬆的言論環境。「文革發生在中國，文革研究在國外」的反常現象仍在延續。

　　楊健的「長篇紀實報告」《文化大革命中的地下文學》一書《後記》説：「筆者採訪當年的當事人，一般迴避詢問，時隔13年，文革仍是一個十分敏感的話題。即使提供材料的人，也吩咐不要掛名，包括提及的人名也請筆者在書上免提。萬不得已，有時只好化名。」（頁449）余習廣在其主編的《位卑未敢忘憂國——「文化大革命」上書集》的《後記》預告，《上書集》「依計劃共出三集。第二集、第三集及《知名人士「文革」遺書集》正在收編之中」。看來該計劃流產了。問世的一集出版於1989年7月。出版此種書籍的時機稍縱即逝。《那個年代中的我們》、《1966：我們那一代的回憶》、《歷史在這裏沉思——1966至1976年記實》、《七十年代》、《問史求信集》、《暴風雨的記憶——1965–1970年的北京四中》等出版物，書名避開了「文革」字面，用心良苦。[4]

3　1985年一份中央文件規定，有關「文化大革命」的出版物必須經過省委以上審批。中央黨史研究室席宣完成的16萬字的《「文化大革命」簡史》、同一單位的研究員金春明將近30萬字的《「文化大革命」史稿》均因此被擱置。1995年席宣、金春明合作的《「文化大革命」簡史》修訂完成。該書是迄今為止惟一一本經官方審定的文革史（參看2014年9月19日《報刊文摘》第2版，摘自同年8月14日《中國新聞週刊》徐天所撰文。

4　徐友漁主編的《1966：我們那一代的回憶》、徐曉主編的《民間書信》，出版

因禁忌而遭遇出版障礙，使涉及文革及其他政治運動的文字成為「遺作」者，《徐鑄成回憶錄》外，尚有陳白塵的《牛棚日記》。在嚴控有關文革的言論的情況下，《戚本禹回憶錄》2016年4月在香港出版後，6月即於「烏有之鄉」網站連載。

譚斌（譚力夫）受訪中談到他因嚴家其《文革十年史》與自己有關的敘述致信耀邦叔叔，中宣部向各省、市、自治區所發「特級電報」，「引用耀邦叔叔覆信中的有關指示，要求『慎重對待專門論述「文革」歷史的專著和文章。不久，嚴家其的《文革十年史》即下架停售了」（米鶴都主編《回憶與反思──紅衛兵時代風雲人物》頁303）。將嚴著「下架停售」，未知是否合於胡耀邦的初衷。

與文革有關的書籍的出版逐步收緊。2016年文革爆發50周年，「管控」到了荒唐的地步。這一年紀念紅軍長征到達陝北80周年，唐山大地震40周年，對於較之地震後果遠為嚴重深遠的文革，卻諱莫如深。[5]

1993年于光遠說，「四人幫」粉碎後，兩個「凡是」還居統治地位時，人們已經不怕講文革，「不知道為什麼現在有人忽然害怕講『文革』了」（《文革中的我》頁154）。而且越來越怕。禁制激發了拒絕、抵抗遺忘的努力。這肯定將是一場曠日持久而力量懸殊的較量。

1990年代以降個人史書寫演成風氣。文革敘事利用了一切可能展開。「一個人的文革」在諸種傳記文字中，在刊行的文集、運動檔案、日記、書信、回憶錄中，在口述史、訪談錄中，在網刊網文中，在海外出版物中。文革不可能劃為嚴格意義上的禁區。誰也不能抹去歷史尤其個人史中的十年。但官方的禁制絕非徒勞。只要看

均不順利。《七十年代》內地版（北京三聯版）經了刪節。《那個年代中的我們》（者永平等編）的推出，用了「紀念中國共產黨十一屆三中全會召開二十周年」的名義，亦煞費苦心。

5 官方媒體藉口中國對文革的警惕已經「制度化」，否定「徹底反思文革」、防止「文革重演」的必要性（參看2016年1月25日《環球時報》）。

年輕人當代史知識的貧乏即可知。更嚴重的或許是，持續的言論管控磨蝕了對於當代史的知識方面的好奇心。

「文革責任」問題曾引發熱議，焦點在首惡元兇外普通人的責任。文革波譎雲詭，雲雨翻覆，較之前此的政治運動，更多的人不免於沾濕以至玷污。文革後曾有關於「懺悔」的籲求，針對的是散發冤單、展示「傷痕」、訴說苦情的風氣。如若都是受害者，那麼加害假誰的手進行？[6]

老出版人范用1989年2月擬遺囑致工作單位人民出版社，其中有「務請不要印發任何行述」一句，對此解釋說自己「說過不少錯話，辦了不少蠢事」，「生於今世，很難有人能夠逃脫這種歷史的嘲弄，絕非一篇行述清算得了。諱過飾非，不是實事求是的態度。」（刊《讀書》雜誌2010年第10期。按范逝世於2010年9月14日）痛哉斯言！「生於今世」清清白白之難，「無悔」之難。如范用的直面清白之玷，較之文過飾非，豈不更有尊嚴？[7]

2013年10月陳小魯向北京八中文革中受傷害的老師道歉；另有張紅兵、宋彬彬等當年紅衛兵的公開道歉。同一時期公開道歉的，尚有湖南的溫慶福，山東的劉伯勤、盧嘉善，河北的宋繼超，福建的雷英郎等。對這種民間發起的「和解」，有人指為「惟恐天下不亂」。我並不以為文革參與者都有公開道歉的必要，也不認為發露真相即應落實到指認某個或某些人參與行兇。在我看來，陳、宋等人道歉的意義，更在打開反思的空間，使不同的取向、態度、認知（無論左右）進入公眾視野。事後看來，因有關文革的言論禁制趨於嚴苛，這一波道歉顯然未收到上述效果。

6　文革結束後巴金關於「懺悔」的呼籲曾引起爭議。中國沒有向神職人員「告解」的宗教儀式，「懺悔」說易於被理解為「罪錯人人有份」，避開了對罪錯根源、陷人於罪錯的情境的追究、還原。

7　反思始終在知識人中進行。洪子誠《思想、語言的化約與清理——「我的閱讀史」之〈文藝戰線兩條路線鬥爭大事記〉》一文，不但直面參與編寫《大事記》，還列出自己當年所寫的批判文章（《我的閱讀史》頁168–169）。

　　羅德里克·麥克法夸爾(Roderick MacFarquhar)、沈邁克(Michael Schoenhals)《毛澤東最後的革命》一書認為「文革確實是中華人民共和國歷史的分水嶺」，甚至「文革也是中國現代史的分水嶺」(中譯本，頁460)，與中國官方關於前30年、後30年的說法相左。該書還說，「一個普遍的判斷是：沒有文革，就沒有經濟改革。文革是如此巨大的一場災難，以至它推動了一場更加深刻的文化革命，而後者正是毛想要搶先遏止的。」(中譯本，頁21)係由結果立論，尚有進一步討論的必要。

　　周泉纓《「文化大革命」的歷史的試錯》有如下文字：「沒有『文革』中國就不可能迅速地改革開放，沒有『文革』世界就不可能迅速證偽傳統馬克思主義和無產階級專政，並迅速走出兩極冷戰的誤區；沒有『文革』人類就不可能迅速認識西方典型的瑞典模式社會的『階級等強度制衡』的和諧社會之本質，從而迅速開始構建共同發展的和諧世界；所以，中華民族為『文革』付出的代價是值得的和光榮的，『文革』為了人類的未來而勇於試錯的探索精神，將在人類文明中永葆青春！」(轉引自閻長貴《「文革浩劫論」不容否定——讀周泉纓的〈「文化大革命」的歷史的試錯〉》，閻長貴、王廣宇著《問史求信集》頁401)[8]周是文革中清華大學「四一四派」領導成員之一，被毛稱為「四一四的理論家」(參看閻長貴該文，頁396)。上述似是而非的因果歸結，通常被用作文革的辯護。只不過周的如上表述，因果鏈接過於簡單直接，未經更精緻周嚴的邏輯鍛造罷了。尤為荒謬的是，「中華民族為『文革』付出的代價是值得的和光榮的」。誰授權其為億萬被難、受害者代言，說為了某種結果，他們的犧牲「值得」？更誇張的是用了「中華民族」的名義——正是文革中狂人的口吻。

　　我在年輕學人中，也聽到過類似的判斷，將1950–70年代的某些政治操作(包括「大躍進」也包括文革)歸結為一場實驗，認為即

8　據閻長貴該文，周泉纓《「文化大革命」是歷史的試錯》一書，關於文革，「多次在正面意義上使用『值得』這個詞」(頁398)。

使實驗失敗也不能證明實驗本身錯誤。縱然數億人口的大國不妨「實驗」，且對於成效不可期必，當政者也理應為實驗的後果承擔責任。有必要追問是何種實驗，以數億人為質押的實驗，是否徵得了同意？被用以實驗的他們有選擇的權利嗎？尤其是，實驗的代價由誰承擔？經歷了文革前的歷次政治運動尤其文革之後，沒有比以一套意識形態的說辭，將不公不義歸結為達成最高目的的必要代價更虛偽的了。[9]曰「實驗」，曰「試錯」，是否錯用了概念？還有代價更高的「試錯」、「實驗」嗎？不計傷亡的軍事家，是殘忍的軍事家；不計傷亡(以及其他損失、損傷)的政治家，無疑是暴君。

　　將「改革開放」後中國的經濟成果，歸因於前文革甚至文革時期提供的基礎，而不問倘沒有某些代價高昂的實驗，中國可能有怎樣的經濟發展。即使最終的強大也不足以抵消失誤。強大不應當由眾多無辜者的犧牲換取。沒有任何人理應作為祭品。這種由結果逆推，將歷史合理化的實用主義、功利主義的解釋，經不起推敲。[10]

　　某些辯護，預期的受眾可能更在境外。在經歷了半個多世紀的實踐之後，「社會主義經驗」的複雜性已充分呈現。在這種情況下，堅持以「理論化」為策略，迴避對其實踐層面的正視；以「人類歷史上的偉大實驗」的誇張說辭，刻意規避對代價的估量——尤其此種「實驗」對於人，對於文化，對於社會倫理——在我看來才可稱「歷史虛無主義」。真正的「歷史虛無主義」，豈非對歷史事實的刻意無視、掩蓋，對歷史出於政治需要的選擇性敘述？當局動輒將「歷史虛無主義」的標籤加之於發露負面歷史者，是對此一名的有意誤用。

9　　「實驗」說用於辯護，方便簡易之至。甚至可以作為「終極的」解釋。無需再行探究，也無所謂有待尋覓的「真相」。這一套立意在前不由分說的論述，只能堵塞而非開啟反思之路。

10　王申西在文革高潮的1967年5月，就在日記中如此計量代價：「幾十萬大學生、幾千萬中學生，近萬萬小學生在虛度着光陰，還有幾萬萬人在消極怠工」，「起碼逼死了幾萬條人命」(參看印紅標《失蹤者的足跡——文化大革命期間的青年思潮》頁176)。大、中、小學生的荒廢，難以納入成本核算。「幾萬萬人」「消極怠工」或有誇大，「幾萬條人命」卻嚴重低估。

　　知識分子/工農，是文革辯護者通常使用的口實之一。似乎文革的受害者不過是一些幹部、知識分子；作為背景的，依然是對知識分子根深蒂固的偏見。事實卻是，各地跨行業的大型群眾組織往往有產業工人參加，甚至是該組織的中堅力量。四川的「產業軍」，湖南的「湘江風雷」，武漢的「百萬雄師」、「鋼工總」、「鋼九一三」，河南「二七公社」，更無論上海「工總司」。大規模的武鬥也往往以產業工人為主力。最血腥的，發生在重慶、晉東南地區。[11]更無論發生大規模血案的鄉村，如京郊大興縣(今北京大興區)、湖南道縣(今道州)、廣西多地。只不過上述死難、犧牲，較之「少數知識分子」，更少為人所知，也更被認為不值得計量罷了。產業工人、農民及其他勞動者的廣泛參與，正是文革不同於前此政治運動的特點之一。工人農民的難以直接發聲，方便了對歷史的歪曲；文革作為禁區，又限制了有關方向的調研/代言，不利於呈現那段歷史的全貌。但畢竟已是20世紀、21世紀，沒有書寫能力者的聲音並非不能達於聽聞，只要你真的有意傾聽。

　　更荒唐的，是死於五六十年代之交中國大饑荒中的人數較非洲少，死於文革的人數較某國「反革命政變」中的殺戮為少的說法。這是在談論「人」、「人民」、「人民群眾」嗎？上述說法擬於不倫，恐非當道所樂聞。[12]

　　對既有、現存事物的正當性、合理性、合法性的追認、確認，似乎更是「利益攸關方」而非學術工作者的任務。在我看來，有時「傾向」(或曰「立場」)不那麼重要，重要的更是誠實，面對「基

11　據何蜀《為毛主席而戰——文革重慶大武鬥實錄》，重慶武鬥死難者公墓埋葬的死者中，有職業身份資料可考者，「最多的是工人」(頁349)；也因此該書作者認為，「將這片以產業工人及其他行業職工造反派死者為主體的墓群稱為『紅衛兵墓園』，顯然是不準確的。」(頁350)

12　借「基層」、「底層」說事兒，更是一種言述策略，多少也為佔據(或自以為佔據)「道德高地」。我們早已慣看這種表演。知識分子/底層民眾、少數/多數，不但用於辯護文革，也可用於辯護諸如「肅反」、「反右」等。對於選擇性記憶，預設了立場的論述，「底層」不過是方便的藉口而已。

本事實」時的誠實。誠實在一些人那裏無足輕重：較之預設、概念、邏輯等等。他們對於理論推演、自圓其説遠較「真相」關心，篤信他人的推論更勝於親見親聞。文革確有正面的「遺產」。十年時長中發生的，有些確為1980年後的某些變化預作了準備。但文革未必是這些變化的必要條件，或更應當歸為「客觀後果」，且往往內涵複雜。立意發掘文革的正面價值者，工夫正應當用於對內涵的釐清。

　　談論文革從來是對現實發言的方式。認知的差異甚至對立在所難免。與此有關的知識界的撕裂，與缺乏溝通、討論、爭論的平臺有關。在正常的言論環境中，分歧永遠存在，卻未必註定會導致對立、「撕裂」。

　　當代中國，前此任何一場政治運動，波及面之大均不能與文革相比。文革的受害者不限於「鬥爭對象」，也包括「破四舊」中肆行劫掠者，批鬥中向他人施暴以至圍觀者，武鬥中大批不知名的死難者，因學校停課而實際上失學者，工廠裏公然將「國家財產」化為私有的工人，農村將「集體財產」坦然據為己有的農民，因「支左」而捲入地方政治、遭受衝擊的軍人，醫院裏拒絕對「牛鬼蛇神」施救的醫護人員，揭批父母的孩子，當然還有那些因窺見了政治黑幕而信念崩解者，派仗中習得了權術、手腕而心性殘損者，更有無以數計的或因受害或因加害而心靈扭曲再不能復原者，以至因放縱惡欲而「良知」泯滅者。政治環境、政治文化之於人的心性，為古代士大夫敏感、今人卻鈍於感知。

　　本書一再提到文革的社會成本。「社會成本」至今仍然是較為陌生的概念，尤其不為當道所關注。可計量的損失（人員的傷亡、國家財產的破壞等）尚無精確統計，遑論其他！為達目的不計成本，尤其不計社會成本，甚至不知有此成本，也可歸為當代中國政治文化的特點。

　　曾長期執掌意識形態的胡喬木説，「不但是十一中全會，而

且十一中全會以後，一直到『文化大革命』結束、『四人幫』被推翻為止，所有的錯誤，黨都要負責任，不能說黨不負責任。因為什麼呢？十一中全會那麼多中央委員，沒有人起來反對呀，我也是個中央委員，我也沒有反對呀。」(《〈歷史決議〉中對「文化大革命」的幾個論斷(一九八〇年九月二十一日在省、市、自治區第一書記座談會上的講話)》，《胡喬木文集》第二卷，頁138)其實不限於中共八屆十一中全會至文革結束，所有的錯誤，都應承擔責任。這難道不是一個為歷史為人民負責的政黨應有的態度？

關於「前三十年/後三十年」的官方論述，無非以「統一性」、「連續性」作某種合法性論證。文革十年與前十七年、後四十幾年的關係，豈能由當局判定。任何試圖終結討論、爭論的官方說法，都只能在討論、爭論中經受檢驗。

文革前與文革中對所謂的「翻案」、「復辟」的一再打壓，阻塞了制度救濟的可能渠道，使自我糾錯難以進行。對於1957年的「反右」，我不曾考察。讀李慎之的運動檔案，不能不驚歎其時諍言中的洞見——固然有書生議政的空想，也有書生議政的徹底。即如李在「整風」中提到「宣傳與報導的矛盾」(時李慎之任職新華社國際部)，認為報導與否以政策為準，利固在「統一群眾的認識」，弊則在「使人民『蔽聰塞明』」，問「兩者相較，到底孰為大？孰為小？」(《向黨認罪實錄——李慎之的私人卷宗》頁91)至今不仍應有此一問？

1956年經毛審閱、修改的《關於無產階級專政的歷史經驗》一文，引用了列寧的如下文字：「公開承認錯誤，揭露錯誤的原因，分析產生錯誤的環境——這才是鄭重的黨的標誌……」(《建國以來毛澤東文稿》第六冊，頁66)季羨林在其定稿於1992年的《牛棚雜憶》中，反復強調反思的必要，重要，不應錯失「總結教訓的千載一時的好機會」；說文革所以沒有完全過去，固然因受害者未能「舒憤懣」(頁179)，更因年輕人對這段歷史的無知，使文革有可

能重演(頁173–174、174、179)。[13]反右前李慎之應約向黨的最高
領袖所提意見,有如下提醒:「篡改歷史的情形是最可怕的,會
使後代人民迷失方向」(《李慎之的私人卷宗》頁251)。閉鎖、雪
藏、噤聲、消音,使一段歷史暫時隱沒,對於年輕世代或能收效於
一時。一旦縫隙出現,即不難加速「思路」的「轟毀」。這正是文
革的經驗證明了的。

　　即使有或明或暗的禁忌,反右與文革,尤其文革,較之1949年
以降的其他政治運動,仍然得到了遠為充分的記述,積累了可觀的
史料。

　　將「史實」相對化,也是一種論述策略。難以抵達「最終的」
真相,並不等於沒有真相。本書作者相信有真相,致力於尋求真
相,力求最大限度地接近真相。人文知識分子有責任努力揭示使此
一事件發生、演變的內在邏輯。結束文革,只能以富於深度的反思為
條件,以普遍的反思為條件。與其留給後人「揭秘」從而引發地震,
何不使「真相」浮出,在公民中培養面對事實、歷史的理性態度?

　　相信在一個相當的時期,文革作為「資源」,可為當代中國的
政治、社會發展提供鑒借。條件是打開反思的空間。將社會生活中
的諸種負面現象歸因於文革,是另一種方便的做法。事實或許是,
文革不過將「固有邏輯」推向了極端,呈現為極態,本身未必即根
源所在。也因此,將文革中諸多「非常」現象作溯源式的窮究,更
有意義。

　　莫里斯·邁斯納(Maurice J. Meisner)《毛澤東的中國及後毛澤
東的中國》一書說:「事實將證明,今天對文化大革命一味進行的
全盤譴責與過去對文化大革命的全盤肯定一樣,都無助於對這一事
件作出歷史的理解。」(中譯本,頁389)除了文革造成了什麼,還

13　參看該書第二十章《餘思或反思》。該章問,文革「過去了沒有」?回答是,
　　「似乎還沒有完全過去」(頁174)。據季的《後記》,該書寫於1988年3月至
　　1989年4月,1992年定稿。二十幾年後的今天問同樣的問題,倘季先生泉下有
　　知,當會作同樣的回答的吧。

有必要問文革結束了、開啟了什麼，當代中國政治生活、社會生活的哪些方面仍在文革的延長線上。[14]

　　莫里斯·邁斯納該書還說，關於文革，「更重要的問題不是毛澤東為什麼要號召造反，而是數以千萬計的普通的中國群眾為什麼、又是怎樣響應這種號召的」（中譯本，頁425）。這無疑是真問題。回答上述問題，以十年為限的考察顯然是不夠的，有必要將視野擴展到文革前以至20世紀的中國革命史。同書認為文革的影響「還將至少持續一代人以上」（中譯本，頁390）。對此我只能說，或許更久。[15]

　　關於本書，冒昧地借用一句據說雷蒙·阿隆（Raymond Aron）的臨終遺言：「我相信，我已說出了基本事實。」或許將來有一天，人們知道的更是作為寓言、隱喻的文革。這一天到來之前，我們有必要力求還原作為歷史事件的文革。發生在眼前的近事，在在證明了文革並未、從未遠去，證明了未經充分反思的歷史仍活在現在。

　　殷鑒不遠，在夏後之世。

14　王年一認為，文革「沒有任何可以肯定的東西，不能『三七開』、『二八開』，也不能『一九開』，而是必需徹底否定」（《大動亂的年代》頁631）。以下引胡耀邦的說法，鄧小平的說法。歷史研究似乎不便如此斷然，也沒有必要沿用「××開」的慣用方式。周良霄、顧菊英編著的文革大事記，題為「瘋狂、扭曲與墮落的年代」。以「瘋狂」、「扭曲」、「墮落」描述文革，更像一種情緒化的表達，儘管各有一部分事實依據。1973–1978年間曾在中國的日本學者岩佐昌暲，不贊同對於文革的「全盤否定」（《文革文學的研究狀況及本資料集》，收入氏與劉福春所編《紅衛兵詩選》，見該篇頁11）。「全盤否定」沿襲的，依舊是文革中的思維，以來自政治權威的判斷為最終結論，不為進一步的討論預留空間。

15　宋永毅、孫大進《文化大革命和它的異端思潮》引用費正清（John K. Fairbank）語，說中國的文化大革命是「比法國大革命無論在規模與意義上都更值得我們世世代代研究下去的歷史事件」（頁60。引文出處見同書頁74註66）。

上　編

第一章

校園中引爆的文革與「四大」

　　此章以「文革爆發」標目，考察卻限於學校，也因關於文革
起源、「文革前史」已有較多研究成果(參看本書下編《札記之
一》)。至於「四大」，一向被歸為文革的具有特徵性的方面。澄
清有關事實與誤解，其必要性無需解釋。

1.1　文革在校園引爆

文革前夕作為偶像的「青年毛澤東」

　　儘管此前有「城鄉社會主義教育運動」，有文藝界「整風」，
有一系列官方意識形態主導的批判運動，文革的引爆，仍然在大中
學校。事後看，合於偉大領袖的「戰略部署」，一定意義上確係有
意造成。

　　陳凱歌在幹部子弟較為集中的北京四中感受的文革前夜校園
中的精神氛圍，包括了他當年的同學對青年毛澤東的仿效：他們
行走在校園，「大都剃着平頭，腋下夾著書本，衣着非常樸素。
衣服還新的時候就打了補丁，有人甚至冬天也不穿襪子，布鞋被
腳趾頂開了一個洞也不去修補。一到黃昏，校園中就佈滿了三三
兩兩的人群，或者圍着體育場奔跑，或者在夕陽下大聲辯論，往
往爭到面紅耳赤而各不相讓。他們中間有的能整段地背誦馬克
思、列寧的原著，開口便引經據典，以利雄辯。每逢暴雨，在水
天空濛之間總會看到奔跑呼號的身影，或者在天雷震響之際悠然
漫步。一日三餐，都用鋁製的飯盒盛了簡單的食物，邊吃邊談，

服色飲食都很難看出等級的差別。」(《少年凱歌》頁42–43)[1]

李銳所著《毛澤東同志的初期革命活動》(北京：中國青年出版社，1957)並非出版於此時，成為熱門讀物、引起青少年對書中所寫毛的仿效，乃繫於風會。[2]當時成都的高中生解全，文革後的回憶寫到了文革前夕讀李銳所著《毛澤東青年時代的革命活動》(按應即《毛澤東同志的初期革命活動》)，心儀其中所記青年毛澤東推崇的格言「文明其精神，野蠻其體魄」(《我在文化大革命中的經歷》，徐友漁主編《1966：我們那一代的回憶》頁148)。解全說自己請人書寫「文明其精神，野蠻其體魄」時，將順序改為「野蠻……，文明……」更吸引青年的，或即「野蠻其體魄」。

同一時期清華大學附中的陶正，以嚴酷的方式自我磨礪，包括了光腳在灰渣跑道上跑步——這是對自己穿塑料涼鞋還要套襪子的「清算」，以及剃光頭——這是對自己留小分頭的「懲罰」(《我本隨和》，者永平等編《那個年代中的我們》頁110)。[3]對所謂「革命化」的理解，與「苦其心志，勞其筋骨」的古訓暗合——青年毛澤東未必不也由此汲取滋養。不同的是，毛意志堅定且目標明確，文革前夕他的模仿者即使不乏堅定也仍不免有目標的模糊，因為他們不可能如毛那樣發起一場革命。1966年爆發的文革適當其時，滿足了他們的浪漫情懷與自我期許。容易被忽略的是包含在上述自虐中的暴力。北京四中的趙振開(北島)寫到一個同班同學用小

1　上引文字也出現在收入北島、曹一凡、維一主編《暴風雨的記憶——1965–1970年的北京四中》一書的陳的《青春劍》一文中，參看該書頁68–69。陳所寫學校風氣雖不限於四中，卻應當更在幹部子弟較為集中的學校。

2　前於李著，尚有蕭三《毛澤東的青少年時代和初期革命活動》(瀋陽：東北書店，1949)。李銳《毛澤東同志的初期革命活動》1980年由湖南人民出版社出版時，書名改為《毛澤東的早期革命活動》。

3　陳佩華(Anita Chan)《毛主席的孩子們——紅衛兵一代的成長和經歷》一書，不止一位受訪人談到自己「為青年毛澤東的榜樣所激勵，狂熱地鍛煉身體」(中譯本頁131；另見頁85)。模仿毛的冬泳，洗冷水澡；強健體魄、磨煉意志，使自己與別人不同，更「像一個革命者」(同書，頁121)。「像一個革命者」在當時，是一種強有力的暗示與激勵。

刀考驗他的「革命意志」，他自己也曾嘗試忍受皮肉之苦，以應對想像中的考驗，說「好勇鬥狠正伴隨着階級意識而覺醒」（《走進暴風雨》，《暴風雨的記憶》頁198）。施之於自身的不無病態的暴力，不難轉換為對他人的施暴。

陳佩華該書的一個受訪者說自己文革前就不大願意接受教條，「其中部分原因是他極力以青年時代的毛澤東為榜樣。在一本廣泛流行的關於毛澤東青年時期的書(按即李銳所著)裏，極力宣傳毛當時獨立、大膽、非難權威的思想」；陳以為這種現象具有諷刺意味，因為那時對毛的個人崇拜正「愈演愈烈」，馬列和毛自己的書正「變成不容置疑的教條」（同書，頁106）。陳將青年的上述看似叛逆的傾向視為與官方提倡的學習雷鋒不同的另一極，或有誤解，卻有助於啟發對引爆文革的校園文化的另類思考：即使在同樣由毛發動的「學習雷鋒」的運動中，青年學生的精神資源與官方倡導的主流意識形態也不無扞格。

因「現行反革命罪」被關押近十一年之久的武漢紅衛兵魯禮安，文革後也寫到曾「深為青年毛澤東的風範與豪情所折服」，對毛的《湘江評論創刊宣言》傾倒備至（《仰天長嘯——一個單監十一年的紅衛兵獄中籲天錄》頁196、202）。由與「省無聯」（全稱「湖南省無產階級革命派大聯合委員會」）有關的材料看，因作為毛的同鄉，湖南青年似乎尤有這種豪情。事後看來「野蠻其體魄」最無害。倘有進於此，意義會變得複雜。如上文所引陳佩華該書的一個受訪者仿效毛1927年徒步考察湖南五個縣的舉動（中譯本，頁114）。所幸上述舉動是在1964年底的「四清」運動中。[4]文革中模仿「新民學會」一類組織的讀書會，模仿青年毛從事社會調查，[5]

4　「城鄉社會主義教育運動」亦稱「四清」。「四清」由清財務、清倉庫、清工分、清賬目，到清思想、清組織、清政治、清經濟，參看逢先知，金沖及主編《毛澤東傳》第六卷，頁2337。

5　武漢「北、決、揚」有《浠水農民運動考察報告》，湖南楊曦光有《長沙知識青年運動考察報告》。後一篇甚至套用毛的《湖南農民運動考察報告》的成

因而使理想撞碎在了現實的硬壁上的，大有其人(參看本書上編第
五章《思想、言論罪》)。

　　文革期間流行以至風靡的，就有青年毛澤東的《湖南農民運
動考察報告》。《人民日報》1966年6月1日社論《橫掃一切牛鬼蛇
神》套用該篇的現成句式甚至原句，如「一個無產階級文化大革命
的高潮，正在佔世界人口四分之一的社會主義中國興起。在短短的
幾個月內⋯⋯其勢如暴風驟雨，迅猛異常⋯⋯打得落花流水，使他
們威風掃地⋯⋯」[6]轟動一時的《論新思潮——四三派宣言》，結
束語引用《湘江評論》上毛的文字：「時機到了！世界的大潮卷得
更急了！洞庭湖的閘門開了，且大開了！浩浩蕩蕩的新思潮已奔騰
於湘江兩岸了！順它的生，逆它的死⋯⋯」(參看宋永毅、孫大進
《文化大革命和它的異端思潮》頁256)[7]對青年毛澤東的傾倒，於
此也可證。

　　1950年郭沫若作詞、馬思聰作曲的《中國少年兒童隊隊歌》
(按「中國少年兒童隊」後改名「中國少年先鋒隊」)，有「學習偉
大的領袖毛澤東」一句。當時的孩子或不大懂得，也無從學起。文
革前夕與文革前期，似乎有了學習的內容，效果卻不免詭異。因
「思想罪」1977年被判處死刑的王申酉，生前也曾以「文明的精

　　句、現成論述，如《糟的很和好的很》一節。參看宋永毅、孫大進《文化大革
　　命和它的異端思潮》有關部分、印紅標《失蹤者的足跡——文化大革命期間的
　　青年思潮》第二章。「北、決、揚」即「北斗星學會」、「決心把無產階級文
　　化大革命進行到底的無產階級革命派聯絡站」、《揚子江評論》的簡稱。

6　該社論由陳伯達口授、修改(參看胡鞍鋼《毛澤東與文革》頁133)。閻長貴
　　《一部「文革」中被濫用的毛澤東著作——〈湖南農民運動考察報告〉在「文
　　革大革命」中》一文說，文革中毛澤東思想被喊得震天響，而「實際起作用和影
　　響最大的」，大概就是毛的這部著作(閻長貴、王廣宇著《問史求信集》頁39)。
　　同篇說，《考察報告》中有些話還上了「中央文件」，即中共八屆十一中全會於
　　1966年8月8日通過的陳伯達主持起草的《關於無產階級文化大革命的決定》(即
　　「十六條」)。關於毛的該著作文革中被林彪、康生等及權威媒體引用、宣傳的
　　情況，參看閻文。《湖南農民運動考察報告》，收入《毛澤東選集》第一卷。

7　「時機到了⋯⋯」見1919年7月14日《〈湘江評論〉創刊宣言》，《毛澤東早
　　期文稿》頁294。《論新思潮——四三派宣言》引文與原文有出入。

神，野蠻的體魄」與自己的兄弟互勉(王解平《他的命運和民族的興衰聯在一起——追憶我的大哥王申酉》，《王申酉文集》序四，頁27)。王申酉本人在應司法當局要求所寫自白中說，「我和不少青年學生積極捲入文化革命的政治運動在不小程度上是出於對青年毛澤東的崇拜——這一點是千真萬確的。只是我們曾好久弄不明白，為什麼青年時代的毛澤東曾經那麼大力地與禁錮着他精神發展的種種社會桎梏作鬥爭，但當他走上統治舞臺後卻為我們這一代青年戴上更嚴厲的精神桎梏。」(《供詞》，同書頁71)由王的結局看，這實在是太過沉痛的一問。

　　秦曉說北京四中的校風「就像陳元總結的那樣：以天下為己任」(《四中往事》，《暴風雨的記憶》頁93)。體現這種「校風」的或更是該校的幹部子弟。由收入同書的趙振開的回憶文字看，就不大像在此風氣中。可稱文革中豪語之最的青年毛澤東所說「天下者我們的天下。國家者我們的國家。社會者我們的社會。我們不說，誰說？我們不幹，誰幹？」(《民眾的大聯合(三)》，1919年8月4日，《毛澤東早期文稿》頁390)[8]其主詞「我們」本非泛指，而是特指或自指，並不欲「他們」分任。

「千萬不要忘記階級鬥爭」

　　1962年9月26日毛《對中共八屆十中全會公報稿的批語和修改》(《建國以來毛澤東文稿》第十冊，頁197–198)，「被推翻的反動統治階級不甘心於滅亡，他們總是企圖復辟」一段話，因有「階級鬥爭不可避免」、「我們千萬不要忘記」，以「千萬不要忘記階級鬥爭」而深入人心。1963年5月毛《轉發浙江省七個關於幹部參加勞動的好材料的批語》的如下表述，在文革前的社會氛圍中

8　1967年2月5日《光明日報》重新發表毛的上述文字。1958年11月毛《對〈宣鄉論西方世界的破裂〉的批語》結句是：「同志們，請看今日之域中，竟是誰家之天下。」(《建國以來毛澤東文稿》第七冊，頁581)「請看今日之域中，竟是誰家之天下」出駱賓王《代李敬業討武曌書》。

尤為驚心動魄，不難點燃青少年的熱血：「不然的話，讓地、富、反、壞、牛鬼蛇神一齊跑了出來，……那就不要很多時間，少則幾年、十幾年，多則幾十年，就不可避免地要出現全國性的反革命復辟，馬列主義的黨就一定會變成修正主義的黨，變成法西斯黨，整個中國就要改變顏色了。請同志們想一想，這是一種多麼危險的情景啊！」「這一場鬥爭是重新教育人的鬥爭，是重新組織革命的階級隊伍，向着正在對我們猖狂進攻的資本主義勢力和封建勢力作尖銳的針鋒相對的鬥爭，把他們的反革命氣焰壓下去，把這些勢力中間的絕大多數人改造成為新人的偉大的運動……」（同書，頁293、294）由1962年逐漸強化的「階級鬥爭教育」，無疑應歸為發動文革的輿論準備與社會動員。

　　毛在1962年北戴河會議上提出「千萬不要忘記階級鬥爭」，非即波瀾陡起。階級鬥爭是逐漸升溫的。1963年的《關於農村社會主義教育運動中的一些具體政策問題》（即「後十條」），「在中央的正式文件中第一次使用了『以階級鬥爭為綱』的提法」（逄先知，金沖及主編《毛澤東傳》第六卷，頁2295）。事後看來作為引爆文革的導火索之一的，是1963、1964年毛關於文藝工作的兩個批語。[9] 陳徒手對文革前夕的文藝界整風，對整風中被架在火上炙烤的文藝界人物的境況，有以檔案為材料的考察。同一時期的文學藝術，卻密切呼應了上述與「階級鬥爭」有關的導向。由文革回頭看去，1964–65年空前活躍熱鬧非凡的舞臺演出活動，更像是文藝界的自救——事實或不全如此。誰說那不也是「革命化」所激發的能量的釋放呢？敏感的青少年由文學藝術接收的信息，其強烈程度，或超過了官方文件。當年北京四中學生劉輝宣事後說，文革初期青少年的施暴，其「演出腳本」，就有「革命電影」：「在我們最熟悉的鏡頭中，當黃世仁、南霸天、胡漢三等反動角色被押出來，群

9　《關於文藝工作的批語》，1963年12月12日，《建國以來毛澤東文稿》第十冊，頁436–437）；《對中宣部關於全國文聯和各協會整風情況的報告的批語》，1964年6月27日，《建國以來毛澤東文稿》第十一冊，頁91。

眾不都是湧上前去揮動拳頭嗎？這就是群眾運動的儀式。」（《昨夜星辰昨夜風——北京四中的紅衛兵往事》，《暴風雨的記憶》頁59）紅衛兵抄家時的搜「敵臺」、「變天賬」，亦出於文學藝術激發的想像力。較之慢熱的小說，1964、65年的舞臺、銀幕傳遞的，是更富於煽動性的信號。[10]印紅標《失蹤者的足跡——文化大革命期間的青年思潮》寫到1964年9月3日《中國青年報》刊登兩位中學生批判老師婚紗照的文章，並由此開闢「用階級觀點分析所想、所為、所見、所聞」的專欄（參看該書頁24–25），或可歸為文革初期「破四舊」的先聲。

　　《動盪的青春——紅色大院的女兒們》寫了文革前的漸變。「從1964年左右，我們這代青少年在思想到情感以至外表各方面開始發生顯著的變化：知道了什麼叫『家庭出身』；開始用『階級』的觀點看待事物；『成名成家』的思想受到了批判，人人爭當『革命的螺絲釘』；女孩子們脫下了花衣裙，穿上了藍衣服，等等，等等」；講述者的記憶中，書籍和電影起了非常重要的作用（頁81）。

　　階級鬥爭教育外，影響文革前夕校園空氣的，尚有中蘇論戰

10　《顧頡剛日記（1964–1967）》第十卷記1964年所看電視節目，就有京劇《龍江頌》、評劇《奪印》、話劇《千萬不要忘記》、《槐樹莊》、《青松嶺》，電影短片《永記階級仇》、《兩憶兩查》（「兩憶」即憶階級苦、民族苦；「三查」即查立場、查鬥志、查工作）等。夏鼐同年的日記，記有觀看電視播放的話劇、電影《千萬不要忘記》、劇情片《奪印》、紀錄片《兩條路線的戰鬥》等（《夏鼐日記（1964–1975）》第七卷）。巴金日記中的節目單，上述劇目外，另有話劇《霓虹燈下的哨兵》、《這裏也是戰場》、豫劇《社長的女兒》、話劇《豐收之後》、《紅色路線》、淮劇《海港的早晨》、話劇《箭桿河邊》等（《巴金日記》）。1965年的田漢日記，也記有看影片《豐收之後》、《青松嶺》、《牢記階級仇》等（《田漢全集》第二十卷）。從事自然科學且任中國科學院領導職務的竺可楨，同一時期的日記，也記有看話劇《千萬不要忘記》、電影《自有後來人》、京劇《箭桿河邊》（《竺可楨全集》第十七卷）。極具視覺衝擊力的，尚有創作於1965年的現代大型泥塑群像《收租院》，轟動一時，足稱年度的「文化事件」。「四清」工作隊員說，領導讓自己結合親歷，講講農村的「階級鬥爭形勢」，只好「按文藝作品模式，演繹一出故事交差」（邱學信《親歷「四清」運動》，郭德宏、林小波編《「四清」運動親歷記》頁137）。那一時期的文藝作品，的確提供了上述「演繹」的腳本。

與波瀾迭起的批判運動。當年青少年的回憶，往往有「九評」（按即「九評蘇共中央的公開信」）引起的震撼。聆聽那些文章並為之激動，是一代人青春記憶的一部分。[11]文革開始時南寧的初一學生秦暉，說反修論戰時自己不過10歲，對那些文章說不上有何深刻瞭解，但「九評」關於「特權階層」的說法自己是懂的，「當『文革』開始時，包括我在內的人們立即把『特權階層』與『走資派』的概念等而為一，而『九評』中列舉的蘇聯『特權階層』種種欺民惡行也立即被人拿來對照現實」（《沉重的浪漫——我的紅衛兵時代》，《1966：我們那一代的回憶》頁287）。[12]有必要全面考察文革的「社會基礎」與思想準備，包括調查「特權」、「資產階級法權」等概念當時的接受狀況。當年有「特權階層＝走資派」的認知者想必不多。對於眾多的普通人，更直接的動力，應當是對所在單位頭頭的不滿，對所處環境與自身境遇的不滿。有偉大領袖一聲號令，即應聲而起。

　　中蘇論戰除了使當局倡導的「反修防修」深入人心。「九評」式的論戰文字，則成為文革前、文革中大批判文章文體淵源之一，尤其用之於紅衛兵的「戰鬥檄文」。碧峽的《波瀾乍起——武漢水電學院的1966》一文說，持續三年的中蘇公開論戰，「早已為這場文化大革命形成了種種理論、觀點，乃至後來紅衛兵的文風」

11　自1963年9月6日起，《人民日報》與《紅旗》雜誌編輯部連續發表九篇長文，評1963年3月30日蘇共中央的公開信，統稱「九評」。九篇文章是《蘇共領導同我們分歧的由來和發展》、《關於斯大林問題》、《南斯拉夫是社會主義國家嗎？》、《新殖民主義的辯護士》、《在戰爭與和平問題上的兩條路線》、《兩種根本對立的和平共處政策》、《蘇共領導是當代最大的分裂主義者》、《無產階級革命和赫魯曉夫修正主義》、《關於赫魯曉夫的假共產主義及其在世界歷史上的教訓》。

12　秦接下來分析了上述概念理解的混亂。「特權階層」的說法深入人心，應由「九評」始。宋永毅、孫大進《文化大革命和它的異端思潮》認為遇羅克的《出身論》等文章是「最早在文化大革命中提出反對和批判中共黨內特權階層的文章」（頁114），未知確否。

（《1966：我們那一代的回憶》頁192）。[13]無非堂堂之陣，正正之旗；鋪張揚厲，務期先聲奪人，所謂「壓倒敵人，而不被敵人所壓倒」。

　　發起於文革前夕的大批判，多點齊射，目標廣泛。哲學界批楊獻珍的「合二而一論」，經濟學界批孫冶方的「生產價格論」、「企業利潤觀」，史學界批翦伯贊等的「歷史主義」、「讓步政策論」、羅爾綱的太平天國研究等。暴露在火力下的，尚有周谷城的「時代精神匯合論」，馮定所寫《共產主義人生觀》、《平凡的真理》等。文藝界中槍的，由電影《早春二月》、《舞臺姐妹》、《紅日》、《兵臨城下》、《革命家庭》、《北國江南》、《林家鋪子》、《聶耳》、《怒潮》、《不夜城》、《兩家人》、《逆風千里》，到戲劇《李慧娘》、《謝瑤環》，小說《三家巷》、《苦鬥》、《廣陵散》、《陶淵明之死》等等。文藝觀點受到批判的，則有邵荃麟的「寫中間人物論」、孟超的「有鬼無害論」、《中國電影發展史》、瞿白音的《「創新」獨白》等。青年學生不難嗅到空氣中瀰漫的火藥味。校園外的青年遇羅克，1966年1月2日的日記，表達了對姚文元批吳晗《海瑞罷官》一文的不滿（《遇羅克遺作與回憶》頁112），且於2月10日將其文稿徑寄《紅旗》雜誌（同上，頁114）。在這一點上，遇較比他年長、閱歷豐富的文化人更機警、敏銳，竟然預見到「大力批判鄧拓，必有更高級的人物倒了霉」（頁116）——大約是在校學生少有人想到的。據說遇羅克當年的日記有如下文字：「今後運動方向是直指當權派……這根本不是什麼階級鬥爭」，「總之，這跟文化毫無關係也跟階級毫無關係」（王晨、張天來《劃破夜幕的隕星》，周明主編《歷史在這裏沉思

13　文革前、文革中大批判文章文體淵源，包括了毛著作，「馬克思主義經典著作」，魯迅雜文，「九評」，黨報社論，某幾個寫作組的文章。「九評」文體與毛文體的關係，可以1963年2月毛《對〈再論陶里亞蒂同志同我們的分歧〉稿的批語和修改》的某些段落為例（參看《建國以來毛澤東文稿》第十冊，頁248–251）。文革中的論戰文字，不但措辭，語態也模擬。

——1966–1976年記實》第五卷，頁266）。這種清醒的判斷，更非當時在校的大中學生所能及。對學生觸動更直接的，是對近在身邊的人物的批判。如陳徒手《故國人民有所思：1949年後知識分子思想改造側影》一書所寫北大對馮定、馮友蘭、宗白華等人的批判（參看該書《馮友蘭：哲學鬥爭的個人掙扎史》、《馮定：大批判困局中的棋子》等篇）。我所在北大中文系學生，自發組織了批判小組，首選的目標，即游國恩等主編的《中國文學史》（因前此有北大中文系學生58年編寫的「紅皮文學史」，故亦稱「藍皮文學史」）。文革前的大批判文章影響於文革中的修辭，遠過於語文課本。

　　文革前城鄉「社會主義教育運動」（即「四清」）中，「北京的學校發生了亂鬥的現象」，「特別是有些中學，亂鬥一氣，罷考罷課，打人，結果有的學校三四天就自殺好幾個」（薄一波《開展城鄉「四清」運動》一文，郭德宏、林小波編《「四清」運動親歷記》頁20）。至於高校學生直接參與「城鄉社會主義教育運動」，是更切近感性的「階級鬥爭教育」。當局的意圖確也應在此。陳徒手《故國人民有所思》一書《馮定：大批判困局着的棋子》一篇，寫到了文革前夕的北大。該篇説，「1964年11月，繼調查組前期工作之後，中宣部開始在北大進行社教運動(按社教運動即社會主義教育運動)試點，由此進行了長達一年半載、交鋒激烈、反復無常的拉鋸戰」（見該書頁216–217）。當時我進校未久，對發生在身邊的激戰竟懵懵懂懂。校方與工作組間的較量，普通學生確也無緣得知。由該書看，1966年聶元梓大字報的前期準備，即北大的「社教」（參看該書頁218–219）。聶寫第一張所謂「馬列主義大字報」的氣勢，亦在「社教」、在與陸平的對抗中蓄積。[14]身在西南師範學院的吳宓，日記記有因階級鬥爭教育，學生演出常向吳借長袍馬褂、冠、杖之類，「多用以扮演地主、反動派，而演出時，當眾加

14　北大的社教運動，參看卜偉華《「砸爛舊世界」──文化大革命的動亂與浩劫（1966–1969）》頁126。

以侮辱打擊」，使吳感覺「自己之形象受此凌虐，不勝憤苦，又不敢對人言也」（《吳宓日記續編(1963–1964)》第六冊，頁244。此類記述另見同書頁428）。[15]發生在同一時期的，尚有「學雷鋒」運動，[16]「活學活用毛主席著作」的大力倡導，大中學校普遍進行的「革命傳統教育」等等。

　　文革前夕清華大學附中宋柏林的日記，有了越來越多與「備戰」有關的內容，包括相關報告的傳達記錄，涉及「早打」、「大打」、「打核戰爭」、「是在家門口打還是放進來打」等等（參看宋《清華附中老紅衛兵手記》頁37、49），似乎戰爭已迫在眉睫，一觸即發。校園空氣的動盪，也應與此種氛圍有關。

　　此一時期的大中學校，除下文將要寫到的「培養接班人」外，另有與「階級鬥爭」有關的具體動作。1965年北大學生陳一諮上書毛澤東，題為《對黨和政府工作的若干意見》，受到黨內「批評教育」（參看印紅標《失蹤者的足跡──文化大革命期間的青年思潮》頁246）。上海師大（今華東師大）學生王申西，[17]1964年8月1日的日記有如下文字：「將公佈四個學生發表的反動言論！！！」「將公佈八個聽黃色音樂的學生的『悔過書』！！！」（《日記摘抄》，《王申西文集》頁137）王學泰1964年畢業於北京師範學院。他記得那年春天院系已在學生中劃分左中右，準備着「清理階級隊伍」（《監獄瑣記》頁241）。據他所知，「清理和處理大專院校的反動

15　李新說他為了寫回憶錄，特地重讀了1965年作為「四清」重要文件的「二十三條」（即《農村社會主義教育運動中目前提出的一些問題》），發現這是一個「多麼可怕的文件」！認為文件是毛「1957年特別是1962年以來強調抓階級鬥爭的必然發展」，當時卻是將其作為「反『左』」的文件接受的（《流逝的歲月：李新回憶錄》頁398）。

16　王學泰據親歷認為：「從1963年3月5日為標誌的『學習雷鋒運動』就拉開了在學生中大搞階級鬥爭的序幕」（《監獄瑣記》頁264），可備一說。

17　1972年5月，上海師範學院、上海半工半讀師範學院、上海教育學院、上海體育學院併入華東師大，學校改名為上海師範大學。1978年，上海師範學院、上海教育學院和上海體育學院從上海師範大學分離，相繼復校。1980年7月，經教育部批准恢復華東師範大學原名。1984年上海師範學院更名為上海師範大學。

學生是從1963年開始的」（頁243）。「北京在各省市中揪出的反動學生最多」（頁244），1965年初送至南口農場「勞動考察」或「勞動教養」（頁272），「直到1969年才讓這批學生返校」（頁244）。[18] 我1964年秋進入北京大學時，對此一無所知。只覺得呼吸的，是遠較那所中原地區中學濃重的政治空氣。由王學泰的記述看，那一時期確有不那麼為人所知的事件，應歸入不久後爆發的文革的前奏，卻掩藏在了時間的折襞中。

　　政治在社會生活、日常生活中的彌散、以至近乎全面的覆蓋，的確是文革前夜的現象。其間也仍然有諸種差異。如我所在的城市、所就讀的學校與京城、京城名校。1964年這個被認為重要的時間點，我所在的中學並沒有風暴將至的消息。這一消息是那年秋天我進入北大後才逐漸感知的。此外，文革前夜的社會控制系統漸趨嚴密，也仍然有諸多縫隙。「劃一」只存在於想像或當局的願望中。

　　至於「出身」問題的升溫，我個人的經驗，在文革前的兩年間。文革爆發，「千萬不要忘記階級鬥爭」落實於對教育主管部門與校方的第一輪衝擊，通常集矢於與「出身」有關的「階級路線」——體現在招生、高校畢業分配等關涉直接利益的環節。與此大致同時，青少年有圍繞「血統—出身」的激烈論爭（參看本書上編第三章《階級路線與出身論》），均為文革大戲最初的劇情。此後「階級鬥爭」以不斷變換的形式（或不過作為名義）上演，在部分鄉村釀成驚天血案（參看本書下編《札記之二·文革中的鄉村》）。至此，鬥爭的主戰場已不限於或不在校園。

　　針對教育主管部門、校方的一波衝擊後，出身問題在派仗中繼續，也在派仗中趨於消解。體現於出身的「階級路線」，由文革後期到文革後，再未恢復其壓制、排斥特定人群的威力。當然，這種後果絕非當局所預期。對此，本書以下章節還將談到。

18　參看《監獄瑣記》附錄三《1963–1966年的大陸高校清理「反動學生」事件》。高華《身份和差異——1949–1965年中國社會的政治分層》，涉及1964年大學對「反動學生」的認定（頁52）。

「培養接班人」

　　1949年後，對幹部子弟自幼兒園到中學「一條龍」的特殊教育，由延安、西柏坡等革命老區搬進城市。京城如六一幼兒園、育才小學、育英學校、八一學校、一零一中學(亦作101中學)等。其他中學(如北京女十中)或有幹部子弟班。地方省會城市也有以「育英」、「育才」命名的類似學校。即使在這類教育機構改換面目之後，某些精英學校幹部子弟較為集中(如北京的史家胡同小學、四中、一零一中學、八一學校等)，也與招生方面的傾斜有關。[19]與招生有關的「資源—利益」分配，儼若理所當然，無需掩人耳目。北京四中是當時京城頂尖中學。文革爆發時就讀該校的陳凱歌，說自己所在班級「政府副部長以上幹部的子弟佔了百分之二十以上」；那位有相當資歷的女士(按應指楊濱)出任校長，「很大程度上是來照看『我們自己的孩子』的」。那所中學，幹部子弟「主導了當時的校風」(《青春劍》，《暴風雨的記憶》頁66)。儘管就讀於同一學校的孔丹事後說，那所中學「不是一個幹部子弟飛揚跋扈的地方」。在該校，「高幹子弟們都很低調」，「大家的行為處事，根本看不出幹部子弟和非幹部子弟的差別。」(《難得本色任天然》頁26)[20]

19　1952年6月毛《對北京市委關於中小學生費用負擔情況的報告的批語》說：「幹部子弟學校，第一步應劃一待遇，不得再分等級；第二步，廢除這種貴族學校，與人民子弟合一。」(《建國以來毛澤東文稿》第三冊，頁471)。關於幹部子弟學校待遇不一，參看同書頁472。此後雖有改變(如同時招收平民子弟)，直至文革爆發，幹部子弟學校仍隱性地存在；幹部子女(限於「高幹子女」)升學方面的優待也隱性地存在。幹部子弟學校往往實行寄宿制。寄宿制在當時屬稀缺資源。另有幹部子女較為集中的高校如哈軍工(即設在哈爾濱的中國人民解放軍軍事工程學院)。遇羅克關於出身問題的系列文章，即以八一學校、哈軍工等「貴族學校」為例，批評幹部子弟的享受特權。

20　同在該校的王祖鍔也說，「『文革』前，四中校領導和教師，對不同出身的學生盡量一視同仁，並未給高幹子弟特別的優待。高幹子弟們也普遍低調做人，不搞特殊化，連國家主席和元帥的兒子也騎自行車上下學，在學校食堂入夥。」隨着「階級鬥爭」升溫，不少高幹子弟「開始質疑校方和老師的階級立場問題」(《為追求平等而鬥爭》，《暴風雨的記憶》頁188–189)。

　　《我們是共產主義接班人》為1960年拍攝的劇情片《英雄小八路》的主題歌（周郁輝作詞、寄明作曲）。該歌首尾兩句均為「我們是共產主義接班人」（該歌1978年定為《中國少年先鋒隊隊歌》）。據熊向暉回憶，繼1960年5月訪華後，1961年9月前英國陸軍元帥蒙哥馬利（Bernard L. Montgomery）再次訪華。毛在為應對蒙哥馬利關心的「繼承人」問題與熊等的討論中提到上述流行的電影歌曲，說「叫『接班人』好，這是無產階級的說法」（熊向暉《我的情報與外交生涯》頁385，北京：中共黨史出版社，1999）。1960年中國兒童藝術劇院、北京人民藝術劇院聯合演出蘇聯米·沙特羅夫（Михаи́л Ф. Шатро́в）的話劇《列寧與第二代》（原名《以革命的名義》），劇中列寧提到「共產主義接班人」問題。該年北京電影製片廠據話劇拍攝影片《以革命的名義》。

　　1964年5月18日，毛有《對宋任窮關於農村黨支部培養接班人問題報告的批語》（《建國以來毛澤東文稿》第十一冊，頁74）。同年6月16日，毛在中央政治局常委和中央局第一書記會議上作了關於「接班人」問題的著名講話，提出了接班人的五條標準（《培養無產階級的革命接班人》，同書頁85–87）。7月14日發表的《關於赫魯曉夫的假共產主義及其在世界歷史上的教訓》（即「九評蘇共中央的公開信」的第九篇）關於「接班人」的表述，所依據的，即毛所說五條標準。「新生力量」是「接班人」的另一種說法（參看同年7月4日毛《關於注意報道提拔新生力量的批語》，同書頁94）。1964年8月3日《人民日報》發表社論《培養和造就千百萬無產階級革命接班人》。早在1955年，毛《在中國共產黨全國代表會議上的結論的提綱》就說過：「一種是老資格（像我這樣的人），一種是新生力量，哪一種人更有希望呢？當然是新生力量。」（《建國以來毛澤東文稿》第五冊，頁74）[21]

21　莫里斯·邁斯納（Maurice J. Meisner）《毛澤東的中國及後毛澤東的中國》：「1964年春季，首次提到了未來文化大革命的主要宗旨之一：培養『革命接班人』的需要。」「首次公開討論培養『真正的革命接班人』問題是在1964年6

　　對於毛有關接班人的指示，文藝界也有積極的回應。1963年有據電影文學劇本《自有後來人》改編的滬劇《紅燈記》；同年長春電影製片廠拍攝影片《自有後來人》；1964年據滬劇改編的京劇《紅燈記》演出獲得成功。紅燈即喻體，傳燈寓意明確。話劇舞臺上有《年青的一代》，次年即有上海電影製片廠拍攝的同名電影。[22]

　　高層有關接班人的指示落實到了人事方面的具體部署。全國各地選拔了一批中學生作為後備幹部到京。我當時所在的學校（鄭州大學附屬中學）也不例外。五條標準是原則上的，選拔則以出身、政治表現為尺度。[23]「培養和造就千百萬無產階級革命事業的接班人」，「接班人」確屬泛指；落實在上述人員選拔人事安排上，不能不影響普遍的觀感與認知。

　　毛關於人才的造就，思路有其一貫。事後證明了他作為「接班人」選拔的，林彪不論，即如王洪文，提供的毋寧說是反面例證：王的閱歷（既當過兵，又務過農、做過工）並非造就其理想中的「接班人」的必要、更無論充分的條件。培養、選拔「接班人」屢屢失手，更是體制之失。在腐敗高發的今天，仍有人稱道執政黨的幹部選拔，似全然不顧「歷史經驗」與現實教訓。

　　秦曉據其親歷，談到了發生在幹部子弟那裏的變化過程，説自己1950年代在北京育才學校被灌輸的強烈意識，即自己「是革命的

月舉行的共青團全國代表大會上」（中譯本，頁376）。

22　顧頡剛1964年日記，記看電影《自有後來人》；1965年，記看話劇《代代紅》、《年青的一代》。1964年夏鼐日記也記有觀看電影《自有後來人》。1965年田漢日記，記觀看影片《年青的一代》、話劇《代代紅》等。邵燕祥《一個戴灰帽子的人》提到，徐景賢編劇的《年青的一代》與叢深編劇的《千萬不要忘記》齊名（頁240）。

23　這批人的人生軌跡值得迴溯。徐天撰文解密20世紀60年代的「接班人計劃」。該文刊《中國新聞週刊》，摘登於2015年3月2日《報刊文摘》第3版。依我有限的瞭解，被選拔進京的中學生，有的培訓後從事機要工作，有的成為中央各部的幹部。其中進入軍政部門領導層者，幹部子弟居多。在中學生中發展黨員，或也是「培養接班人」部署的一部分。

後代，是接班人」，而這種教育在當時的效果，並非鼓勵了優越
感、「幹部子弟架子」，而是要多吃苦，因為你要「承擔責任」，
「要接班」，「接父輩事業的班」（米鶴都主編《回憶與反思——
紅衛兵時代風雲人物》頁97）。同一次受訪中，秦說到他所知文革
前幹部子弟對「接班」的理解，說當時的「我們」「絕對不想當
職業革命家」，而是志在科技強國，對此解釋道：「我們說的接班
人，是個大概念，是說我們這第二代人要接國家這個班，和毛主席
說的那個黨的領袖的接班人是兩個概念。」（同上，頁100–101）譚
力夫（譚斌）受訪時也說，那時所謂的「接班人」，「真是指接『革
命』的班，不是指接『權力』的班」（同書，頁289）。[24]文革中一
份大字報卻說：「在高幹子女集中住宿制的學校，『接班』就是
『接官』，有的學生公開對教師說：『我認為幹部子弟接班又接官
是對的』」（《徹底砸爛貴族化的北京十一學校》，譚放、趙無眠
選輯《文革大字報精選》頁569）。更直截了當的，是名噪一時的北
大附中《紅旗》戰鬥小組的文章《自來紅們站起來了！》。該文
說：「……老子拿下了政權，兒子就要接過來，這叫一代一代往下
傳」（參見宋永毅、孫大進《文化大革命和它的異端思潮》頁83。
按「自來紅」是北京一種月餅的名稱，見同書頁139註3）。[25]較為
抽象的「接班」，落實到了「權柄」上，其表述即「打江山、坐江
山、保江山」，以政權為禁臠，不容覬覦——更像歷代造反農民的
思路，淵源古老。不妨承認，文革爆發前的語境中，「接班」確有
語義的某種模糊性，可以作多種理解。即使文革中經江青修改的對

24　孔丹也說，「培養下一代」的「下一代」，「是一個廣義的概念」，「培養接
　　班人」並非針對幹部子弟、高幹子弟（《難得本色任天然》頁41）。孔談到「接
　　班人的問題」「特別側重幹部的選拔和培養」，且有針對性，有具體部署。如
　　中央黨校從中學畢業生中招收的青幹班，即培養黨的組織部門、教育部門的職
　　業幹部，即政工幹部（頁40）。

25　楊繼繩《天地翻覆》所引同一份大字報還說：「我們從小長在紅旗下，或生長
　　在紅色的部隊、家庭環境中，從小就飽受革命的教育。……革命的重擔落在我
　　們的肩上，政權一定要我們掌握！」（見該書頁245）

聯「老子革命兒接班」，雖非徑指子承父業，也仍有某種模糊性。將「接班」直接落實在權、位上，文革前夕的青少年的確未必作如是想。倘若他們投身文革之際被告知此種前景，會被認為對革命純潔性的玷污。但在文革結束、「接『權力』的班」成為慣例的情況下，讓人們相信當年的純真，已然困難，也因此才有必要反復澄清。

　　寫關於北京四中的回憶文章，秦曉再次強調「接班人」「泛指共產主義事業的接班人」（《四中往事》，《暴風雨的記憶》頁96）。他的同代人卻不這樣看。其同學唐曉峰就注意到，「高幹子弟中的黨員不再是學生，他們早就準備接班了。『文革』一開始，從校一級到班一級，領導都換成幹部子弟。」（《走在大潮邊上》，同書頁331）。[26] 不妨認為，「後見之明」不可避免地影響到對文革前夕「接班人」議題的理解。至於接掌權力成為文革後期至文革後的某種准制度性安排，確有可能不合於毛的所謂「初心」，儘管晚年的毛也不免倚重「自家子弟」。

　　與「無產階級革命接班人」相對的，是「修正主義苗子」──時在「反修鬥爭」中。其時有「又紅又專」的倡導。「又紅又專」的反面，即「只專不紅」、「白專道路」。「白專」多用於指摘出身不好而功課、專業好的學生、知識分子。先後就讀於北京八一學校、四中的劉輝宣有如下有趣的說法：「那時在共產黨幹部中，就已經形成了一種強烈的危機感──他們的子女在學習上遠遠不及『資產階級』，尤其是『資產階級知識分子』的子弟們，那麼將來由誰『接班』呢？這在六十年代成為重大的社會問題和政治問題，即『接班人』的問題。」（《昨夜星辰昨夜風──北京四中的紅衛兵往事》，《暴風雨的記憶》頁55）。[27]

26　趙燕軍如此分析「老子革命兒接班」：「中國人講的『接班』實質上是指的『子繼父位』──帶有蔭妻封子的意思」（《讀〈赤子白話〉有感》，者永平等編《那個年代中的我們》頁313）。

27　劉該文說，北京四中「主要集中了幹部子弟中的精英」，也集中了「被我們認為是『異己』的『資產階級知識分子』的子弟」；「黨要求我們把他們比下

　　上文提到的《人民日報》社論説：「為了確實按照五個條件挑選各級領導核心的革命接班人，必須特別注意貫徹執行黨的階級路線，選擇和培養的重點應當是先進的工人、貧下中農出身的幹部。」出身與「接班人」問題的關聯由此被強調。出身問題文革爆發前後的升溫，與此不無關係。

　　幹部子女的身份意識，文革前夕被刻意強化。喚起了幹部子弟的身份自覺的，包括了京城某些精英中學對幹部子弟的特殊動員。當時清華大學附中的學生卜大華記得，1964年下半年開始，該校對幹部子女「有一些特殊的教育」，即如成立民兵性質的隊伍，「進行軍事訓練」；另如集中學習（《我所知道的紅衞兵》，《回憶與反思——紅衞兵時代風雲人物》頁29）。與卜同校的駱小海，為宋柏林《清華附中老紅衞兵手記》所作序，也提到該校將幹部子女組織起來傳達文件（頁16）。這類刻意設計的動作，或許是1949年後除特殊學校外，第一次公開地將幹部子弟與平民子弟區分開來。

　　據宋柏林回憶，1966年年初他所在班級革幹子弟開會，讀了宋心魯的《革命幹部子弟到底要成為什麼樣的人》（該信發表於《中國青年報》），「大家都感動得痛哭失聲」（《清華附中老紅衞兵手記》頁40、頁41注）。同年5月25日，宋寫所在學校的「資本主義辦學方向」，説「革幹子弟」站在批判的「最前列」；「而一切亂七八糟的人也都湊在一起，站在反對的最前列」（頁71）。

　　當年師大女附中的葉維麗説，文革之初，自己班的同學「截然分成兩部分人」，幹部子弟與非幹部子弟。「幹部子弟出入在一起，儼然成了特殊小團體。」（《動盪的青春——紅色大院的女兒們》頁103–104）幹部子弟又分為「普通幹部子弟」和「高級幹部子弟」，「圈子越劃越小」（頁104）。[28]

　　去」，「我們」也為此努力了。由此可見「我們當時的思想有多麼狹隘、扭曲」（同上，頁55）。

28　據説1966年8月5日慘死於本校女生毒打的師大女附中校長卞仲耘，當時常對學生使用「你們是直接接班人」的説法（參看《南方週末》2014年3月13日D27版

　　同一時期在西安某中學的黎若，也寫到了文革前夕幹部子弟之成為特殊族群。「他們常常聚集在一起談論自己的歷史使命，充滿着神聖而驕傲的神態。階級路線問題被醒目地提上了日程。」（《走出藩籬》，《1966：我們那一代的回憶》頁270）他所在的學校，也出現了葉維麗、馬笑冬描寫的場面，「每個班級由班主任出面召集革命出身的同學開會。」「在這樣的會議召開之後，班內的氣氛立即發生了變化，參加會的和沒有參加會的同學之間出現了一道清楚的界限。」（同上）

　　上述做法類似「四清」中的「紮根串聯」、「建立階級隊伍」。激勵與壓力不能不由此而來。上海的大學生王申酉就體驗了被作為另類而排除的痛苦。《少年凱歌》細緻地描寫了當年曾「深深刺痛」了作者的情景：「尤其是週末的課後，班主任會當眾宣佈：幹部子弟同學留下開會。在其他同學紛紛退席時，他們會漫不經心地談笑坐下，以後又一臉莊嚴地走出教室。」（頁49）這種刻意的排他性安排，毫不顧及其他青年的感受，無非出於權力的傲慢。

　　陳凱歌在收入《暴風雨的記憶》一書的《青春劍》中，也寫到了以「培養接班人」名義對學生的區隔，說，「這種在孩子們中間人為地製造隔閡的等級制度，無聊可笑，造成我長成後對四中的厭惡。」（《青春劍》，《暴風雨的記憶》頁70）在陳，這應當是較早的「創傷體驗」，儘管與接下來的極端情境相比，已像是無足掛齒。「等級制度」是許多少年成長史的一部分，只是並非都有能力如陳凱歌那樣將那些微妙的刺激形諸筆墨。

　　即使不曾被「內定」為「接班人」，仍有許多同代人被時代氛圍感染，甚至因毛的某些話而熱血沸騰。《紅色大院的女兒們》作者之一馬笑冬提到毛的如下語錄：「今後的幾十年，對祖國的前途和人類的命運，是多麼寶貴而重要的時間啊！現在二十來歲的青年，再過二三十年正是四五十歲的人。我們這一代青年人，將親

《王晶垚：「我，沒有忘記歷史」》一文）。

手把我們一窮二白的祖國建設成為偉大的社會主義強國，將親手參加埋葬帝國主義的戰鬥，任重而道遠……」徐曉主編的《民間書信》的一封，也照錄了這段語錄(頁35)，寫信人因有此鼓舞，下了赴黑龍江省饒河縣(中蘇邊境地區)插隊的決心。宋柏林《清華附中老紅衛兵手記》附錄《為有犧牲多壯志》，寫聽了傳達上述語錄，「激動萬分，熱淚盈眶，有人忍不住哭了」(頁414)。《民間書信》另一則書札引了「從現在起，五十年內外到一百年內外，是世界上社會制度徹底變化的偉大時代，是一個翻天覆地的時代，是過去任何一個歷史時代都不能比擬的。……」說想起偉大領袖的這一教導，「就覺得渾身有使不完的勁兒」(頁87)。尤西林也談到了對同一段語錄的感動，甚至說其中的一些字樣「已經命定地」化入了自己的靈魂深處(《文革境況片斷》，《1966：我們那一代的回憶》頁3)。前一段語錄(即「今後的幾十年……」)流傳甚廣而出處不詳，[29]後一段語錄(「從現在起……」)出自1962年1月30日毛《在擴大的中央工作會議上的講話》(《建國以來毛澤東文稿》第十冊，頁32)。即使境遇不同，我也仍然體驗過如上表述激發的豪情。那是我們共有的青春歲月，是我們共享的關於未來、使命等等的想像——既因預言的感召力，也因自己生當大時代、「在歷史中」、且參與「創造歷史」的意識。感召力不基於說服力，而來自預言者的個人魅力。預言終究是預言，迄未得以驗證。

　　少年心事當拿雲(李賀《致酒行》)。1949年後培育的「英雄主義」(所謂「革命英雄主義」)、「理想主義」(通常亦冠以「革命的」)在這一時刻尋求實現。少年情懷與時代風潮間，只需要劃一根火柴。1966年5月至6月，這根火柴劃出了衝天大火。只是此後舞臺佈景、劇情一再變換。少年人終要長大。有的人會反身回顧，也有的人抽身，甚至掉頭而去。

29　駱小海為宋柏林《清華附中老紅衛兵手記》所作序引用了該段話，註釋中說「這段話現在無法證實是毛澤東的」(頁19，註8)。同書頁85注：「這一段『豪言壯語』，後證實為偽託之作。」這一公案，應已有結論。

「教育革命」：文革前夜校園的騷動

　　據卜大華回憶，1964年下半年，他就讀的清華大學附中組織幹部子弟集中學習，傳達過毛澤東與毛遠新、王海容的談話（《我所知道的紅衛兵》，《回憶與反思》頁29）。毛的上述談話，均有關「教育革命」。[30]幹部子弟獲取高層的信息，不僅有私人渠道。

　　文革前夕的1964、1965年，毛密集發表了關於教育問題的談話或指示。如1964年2月13日《關於教育革命的談話》（《建國以來毛澤東文稿》第十一冊，頁22–23）。其中某些思路，至今仍可稱「創意」。如考試制度，毛主張「題目公開，由學生研究，看書去做」（同書，頁22）。另如同年3月10日《關於學校課程的設置、講授和考試問題的批語》（同書，頁34）、6月8日《要自學，靠自己學》（同書，頁83）、7月5日《教育制度要改革》（同書，頁96）、8月29日《教師要向人民群眾學習 文科要以社會為工廠》（同書，頁149–150）、1965年7月3日《關於學校要減輕學生負擔的批語》（同書，頁391）、同年8月8日《關於辦好學校問題的意見》（同書，頁432）、12月21日《改造學校教育讓學生接觸社會實際》（同書，頁492–493）。上述批語、指示的外泄或有意透露，足以在校園中引發震動。[31]

30　駱小海為宋柏林《清華附中老紅衛兵手記》所作序，也提到該校將幹部子女組織起來傳達的文件中，有毛與毛遠新、王海容的談話（頁16）。毛1964年7月5日與毛遠新的談話紀要節錄，見《建國以來毛澤東文稿》第十一冊，頁96–97。同年11月9日，高等教育部以文件（《毛主席與毛遠新談話紀要》）向全國轉發（參看楊繼繩《天地翻覆》頁232）。該談話紀錄收入人民出版社1967年12月出版的《毛主席論教育革命》。1966年2月《同毛遠新談教學問題》（《建國以來毛澤東文稿》第十二冊，頁18）收入同書。1964年9月30日毛有《對王海容來信的批語》（《建國以來毛澤東文稿》第十一冊，頁177）。王海容致毛的信亦關於教學改革。毛與王海容的有關談話，參看宋柏林《清華附中老紅衛兵手記》一書頁235註釋。

31　宋柏林《清華附中老紅衛兵手記》1966年2月記該校分團委召集支委會議上的議題，就有「協助黨支部貫徹黨的教育方針」（頁46）。該書頁47注：毛1965年7月3日的批語（時稱「『七·三』指示」）傳達後，「青年學生為之雀躍」。

　　《教育制度要改革》已經説到「階級鬥爭是你們的一門主課」、「應該去農村搞『四清』，去工廠搞『五反』」。《改造學校教育讓學生接觸社會實際》，也談到了「改造文科大學，要學生下去搞工業、農業、商業」。1966年4月14日《對〈在京藝術院校試行半工(農)半讀〉一文的批語》，更要求「學校一律要搬到工廠和農村去，一律實行半工半讀」(《建國以來毛澤東文稿》第十二冊，頁35)，較接下來的「五七指示」(見下文)更激進。

　　1966年3月召開的中央政治局常委擴大會議上，毛曾説到「不要壓青年人，讓他們冒出來」，「要那些年紀小的，學問少的，立場穩的，有政治經驗的，堅決的。」(逄先知，金沖及主編《毛澤東傳》第六卷，頁2372)與上文討論的「培養接班人」有關。「學問少」被作為了一項標準。《對〈在京藝術院校試行半工(農)半讀〉一文的批語》説「書是要讀的，但讀多了是害死人的」、「知識分子和工農分子比較起來是最沒有學問的人」；引唐人詩云「坑灰未燼山東亂，劉項原來不讀書」。「有同志説：『學問少的打倒學問多的，年紀小的打倒年紀大的』，這是古今一條規律。」(《建國以來毛澤東文稿》第十二冊，頁34–35)為文革初期針對教員、尤其所謂「反動學術權威」的衝擊，提供了理據。[32]文革爆發

32　毛有關方面的思路也有其一貫。1958年3月毛《在成都會議上的講話提綱》有如下一段文字：「從古以來，創立新思想、新學派、新教派的，都是學問不足的青年人，他們一眼看去就抓起新東西，同老古懂[董]戰鬥，博學家的老古董總是壓迫[他]們，而他們總是能戰而勝之，難道不是嗎？」(《建國以來毛澤東文稿》第七冊，頁116)這段文字，文革中流傳甚廣。1958年5月《在中共八大二次會議上的講話提綱》有「從古以來，發明家都是年輕人，卑賤者，被壓迫者，文化缺少者，學問不行」、「名家是最無學問的，落後的，很少創造的」、「世界是青年的，長江後浪催前浪，譬如積薪、後來居上」等字樣(同書，頁194、195)。該次會議的講話中他説，「我們大多數同志有些怕資產階級的教授，整風以後慢慢地不大怕了」；他舉甘羅等人的例子，目的就是説明青年人是要戰勝老年人，學問少的人可以打倒學問多的人，不要為大學問家所嚇倒(同書，頁206、208)。收入同書的《卑賤者最聰明，高貴者最愚蠢》説，會議印發的材料，「看一看是否能夠證明：科學、技術發明大都出於被壓迫階級，即是説，出於那些社會地位較低、學問較少、條件較差、在開始時總是被

後的1966年10月24日，毛在彙報會上說，「過去是『三娘教子』，現在是『子教三娘』。」(參看王年一《大動亂的年代》頁109)這裏的「三娘」，可以是各級領導幹部，也可以是有學問的知識分子。

孔丹事後敘述1965年北京的「四六八學潮」，說「學潮」中帶頭的高幹子弟，「聽到毛主席的一些說法，聽到一些議論」；「瞭解到了毛主席對教育改革的一些想法」，是發起「學潮」的「很重要的原因」(《難得本色任天然》頁31)。[33]高層旨意係稀缺資源。這一方面，高幹子弟無疑得天獨厚。文革前夜校園中的騷動，絕非全然自發。尤其「教育革命」、「教學改革」的要求，毋寧說是被啟發的。至於如何革命、改革，學生的訴求顯然不同；被革命、改革的氣氛感染，希望有所改變，卻可能較為普遍。

毛的早年經歷，使其相信「勞其筋骨」之為造人的條件。對「四體不勤，五穀不分」的鄙薄，又包含了農民式的對於「知識」的狹隘理解。五四運動時期有所謂的「工讀主義」，有「工讀互助團」一類組織形式。早期共產黨人有國外半工半讀經歷者，不乏其人。1958年1月毛《工作方法六十條(草案)》與「半工半讀」有關的內容，限於中等技術學校和技工學校；另有農業學校「同當地的農業合作社訂立參加勞動的合同」、農村中小學「同當地的農業合

人看不起、甚至受打擊、受折磨、受刑劉[戮]的那些人。」(頁236)同年《在第十五次最高國務會議上的講話》，不避重複地再次舉例(參看同書頁383)。1967年6月中共中央政治研究室編印《毛主席論教育》一書，摘錄了毛1958年5月18日在中共八大二次會議代表團長會上的如下講話：「我這些材料要證明這一條：是不是卑賤者最聰明，高貴者最愚蠢，來剝奪那些翹尾巴的高級知識分子的資本」(《建國以來毛澤東文稿》第十二冊，頁373註2)。事後看去，如上論述均可歸為發動文革的準備。喬治·奧威爾(George Orwell)《1984》中「英社」政治制度創建三原則之一，乃「無知即力量」。我們曾有「知識就是力量」的口號，上文所引毛的某些論述卻與此相反。

33　據該書頁30註1，「四六八學潮」係1965年「四清」運動中，以北京西城區四中、六中、八中部分高幹子女為主發起的學潮。學潮中寫給中央的「進言書」尖銳批評現行教育制度，強烈要求在學生中推行階級路線。秦曉《四中往事》也寫到此次「學潮」(《暴風雨的記憶》頁94)。

作社訂立合同」等表述(《建國以來毛澤東文稿》第七冊,頁62、
62–63)。同年9月毛《在第十五次最高國務會議上的講話》,關於
教育,以「教育勞動相結合」為「中心問題」。實施的具體路徑,
則不出「學校辦工廠,工廠辦學校,學校有農場,人民公社辦學
校,勤工儉學,或者半工半讀」(同書,頁396)——可以視為上文
提到的「五七指示」的較早版本。文革爆發,「教育為無產階級政
治服務,教育與生產勞動相結合」早已深入人心。

　　「五七指示」,即1966年5月7日毛《對總後勤部關於進一步搞
好部隊農副業生產報告的批語》。《批語》有如下表述:「學生也
是這樣,以學為主,兼學別樣,即不但學文,也要學工、學農、學
軍,也要批判資產階級。學制要縮短,教育要革命,資產階級知識
分子統治我們學校的現象,再也不能繼續下去了。」(《建國以來
毛澤東文稿》第十二冊,頁54)尤其「資產階級知識分子統治我們
學校的現象,再也不能繼續下去了」,直可讀作文革的「戰前動
員」。在大中學校激起的,已非止漣漪,轉瞬即掀起滔天巨浪。
1970年會見埃德加·斯諾(Edgar Snow),毛說:「我們沒有大學教
授、中學教員、小學教員啊,全部用國民黨的,就是他們在那裏統
治。文化大革命就是從他們開刀。」(《會見斯諾的談話紀要》,
《建國以來毛澤東文稿》第十三冊,頁171)此時距共產黨接掌政權
已二十一年,且是在對知識分子一波波「改造」之後。

　　「五七指示」激發了大中學校學生教育改革的靈感,在文革前
夕的校園中引起熱烈反響。事後重讀,該指示令人印象深刻的,毋
寧說更是想像力,而非可操作性。劉少奇曾提出「兩種教育制度,
兩種勞動制度」。[34]毛的「五七指示」所設想的,更像是普遍的生

34　1958年5月劉少奇在中央政治局擴大會議上提出「兩種勞動制度」、「兩種教
　　育制度」(參看《建國以來毛澤東文稿》第七冊《對劉少奇關於改進勞動工
　　資、勞保福利制度和實行兩種教育制度問題的報告的批語》註1(頁253)、中
　　共中央文獻研究室《〈關於建國以來黨的若干歷史問題的決議〉註釋本》頁
　　258–259)。田漢1965年10月2日日記,記陸定一關於劉「兩種教育制度」「兩
　　種勞動制度」的闡釋(《田漢全集》第二十卷,頁403)。劉主張在實行現在的

活方式，社會生活的組織方式，人的造就的方式。劉的「兩種教育制度」雖以縮小腦力勞動與體力勞動的差別、普及教育為目的，亦非僅為應對教育投入不足的過渡性的解決方案。也如毛澤東，劉將半工半讀、半農半讀作為培養「新人」（「共產主義新人」）的必要途徑。

當年北京四中學生劉東事後回憶，幾乎與聶元梓等人的「全國第一張馬列主義的大字報」同時，[35]北京女一中高三(一)班和北京四中高三(五)班部分同學，共同提出「廢除現行高考制度的倡議」（《親歷者的見證》，《暴風雨的記憶》頁147–148）。孔丹口述《難得本色任天然》則說，「我們那封信是有背景的，不是自發的」；倡議書「又是高幹子弟得風氣之先的例子」（頁47）。當時西安的高中生尤西林回憶，1966年6月12日晚，與同學一起收聽中央廣播電臺播送的北京女一中高三(四)班為廢除舊的升學制度給黨中央、毛主席的一封信，及北京四中的呼應倡議書；那封信末祝毛主席「萬壽無疆」，當時尚感「生疏而突兀」。作者認為那封信「是當代中國首次恢復使用這一古老祝辭的文獻」（《文革境況片斷》，《1966：我們那一代的回憶》頁1），未知確否。

這是部分中學生所經歷的「文革前夜」。青少年之充當「革命先鋒」，既出自偉大領袖的「戰略部署」，也因一段時間裏的醞釀，可謂勢所必至。或可認為，1950至1960年代毛關於教育問題、知識分子問題的一系列講話，都引向文革在校園中的一旦爆發。「紅衛兵運動」自中學興起，絕非偶然；儘管「紅衛兵」由清華大

學校教育制度和工礦、機關的勞動制度之外，同時實行一種半工半讀的學校教育和半工半讀的工礦、機關勞動制度。陸定一的有關主張，見其1965年4月20日《關於半農半讀問題的報告》（《陸定一文集》，人民出版社，1992）。

35 1966年5月25日北京大學哲學系聶元梓等人有題為《宋碩、陸平、彭佩雲在文化革命中究竟幹些什麼？》的大字報。同年8月5日毛的《炮打司令部——我的一張大字報》，稱之為「全國第一張馬列主義的大字報」（《建國以來毛澤東文稿》第十二冊，頁90）。宋碩，時任中共北京市委大學部副部長；陸平，北京大學校長、黨委書記；彭佩雲，北京市委大學部幹部，北京大學黨委副書記。

學附中學生命名，應屬「先幾」，並無具體背景。由駱小海為宋柏
林《清華附中老紅衛兵手記》所作序及宋柏林日記，可知1964年清
華大學附中即已試行種種「改革」（參看該書頁15–16）。宋1966年
8月28記在家裏學「五七指示」等及相關文件、毛的著作（頁126）；
與其同學赴大慶油田，探索實踐的可能性；甚至有將該校遷往農
村、山區的設想（參看同書頁127、131）。儘管後來不了了之，那一
代青年的浪漫激情尤其行動願望，仍非時下的年輕人所能想像。[36]

　　《清華附中老紅衛兵手記》1966年5月25日寫到「學校有資本
主義辦學方向」（頁71）。當年就讀師大女附中的葉維麗等人的記
憶中，1966年6月差不多同時，北京許多中學都出現了批判校領導
「修正主義教育路線」的大字報，「不約而同，好像大家都在等待
進軍的號角似的」（《紅色大院的女兒們》頁101–102）。有「內部
渠道」，有「預熱」，也才能「不約而同」。

　　所謂「資本主義辦學方向」、「修正主義教育路線」，往往
具體落實在「階級路線」，即校(系)領導與有出身問題的教師、學
生。校系領導執行「階級路線」不力，罪狀在招生、留校任教與對
學生的評價——注重分數還是階級出身。將部分學生學業方面的壓
力，歸結為「迫害」甚至「階級報復」。秦曉《四中往事》說該校
挑頭鬧事的高幹子弟所指學校「階級鬥爭」的表現，即包括「有的
老師出身不好，重點栽培出身不好的學生」、排斥「革命子弟」
（《暴風雨的記憶》頁94）。復旦大學的一份大字報，逐一列出系黨
團領導成員、「政治指導員」的階級出身(徐振保編《復旦大學大
字報選》頁60)。[37]棍子落在教育主管部門、校方，掃及的卻不免
是有出身問題的大批學生。他們的出身問題既被用作了攻擊的口

36　《夏鼐日記》1966年1月13日，記聽某人說「北大哲學與歷史二系下放南口國
　　營農場半農半讀，學制亦改為三年」（卷七，頁186）。

37　收入岩佐昌暲、劉福春編《紅衛兵詩選》的，有一首題為《分，分，大毒藥，
　　考，考，殺人刀》，其中寫到錄取分數，將「工農兵好兒女大量排除」（頁
　　117）。

實，難免噤若寒蟬。直至文革後的本科、研究生招考，校方、指導教師仍不免心有餘悸。

對「資產階級(或修正主義)辦學方向」的批判，還涉及課程設置、學生管理等，以是否「突出政治」、是否「革命化」為嚴苛尺度。駱小海為宋柏林《清華附中老紅衞兵手記》所作序，提到文革前夕該校部分學生發起對校黨支部的批判。批判者所主張的，即有「樹立毛澤東思想的絕對權威，突出無產階級政治，進行人的思想革命化」(頁18)。1965年5月9日，上海師大的王申酉在日記中説，「自從『教學改革』以來，教育是一塌糊塗，倒退了好幾年。」(《日記摘抄》，《王申酉文集》頁147)

文革爆發前的社會空氣中充滿了暗示。暗示主要來自最高當局公開、非公開的指示與官方媒體。感知這些信息，並不需要特殊的敏感。文革爆發那年北京四中初三學生趙京興，體驗過爆發前的朦朧期待，甚至説自己當時就感受到了「爆發」的必然性，將當年的心境描述為「沉悶」，日記引用了魯迅的詩句「於無聲處聽驚雷」，説「甚至已聽到遙遠地平線上的滾滾雷聲」(《我的閱讀與思考》，《暴風雨的記憶》頁284)。趙的同學唐曉峰則「漸漸意識到」「學校空氣中潛藏着什麼，濃度越來越大」(《走在大潮邊上》，同書頁322)。由梁漱溟、顧頡剛等人同一時期的日記看，卻像是並無預感(不排除日記的有所不寫)。中學生的感受，或可歸因於校園這一特殊空間，發生在這裏的諸種信息的衝撞激蕩。我當時所在的北大，空氣騷動不安；對上述回憶文字描述的情景，並不陌生。

趙振開寫自己記憶中經歷的「前夕」，有詩人的細緻入微。他説當時「整個學校氣氛讓人感到壓抑，又很難説清來龍去脈，總覺得有什麼地方不對勁兒。比如衣着，簡直樸素到可疑的地步：帶汗鹼的破背心、打補丁的半新衣褲、露腳趾頭的軍用球鞋。可盡人皆知，四中是高幹子弟最集中的學校。顯然有什麼東西被刻意掩

蓋了，正如處於潛伏期的傳染病，隨時會爆發出來」（《走進暴風雨》，同書頁197）。[38]作者不缺乏將少年人朦朧的不安傳達出來的文字能力——經了時間的澄清之後。只不過「顯然有什麼東西被刻意掩蓋了」，當年似乎很難作如是想。可以相信的是，那年春天，「暴風雨將臨，有種種前兆可尋」，作者與其夥伴確曾「像小動物般警醒」（同上，頁198）。西安的高中生黎若，事後回憶發生在文革前夜的種種變化，說「革命真如箭在弦上一般了」（《走出藩籠》，《1966：我們那一代的回憶》頁271）。他由所處的環境，也感到「社會已經處在一種躁動之中」，「變革，成了一種社會心理需求」（同上）。這種需求在多大的程度上是「自然發生」的，或者換一種問法，在怎樣的意義以及何種程度上被製造出來？[39]

　　同代青年走向狂熱的1963、1964、1965年，上海師大（今華東師大）學生王申酉，感受到的是另一種「壓抑」甚至「窒息」，說：「世界上有什麼比壓制思想還要痛苦的事呢？」（《王申酉文集》頁135、136）他反感於當時日甚一日的「個人迷信」、「個人崇拜」（同書，頁145），反感於越來越嚴重的「控制」（同書，頁155）。文革引爆在即的1966年5月14日，他坦承自己「不適合這個社會」，「無力改造自己使之適應這個社會」（頁156）。文革爆發後，王竟然將以下文字寫入日記：「這場所謂的『無產階級文化大革命』徹底打翻了曾經穩定一時的教育秩序，把中國引向一條迷茫的路，我從內心深處討厭這場『革命』。」「生為一個熱血青年，

38　同篇說，文革爆發後的某一天，那些同學突然「搖身一變，穿上簇新的綠軍裝，甚至將校呢制服，腳蹬大皮靴，腰繫寬皮帶，戴紅衛兵袖箍，騎高檔自行車，呼嘯成群」，這才想到曾經感到的壓抑，就來自這些高幹子弟的「優越感」——「這經過潛伏期的傳染病終於爆發了」（頁169）。葉維麗也曾談到「老兵」姿態的這一番戲劇性變化。那是遭遇挫敗後再次撿拾「優越感」的挑戰姿態。無論「樸素」還是豪侈，都出於設計，是以「裝束」為語言的表達。

39　陳佩華的一個受訪者說他對文革的爆發是有心理準備的，「他覺得自己甚至有些在等待事件發生」，希望即將到來的風暴能使自己「從壓抑和無從表現自己的狀態中解脫」（《毛主席的孩子們——紅衛兵一代的成長和經歷》中譯本，頁178）。

一腔熱血無處可灑。每天被逼花兩個小時讀當今天子的聖旨——古今中外第一件如此暴虐的行為。」（頁160）其日記被學生幹部偷看並摘抄、上報學校黨委。一個人的厄運自此開始。

　　普遍感受的壓抑，是引爆文革的社會心理基礎。包括王申西這樣的另類青年。文革前夜的校園，感受着來自不同方向的性質迥別的「壓抑」。[40]來自外部的壓抑與來自內部的壓抑（「青春期的騷動」）攪拌在一起。批判「修正主義教育路線」，使某種壓抑感以至被抑制的其他情慾有了暫時的出口，繼之而有劇烈的噴發。

　　碧峽記1966年6月12日在武漢水電學院聽傳達毛的批示：「學制要縮短，教育要革命，資產階級知識分子統治我們學校的現象再也不能繼續下去了！」說該校的兩三千聽眾，「轟地一下站了起來，鼓掌，發出長時間的『呵…呵…』的歡呼聲」。接下來寫道：「一種與天庭豁然貫通的神聖感，抽緊了我的心。我的眼角濕潤了，而且感覺到，周圍好些同學的眼邊也掛着淚花……」（《波瀾乍起——武漢水電學院的1966》，《1966：我們那一代的回憶》頁191）你不能不承認，傳記作者筆下的「青年毛澤東」，與毛此時召喚而起的青少年，確有精神上的相通。

　　即使有背景，北京女一中、四中學生的舉動，仍然呼應了校園中湧動的某種情緒。《紅色大院的女兒們》作者之一馬笑冬說，雖然自己一直都是好學生，「但不知為什麼，一說要批判舊的教育制度，我就一拍即合。我對單調的學習生活感到厭煩，很容易接受毛澤東對教育制度的批判」（頁102）。不止一個當年的中學生在回憶文字中寫到了對於「教育改革」號召的熱切反應。儘管如何「改革」，「廢除」之後怎樣，並無清晰的設想。似乎對「舊教育制

40　一個易於被忽略的事實是，文革爆發前夕的校園，壓抑並非只有後來所說的「黑五類」子女承受。本書上編第三章《階級路線與出身論》一節還將談到，京城的精英中學，高幹子弟感受到來自高知（即「高級知識分子」）子弟的學業方面的壓力。上述壓抑感在文革之初與「階級路線」有關的論戰中找到了釋放的機會。

度」的忍耐已抵達極限，只待「偉大領袖」一聲號令。這毋寧説更
是「出逃」的衝動。事實是，這種衝動從來就有。古代學塾頑童的
「鬧學」，不也是一種「出逃」？至於文革的終於引爆，來自高層
的鼓動不論，由「下面」（基層）攪動了局面的，無非十七年間積壓
的社會矛盾，尤其「領導與群眾」的矛盾；基於上述矛盾的怨氣，
怒氣，對變革的籲求。校園中的青少年，動機卻沒有如是之複雜。

　　1966年7月24日經毛批准，中共中央、國務院發出《關於改革
高等學校招生工作的通知》，全國高校推遲半年招生。這對於那些
寄希望於經由高考改變命運的應屆畢業生，不是好消息。學生中
普遍的，卻是一種「解放感」。當時的北京四中學生趙京興事後正
使用了這一説法，「解放感」。他説，文革終於爆發，它所宣稱的
「砸碎修正主義教育制度」，使自己「獲得某種解放感——至少可
以按自己的方式尋找答案，不必再照本宣科了」（《我的閱讀與思
考》，《暴風雨的記憶》頁286）。沉悶單調周而復始的日常生活終
於有了變化，也就有了別的可能，慣常的生活軌道外的可能，無論
什麼可能——變化就好。我當時也正有類似的心情。「解放感」是
多種多樣的：擺脫學業壓力的，擺脫精神苦悶的，甚至擺脫了某門
困擾自己的功課的。趙振開説，文革爆發，自己「跟同學一起在教
室歡呼雀躍，但自知動機不純：那正是我數理化告急的關頭——期
末考試在即」（《走進暴風雨》，同書頁198）。我自己，則因終於
擺脫了俄語而如釋重負。

　　同年7月29日，中共北京市委在人民大會堂召開全市大專院校
和中等學校師生文化大革命積極分子大會，會上劉少奇説：「中央
決定半年不上課。」（王年一《大動亂的年代》頁48）。事實是停課
遠不止半年。即後來「復課」，也未必恢復了正常的教學秩序。我
1970年代初期代課的公社中學與後來任教的城市中學即如此。「全
國高等學校停止按計劃招生達六年之久」（同書，頁49）。這種停
擺，任一正常國家都不可想像。當年的青少年無此遠慮。對於停
課，陳凱歌説「我們的反應最初很像英國影片《希望與光榮》中的

場面：在被德國飛機炸毀的校園中，孩子們向着硝煙瀰漫的天空高喊：謝謝，阿道夫！」（《少年凱歌》頁67）從來不敢指望有這樣的長假。當時北京四中的馮永光事後回憶道：「到各校『串聯』、集會、遊行、刷標語、貼大字報，多麼無拘無束」，那是自己「從未體驗過的自由與快樂」（《風雨飄搖憶當年》，《暴風雨的記憶》頁181）。「青春期的反叛」，由「時代思想」獲得了支持。基於生物性的內在騷動終於像是有了名堂，有了可供宣示的堂皇的動機。據説1965年全國各類學校（包括小學）共有在校生13125萬人（數字引自胡鞍鋼《毛澤東與文革》頁140）。如此龐大的亢奮人群，足以聚集巨大的能量，引爆任何一場革命。[41]

　　那年8月中共八屆十一中全會通過的「十六條」（《中國共產黨中央委員會關於無產階級文化大革命的決定》）與「改革教育」有關的內容，收入經毛審定、人民出版社次年12月出版的《毛主席論教育革命》一書。其中包括如下內容：「改革舊的教育制度，改革舊的教學方針和方法，是這場無產階級文化大革命的一個極其重要的任務。」「在這場文化大革命中，必須徹底改變資產階級知識分子統治我們學校的現象。」「學制要縮短，課程設置要精簡。教材要徹底改革，有的首先刪繁就簡。學生以學為主，兼學別樣。也就是不但要學文，也要學工，學農，學軍，也要隨時參加批判資產階級的文化革命的鬥爭。」1967年3月7日發出的《中共中央關於大專院校當前無產階級文化大革命的規定》要求在批判的基礎上，「着手研究改革舊的教育制度、教學方針和教學方法」。同年10月14日中共中央、國務院、中央軍委、中央文革小組《關於大、中、小學校復課鬧革命的通知》提到「一邊進行教學，一邊進行改革」、「逐步提出教學制度和教學內容的革命方案」。

　　1970年6月5日毛《對理工科大學教學改革兩個材料的批語》

41　由幾十年後蒯大富受訪時的敘述看，他個人的能量，文革前即已積蓄，似乎在「待機而動」（參看《回憶與反思》頁333–334）。如蒯者，想必尚有其人。

寫到，「文科教改怎麼辦」，要求上海找人開一次座談會（《建國以來毛澤東文稿》第十三冊，頁103）。同年12月18日會見埃德加·斯諾時，又談到課堂教學的問題，主張教員發講義，與學生互動（《會見斯諾的談話紀要》，同書頁171–172）。直至去世前的1975年，還批評「教育界、科學界、新聞界、文化藝術界」、「醫學界」「外國人放個屁都是香的」（《對「四人幫」的幾次批評》，同書頁396）。卻又說：「教育界、科學界、文藝界、新聞界、醫務界，知識分子成堆的地方，其中也有好的，有點馬列的。」（《關於知識分子的兩句話》，同書頁431）[42]

1970年7月21日《紅旗》雜誌第8期（「無產階級教育革命專輯」）署名「駐清華大學工人、解放軍毛澤東思想宣傳隊」的文章提出，「建立工農兵、革命技術人員和原有教師三結合的教師隊伍」，「開門辦學，廠校掛鈎，校辦工廠，廠帶專業，建立教學、科研、生產三結合的新體制」，「把大學辦到社會上去」等。1971年8月13日中共中央批轉《全國教育工作會議紀要》。《紀要》提出「教育要同三大革命實踐結合，以廠(社)校掛鈎為主，多種形式，開門辦學，建立教學、生產勞動、科學研究三結合的新體制；文科要把整個社會作為自己的工廠，農業大學要統統搬到農村去，醫藥院校應堅定地把重點面向農村」。

文革期間拍攝的有數的幾部劇情片，就有以「教育革命」為題材的《決裂》。「決裂」是「徹底性」的標誌。[43]事實卻是，文革

42　毛文革期間有關教育的指示，另有收入《建國以來毛澤東文稿》第十二冊的1968年7月12日《關於大學教育改革的一段談話》（頁505）；1971年8月毛批示轉發的《全國教育工作會議紀要》（《建國以來毛澤東文稿》第十三冊，頁239）。1975年10月至1976年7月，毛再次談到不要迷信大學（《毛主席重要指示》，同書頁488–489），應當是他正式發表的有關教育的最後的言論，與他本人前此的說法語義重複，了無新意。

43　武漢「北、決、揚」的《決裂宣言》說，「決派」是「要同剝削階級傳統觀念實行最徹底的決裂的一代新人」（宋永毅、孫大進《文化大革命和它的異端思潮》頁355）。

期間的有關「改革」均歸失敗。除「刪繁就簡」（以至部分學科處於取消狀態）外，上述任務的完成情況人所共知。文革沒有真正意義上的「制度創新」，也體現在教育方面。「砸爛舊世界」後，並非隨之而有「新世界」。大破壞後的校園滿目瘡痍。機敏者在文革式的「階級鬥爭」中，習得的是隨時發現「苗頭」、迎擊「反撲」、「復辟」。與其說在實踐偉大領袖所謂「階級鬥爭是一門主課」，不如說除此別無他長他能。「工農兵上大學」，[44]實踐中鼓勵了「走後門」（參看本書上編第八章《反對「走後門」》一節）。回應文革前夜校園中的「改革」籲求的，是「打倒資產階級反動權威」後教育水平、學術水平的整體下降。[45]直至1977年恢復高考，以高昂的代價，完成了長達十一年的一輪「否定之否定」。上文提到文革爆發時大中小學在校學生的人數。羅德里克·麥克法夸爾、沈邁克《毛澤東最後的革命》一書的說法是，1.03億小學生、1300萬中學生、53.4萬大學生（中譯本，頁77）。倘若文革式的「教改」也被歸為一場「實驗」，實驗的「耗材」是否太過驚人？

　　文革的政治空氣中，「復課」遇阻，大學招生工作混亂；即使毛關於教育改革的合理主張，也不但無從落實，且不能免於實踐中的扭曲變形。為此付出的，是億萬青少年學業荒廢的代價。毛倡導的自學，倒是在人數佔比不多的青少年中實現，只不過與「教育改

44　時稱「上、管、改」，即工農兵上大學、管大學、改造大學。

45　卜偉華《文化大革命的動亂與浩劫》頁512錄有北京輕工業學院當年的課程表。「五七指示」以這種方式落實到教學安排，效果可想。該書摘錄了其時討論教育改革的大字報（頁513），可證有關思考之空洞膚淺。陳徒手《七十年代初期北京師院教育變革小史》（刊《隨筆》2017年第6期）分析了一個文革式「教育革命」的樣本。1967年11月3日，《人民日報》以《關於教育革命的幾個方案》為題，發表了《同濟大學教育改革的初步設想》、《北京林學院取消教研室，組織專業連隊領導教學和教改》、《北京師範大學教改組對改革考試、升留級和招生的設想》。也如陳徒手所述北京師範學院，均乏善可陳。中共廣西壯族自治區委員會整黨領導小組辦公室編寫的《廣西文化大革命大事記》即香港版《文革機密檔案——廣西報告》，有該自治區文革中「教改」的實例，參看該書頁355–357。

革」無關，是特殊環境中的個人選擇。十年間一方面多數青少年無書可讀，一方面少數能獲取稀缺資源者所讀的，不能不主要為文史類、政治類書，為文革後文科人才的興起準備了條件。上述偏廢、失衡的知識狀況，也是文革留給「新時期」的一份遺產。

　　毛對於(學校)教育、課堂教學的主張有一貫性。學制縮短；教學方法改進(反對「注入式教學法」，主張「教員發講義，與學生互動」)；考試制度改革；不過分看重分數；壓縮書本學習，參加社會實踐(學工、學農、學軍、大批判)等；文科以社會為工廠；醫藥院校重點面向農村。其文革期間的有關談話，往往是前此表述的同義反復，固然證明了思想的漸趨枯竭，也可證對有關思路的執着。毛對於教學方法的主張，除了基於他個人的早年經歷，也有傳統資源(如「教學相長」，書院式的知識傳授形式)。其強調學生的自主性、能動性，對獨立學習能力的培養與訓練；主張考試「題目公開，由學生研究，看書去做」，與近期的某些實驗不無契合。[46]毛的有關思想的可議之處，在對「知識」、「實踐」的狹隘理解(如貶低以至鄙薄書本知識)；對理工科與文科(人文、社會科學)的厚此薄彼——既出於功利的考量，又基於意識形態的偏見；更核心的，是對於知識分子的評價，尤其從事人文、社會科學的知識分子，從事文學藝術創作的知識分子。其教育思想中負面影響最大的，也是與知識、知識分子有關的論述，及相關政策主張。那些合理的成份也因上述負面影響而難以彰顯。

　　儘管毛將書本知識與得之於「實踐」的知識對立，對何為「知識」以及獲取知識的途徑有基於其個人經歷的狹隘理解，其本人直至晚年，仍讀書不輟，對某一類書嗜之若癖；對於自然科學的最新成果保有敏感與好奇心；對他較為熟悉的文史，則從其所好，以己意取捨，視某些專業、專業人士為蔑如。對於擁有他那樣威望的

46　如「翻轉課堂」的師生互動、生生互動，甚至使提問、討論、集體研究進入小
　　學課堂等。

領袖，個人偏好造成的後果不能不是災難性的。到文革結束，不惟文科處於半取消狀態，理工科也因過於強調服務於經濟建設、與生產勞動相結合，基礎研究以至賴有精密儀器的實驗室工作難以正常進行。儘管如此，教育問題上毛的論述，仍不便簡單地歸結為「反智」。縱然不能經由有效的制度設計落地，他的有關理念仍不乏啟發性。王年一《大動亂的年代》引蘇東海《文化大革命的理論對群眾之掌握》一文的觀點，蘇文認為，「毛澤東關於教育革命的思想是文化大革命理論中最富有想像力的部分」，同時認為其中大量的主張「充滿偏見與偏激」（頁354）。遺憾的是，對文革的「撥亂反正」籠統粗糙；有關問題——其中確有「真問題」——沒有討論的空間與經由辨析汲取其合理因素的可能。

　　毛的教育主張中合理的部分未能被作為資源，對知識分子的鄙薄與戒備卻像是一種基因，只不過以變換了的方式重新編碼。1957年「反右」前毛說過「教授治校恐怕有道理」，對此有制度方面的設想，即「校務委員會管行政」，「教授會議管教學」；甚至認為「學校黨委制恐怕不適合，要改一下」（參看沈志華《從知識分子會議到反右派運動》頁520）。[47]葉篤義「鳴放」中談到高校領導體制問題，贊成改變高校的黨委負責制（同書，頁546）。毛可以如是想，葉如是說即成「右派言論」。這也是「反右」的特點之一。問題不全在說什麼，更在由誰說。[48]當然，相關議題「反右」後再無討論的餘地。至今不但「領導體制」不能稍有撼動，甚至「去行政化」也難有進展。高校如此，科研院所也如此。

47　中央統戰部部長李維漢的主張猶有過之：「校務委員會所作的決定，可以同黨委的意見不一致。共產黨可以在校務委員會上提出方案，民主黨派也可以提出方案，個人也可以提出。」（同書，頁531）

48　沈志華同書說：改變高校黨委領導制，填平黨與非黨之間的深溝，外行不能領導內行等，「本來就是毛的語言，或受之啟發的聯想」（頁551）。當然也應當說，葉篤義所說學校中不需要有黨派的組織活動（頁546），確也越出了毛的容忍限度。「鳴放」中與高校體制有關的批評建議（見該書頁574），非今人所能想像。

　　1977年恢復高考，同時恢復的，是文革前一整套教育制度與教學方法（包括招生、考試、課堂教學等）。中國的教育歷經十年折騰回到了原點。1980年代的大學，因十年荒蕪後的一朝復甦，也因了十年間人才的累積，看似氣象一新，卻不曾鼓勵對教育之為制度的反思，也未聞教學改革的探索。有幸進入或回到校園者，追求的更是知識饑渴的饜足。荒廢已久的學生，長期投閒置散的教師，汲取知識如饑似渴。與教育有關的理念，因對文革意識形態的厭倦而擱置，直至再次弊竇叢生。恢復高考幾十年後，「改革教育」呼聲又起。關於新制度的想像，模板已非毛當年的那個，儘管毛關於教育的某些主張，至今仍有與國內外有關討論的對話關係，甚至未失對時弊的針對性。這種關頭回望文革前夕的校園，或不能無感的吧。

　　2017年值高考恢復40周年，一代人的高考記憶成為媒體熱議的話題，與前一年文革爆發60周年媒體被集體噤聲適成對比。恢復高考固然是文革後的一項德政，卻也可借此重新梳理引爆文革的「教育改革」，豐富有關問題上的認知，一併檢討「恢復」至今的教育制度——卻不是「高考故事」的主題。媒體上的「高考故事」，大多是成功人士的故事，更多未被高考改變命運者的故事，沒有得到講述。「文革—荒廢」，是更多人的故事。前此一度大熱的「八十年代」故事，也主要是成功人士的故事，以至一批人的集體懷舊招致了譏諷。當然，確有一些人的文革經歷，借諸1977、1980年代一類題目得以講述。這裏我關心的是，引爆文革的教育問題，是否也應作為議題；恢復高考40年之後，有沒有可能開出不同於文革前「十七年」的發展教育的道路？

　　清末民初以至民國時期，校園中一再有學潮湧動。政治領袖有弄潮的早年經歷；將社會變革的希望寄予學生，有這一層個人背景。偶爾讀到1968年「國際文革學潮」的說法。「國際……學潮」，或許適用於歐美、日本，發生在中國的文革，「學潮」只是其中的一部分，且1968年已然退潮；使用「學潮」這一現成詞匯而

不引起誤解，需作嚴格界定。對於中國，我更願意用「騷動」的說法。「校園騷動」固然引燃了文革，文革卻迅即越出了校牆。由此看來，點燃在校園的，不過引爆文革的一根引信。至於其他引信，不在本節討論範圍。[49]

1.2　關於「四大」

「四大」的「話題性」是無需説明的。「四大」亦稱「大民主」。「四大」、「大民主」，均屬文革期間的關鍵詞。關於「四大」、「大民主」的討論，關涉對「民主」的理解，及對「社會主義民主」的想像，至今仍未失現實意義。

作為語詞與政治實踐的「大鳴大放」、「大字報」、「大辯論」，非始自文革；大字報延安整風時即有；與「大鳴大放」、「大辯論」並置，至遲1956–1957年「整風」、「反右」中已然出現(大字報、大辯論不過是「大鳴大放」的具體形式)。稱得上文革中的新事物的，或許僅「四大」的名目。文革中的「四大」較之「反右」，表現形態有所不同，無論具體指向還是使用的規模。[50]

《向黨認罪實錄——李慎之的私人卷宗》，收入了李慎之作於1997年的《「大民主」和「小民主」》一文。該文引1956年11月15日毛在中共第八屆中央委員會第二次全體會議上的如下講話：「有幾位司局長一級的知識分子幹部，主張要大民主，説小民主不過癮。他們要搞的『大民主』就是採用西方資產階級的國會制度，學

49　張世明《被忽視的理論旅行：以法國五月風暴為例》：「從形式上看，法國的學生運動肇端於反對教育部門的有關規定、要求教育改革。這一點與中國『文化大革命』率先從教育革命開刀頗為契合。」(《中華讀書報》2015年6月17日，第13版)

50　當時清華大學附中學生卜大華事後回憶道：「聶元梓的大字報發表以後，寫大字報的形式被肯定了。」(《我所知道的紅衛兵》，米鶴都主編《回憶與反思——紅衛兵時代風雲人物》頁33)卜的印象，「反右」之後，大字報由此正當化了。

西方的『議會民主』、『新聞自由』、『言論自由』那一套。他們
這種主張缺乏馬克思主義觀點，缺乏階級觀點，是錯誤的，不過，
大民主、小民主的講法很形象化，我們就借用這個話。」（《毛澤
東選集》第五卷，頁323）李慎之說，毛講活中所說主張「大民主」
的司局級幹部，就是自己（《「大民主」和「小民主」》，《李慎
之的私人卷宗》頁7）。毛舉以示眾的，是其派人徵求意見時李所
說，即一個黨員幹部向黨的領袖反映的個人意見，並非公開發表的
言論。對此，李「反右」中作過交代。交代中李說自己的原意，
「小民主」指機關裏的會議，「大民主」則指「議會辯論，報紙言
論方面的論辯」；毛的反應，卻認為大民主是「上大街搞運動」，
「因此他說大民主從來是對敵人的，我們今後不應該搞大民主，而
只能搞小民主，小小民主」（1957年9月《李慎之檢討報告》，同書
頁154–155）。李認為毛對他的本意有誤解。[51]

　　1956年至1957年「反右」前，毛在各種場合一再談到「大民
主」、「小民主」，可證對相關提法印象之深。1956年11月毛《在
中共八屆二中全會小組長會議上的發言》中說：「人民內部的問題
和黨內問題的解決的方法，不是採用大民主而是採用小民主。要知
道，在人民方面來說，歷史上一切大的民主運動，都是用來反對階
級敵人的。」（《建國以來毛澤東文稿》第六冊，頁245–246）1957
年2月，毛《如何處理人民內部的矛盾（講活提綱）》，有「大民主
與小民主」的字樣（同書，頁310）。3月1日毛《在第十一次最高國
務會議作結束語的提綱》中有：「大民主，小民主——一般適用小
民主，局部（不實行小民主地方）允許大民主。」（同書，頁361）涉
及「大民主」的適用範圍。同月《在宣傳工作會議上講話（提綱）》
中有「小小民主，和風細雨」等字樣（同書，頁375）。顯然在斟
酌，評估，權衡利弊。[52]

51　關於毛派員到新華社國際部徵求意見始末，李慎之文革中也有交代（參看同書
　　頁852–853）。

52　參看沈志華《從知識分子會議到反右派運動》頁431–434、458、471、475、

　　諷刺的是，文革中啟用「大民主」之說，所賦之義正包括了「上大街搞運動」。此一時，彼一時，或許為李慎之當年始料未及。只不過文革式的「大民主」不但有時效，有重重條件限制；且文革最初三年之後，作為官方語言，再次封存。憚於運動的壓力，由「私人卷宗」看，文革期間李慎之不曾申明自己係「大民主」這一說法的「發明人」；其所「發明」的此種說法1956–1969年間驚心動魄的旅行，也非其當年所能想見。

　　1957年6月6日，毛在《中央關於加緊進行整風的指示》中，說「大字報是延安整風時期的傳統，並非現在才有」（《建國以來毛澤東文稿》第六冊，頁491）。對大字報這一形式使用的範圍，態度依然謹慎。同年7月《一九五七年夏季的形勢》：「大字報，除商店的門市部、農村（區鄉）、小學、軍隊的營和連以外，都可以用。在我國條件下，這是一個有利於無產階級而不利於資產階級的鬥爭形式。怕大字報，是沒有根據的。」（《毛澤東選集》第五卷，頁464）。該文還肯定了「全民性」的「大辯論」（頁462）。同篇使用了「大鳴大放」的說法（頁465）。同年10月，毛即在《做革命的促進派》一文中寫道：「今年這一年，群眾創造了一種革命形式，群眾鬥爭的形式，就是大鳴，大放，大辯論，大字報。現在我們革命的內容找到了它的很適合的形式。」（同書，頁467）同篇還說到「這種形式充分發揮了社會主義民主」，是「我們的民主傳統」的「很大的發展」；「以後要把大鳴、大放、大辯論、大字報這種形式傳下去」（同上，頁468）。同年同月的另一篇文章不厭重複地說，「整風」「找出了一種形式，就是大鳴，大放，大辯論，大字報。這是群眾創造的一種新形式。跟我們黨歷史上採取過的形式是

　　　482。收入《馮雪峰全集》第九卷的《1957年9月4日在中共中國作家協會黨組第二十五次擴大會議上所作的檢討》，說自己曾說「『大民主』也可以」，「事實上是在提倡『大民主』」（頁357–358）。馮亦代「反右」前「鳴放」的發言中使用了「小民主」、「小小民主」的說法（《悔餘日錄》頁10），可證毛關於李慎之「大民主」的批評，當時即為黨內外人士所知。

有區別的」；延安整風「也出了一點大字報，但是那個時候我們沒有提倡」(《堅定地相信群眾的大多數》，同書頁480)。[53]儘管毛一再說群眾創造了「新形式」，但「大鳴、大放、大辯論、大字報」，是毛的概括，發明權或應屬毛本人。

　　1966年6月20日《人民日報》社論《革命的大字報是暴露一切牛鬼蛇神的照妖鏡》。1966年8月8日中共八屆十一中全會正式通過的由中央文革小組起草、經毛澤東審定的《關於無產階級文化大革命的決定》(即「十六條」)，使用了「大字報、大辯論」、「大鳴大放」、「大揭露、大批判」的説法。這份「綱領性文件」的另一處説：「要充分運用大字報、大辯論這些形式，進行大鳴大放」。[54]

　　向「革命學生」允諾的民主權利不限於「四大」。1966年8月23日《人民日報》社論《工農兵要堅決支持革命學生》，説「廣大革命學生」「貼大字報，是好事，大鳴、大放、大辯論，是好事。他們有上街遊行示威的權利，有集會、結社、言論、出版的權

53　1958年3月，毛《在成都會議上的講話提綱》有「大字報表現了群眾的首創精神，批評的尖銳性，庸俗空氣一掃而空」(《建國以來毛澤東文稿》第七冊，頁116)。同年4月《介紹一個合作社》一文説：「大字報是一種極其有用的新式武器，城市、鄉村、工廠、合作社、商店、機關、學校、部隊、街道，總之一切有群眾的地方，都可以使用。」(同書，頁178)5月，《對陳雲在八大二次會議上的發言稿的批語和修改》提到「可以用座談會、辯論會、大字報、大鳴大放的辦法」(同書，頁228)。7月，《介紹一封信》有「仍然需要採取大鳴大放大辯論大字報的方法去解決」云云(同書，頁303)。9月《對北戴河會議工業類文件的意見》説：「我寫的是一張大字報，你們也寫吧。」(同書，頁368)

54　「四大」外，另有「五大」的提法。王年一《大動亂的年代》頁58註1：周恩來1967年2月26日接見《中國建設》一些人員時，説到「十六條」早已被突破，「四大」變成「五大」。另一大即大串連。趙無眠《重讀大字報》一文認為，「四大」實際上是「一大」，即大字報(譚放、趙無眠選輯《文革大字報精選》頁13)。這種説法忽略了文革初期由校園蔓延到城市街道的辯論會，以及林林總總的小報(當時稱「紅衛兵小報」)與其他印刷品。關於小報，我將在本書上編第四章討論。

利」。這原是憲法承諾卻從未兌現的權利。[55]

　　直至1974年11月，出現在廣州街頭署名「李一哲」（按「李一哲」即李正天、陳一陽、王希哲）的大字報《關於社會主義的民主與法制——獻給毛主席和四屆人大》仍引用毛的說法，說文革「從形式上說，實際是一個最廣泛的人民的革命大民主，它是『公開地、全面地、由下而上地發動廣大群眾來揭發我們的黑暗面』，是防止和反對社會法西斯主義的武器」（余習廣主編《位卑未敢忘憂國——「文化大革命」上書集》頁250）。該大字報還說，「上了憲法的人民群眾的言論自由、出版自由、集會自由、結社自由以及未上憲法的串連自由都在這場大革命中真正實行起來，並得到了以毛主席為首的黨中央的支持」（同上）。大字報的作者據此而堂堂正正地向當局提出「民主要求」。其主要訴求之一，即反對鎮壓，「保護人民群眾的一切應有的民主權利」（同上，頁260）。

　　「行使憲法賦予的公民權利」所以值得特別強調，正因這種「行使」屬特例而非常態。托克維爾在其《舊制度與大革命》中談到那種「名為民主專制制度的特殊專制形式」，說這種形式下「社會中不再有等級，不再有階級劃分，不再有固定地位；人民由彼此幾乎相同、完全平等的個人組成；這個混雜的群體被公認為唯一合法主宰，但卻被完全剝奪了親自領導甚至監督其政府的一切權力。在它頭上有個獨一無二的代理人，他有權以他們的名義處理一切事務，而不必徵求他們的意見。控制他的是不帶機構的公共理

55　1954年通過的《中華人民共和國憲法》第八十七條：「中華人民共和國公民有言論、出版、集會、結社、遊行、示威的自由。國家供給必需的物質上的便利，以保證公民享受這些自由。」1956年陸定一對「雙百方針」有如下闡發：「文學藝術工作和科學工作中有獨立思考的自由，有辯論的自由，有創作和批評的自由，有發表自己的意見，堅持自己的意見和保留自己的意見的自由」（轉引自沈志華《思想與選擇——從知識分子會議到反右派運動(1956–1957)》頁221）。陸定一報告的全文經毛肯定後以《百花齊放，百家爭鳴》為題在當年6月13日《人民日報》上發表。毛的有關批語見《建國以來毛澤東文稿》第六冊，頁120。1957年「反右」前毛一再鼓勵放開言論(參看沈志華《從知識分子會議到反右派運動》一書)。

性；阻止他的，則是革命而不是法規：在法律上，他是聽命於人的執行者；在事實上，他是主人」（中譯本，頁197–198）。是否正像是在說文革中——不限於文革——的中國？我讀來費解的是，「控制他的是不帶機構的公共理性」。我們這裏是否有所謂的「公共理性」、即使是「不帶機構的」？

應當説，「大民主」自然有也必有限度；問題是何種限度，在何處設限。「四大」即以此限度界定自身。還應當説，「四大」只是發表言論的方式、形式，並沒有許諾較之1954年憲法所許諾的言論自由更多的東西。文革中的「四大」被一些人樂道，或出於發掘文革正面意義的需要。也應當承認，「四大」確曾短暫地實現過，儘管有下文將要寫到的來自當局的限制與「群眾運動」中勢不可免的負面現象，依然造成了中國政治史上的奇觀。也可見有關需求之旺盛——至今亦然。文革中不無合理性內涵的，非惟「四大」。有必要對文革期間的思想與實踐作綜合的考量，徹底肯定或否定均非對於歷史的正常態度。

在「整頓群眾組織」的名義下各地的小報停辦後，大字報仍偶爾出現在城市街頭。1976年的「四五運動」也賴此條件才能發生。直至文革結束前夕，較有影響的，尚有1976年2–3月重慶鋼鐵公司機修廠技術員白智清的大字報《我愛我的祖國》、《試問，到底是哪家的「主義」？——評張春橋〈破除資產階級的法權思想〉》，[56]1976年春貴陽「七人大字報」《對目前形勢和新的歷史

56　《我愛我的祖國》張貼於重慶解放碑前，《試問，到底是哪家的「主義」？——評張春橋〈破除資產階級的法權思想〉》張貼於成都鬧市區鹽市口。上述大字報均署真實姓名，文革中較為罕見(《位卑未敢忘憂國——「文化大革命」上書集》頁214)。張春橋《破除資產階級的法權思想》一文發表於1958年上海《解放》半月刊第六期。白在其大字報中説張春橋「用他的『徹底破除了資產階級的法權思想』的『共產主義的供給制』，代替了馬列主義的『不勞動者不得食』這個社會主義的原則，『按等量勞動領取等量產品』這個社會主義的原則」。與收入同書的農村青年蕭瑞怡的上書，均涉及經濟制度，是七、八十年代之交經濟改革的先聲。

任務的幾點看法——給毛主席、黨中央和全國人民的信》等。面對以清潔市容的名義刷洗大字報的官方行為，「李一哲」質問道：「無產階級文化大革命不是還在繼續嗎？誰曾經宣佈過大字報使命的完結呢？毛主席在『介紹一個合作社』一文裏對於大字報『應當永遠使用下去』的那段論述不也是『最高指示』，應當『堅決執行』、『堅決照辦』嗎？」（《位卑未敢忘憂國——「文化大革命」上書集》頁233–234）[57]

　　文革後期、末期直至文革結束後「大字報」的功能，未見得為毛逆料所能及。周恩來逝世後各地自發的紀念、批判活動，聲勢浩大的「四五運動」，到「改革開放」之初的「西單民主牆」、北大「三角地」，[58]直至官方以軍事手段「平息」的1989年的「政治風波」。至此，大字報「完成了『歷史使命』」，退出了當代中國的政治生活。[59]一些年後，網絡空間多少提供了公民議政的平臺，儘管不斷發聲也不斷被過濾、消音。文革的後延，也在這一具體方向上。

　　街頭政治、廣場政治，中國近代史上，民國時期堪稱波瀾壯闊。至於1949年之後，1957年大字報雖已溢出了單位圍牆，卻不能擬文革於萬一。文革中的街頭政治，亦當代中國政治史上的奇觀。關於聶元梓等人的大字報，關於工作組，關於「血統—出身論」，

57　文革後期城市街頭引起圍觀的大字報，尚有武漢署名「杜則進」公開張貼的系列文章、贛州青年李九蓮的大字報、南京青年徐水良題為《反對特權》的大字報（楊繼繩《天地翻覆——中國文化大革命史》頁877、887、966）。我記憶中文革後期的大字報潮，即有由「知青家長」李慶霖得到毛的回應的信引發的「反對『走後門』」。1980年代仍有大字報，往往被限制在單位、學校的圍牆之內。

58　文革結束之初，因民間社會長期發育不良，「公共論壇」尚無由形成。短暫存在的西單「民主牆」、北大「三角地」、民間組織、民刊等有指標意義，屬一代人的集體記憶。關於西單民主牆的興起、被容忍到被取締，參看蕭冬連《從撥亂反正到改革開放》頁18、42–48、楊繼繩《天地翻覆》頁1117–1118。

59　是否「退出」仍難以斷言。2018年北京大學學生就校方處理性侵、性騷擾問題用大字報發聲，即是一例。

京城大中學校有激烈的辯論。尤其「群眾組織」初興之時。文革初期的城市街道，正可謂生氣勃勃，隨處可聞辯論聲。陌生人之間或應和或攻防，由白天直至夜深。這個被嚴格管理的國家，何曾有過這番景象！趙無眠《重讀大字報》一文引蘇聯著名詩人馬雅可夫斯基(Влади́мир В. Маяко́вский)的詩句：「街道是我們的畫筆，廣場是我們的調色板。」(《文革大字報精選》頁14)用以狀寫文革前期的某一階段，的確適用。

公開的討論、辯論，本應是一個正常社會公共生活的內容。在1957年重擊之後，1966年的街頭辯論(不同於此後派仗中攻防性質的辯論)，成為了當代中國的奇特場景。有人記1966年秋西安的街頭辯論，聽眾通宵熱情不減，「上千輛停放的自行車無一人看管，卻無任何偷竊丟失之事發生」(尤西林《文革境況片斷》，《1966：我們那一代的回憶》頁11)。另有人記武漢街頭的類似情景。「那時還不興動手動腳，大家各講各的道理，各顯各的口才。這也成了許多市民的業餘文化生活，吃過飯，便匆匆跑到街上去，一處一處地聽去，直到深更半夜，樂不思歸。」作者說自己一次看到一個踩三輪的老頭，「將車停在一堆辯論的人群旁，一直聽到結束，然後又趕去聽另一堆」。作者以為，「這大約是武漢歷史上唯一的一次全民性的大辯論。很有一點羅馬廣場或英國海德公園的味道」(胡發雲《紅魯藝》，同書頁222)。當年北京二十八中學的學生侯瑛，幾十年後接受訪談，還說到記憶中所在學校的辯論會，說當時的「民主氣氛」「特別濃厚」，「隨便誰都可以組織一個會，暢所欲言」(《紅牆邊的反革命》，《回憶與反思》頁219)。不同城市在同一時間演出着類似的劇目。文革後另一次動員廣泛的「運動」，足以將底層群眾也吸引到了街頭與廣場並流連忘返的，即發生在1989年初夏——或也是絕響。

1971年被特許在山西長治一帶從事調研的美國人威廉·韓丁(William H. Hinton)，在其所著《深翻》一書中，也生動地記述了

他所聽説的1967年最初幾個月長治的街頭辯論：「市政府和大街周圍到處都在晝夜不停地進行着激烈的辯論。由於大部分人白天必須上班，學生們從八點一直辯論到下午四點。但是，傍晚時分，工人下班、政府幹部離開辦公室後，半個城市的人都參加了辯論。晚上九點左右，激動人心的辯論達到高潮，直到凌晨兩點左右，『頑固派』認輸回去睡覺，辯論才驟然平靜下來。」「在大街上，成群結隊的人群浩浩蕩蕩，一會兒又分成了許許多多小股人群，人群不斷地聚散組合。一個地點有十幾個進行激烈辯論的活躍分子，只要他們能堅持大聲爭辯，就能吸引一倍圍觀的聽眾，辯論聲音減弱時，旁觀者就漸漸溜走而轉到其他地方了。」（中譯本，頁526）

文革初期的街頭辯論，或可認為是壓抑既久後的一次釋放，使無緣政治參與的普通民眾意外地獲得了自以為在「參與」的快感。也因此上述街頭辯論在親歷者的記憶中，有一種歡樂的氣氛。令他們經久難忘的，毋寧説是那種氛圍。人們樂於享受這從天而降的「表達權」，體驗一把言論的狂歡；至於辯論的內容，已不重要。這種即使有限時間內的放任，也「創造」了前所未有的交流、交往方式：城市的不同階層、行業、單位、人群之間，大中學校校內以及校際間。在這個被嚴格管控、缺乏近代意義上的「公共空間」的國家，上述現象，的確難以再現。

大字報也同樣壯觀。據説當時的北京，「凡是能黏上糨子的物件上」都貼上了大字報，「有的地方的大字報竟有寸把厚」；「當時中國的紙都貼到了牆上」，於是就有了如下小景：「那些出身雖紅但非常微賤的窮人們」，「他們為自己的光榮出身而顯得有恃無恐，紛紛釘個小車，跑上街頭撕大字報賣錢」（《母親、父親和我們》，《那個年代中的我們》頁71）。韋韜、陳小曼《父親茅盾的晚年》，寫到了所見批茅的大字報上讀者的批語：「大部分的批語不同意大字報的觀點，有的質疑，有的反駁，不少讀者還簽上了自己的名字」，很勇敢（頁40）。眾聲喧嘩，亦一種紙上的辯論。直至

文革後期，如「反對走後門」的大字報，如廣州「李一哲」的大字報，還吸引了眾多民眾的圍觀。有人回憶起深夜街頭眾人打着手電筒讀、抄「李一哲」大字報的情景。文革初期的大字報欄下，往往可見一臉虔誠的抄寫者，尤其由外地來京「取經」、自任「傳播革命火種」莊嚴使命的青少年。到了1970年代，只有被當局指為「異端」的大字報，才有如此的吸引力。在信息傳輸手段落後的條件下，不知有多少人抄寫過大字報。在封閉的言論環境中，人們搜尋任何可能的資源。這種情景，文革結束之初的「西單民主牆」時期也曾再現。

化名「伊林·滌西」寫《致林彪同志的一封公開信》的北京農業大學附中兩個學生劉握中、張立才，幾十年後受訪時說，因文革爆發「出現了一個機遇」，即關心國家大事，「去想一些過去肯定不敢想也不可能去想的問題」（《草根政治——一條至死不渝的道路》，《回憶與反思》頁256）。劉握中在受訪時談到他們那封公開信引起的連鎖反應，即「一連串的『炮打司令部』」（同書，頁262）。[60]「李一哲」大字報屬「抗爭性政治」。該大字報說寄希望於「街頭讀者」、「街頭理論家、政治家、法律家、哲學家、批評家、觀察家們」（《位卑未敢忘憂國——「文化大革命」上書集》頁248），即訴諸盡可能廣泛的受眾。而大字報無論形式還是效應，均與「上書」這一種傳統形式有別。「異端思想」的公開發表，正是借諸「四大」提供了稀有機會。北京中學生「四三派」的《論新思潮》，楊曦光的《中國向何處去？》，均曾以大字報或傳單的形式造成廣泛影響。年輕人為了在喧囂中發聲，務求振聾發聵，為此不惜試探底線。這種也可能夾雜了「投機心理」的冒險衝動，由存留至今的當年大字報中仍不難察覺。

「四大」所提供的特殊的信息傳輸方式，使關注時局者可能擁

60　張立才受訪時說到1976年「四五」中的天安門廣場，是「一個發洩的場所，是解壓閥，跟北大三角地一樣」，還說「現在這個社會缺的就是解壓閥」（同書，頁278）。

有此前不能想像的眼界。首都紅衛兵到各地點火，各地大中學生四出串聯。經由紅衛兵小報與遍佈城市的大字報欄，你有可能得知各地的消息(無論是否屬實)。「地方」的封閉性由此打破──影響於「後文革時期」的政治與文化，值得探究。

下文還將談到，「揭秘」性質的大字報最足以聳動。對於長期閉鎖於給定的空間的知識人，即使一隙的透露，也非同小可，何況縫隙遠不止於一條。一時街頭遍佈了震撼彈，顛覆着你已有的認知與想像。鋪天蓋地來源不明的種種信息，莫辨真偽，也無從考實。經歷了這一種「洗禮」，你已難以找回失去了的「童真」。發生在「後文革時期」被認為精神危機的信仰缺失，近緣即在此。

一個穩定地執掌政權的黨，發動、鼓勵「街頭政治」，畢竟是太稀有的事，非有超常的氣魄與奇特的思維邏輯才能。佩里·安德森(Perry Anderson)在《兩場革命》一文中比較中、蘇，説與蘇聯的大恐怖不同，「文化大革命不僅僅是一場超大規模的鎮壓行動。這是一次橫掃全盤的嘗試，試圖通過發動青年一代起來造反，達到粉碎官僚結構的目的。當時那種經歷──即使僅僅因為那麼多各種各樣的體制權威曾在突然間被打倒──對許多人來説都不啻於一次精神解放，儘管他們後來可能會因為文化大革命的最終結果而大失所望，甚至會成為共產黨的狂熱反對者。」(中文譯文刊臺北聯經出版事業股份有限公司《思想》集刊第18期，頁160–161)

文革後一度的「去政治」的傾向，其近緣自然是剛剛過去的文革。文革後政治生態、社會面貌的某些不可逆轉的變化，亦緣於此。問題卻仍然沒有如是簡單。有所謂的「『去政治』的政治」。莫里斯·邁斯納《毛澤東的中國及後毛澤東的中國》一書在結束語中説，文革後「隱藏在群眾對政治表面上的消極性之下的東西」，令人懷疑「大動亂時的那些觀念仍然在發揮作用，群眾的政治意識遠非其表面呈現的那樣」(中譯本，頁490)。的確如此。

本章上一節已涉及所謂的「自發性」。「自發性」是我們曾經

耳熟能詳的概念。由自發到自覺，被描述為一個上升的過程(即如階級覺悟提高的過程)。在高度組織化中保留某種「自發性」，應當是毛的實驗的一部分。他對於「自發性」似乎有一種隱秘的迷戀。文革之初派出的工作組固然依循慣例而錯會了偉大領袖的意圖；由發生在運動中的事態看，組織化與自發性，其間的「度」，確也幾乎無從把控。至於「自發性」用於描述文革，其適用性，本書還將在其他章節討論。

文革期間，偉大領袖的「最高指示」，「兩報一刊」(按即《人民日報》、《解放軍報》、《紅旗》雜誌)社論、評論員文章，中央文件(有時發佈得極頻密)，派仗中「中央首長」的表態，甚至中央文革成員的個人講話，某些署名(多為化名)的大批判文章，都有可能被領會為「黨中央、毛主席的聲音」，影響運動的走向。幾家權威媒體(即「兩報一刊」)充當最高當局的喉舌，其功能得到了極致的發揮。作為操控運動的工具，雖前此亦有此類運用——如公佈毛加了按語的「胡風反革命集團材料」，如發動「反右」的《人民日報》社論《這是為什麼？》——仍遠不及在文革舞臺上展演得充分。被權威媒體點名，猶如古代酷吏的判詞，足以宣告某人(政治上的)死刑。[61]如此逐一引爆，控制運動的節奏；以突然襲擊的反常做法，造成戲劇性的效果。毛在這方面，從來是「特效大師」。「革命群眾」則將權威媒體讀作官方文告，不但惟此馬首是瞻，且其中的積極分子訓練了由字裏行間捕捉風向、判斷「來頭」、揣摩聖意、先幾而動的特殊才能。[62]

當年河南的造反派骨幹袁庚華2010年接受訪談時，肯定「文革

61　據何蜀《為毛主席而戰——文革重慶大武鬥實錄》，時任中共中央西南區書記處書記、重慶市委第一書記的任白戈，不過因其名字出現在權威媒體(《紅旗》雜誌、《人民日報》)署名(穆欣)文章的註釋中，即遭滅頂之災(見該書頁7–8，頁7註2)。

62　李遜《革命造反年代：上海文革運動史稿》寫到文革之初上海市民與北京紅衛兵的街頭辯論「實際上是上海市委默許甚至引導的」(頁131)。上海與北京同樣有操縱運動之手，只不過手勢、意圖有別而已(參看同書頁135–137)。

中群眾直接參與政治的權利」，説文革中「所有老百姓都可以直接
參與政治」，甚至認為毛在「人類社會進步中的巨大作用」，就包
括了文革中「放手讓6、7億人口中的絕大多數(95%以上)直接地、
全面地行使廣泛的民主權利」(陳宜中《永遠的造反派：袁庚華先
生訪談錄》，臺北聯經版《思想》集刊第18期，頁49、頁50)。袁
氏甚至説，文革「使中斷了兩千多年的希臘民主得以重新繼續」。
「直接地」、「全面地」云云，即使不出於錯覺，也顯然係為了
論證某種政治主張的有意誇大。「老百姓」的「直接參與」賴有
「恩准」，即使不全是「奉旨革命」，「自發性」也有必要大打折
扣。至於「95%」，是毛慣用的説法，也像毛一樣無意於核查其統
計學意義上的真實性，比如籠統地將佔人口絕大多數的農民囊括在
內。[63]

　　來自當局的有意「透露」，或權威媒體的煽動，均為「運動群
眾」的手法。到了文革，運用已極其嫻熟。由本章上一節可知，文
革初期紅衛兵的某些大動作，有來自高層的背景。[64]有意的透露，
也是一種古老的政治操控的技術。蒯大富説聶元梓的造反是「中央
授意」，「奉旨造反」，他的公開反劉少奇，亦得之於張春橋的授
意(《潮起潮落》，《回憶與反思》頁353、356)。[65]當年北京四中

63　莫里斯·邁斯納《毛澤東的中國及後毛澤東的中國》一書説，「十分清楚，文
　　化大革命『敢於造反』的權利不是人民固有的權利，而是由被神化了毛澤東的
　　權威賜給人民的，因而這也是毛澤東隨時能夠廢除的一種權利。」(中譯本，
　　頁439)

64　孔丹事後説，「我們這些高幹子弟在『文革』前和『文革』初做的很多事情，
　　並不是我們自己完全獨立的、自覺的、經過深思熟慮後採取的行動，而僅僅是
　　得了風氣之先而已。」(《難得本色任天然》頁37)

65　蒯的説法不可盡信。較為合乎事實的説法或許是，有自發，也有來自外部的啟
　　發、推動。關於聶元梓領銜的大字報產生的背景，看看卜偉華《文化大革命的
　　動亂與浩劫》頁126–128。關於聶元梓等七人的大字報，毛的寫信支持清華大
　　學附中紅衛兵，尚可參看閻長貴《點燃「文化大革命」的三把火》，收入《問
　　史求信集》。陳佩華(Anita Chan)注意到她的一個受訪者「一次次地談到『趕
　　潮流』、『跟形勢』、『捲入潮流』」(《毛主席的孩子們——紅衛兵一代的成
　　長和經歷》中譯本，頁193)。

的學生李寶臣，說那時「打探消息成為時尚」。「捕捉到重大消息，弄清運動走向是冒險投注的前提。如果你認為那樁樁件件引領風騷的轟動事件完全出自造反者的政治判斷與造反精神，那就錯了。」「造反者差不多預先都得到了準確情報或是受到上峰的暗示。」（《往事豈堪容易想》，《暴風雨的記憶》頁237）在文革初期的氛圍中，搶先機也即搶頭功，且不難造成轟動效應。其時大有善於「捕風」者，總能先於他人聽到風聲。政治形勢變幻之詭譎，也鼓勵了這一種能力的施展。陳煥仁《紅衛兵日記》記作者見聞所及的文革中北大師生的狀態：對高層動向的打探，揣測，或迅速跟進，或及時調整、轉向，某些細節、人物之生動，或有過於小說。

　　吳敬璉為徐方《幹校札記》所作序，寫到了他所看出的高層「運動群眾」的如下「脈絡」：「號令從『中央文革小組』出來，通過學部哲學研究所以及馬列主義研究院、國務院財貿辦公室、教育部和北京高等院校等單位，幾天之內就能形成『打倒某某人』、『炮轟某某人』的席捲全國的『群眾怒潮』，然後就會有中央領導出來表態，把被炮轟的人定為反黨、反社會主義、反毛澤東思想的『三反分子』，或者是其他名目的『反革命分子』」（《回望幹校年代》，頁12）。[66]

　　葉維麗談到毛寫信支持清華附中的紅衛兵，說：「毛是很善於『從群眾中來的』。要說『一大批原來不知名的青少年登上了歷史舞臺』，不如說是毛把他們引領上了歷史舞臺。如果毛不允許他們上來，他們上不了臺。」（《動盪的青春——紅色大院的女兒們》頁109）這不能不是可疑的「自發性」。套用時下的流行語，即「被自發」。「運動」的始終，都有那只時而可見時而不可見的操縱的手。1967、1968年局面失控，倒是有了更真實可信的「自發性」——被當局斥之為「無政府狀態」。捲入文革的中國青少年，

66　按「學部」全稱「中國科學院哲學社會科學部」。1958年「學部」劃歸中共中央宣傳部直接領導。文革後以學部為基礎成立中國社會科學院。下文關於學部，不再出注。

與大致同一時期手中也舉了一本「小紅書」（毛語錄）的歐美、日本
青年，最大的不同，也在此的吧。當然，那些異域青年自以為的
「自發」、「自主」的背後，或也有「看不見的手」，卻不像是
「最高當局」的那隻手。[67]

　　以「工農兵」的名義組織批判，引導運動，也非自文革始。
1957年6月8日，《人民日報》刊出社論《這是為什麼？》，10日發
表社論《工人說話了》。文革不過沿用了慣用的方式，包括召開
座談會，將座談會記錄加以整理——「實際上很多是根據需要編寫
的」，一度作為「中央文革」工作人員的閻長貴如是說。閻還曾為
《紅旗》雜誌起草過評論員文章《工農兵群眾參加學術批判是劃時
代的大事》（《「奪取政權沒趕上，保衛政權不能落後」》，《問
史求信集》頁203）。那種座談會上，確有被特選的「工農兵群眾」
說了話，只是說的未必是自己的話，且他們的話被「根據需要」作
了「編寫」。[68]遇羅克1966年5月22日的日記中，關於「工農兵參
加論戰」，說：「誰掌握報刊，誰就掌握工農兵。」「報刊上所謂
的工農兵論文，現在看來是批判鄧拓的，但不用換掉幾個字就可以
變成下一次運動批判其他人了。」（《遇羅克遺作與回憶》頁117）

　　與「群眾運動」相對，有「運動群眾」之說，文革中即已流
行：被操控的「自主性」，虛假的所謂「歷史的主動性」。[69]「群
眾」一旦發現「被運動」，也就有了「群眾運動」的式微。儘管

67　徐曉主編的《民間書信》中一封寫於1972年的信件徑直說：「如果文化革命算
　　是發動了群眾的話，那麼也必將導致自己的掘墓人，所謂『人民革命』、『人
　　民戰爭』真是這樣的嗎？」「我覺得我明白了一條可怕的真理：群眾不過是
　　工具，統治階級的工具。但是，在它的外表卻罩上了一道美麗的、金色的光
　　圈——什麼『相信』、『依靠』——虛偽，虛偽，全是虛偽！」（頁212、213）

68　王若水的回憶文字《從批「左」到批右的轉折》寫到張春橋、姚文元以報道上
　　海工人座談的方式傳達毛的意見，打壓《人民日報》王若水等人的批「左」。
　　該文收入《位卑未敢忘憂國——「文化大革命」上書集》。

69　北京外國語學院學生王容芬1966年9月上書毛澤東，其中有「文化大革命不是
　　一場群眾運動，是一個人在用槍桿子運動群眾」云云（《位卑未敢忘憂國——
　　「文化大革命」上書集》頁52）。

「運動」作為社會治理的手段，仍然被慣性地運用。

但也應當說，縱使腳本前定，也仍然有隨機的「自發性」，也是文革這一非常事件與前此政治運動的不同之一。這不是一種非同小可可以忽略的不同。[70]此外，被誘導的「自發」與被授意的「自發」，也微有區別。事實是，文革期間「自發性」始終存在，問題或更在性質。如係何種「自發」，何種前提下、情境中的「自發」。由卜偉華《文化大革命的動亂與浩劫》一書所用材料看，趕工作組的行動也有某種自發性，雖背後有官方媒體（《人民日報》）的鼓動（參看該書頁155-158、160-163、172）。李遜《上海文革運動史稿》：「經濟主義風潮是文革中最具自發性和自覺性的群眾運動」（頁660-661），因與切身利益有關。此風潮很快被制止。此外，運動的不同階段，「自發性」也有程度、表現形式的不同。文革初期各級權力機構瓦解之時，群眾與群眾組織確也獲得了各自發揮與「創造」的空間。某種失控，文革初期已然。權威不再，甚至偉大領袖的權威。這種意義上的「自發性」確也貫穿始終。

批評「五分加綿羊」，批判「馴服工具論」、「奴隸主義」，鼓勵「反潮流」，不消說有「解放」意義，卻又勢必加劇了混亂，鼓勵了離心的傾向。1966年6月2日《人民日報》評論員文章：「對於無產階級革命派來說，我們遵守的是中國共產黨的紀律，我們無條件接受的，是以毛主席為首的黨中央的正確領導。對於一切危害革命的錯誤領導，不應當無條件接受，而應當堅決抵制。」問題是「正確領導」、「錯誤領導」，實踐中必然見仁見智，「群眾」只能自行其是。[71]

70　當年的清華附中紅衛兵領袖卜大華接受訪談時說：清華附中紅衛兵的出現，「完全是自發的」（《回憶與反思》頁42）。

71　抑制自發性，也是「革命傳統」的一部分。何方《黨史筆記》談到中共七大為後來開類似會議立下了「範式」，即「既沒有或不允許有不同意見的發表與爭論，各種報告和所有發言都是早準備好並經過統一審查，開會前就已發到個人手中，開會時只是臺上唸、臺下看。（七大時倒還有毛澤東的口頭報告和一些臨時發言，後來這種情況就很少甚至沒有了。）」（頁502）。同書還寫到延安應

對於文革，理論上應可事後「複盤」，檢視操控運動的各方博弈的機制及其過程。但在事實上，完整、無遺漏地複盤，幾不可能。自發／被自發，自發／失控。毛的偉大實驗，終於越出了他的預期、他預設的路徑。甚至毛是否有明確的「戰略部署」，亦未可知：至少在文革的某些關頭、關口，有諸種偶發事件與毛的「靈光一閃」。毛在文革中的有些靈感，即得之於「群眾運動」，亦所謂的「順勢而為」。[72]文革的「史無前例」，多少也在於此。此前不曾有過，此後也未可複製。

1957年「反右」後涉及黨政、幹群(亦官民)關係的議題上噤若寒蟬的民眾，終於在文革中有了宣洩積怨積憤的機會，勢若洪水不可遏制。

「四大」中對領導層火力密集的攻擊，毋寧說直接得自毛本人文革前「反修」、「社會主義教育運動」中言論的啟發。毛如此輕易地引爆文革，正利用了民眾對體制、對「特權階層」的積蓄已久的不滿；「巴黎公社的原則」的風行一時，亦緣於此。[73]

付外界參觀的一套形式主義弄虛作假的辦法。如1944年7月中外記者西北參觀團21人訪問延安，「除打掃衛生等作表面文章外，各機關學校還要進行一點臨時訓練，由上面發下估計記者可能提出的二三十個問題，寫出標準答案，讓大家記住甚至背誦，以免答錯」(頁284)。類似做法，1949年後仍有延續。排除一切偶然性、隨機性以保障一致性，早已成慣例。

72　借題發揮，是毛的「領導藝術」。借聶元梓等人大字報引爆文革，即毛「靈光一閃」之一例。毛的靈感不止來自北京、上海，還來自其他省市。如關於「三結合」。參看李遜《上海文革運動史稿》頁787–788。毛説林彪等人「為了打鬼，借助鍾馗」(《給江青的信》，《建國以來毛澤東文稿》第十二冊，頁72)，毛本人何嘗不如此。

73　1964年7月14日發表的「九評蘇共中央的公開信」(簡稱「九評」)第九篇《關於赫魯曉夫的假共產主義及其在世界歷史上的教訓》提到「蘇聯特權階層」，説：「這個特權階層，侵吞蘇聯人民的勞動成果，佔有遠比蘇聯一般工人和農民高幾十倍甚至上百倍的收入。他們不僅通過高工資、高獎金、高稿酬以及花樣繁多的個人附加津貼，得到高額收入，而且利用他們的特權地位，營私舞弊，貪污受賄，化公為私。他們在生活上完全脱離了蘇聯勞動人民，過着寄生

在反「特權」的普遍要求下，「四大」中與「特權」有關的揭露最能呼應民眾的情緒。[74]與其說「走資派」激起的民憤由於「走資」，不如說因了表現為「特殊化」的權力的濫用。上層(包括軍隊)的腐敗，1949年後第一次成為了公眾議題。高牆深院、警衛森嚴的所在一旦向公開敞開，高官的物質生活被民眾圍觀，超乎普通人想像的差別即無從遮掩，足以使「公僕」云云的一套說辭破產。[75]較之1990年代後的貪腐、奢靡，文革中大字報所揭露的，實在「區區」，無足掛齒；回頭看去，倒像是老百姓在大驚小怪。但在1950–60年代的匱乏經濟下，涉及物質利益的特權暴露在公眾面前，卻最易激起民憤。對「特權」的憤恨文革後期借「反對『走後門』」繼續發酵，無不可作為1989年社會運動的伏線。

的腐爛的資產階級生活。」為文革中對「特權階層」的批判提供了思想啟示。1964、1965年之交毛《對陳正人關於社教蹲點情況報告的批語和批註》有如下表述：「官僚主義者階級與工人階級和貧下中農是兩個尖銳對立的階級。」(《建國以來毛澤東文稿》第十一冊，頁265–266)南斯拉夫密洛凡‧德吉拉斯(Milovan Djilas)的《新階級：對共產主義制度的分析》(*The New Class: Analysis of the Communist System*)一書陳逸的中譯本，1963年由世界知識出版社出版。儘管係內部發行，對於有可能讀到該書者仍有相當大的啟發性。陳佩華在其所著《毛主席的孩子們》第三章的註釋中說，「雖然吉拉斯(Milovan Djilas)並不為年輕人所知，但他們的批判卻表明，他們認識到一種吉拉斯所定義的『新階級』已在社會主義中出現。」(中譯本，頁217)密洛凡‧吉拉斯，一譯密洛凡‧德吉拉斯。應當說，文革中關於「特權階級」的思路，也憑藉了「階級鬥爭」的視野，憑藉了這一視野所訓練的敏感(關於「存在」決定「意識」、經濟地位決定政治態度)。作為背景的，是關於經濟基礎/上層建築的一整套論述。

74　文革中北京四中學生趙京興聽一個同學說，「中國沒有什麼地主階級、資產階級，只有官民兩個階級。」當時雖覺「過於簡單化」，後來卻認為「對於概括當時的社會關係」，「它離真理的門檻最近」(《我的閱讀與思考》，《暴風雨的記憶》頁290)。

75　官員享有的特權，是文革中曝光率較高的方面。有關揭發往往引用財務統計以增進可信性(如收入《文革大字報精選》的《赫魯少奇在昆明》)。劉少奇不安於昆明方面對自己的接待，本可由正面解釋，卻被大字報作者指為「偽君子」、「偽善」。僅由收入《文革大字報精選》的大字報看，其時批判「特權」者掌握的資訊有限，更多隱秘的特權、複雜的等級差別，普通民眾無從知曉。關於1949年後官員的特權，參看楊繼繩《天地翻覆》頁45–48。

　　「特權」在文革期間的大字報中，具體化為官員的生活空間、社交場所、衣食住行的方方面面。官員身邊行政幹部、工勤人員(包括私人醫生、警衛員、保姆、司機)的揭發，最被認為有可信性。[76]如收入《文革大字報精選》的《鄧小平私人醫生訪談紀要》，北京市委機關工作人員、工人參與撰寫的《彭真的腐朽生活罪行》)。《彭真的腐朽生活罪行》一篇中，為其宅邸維修施工者，詳細羅列彭氏居所的器物，舉凡食、用，巨細靡遺，無異於紙上的展覽。態度則如劉姥姥進大觀園，目不暇給，少所見多所怪。非以當年普遍的生活水準、消費能力，即不能體會揭發者的義憤。公物私用(「盜用」、「霸佔」)，「佔公家便宜」，甚至「盜佔文物」，是揭發的內容之一。對彭的揭發亦有此項內容。倘若屬實，這些官員確也「不拿自己當外人」，將國家的視為自己的。其時的老百姓過慣了苦日子，緊日子，不知還能怎樣「窮奢極欲」。他們慣聽的，是「密切聯繫群眾」、「為人民服務」。大字報卻讓他們開了眼，見識了與這套說辭滿擰的官老爺。

　　隱性的「特權」更體現於「待遇」。「四大」揭開了「平等」表象下的隱秘一角，不能不引發公眾的圍觀。[77]工資待遇，涉及利益訴求。被揭批的「特權」，包括了外交部駐外人員與國內幹部的工資差別(《徹底砸爛以陳毅為首的外交部特權階層》，《文革大

76　文革中官員身邊工作人員(秘書、警衛、服務人員等)「造反」特具威脅性。劉少奇身邊的工作人員即組成「南海衛東革命造反隊」(參看卜偉華《文化大革命的動亂與浩劫》頁474)。

77　楊奎松《中華人民共和國建國史研究1》第八章談到，「講平等、平均的共產黨制定的級別及分配標準還高於並不講平等、平均的國民黨制定的級別及分配標準，這無論如何有些弔詭。而尤為關鍵的是，這種等級差別的規定，還並不，甚至主要不是表現在工資多少上，它更多地其實是表現在無法從工資數字上反映出來的各種物質待遇上，這就更是國民政府時期文官薪給制所不能及的了。」(頁451)「一般人往往忽略了高官按照等級所能夠享受到的極為特殊的待遇。而這種種待遇，在其他西方國家一般是無法想像的」(頁456)。中共建政之初有關各級幹部在工資以外待遇的規定，「很大程度上參考了蘇聯人的做法」，不厭其細(具體規定參看同書頁456–457)。

字報精選》頁525–526）。高層人士的看西方影片，也被歸為文化資源普遍匱乏時期令人垂涎的「待遇」（參看同篇，同書頁527）。京城中「養蜂夾道」一類隱秘處所，文革中進入了普通民眾的視線（參看同書中的《「高幹俱樂部」是修正主義的安樂窩》）。文革前的「高幹俱樂部」，多少像是此後「私人會所」的前身；只不過1990年代後的「會所」，乃京城及某些省會城市中的秘境，進出其間的，高官之外，更有鉅富而已。

「特殊化」還指向了面向幹部子弟的貴族學校，貴族幼兒園（參看同書中的《「北海幼兒園」是培養資產階級接班人的苗圃》、《徹底砸爛貴族化的北京十一學校》），屬最為民眾側目的那部分「特權」。[78]較之「三大差別」，民眾感受更直接的，或即官民差別。臨時工、合同工，機關學校、事業單位的「工勤人員」的訴求，借諸「四大」得以表達。「特權」、「特權階層」遭遇了前所未有的衝擊。文革爆發時毛的一呼百應，也可由此得到部分解釋。

文革後期無論署名「李一哲」的大字報《關於社會主義的民主和法制》，還是南京徐水良的大字報《反對特權》，以及未以大字報形式傳播的雲南陳爾晉的長文《特權論》（參看《天地翻覆》頁964–968），均集矢於「特權」、「特權階層」，本不難由此洞悉民意、人心。文革後爆炸式的「特權—腐敗」，更像是對文革中衝擊的報復性補償。[79]

我始終相信文革的發動有普遍的社會要求作為背景。即使對內幕小百姓無緣知曉，對基層黨組織、基層幹部的不滿，對專政機構的怨恨，也在為宣洩尋找出口。參加過「四清」的趙毅衡，說自己

---

78 遇羅克在其當年的論戰文字中，也寫到了其所知貴族學校，如八一學校、哈爾濱軍事工程學院，作為存在着「物質上的特權階層」的例子（《「聯動」的騷亂說明了什麼？》，《遇羅克遺作與回憶》頁29）。

79 特權的反彈甚至不待文革結束。此一議題的討論，見本書上編第八章《反對「走後門」》。

知道「餓死人的時候，農民們對多吃多佔的基層幹部如何仇恨」。一個女社員對自己說：不用查賬，「看看他們的糞坑就知道他們吃的和我們不一樣」（《人體孵蛋》，《那個年代中的我們》頁209）。文革前「幹群關係」之緊張，已到了某種臨界點。處在不同位置上的人們，由不同的方面感受「官僚主義」，感受政治壓抑。除了高層有意縱容，民怨，民憤，或更是文革中衝擊「公、檢、法」的真實背景。

　　1981年中共十一屆六中全會上通過的《關於建國以來黨的若干歷史問題的決議》中說，「黨決定廢除幹部領導職務實際上存在的終身制」。廢除職務上的終身制，仍有待遇的終身制——確係「中國特色」。[80]在2012年年底中共中央「八項規定」、2013年十八屆三中全會《關於全面深化改革若干重大問題的決定》之後，2016年11月30日中共中央政治局召開會議審議通過規範黨和國家領導人有關待遇的文件，其中有黨和國家領導人退下來要及時騰退辦公用房；不能超標準配備車輛，超規格乘坐交通工具；壓縮赴外地休假休息時間等項內容，適用的仍然是「待遇適當從低」的原則，甚至不能比照西方民主國家的相關制度，是否有違執政黨宣稱的宗旨？如若將文革中對「特權」的批判作為資源，體現於文革後的制度設計，是否會有所不同？

80　1956年高層人士有限制幹部特權、打破「終身制」的主張。即如劉少奇以美國開國總統華盛頓（George Washington）功成身退、艾森豪威爾（Dwight D. Eisenhower）當校長、喬治·馬歇爾（George Catlett Marshall）當紅十字會長為例，說：「這樣的辦法，我們是不是可以參考一下，也可以退為平民呢？」（參看沈志華《從知識分子會議到反右派運動》頁289–290）。劉的上述議論迄今也仍足夠驚人，過此再難聽到——也應與1956年短暫時間裏的思想空氣、執政黨高層的強大自信有關。劉當年所主張的取消幹部終身制（參看同書頁426），因涉及大批官員的既得利益，至今未落到實處；個別官員的「裸退」竟像是一種德行。1964年6月毛曾批評幹部特殊化、包括高幹保健制度。同年8月有《對衛生部黨組關於改進高級幹部保健工作報告的批語》（《建國以來毛澤東文稿》第十一冊，頁124）。

　　「四大」的另一效應，是將普通人無從窺探的高層內部的矛盾、分歧，以至歷史恩怨，暴露於公眾的視野。「外交學院革命造反兵團」所揭發的陳毅的言論，其中有，「現在什麼人，戴上紅衛兵袖章都可以看大字報」，而自己是「最堅決反對大字報上街的一個」，「不是我個人害怕，從黨的利益出發。劉少奇的大字報在王府井貼了一萬多份，把秘密都泄出去了，給我們偉大的黨面子上抹黑」（《陳毅反動言論錄》，《文革大字報精選》頁322-323）。[81]文革對保密制度的衝擊，的確威脅到了國家安全，造成了嚴重後果。但群眾對此制度的不認可，亦事出有因。至於大字報中的大量醜聞，何止於「抹黑」！你大可相信陳毅不是基於個人利害；他對失範、無序的高度警惕，確屬「從黨的利益出發」。事實是，大字報將高層人士「揪出來示眾」，無可避免地將黨內分歧公之於眾，將黨的歷史上不為人知的部分公之於眾，其後果僅憑常識也不難想見。在這種關頭維護「黨的利益」，陳毅是在代表相當一些老共產黨人說話。事實確也證明了陳的所言絕非杞憂。

　　由「革命群眾」揭發的「黑話」，你多多少少看到了政治人物

81　同篇大字報還引陳所說「什麼人都到外交部看大字報，特務、反革命、牛鬼蛇神都來看」（頁323）。據卜偉華《文化大革命的動亂與浩劫》，最初尚考慮到「內外有別」，顧忌「國際形象」、外國人的觀感，後這一層禁忌也被打破。毛在1966年8月4中央政治局常委擴大會議上說：「貼大字報是很好的事，應該給全世界人民知道嘛！」（同書，頁191）後涉外「革命行動」愈演愈烈，衝擊國際列車，莫斯科紅場衝突，直至火燒「英代辦」（英國駐華代辦處），已然失控。對「國際形象」又絕非不在意。文革後期大舉批判意大利著名導演安東尼奧尼(Michelangelo Antonioni)攝製的紀錄片《中國》即可為證。1967年1月17日林彪致信《解放軍報》社，說為照顧「解放軍的威信」，「照顧國際影響」，對該報社採取「內批外幫」的方針(美國《中國文化大革命文庫》編委會編纂、宋永毅主編《中國文化大革命文庫》，香港：中文大學中國研究服務中心，2002)。關於文革中的涉外事件，參看卜偉華《文化大革命的動亂與浩劫》頁558-572、楊繼繩《天地翻覆》第三一章。火燒英國駐華代辦處事件，卜著與美國學者麥克法夸爾、沈邁克《毛澤東最後的革命》一書記述均詳。後者與卜著引用了英國記者對現場的報道。卜著還摘引了「美國友好人士」威廉·韓丁有關此事件的訪談記錄。

的另一面，非公開場合的言行，正式表態外「私底下」或小範圍內的言論。[82]「高度一致」表象下的諸種分歧，證明了毛所說的黨外有黨、黨內有派，且不同派系、主張間的博弈由來已久。[83]這也是群眾未曾見識的更豐富更多層次也更近於真實的「政界」。至於對高層人物的批判，則無不是「宣判」式的。這也是文革期間「大民主」的特點之一。

收入《文革大字報精選》一書的大字報，揭高級幹部的「歷史污點」，通常歸結為其人一貫反毛。如收入同書的《大軍閥、大野心家朱德的滔天罪行》、《陳雲的十二大罪狀》、《打倒東北地區黨內最大的走資派宋任窮》等等。同書中批朱德的材料兩份，《滔天罪行》外，尚有《看！朱德反動的思想，骯髒的靈魂！》。另有批彭德懷、賀龍等人的材料，無不涉及黨史、革命史、戰爭史。有關的揭發、批判雖有羅織，種種誇大不實，卻仍不止撩開、更撕下了「政治」的神秘帷幕，鼓勵了尋求真相的努力。那種「野史」式的敘事，顛覆了既有的歷史認知，足以造成「思想混亂」，引發是否有所謂「信史」、官修正史是否可信的懷疑。以毛劃線，由反毛/擁毛講述黨史，算「黨內歷次路線鬥爭」的舊賬，[84]據此

82　收入《文革大字報精選》的《陳毅反動言論錄》、《三反分子李瑞環罪行錄》、《宣判「胡家黑店」死刑》附《胡耀邦的反動言行錄》等，所錄言論方式均相當個性化，本色生動，的確肖他們各自的口吻。

83　1966年8月12日毛《在中共八屆十一中全會閉幕會上的講話》：「我們過去批評國民黨，國民黨說黨外無黨，黨內無派，有人就說，『黨外無黨，帝王思想。黨內無派，千奇百怪』。我們共產黨也是這樣……」（《建國以來毛澤東文稿》第十二冊，頁101）「有人」即陳獨秀。陳獨秀曾創作民歌《國民黨四字經》發表於1927年12月26日《上海工人》第43期，當時流傳較廣。其中有「黨外無黨，帝王思想；/黨內無派，千奇百怪。/以黨治國，放屁胡說；/黨化教育，專制餘毒……」

84　有關的大字報如收入該書的《鄧小平反動言行錄》、《陳雲的十二大罪狀》、《徹底埋葬以彭真為首的舊北京市委》等。至於揭發康生的大字報（《勒令康生》、《炮打老奸巨猾的康生》）指其人為「酷吏」、「殘害忠良」，刻畫逼真，顯然知根知底。《王大賓回憶錄》說，文革「打開了中國社會的『潘朵拉的盒子』，將黨內最隱蔽的人際關係，戰爭年代形成的各個山頭，各種複雜的

「起底」黨史、黨史人物，或非毛的旨意；在文革的語境中，卻勢
不可免。魔盒開啟，諸種關於高層、以至關於最高領袖的「政治謠
言」、流言暗中傳播。「倒周(恩來)」，「倒謝(富治)」，「攻擊
中央文革」，即使在打壓下，此類事件仍層出不窮。

　　將對手污名化，從來是政爭的武器，包括了文革式的放任
「群眾」醜化，抹黑，發露隱私，扣屎盆子。大字報指朱德為「老
賊」，說其人「混蛋透頂」，「一貫反對……毛主席」、「陰謀
篡黨、篡軍」，殺傷力遠不如說其人私德不堪，腐化墮落，「糜
爛」、「下流」(《看！朱德反動的思想，骯髒的靈魂！》)。[85]指
陳再道為「混進軍內的資產階級代表人物」，自不及說其人係「大
淫棍」、「大流氓」解恨(《千刀萬剮陳再道》，同書頁422)。[86]
以名人(包括高官)的「醜聞」娛樂群眾，亦大眾文化的常態。由大
字報與小報可以知道，「搞臭」一個人，何等容易！有關的揭發不
免捕風捉影，渲染或太過，卻未見得憑空捏造；公眾則寧信其有。
這些大字報，無疑使一些人獲得了對高貴者恣意羞辱的快感。官威
之「褻」，莫此為甚。「後『文革』時期」的信仰危機，多少也因
人們看到了聽到了太多他們本不該聽到、看到的東西，無法再將堂
皇的教義與實際對接。前此的政治運動縱然也包含了某種「自我否
定」，卻從未有如此之徹底。由這種意義看，文革實在是一場氣魄
驚人的豪賭。[87]

　　矛盾，分歧與對立，包括各種歷史恩怨，直至私人隱私都公開化了。……在一
　　切矛盾都已公開化的形勢下，使一些人獲得了攻擊他人、保護自己的平臺與充
　　分的自由。」(頁128)

85　更具侮辱性的，尚有人大「三紅」的標語「殺豬頭」、「挖豬心」等(卜偉
　　華《文化大革命的動亂與浩劫》頁367註22)。「豬」諧「朱」。「人大『三
　　紅』」，為中國人民大學的群眾組織。

86　1967年武漢「七‧二〇事件」後揭陳的大字報中，最為聳動的，是其人的「生
　　活腐化，驕侈淫逸」、「荒淫無恥，流氓成性」(同上，頁456、457)。

87　接受訪談時袁庚華卻另有一番見識，說西方「對官僚主義進行鬥爭的徹底性，
　　遠不如中國的文化大革命」(《永遠的造反派：袁庚華先生訪談錄》，臺灣聯
　　經版《思想》第18期，頁59)。事實是，文革中對領導幹部，保誰批誰，往往

　　也有反批判的大字報。如外交部九十一名司長、大使的《批判「打倒陳毅」的反動口號》。該大字報指斥批陳者「顛倒黑白混淆是非」、「憑空捏造」、「篡改事實」、「栽贓陷害嫁禍於人」、「攻其一點不及其餘」、「小題大做任意渲染」、「斷章取義無限上綱」（《文革大字報精選》頁619、620）。所斥責的種種，正是「大批判」中的常態，不惟對陳。

　　黨史、當代政治的一些被深藏的面向，漸次打開。在一個嚴密掌控信息傳輸的社會，這甚可以視為「歷史性」的時刻。大量真偽淆雜的資訊，潮水般湧來，令人應接不暇。關心中國當代史（尤其政治史、革命史）的知識人，獲得了一次夢想不到的機會。大字報對於井岡山蘇區「反AB團」、延安整風、「搶救運動」、1947年至48年春各根據地的「搬石頭」、1950年代「鎮反」、「肅反」擴大化、五六十年代之交大饑荒等等的披露，使被長期諱言的事件浮出水面，對於書生既有誤導，又有祛魅、祛蔽，由此開啟了反思、追問之門。「揪軍內一小撮」的大字報，則將軍內問題公之於眾，更是文革中的反常事態。在被制止之後，影響業已造成，難以消除。

　　文革中流傳甚廣的漫畫《群醜圖》，[88]據說引起毛的震怒，指為「罵我們」、「醜化共產黨」（參看王明賢等同書頁132-133）。對此，不妨姑且信之。這點敏感與警覺，應不惟毛有。

　　1957年「反右」以來各級黨組織維持已久的權威，文革後至今不曾真正恢復。對領導（官員）的敬畏即使不至於蕩然無存，「官威」也再難重建。在一個具體單位，「抗上」未見得需要付出政治代價。甚至有了抗上「專業戶」，官員眼中的「刁民」，有本事將

────────────

　　出於「聖意」。如保譚震林、李先念（《戚本禹回憶錄》頁580）。高層人士的命運，繫於最高領袖之一念。戚本禹試圖解釋陶鑄的被拋出，不過製造了更多疑團（同書，頁561），只能說「聖意」難測。戚本禹的回憶錄對江青多所回護，卻也令人看到了江的以毛甚至以自己劃線，如對王稼祥（頁531），對李富春、譚震林、王震、葉子龍（同上）；對運動操控之具體一至於此。

88　關於《群醜圖》，參看王明賢、嚴善錞《新中國美術圖史1966-1976》頁131-132。

領導整治得狼狽不堪。對權力機構、當權者的輕褻，是放任群眾羞辱當權派的一部分後果。[89]權威的維持需要一點神秘感。文革中權力機構與當權者脫卸了包裝，赤裸裸地現身。此可褻，彼亦可褻，終至於無不可褻。飯桌上用於消遣的關於權貴的「黃段子」，豈是文革前的老百姓所敢想像的？但也應當説，文革中最高領袖「走下神壇」，各級官員則走下了寶座；批鬥會、大字報上的「示眾」，固然使一些人顏面掃地，卻也拉近了政治人物與普通人的距離，將官員們還原為有七情六欲的人，而非大小神祇，效應複雜，不便作一概之論。中國傳統的官民關係，受到了前所未有的衝擊。精心營造的廉潔、官威的隳墮，權威感的削弱，與信任危機、信仰危機互為表裏，卻也可能成為塑造新的政治生態的契機。令人失望的是，文革中的衝擊，似乎並未被官員引為教訓。官復原職，依然如故，甚或變本加厲。1990年代以降官員的濫用特權，足令當年的「走資派」自歎弗如。老式官僚主義與「權貴資本主義」疊加，世襲、裙帶關係盛行，也成為一些人懷念文革的依據。

　　文革中的大字報，在揭露政治內幕、社會弊病、「自下而上地揭露我們的黑暗面」的同時，使人之於人的怨毒與嫉恨，得到了恣意釋放的機會。不惟對高層人士可以「自由地」攻訐，發露其醜聞、緋聞、秘聞，更可以對無從設防的他人，由同事到街坊鄰里，肆無忌憚地發洩私怨，包括積久的「羨慕嫉妒恨」──尤其針對才華、名望、待遇。血氣健旺或為人傾險者，不難於快意恩仇。橈橈

89　黎若回憶道，「在那時，我最崇賞(按應為「崇尚」)的一句話是『懷疑一切』」，「不管實際上是不是『懷疑一切』，這個信條表現出對過去『服從一切』的反抗」(《走出藩籬》，《1966：我們那一代的回憶》頁280)。他説，文革到來，除了對毛的信任還保留，「其他各級領導，以及各種思想上的權威都突然消失了，甚至成了反面形象」(同上)。馬克思回答女兒勞拉「你所最喜歡的座右銘是什麼」一問，答曰「懷疑一切」，是那一時期熟悉的偉人故事。據宋永毅、孫大進《文化大革命和它的異端思潮》，「懷疑一切」思潮正式被中共在文革中批判，是在姚文元發表於1967年6月7日的《評陶鑄的兩本書》裏(見該書頁226)。

者易折，那就放任摧折；娥眉曾有人妒，正可假借大義引燃妒火。在這種氛圍中，「卑賤者／高貴者」的說辭，無疑具有煽動性。掩蔽在「群眾運動」同質性表象下的不同階級、階層、人群的利益訴求，尤其對於社會分配的不平不滿，經由揭發批判以至攻訐詆毀，得到了(至少象徵性的)補償。

李慎之「反右」中檢討說，「過去整個貫穿我的思想是反對大鳴大放，認為狂風暴雨是不好的。」，對大字報，有些內容贊成，但對這種形式是反對的；認為這種形式，將人性與獸性都放了出來，即如「暴民心理」(《李慎之的私人卷宗》頁157、159、161)——極其敏銳。到毛在文革中倡導「四大」，這種言論早已沒有了發表的空間。

「四大」式的「大民主」，鼓勵部門、單位內部的相互揭發批判，往往抉發及於隱私，追查至於日常的人際交往，[90]力求聳人聽聞。在這種時候，知名人士、公眾人物，有更多被「示眾」的機會，往往是大字報的「看點」。緋聞，醜聞，尤有娛樂大眾的價值。某些只能稱之為「攻訐」的內容，「四大」期間是堂而皇之地發表的。在「前網絡時代」，那是一種理論上可以「全民」捲入的相互窺視。不但個人對於個人，而且派仗中的攻防，均不乏這類內容。涉及床第之間的揭發尤具殺傷力。「批倒批臭」，「批臭」的手段之一，即由私德方面敗壞其人的名聲。最能證明其敗德的，往往與情色有關，所謂的「生活作風問題」即「男女關係問題」。這種發露，關係到有潔癖的書生視同生命的「人格尊嚴」。不堪其辱，也成為「非正常死亡」的重要誘因。以言殺人，以這種大字報的效果為烈。[91]

90　李遜《上海文革運動史稿》記文革初期的上海市委提出「大是大非可以貼，小事(按應作『是』)小非也可以貼」，「許多單位被貼大字報人數佔總人數的30%至80%」(頁75)。關於文革中公開他人的日記，參看本書上編第六章《私人信件與日記》一節。

91　據麥克法夸爾、沈邁克《毛澤東最後的革命》，1967年北京市當局曾試圖對大

文革中陳寅恪曾由其婦唐篔為之辯誣(參看《陳寅恪的最後二十年》頁468–469)。錢鍾書、沈從文也曾以小字報、大字報為自己辯誣，亦其時「危機公關」的例子。[92]「辯誣」已夠屈辱，更多的知識人欲辯無從。大字報不承擔「言責」。「群眾組織」有所謂的「揭老底戰鬥隊」；各級「專案組」，更以發露歷史污跡為己任。在這樣的狂潮中，一些人無從設防地「暴露在光天化日之下」，不但門戶洞開，任由他人出入，且「歷史」公開，包括私生活(或曰尤其私生活)在內的一切，均不能逃過「群眾雪亮的眼睛」。大字報如此，「大辯論」亦然。文革中的辯論會往往是批判會以至聲討會，「靶子」只能任人抹黑，並沒有反駁、申辯的權利。不以揭發批判他人的自由，剝奪他人免受攻擊誹謗的自由，應當是一個民族文明程度、一個國家政治文明水平的一項指標，捲入文革者對於這種普世的原則卻像是聞所未聞。大批判中的語言暴力，與武鬥中的施暴相互支持，互為補充，造成的破壞以至導致的毀滅，非通常的傷亡數字所能反映。你可以公開指控(除毛、林、「中央文革」成員外)的任何人，也可以被任何人公開指控而無需提供證據；你對於他人或他人對於你的指控不被追究。這種「言論自由」，與任何意義上的「民主」無涉。

文革前的政治運動中，相互「告發」即已受到鼓勵。「人身攻擊」，延安「整風」、「搶救運動」直至1956–57年的「鳴放」、「反右」，乃「黨內鬥爭」、「群眾運動」中的常態。這種戾氣充斥的語境，正適用三百年前錢謙益所描述的他有關世態人心的體察：「劫末之後，怨懟相尋，拈草樹為刀兵，指骨肉為仇敵，蟲以二口自齧，鳥以兩首相殘……」(《募刻大藏方冊圓滿疏》，《牧

字報的某些主題進行清理，包括「男女關係」問題，卻遭到了抵制。「最後，幾乎沒有一個題目是禁區。例如，聶元梓就被無休止地影射或斷言她結過幾次婚」等(中譯本，頁87)。

92 關於錢鍾書、楊絳辯誣，參看楊《幹校六記》頁63。沈從文反駁他人的批判，參看張新穎《沈從文的後半生》頁186。

齋有學集》卷四一，頁1399)直至文革結束後的一個時期，暴戾之
氣仍時時可感，卻少有人有明清之際如王夫之、錢謙益、吳梅村關
於社會文化後果的洞見，甚而至於全無此種思路。

　　文革中人性之惡的釋放，影響於普遍的社會風氣，文革後仍繼
續發酵。其中就有那種被指為「文革遺風」的文風。如此看來，將
「四大」的實踐片面化，比如僅僅歸結為「人民群眾」有公開批評
黨組織、領導人的權利，不能不是有意的誤導。

　　思考的風險性質，正是在聲稱「大民主」的文革中，誇張地呈
現出來。標榜「四大」的文革的一大悖論，即，不但不能包容「異
端」，甚至不能容忍「另類」。通行的，是高度一致的「主流話
語」。但即使有一條縫隙，所謂的「異端思想」、「異端思潮」，
也仍賴「大民主」的言論環境發聲，儘管旋起旋滅，被消音，甚至
言論者被消滅肉身。短暫時間裏思想能量的集中噴發，縱然理論成
果有限，也示人以巨大的思想潛能。

　　上文提到的《論新思潮——四三派宣言》，[93]發表於《四三戰
報》第1期(1967年6月11日)，得到了湖南「省無聯」楊曦光等人
的闡發。《文化大革命和它的異端思潮》一書的編者認為，湖南
「省無聯』思潮」有「全面的反體制傾向」(頁269。按「省無聯」
乃「湖南省無產階級革命派大聯合委員會」的簡稱)，所拈出的諸
項，在當時並非空谷足音。諸多相互呼應的聲音，嘈雜而激切，
其中且有來自最高當局的聲音。[94]一種思路一旦開啟，即難以封
閉。這種後果，當是始料未及的吧。數十年後，原北京中學紅衛兵
「四四派」的領袖人物李冬民受訪中關於「四三派宣言」闡述的

___

93　收入宋永毅、孫大進《文化大革命和它的異端思潮》，見該書頁248–256。

94　1967年4月毛《對江青在軍委擴大會議上的講話稿的批語和修改》關於《戰國
　　策》中《觸讋說趙太后》一文，說該篇「反映了封建制代替奴隸制的初期，地
　　主階級內部財產和權力的再分配。這種再分配是不斷地進行的」云云(《建國
　　以來毛澤東文稿》第十二冊，頁310–311)，有可能啟發了當時青年與「財產和
　　權力的再分配」有關的思路。

「新思潮」，仍然認為「這種理論骨子裏是反共產黨的」（《幾度風雨幾度秋》，《回憶與反思》頁196）。[95]

　　久經訓練的限度感，文革期間始終有潛在的制約。即使在1949年以降言論環境最寬鬆的短暫時期，學生領袖也隨時保有對「異端思想」的敏感與警戒，在派別對抗中嚴守邊界，未失自律，儘管是未經政治歷練的中學生。縱然較有批判鋒芒的言論，如《論新思潮——四三派宣言》，在某些敏感問題上仍保有謹慎，「不僅是策略性的小心，也是思想性的謹慎」（印紅標《文化大革命期間的青年思潮》頁101）。只不過其「擦邊球」硬被指為出界罷了。那種自我制約思考與表達的範圍，以避免被「階級敵人」、國內外敵對勢力所利用的自覺，幾近本能，確應歸之於1950–60年代「階級鬥爭教育」的一大成果。

　　偉大領袖與「巴黎公社」有關的思路，啟發、激勵了年輕的思想者對新的國家形式的思考。其時較為「尖端」的言論，未出「徹底打碎舊的國家機器」等「巴黎公社的原則」；[96]至少在這一方向上，甚至尚不及上述思路（「徹底砸碎……」）激進。1966年10月北京師範大學物理系學生李文博的大字報提出的「徹底革新社會主義制度，徹底改善無產階級專政」，「革新」、「改善」而已；即「徹底改造」、「全面完善」，較之「革新」、「改善」，仍只有程度之別(參看楊繼繩《天地翻覆》頁958、959)。《論新思潮：四三派宣言》、楊曦光《中國向何處去？》所主張的「財產和權力的再分配」，也不過「再分配」。楊的論述的確超出了當局容忍的限度，卻也非無所本：「推翻新的官僚資產階級的統治，徹底砸

95　原北京二十八中的「四三派」紅衛兵領袖，受訪時說，當時「四三派」的多數人並不同意《四三戰報》上的《論新思潮——四三派宣言》、湖南楊曦光的《中國向何處去？》中的觀點，認為上述文章關於財產和權力再分配的論述「有點兒過了」（《紅牆邊的反革命》，同書頁235）。

96　馬克思《法蘭西內戰》中有關巴黎公社的論述，見《馬克思恩格斯選集》第2卷頁375–378，人民出版社，1972。恩格斯的有關論述，見收入同書的《馬克思〈法蘭西內戰〉恩格斯寫的1891年單行本導言》，同書頁334、336。

爛舊的國家機器」，「官僚資產階級」出自毛的「官僚主義者階級」；「徹底砸爛」依然來自「巴黎公社的原則」。[97]

　　據印紅標《文化大革命期間的青年思潮》，李文博事後回憶說，「當時是文革中一個短暫的可以就這一類問題進行公開探討的時期」（頁89）。類似探討或與1957年某些知識人的思考相呼應，卻未必在深度上更有推進——或可據以估量1957年以降知識分子思想能力萎縮的程度，以及文革「大民主」為言論所設限度。由此不難感到前此的政治運動（尤其「反右」）的深刻影響，無論思維能力還是表達方式，尤其涉及體制。在為思考（尤其關涉制度、體制的思考）設限成為常態的情況下，文革中即使有限的探索空間中短暫的討論，也令人懷念。若不過於苛求，仍然應當說，僅僅一隙，已足以使得上述人物釋放其思想能量，令人想見更大的可能性。

　　較楊曦光的大字報更為「尖端」的，是一份署名「聯動」的「通告」。該「通告」的鋒芒直至毛、林，提出「召開中共全國代表大會，選舉中央委員會，保證民主集中制在黨的生活中得到堅決貫徹，保證中共各級黨委、黨員的生命安全」。「召開……」無疑是作者的主要關懷。這段話前，卻有一句「取消一切專制制度」。「取消一切專制制度」云云，更像是憤激之詞，未必出自深思熟慮，卻也要有相當的底氣，才敢有如此凌厲的表述。有人申明此「通告」係由「偽聯動」發佈；對於本節議題，重要的是，「通告」曾以大字報的形式公開張貼。[98]

　　上述論者顯然（甚至有意）忽略了「大民主」的前綴——即「無產階級專政下的」。有此限定，才符合「大民主」的本來語義。

97　《論新思潮：四三派宣言》、《中國向何處去？》，收入宋永毅、孫大進主編《文化大革命和它的異端思潮》。也有或不便歸入「異端思想」的大膽言論，亦借「大民主」得以公開表達，即如趙振開寫到的其同學趙京興反對「上山下鄉運動」的言論（《走進暴風雨》，《暴風雨的記憶》頁212）。

98　參看楊繼繩《天地翻覆》頁283、284。楊指出該事件的詭異之處，在未聞對「通告」的作者、背景有何追查。當局本不難做到這一點。也應當說無論「聯動」還是其他文革中的群眾組織，都不具有同質性，不能如現代政黨組織嚴密。

毛使用「無產階級專政下的大民主」，或始自其1966年的生日談話。[99]問題在「無產階級專政」和「大民主」是何關係？是否「無產階級專政下的……」由誰判定？置此不論，單提「大民主」，的確有違毛的本意，更不合於文革的實際。毛的「生日談話」反復強調「大民主」的階級屬性，一再劃定其適用範圍，正屬文革式「大民主」的歷史性，不容無視。

李遜《上海文革運動史稿》第三十八章，題為「另類思潮——來自邊緣的思索」。「另類」≠「異端」，只是非主流，或只是非文革時期、文革中某時段的主流。該章所涉及的異見表達者，無不受到圍剿迫害，暴力摧殘，甚至身陷囹圄。尤為荒唐的是，有人竟因與「丁學雷」（按「丁學雷」為上海寫作組的化名）商榷的文章被判刑七年（頁1482–1485）。強勢話語對不同意見的打壓，亦號稱「大民主」的文革中的常態。宋永毅、孫大進《文化大革命和它的異端思潮》一書所錄的有些言論，也難言「異端」，不過「異見」、「異議」，也證明了文革期間對不同思想言論的容忍度較其他時期更低。

1967年1月13日中共中央政治局召開會議，正式通過《關於在無產階級文化大革命中加強公安工作的若干規定》（即《公安六條》）。是時距文革爆發不過半年。《公安六條》中，有「凡是利用大民主，或者用其他手段，散佈反動言論，一般的，由革命群眾同他們進行鬥爭。嚴重的，公安部門要和革命群眾相結合，及時進行調查，必要時，酌情處理」一條。「利用大民主」云云，其解釋權，自然歸文革當局、專政機關與「革命群眾」。以「公安六條」規範「四大」的直接後果，是「惡攻」、「現反」罪的氾濫。[100]號

99　關於毛的生日談話，《王力反思錄》、閻長貴、王廣宇著《問史求信集》、《戚本禹回憶錄》均有記述。諸有關記述版本不一。

100　王年一《大動亂的年代》說，《公安六條》發佈前，公安機關即於1966年12月中旬逮捕了寫大字報、大標語批評、反對中央文革小組和林彪的人。「有人為寫《致林彪同志的一封公開信》的伊林·滌西被捕鳴不平，也被逮捕。有人

稱「大民主」的時期，竟成為言論禁忌最多、禁網最密的時期。諸多「惡攻」、「現反」案例，可慘可笑，以至於荒謬絕倫。

　　文革在多數場合，表現為多數人——或假借多數的名義——對少數人以至任一個人的專政。因此具有諷刺意味的是，「大民主」時期的個人，甚至更徹底地消失在了人群中。其表徵之一即着裝。更如山呼萬歲與諸種匪夷所思的效忠儀式。基於對儀式的狂嗜，文革期間較之以往任何時期，都更要求整齊劃一，更不能容忍個人意志的表達。至於表達方式的非個人化，文革期間的流行文體足為證明。不但大報抄小報，小報抄「梁效」，且大字報欄上的文字，亦相互複製，彼此抄襲，充斥着其時特有的套話。「言論自由」時期文風的單一與表述的制式化，亦有諷刺意味。

　　「大民主」既與「群眾專政」互為表裏，就絕不至於混淆於歐美式的「民主」。毛確也嚴於此種區分。有人將「無產階級專政下繼續革命的理論」，據文革的實踐，總結為「三個全面」，即「開展全面階級鬥爭，進行全面奪權，實行全面專政」（《問史求信集》頁112）。李慎之則在上文所引《「大民主」和「小民主」》一文中說，文革中自己已經悟到，「毛主席心目中的大民主和他心目中的無產階級專政其實是一回事，或者是用以鞏固無產階級專政的一種手段」（《李慎之的私人卷宗》上冊，頁13）。也如被操控的「自發」，這裏是被特許、恩准的「民主」；其幅度與形態，都受制於最高當局的意志。將這種「民主實踐」作為某種「遺產」，至少先要還其「本來面目」。麻煩的是，「民主」與「專政」間的邏輯關係總不免於弔詭。看來必得用了極其玄奧的理論、鍛造得精緻無比的邏輯，才能將「四大」作為「社會主義民主」的樣本，使

為『虎山行』的大字報辯護，也被逮捕。」（頁160）卜偉華《文化大革命的動亂與浩劫》：「據不完全統計，全國各大城市8月23日至10月3日……破獲現行反革命案件1788起」（頁240）。關於《公安六條》，參看本書上編第五章《思想、言論罪》。1967年4月1日下達的《中共中央關於安徽問題的決定及附件》（中發〔67〕117號）卻還有「革命無罪，言者無罪，大民主無罪」云云。

「全面專政」與「大民主」兼容。[101]

　　執政黨社會動員之強大而有效，文革中達於極致。如上文所說，這種極致的社會動員，不全由高層的號召力，也賴有社會矛盾的積蓄。社會能量一旦暴烈釋放，來自不同方向的力，衝撞激蕩，不難於堤防潰決，終至於洪水滔天。

　　「和尚打傘，無法無天」，是毛的口頭禪之一，確可用以自我刻畫，也昭示了他所欣賞的一種行事風格。這種風格在其掌控絕對權力的條件下，難免造成災難性的後果。因而放/收之間危險的遊戲，往往以平衡的破壞、他本人出手干預而告終，使其看起來正像一個隨心所欲反復無常的暴君。對此，我寧願由動機/效果、願望及其實現間的衝突的角度看取，而不認為都宜於用「陰謀論」解釋。

　　毛好引古語，如「文武之道，一張一弛」。[102]文革期間對言論的放與收，也有極致的展演。一度置身運動之外的沈從文，由街頭景象揣測時局的變化，如由1967年10月節日前北京的拆除「大字報棚架」，清除櫥窗、牆壁上的大字報，由王府井小報的減少，判斷運動方面的消息，觀察仍有小說家的細心（《覆沈虎雛、張之佩》，《沈從文家書》頁425、427）。1968年1月，他注意到「街上

101　印紅標《文化大革命期間的青年思潮》關於文革中的「大民主」，說，「在1966至1968年紅衛兵運動階段，群眾可以運用大字報、報刊、集會演講等相當廣泛的『大民主』方式，在中央認可的範圍內發表言論」，1968年秋季以後則不再享有這種「自主發表言論的有限機會」（見該書《前言》，頁3）。該書還說，文革中「對保守派的壓制，也揭示出文化大革命的『大民主』不是對所有群眾開放的公正的民主制度，而只是按照既定的政治目標，為發動群眾運動而使用的工具」；對「反對中央文革小組的意見，則照樣壓制以至鎮壓」，「甚至動用專政機關對反對派群眾進行逮捕、關押，其做法比工作組有過之而無不及」（頁41）。關於「現行反革命」、「惡攻」罪，關於「言論罪」、「思想罪」，參看本書第五章《思想、言論罪》。至於文革結束後對群眾組織領袖的司法審判，作為罪案的「反革命宣傳煽動罪」、「誣告陷害罪」等，證據包括所在組織遵照毛的「戰略部署」對「走資派」、「反動權威」的大批判（參看《王大賓回憶錄》頁187、189），亦一諷刺。

102　參看毛《對晉綏日報編輯人員的談話》，《毛澤東選集》第四卷，頁1264。

已有通告，外埠內部刊物不許上街，將嚴加取締、禁止。本市經批准付印的，也只許在內部發行，不許外售」（《致沈虎雛》，同書頁431）。「管控」加嚴，「四大」的逐漸收束也正在此期間。據1974年廣州署名「李一哲」的大字報，那年5月，「廣州市委組織的『政治市容清掃隊』已經裝配好水龍頭和掃把，隨時可以把任何大街小巷出現的大字報清除乾淨」（《位卑未敢忘憂國——「文化大革命」上書集》頁233）。「政治市容清掃隊」的名目，妙不可言。

　　文革中的毛，不再能像前此的政治運動那樣收放自如，操縱在我：或許為其始料未及。據說唐代羅隱的兩句憑弔諸葛亮的詩，「時來天地皆同力，運去英雄不自由」，毛在文革中不止一次吟誦、抄寫；閻長貴將此作為毛經過武漢「七二〇」事件後的心態寫照，甚至「也是他在整個『文化大革命』過程中的心態寫照」（《「揪軍內一小撮」口號的實質和來龍去脈》，《問史求信集》頁75）。延安整風後，這或許是毛所經歷的僅有的一次局面失控。在此之前，即使「反右」前的「鳴放」時期「放」出來的言論大大超出了他的容忍限度，也仍然自信局勢在其掌控之中。文革的一大失敗是，始終未能達到自發與操控間理想的平衡。一放就亂，一管就死，文革後也依然如是。文革中一再發起反對「無政府主義」，正因不再能指揮若定。指揮失效，正在「最高指示」鋪天蓋地的情境中，其近期與遠期的效應都不能不嚴重。

　　大亂—大治的歷史循環，本是古老的思路，來自毛嗜讀的《資治通鑑》一類史書，也是基於其個人經驗的治理之道。1966年7月8日毛致信江青，其中有「天下大亂，達到天下大治」云云（《建國以來毛澤東文稿》第十二冊，頁71）。林彪則一再說到大亂的必要性。1966年8月8日接見中央文革小組成員，林說要弄得翻天覆地，轟轟烈烈，大風大浪，大攪大鬧（逄先知，金沖及主編《毛澤東傳》第六卷，頁2397）。前於此，被毛親自寫信支持的清華大學附

中紅衛兵組織的宣言，就已説過「把舊世界……打得亂亂的，越亂越好」（《無產階級的革命造反精神萬歲》，1966年6月24日）。[103]結果卻不止「亂了敵人」，更亂了自己。[104]如果相信這是一場實驗，那麼它是以整個國家為實驗室，所冒的是秩序大破壞、社會結構大鬆動的風險。這種豪賭，的確只有毛這樣的大領袖才敢一試。

毛對於「自發性」固然態度矛盾，我卻不認為係預先設局，佈好了誘餌，當放任之初就謀劃了收網；卻也如1956–57年的「鳴放」，一旦超出了他的預期，逾越了他所設框限，即斷然收回。強力操控，確也更是其一貫的作風。文革中由「大民主」到「軍訓」、「軍管」，就是戲劇性的轉折。[105]「大民主」——「天下大

---

103 該文原題為「革命的造反精神萬歲」，刊載於1966年8月21日出版的《紅旗》雜誌，題目改為「無產階級的革命造反精神萬歲」。

104 蒯大富數十年後接受訪談，説：「毛澤東把我們從盒子裏放出來造反，他是要把我們放在他能控制的範圍內，或者説他讓你反誰，你反就可以。而我們一造反，卻就沒有止境了。」（《潮起潮落》，《回憶與反思》頁374–375）

105 1966年12月31日中共中央、國務院根據毛的意見，發出《關於對大中學校革命師生進行短期軍政訓練的通知》，即由軍隊執行軍訓任務。1967年1月11日中共中央發出《關於廣播電臺問題的通知》，對電臺實行軍事管制。「軍隊由此開始執行軍管任務」（王年一《大動亂的年代》頁194）。同日，另有《中共中央、國務院、中央軍委關於保護銀行的通知》（逄先知、金沖及主編《毛澤東傳》第六卷，頁2440註2）。1月12日，毛批准同意《中共中央關於不得把鬥爭鋒芒指向軍隊的通知》，其中規定「地方的電臺、監獄、倉庫、港口、橋樑，由軍隊負責守衛」（同書，頁2440）。2月16日國務院、中央軍委發出《關於民用航空系統由軍隊接管的命令》（同書，頁2443）。同年3月10日，決定對江蘇省實行軍管（頁2444）。3月13日，周恩來宣布：陷於癱瘓、半癱瘓狀態的單位，被壞人篡奪了領導權的單位，邊防、沿海、交通要道（碼頭、鐵路局、海港）、專政機構、機密要害部門、國防企業事業單位，都應實行軍事管制。他在報告中説：「全國二十九個省、市、自治區（包括天津市），已經實行軍管或等於實行軍管的加上已經批准準備實行軍事管制的有十個：陝西、新疆、青海、西藏、雲南、廣東、廣西、福建、浙江、江蘇。」（同上）3月16日和24日，毛先後批准北京衛戍區司令部對需要實行管制的廠礦的佈告和聶榮臻提出的對國防工業各部的研究院、所，以及科學院所屬承擔國防任務的各研究所，實行軍事管制的意見。5月28日毛批准中共中央、國務院、中央軍委、中央文革小組《關於對國務院××部(委)實行軍事管制的決定(試行草案)》（頁2446）。到1967年下半年，「全國絕大多數的省、市、自治區，中央、國務院

亂」、「全面奪權」——軍管，文革的上述軌跡，看似封閉系統中的循環、輪迴，卻不可能回到原點。

即使如此，將文革全歸之於「操控」，無法解釋「最高指示」失靈、權威失墜這一事實。再回到「自發」／「被自發」的議題上，我要不避重複地說，文革過程中自發性始終存在，只是或隱或顯、或受制約或被放任而已。「大民主」中確有空間，不難「溢出」，有不可控的思想與言論，有規劃外、預想外的事態。管理也未全失效。金大陸由糧油供應這一端，論證文革中「國家管理」的「在位」(參看氏著《非常與正常——上海「文革」時期的社會生活》第十一章)。「在位」的，當然不止此一端。由此看來，對於「大亂」，也不宜想像過度。至於即使中學生，在「四大」中也未失去限度感與自律，並不輕易越位(由上文所引李冬民等人的言說可知)，或也是文革中具有特徵性的現象，我在本書的其他章節還將談及。

韓少功《革命後記》一書說：「實際上，十年間的權力大多由官方掌控，包括一頭一尾。」(頁139)韓更以為，毛文革初期推動

各部委，一些重要的鐵路樞紐站段，大型工礦企業、港口碼頭、醫院、銀行等，都實行了軍事管制(教育部、文化部由中央文革小組派人負責處理兩部的事宜)。」(頁2446)1967年12月9日中共中央、國務院、中央軍委、中央文革小組有中發〔67〕379號《關於公安機關實行軍管的決定》。事實上實行「軍管」的不止公安機關，而是「公、檢、法」。1968年5月12日，中共中央、國務院、中央軍委、中央文革小組發佈《命令》，對全國體育系統實行軍管(《大動亂的年代》頁297)。同年9月2日，中央軍委、中央文革小組發出《關於工人進軍事院校及尚未聯合起來的軍事院校實行軍管的通知》(參看同書頁304)。據該書，「大多數的省、市、自治區的革命委員會，實際上是軍管會的變種。」(頁306)關於全國實行軍管的省、自治區、大城市、專區(包括自治州和特區)、縣，實行軍管的中央部委、廣播電臺、報社、公安部門、鐵路局、港口、廠礦、軍隊單位，參看卜偉華《文化大革命的動亂與浩劫》頁432–433。據該書，全國大部分地專以上所屬的銀行和倉庫實行了軍管和軍事保護(頁433)。匪夷所思的是，被軍管的單位尚有解放軍總政治部(頁539)。軍隊在國家政治、經濟生活、行政事務中的作用前所未有。麥克法夸爾、沈邁克《毛澤東最後的革命》引康生關於何為「軍管」的回答：「軍管就是獨裁。你在任何事情上都服從我。你貼出公告宣佈服從我。」(中譯本，頁173)

的激進化「民主」，即使在被收回之後，仍有其遺產。「反叛精神
和平等目標既然有了合法性，就固化成一種全社會的心理大勢」，
參與構成了終結文革的力量（《「文革」為何結束？》，陳益南
《青春無痕——一個造反派工人的十年文革》代序，頁3）。[106]更有
穿透力更警策的，仍然是莫里斯‧邁斯納的下述議論。氏著《毛澤
東的中國及後毛澤東的中國》一書在結束語中說，文革開始後的一
兩年間，「中國人民享有前所未有的自由：批判社會，向現存的政
治權力機構造反，建立自己的政治組織，在公眾講壇、大字報和報
紙上表達自己的不滿和希望等等」——潘多拉的魔盒一旦打開，這
個社會決不可能毫髮不變地回復舊觀。「後『文革』時期」的歷
史，由正反兩面一再證明着這一點。該書接下來說，「這種在言論
自由、集會自由和出版自由等方面廣泛的(儘管是失敗的)實驗至少
在城市地區是如此普遍，給人的體驗是如此強烈，因而它必然給人
們尤其是給年輕人對權力的態度造成深遠的影響。在大動亂年間，
只有毛澤東本人是不能批判的。人們很難相信，在『大民主』時期
曾是毛澤東忠實信徒的數億人將會非常馴服地服從毛澤東後繼人的
指揮。同樣不太可能的是，在黨如此之多的贅瘤暴露在公眾的審視
面前之後，中國共產黨能夠輕而易舉地恢復其一貫正確的列寧主義
形象。無論文化大革命的失敗有多麼慘重，它確實把向當局造反是
群眾的權利這一概念灌輸進了群眾的意識之中。當中國人民越來越
充分地認識到這種權利是既非上面所賜亦非上面所能廢除而為他們
所固有的權利時，他們也許會再次實踐無產階級文化大革命所鼓吹
的那一幕，其唯一的方法『只能是群眾自己解放自己，不能採取任
何包辦代替的方法。』」（中譯本，頁490）無論「那一幕」會否在
可以預見的未來上演，以及以何種方式上演。由此看來，對於所謂

---

106 李遜《上海文革運動史稿》一書也說，出於「被毛澤東『大民主』催生的朦
　　朧的權利意識」，紅衛兵中的一些人，「後來又成為反對文革的主力」（頁
　　161）。文革造就了自己的反叛者。曾經傾情投入的一批青年中，確有較早覺
　　醒，發展出對於文革的批判意識的人。

的「『文革』遺產」，又豈能作一概之論！

　　有另一種「四大」，所謂的「四大自由」，[107]與本節討論的「四大」不消説性質迥異。但彼「四大」中的「言論和表達自由」、「免於恐怖的自由」，此方人士也期盼已久。在吃飯問題初步解決之後，「言論和表達」、「免於恐怖」的重要性凸顯；這種「自由」，是普通中國人最感陌生的──尤其「免於恐懼」，也絕不像是治理者的選項。未知他們能否體會這種「自由」對於人的意義。當然，關於政治自由的想像力是有待培養的，否則所想到的只能是阿Q式的「要嘛有嘛」，在文革初期的「橫掃」及其後的武鬥中有惡性表現。這裏正有專制下小民所熟悉的那一種「自由」。

　　1956年5月，時任中宣部長的陸定一，在闡述毛的「雙百方針」時，提到過另一版本的「四大自由」，包括「獨立思考的自由」，「辯論的自由」，「創作和批評的自由」，「發表自己的意見、堅持自己的意見和保留自己的意見的自由」（《百花齊放，百家爭鳴》，《陸定一文集》頁501–502，北京：人民出版社，1992），只是有效期較文革中的「四大」更為短暫，其兑現至今也遙不可期。[108]誤信了上述承諾起而「鳴放」者，忘記了魯迅的如下告誡：「別人應許給你的事物，不可當真。」（《死》，《魯迅全集》第六卷，頁612）

　　戲劇性的還有，「四大」寫入了1975年的中華人民共和國憲法。1982年憲法將其刪除，卻至今沒有更合於現代民主的形式，以保障公民的「表達權」。[109]

107　「四大自由」即言論和表達自由、信仰上帝的自由、免於匱乏的自由、免於恐怖的自由，由富蘭克林・羅斯福(Franklin D. Roosevelt)在二戰期間提出。參看《建國以來毛澤東文稿》第六冊，頁644註5。

108　至今「學術無禁區」也仍然不能兑現。「禁區」仍在，即使你的進入確係以「學術」為路徑。「學術」尚且如此，何況「思想」及其表達！

109　關於文革後修憲刪除「四大」的背景，參看蕭冬連《從撥亂反正到改革開放》頁245–247。1975年「全面整頓」期間，由國務院政治研究室起草而未公諸於世的文件《論全黨全國各項工作的總綱》，有「大鳴、大放、大字報、大辯

　　1956年鼓勵「鳴放」之前，毛有對學術問題的不同意見不應禁止討論的指示（《建國以來毛澤東文稿》第六冊，頁40）。1957年2月《關於正確處理人民內部矛盾的問題》中，對此有進一步的說明（《毛澤東選集》第五卷，頁388–389）。1957年3月《在中國共產黨全國宣傳工作會議上的講話》中主張「放」而非「收」，說：「放，就是放手讓大家講意見，使人們敢於說話，敢於批評，敢於爭論」（同書，頁414），儘管接下來「言者」即因言獲罪。

　　即使有《公安六條》等對言論的「管控」，文革期間的大字報、大辯論，仍可歸為《憲法》所承諾的「言論自由」、「集會自由」的一度兌現。此外尚有「群眾組織」（「結社自由」），有據說達數千種之多的「小報」（「言論自由」與「出版自由」）。即使上述現象僅出現在特定時期，且各打了折扣，在當代中國，仍屬奇觀，至少在可以預見的未來沒有複製的可能。

　　毛1967年2月8日《同卡博、巴盧庫的一段談話》中說到，他希

論，它們本身是沒有階級性的，無產階級可以利用這些武器來反對資產階級，資產階級也可以利用它們來反對無產階級」云云（參看楊繼繩《天地翻覆》頁910）。這種表述，我們都耳熟能詳。《關於建國以來黨的若干歷史問題的決議》說文革後「取消了不利於發揚社會主義民主的所謂『大鳴、大放、大字報、大辯論』」，未及何者有利於發揚「社會主義民主」，以至何謂「社會主義民主」。關於「西單民主牆」時期高層對大字報的態度，對大字報、小字報的管控，參看蕭冬連《從撥亂反正到改革開放》頁42–47、240；《天地翻覆》第三十二章。1981年1月29日，中共中央發佈《關於當前報刊、新聞、廣播宣傳方針的決定》，其中有「要加強組織紀律性，必須無條件地同中央保持政治上的一致，不允許發表與中央路線、方針、政策相違背的言論」等內容（蕭冬連《從撥亂反正到改革開放》頁417）。直至近期，運用科技手段及時、高效地屏蔽異議，仍是中國輿論場的特色。莫里斯·邁斯納《毛澤東的中國及後毛澤東的中國》一書談到，「1954年憲法批准的某些自由權利在1975年憲法中被取消了，最突出的有『公民有從事科學研究、文學和藝術創作及其他文化活動的自由』和『居住與遷居的自由』等。這反映了當時普遍的專制特點。另一方面，新憲法又增加了公民有大鳴、大放、大字報和大辯論的權利。這又鮮明地體現了文化大革命的特點。根據毛澤東個人的指示，新憲法補充的一條新的自由權利是罷工自由。」（中譯本，頁518–519）1982年憲法刪去了「罷工自由」。事實上，文革期間工人的停工停產與破壞國家財產，與憲法賦予的民主權利無干。

望「找到一種形式，一種方式，公開地、全面地、由下而上地發動廣大群眾來揭發我們的黑暗面」（《建國以來毛澤東文稿》第十二冊，頁220）。我傾向於相信將其主張直接訴諸群眾，是毛的真實願望。輕易地將一切歸之於權謀，不過在證明政治鬥爭從來是骯髒的遊戲。諷刺的是，正是文革這種「形式」、「方式」不可重複，甚至在文革中也難以維繫。縱然如此，在我看來，「找到一種形式……」仍然不失為堪稱驚人的構想，儘管在文革的實踐中，不可避免地遭遇了滑鐵盧。[110]由此看來，以文革為極致表現的「大民主」，其本質，其政治意涵還有待發掘。

我相信毛的上述構想中包含的政治理想主義，對於建設區別於西方民主制度的另一種民主制度的想像；至少是嘗試尋找一種途徑，為制度注入生機，使其有自我更新以至再生的能力。那麼，能否將一種設想與其在「現實政治」中的樣貌略作區分，提取「設想」中的合理成份？但我對於有的論者將「四大」與其歷史內容剝離，以至直接將「四大」等同於「政治民主」，不能苟同。[111]將

---

110 楊曦光說他在看守所讀毛1949年後的內部講話，「發現一九五七年大鳴大放前期毛澤東的很多觀點都是想避免斯大林道路，想摸索社會主義民主的方式。看起來他那時的觀點是真的想搞自由化，而不是像後來他說的只是『放長線釣大魚』。『放長線釣大魚』與其說是毛澤東的陰謀不如說是他的新的自由化試驗沒有得到黨內大多數實力派的支持及他發現知識分子的多數並不真正喜歡共產黨後的一種自我解嘲的說法」（《牛鬼蛇神錄》頁80）。該書還說看守所中一個「難友」與他持相近的觀點（頁113）。關於文革，宋永毅、孫大進《文化大革命和它的異端思潮》一書說，「這一為毛澤東所號召的群眾性的造反運動的發端，是否也帶有相當的民主性或人民性？答案是肯定的」（頁20）。只不過壓抑既久後引發強力反彈，所釋放的巨大的社會能量不能實現有效轉換，「清查五一六」、「一打三反」等運動對「造反」者的清算，適足以令人認為是另一次「引蛇出洞」的「陽謀」。

111 袁庚華接受訪談，以「大鳴、大放、大字報、大辯論」等「四大民主」（亦曰「四大自由」）為「政治民主」；以《鞍鋼憲法》為「經濟民主」；以文革中的「群眾專政」為「司法民主」（《永遠的造反派：袁庚華先生訪談錄》，臺灣聯經版《思想》第18期，頁70）。關於「群眾專政—司法民主」，將在本書其他章節討論。《戚本禹回憶錄》：「我想文革運動中的『四大』：『大鳴、大放、大字報、大辯論』體現的言論自由；紅衛兵組織、群眾組織的成立體現

「大民主」抽象化，抽離既經發生過的文革歷史，有悖於知識論的
誠實。在文革本身幾成禁忌性話題的情況下，將「四大」作為「文
革遺產」誇大其正面意義，是否有點兒荒謬？李慎之在《「大民
主」和「小民主」》一文中説，「在中國以外的世界，大民主的故
事還沒有完。不知哪位高手把大民主譯成mass democracy——群眾性
的民主，這是一個很容易望文生義而極有吸引力的名詞」；這種誤
譯—誤解，據李所知，在歐美大學裏不無信眾(《李慎之的私人卷
宗》上冊，頁13)。中國大學亦然。但「誤譯—誤解」與蓄意「誤
導」畢竟有別。這應當是中外間的一點絕非無關緊要的不同。[112]

的結社自由；這種大民主的形式不應簡單否定，而應認真總結，以法律形式
完善、規範。」(頁478)戚有意迴避了上文提到的「被自發」，言論的受制於
《公安六條》，群眾組織的被操控(參看本書下編《札記之三‧派仗》)。至於
「出版自由」的被隨時收回，牟志京等人的《中學文革報》可為一例(參看牟
《似水流年》，收入《暴風雨的記憶》)。

112 上文討論「四大」，集中於大字報。對於作為言論發表的另一平臺的「小
報」，將在本書上編第四章討論。還有必要説明，無論本節一再引用的《文革
大字報精選》，還是已經整理刊印的《復旦大學大字報選》，均不能反映文革
期間大字報的一般水平。後者因出自高校且名校，較之街頭的大字報，行文較
為文明。潑婦罵街、惡徒詬詈式的大字報，文革中觸目皆是。知識分子未見得
較小民文雅，但不入流的大字報通常不會進入選本。這也是選本的局限。僅據
選本想像其時的「四大」，難免對「群眾運動」中的醜惡骯髒的一面估計不
足。此外也應當説，一個具體單位的大字報，即使當時曾有「爆炸性」，引起
本單位人員的高度關注，也勢必因時過境遷，難以還原「其情其境」。大字報
時效不同，史料價值亦互異。這裏又有「精選」的必要性。

附錄一
陳佩華關於文革前夕校園政治的考察

　　文革前批判「業務第一」、「唯生產力論」。在包含「政治」的任一兩項(如政治/業務,政治/藝術,政治/技術,甚至政治/經濟)中,無不強調政治的優先性。政治/××乃絕對的主從關係。「突出政治」,「政治掛帥」,「政治標準第一」;林彪更表述為「政治可以衝擊其他」。[113]有一種流行的説法,即「算政治賬」(政治賬/經濟賬)。必要時——即有「政治需要」時——可以犧牲效率、效益。1960年前後的所謂「資本主義復辟」,其表現就包括了「單純業務觀點」;強調「智育」,「追求升學率」;「技術練兵」(軍事技術及其他技術)中的「重技術、輕政治」;以及體育競技中的「錦標主義」,等等。

　　匈牙利經濟學家雅諾什·科爾奈(Janos Kornai)説,「同樣是在經典社會主義階段,財務激勵在中國和古巴所發揮的作用就要小於蘇聯或者東歐國家。」(《社會主義體制——共產主義政治經濟學》中譯本,頁112註2)這讓人想起被我們指為「蘇修」所以「修」的證據的所謂「三名三高」。其中的一「高」即高工資;儘管限於「高級知識分子」(有成就的科學家、藝術家等知識精英),也仍可見出如科爾奈所知的差異。其他領域的物質激勵在中國被批判為「物質刺激」。由此一端也可證中國對於「社會主義」的「純潔性」的嚴苛標準,對「社會主義新人」的苛刻要求。既然經濟的計劃與管理機制本身不足以「激勵」(參看同書頁114–117),就有

113　據羅漢平《文革前夜的中國》(北京:人民出版社,2007),1964年11月30日,林彪借全軍組織工作會議召開之機,提出「突出政治」;12月29日,林彪緊急召見總政治部領導人,強調軍事訓練等「要給政治工作讓路」,甚至説,軍事訓練不應衝擊政治,相反政治可以衝擊其他。林彪的講話作為《關於當前部隊工作的指標》下發全軍貫徹執行。

必要強化政治方面的激勵，即使「經濟管理過程的『政治化』常常會導致信息扭曲」（同書，頁120）。政治激勵的中國經驗確曾有效。只不過一旦政治方面的壓力解除，激勵機制即需作相應的調整，包括引入科爾奈所說蘇聯、東歐實行的「財務激勵」。

當代中國，運動式的組織動員不止在政治生活中，也在經濟活動、生產活動中。如中蘇關係破裂前引進蘇聯的「斯達漢諾夫運動」(Stakhanovite movement)，[114]亦「社會主義勞動競賽」。上述激勵與對「政治積極性」的鼓勵並行不悖，相輔相成——不但在提高生產效率方面，且在道德提升方面。只是在階級鬥爭升級的時期，務必規避以「提高業務」為指向的激勵。有上述波動，社會主義「按勞分配」的原則不可能得到有效貫徹。

對於物質利益的腐蝕性高度戒備，卻無視如下顯然的事實，即政治、意識形態所鼓勵的「積極性」，有可能更加扭曲，隱藏了更不純潔的動機。即如人們通常所說的「向上爬」。華裔美籍學者陳佩華的一位受訪者直截了當地說，「積極分子是那種踩着別人往上爬的人」（《毛主席的孩子們——紅衛兵一代的成長和經歷》中譯本，頁57）。這種判斷曾被普遍認可。文革中對「積極分子」的衝擊，多少基於上述認知。

陳佩華(Anita Chan，也作阿妮達·陳)以其敏感，發現了一個在我看來對於詮釋中國文革前的政治文化具有某種標誌意義的現象，即由政治方面鼓勵「積極性」、認定「積極分子」。

陳佩華嘗試對中學生發起的「紅衛兵運動」由文革前的校園政治提供一種解釋。儘管這種解釋失之於簡略，仍不無啟發性，尤其與那種大而無當的論述相比。它的確抓住了可稱之為「脈絡」的東西，抓住了清理五六十年代大陸中國的政治運作的重要線索。陳對於大陸政治理解之深入，表現在她對於「積極性」、「積極分子」

---

114 阿歷克塞·斯達漢諾夫為頓巴斯礦工，因1935年創造的一項採煤紀錄，由蘇聯當局發起一場旨在提高勞動生產率的運動。

作為現象的敏感上。有關現象有可能因了陌生——缺乏與之對應的
文化經驗、人格類型——而被純粹西方背景的考察者忽略。陳將
「積極分子」、「積極性」作為一項文革研究的關鍵詞，探討在中
國政治中「積極性」與「權威主義」間的關係，以此為線索「考察
中國政治社會化體系的結構」(同書，頁17)，[115]眼光堪稱犀利。

　　事實是，這種激勵機制不止施之於大中學生，更是普遍運用
而被認為行之有效的社會生活組織、社會動員的一套技術。用於
「激勵」的名目極其多樣，「積極分子」只是其中之一。文革前的
十七年間，「積極分子」在幾乎任一人群中均具有可識別性，被賦
予——確也發揮了——強有力的引導作用。

　　關於文革前中國大陸的教育體系，陳佩華說：「正是這套教育
體系，驅使着人們以相互競爭來證明自己的虔誠，灌輸着對教條政
治順服的極端需要，並鼓勵極端歧視被社會排斥的對象。」(同書
《導言》，頁8)即不但以競爭培養忠誠，還以競爭強化區分，鼓勵
一部分學生對另一部分學生(以及不限於學生的特定人群)的歧視。
這種歧視，文革初期圍繞「階級路線」、「血統—出身論」有突出
的表現。不妨承認，以競爭造成「學生之間的壓力」，利用青少年
(以至兒童)的競爭性，爭強好勝的「上進心」，確曾形成一套有效
的規訓手段。其成本，就包括了對於競爭中勝出者與淘汰者兩方的
壓抑，以及因誘使「假積極」對青少年心性的敗壞。[116]

　　陳的「語言—文化」敏感顯然有助於她瞭解大陸政治。上述
機制的壓抑性基於先進/落後、[117]積極/消極、(黨團組織)的依靠

115　「政治社會化即個人將其所處政體的政治價值內化的過程」(同書，頁18註
　　　1)。

116　我所看影視作品關於文革的敘述，往往以性的性愛的情愛的壓抑作為符號象
　　　徵，如《孔雀》、《青紅》、《山楂樹之戀》等。電視連續劇《大工匠》凸顯
　　　的，則是「積極性」之為壓抑，先進/後進之為壓抑。該劇未獲應有的評價，
　　　或也因其內容的某種敏感性。

117　後柔化為「後進」，作為「落後」的替代說法；類似與「發達」相對的「後
　　　發」。

對象、團結對象與後進群眾等等一系列的區分，也基於有自省能力者的反躬自問——這後一方面，應當是陳由訪談中得到的重要收穫。尤其「積極分子」身份給有此身份者造成的壓抑（參看同書頁95–96）。陳的一個受訪者提到了在「要求進步」、入團的壓力下，「除了說一些言不由衷的話之外」，自己「還必須在團員面前表現得像個小孩子」，做一些「無足輕重」的「好事」，為自己的「假積極」承受心理壓力（同書，頁124）。陳由訪談中得到的印象是，由於「學雷鋒運動」，「對學生們在道德上的要求增強了」，卻又「迫使學生們很不道德地扮演角色」，「積極表現變成了討好領導以促進升學機會的手段」（同書，頁141）。陳的不止一個受訪者因自己的被迫「虛偽」而感到「痛苦」。在我看來，這種「痛苦」有助於避免人格的扭曲，毋寧說是幸運的。另有扭曲變形不再能復原的例子。陳也發現她的兩個受訪的「積極分子」，「把政治價值內化為自身固有的東西」（同書，頁116）。

這種過於政治化的「積極」勢必導致「假積極」，亦如因過於道德化的道學而有假道學。投老師、組織之所好，不難造出魯迅所說的「偽士」[118]——亦文革前政治生態中的頑疾。上述激勵機制對青少年心性的戕害，即鼓勵作偽，由說「正確的」假話、官話、套話，到為「表現積極」而做「好人好事」。中小學生說假話、官話、套話，至今仍不可能杜絕——尤其是語文教育的一大公害。

文革前中小學生的競爭壓力，除了來自學業——或者說較之來自學業——更來自「入（少先）隊」、「入（共青）團」、爭作「積極分子」，也即被由政治上肯定。游離於「組織」（少先隊、共青團）之外，即屬另類；壓力之大，使敏感要強的青少年難以承受。「要求進步」是「積極分子」的必要表現。規範化的行為，包括了寫「入團申請」，向黨團員「彙報思想」等。「靠攏組織」是爭當「積極分子」的初階。「靠攏」即落實於彙報，包括彙報自己的思

118　「偽士」，見魯迅《破惡聲論》，《魯迅全集》第八卷，頁28。

想(「談心」)，以及有可能被疑為「打小報告」的彙報他人。不能「靠攏組織」，在知識分子或青年學生中，或被目為「落後」，或被疑為「清高」。「清高」一詞在當年，是貶義的。曾就讀北京四中的唐曉峰事後回憶與「組織」指定的同學「談心」，說「頭一次談心」，「那種感覺，比頭一次搞對象還彆扭」(《走在大潮邊上》，《暴風雨的記憶》頁323)。這種微妙的經驗，時下的年輕人已無從體會。至於「組織」(由班幹部、隊幹部、團幹部代表)，則可以一再以「考驗」的名義，使你爭取的目標顯得可望而不可即。[119]凡此，在部分青少年，均像是進入成人社會前的演練，足以令他們將踏入「社會」視為畏途。

秦曉接受訪談，提到自己1950年代讀育才學校，同學中有依生活方式、出身的分化；五六十年代之交讀初中，劃分標準有了不同，「學會了按照好學生、差學生；政治上要求進步、不要求進步；是團員、不是團員」的標準劃分(《回憶與反思》頁96)。這也是我曾經熟悉的一套劃分方式。「政治上要求進步/不要求進步」，關係重大，對該生的前途有可能是決定性的。劃分權則掌握在老師以及班幹部、隊幹部、團幹部甚至積極分子手中。[120]

「積極分子」外，尚有黨團組織的「培養對象」、「依靠對象」以至「發展對象」。構建上述身份，也無非意在區分以收「激勵」之效。你是否「積極分子」、「培養對象」、「依靠對象」，雖由組織「內定」，卻會有種種暗示、提示，使你不至於弄錯你在群體中的位置，除非你過於懵懂、遲鈍。上海師大(今華東師大)學生王申西在1965年6月18日的日記中，寫到在聽報告一事上對同學

---

119 文革前，爭取入黨幾乎是許多人的人生目標。為此需要接受黨組織的一再「考驗」。考驗的過程有可能極其漫長。在此期間，「聽黨課」被作為一種待遇，將你與其他爭取者區分開來。

120 區分可以用不同的名目指稱。當年的清華大學學生孫怒濤提到「優質生」、「差質生」，也是基於政治評價的區分。見氏著《良知的拷問——一個清華文革頭頭的心路歷程》頁12、13。

所作區分，說自己「弄不懂」為什麼作此區分，這種區分有可能造成怎樣的心理影響(《日記摘抄》，《王申酉文集》頁149)。涉及「政治待遇」、政治評價，隨時區分學生幹部、積極分子與普通同學，是當年普遍的「政治工作」規程。追問這種區分的心理後果，則是如王申酉這樣習於深思、質疑者才會有的思路。

陳佩華所謂的「積極分子」，指涉的更是主觀態度，我則傾向於認為是一種身份或「准身份」。經歷過大陸的五六十年代者，大都熟悉這一種身份或准身份，知曉自己是否被「組織」作為「積極分子」，在正冊還是另冊。被「打入另冊」者，尤不難領略這一套管理技術隱蔽的惡意。上文提到的文革中對「積極分子」的衝擊，即上述治術引起的反彈，應在當局的預期之外(參看本書上編第三章《身份》)。由壓抑之普遍、隨處可感，足以解釋反彈之劇烈與無情。包含了壓抑的激勵造成傷害，反彈則傷害了另一些人，那些人本不應對壓抑負責。固有的等級序列顛倒錯亂，對執政黨的權威造成的破壞本不難預見。自說兼有「虎氣」與「猴氣」的毛，[121]權衡利弊，將可能的破壞有意地忽略了。

陳佩華提取的「積極性」，是那個時代的政治生活中具有特徵性的東西。離開了隨時區分先進/後進、積極分子/非積極分子的社會政治環境，你會難以解讀那些曾發生在至愛親朋間的故事：「追求進步」的壓力，甚至參與了塑造父子、夫婦關係。文革前的十七年間，凡有人群的地方都有「積極分子」，為所在人群所知曉——單位以至街道無不有意張大其影響力，以期收示範效應。政治運動中首先被動員的，也是「積極分子」。文革中「積極分子」受衝擊這一意外，或多或少改變了當局組織「運動」以及日常治理的慣用方式，儘管仍然有其替代，如北京的所謂「朝陽群眾」。

陳佩華注意到了差異。她認為出身反動階級的學生，在文革中

121　「虎氣」、「猴氣」，見毛《給江青的信》，1966年7月8日，《建國以來毛澤東文稿》第十二冊，頁72。

「很少表現出權威主義行為」。對此又不無猶疑，説「他們身上究竟是否存在強烈的權威欲則很難説清」（同書，頁263）。我在本書其他處將提到，有些「出身反動階級」的學生，正因其出身而有更強烈的表現欲，以自證其革命性(參看本書上編第三章《階級路線與出身論》)。陳還試圖解釋逍遙派之所以「逍遙」：「那些只想待在家裏不願捲入政治波瀾的逍遙派，可能具有較低程度的權威性格。但是關於這一點需要進一步研究才能確認。」（該書第五章註19，頁271）我的經驗中，差異從來就存在。始終有游離於政治積極性的競爭之外者，自居於邊緣，不為環境的誘導鼓蕩所動。如果一定要歸結「傳統淵源」，應當是「不爭」的吧。這類人文革中與主流取向是否疏離，不宜用有無「權威性格」解釋——或許也證明了陳的預設不免於化約，對其分析構成了限囿。

吳亮説上個世紀七十年代的自己，「一半是消極，一半是積極」，且「積極藏於內心」，「不積極靠攏組織」，因此「別人看不見」（《慵懶的愛情——閱讀前史與書的輪迴(之五)》，《書城》2010年6月號，頁16）。我想我知道吳亮説的是什麼。他鄙夷的不盡是那種被承認被公認的積極，有「能見度」的積極，更是做戲的「積極」。

我進入大學，正是文革開始「預熱」的1964年。我能回憶起班上那些不起眼的同學，文革中的表現仍如文革前，與潮流保持着距離，自甘寂寞，無意於追隨。以此為線索考察那個「政治社會化」的機制，證明的或許是機制發動與組織的政治競爭，對自外於競爭者無能為力。鼓勵與誘導無法有效地施之於對此不作反應的人。這種人仍然有其存在的空間。有他們也才有所謂的「積極分子」。

陳將「積極分子」區分為「未被承認的積極分子」與「官方認可的積極分子」（同書《導言》，頁14）。或可代換為有名份的積極分子與未獲名份的積極分子。被官方認可非即「假積極」，未被承認也未見得是真積極。文革前的氛圍中，「積極」是普遍的。不在

意這一種評價，以及不在意有無名份，更是特例；或出於「破罐破摔」，或如王申酉，確因內心強大。

　　相較於對文革前中學生的分析，陳關於文革的敘述流於平面與表層。由自己所設角度，陳將文革中(主要發生在中學生之間)的衝突，歸結為「未得到承認的積極分子和欽定的積極分子」間的衝突。後者主要包括以「自來紅」自居的幹部子弟，前者則主要為中產階級子弟，以及「更傾向於接受內在價值觀和是非觀的指引」，而拒絕「虛偽」地表現「積極」者(同書，頁142、141)。不能說這種劃分毫無根據，只不過難免於任何一種分類均會有的遮蔽而已。以「積極性」解釋發生在文革中的現象，顯然是不夠用的——即如將文革初期的大中學生(尤其中學生)敘述為「由制度化的積極到無所管束的積極」(同書，頁150)。就一部研究著作而言，邏輯或許自恰；邏輯自洽畢竟不應是目的。陳的將學生作類型劃分(四類)、並以「積極性」為關鍵詞的梳理，固然清晰，卻又嫌過於清晰了。但由發生在文革前的壓抑、焦慮，解釋文革初期的反常現象，仍不失為有意義的考察角度，且要求考察者有足夠的耐心與細心。

　　陳在訪談中發現，她的受訪人離開大陸後，人生軌跡無不可由他們以往的經歷解釋，各有邏輯一貫的前世今生。「歐仍然是歐。」(同書，頁242。按「歐」是她的四個受訪人中的一個)其他三位也各是其人。能由其中「緊跟型」積極分子(陳稱之為「純正積極分子」)與「反共義士」間看出一貫性，是需要特殊的洞察力的；由「順從積極分子」到偷渡、移民後的社會活動家之間看出連貫，也是如此。四位受訪人各自將其在大陸形成的價值取向與行為方式帶到了新的環境(無論香港還是美國)。陳以此為例印證了她作為分析工具的關於人格結構(這裏是「權威性格」)與政治的關係的理論，有相當的說服力。

　　應當說，陳佩華進行的，的確是較為深度的訪談，而她又具備了對訪談內容的足夠的理解能力，且努力將訪談內容客觀化。陳的

考察使在體制下(自小學起)人的長成，有了在一種理論視野中檢視的可能。她採用的工作方式有助於達到一定程度的複雜性，儘管未必能使不同背景的讀者真的瞭解發生在中國的事情，卻為這種瞭解提供了較為可靠的參考材料。當然，「實際情況」永遠較之考察者所能把握的複雜；大量的個例不可能納入類型分析。類型分析的有效性總會遭遇來自個人經驗的質疑。即如我自己的情況就不屬她所描述的任一類，又與其中某一兩類相關。她說自己的該書，係「用四個前紅衛兵的性格延續及其內心世界為個案，去探究那一代青年人的行為動機」(同書序言，頁6)。這種抽樣分析、類型研究有其優長也有局限：抽樣分析受限於樣本的選擇，更多的「性格」、更豐富的差異難以納入框架。但她由某種政治文化對人格的扭曲着眼，確有見地。不同的背景使陳始終保持了較為客觀的態度，隨時從旁判斷而又與受訪人保持距離。

　　「權威人格」的理論框架用於分析文革前中國大陸大中學校(主要為中學)的「政治社會化」及其後果，確非普遍適用。被她作為主要分析對象的四個受訪人中的兩個，在我看來，證明的正是那種「政治社會化」及其後果的差異性，即包含了「逆反」的那種情況，並不宜於作為「權威人格」的例證。將這兩個受訪人以某種型號的「積極分子」命名不無鑿枘。以我的經驗，那兩位不屬當局企圖培養的也不屬當時普遍眼光中的「積極分子」，宜於以其他名目指稱。「積極性」、「積極分子」用在這裏，更像是一種過於現成的符號。陳承認差異，卻限於「權威主義性格」間的差異(如程度差異)。而我以為她的某個受訪人並不適於納入這一分析框架。若然，也證明了「積極性」、「積極分子」作為文革研究的線索的有限的適用性；「權威人格」作為理論框架，解釋力的有限性。始終有逆反，有拒絕做他人。當然，更多的是口是心非，表演性；一旦必須「表演」的壓力解除，即依然故我。

　　較之使用的理論框架，陳描述的現象無疑更有趣。尤其關於

「歐」。曾在鄉下刻苦勞動的歐偷渡香港後對「體力活」的厭惡；曾經在學校、農村積極爭取地位提升的她，移民美國後「準備了一套做中級社區領袖的方案」，最後，「把自己不能實現的大志移植到了兩個兒女身上」（同書，頁242），很可玩味。另一受訪人即使偷渡到了香港也仍然從事政治活動，拒絕被主流社會收編，與他偷渡前的姿態有骨子裏的一貫。形成在大陸的人格結構對一個人人生的持久影響、支配，是我所不熟悉的「後文革故事」，也提供了富於啟發性的關於「後文革時期」的考察角度。

楊曦光的《牛鬼蛇神錄——文革囚禁中的精靈》中的下述觀察或可作為補充。關於一個告發其他犯人的政治犯，該書說，有人說其人「假積極」，楊卻不這樣認為。他認為這是其人的個人氣質，「他有一種要『熱情、積極』的個性傾向，不管這種積極是當年熱血沸騰的抗日也好，還是文化革命中轟轟烈烈的造反也好」，還是在勞改隊中積極檢舉他人也好，他「有種要轟轟烈烈，全力以赴，充當英雄的本能的衝動」；楊甚至說「也許人類社會中的革命和各種極端的社會運動都與這種人的本性有關」（頁190）。

徐友漁，談到陳佩華該書「用『權威人格』這一概念來概括紅衛兵的社會特徵」，既受到啟發，又感到困惑；「認為把它用於紅衛兵是不確切的」（《形形色色的造反——紅衛兵精神素質的形成及演變》頁14）。陳著吸引我的不是「權威人格」，而是對青少年與「積極分子」有關的政治競爭的洞察。上述競爭屬當代中國政治文化的基本面。在我看來，陳的相關敏感僅賴外部是經驗難以獲取。即使她的該項研究利用了赴港的大陸前中學生的講述，考慮到訪談通常不免是理論預設以至對效果的預期，該書的洞見仍顯示出訪談者特定方向上敏銳的感受力。

任一社會均有其「激勵機制」。本文討論的「激勵機制」抽離那種泛政治化的社會環境即無從生效。壓力是由一整套精緻的治理技術造成的。操縱與控制人的技術爐火純青，由技術而藝術，不見

形跡地滲透於日常生活，以至使人對於被操縱、控制有一種近乎生理性的需求，他律由此轉為自律，且由自律感受到適意，自以為猶之對自然規律的順應。儘管有此成功，上述形式的激勵以及上述意義上的「積極性」，成長於「後文革時期」的世代已然感到陌生。新的激勵手段減卻了意識形態色彩，更趨功利，以適應變化了的社會狀況。發生在時間中的緩慢變化，終將使陳佩華研究的現象，成為須詳加註釋才能為人瞭解的東西。縱然變化如何緩慢，你仍不妨為後人慶幸。[122]

---

122 儘管我所讀臺灣桂冠版《毛主席的孩子們──紅衛兵一代的成長和經歷》中譯本有較多排印錯誤，仍可看出是一部嚴格意義上的學術著作。令人印象深刻的，就有作者態度的嚴肅審慎，與對所談問題瞭解的深度。

附錄二
吳宓、顧頡剛等人的文革前夕

　　1969年年底，吳宓寫信給南京大學郭斌龢教授，說自己的苦難自文革始，此前「承蒙黨政校系，以及統戰部之優禮厚待」，直至1965年終「皆恒安富尊榮」（《吳宓書信集》頁424）。由其日記及其書信看，並非如此。吳宓文革前即曾一再遭受衝擊，尤以1964–1965年「教學改革」中的衝擊為烈。只不過由1969年回望，那些創傷體驗都不值一提罷了。[123]

　　吳宓1964年的日記，可資考其時高校的「教學改革」。不同於學生中呼籲改革、充滿破壞衝動的激進者，教員如吳宓這樣的人物，感受的更是驚恐與對風暴將至的不安。我所據乃吳宓日記而非校方歸檔的文件，兼以吳特別的個人狀態與性情，寫在日記中的痛苦或更尖銳。文革前夜的校園，也因這種個人經驗的表述，呈現出更繁複的色彩。

　　日記中1964年吳宓的精神狀況，與顧頡剛差異顯然。由吳該年日記看，其人與「文化」有關的觀念、主張(參看《吳宓日記續編(1963–1964)》第六冊頁311、311–312；第七冊頁139)，與即將爆發的文革牴牾、扞格殊甚。[124]由此看來，吳確乎老而「悖」，非但對形勢缺乏敏感，且斷斷不能自休。其不合時宜、頑固而又不能已於言，借用錢鍾書的說法，無異於「玩火」。文革中遭受強烈衝擊，亦命中註定。

　　由吳是年日記看，政治活動的強度逐漸加大。4月20日，記對於下鄉參觀，「甚不欲往，而又不敢不往」（《吳宓日記續編》第

123　關於文革前夕高校的「教學改革」、「社會主義教育運動」，陳徒手的《故國人民有所思：1949年後知識分子思想改造側影》一書多所涉及。

124　吳宓1964年日記，確有相當「反動」的言論(見6月30日日記，《吳宓日記續編》第六冊頁259)。

六冊，頁203）。另一日，記被命聽重要報告，「宓雅不欲，而又不得不遵命前往，因之甚鬱悒」（同書，頁252）。此種對政治生活的適應不良，顧頡剛也有，只不過不如吳宓之強烈。11月，因「在社會主義教育運動中，慄慄危懼」（同書，頁402。着重號為原文所有。下同）；決意回陝，卻不能免於「逃避運動」的嫌疑。吳確有「逃避」之一念（參看其是月12、13日日記，同書頁402、402–403）。他未想到的是，運動一起，無論在川在陝，均無可逃遁。

　　吳宓1958年曾被嚴厲批判，1960年6月又遭批判（參看《吳宓書信集》頁377）。1964年「社會主義教育運動」再次觸及吳宓，令其既驚且恨，説自己本以為該校「太重政治，用法過嚴酷」，而發言者卻指責該校「教課不問思想」、「對老教師尊仰過甚」（《吳宓日記續編》第六冊，頁407）。工作隊領導更將他的言論作為「階級敵人猖狂進攻而腐蝕了黨員幹部」的例證（頁410），使其「為之悚然」。承受此類指控，壓力之大可想。12月30日日記：「宓近日甚畏懼運動座談會，每至星期一三六，輒憂心惴惴，到會時，宓心臟大跳動，若有大禍將臨者。」（同書，頁461）吳又由他人處得知派出所令其身邊的人「訐發」其「隱事」，調查他的社交，尤其與被認為有問題者的交往（同書，頁418）。這種半公開的動作不能不使吳「惶惶然不可終日」。保持威懾，適時震懾，正是階級鬥爭的慣用手法。吳宓日記中所記對自己的揭發（吳習用「訐發」），「上綱上線」，與文革中幾無二致。對於自己在該校的處境，吳宓時有分析，於此並不迂；只是拙於應對，亦無從改變而已。

　　「社教運動」期間，吳宓在寫給友人的信中説，自己應屬「輕罪」，「然在大會宣佈；在教研組會中，經數人揭發、鬥爭（青年黨員助教對宓等，直呼姓名，揭發時厲聲斥罵，平日不假辭色。一般教職員，互相引避，不敢交言）」，認為「又是1957至1958運動之重演」，雖「態度、辦法比那時溫和，而標準之高之嚴，檢查之細密，則過於當年」，不知能否過關；至於「減壽促年」，在所難

免（1964年12月10日，《吳宓書信集》頁341）。「社教」中更將吳
等教師的劣跡，畫為漫畫展。吳所理解的當局意圖，在將「舊知識
分子」中之「年老、薪級高、有資歷、有學問、有聲名者」，「打
倒、『搞臭』，把『西洋景戳穿』，使『權威成為笑柄』」（《吳
宓書信集》頁409）。該校「工作隊」（吳氏日記亦作「工作團」）組
織下教師間的相互揭發，確像是文革的預演。說吳宓的文革即此
開始，亦不為過。吳說自己身心俱疲，「蓋此次社會主義教育運
動中對宓之鬥爭，已破毀宓之身體健康及宓之精神意志」（《吳宓
日記續編(1965–1966)》第七冊，頁46）。更猛烈的打擊將接踵而
來。[125]「社教運動」後期，趨於「寬和」。一般教師，也漸漸與其
「交言」，且稱其「吳先生」（《吳宓書信集》頁344）。不久文革
爆發，「斥罵」的一幕重演，吳宓則有可能至死也不再聽到人公然
稱「吳先生」——「私底下」除外。

　　5月31日記讀溥儀《我的前半生》，多所不滿，指該書為「思
想改造、求脫罪之作」，說自己的「一生大著作」雖未能成，「而
可倖免被逼寫成一部虛偽違心之吳宓自傳流傳人世」（同書，頁
236）。由此似可推知其計劃中的小說《新舊姻緣》（即其所謂「一
生大著作」）具自傳性。

　　吳宓熱心教學，此種熱情在文革前的「教學改革」中備受打
擊。吳在8月24日的日記中憤然寫道，自己「不得授課」，「留置
閒散，負此精力(……)與學識，並領厚薪，有如坐待宓之死，以
顯示黨國之如何優待(『照顧』)老教師、舊知識分子也者！」（同
書，頁310）對這種歧視性的「照顧」不領情。吳另在8月31日的日
記中說，「秋景雖美，而宓以無課之教師，有如待決之死囚，行
人世中，一切人事皆與我無關，悲喪殊甚。」（同書，頁318）9月5
日：「按宓本極健適，自宣佈停課後，近數日乃覺頭暈……宓生

---

125 打擊的不止於思想、精神。顧頡剛、吳宓均在日記中寫到政治運動對於自己健
　　康狀況的影響。

機自此衰，坐以待斃而已。」（頁325）說自己1957年「鳴放」，撰
文題為「對知識分子照顧太過，(待遇太好)使用不足」，「今猶此
意」（頁401）。「使用不足」緣於不信任，這一層意思，吳未見得
不知。寫給李賦寧的信中，抱怨對自己的「才學及熱心」，「每厄
抑之」；說自己「惟一特性，即是大事小事，皆負責而又熱心」，
故對不讓授課「心中不滿」（《吳宓書信集》頁381）。能被正常地
「使用」，則雖「疲累」而「異常愉快」，「樂此不疲」（同書，
頁383）。1965年10月25日吳在日記中說：「宓負才學而不得為師且
不得安居讀書及休息，而必奔走酬應，參觀開會，為宓所最不擅
長而最以為苦之事，如此生活，實不如速死，無知反為樂也。」
（《吳宓日記續編》第七冊，頁258）其「渴思授課而不得」，甚至
形諸夢寐(1966年1月1日，同書頁327)。當局對知識分子，無論打
壓還是優容，均包含了露骨的暗示；即優容亦令受者不適。吳曾在
給李賦寧的信中，抱怨優秀的外語人才不獲聘用，或因劃為「右
派」而不能盡其才(同書，頁395、396)。不能盡其才，未必不也在
說他自己。

　　其實吳本可不必如此沮喪。據其日記，經此一運動，「中國古
典文學」已幾無可講。其1965年7月7日日記，記所在古典文學教研
組討論所講篇目，「古今作者，如陶潛、李商隱、李煜、周邦彥、
李清照、吳文英、張炎、吳偉業、王士禎、納蘭性德、袁枚、黃
景仁、鄭珍、王闓運等，皆在《文學史》及《作品選讀》中，不見
姓名，完全不講。而《西廂記》《琵琶記》《牡丹亭》《桃花扇》
《長生殿》以及《古詩十九首》陸機《文賦》白居易《長恨歌》
等，直不使學生得聞其名，更不言選講及節讀之也。」（《吳宓日
記續編》第七冊，頁168）我當時所在的北京大學中文系，尚不致如
此之徹底。對於高校的「教改」，沈從文在給妻的信中寫了一些傳
聞，說「將來如何教書」，誰也不明白，「感到難教則是普通情
形」（《致張兆和》，《沈從文家書》頁374）。

文革前的社會主義教育運動中強化「政治思想教育」。吳宓所在高校掌握學生「思想狀況」的手段，包括令圖書館員「調查各系學生及教職員(尤重中文系)所借閱之書籍，俾由其平日愛讀某一類之書而判定其人之思想情況、政治立場、道德品質」(《吳宓日記續編》第六冊，頁283)。這種做法，想必令吳毛骨悚然。

「社教運動」中西南師範學院的工作隊並不缺少洞察力。即如吳的頑梗。他們僅由吳宓所作會議記錄，就發現了吳宓使用「古詞」，即如將「揭發」、「批判」寫作他們不熟悉的「訐發」、「攻訐」，卻未必真的知道其間的語義差異。工作隊認為吳「(封建思想＋資產階級思想)極深厚，未改變；去無產階級立場、觀點甚遠。即其文詞(『語言』)，亦非今1964之階級的説法」(同書，頁449)。所見極是。[126]

對於批判吳晗的《海瑞罷官》，吳抵觸強烈。1965年12月23日，記教研室批判《海瑞罷官》，自己「憤怒不服，幾於發作」，所幸「始終隱忍含默，未露形跡」(《吳宓日記續編》第七冊，頁313–314)。1966年1月13日民盟座談《海瑞罷官》，吳説自己「恒苦不知黨政每一運動中之真實意旨所在」(同書，頁338)，是一句老實話。也因不知「真實意旨所在」，故他會表達對《謝瑤環》愛情故事的喜愛(同年2月19日，同書頁377)。直至2月23日，才知對吳晗的批判是「政治問題」(同書，頁380)。3月15日，參加有關討論，「中間幾乎不能自持，十分氣憤」；説「此長期學習為大苦，實願速死為佳」(同書，頁394)。4月14日，説吳之所論「皆宓之所欲言」(同書，頁414)。5月19日記讀該校編印的批判材料，説吳「論歷史研究，論道德繼承，實無悖謬之處，固宓皆所贊同者」(同書，頁437)。如此不知避忌，文革中被搜繳、「檢閱」，後果可知。

對批判鄧拓等人的反應，不如是之激烈。5月14日記某同事

---

126 據日記，「社教運動」中工作隊曾一再向吳宓索要「座談會」記錄。

「謂此次聲討鄧拓之運動，本係黨內之事；而必大事宣傳者，藉此對黨外人士施教，且使毋得譏評」，告誡吳「宜隨同譴責，而不可有憂色或喜色」（同書，頁434）。10月6日，吳錄傅玄《口銘》（擬《金人銘》）「以自警戒」，其中有「口莫多言」、「禍從口出」等（同書，頁242–243）。

　　涉及「改造」，吳宓一向言辭激烈。文革行將爆發，仍一如既往。1966年3月30日日記中發洩道：「近年厲行階級鬥爭，督促思想改造，既舉中國數千年之德教習俗、學術文化，摧殘漸滅淨盡，已使吾儕傷痛已極，而在各種演講報告學習、討論會中，更視宓等老教授為階級仇敵，反動、落後、頑固分子，冷嘲熱罵，使耳聆、目擊、身受者，更不能堪。」說只盼早死（同書，頁404）。在吳，更是一種激情表達，其人並不厭世；即使在此後極其不堪的情境中，亦無意輕生。但「傷痛」卻是真實的。儘管內心如此煎熬，公開場合的表態，仍力求中式，甚至自訟不免於過（如4月6日所記發言，同書頁408）。卻也有失控的情況。5月30日記「以久久感憤悲鬱至極」，不能自已，「遂作出甚長之發言」，「一發難收，傾瀉而出，眾為動容」（同書，頁444）。

　　由吳宓日記所記1964至1966年文革爆發前西南師範學院的會議、報告、發言等，可資考這一敏感的時間點高校的氛圍。該校「社教運動」中與「階級鬥爭」、「階級路線」有關的揭批內容，包括了對工農出身的學生的態度，包括對教師的重業務輕政治，包括教學中的輕思想重知識（傳授），包括優遇老教授（知名學者），正屬引爆文革的「資產階級教育路線」批判。吳宓有作會議記錄的習慣，無論大會報告，小會發言。其對某些細節的敏感，使其日記關於該校教師中的揭批活動的記錄特具現場感，想必有官方檔案所不能有的生動性。

　　1965年歲末，吳宓回想前一年的被「鬥爭」，以可以「靜處讀書」為「幸福」（12月31日，《吳宓日記續編》第七冊，頁323）。

較吳宓幸運，文革即將爆發之時，與外界幾近隔絕的陳寅恪，正
在撰寫他最後的著作《寒柳堂記夢》（《陳寅恪的最後20年》頁
458–459）。

由日記看，顧頡剛的1964、1965年，遠較吳宓輕鬆。

顧頡剛在1964年8月2日的日記寫到某君因買電視機而受到批
評。即謹小慎微的顧氏，對此也不以為然，說「此懲羹而吹齏
也」；即使「反修」，也「不必如此機械」（《顧頡剛日記（1964–
1967）》第十卷，頁106）。較之以下所記，這應當是小事。當月31
日，記「近來報紙上轟轟烈烈地討論四個問題：一、楊獻珍的『合
二為一論』，二、周谷城之『無差別』美學思想，三、楊翰笙之
《北國江南》電影中之『人性論』，四、羅爾綱之忠王李秀成之
『緩兵苦肉計』說」（同上，頁122）。山雨已來。由日記看，顧氏
似未察覺到此種消息。

同年12月1日，記民進在政協禮堂批評雷潔瓊的路線錯誤（原
文作「學習錯誤路線」）（同書，頁172）。同月14日，記「中華書局
因出書方向未定，有些印好之書不發行」，影響到自己的收入（同
上，頁178）。

這年年初的1月29日，記其某兒不肯用功，但肯勞動，「不怕
累與髒」（同書，頁14）；「手皮甚粗」，在顧氏看來「真像一勞動
人民矣」（同書，頁22）。以我的經驗，這也是其時的「時尚」。還
說該兒「喜罵人『混蛋』」（同上，頁38），這一種「國罵」，文革
中隨處可聞。令顧氏夫婦憂慮的，是其子女「以學習雷鋒、學習
解放軍，痛自策勵」，竟至不肯吃葷菜、雞蛋（同書，頁32）。我也
很熟悉這種苦行式的「自勵」。同年12月8日，記其三個女兒自組
《毛選》學習小組（同書，頁176）。

顧頡剛在同年12月20日的日記中，還寫到政協在京委員進餐須
交餐費及糧票，對用車也有新規定（同書，頁181）。或也屬文革前
夕「革命化」的舉措。顧還由賀麟那裏聽說，為避免修正主義，

「已取消已有工資者之版稅及稿酬」（同上，頁187）。不知確否。
1965年6月1日，記解放軍取消級別制（同上，頁189）。顧氏將自家
所存股票送研究所，表示不再取定息：亦一種政治表態（同上）。6
月23日，再次將股票送研究所，「表示與資本主義一刀割斷」（同
書，頁292）。

　　1965年1月10日，記政協大會與民主黨派會議，前後二十一
天，「甚緊張」，「迴與前數年之鬆懈者有本質之不同」（同書，
頁196）。見諸顧氏日記，此一時期各種「學習討論會」、「批判
會」密集，的確使其不堪其擾。他更願意埋首故紙堆中，完成正
在進行的學術研究。同年12月1日記讀到姚文元《評新編歷史劇
〈海瑞罷官〉》（同書，頁369）。1966年2月2日，讀《田漢的〈謝
瑤環〉是一棵大毒草》（同上，頁407–408）。3月25日，列「年來
受批判之人士」名單，竟有二十一人之多（同上，頁430–431）。4
月2日，讀何其芳《夏衍同志作品中的資產階級思想》（同書，頁
436）。4月4日，讀戚本禹《海瑞罵皇帝和海瑞罷官的反動實質》
（同書，頁437）。4月5日，看關鋒、林杰批《海瑞罷官》的文章（頁
438）。凡此，均無評論。對戚、關等批《海瑞罷官》，惟有附和，
與吳宓的反應迴異。4月16日，見《北京日報》刊文批「三家村」
與《燕山夜話》（頁444）。4月24日，讀《人民日報》刊《翦伯贊的
反馬克思主義歷史觀點》（頁448）。對批翦有異議，以為不應與吳
晗相提並論。5月27日，聞學部與歷史所批判侯外廬（頁467）。6月2
日，記《人民日報》披露聶元梓等七人揭宋碩、陸平、彭佩雲的大
字報。由顧氏記其反覆讀尹達《必須把史學革命進行到底》一文，
可知絕非無動於衷。[127]1966年初，顧頡剛尚與趙樸初、吳作人等人
在香山療養，享受知名人士的待遇。

---

127 按尹達該文發表於1966年《紅旗》第三期（2月27日出版）。據王力回憶，該文
　　是1964年8月份寫的，首先在內部刊物發表（《王力反思錄》頁585）。顧氏1966
　　年日記前，有1至9月的「大事記」，可考顧頡剛文革初期的處境。「大事記」
　　應事後所擬，係顧氏以為值得拈出者。

　　田漢1964年7月中國文聯整風期間即受到衝擊。他的文革已提前開始。不同於巴金，1965年日記中的田漢，顯然承受了極大的壓力；家庭內部的不和諧，未知與此有無關係。1月19日的日記中提到了「時代鐵錘的重擊」，說：「現在真是最後的機會了。」「黨在多麼仁至義盡地幫助我，挽救我！」（《田漢日記》第二十卷，頁313）心情僅偶一流露。即使在「重擊」下，書寫時也未失自律。2月24日，除繼續寫檢查，「又看《謝瑤環》，讀《光明日報》評《李慧娘》」（頁338）。看由他本人編劇的《謝瑤環》，未知是何心情。二、三月連日寫檢查。3月4日，晤時任　的趙樸初，趙說宗教界也在搞運動（頁341）。田漢同年10月20日到順義縣牛欄山公社參加「四清」。12月29日，讀《人民日報》關於批評《海瑞罷官》的文章，注意到這篇署名「方求」的文章有涉及自己和《謝瑤環》一劇處（頁428）。1966年1月28日記林默涵、蘇一平來談要批評《謝瑤環》事，田說自己沒意見，「相信黨，相信群眾」（頁434）。2月1日，由廣播中聽到「《人民日報》已發表批判《謝瑤環》的文章」（頁436）。仍未及心情。3月7日到8日，「《人民日報》今日轉載了《戲劇報》編輯部的文章」（頁446。按該頁注：「即《戲劇報》編輯部文章《田漢的戲劇主張為誰服務？》」。壓力增大。3月10日，「寫了封信談對當前運動的一些意見」，托趙尋轉交（頁447）。未知是何意見。4月23日，由廣告得知《戲劇報》有關於自己的三篇文章，說「我只有通過學習主席著作和勞動改造自己」（頁460）。黨報公開批判後，田漢仍在牛欄山搞「四清」，處境之艦尬可以想見。由日記看，田更願意待在鄉下而非城中。4月15日，為90老母讀《為人民服務》、《紀念白求恩》，老母「同意在家裏學習主席著作經常化」（頁457）。這一時期，有來自家人的批評，「主要關於我的錯誤和怎樣正確對待錯誤」（頁462）。5月10日，參加學習會，談鄧拓《燕山夜話》（頁466）。5月11日，看姚文元評「三家村」文，「很激動」（頁467）。直至6月11日，田還

在日記中表示「一定要奮起直追，做一個革命派，而不要墮入牛鬼蛇神之列」（頁468）。但他已經沒有機會。6月20日被命看大字報，想到的是「怎樣自救」（頁471）。此後他被迫揭發周揚以求脫罪（參看其7月14日日記）。由殘存的日記看，田漢生命的最後三年（1966–1968），書寫仍極謹慎，令人難以讀出其心情。

徐鑄成晚年自編年譜，説1962年參與《辭海》近現代史部分的編寫，時已多禁忌，包括了「30年代不能多提」，「一切要以毛選及其註釋並胡喬木之《中國共產黨三十年》為根據」（《徐鑄成回憶錄（修訂版）》頁266）。

從事自然科學的竺可楨，因相關行政事務、外事活動繁忙，文革前夕的日記，與專業（氣象學、地理學）有關的內容甚多，少有個人科研活動的記述。甚至擠不出時間欣賞他所喜愛的音樂（《竺可楨全集》第十七卷，頁40）。對此種狀態，竺似乎已安之若素。與最高領袖的直接接觸，在竺的筆下，未被渲染（同書，頁37），與文革中人的狀態不同。1964年6月27日，記陳寅恪的書稿遭冷遇事（同書，頁168）。前此竺到廣州見陳，陳即談及此事；竺亦曾代為詢問，卻總是不得要領。應屬所謂的「冷處理」。[128]

季羨林對文革的爆發並無預感預見（《牛棚雜憶》頁14）。「老運動員」則通常有一份警覺。邵燕祥就説自己對文革有精神準備，「早就預感到山雨欲來」（《人生敗筆——一個滅頂者的掙扎實錄》頁54）。

此時的北京市委領導，已惶惶然不可終日。收入譚放、趙無眠選輯《文革大字報精選》的《罪惡滔天的四月黑會》，雖有明確的傾向性，因時間距離較近，保存了某種現場感，傳達出文革前夕北京市委高層的緊張氣氛。這類文字對情境的描摹，是編寫於事後的「大事記」之類難以替代的。令人想見1966年4月大難臨頭前的北

---

128 竺興趣廣泛，日記中科技信息固豐富，社會信息亦多。如其他行業的收入、工資情況。

京市委，當事者的心理與處境，被放在火上炙烤的焦灼與絕望。

　　司法檔案中1964至文革爆發的聶紺弩的言論，大多因時事、時局而發，事後被專政機關指為「反對文藝界整風」，為邵荃麟、胡風、楊獻珍等人鳴不平——亦可考知識分子(多為「右派分子」)「圈子」中的「小氣候」(參看寓真《聶紺弩刑事檔案》頁97)。1964年聶在私人聚會時說，「最近很多人感到不安，叫人感到窒息」(頁107)。同書收錄的聶1964–1965年圈子中的交談內容，亦「文革前夕」的一部分，且是對時局反應靈敏的一部分。回頭看聶當年發表的「時評」，不乏睿智，有些也見識平平。

第二章

泛軍事化、暴力與武鬥

暴力是文革最顯著的特徵之一。本章所及，只是若干面向。本章外，與本題有關的，尚有上編第七章《批鬥、強制勞動、降低待遇到「給出路」》一節，本書下編《札記之二》、《札記之四》。

2.1 城市街頭的暴力

這裏涉及的，不是作為隱喻的「暴力」，而是施之於肉身、由人的血肉之軀承受的暴力。迄今為止關於文革，被大量講述的，即有暴力與暴行。發生在文革中的重大血案，已有較為翔實的調查、記述，即如發生在京郊大興縣(今大興區)的，發生於湖南道縣(今道州)的，發生在廣西多地的，發生在內蒙古自治區清查「內人黨」期間的，發生在雲南沙甸回族聚居區的，等等。規模較大、傷亡慘重的武鬥，如重慶武鬥，如晉東南涉及十七縣市的武鬥，也有較具份量的調查報告。出版於境外的文革史著述，關於上述事件，以及不限於上述事件的發生於各地的暴行、武鬥，有概略的記述。相關著作提供了人員傷亡、財產損失等的統計數字，即使這些數字遠非精確、完整。[1]1966–1976年的十年間，尤其1966–1969年三年

---

1 關於1966年北京郊區大興縣(今大興區)、1967年湖南道縣(今道州)血案，1968年廣西的殺戮，內蒙古自治區清查「內人黨」中的暴行，雲南沙甸慘案，宋永毅主編的《文革大屠殺》收有調查文字。者永平等編《那個年代中的我們》一書張連和的《五進馬村勸停殺》，是目擊者對大興事件的記述。謝承年《道縣「文革」殺人遺留問題處理經過》一文，刊載於2010年第11期《炎黃春秋》。「內部資料，僅供研究」的《思想者》2008年第1期，有署名曉明的文章《不

內，暴力的氾濫，是當代中國史的特殊一頁。本節僅聚焦於文革之初發生在城市街頭的暴力。

　　較之鄉村，1949年後的中國，組織化程度較高、社會管理較為嚴密的，是城市。城市集中了政府機關、文化機構、大中學校等，成為文革大戲賴以演出的重要舞臺。對於發生在政府機關、文化機構、大中學校的文革，城市街道更像是幕布；儘管任一種文革史都會寫到文革之初紅衛兵在「破四舊」的號召下對街道的掃蕩。

　　關於「破四舊」的緣起，王年一《大動亂的年代》一書說，「破『四舊』（舊思想、舊文化、舊風俗、舊習慣）來源於林彪的『五黨一八』講活，由《人民日報》6月1日社論《橫掃一切牛鬼蛇神》第一次明確提出。為《十六條》所肯定，又是林彪『八·一八』講活中提出的號召。」（頁67）實則1964年毛在接見法國文化部長安德烈·馬爾羅（Andre Malraux）時，就提到要破除新中國成立前的舊思想、舊文化和舊風俗（轉引自胡鞍鋼《毛澤東與文革》頁173）。同年毛《對胡喬木十六首詞的批語、修改和書信》談到：「杭州及別處，行近郊原，處處與鬼為鄰，幾百年猶難掃盡。今日僅僅挖了幾堆朽骨，便以為問題解決⋯⋯至於廟，連一個也未動。」（《建國以來毛澤東文稿》第十一冊，頁232）[2] 1966年6月1日

　　應遺忘的歷史——論「文革」中的廣西大屠殺》。其他尚有大陸的公開出版物《廣西文革大事年表》（南寧：廣西人民出版社，1990），以及出版於境外的《文革機密檔案——廣西報告》（原題為「廣西文化大革命大事記」，由中共廣西壯族自治區委員會整黨領導小組辦公室編寫）。關於重慶武鬥，有何蜀《為毛主席而戰——文革重慶大武鬥實錄》；關於晉東南的武鬥，有趙瑜的自印書《犧牲者——太行文革之戰》。關於內蒙古自治區「挖肅」「內人黨」的血案，除收入《文革大屠殺》的吳迪的相關調查，尚有圖們、祝東力所著《康生與「內人黨」冤案》。關於上述事件，卜偉華《「砸爛舊世界」——文化大革命的動亂與浩劫》利用地方文獻，敘述較詳（參看該書頁246–248、600–606、644–651、706–715、721–724）。關於既涉及民族問題又涉及宗教問題的1975年雲南沙甸慘案，史雲、李丹慧《難以繼續的「繼續革命」——從批林到批鄧》有記述。

2　胡給人民日報編輯部的信、給毛的信，及杭州當局的反應，參看同書頁234–235、235–236。不妨認為，「破四舊」當時已在該地進行。

《人民日報》社論《橫掃一切牛鬼蛇神》有如下表述：「無產階級文化革命，是要破除幾千年來一切剝削階級所造成的毒害人民的舊思想、舊文化、舊風俗、舊習慣」。同年8月8日中共八屆十一中全會通過的《中國共產黨中央委員會關於無產階級文化大革命的決定》（即「十六條」），以「剝削階級的舊思想，舊文化，舊風俗，舊習慣」與「無產階級自己的新思想，新文化，新風俗，新習慣」對舉。8月18日毛接見紅衛兵的大會上，林彪講話使用了「大破一切剝削階級的舊思想，舊文化，舊風俗，舊習慣」的提法。

有必要重新界定文革爆發前後城市的所謂「底層」。1949年後的城市底層，除原有的低收入者、「城市貧民」外，包括了其他邊緣人群。包括文革初期「破四舊」中被高層人物指為「吸血鬼」、「寄生蟲」、「遺老」的前剝削階級，因「歷史污點」或道德污點而被逐出正常社會者，刑滿釋放人員，等等。上述人等的一部分，在貧困中掙扎求生，是社會學與意識形態雙重意義上的「底層」。其中的一些，以街道為收容所，在街道作坊或從事苦力維持最低限度的生存。此外，被城市收容的尚有「土改」後失去經濟來源、依子女為生者（文革中被指為「逃亡地主」）。文革初被強制「遣返」的，主要即上述人等。[3]他們中不乏前此政治運動的孑遺，身份曖昧，卑微如螻蟻草芥泥沙，任由踐踏。是住在胡同中最破的雜院的最窮的人（參看楊百朋《我的「紅色記憶」》，《暴風雨的記憶》頁137）。

公安部黨組1964年2月12日關於在城市中貫徹執行中央依靠群眾力量加強人民民主專政的指示的報告，對於城市街道有如下分析：城市街道居民的階級、階層情況十分複雜，階級陣線不清，家庭婦女太多，階級覺悟較低，漏管的四類分子多於農村，等等（參看《建國以來毛澤東文稿》第十一冊，頁3）。同年4月18日在長

3　近代史專家楊奎松使用了「邊緣人」的說法，或也為避開命名難題。《「邊緣人」紀事——幾個「問題」小人物的悲劇故事》一書所寫人物，往往既在社會邊緣也屬物質生活方面的「底層」。

沙，毛表態贊成在城市街道進行階級劃分，說：「農村有階級，工廠有階級，城市無階級，那就是全民黨、全民國家了。城市也有階級，過去沒有劃就是了。」(逄先知，金沖及主編《毛澤東傳》第六卷，頁2308)此後聽取彙報時毛還說：「工業、農業、商業都要劃階級，學校、機關、軍隊、文化團體也要劃階級。此外，街道、小城鎮也要劃。」(同上，頁2310)

紅衛兵對街道的掃蕩

關於文革，街道這一場域，通常只出現在當年的紅衛兵與「破四舊」、「抄家」有關的迴溯中，出現在其時碰巧住在胡同的知識分子的文革回憶中。文革初期掃蕩街道的，是較早成立的中學紅衛兵組織；「老紅衛兵」在其中發揮了主導作用。[4]

秦曉敘述了紅衛兵走向狂熱的過程，說1966年「八一八」毛接見之後，熱情高漲；「北京二中發了一個『破四舊』的《通告》，中學生紛紛走出校園向社會衝擊。第二天，《紅旗》雜誌刊登了一篇署名林杰的《紅衛兵是天兵天將》的煽動文章，讓紅衛兵更加狂熱了。文化大革命也開始從一場政治革命轉變為社會革命」(《四中往事》，《暴風雨的記憶》頁100–101)。

「破四舊」的紅衛兵將「老字號」作為了目標，如北京的「全聚德」、「榮寶齋」(參看卜偉華《「砸爛舊世界」——文化大革命的動亂與浩劫》頁231)；上海「大批名店、老店招牌被砸」，被禁售的則有「老大昌的高檔麵包、泰山飲食店的『攢奶油』、創浪亭的蝦仁麵等」(李遜《革命造反年代：上海文革運動史稿》頁237)。陳東林主編《1966–1976年中國國民經濟概況》寫到「破四舊」中商業系統受到的衝擊：「一些具有傳統經營特色的私營老

4　大學生並未置身事外。參看楊百朋《我的「紅色記憶」》，《暴風雨的記憶》頁130、137。楊說他所見大學生較中學生文明，「沒有批鬥、毆打、辱罵」，「也沒有當場砸毀、破壞、焚燒」，對沒收的「四舊物品」還開具了收據(頁137)。

字號商店的招牌、匾額、包柱、畫飾、廣告牌等」被改名；「大量名稱帶有古代和外國色彩的商品被認為是『封、資、修』『有問題』商品，統統被停售」，改換名稱、撕毀商標甚至予以銷毀（頁280）。1966年8月17日北京二中貼出《最後通牒——向舊世界宣戰》，甚至將理髮館、裁縫鋪、照相館、舊書攤作為了衝擊對象。「破四舊」的目標，包括了古怪髮型、奇裝異服如「港式衣裙」（參看卜偉華《文化大革命的動亂與浩劫》頁230、李遜《上海文革運動史稿》頁237）。

　　1966年8月21日《紅旗》雜誌（第11期）評論員文章《向革命的青少年致敬》説，有「千百萬紅衛兵由學校走上街頭……蕩滌着舊社會留下來的一切污泥濁水，清掃堆積了幾千年的垃圾髒物」云云。「污泥濁水」、「垃圾髒物」屬文學修辭。同月23日，包括《人民日報》在內的全國各大報均以《新華社22日訊》的形式頭版刊登了題為「無產階級文化大革命浪潮席捲首都街道『紅衛兵』猛烈衝擊資產階級的風俗習慣」的報道。《人民日報》先後發表《好得很！》、《工農兵要堅決支持革命學生》、《向我們的紅衛兵致敬》等社論。新華社8月25日訊《各地革命小將向一切剝削階級的舊思想舊文化舊風俗舊習慣發動總攻擊》，載8月26日《人民日報》。新華社8月26日訊《橫掃「四舊」的革命風暴席捲全國各城市》，載8月27日《人民日報》，正所謂緊鑼密鼓。「破四舊」甚至破到了中南海、國務院（參看吳德口述《十年風雨紀事——我在北京工作的一些經歷》頁26）。[5]

　　毛由1950年代初直至文革一再説到「舊社會遺留的」，含義廣泛而曖昧，不限於民國時期的「留用人員」。模糊表述，方便了隨意引申。1952年1月1日毛的《元旦祝詞》使用的説法是「將這些舊社會遺留下來的污毒洗乾淨」（《建國以來毛澤東文稿》第三冊，

5　《王力反思錄》一再強調「破四舊」非毛的主張，甚至説當時的高層（毛、林、陳伯達等）均沒有號召那樣搞，「是新華社、人民日報具體工作的同志對毛主席思想理解不夠」（頁644）。這種意思另見同書頁639。

頁1）。4月《對中華人民共和國懲治貪污條例草案説明稿的批語和修改》也使用了「清洗舊社會遺留下來的污毒」的説法(同書,頁411),將「貪污」、「浪費」、「官僚主義」歸結為「舊社會一切剝削者和反動統治者遺留下來的污毒」(同上,頁412)。清除「舊社會」的「遺留」作為一種政治意義上的「清潔運動」,直至「四清」,仍在城市街道進行。[6]

　　「污毒」即文革中官媒所説的「污泥濁水」。1966年8月29日《人民日報》社論《向我們的紅衛兵致敬》提到「一切藏在暗角裏的老寄生蟲」、「吸血鬼」。據吳德口述《十年風雨紀事》,毛説,「北京幾個朝代的遺老沒人動過,這次『破四舊』動了,這樣也好。」(頁27)同年9月15日林彪在毛接見全國各地來京革命師生大會上的講話,談到「舊世界遺留下來的殘渣餘孽」、「吸血鬼」、「寄生蟲」(《「文化大革命」研究資料》上冊)。葉劍英也提到北京的「黑戶」、「深宅大院」(宋永毅主編《中國文化大革命文庫》)。[7]上述説法,足以激發由文學藝術長期培養的想像力。1950–70年代的語境中,「老寄生蟲」、「遺老」、「吸血鬼」、「殘渣餘孽」、「深宅大院」云云,往往指屢遭清算的前「剝削階級」。城市街道(胡同里弄)雖在1950年代初的「鎮反」至文革前夕的「城鄉社會主義教育運動」(「四清」)中屢經觸動,當局仍以為缺乏深度「清理」。涉世未深的紅衛兵掃蕩街道,被認為解決了「多少年的老大難問題」(見葉劍英講話)。這些角隅一旦向紅衛兵敞開,即搜剔無所不至。一些人平日裏蜷縮在犄角旮旯悄無聲息與世無爭,在這場政治風暴中,像陳年的穀子那樣被從「陰暗的角落」逐出,攤曬在了強光中,無遮無攔地暴露在紅衛兵的棍棒皮帶下。

6　1964、1965年之交毛《對〈農村社會主義教育運動中目前提出的一些問題〉和中央通知的批語和修改》説:「城市中社會主義教育運動過去稱為五反運動,以後統稱四清運動」(《建國以來毛澤東文稿》第十一冊,頁282)。

7　葉的原話是:「北京有一萬多黑戶,深宅大院,解放十六年,誰都沒有進去過,一些壞人就是在裏頭搞鬼,公安局,司法人員沒有足夠的證據也不能抓。」

　　中學生對婦女老人施暴，手段之殘忍，駭人聽聞。遇羅文說當時的北京街道，給婦女「剃陰陽頭」，連剃帶薅，連頭皮撕下來。「街上常見到耷拉着粉紅頭皮、淌着鮮血的老人……更殘忍的，還要給『洗』頭，就是用濃城水往傷口上澆。」「東四一帶有一家是『資本家』，紅衛兵把老夫婦打到半死，又強迫兒子去打，上中學的兒子用啞鈴砸碎了父親的頭，自己也瘋了。」「在沙灘街上，一群男『紅衛兵』用鐵鍊、皮帶把一個老太太打得動彈不得，一個女『紅衛兵』又在她的肚子上蹦來蹦去，直到把老太太活活踩死。」「在崇文門附近抄一個『地主婆』的家」，「強迫附近居民每戶拿來一暖瓶開水，從她脖領灌下去，直到肉已經熟了。」（《北京大興縣慘案調查》，《文革大屠殺》頁19）

　　不止一篇回憶文字將發生在街道的暴行擬之於二戰前夕德國反猶的「水晶之夜」（又譯「碎玻璃之夜」）。[8]《少年凱歌》寫作者記憶中的恐怖：「深夜的北京，驟起的打鬥聲、腳步聲，毆打之後獰厲的呼叫聲，到處可聞。」（頁70）該書還寫到同學抄自己家時的野蠻行徑。[9]元明清三朝古都的北京，市民以平和有禮著稱。也因此發生在「首善之區」馴良居民中的暴行，尤有反常性質。[10]

　　文革前的語境中，「社會」語義曖昧。「社會」更像是藏污納垢之地。[11]紅衛兵「殺向社會」，即基於對「社會」的上述認知。那一時期即使在校內（對校長、教職工）尚能講「政策」、不為已甚

8　吳亮《我的羅陀斯——上海七十年代》，以「水晶之夜」作為標題（頁136）。

9　可見秦曉所說「四中的紅衛兵基本上沒有走上街頭搞『破四舊』」（《四中往事》，《暴風雨的記憶》頁101），也只能說「基本上」。但當時確有對於特定對象的「保護性」抄家，參看孔丹口述《難得本色任天然》頁60、米鶴都主編《回憶與反思——紅衛兵時代風雲人物》頁223。

10　至於誰人最先開打，似難以考實。當時就讀於京城第二十五中學的李冬民的說法是，北京二中的紅衛兵「踹出了第一腳」，撕破了道德和紀律上的約束（《回憶與反思》頁172）。「踹出了第一腳」或指該校的「破四舊」《通告》，而非對特定人群施暴。

11　青少年「走向社會」，意即走向複雜環境。1950–60年代的所謂「社會青年」，指不在國家企事業單位工作的，體制外無「正當職業」的青年。

的紅衛兵，對「社會上」的「牛鬼蛇神」也絕不手軟，事後的回顧
中對此迄今較少反省。

　　中學生選擇施暴對象往往隨機、隨意，對受害者持戲謔態度。
收入《暴風雨的記憶》一書的不止一篇文字，寫到了該校私設的監
獄。如聽到校內「小監獄」傳出的慘叫聲(牟志京《似水流年》，
該書頁6)；如學生手持皮帶等，等候在「牛棚」到廁所的路上，
羞辱抽打光着上身、「後背傷痕纍纍，結成血痂」的「犯人」(馮
永光《風雨飄搖憶當年》，同書頁166)；如該校及外校學生「以打
人取樂」，「一個人完整進去，皮開肉綻出來」，親眼目睹「死
在四中小食堂的就有好幾個人」(劉東《親歷者的見證》，同書頁
155)。印紅標當時也聽說有三位市民在四中被打死，「未曾核實」
(《讀書聲、風雨聲》，同書頁229)。關於北京四中私設的小監
獄，尚可參看收入同校楊百朋《我的「紅色記憶」》、趙振開《走
進暴風雨》(同書頁137、205)。

　　更聳人聽聞的，是北京六中的「紅色恐怖」──當時即已廣為
人知。[12]當年四中學生王祖鍔曾親見該校關押校領導、教師、「反
動學生」的「勞改所」，拉了電網，裝了探照燈，有備有皮鞭、皮
帶、棍棒等刑具的審訊室(《為追求平等而鬥爭》，《暴風雨的記
憶》191)。北京四中學生劉東看到本校所設「監獄」的牆上，也有
人血寫的「紅色恐怖萬歲！」(《親歷者的見證》，同書頁155)可
見非為六中所專。戚本禹所見王府井東風市場(原東安市場)私設的
監獄，也有人血寫的「紅色恐怖萬歲」等口號(《戚本禹回憶錄》
頁482)。[13]

　　那些被在街頭施暴或關進中學生私設的「監獄」的，除「遺

12　顧頡剛1967年日記，摘錄《中學文革報》所揭露的北京六中使用酷刑的文字
　　(《顧頡剛日記(1964-1967)》第十卷，頁592-593)。

13　《戚本禹回憶錄》寫到其所目睹王府井東風市場私設監獄的慘狀(頁482-
　　483)。陳白塵《牛棚日記》寫到路上所見對於小偷「沿途拳打腳踢，人人動
　　手」(頁69)。

老」、「老寄生蟲」外，另有一種身份，即「流氓」。1950–60年代的語境中，「流氓」的所指模糊籠統，凡「不務正業」或「無正當職業」而又被認為行為不端者（「小混混」、「小痞子」），均可稱之為「流氓」，無論是否曾猥褻、性侵女性。[14]駱小海為宋柏林《清華附中老紅衛兵手記》所作序，敘述了文革初期紅衛兵批鬥「流氓」，「在多位中央大員的蒞臨下」，在容納十萬人的體育場使之「接受辱罵和拳打腳踢」（頁23）。[15]趙振開寫到了所目擊的四中「老兵」用私刑處置「流氓」的血腥一幕：「打手」掄起粗鐵鍊，抽在那「流氓」的背上（《走進暴風雨》，《暴風雨的記憶》頁204–205）。陳凱歌詳細記述了自己情緒失控痛毆「流氓」的過程，說當時的自己由此「嘗到了暴力的快感」（《青春劍》，同書頁82）。暴戾乖張，也屬那個特殊年月少年人成長史的一部分。

　　發生在城市街頭的暴行，作為動力的，有施暴少年的政治以及道德上的優越感，他們俯臨芸芸眾生的誇張的自我意識，面對城市最弱勢的人群時的極度膨脹。耐人尋味的是，在當年中學生的回憶文字、受訪記錄中，那些受害者仍被統稱「流氓」。劉輝宣輕鬆地說，「北京城裏究竟打死多少齷齪之輩，誰也不知道。」（《昨夜星辰昨夜風》，同書頁62）似乎並不以為紅衛兵沒有權利取人性命。對特定人群人權的無視已成慣性。「殺盜非殺人」；[16]打「流氓」而致人死命，亦非殺人。打擊迫害幹部、知識分子或應懺悔，打「流氓」則有正當性。這類受害者通常不具姓名，也如鄉村的

14　中國社會科學院語言研究所詞典編輯室編《現代漢語詞典》（北京：商務印書館，1996）有關於「流氓」的解釋。該詞原指無業遊民，後來指不務正業、為非作歹的人；也指放刁、撒賴、施展下流手段等惡劣行為的人。1979年《刑法》第16條，「流氓罪」的適用對象為「聚眾鬥毆，尋釁滋事，侮辱婦女或者進行其他流氓活動，破壞公共秩序」者。

15　1966年8月13日工人體育場召開批鬥「小流氓」的大會。當時清華大學附中的卜大華、北京四中的秦曉文革後受訪中都談到了所見大會上打「流氓」的情形（《我所知道的紅衛兵》、《走出烏托邦》，《回憶與反思》頁47、107）。

16　「殺盜，非殺人」，語見《墨子·小取》。

「四類分子」，是沉默的一群。直至十幾、幾十年後，依舊發不出任何聲音，絕未聽說有誰站出來為自己聲索正義。這一人群與「平反」、「解放」之類無緣。死了就死了，殘了就殘了。倖存者只能退回城市角隅，舔自己的血，奄奄待斃，或掙扎着無聲無臭地活下去。

　　文革初期衝擊最烈的，「五類分子」及其他被指認的「階級敵人」外，另有前資產階級分子與知識分子中的知名人士。據韋韜、陳小曼《父親茅盾的晚年》，1966年茅盾、張治中家亦曾被「抄」（頁23）。上海全市六萬多工商業者統統被抄家，無一倖免，其中包括知名人士劉念智、郭琳琪、榮漱仁（榮毅仁之姐）等（參看李遜《上海文革運動史稿》頁102、115–116）。一些知名人士的被批鬥、羞辱，也發生在街道，如熊十力、梁漱溟。郭齊勇《熊十力傳論》：文革開始後，熊十力寓居的淮海中路2068號小樓被紅衛兵「輪番抄查」，熊被「日夜批鬥」，在街頭「示眾受辱」（頁114）。梁漱溟1968年4至7月奉命掃街，還曾赴「群眾會」受批鬥，「被押遊行」（《梁漱溟全集》第八卷《日記》，頁790）。里弄責令豐子愷掃門前的地（豐一吟《我和爸爸豐子愷》頁203）。導致傅雷、朱梅馥夫婦自殺的直接原因，也因街道批鬥中的人格侮辱。

　　不同於大興、道縣的以「四類分子」及其親屬為主要對象的屠殺，文革初期發生於京城大紅羅廠南巷20號的五人遇害、近於「滅門」的慘劇，起因乃作為房客的「街道積極分子」對房主的誣告。[17]此血案被難的家庭非「五類分子」，甚至有「革命背景」，家庭成員中有黨員、現役軍人（由調查文字看，紅衛兵的施暴，仍與其家男傭的出身有關）。由此，施暴的對象已不限於特定人群；任一人、任一家庭，均有可能成為殘害的目標。至於房客因誣告而得以佔據房主的房產，令人想到清初「莊氏史獄」以受害人的財產獎勵「首告」者。

17　李相《北京大紅羅廠南巷20號駭人一幕——五人死於紅衛兵之手》一文，發表於2000年3月31日《南方週末》，收入宋永毅主編的《文革大屠殺》一書，題為《北京大紅羅廠南巷二十號血案》。

　　當年遠較上述血案引人關注的，是發生在京城欖桿市附近廣
渠門大街121號李文波（小業主）一案。1966年8月25日，李文波砍傷
了毆打、侮辱他和老伴的女紅衛兵，當即被打死。此事被指為李的
「階級報復」。「階級報復」在文革初期的情境中，罪不容誅。
當年清華大學附中的卜大華幾十年後接受訪談，說崇文區發生了
李文波持刀砍紅衛兵的事，引發了「北京最厲害的打人高潮」。他
所在中學也發生了打出身不好的學生、到清華大學抄家一類事情
（《回憶與反思》頁53）。與卜同校的駱小海為宋柏林《清華附中老
紅衛兵手記》所作序，則寫到該事件後「整個北京市發瘋了」，較
為穩健的清華大學附中紅衛兵「也被捲入了階級復仇的狂潮中」
（頁25）。遇羅文則說：「這一事件立刻經過渲染傳遍了各個學校的
『紅衛兵』組織……數千名身着軍裝、手持兇器的打手們乘着公交
專車彙集到出事的街道，在這一帶『血洗』了七天，無數人慘遭毒
打，許多人死於非命。」（《北京大興縣慘案調查》，《文革大屠
殺》頁19）[18]當時的四中學生楊百朋還記有所聞其他胡同居民因抵
抗而遭嚴懲的例子（《我的「紅色記憶」》，《暴風雨的記憶》頁
130）。紅衛兵在城市街道遭遇的抵抗極其微弱。也如京郊大興縣，
京城胡同中有的是引頸就戮的馴良的「階級敵人」。

　　在發生了上述事件的街區，人們本也可以像奧斯威辛後的德國
人那樣，自問當你的鄰人受難時，你在哪裏，是否也在圍觀的人群
中。這樣的追問過於苛刻甚至矯情。[19]1980年代初有「胡同熱」，
人們懷念老北京的平和寧靜，卻少有人寫到發生在胡同中上述血腥
一幕，這一幕上演時的北京人。[20]

18　楊繼繩《天地翻覆——中國文化大革命史》有李文波事件、尤其高層關於事件
　　的表態激化矛盾的記述（參看該書頁268–269）。據《南方週末》2014年3月13
　　日D27版《王晶垚：「我，沒有忘記歷史」》一文，事發後該街的「黑五類」
　　「基本都被殺光」。

19　當年紅衛兵的回憶中，胡同居民也有沉默的抗議。參看收入《暴風雨的記憶》
　　的馮永光《風雨飄搖憶當年》，頁166。

20　文革結束後「京味小說」帶動的懷舊風，加速了對剛剛過去的胡同故事的遺

　　暴行不止發生在首善之區的北京。據中共廣西壯族自治區委員會整黨領導小組辦公室編寫的廣西文革大事記，1966年10月底的不完全統計，自治區首府南寧市，「紅衛兵集中大抄的有六百七十多家；清理所謂『牛鬼蛇神』及其子女家屬回原籍監督勞動的有五千多人；橫掃水月庵一所、教堂二間；查抄所謂封、資、修的物品達十五萬多件。」(《文革機密檔案——廣西報告》頁38)

　　文革初期城市街巷中的瘋狂持續的時間不算太長。青少年捲入派仗之後，街道卻並未都恢復平靜。胡同暴力以另一種形式繼續，即幫派爭鬥：大院子弟(主要為部隊子弟)與市民子弟的「茬架」。2015年底上映的劇情片《老炮兒》中胡同的幫派領袖，或許就是進入中老年的當年幫派頭頭；街巷中的火併，則是文革故事的「後傳」。片中草根人物面對的，不再是幹部子弟，而是一夥乳臭未乾的「富二代」。老江湖，新對手。草蛇灰線，「歷史脈絡」於此隱隱地延伸。[21]

　　《紅色大院的女兒們》的作者說，「紅衛兵是把刀，可以借刀殺人。」(頁127)卜偉華《文化大革命的動亂與浩劫》注引《中國共產黨北京歷史大事記》，1966年北京8、9兩月，被打死人數共計1772人。這一數字被廣泛引用。[22]王年一《大動亂的年代》：1966

忘。老北京、北京「老派市民」的優雅，模糊了對於時過未久的胡同中暴行的記憶。稍後的王朔小說有所觸及，取了「大院子弟」的角度。胡同底層、深層，不在其關注範圍。

21　關於文革後期京城胡同的「流氓團夥」鬥毆，參看史雲、李丹慧《難以繼續的「繼續革命」》頁486–487。胡同「幫派」，文革前就有。印紅標的回憶文字提到了當年所知天橋「豐收隊」、「棒子隊」(《讀書聲、風雨聲》，《暴風雨的記憶》頁229)。曾有劉燁、孫儷主演的幫派題材的電視連續劇《血色清晨》，未通過官方審查。以此題材誰說不能拍出英片《猜火車》、《猜火車2》的中國版。

22　據卜著注引，《中國共產黨北京歷史大事記》不但有該時段北京城區、郊區農村打死人數的統計，甚至有某段時間打死人數的逐日統計。參看卜著頁245註92。章立凡說自己一直懷疑官方數字的準確性，因「大量的自殺者」「可能被排除在打死的名單之外」(《我的「低種姓」生活見聞》，林賢治主編《烙印——「可以教育好的子女」的集體記憶》頁28)。

年8、9月，北京市被抄家的33695戶，上海64,222戶，蘇州64,058
戶（頁71）。該書據同年10月毛主持召開的工作會議印發的「參考
材料」之五《關於國務院文教各部門紅衛兵查抄五類分子家庭的
情況簡報》，說「國務院文教各部門（文化部、教育部、衛生部、
體委、文字改革委員會）及其直屬單位的人員中，被查抄的共1776
戶。這些部門在編人員總數為29,975人，被查抄的約佔6%」（頁
100–101）。李遜《上海文革運動史稿》：「從1966年9月1日起至9
月25日，上海市區被打者達一萬餘人，其中打死11人。」打人事件
幾乎都有北京紅衛兵參與或主導（頁106）。韓少功《革命後記》：
「據1966年北京一次紅衛兵抄家成果展覽披露：北京市抄家11.4
萬多戶，上海市抄家8.4萬戶，天津市抄家1.2萬戶⋯⋯另有資料顯
示：北京紅衛兵打死1,772人，其中佘山大教堂的馬神父、原國民
政府駐法國蕭姓參事等被活活打死。上海市『四類分子死亡數為毆
打致死總人數的45.5%；受傷比率為24.8%；被剃頭比率為26.3%，
在各人員分類中均列高位。』」（頁140）[23]

有人記當年北京火葬場「無主」的死人：「那間屋裏死人摞死
人，密密麻麻的」，天熱，屍體間的冰化了，「因為人都是打死
的，所以冰水和血融在一起，地上的水是鮮紅鮮紅的⋯⋯」（魏敘
軍《觸目驚心的一幕》，《那個年代中的我們》頁80）1950、60年
代之交的大饑荒後，發生在文革初期的，足稱當代中國的「人道
主義危機」——無論當時還是事後，均未聞這種說法；而「人道主
義」直到1980年代仍然具有意識形態的敏感性。[24]

1927年毛的《湖南農民運動考察報告》中說，「每個農村都必
須造成一個短時期的恐怖現象，非如此決不能鎮壓農村反革命派的
活動，決不能打倒紳權」（《毛澤東選集》第一卷，頁17）。《湖南

23　關於北京、上海、天津等地被抄家的戶數，另見席宣、金春明《「文化大革
　　命」簡史》（北京：中共黨史出版社，1996）提供的統計數字。
24　1983年有關於周揚、王若水人道主義、異化議題的批判，發動「清除精神污
　　染」運動。

農民運動考察報告》是毛著作中文革期間引用率最高、影響最廣泛的一篇。[25]王力說毛本人明確地說過文革不適用《湖南農民運動考察報告》的那段話（參看《王力反思錄》頁640）。若然，即無法解釋何以將「革命不能那樣雅致，那樣文質彬彬，那樣溫良恭儉讓」寫入中共八屆十一中全會1966年8月8日通過的《關於無產階級文化大革命的決定》（即「十六條」）。[26]

　　據吳德口述，1967年春北京開始武鬥——應既指群眾組織間的衝突，又指大批判中的施暴。死亡人數最多的一天，「根據火葬場統計是七十多人」。毛卻批評公安系統意欲制止武鬥為「壓制群眾」，說「文化大革命剛開始發動，你們不能像消防隊救火一樣」（《十年風雨紀事》頁28）。前一年7月28日江青對北京市海淀區中學生講話，引用毛澤東6月下旬左右所說的如下一段話：「好人打壞人活該，壞人打好人，好人光榮。好人打好人是誤會，不打不相識。今後不要再打人了。」（宋永毅主編《中國文化大革命文庫》）這段話版本不一，流傳甚廣。據卜偉華《文化大革命的動亂與浩劫》，「十六條」「原稿中抄錄了《農村社會主義教育運動中目前提出的一些問題》中的幾句：『防止簡單、粗暴的做法，嚴禁打人和其他形式的體罰，防止逼、供、信。』毛澤東把這幾句刪去了，

25　1947年的「暴力土改」，朱德、劉少奇就曾指示翻印毛的《湖南農民運動考察報告》供幹部閱讀（楊奎松《中華人民共和國建國史研究1》頁48）。

26　《湖南農民運動考察報告》原文作：「革命不是請客吃飯，不是做文章，不是繪畫繡花，不能那樣雅致，那樣從容不迫，文質彬彬，那樣溫良恭儉讓。」（《毛澤東選集》第一卷，頁17）毛的該篇一再被引用的，還有「矯枉必須過正，不過正不能矯枉」（同上）。《紅色大院的女兒們》作者之一葉維麗引王年一的說法，認為1966年7月下旬8月上中旬，是文革「再次發動時期」，發生在這一階段的暴力，在文革的「再次發動」中，「起了特殊的威懾作用」（頁108、109）。葉說，「2003年美國打伊拉克，一上來先對巴格達狂轟濫炸，此舉被稱做"ahock and awe"。暴力在『文革』這個階段也有類似的作用。」（頁109）徐友漁《形形色色的造反——紅衛兵精神素質的形成及演變》一書有紅衛兵「活用」《湖南農民運動考察報告》的實例（參看該書頁36–37）。

改為『要用文鬥，不用武鬥』。」（頁196）[27]8月21日，毛在中央政治局常委擴大會上說「提倡文鬥，不要武鬥」，卻又在插話中說：「北京就成了流氓世界了？不可能嘛！」「總之，我們不干涉，亂他幾個月。」（逢先知，金沖及主編《毛澤東傳》第六卷，頁2405）8月29日中共中央政治局常委擴大會議上，毛說：「來一個放任自流。有十六條嘛，都不聽，讓它去搞。」（《建國以來毛澤東文稿》第十二冊，頁112註1）羅德里克·麥克法夸爾、沈邁克《毛澤東最後的革命》引時任公安部長的謝富治的話：「紅衛兵打了壞人不能說不對，在氣憤之下打死他就算了」，「壞人嘛打死了就算了嘛」（中譯本，頁140）。[28]「糾偏」照例遲來一步。在造成大量致死致傷的既成事實之後，9月2日中共北京市委發佈《關於制止一切打死人現象的緊急通知》。過度使用暴力—糾偏，亦屢試不爽被證明有效的「運動藝術」。

　　「時間永是流駛，街市依舊太平」（《記念劉和珍君》，《魯迅全集》第三卷，頁276）。只是經歷了血雨腥風，胡同中消失了一些身影：死於暴力者，非正常死亡者，被「遣返」而一去不返者。文革對社會層面造成的破壞，其深度與廣度難以估量。發生在城市街道的上述事件絕不會不留痕跡：即如留在文革後的「社會風氣」中，文革後城市的道德面貌中。當代中國的詞庫中，「社會成本」的說法至今仍少見使用。官員尤其不具有此種意識。[29]

　　傷亡人數不論，京城街道「破四舊」期間的破壞，較之此後武

27　關於「十六條」，美國人威廉·韓丁說，「根據後來的實際情況看，文件中的所有條款在今天看來都帶有一種幻想的、烏托邦式的風味，是革命初期帶有天真無邪的理想主義的東西。」（《深翻》中譯本，頁475）「天真無邪」未必；該文件在運動中並無約束力，可以被由不同的方面解釋與利用，則被一再證明。

28　前於此，陳伯達在天津小站「四清」中縱容、慫恿濫施刑罰，說：「群眾要打他，情緒是革命的精神。第一條，打的不是好人；第二條，沒有把他打死」（劉晉峰《小站「四清」》，郭德宏、林小波編《「四清」運動親歷記》頁115）。

29　上文涉及的，僅限於文革初期「破四舊」中發生於街道的暴行。1968年「清理階級隊伍」期間的街道，尚待考察。

鬥中發生在重慶、南寧城區的，已不足道。重慶大武鬥後的「戰爭
廢墟」，就有市中心解放碑一側的交電大樓、嘉陵江大橋南橋頭的
二輕工業局大樓、市中區至沙坪壩區交通要道大坪正街石油路一側
的重慶河運學校教學樓和學生宿舍、楊家坪建設機床廠的職工宿舍
「彎彎大樓」。這大片廢墟均在城市的繁華地帶(何蜀《文革重慶
大武鬥實錄》頁326–327)。廣西則邕江上游開閘泄水淹死南寧地
下人防工程中的3000多名群眾組織成員；廣西軍區、革籌小組指揮
解放軍以大炮轟擊南寧解放路、民生路、上國街、博愛街、百貨
大樓、區展覽館，引起民房起火(徐勇《韋國清剿殺四二二派》，
《文革大屠殺》頁229、233、245)。南寧舊城區的主要街道中華
街、解放路一帶，被認為「階級成份特別複雜」，是「特務、牛
鬼蛇神的聚居點」，「在炮轟中被夷為平地」。那一帶的居民，
「多是解放前貧窮的老百姓，小商小販和自由職業者」(同上，頁
245)。[30]楊繼繩《天地翻覆》一書據1983年處理文革遺留問題時
的調查，說攻打解放路一帶，共燒毀33條街巷，其中燒毀機關、
學校、工廠、商店和民房共294,820多座(間)，建築面積46萬平方
米，使一萬多戶、五萬多居民無家可歸(頁514)。破壞嚴重的，尚
有該自治區的桂林、柳州、瀘州、梧州等城市。其慘烈均非北京
可比。成批殺人外，尚有大面積焚燒。據中共廣西壯族自治區委
員會整黨領導小組辦公室編寫的《廣西文化大革命大事記》即香
港版《文革機密檔案──廣西報告》，1968年4月梧州的一次武鬥
中，除人員死傷外，「燒毀價值二千八百萬元的房屋一千零二十九
幢(包括三個主要市場一百八十一間商店)，建築面積三十八萬
七千三百平方米，三千八百多戶共一萬九千二百多居民無家可歸」
(頁234)。武鬥造成的上述城市部分街區的糜爛，即戰爭年代也未

30　據同篇，此役南寧市打死1470人，「俘獲」一派人員9845人(同上，頁248–
　　249)。關於發生在南寧街區的由廣西軍區指揮的攻打解放路一役，造成重大人
　　員傷亡與財產損失，卜偉華《文化大革命的動亂與浩劫》一書有記述(參看該
　　書頁718)。

必有過。[31]1949年後的中國城市，從未經受過這樣血的沖刷。南寧街頭尚另有奇觀，即如將重要俘虜如禽獸般關進鐵籠，舉辦「活人展覽」（《文革機密檔案——廣西報告》頁311）。

很難衡量文革「破四舊」、「武鬥」與文革後「城市建設」對城市的破壞何者更甚，也如難以衡量文革初期的文物毀壞與興起於文革後期、文革後愈演愈烈的盜掘對古文物的毀壞何者更烈。這些不可逆轉、不可修復的破壞乃誰之責？

應當説，「破四舊」期間的紅衛兵內部，始終有止殺制暴的努力。宋柏林《清華附中老紅衛兵手記》附錄收入了清華大學附中紅衛兵的《緊急呼籲書》、《紅衛兵戰校紅衛兵對目前形勢的十點估計》，強調「政策」，力圖糾正偏差，制止打人，卻未能洞穿運動背後各種政治力量的博弈，甚至未能領會偉大領袖的真實意圖。1967年1月8日，老紅衛兵中有人以「延征」之名《致中央文革》，説「犯了打人和打死人的錯誤是成千上萬的紅衛兵小將」，而非被抓捕的紅衛兵領袖；指責中央文革不制止武鬥，有意延宕，對清華大學附中紅衛兵的《緊急呼籲書》不作反應（《天地翻覆》頁442）。

文革結束後「揭、批、查」，孔丹等人寫信給陳雲，辯護老紅衛兵參與主導的街頭暴行。該信説：文革初期，「『老紅衛兵』中一些人也有打、砸、抄行為」，打了當時認為的「階級敵人」，砸了被認為「四舊」的東西，時間短暫，「我們認為大多屬一般性錯誤」，「不能與『三種人』的打、砸、搶混為一談」，後者屬「嚴重的政治問題」（轉引自楊繼繩《天地翻覆》頁1056）。[32]

在遍及城鄉大大小小的暴力事件之後，多數施暴者隱沒在了人群之中，他們施暴的動機也隨之隱沒。當年的青少年仍然有較為嚴肅的回憶與反省。我所讀陳凱歌、蔡翔、馬笑冬的回憶，都寫到了參與打人（參看陳的《少年凱歌》、蔡的《神聖回憶》、葉維麗與

31　關於使用軍事手段以及縱火、爆破等對城市的破壞，參看同書頁268–269、290、291、292、294、305–306、308–309。

32　「三種人」，參看本書上編第三章《身份》、第八章《不是「大結局」》。

馬笑冬談話錄《紅色大院的女兒們》)。這是一個困難的話題。畢
竟有人觸到了個人文革史中的敏感部分。[33]

　　當然,文革初期發生在城市的暴行有程度的不同。並非所有城
市均如北京或南寧。但首都街頭的暴力仍然有標誌意義。文革考察
的空間維度確有重視的必要,城市街道外,另如本書下編《札記之
二》涉及的民族地區、農村。本章所以將城市街道作為議題,也因
這一文革演出的舞臺,較之政府機關、文化機構、大中學校,遠未
得到足夠的呈現。發生在城市街道的暴行並非僅在「破四舊」的短
暫時期;城市中政治賤民、邊緣人1949年後的命運,有進一步調研
的必要。

　　城/鄉作為空間維度,對文革考察的重要性自不待言。現在的
情況是,無論城市還是鄉村,其當代史都缺乏較為細緻的梳理。幹
部、知識分子外的「各色人等」──包括工人(除上海外)、農民、
工商業者、城市的其他居民──的生存狀況,理應得到更多關注。
缺少了上述方面考察的文革想像,勢必殘缺不全。

暴行中的居委會、街道辦事處、派出所

　　詭異的是,當各級黨政機構陷於癱瘓、公檢法遭受衝擊之時,
處於政治體制末端的街道,作為基層政權組織的街道辦事處、派出
所,以及在其控制下的居委會(全稱居民委員會),卻強力運作,部
分地承擔了「專政機器」的功能。正是賴有上述機構,文革才有可
能無孔不入,深入城市的幾乎所有角落。

　　據高華《身份和差異──1949–1965年中國社會的政治分
層》,1950年代末,「街道黨委作為城市基層黨委的機關實現了
『公安化』」,「派出所和街道黨委的一體化運作,是地方政治體
制的重大改變」(頁41)。陳來《北京現代城市文化的傳統與變遷》

33　許子東分析張承志的長篇小說《金牧場》寫紅衛兵施暴的片段,以之為當代文
　　學中少有的「從紅衛兵角度詳細描述並嚴肅分析這些散發着青春熱情的暴力行
　　為」的樣本(參看氏著《重讀「文革」》)。

一文，談到1949年之後，「政府對城市基層的管理機制，是以街道辦事處和派出所為一級，居委會為二級，街道積極分子為三級，每一胡同有若干被選定的街道積極分子，負責傳達政府和街道的指示；幾個胡同共同組成一居委會，街道辦事處則管轄多個居委會，居委會受街道辦事處和派出所的指導。」（《讀書》雜誌2010年第9期，頁6）該文認為，文革前北京城市基層的街道積極分子「主要來自胡同居民中靠近政府的中等階級」，文革爆發後則改為以下層市民為主，經了「破四舊」，「原來受尊重的城紳文化斯文掃地」，城市文化傳統受到破壞。

陳寅恪《柳如是別傳》寫陳子龍夫婦妻妾間的恩怨是非，調侃說自己不負古代「家屬委員會」之責，不必偏袒（頁46，上海：上海古籍出版社，1980）。「家屬委員會」即單位的居委會。如上文所說，居委會並非現代社會的居民自治機構。文革前至文革中的居委會，不惟介入居民家庭內部事務，且協助街道辦事處、派出所維持治安，有舉發之責。這後一種功能，文革期間得以充分發揮。上海青年孫恒志的「小東樓沙龍」，即因被居委會舉報，致使三十多位青年被捕（印紅標《文化大革命期間的青年思潮》頁243）。[34]

1966年12月28日毛《對黑龍江省關於街道開展文化大革命問題請示報告的批語》表示「同意按他們意見去做」。「他們」即中共黑龍江省委文革辦公室；「他們意見」包括「街道運動的重點……應該是鬥爭黨內（街道辦事處以上的負責幹部）一小撮走資本主義道路的當權派和沒有改造好的地富反壞右分子、反動的資產階級分子」（《建國以來毛澤東文稿》第十二冊，頁181）。

文革初期「破四舊」運動中，公安部長謝富治說：「民警要站在紅衛兵一邊，跟他們取得聯繫，和他們建立感情，供給他們情況，把五類分子的情況介紹給他們。」（參看卜偉華《文化大革

34　作為城市基層管理重要形式的居民委員會制度的形成，或可以上海為例（參看楊奎松《中華人民共和國建國史研究1》頁250）。文革結束後居委會行政化，成為臃腫龐大的官僚機構的構件，享受納稅人的供奉。

命的動亂與浩劫》頁246)發生在街道的暴行，往往有中學生與民警
(即通常所謂「片警」)的密切互動。[35]徐友漁説，「抄家的名單一
般是派出所或居委會提供的，他們掌握着居民的檔案材料，指點
紅衛兵行動。」(《我在一九六六年》，《1966：我們那一代的回
憶》頁30)關於居委會與發生在街道的抄家，參看當時北京四中學
生馮永光的回憶《風雨飄搖憶當年》，《暴風雨的記憶》頁166。
關押在北京六中等中學所設「監獄」中的，大量的是被這樣捕獲的
受害者。上海的情況與此相似(參看李遜《上海文革運動史稿》頁
108–109)。據該書，因「紅八月」里委和派出所為紅衛兵提供抄
家名單，「日後許多居委會或里弄幹部被揪鬥」(頁153)。[36]

北京四中學生楊百朋説自己家緊鄰的街道，「管片警察帶着紅
衛兵，拿着大棒子一門一戶地逐院查抄」，「時不時能看見從『八
寶山』開來的『專車』」(《我的「紅色記憶」》，《暴風雨的記
憶》頁137)。所謂「專車」乃運屍車。大紅鑼廠南巷20號「滅門」
案，李文波一案，均有片警或居委會導引、縱容。打死人的情況高
發後，中共北京市委有《緊急通知》，除現行犯外，單位與有關
部門不得向群眾提供「流氓分子」、「五類分子」的名單(卜偉華
《文化大革命的動亂與浩劫》頁246)。

當年北京二十八中學生侯瑛，受訪時説該校所在的地段，偽滿
時期、國民黨時期的遺老遺少、達官顯貴、名人較為集中，「抄家
也特別厲害」，全是街道居委會、派出所報的信(《回憶與反思》
頁223)。傅雷及其夫人，首先由所住地區的房管所職工抄家(參看
李遜《上海文革運動史稿》頁115)。梁漱溟的被批鬥，也由所在
社區組織(參看梁漱溟日記)。顧頡剛1966年9月2日，記所在學部歷

---

35 1966年8月京郊大興縣公安局局務會議傳達謝富治上述講話。發生在該縣的慘
    案，民警也如北京城區，發揮了同樣的作用(參看王年一《大動亂的年代》頁
    69)。

36 「里委」即里弄委員會，亦居民委員會。關於派出所、公安民警與紅衛兵施
    暴，參看《戚本禹回憶錄》頁483。

史所職員白維翰，「以被街道鬥爭而自殺」（《顧頡剛日記》第十卷，頁524）；1967年3月7日，記著名武丑葉盛章與鄰居不睦，文革高潮中「居民委員會與鬥，夫婦同自沉湖中」（同書，頁634）。

　　由徐鑄成「運動檔案」、顧頡剛日記看，除單位外，對他們的「群眾專政」即由街道實施。據顧氏日記，1966年「紅八月」的抄家風潮中，歷史所有人企圖將顧交「街道管制」（同書，頁517）。1968年居委會（日記中亦作「街道」）一再光顧其家。該年9月27日：「街道主任來，命我在三日內不得外出。」（《顧頡剛日記（1968–1980）》第十一卷，頁32）。次日，「街道通知，有何客來須報告」，使顧氏想到，其老友章元善當不敢來，自己則「日益孤立」，說：「至此方感群眾威力之大」（同書，頁33）。限制「敵對分子」十一國慶期間外出，是有關部門一向的治安措施。顧氏由此知曉自己已被「打入另冊」。由日記看，1967年顧氏尚能與人正常交往，到1968年，出入其家的，多為各路「外調」人員。除一再向「街道」寫「交代」，見諸日記，還一再被街頭頑童圍攻、戲弄。

　　徐鑄成說，自己所住「資產階級知識分子」頭面人物聚居的公寓，「素為造反派所側目。『文革』初起，抄家之聲不絕」，該地段的里弄幹部也「特別積極」（《徐鑄成回憶錄（修訂版）》頁274）。《徐鑄成自述：運動檔案彙編》有較多涉及街道實施「群眾專政」的內容，如勒令居住該地區的五類分子、走資派、叛徒特務「登記」，登記後將自己的「罪行」以大字報的形式張貼，每週交「思想彙報」（《思想彙報》，該書頁62）。較之單位，這種專政手段更有羞辱性質，也因此徐在「思想彙報」中提到了自己張貼「認罪書」時的遲疑。寫給所在單位的《思想彙報》中，徐說自己曾在「里委會」召開的「鬥爭逃亡地主婆」的大會上充當「陪鬥」（同上，頁63）。另一份《思想彙報》，則寫1968年五一前夕，「里委群眾專政小組」張貼通令，「勒令五類分子及其他牛鬼蛇神在節日參加勞動，不許亂說亂動，出外和來人要報告」，並於節後交「思

想彙報」(同書,頁69)。1968年7月,說「群眾專政」更有加強,把包括自己在內的專政對象「交由里弄革命群眾直接監督管理」。監督管理的內容,除彙報思想、接受審查批判外,還包括打掃衛生(《思想彙報》,同書頁106),偶爾有深夜突擊「檢查詢問」(《彙報》,同書頁132)。徐1969年寫給單位的《國慶節日彙報》,包括「到菜場排隊搶購」(同書,頁293),可證偵伺之嚴密;這樣的家常瑣屑,也逃不過群眾的眼睛。日記或檔案沒有寫到的是,顧、徐以著名學者、著名報人,被迫向無知的街道幹部、積極分子「彙報」,作何感想。

單位宿舍居委會對群眾的發動,也同樣賣力。《譚其驤日記》1966年8月6日,記「宿舍小孩亦叫打倒,夜半呼聲不絕」(頁114)。8月8日在學校被鬥受辱回到家中,「宿舍門口小孩亦喊打倒」,家門口被鄰居貼「反革命老窩」(頁115)。學部著名學者錢鍾書等人文革之初所受羞辱,也發生在單位宿舍區內(參看本書上編第七章《批鬥、強制勞動、降低待遇到「給出路」》)。王瑤1968年11月所寫交代材料,說到自己「曾將一張從反面折疊起來的、舊的對開宣傳預防傳染病的連環畫,當作廢紙墊在痰盂下邊,沒有看到連環畫的框外上端中央,還印有一幅很小的毛主席像;經我家的保姆指出和揭發,受到革命群眾的嚴厲批判」。

城市的「群眾專政」借諸「街道積極分子」,應歸為當代中國政治的一種特色,於此有別於蘇東的「秘密警察」。這種對群眾的動員,其效應也因文革中的過度使用而漸失。1957年「反右」中李慎之檢討其錯誤思想言論,其中就有「蘇聯殺人的做法也不過是用汽車把人拉走就行了,而我們是『不殺之威』」。他沒有說那是不見血的殺人,而是說「運動(按由上下文看,應指『群眾運動』)使我們的專政比任何其他社會主義國家都更徹底」(《向黨認罪實錄——李慎之的私人卷宗》頁156)。對此,城市街道可為一證。[37]

37　鼓勵「積極分子」充當「專政機關」的耳目,彙報「敵情」,曾是有效的社會

「保衛首都安全」與「遣返」

「保衛首都安全」作為問題，文革引爆前即已提出（參看卜偉華《文化大革命的動亂與浩劫》頁113–116）。宋永毅據1967年8月8日北京地質學院《東方紅報》，引1962年彭真的公開講話：「我們計劃要把北京搞得像水晶石，玻璃板一樣，沒有不勞動的人，沒有靠剝削生活的人。流氓小偷打掃乾淨，當然反革命分子也不能有」（宋永毅主編《文革大屠殺黨前言》註2）。[38]

《戚本禹回憶錄》一再提到「首都工作組」（曾作「防突小組」，參看該書頁385、474、483）。[39]據卜偉華《文化大革命的動亂與浩劫》，「1966年5月成立首都工作組後，曾將一批四類分子遣送新疆等地」；「破四舊」中「將大城市中的『五類分子』驅逐回原籍」，「在客觀上符合毛澤東和中共中央對戰備的要求，因此也得到了肯定」（頁253）。[40]據卜偉華該書頁254註108，1967年3月18日中共中央轉發北京市公安局軍管會頒佈的《關於在文化大革命中被遣返後返京人員的處理辦法》，不准七類遣返人員返回北京。根據此《處理辦法》，一些返京人員被再次遣返。直至1969年，江蘇省革委會仍在遣返「五類分子」（參看同書頁756）。上述遣返出

控制手段。其弊則不能是社會內部關係的持續緊張，「告密」對於人性的侵蝕。近年來替代「積極分子」一名，有所謂的「朝陽大媽」、「朝陽群眾」，語義已有不同，仍不免令人聯想1950–70年代的「小腳偵緝隊」。按「小腳偵緝隊」一名文革後始有，乃對「街道積極分子」的譏諷。

38　吳宓1964年10月24日日記，記某領導講「目前階級鬥爭加嚴。教職員之家屬及親戚中，其本人是地主、富農、反革命分子、壞分子者，必須速即回鄉，不能續留住學校內」（《吳宓日記續編》第六冊，頁387。着重號為原文所有）。

39　關於「首都工作組」，參看楊繼繩《天地翻覆》頁153、170、171。《戚本禹回憶錄》說「『亂抄家』和驅離『黑六類』人員等行動是葉劍英領導的『首都工作組』控制的」，抄家物資由「首都工作組」統一收繳（頁474）。張民著有《周恩來與首都工作組》，北京：中央文獻出版社，2009。

40　文革初期「遣返」的相關背景及高層的態度，參看同書頁253–255。麥克法夸爾、沈邁克《毛澤東最後的革命》引北京紅衛兵的傳單，說遣返是為了「讓我們的首都更純更紅」（中譯本，頁137）。

自公安局軍管會、革委會，屬政府行為，不應僅由紅衛兵擔責。

　　關於北京及全國遣返人數，説法不一。王年一《大動亂的年代》：「1966年8、9月，北京市被轟回原籍的85198人」（頁71）；同書尚據有關紅衛兵「豐功偉績」的材料，説，1966年全國各城市截止10月3日為止，「從城裏趕走『牛鬼蛇神』39.74萬人」（頁100）。關於發生在上海的「遣返」（「驅趕」），李遜《上海文革運動史稿》一書説，「據當時的統計，到1966年10月10日為止，上海全市有9260餘人被遣送回鄉」（頁117）。楊繼繩《天地翻覆》引官方數字：北京市在文革後的「清查」中，查出文革期間全市被遣返農村的幹部、職工33,000多人，連同親屬子女共遣返125,000人（頁1058）。據不完全統計，在此期間全國「從城區趕走的『牛鬼蛇神』達3,900多萬人」（頁260）。麥克法夸爾、沈邁克《毛澤東最後的革命》的説法是，1966年8月18日到9月15日，「大約有77000名市民被攆出了首都，佔北京市人口的1.7%。其中有約3萬人不過是『牛鬼蛇神』的配偶或子女。同一時期，在整個中國，大約有39.7萬名城市『牛鬼蛇神』被遣送回農村」（中譯本，頁138）。同書説，對於具有紅五類身份而又住房狹窄的市民而言，「遣返是給自己和親屬增加住房面積的方便法門」（同上）。也如發生於京城大紅鑼廠南巷20號因房客首告房主導致的血案，上述與遣返有關的基於利益的動機較少為人提到。

　　當時的北京四中學生印紅標記得，1966年8月24日，以「四中革命師生」的名義發佈了一張通令，勒令「地富反壞」分子「滾出北京」，印以為「這恐怕是最早驅逐『四類分子』的通令，得到了北京市和中央的支持與配合」（《讀書聲、風雨聲》，《暴風雨的記憶》頁30）。由上文可知，何止「支持與配合」！上引卜偉華的文字提到了遣返「在客觀上符合毛澤東和中共中央對戰備的要求」；應不限於「客觀上」。當時同在四中的秦曉也説，當着「破四舊」、紅衛兵殺向「社會」後，「一些街道委員會、派出所，告

訴紅衛兵哪些人是『地富反壞右』分子，並鼓動紅衛兵把他們趕回
原籍。這些人被帶到北京火車站，而原籍所在地不肯接受，北京
也不接受他們再遷回，這麼來回折騰。」（《四中往事》，同書頁
102）。收入譚放等《文革大字報精選》的署名「水利電力部北京勘
測設計院東方紅戰鬥組」的《最後通諜[牒]——家屬中的四類分子
立即滾蛋！》，「勒令職工家屬中的四類分子狗崽子們限八月底前
離京返鄉，接受當地革命群眾管制，進行勞動改造」，「否則，革
命群眾將採取堅決措施，鬥垮四類分子，將他們掃地出門，也饒不
了你們」（頁42）。

　　目前所能看到的是，「西糾」第四號通令，將對「黑六類分
子」、「尤其是逃亡地富分子」「給政治上、生活上的出路」，落
實到「限期回原籍勞動，由革命群眾監督改造」（參看楊繼繩《天
地翻覆》頁274。按「西糾」全稱為「首都紅衛兵糾察隊西城分
隊」）。該組織的第七號通令對「遣返」力圖規範：「喪失勞動能
力，原籍又無人撫養者，或原籍就在北京者，為了避免加重農民負
擔，一般可以不離開北京，就地監督改造」（同書，頁275）。由發生在
京城的情況看，該「通令」對紅衛兵的「遣返」行動並無約束力。

　　章立凡寫到自己「見到不少老年『黑五類』，被剃了『陰陽
頭』，被紅衛兵押送着『遣返』回鄉。在西單的大街上，見到兩名
女紅衛兵，用繩索套在一名五十多歲的婦女頸上，用皮帶抽打着，
像狗一樣牽着走」（《我的「低種姓」生活見聞》，《烙印——
「可以教育好的子女」的集體記憶》頁28）。申曉輝記母親不得不
將姥姥送回老家，帶上足以讓姥姥致命的安眠藥：「與其讓紅衛兵
打死，還不如自殺的好」（《文革日記》，《1966：我們那一代的
回憶》頁177）該篇還記有遣返途中的虐待，如讓被遣返的老人在車
廂過道中下跪，上廁所的人踩着他們的腰背過去，以及將一個老人
抽打致死。另有人寫到了在北京站對被遣返者的施暴，火車上的凌
辱，發生在遣返中的血淚迸流的生離死別骨肉離散，眼看着奄奄待

弊的老母親不能施救的痛楚(參看收入《那個年代中的我們》一書
的《割髮與割命》、《坐「革命車」所見》)。為達「淨化首都」
的政治目的,人倫撕裂的代價在所不計。[41]

　　周恩來在1967年1月的一次講話中,說毛曾指示「不要把矛盾
下放」(卜偉華《文化大革命的動亂與浩劫》頁253)。矛盾下放,
從來如此。幹部「下放」、知青「上山下鄉」、「城鎮居民、國企
職工」到小城鎮、鄉村,無不將經濟、社會發展落後的鄉村、邊疆
地區作為紓解城市、內地壓力的蓄洪區。[42]這裏的上/下(下放、下
鄉、下基層),既是空間意義上的,又有社會等級的意涵。遣返中
包含了「城鄉二元體制」對鄉村的一貫歧視。以資源匱乏的貧困鄉
村充當收容所,「污毒」收納地,全不計及鄉村的承載能力。犧牲
農村、農民、邊民,被作為了解決政府機構臃腫、城市就業渠道不
暢等問題的方便法門。

　　遣返之為懲罰,略如古代五刑之一的「流」,將罪人「放諸四
裔」,驅往塞外邊徼、窮鄉僻壤,甚至不能如古人那樣深究背後的
「義理」。王夫之曾論「充軍」之為對「軍」的貶損。[43]當代中國
既以強制下鄉、遷徙邊地為懲罰,又有「上山下鄉光榮」、「支邊
光榮」的意識形態宣傳,像是全然不覺得自相矛盾。

　　暴力遣返中被鞭撻的老人,大興、道縣等地慘案中被生生劈
開、活埋的嬰幼兒,是對主流意識形態「尊老愛幼」宣傳的公然嘲
弄。將垂暮之年喪失了勞動能力的老人,由贍養他們的兒女身邊驅

41　遣返中的暴行不止發生在北京。據楊繼繩《天地翻覆》,紅衛兵令西安火車站
　　倉庫關押的遣返者嘴裏咬着鞋,鞋掉下來就挨打;將徐某毆打致死(頁271)。

42　據高華《身份和差異──1949–1965年中國社會的政治分層》,1950年代即有將
　　大城市的「不純分子」遷往西北等邊遠地區的做法(頁33)。

43　參看王夫之《噩夢》,嶽麓書社1992年版《船山全書》第12冊,頁587。潘鳴
　　嘯(Michel Bonnin)《失落的一代──中國的上山下鄉運動(1968至1980)》以為
　　「上山下鄉運動具有預防及懲治的政治功能」,「發配農村一直用於遣散被視
　　為城市裏潛在的危險分子」,中共於此繼承了皇帝實行的「政治流放」、以犯
　　人「屯墾戍邊」的衣缽(中譯本,頁73)。

趕回鄉下，任由他們自生自滅，是當時中國城市隨處發生的淒慘故事。不但故事的主人公暗啞無聲，遣返的一幕事後也少被人提起，以至有可能永遠沉埋，甚至不足以作為構造大歷史的邊角料。於是我們知道了「被敘述」是多麼偶然、有時又是多麼奢侈的東西。不被敘述，不被記憶，則遠為普遍。本書一再說到，社會人群受到的關注從來是不等的。社會的不公正也包括了關注度的不等。不被關注的，就有城市街道的受害者，最孤弱無助的被「遣返」者。未聞有人追蹤他們的下落，關心他們的死活。2014年有當年的「老紅衛兵」向曾被迫害乃至於施暴的老師道歉，卻未聞有紅衛兵向被拘禁、虐待、遣返的北京市民道歉。

直至近年來，官員仍習於粗暴，以行政甚至暴力手段控制城市人口，以「運動式」的強拆、逼遷「打造」城市形象，甚至寒冬臘月將「低端人口」趕出其存身之所——只不過不再假借「階級鬥爭」的名義而已。

暴行與心性

文革中青少年的嗜血，他們對於酷刑的無師自通，為社會心理學、為對變態心理的研究，提供了豐富的樣品。本來「恐怖」就有一種神秘性質，甚至神秘的吸引力，令人隱約想到某種古老儀式。能以恐怖加之於他人，似乎賦有了一種不知何自的力，使自己不再是庸常的自己，有了操他人生殺的權力。文革這樣的「群眾運動」，是研究所謂「群眾」的絕佳材料：以「群眾」之名或藏身於「群眾」中的施暴與觀看施暴，對他人的苦痛甚至毀滅漠然置之，其中不就有魯迅深惡痛絕的「看客」？

上文所述事件中，個人並非匿名，只不過假「群眾」、「人民」之名而已。猶如假面舞會，面具方便了隱藏面相，使平世看似馴良者有偶爾的放縱。對身份的隱藏，網絡時代有了更便捷的方式。網絡暴力與文革中群體性施暴，即便因場域不同，不宜生

硬地比附，也有可能在類似框架中考察，由此探究人性。

　　五四新文學為「改造國民性」，有對於「野性」的呼喚。瞿秋白《〈魯迅雜感選集〉序言》說：「魯迅是……野獸的奶汁所餵養大的……他從他自己的道路回到了狼的懷抱。」（《瞿秋白文集·文學編》第三卷，頁97）文革期間演出的恃強凌弱、以眾暴寡的大戲，絕非文學前輩逆料所能及。陳凱歌據自己的經驗認為，其時驅使人們施暴的，「很少出於真正的仇恨」，「更少是被迫的」；至於那種不可抗的驅動力，他說是「恐懼」，對於被逐出人群的「恐懼」（《少年凱歌》頁86），或更是個人經驗。施暴的動力有因人之異，如妒恨，如失意潦倒後的發洩，如反奴為主的快意，如他人可任由摧殘的權威感，等等。

　　林希比較自己相隔三年的兩次被打，第一次在一些人的目光中看到了仇恨，第二次，仇恨沒有了，「打得十分冷靜，打過之後，我的眼鏡、帽子、金筆和其他的一些小東西，全在被打的時候不翼而飛了」；下手不如上一次重，卻「打得很是地方」。他由此判斷，「革命已經是成為一種樂趣了」（《恩怨》，《那個年代中的我們》頁47）。當時在師大女附中的馮敬蘭關於她那些女同學，則說，「她們打人，或許只是因為她們想打。她們覺得打人好玩。她們從來不認為別人的尊嚴值得尊重」（《記憶的瘡疤》，同書頁475）。梁曉聲以為打人者內心的「惡」或許來自不良的家庭影響，或學校以外的惡劣環境；未必出於對特定對象的仇恨；「只不過快感於自己心靈中惡的合法又任意的釋放」，「抑制不住地非常亢奮地去凌辱人傷害人打人」。梁認為這是一些「最冷酷最危險的紅衛兵」。「恰恰是這樣一些紅衛兵，後來絕少懺悔，甚至於今也不懺悔」。梁還注意到，「凡重點中學的某些女紅衛兵，以及最差的中學的紅衛兵，其『革命』皆表現出嚴重的暴力傾向」（《知青與紅衛兵》，同書頁620）。[44]據我所知，有嚴重的暴力傾向的，還有某

44　梁同篇還說，「當年，最兇惡的紅衛兵依次『活躍』於以下城市：北京、長

些中等技術學校(屬「中專」)的學生。這些學生多半來自低收入家庭，或因學業而無緣於較好的中學。這些學生也如梁曉聲所説「最差的中學」的學生一樣，有對於重點中學以至普通中學的自卑感，文革給了他們發洩積怨的機會。至於小學學生對教師的虐害，或由中學生示範，因無知而更少忌憚，也更有遊戲態度、惡作劇的成份，造成的傷害卻未必因此不嚴重。所謂的「反社會人格」，正由文革這樣的情境塑造。

劉輝宣認為，「文革中，包括一切群眾性的大規模的社會衝突，都會出現一些以暴力為終極目的的人，與受害者並無怨仇，亦非關『階級鬥爭』，只是出於冷血，殘忍，能下重手，對人造成致命的傷害。他們施暴只是為了施暴，因為血腥使他們感到快樂」。他更具體地寫到了「混在群眾中的鬼魅」，他們那種不知所自的仇恨、殺機。劉説這種人「來無影去無蹤，得手便走，倏忽即逝」，卻會留下「歷史中最深的創傷」(《昨夜星辰昨夜風》，《暴風雨的記憶》頁61)。陳凱歌也注意到武鬥中的一些詭秘現象。未必與任何政治派別、階級背景有關，更像是一種純粹的「惡」。即使在遙遠事後的回憶中，也仍邪惡得難以名狀。這種似乎心性邪惡的暴徒，其實是任何「群眾運動」都會有的人物。

「短20世紀」以暴力為特徵。一戰、二戰，中俄的革命外，當代中國的文革，亦有資格作為標誌物。中國沒有所謂「黑暗的中世紀」(「黑暗的中世紀」乃沿用舊説)、宗教審判與火刑柱，卻不乏社會深層的黑暗。這種黑暗不曾受到清算，在20世紀的革命(包括文革這樣的「革命」)中被激活，之後又被刻意掩蓋。那黑暗不會自行消失，只是在等待被喚醒。一旦時機成熟，仍會捲土重來，使歷史深處的幽黯面赫然呈現。

暴力作為文革的顯著標記，文革的辯護者也未必否認，只是他

沙、武漢、成都、哈爾濱、長春，以及新疆、雲南、內蒙」(頁623)，不知何所據而云然。

們另有邏輯(或曰理據)而已。即如暴力不可避免；暴力是新社會的「產婆」，等等。上述「邏輯」之外的論述策略，則是「個別」(個別/一般)、「偶發」(偶然/必然)。更方便的是，將與這一議題有關的「人權」問題，人的「生命權」、「生存權」問題，歸為「西方敵對勢力」的「反共宣傳」，而將對個體生命的漠視，由對抗西方「話語霸權」的一面賦予某種正當性；甚至認為革命中的施暴，有建構施暴者「主體性」的正面意義。

文革結束後，城市人口發生了某種結構性的變化。由「改革開放」之初因孫志剛之死而曝光的「收容所」，「城管」的暴力「執法」，直至上文提到的強行驅離「低端人口」，暴力的受害者，主要是為城市發展做出貢獻、卻在城市折襞間艱難求生的進城農民。受限於戶籍制度，他們中的一些人成為了城市底層的底層，城市中最弱勢的人群，由此將長期以來城鄉差別造成的後果展現在世人面前。

近年來被媒體曝光的老人的劣行，引發了「是老人變壞了，還是壞人變老了」的議論。我傾向於後者——即一些年少失學失教而又有人格缺陷、「心靈」曾被扭曲者步入了老年。

2.2　準軍事編制 · 戰爭修辭 · 語言暴力

泛軍事化始於文革前「全國學習解放軍」的運動中。在此運動中，「學習」即落實在制度層面。如被毛高度肯定的工業部門(從部委到廠礦)設政治部、政治處、政治指導員，實行「四個第一」、「三八作風」。[45]在階級鬥爭的語境中，「軍事化」亦「政

45　參看卜偉華《文化大革命的動亂與浩劫》頁31。按「四個第一」即「人的因素第一，政治工作第一，思想工作第一，活的思想第一」；「三八作風」的「三八」，指產生於戰爭年代的「三大紀律八項注意」。據王學泰回憶，前於此，針對高校學生的有「四化」，即生活集體化、組織軍事化、行動戰鬥化、思想革命化(《監獄瑣記》附錄，頁282)。

治化」、「革命化」。文革期間的軍事化延續了文革前的風氣。

　　文革爆發之初的群眾組織，泛稱「戰鬥隊」；戰鬥隊的命名，
最為常見者，即有「公社」、「兵團」。即如清華大學、北京大學
的「井岡山兵團」。政府有作為行政單位的「人武部」（全稱「人
民武裝部」）。文革中稍具規模的群眾組織，通常有「作戰部」，
派仗中則有「火線指揮部」，無非刻意渲染軍事色彩，及所處的準
戰時狀態。北京大專院校紅衛兵的聯合機構，稱「司令部」。派仗
中「戰友」取代了「同志」，亦有助於完成一套系統的軍事化表
述。對上述種種，人們習聞習見，不以為怪。「紅司令」／「紅衛
兵」、「紅小兵」一套稱謂，自然在風氣中且引領了風氣。上海文
革中有取名「紅衛兵黃浦區軍區」的機構(李遜《革命造反年代：
上海文革運動史稿》頁953)。一時該地各區縣的紅衛兵機構，均使
用「軍區」一名(同上，頁954)。秦暉回憶道，隨着武鬥的不斷升
級，自己所在的南寧的「兩派總部與基層的關係都逐漸嚴密化、
制度化乃至軍事化了」（《沉重的浪漫——我的紅衛兵時代》，
《1966：我們那一代的回憶》頁292)。晉東南兩派群眾組織軍事對
抗，實行的是「軍事化管理」，「按照團、營、連、排、班建制編
隊」(趙瑜《犧牲者——太行文革之戰》上冊，頁292)。甚至兩派
在京的「學習班」，也採用軍事編制(同書下冊，頁74)。

　　「準軍事組織」、「準軍事形式」，無疑強化了一種觀念，即
軍隊係最優的組織，最優的組織形式。工、軍宣隊進駐北京大學、
清華大學，按軍隊編制，原來的班、年級、系，改稱班、排、連。
我所在的北京大學中文系，連長是中央警衛團8341部隊的幹部。[46]
如翟永明所寫，中學也稱連、排、班(氏撰《青春無奈》，收入
《七十年代》)。1967年根據毛的指示實施軍訓的中學，亦「按軍
隊建制，以年級為連，班級為排」(馮永光《風雨飄搖憶當年》，

46　吳宓日記1971年12月，7日，記軍宣隊宣佈「廢除連排班等名目、設置，今後
　　一律以系為單位」(《吳宓日記續編》第九冊，頁368)。則此前亦用「連排班
　　等名目」。

《暴風雨的記憶》頁177)。工、軍宣隊主持的五七幹校,大多實行
準軍事編制,「男歸男營,女歸女宿,孩子也編連」(韋君宜《思
痛錄》頁72)。要求「思想革命化,行動軍事化,作風戰鬥化」(丘
其文《惠州市「五七幹校」》,郭德宏等編《我與「五七幹校」》
頁140)。甚至修馬路的工人也實行軍隊編制(鄭白《心的記憶》,
《那個年代中的我們》頁143)。

　　宋柏林《清華附中老紅衛兵手記》附錄《關於紅衛兵組織的七
個問答》(1966年9月13日):「從目前我校(按即清華大學附中)情
況看來,紅衛兵兼有共青團和民兵兩重性質。紅衛兵是一個武裝組
織……由解放軍直接領導紅衛兵的具體工作。」「紅衛兵的編制要
學軍,可以按班、排、連、營編制,也可以按大隊、中隊、小隊編
制。」(頁437、438)

　　1968年6月20日中共中央、國務院、中央軍委、中央文革小
組《關於分配一部分大專院校畢業生到解放軍農場去鍛煉的通
知》,要求到農場去的大專院校畢業生一律實行軍事管理,按部
隊組織形式單獨編成連隊。[47]不惟編制。彩霞記文革中其所在大學
學生一度在兵團「勞動鍛煉」,所在軍營有「四不准」:「一不
准回家探親,二不准談戀愛,三不准結婚,四結了婚的不准過夫
妻生活」(《軍營生活的回憶》,《1966:我們那一代的回憶》頁
247–248)。

　　軍人不但深度介入地方事務,且直接掌控各級地方政府的權
力,更是1949年以來的奇特現象。討論這一現象,已超出了本節的
範圍。[48]

47　我插隊期間同一集體戶除我外均來自部隊農場。由他們那裏得知部隊農場不照
　　顧女生的生理特點,月經期強令水中作業;住宿嚴別男女;私拆信件等。

48　麥克法夸爾、沈邁克《毛澤東最後的革命》:「陳伯達宣稱:『有人把革命委
　　員會叫作「軍事政府」,這是國民黨的反動口號。』但是20年後研究文革史的
　　一位解放軍學者公開承認,大多數革命委員會都是『軍管的變種』——軍事管
　　制委員會的別名。在29各省級革命委員會主任中,6人是上將,5人是中將,9
　　人是少將。……在廣東、遼寧、山西、雲南和湖北,所有縣級以上的革命委員

匈牙利經濟學家雅諾什・科爾奈(János Kornai)説，「經典社會主義體制」的「官方意識形態包含着某種『軍人精神』，所有公民都要被動員起來。日常工作和生活中經常引用軍隊比喻：『勞動戰線』、『社會主義勞動英雄』、『生產鬥爭』等等」(《社會主義體制——共產主義政治經濟學》中譯本，頁54)——所舉之例僅有這些，在中國讀者看來並不典型。但由該書可知，軍事術語用於日常修辭，應當是同一時期社會主義國家(無論體制「經典」與否)的普遍現象。

戰爭修辭之普遍，文革前亦然。「戰場」、「陣地」、「戰線」、「戰鬥」、「戰士」等等的使用，均已日常化了。1957年，時任中國作家協會黨組副書記、書記處書記兼秘書長的郭小川，其《射出我的第一槍》一詩，自責其作為戰士，對「右派分子」的進攻喪失了警覺，「沒有立即跳進戰壕/射出子彈/穿透那包藏禍心的胸膛」(《郭小川全集》第一卷，頁254)。[49]文革中毛説過「堡壘最容易從內部攻破」(逄先知，金沖及主編《毛澤東傳》第六卷，頁2428)。這句話雖當時未作為「最高指示」，卻流傳甚廣。

甚至不止於「修辭」。文革前夕陳伯達在天津小站領導「四清」，據説使用的，是「迂迴包抄、各個擊破、掃清外圍、最後發起總攻」的「戰術」(劉晉峰《小站「四清」》，郭德宏、林小

會中，81%到98%的主任都是軍官。」(中譯本，頁255)閻長貴《「締造」和「指揮」的風波》一文説，文革中「軍隊勢力急劇膨脹。九大產生的中央政治局有21個委員，如果把陳伯達算在內，林彪的勢力佔了三分之一；在九屆中央委員(170名)和中央候補委員(109名)中，軍人佔49%，接近一半；同時，當時各省、市和中央部委的第一把手，也絕大多數是奉命『支左』的軍隊幹部。當時的中國，頗有『軍天下』之趨勢。毛澤東在九屆一中全會上引用蘇聯説中國是『軍事官僚專政』的話，已表明他對軍隊勢力的過分膨脹不滿了。」(《問史求信集》頁64–65)

49 同詩還有如下詩句：「從現在起/我將隨時隨地/穿着我的戰士的行裝，/背上我的詩的子彈帶/守衛在/思想戰線的邊防」(同書，頁260)。寫於同年8月的《發言集(組詩)》，有如下標題：「語言—子彈」、「瞄準反黨分子」(同書，頁262–263)。

波編《「四清」運動親歷記》頁110）。徐景賢記他讀到的林彪1967
年1月的一次講話，號召「進行全國大掃蕩，挖出根子，掃除地
雷」，稱之為「全國性的掃雷戰」（《十年一夢——前上海市委書
記徐景賢文革回憶錄》頁119）。張春橋則將「對資產階級全面專
政」擬之於「打土圍子」（張春橋《論對資產階級的全面專政》，
發表於1975年4月1日《紅旗》雜誌第4期）。[50]

　　文革中的戰爭修辭，由最高領袖示範。毛的《炮打司令部——
我的第一張大字報》，不但引爆文革，且掀起了一波又一波的「炮
打」、「炮轟」潮。「炮轟」之不足，即「萬炮齊轟」。為了爭
取主動，某些地方的黨委號召「向我開炮」。[51]1966年8月18日接見
紅衛兵的大會上，林彪在講話中說：「這次是大戰役，是對資產階
級和一切剝削階級思想的總攻擊。」文革初期最為流行的《革命造
反歌》，武鬥中流行的《敢於犧牲》，均可作為「戰爭修辭」的標
本。[52]那種狂熱的氛圍中，缺乏強度、力度的聲音，是不被傾聽的。

　　毛親自寫信支持的清華大學附中紅衛兵組織宣告，「我們要
把火藥味搞得濃濃的，爆破筒、手榴彈一起投過去，來一場大搏
鬥、大廝殺。」（《革命的造反精神萬歲》）。[53]其時的大字報、詩

50　關於江西蘇區打「反動地主武裝盤踞的『土圍子』」，參看《黃克誠自述》頁
　　94。

51　據王年一《大動亂的年代》，1966年9月9日，長沙的群眾組織在「全市革命大
　　軍炮轟省、市委司令部大會」上，提出了「炮轟九級司令部！」的口號。所謂
　　「九級」，指中央、中央局、省、市、地、縣、公社、大隊、生產隊。變本加
　　厲，層層加碼、升級，亦為文革修辭所常見。

52　《革命造反歌》歌詞有：「拿起筆，作刀槍，/集中火力打黑幫」等。權威媒
　　體則鼓勵「革命小將」對走資派「刀出鞘，槍上膛」（參看卜偉華《文化大革
　　命的動亂與浩劫》頁551）。《敢於犧牲》又稱《完蛋歌》，由林彪的如下語錄
　　譜寫：「在需要犧牲的時候，要敢於犧牲，包括犧牲自己在內。完蛋就完蛋。
　　上戰場，槍一響，老子下定決心，今天就死在戰場上了！」此歌往往用於武
　　鬥中鼓舞鬥志。重慶派仗中，其中一派設有「完蛋就完蛋」廣播站(參看何蜀
　　《為毛主席而戰——文革重慶大武鬥實錄》)。

53　該文刊載於1966年8月21日出版的《紅旗》雜誌第11期，題目改為《無產階級
　　的革命造反精神萬歲》。同篇還說：「我們就是要掄大棒、顯神通、施法力，

歌，戰爭修辭觸目皆是。「堅強堡壘」早已習用；「定時炸彈」形容潛伏在身邊的敵人；「重磅炸彈」則指殺傷力巨大的爆料或大批判文章。以戰爭語言入詩，如「那激越軍號、踏踏馬蹄，/那不倒戰旗，滾滾硝煙」(《紅太陽頌》，岩佐昌暲、劉福春編《紅衛兵詩選》頁165)；「要造反，就敢於刺刀見紅」(《造反派的脾氣》，同書頁82)；「子彈、刺刀、地雷、衝鋒槍⋯⋯/填滿了血淚仇、階級恨。/狼心狗肺的傢伙膽敢反撲，/就讓他全部毀滅，徹底亡命！」(《奪取革命生產雙勝利》，同書頁121)「牛鬼蛇神敢搗亂，/給它一刺刀！」(《好！──奪權贊》，頁136)大字報則被贊許為「攻城炮」、「尖兵連」、「曳光彈」(《好──歡呼全國第一張馬列主義大字報》，同書頁281)。首都紅衛兵糾察隊(東城分隊)《〈紅衛兵戰報〉發刊詞》(1966年9月10日)，誓言將該《戰報》「變成無產階級的炸藥包、爆破筒、匕首、金箍棒，把舊世界的一切統統炸掉、砸爛！！」(《中國文化大革命文庫》)

　　至於以派仗、武鬥為「對敵鬥爭」，由毛的如下語錄，即「無產階級文化大革命，⋯⋯是中國共產黨及其領導下的廣大革命人民群眾和國民黨反動派長期鬥爭的繼續」找到了根據。[54]以派仗雙方為延安與西安，以派仗為國共鬥爭的繼續，無疑大大地刺激了捲入者的想像力。派仗中稱對方的地盤為「白區」，為待攻佔的「據點」，以我方為「根據地」、「解放區」，不難激勵鬥志。

　　將「階級鬥爭」擬之於軍事對抗，相關的修辭形式，可以上溯到「革命戰爭時期」。至於將文革擬之於戰爭，最初應當出於表達的慣性，到後來未必不基於實感──確實越來越像一場戰爭。這是

把舊世界打個天翻地覆，打個人仰馬翻，打個落花流水，打得亂亂的，越亂越好！」不難想像表達中的快感。

54　「無產階級文化大革命，⋯⋯是中國共產黨及其領導下的廣大革命人民群眾和國民黨反動派長期鬥爭的繼續」，語見1968年4月10日《人民日報》、《解放軍報》社論《芙蓉國裏盡朝暉──熱烈歡呼湖南省革命委員會成立》，以《關於無產階級文化大革命實質的一段話》為題收入《建國以來毛澤東文稿》第十二冊，見該書頁485。

後話。上個世紀八十年代中期，我和友人們有張家界之行。當時交通還相當不便，大家照例用唱歌打發時間，合唱的就有《革命造反歌》。記得當時看着車燈中行走的山民，想，這車上的歌，一定會令他們不勝驚愕的吧。

文革屬那種能將戰爭修辭的暴力性質發揮到極致的時刻。在糊遍全國的大字報上，暴力語言鋪天蓋地。

戰爭修辭與語言暴力，前者與階級鬥爭的語境有關，或本身就是這語境的一部分，後者在非常態的情境（如「政治運動」）中更普遍，即如文革這樣暴力充斥的時期。文革中的「語言暴力」，亦由最高當局與官方權威媒體示範。1966年8月18日毛接見紅衛兵的大會上，林彪的講話中有「打倒一切牛鬼蛇神」、「掃除一切害人蟲」、「搬掉一切絆腳石」云云。此前，當年5月18日，林《在中央政治局擴大會議上的講話》，有「誰反對毛主席，反對毛澤東思想，全黨共誅之，全國共討之」云云。9月22日，《中共中央關於印發林彪講話的通知》，引林的這段話。常見於官方媒體的，即如「橫掃」。「橫掃一切牛鬼蛇神」，文革期間影響深遠的1966年6月1日《人民社報》社論，用的就是這題目。「橫掃」之外，另有「蕩滌」、「掃除」，如「蕩滌一切污泥濁水」、「要掃除一切害人蟲」。[55]常見的官媒表述中，更有「埋葬」，如「埋葬帝修反」（按「帝修反」即帝國主義、現代修正主義與各國反動派）；「砸碎」、「砸爛」，如「砸碎舊世界」、「砸爛舊的國家機器」、「砸爛舊教育制度」、「砸爛公檢法」；[56]「斬斷」，如

---

55 分別出自毛的《在新政治協商會議籌備會上的講話》（《毛澤東選集》第四卷，頁1400。原句為「迅速地蕩滌反動政府留下來的污泥濁水」）、《滿江紅·和郭沫若同志》（1963年1月，收入《建國以來毛澤東文稿》第十冊，頁243）。毛有「掃帚不到，灰塵照例不會自己跑掉」的說法（《抗日戰爭勝利後的時局和我們的方針》，《毛澤東選集》第四卷，頁1077）；文革中則升級為「橫掃」、使用「無產階級專政的鐵掃帚」。

56 據王年一《大動亂的年代》，林彪1967年7月25日說過，「要徹底砸爛總政閻

「斬斷……魔爪」、「斬斷……伸向……的黑手」，等等。上述修辭不難加碼，即如不止於「砸爛」，且要「砸個稀巴爛」。文革初期官方民間共享的修辭，尚有「踢開」，如「踢開(黨委或其他領導機構)鬧革命」。[57]

　　文革前人們耳熟能詳的，是階級敵人正在「磨刀霍霍」；倘若資本主義復辟，則不可避免要「掉腦袋」、「千百萬人頭落地」——訴諸感官，意象生動駭人。1966年6月26日中共中央批轉《文化部為徹底乾淨搞掉反黨反社會主義反毛澤東思想的黑線而鬥爭的請示報告》，則使用了「犁庭掃院」的說法。[58]更隨意指某單位、某群眾組織為「反動據點」、「頑固堡壘」，必以強大「火力」攻擊之。[59]

　　「大批判」有其語言傳統；具體表述既有創造又有因襲。由李新關於其親歷的「九一八」之後四川學生運動的回憶可知，當時就有「誰反對學生運動就打倒誰」這樣的「帶挑撥性的口號」(《流逝的歲月：李新回憶錄》頁42)，可知上述口號並非文革期間的發明，只不過文革中「誰反對……就打倒誰」被無限複製而已。

　　陸鍵東《陳寅恪的最後20年》引1958年4月13日《人民日報》社論《搞臭資產階級的個人主義》(頁240)。「搞臭」的字樣，文革隨處可見(通常作「批倒批臭」)。陸氏該書尚引有1958年「拔白

王殿」(頁268)。總政，解放軍總政治部。總政被「砸爛」後，實行軍管(卜偉華《文化大革命的動亂與浩劫》頁539)。

57　《中僑委毛澤東主義紅衛兵宣言》，有「砸碎舊框框，踢開絆腳石」(譚放等《文革大字報精選》頁38)。1966年底一份著名的「異端」大字報，題為「踢開中央文革小組緊跟毛主席鬧革命」(參看宋永毅、孫大進《文化大革命和它的異端思潮》頁231)。

58　成語有「犁庭掃穴」。班固《漢書》：「固已犁其庭，掃其閭，郡縣而置之」。

59　毛1966年6月1日關於聶元梓等人大字報的批語說，「北京大學這個反動堡壘，從此可以開始打破。」(《關於播發〈宋碩、陸平、彭佩雲在文化革命中究竟幹些什麼？〉大字報的批語》，《建國以來毛澤東文稿》第十二冊，頁62)1966年6月2日《人民日報》評論員文章《歡呼北大的一張大字報》，指北大為「『三家村』黑幫的一個重要據點，是他們反黨反社會主義的頑固堡壘」。

旗」的狂潮中，中山大學批判陳寅恪的大字報中語：「拳打老頑固，腳踢假權威」；「烈火燒朽骨，神醫割毒瘤」（頁241）。

語言暴力自非始於文革。「反右」期間將「打斷這個豺狼集團的脊骨」寫入中央文件(1957年6月26日中共中央《關於打擊孤立資產階級右派分子的指示》，參看沈志華《從知識分子會議到反右派運動》頁624)。恨意可感。1949年至文革的政治運動中，幾乎都伴隨着暴力與語言暴力，「擺事實、講道理」反而稀見。集暴力與暴力語言之大成的，仍然是文革。人們熟聞的「抓辮子」、「打棍子」、「擊一猛掌」之類，在文革的氛圍中，已無關痛癢。「一棍子打死」不再僅止於修辭。[60]

語言暴力往往輔之以實實在在的暴力。「揪鬥」、「揪出來示眾」，是實實在在的「揪」；「扭送專政機關」，是反剪了手臂，實實在在的「扭」。「橫掃」、「蕩滌」，即落實為「破四舊」中普遍的施暴。文革初期「橫掃」中的暴行，派仗—武鬥中暴行，見諸記述，殘虐到令人難以置信。至於文革中死於批鬥者人數之眾，也證明了由語言暴力到動手施暴，這一步並不難走出。[61]

文革期間「大批判」中的暴力語言，大多包含了死亡意象。上文提到的「砸爛」，即由「砸爛舊世界」、「砸爛封資修」，具體到「砸爛某某的狗頭」。如「誰敢反對毛主席，我們就砸爛他的狗頭！」（《造反派的脾氣》，《紅衛兵詩選》頁83)用於「砸爛」的，則是「無產階級專政的鐵拳」。吳宓文革期間的日記，記被學生威脅，曰「小心汝之狗腦殼」（《吳宓日記續編》第七冊，頁569)。[62]當時在北大哲學系就讀的陳煥仁，日記記有進駐北大的工

60　1957年6月29日中共中央《關於爭取、團結中間分子的指示》有「對這種人實際上是一棍子打死，但形式上還不要一棍子打死」云云(參看沈志華《從知識分子會議到反右派運動》頁625)。

61　岩佐昌暲、劉福春《紅衛兵詩選》中有如下詩句：「奮力揮舞千鈞棒，/揍！揍！」（《劉鄧陶三重唱》，頁26)

62　1967年1月24日吳宓日記記聽到命某人到某處，「若遲到，格殺勿論」(着重號為原文所有，下同)，「為之膽顫心驚」（《吳宓日記續編》第八冊，頁23)。

宣隊頭頭，動不動就說「我們工人階級的拳頭是不吃素的」(《紅衛兵日記》頁646)。文革期間「兩報一刊」(按即《人民日報》、《解放軍報》、《紅旗》雜誌)被作為最高當局的喉舌，不但指導運動，且引領文風。1967年1月22日《人民日報》經毛審定的社論《無產階級革命派大聯合，奪走資本主義道路當權派的權！》就有「敵人不投降，就叫它滅亡！」在廣泛的複製中則具體化為「某某某不投降，就叫他滅亡」。用於恫嚇的，通常尚有「對⋯⋯決不手軟」，某人「絕不會有好下場」。無論大批判還是派仗，隨時可聞「頑抗到底，死路一條」；「為⋯⋯敲響喪鐘」；「將⋯⋯掃進歷史的垃圾堆」、「推上歷史的斷頭臺」(意象或來自法國大革命)。武鬥中往往可見「血債血償」。使用頻率極高的「宣判詞」中，則每見「罪該萬死」。我家鄉的「革命群眾」意猶未盡，在「萬死」之後續上「死了餵狗，狗都不吃」，很通俗，很草根。上文提到的《革命造反歌》，最後兩句歌詞則是：「誰要敢說黨不好，馬上叫他見閻王」。「一打三反」中《長沙晚報》在一篇社論中說：「不殺不足以平民憤，不殺不足以正國法，殺、殺、殺、殺、殺、殺，殺出一個紅彤彤的毛澤東思想的新世界！」(參看楊繼繩《天地翻覆》頁638)

　　1930年代初魯迅批判創造社中人，說他們「擺着一種極左傾的兇惡的面貌，好似革命一到，一切非革命者就都得死」，而「革命是並非教人死而是教人活的」(《上海文藝之一瞥》，《魯迅全集》第四卷，頁297)。「教人死」，確也是對革命的一種理解。

　　大批判使用的語言往往有血腥味，甚至充斥着酷刑意象，瀰漫着原始蠻荒的氣息。[63]古代中國人表達恨意，最極端的說法，

同年2月1日聽到命自己到會，「不到或遲到者，格殺勿論」(同書，頁31)。

63　常見者如「絞索」等。酷刑意象見之於文字，亦非自文革始。如沙鷗《不能置之不理》：中國人民/決不能/容忍/美國侵略朝鮮/是洪水/我們能夠/擋它回去/是火焰/我們能夠/撲滅它/是野獸/我們能夠/把它活活打死(見氏著《不准侵略朝鮮》，上海：文化工作社，1951)。谷金安《我站在裝配線上》：飛吧，綠

諸如「千刀萬剮」、「碎屍萬段」、「食肉寢皮」云云。「千刀
萬剮」，文革中仍見運用。首都大專院校紅代會《鄧小平罪行調
查報告》，說對鄧「真該千刀萬剮，火燒油煎」（《文革大字報精
選》，頁159）；武漢鋼二司有大字報《千刀萬剮陳再道》（同書，
頁422。按陳再道時任武漢軍區司令員）。批判彭真的大字報則說，
「將彭賊凌遲處死，焚屍揚灰」，也難解心頭之恨（《彭真的腐朽
生活罪行》，同書頁507）。徐景賢等人造上海市委的反，口號有
「火燒陳丕顯！揪出曹荻秋！打倒楊西光！砸爛常溪萍！」等，
據閻長貴的回憶，毛說：「這幾個口號的提法有區別，好！」
（《「上海人民公社」名稱使用和廢止的內情》，《問史求信集》
頁78）[64]北京市委機關幹部揭批原北京市副市長劉仁的大字報，篇
末的口號有「絞死彭真，槍斃劉仁」（《劉仁的腐朽生活罪行》，
《文革大字報精選》頁523）。據我在家鄉的城市所見，「絞死」、
「火燒」之外，另有「油炸」（與上文所引「油煎」義近）。確有
「油炸」這一種酷刑，民間所謂「下油鍋」，乃酷刑中之尤酷者。
「火燒」、「油炸」較之「打倒」，確也更痛快。使用此種標語口
號者，未見得真的意欲將那人下油鍋，不過為了排比起來方便；卻
又未必沒有這一念，即親手試試滾油烹煎。題作「劉少奇算老幾」
的「詩作」，我當時也曾讀到：「劉少奇算老幾，/老子今天要揪
你！/抽你的筋，/剝你的皮，/把你的腦殼當球踢！……」（《紅衛
兵詩選》，頁255）文字間宣洩着不但必欲置對方於死地、且盡情施

色的鐵馬，/通過友誼關飛向越南，/挖豺狼的心，摘約翰遜的肝，/把惡魔的骨
頭壓斷，碾爛！（《越南兄弟打得好》頁41，長春：吉林人民出版社，1965。
按約翰遜（Lyndon B. Johnson）時任美國總統）胡金鵬的詩《鍛》：「鍛！/汗
水淌三瓢，/火星撲滿臉，/把約翰遜放在錘下，/砸爛！……」（見《我們時刻準
備着──支援越南抗美救國鬥爭詩歌集》頁5，瀋陽：春風文藝出版社，1965）
據陳徒手《陳荒煤：一段異樣的電影小史》（刊《書城》雜誌2014年12月號）一
文，陳荒煤文革前夕文藝界整風期間檢討中所用「身首異處」，「出自中央
高層人士內部講話之中」，後演變為整風運動中「描繪文藝界最為形象的用
語」，「是一九六四、一九六五年間中國政壇使用最頻繁的怪異成語之一」。

64　關於上述口號的擬定，參看李遜《上海文革運動史稿》頁492。

虐的亢奮。[65]文革中引用率極高的毛澤東寫於1927年的《湖南農民運動考察報告》，說農運對地主的壓制，「等於將地主打翻在地，再踏上一隻腳」(語見《毛澤東選集》第一卷，頁16。着重號為引者所加)。文革中被付諸行動，且發揮為「打翻在地，再踏上千萬隻腳，叫他們永世不得翻身」。[66]「打翻在地」並踏上腳的場面，同一時期的城鄉隨處可見，又不止於口號。

　　暴力既指向「鬥爭對象」，也指向自身。即如宣示必死的決心、類似「毒誓」的「上刀山，下火海」、「粉身碎骨」、「捨得一身剮，敢把皇帝拉下馬」，均為常用的豪語。[67]更無論「誓死捍衛……」「血戰到底」、「流盡最後一滴血」、「頭可斷，血可流，……」「是七尺男兒生能捨己，作千秋鬼雄死不還家」，等等。僅由字面看，似乎當年的年輕人嗜血，嗜殺；但在使用者，那或許只是一種流行的表達而已。[68]

65　同書收入北京軍區署名「峭石」的《猛烈轟擊！》，其中有：「猛烈地轟擊！/用我們的鐵錘、鋤頭，/砸碎劉少奇反革命的脊骨；/用我們的刺刀、筆尖，/戳爛劉少奇『老革命』的畫皮！」(頁113)署名「紅纓槍」的詩《送瘟神》則說，對劉少奇、鄧小平，「老鼠過街哪裏去？一磚頭砸死陰溝裏！」(頁139)吳宓日記記所見大批判中的漫畫，畫被批判者「為人首而虎身或蛇身，無產階級少年勇士以矛刺其喉，以劍斷其頭，以足踏其背，極憤怒兇殘之情態焉」(《吳宓日記續編》第七冊，頁451)。

66　關於上述口號的擬定，參看李遜《上海文革運動史稿》頁492。

67　毛1957年《在中國共產黨全國宣傳工作會議上的講話》，就引了「捨得一身剮，敢把皇帝拉下馬」(《毛澤東選集》第五卷，頁412)。1958年3月《在成都會議上的講話提綱》則有「捨得一身剁[剮]，敢把黃[皇]帝拉下馬」(《建國以來毛澤東文稿》第七冊，頁117)。

68　文革的積極參與者往往耽嗜極態──不止學生。李遜《上海文革運動史稿》所錄《上海工人革命造反總司令部宣言(草案)》中有如下表述：「我們頭可斷，血可流，革命的造反精神不能丟！割掉我們的肉還有筋，打斷骨頭還有心，砍掉腦袋不過碗口大的疤！」(見該書頁286。按「上海工人革命造反總司令部」簡稱「工總司」)收入《紅衛兵詩選》的詩中，有「不怕掉腦袋，/不怕下油鍋……」(頁242)楊健《文化大革命中的地下文學》所錄老紅衛兵的詩作，有如下詩句：「我們生在戰場上/就不怕死在熱血中，/只有當我們的鮮血/灑在戰旗上，/才看得出我們的忠誠／只有當炸彈炸開我們的胸膛/才看得出我們的心/像火一樣紅」(頁49)。血與火與劍與死，激情惟此才能形容。

槍桿子(武裝力量)/筆桿子(意識形態)外，尚有「印把子」(權柄)/「刀把子」(專政手段)一類更聳人聽聞的説法。人們被告知階級鬥爭「你不鬥它，它就鬥你。你不打它，它就打你。你不消滅它，它就消滅你」。[69]戰場上「對敵鬥爭」的一套思維、用語，被用於非戰爭時期。既「你死我活」，就不能不追求「殺傷力」，打擊務求「穩、準、狠」，致敵死命。最有殺傷力的文字，出自化名「梁效」、「初瀾」等有高層背景的「寫作班子」，威力確勝於斧鉞。陳白塵就將中央專案組(化名「鍾岸」)對他的批判文章讀作「判決」，而且是「不得上訴」的(《牛棚日記》頁179)。大字報人名上血紅的×，模仿的也正是當年法院佈告勾銷死刑犯性命的方式。

詛咒，也是常用的修辭手段。如詛咒對方「帶着花崗岩腦袋見上帝」，預言對方將要「被歷史的車輪碾得粉碎」、被「釘在歷史的恥辱柱上」、被歷史「宣判死刑」等等。「歷史」似乎扮演了上帝或閻羅的角色。那種符咒般的説辭很民間，或曰有民間淵源。民間從來有「咒死你」的傳統，知識人也相信「一字之誅」，且有大量見諸載籍的例證。[70]

文革式的「大批判」講「『狠』字當頭」，表達「階級仇恨」的語言之豐富，幾於窮盡了想像力，與施暴、施虐手段的多樣相稱。本書下編《札記之四》還將談到，酷刑想像不難化為酷刑操作。語言暴力與施之於肉體的暴力(虐害、消滅某一特定對象)相互助成。但也應當説，暴力在文學(如詩)中，更是一種情緒的宣洩；使用暴力語言的，未見得真的有暴力傾向。即如上文引過的郭小川的詩《射出我的第一槍》，自責其「沒有舉起利劍般的筆/剖開那肥

69　語見1966年6月2日《人民日報》社論《觸及人們靈魂的大革命》。同年5月18日林彪《在中央政治局擴大會議上的講話》説過：「鬥爭就是生活，你不鬥他，他鬥你嘛！你不打他，他要打你，你不殺他，他要殺你。」同年9月22日，有《中共中央關於印發林彪講話的通知》。

70　另有繪畫語言的暴力。尤其被作為批判武器的漫畫。漫畫更直觀，殺傷力亦強。曾有著名漫畫家文革後反省其政治漫畫造成的傷害，卻未見文革中《群醜圖》之類漫畫的作者「站出來」。

厚的肚皮/掏出那毒臭的心臟」（《郭小川全集》第一卷，頁254）。實則郭是個賦性寬厚的詩人；1957年反右期間當着劃「右派」時，終不能痛下殺手。那種暴力修辭更是「表態」（「表決心」）。

　　在戾氣充斥的環境中，語言不可避免地粗鄙化了。文革初期由老紅衛兵創作的歌曲《鬼見愁》，末兩句是：「要是革命你就站過來，要是不革命，就滾你媽的蛋！」（另一版本稍有不同：「要是革命就跟着毛主席，要是不革命就滾他媽的蛋！」）以「國罵」入詩，[71]另如上文已引的《造反派的脾氣》中的「罷他娘的官，奪他娘的權！」（《紅衛兵詩選》頁84）尚有一首《革命造反派的脾氣》，詩中「他媽的」計有四處（同書，頁186–188）。[72]

　　「粗口」被認為是「普羅大眾」的語言，而「普羅大眾」是天然革命的。[73]毛《湖南農民運動考察報告》所説「革命不是請客吃飯，不是做文章，不是繪畫繡花，不能那樣雅致，那樣從容不迫，文質彬彬，那樣溫良恭儉讓」（《毛澤東選集》第一卷，頁17），被由如上的方式實踐。粗口既是時尚，甚至黨報也不自重，會用了

71　「國罵」，見魯迅《墳·論「他媽的！」》，《魯迅全集》第一卷。

72　見之於大字報，如上文已引的《中僑委毛澤東主義紅衛兵宣言》（《文革大字報精選》頁36）；如收入同書的《嚴懲蘇修混蛋》一文中的「混蛋王八蛋」（頁296）。《紅衛兵詩選》中《砸爛蘇修狗頭》一詩，開頭即「王八柯西金，混蛋勃烈日涅夫」（頁140）。上述現象應屬日本學者岩佐昌暲在收入同書的《文革文學的研究狀況及本資料集》一文所説的「有意識地使用的粗野、非理性的文學描寫」、「粗放豪快、激越、屠戮[暴力果敢]的感性」（頁8、9）。按阿列克謝·尼古拉耶維奇·柯西金(Алексе́й Н. Косы́гин)，時任蘇聯部長會議主席、總理；列昂尼德·伊里奇·勃列日涅夫(Леонид И. Брежнев)，蘇共中央總書記。劉福春在該書《後記》則説到「匪氣」（頁292）。1967年1月24日吳宓日記記有聞某被罵「他媽的」，「繼以掌批其煩有聲」，為之「心痛」（《吳宓日記續編》第八冊，頁23）。吳宓日記一再記被以「粗礪之詞句」辱罵，可知刺激之深。具體如「狗禽的，他媽的」，用「狗耳朵好好聽着」（《吳宓日記續編》第七冊，頁563），等等。

73　普羅，即法語普羅列塔利亞(prolétariat)的簡稱，意謂無產階級（一説指普通民眾）。與「普羅大眾」對立的，則是「布爾喬亞」、「小布爾喬亞」。

「革命小將」的口吻,斥別人為「混蛋邏輯」(參看邵燕祥《人生敗筆——一個滅頂者的掙扎實錄》自序頁8)。與「粗口」相配的,則是粗服亂髮,也像是在實踐毛《在延安文藝座談會上的講話》所說,勞動人民「手是黑的,腳上有牛屎」(《毛澤東選集》第三卷,頁804)。那一時期生活的粗糲化,既因物資的匱乏,也適應了意識形態要求。粗服亂髮甚至演成了時尚。還記得我們這些當年的大學女生的有意粗魯,似乎不如此即不足以顯示「革命性」,不足以證明已脫出「小資產階級」而「工農化」。當時有「在罵聲中成長」的說法。習於罵與被罵,心性的粗糙無可避免。此外也不妨承認,「粗口」確實痛快,「爽」,「給力」,也如吸食鴉片,有脫出(禮俗、紀律等)羈束的解放感,青春期叛逆的快感。柏樺《左邊:毛澤東時代的抒情詩人》引了黃翔寫於1968年的詩《野獸》:「我是一隻被追捕的野獸/我是一隻剛捕獲的野獸/我是被野獸踐踏的野獸/我是踐踏野獸的野獸」,說「這首詩可以當作黃翔一生的真實寫照」(頁37)。[74]文革後曾有中學將培養紳士、淑女作為公開展示的目標,令人感到了滑稽。回到最基本的道德規範,正常人的知覺與情感,且不論是否「紳士」、「淑女」,其條件是整個社會環境的改善。僅由學校,多半會造出偽紳士、淑女,模擬的或戲仿的紳士淑女的吧。培養人格健全、心理正常的青年,毋寧說是一項巨大的社會工程。

　　文革中語言層面的暴力,遠為普泛,不惟上述諸例。到了文革成為過去,曾經的暴力語言有了喜劇性,會在影院、劇場引來轟笑。人們忘記了與那些語言同在的恐怖,那種令人膽寒、令人戰慄的威懾力、殺傷力;當那些語言由遍佈全國各地的高音喇叭(揚聲器)、巡行各處的宣傳車吼出來的時候,所引起的驚悸與絕望。直到文革過去了很久,你仍不難由報章網絡文字讀出文革遺風。即如

74　拙作《說戾氣——明清之際士人對一種文化現象的批判》一文發表後,影響超出了預期,既應與人們的現實感受、也與普遍的歷史記憶有關。該文最初發表於劉夢溪主編的《中國文化》第十期,1994年8月。

那種直欲滅了對方的酷評，使用全稱判斷，殺氣騰騰。奇妙的是，操練「大批判文體」者可能並非文革所遺。曾經的紅衛兵經由知青年代，身份與心態俱已轉換之後，在後生小子那裏，看到了自己當年的風采。至於網上的洶洶群言，未必即以文革為遠緣或近緣，那也許正是「群言」的常態——壓抑的激情一旦釋放，必然現出的樣態。也因此，文革的語言暴力可以作為一個樣本——卻也只是一個樣本，儘管是不免極端的樣本。

2.3　越境

經歷了文革中的動盪，多數當年的大中學生返回了原有的生活軌道。也有一往而不返者，如北京四中學生張育海，如與張同校被稱作「毛子」的吳景瑞。[75]至於那些精神上不再能折返，成為「後文革時代」的異人另類者，姑稱之為「文革遺民」，不在本節討論的範圍。另有(或許為數不多)的大中學生，由步行串連(當時謂之「長征」)到社會調查，文革中的「走四方」，影響到了其人文革後的取向。上海的學人曹錦清或可作為一個例子。[76]

發生在文革中的越境故事，今人讀來，有一種奇異性質；動機則由「支援世界革命」到「尋求自由」(即如泅渡港、臺)，不一而足。雖性質迥異，卻均由「青春熱血」所激發，那思路或許都借「大串連」開啟，無論去的是外地還是境外。由「支援外地革命派」到「支援國外革命派」，順理成章，不過有範圍大小、道途遠近之別而已。

75　關於吳景瑞的出走，參看《暴風雨的記憶》一書李寶臣《往事豈堪容易想》，
　　見該書頁257。

76　金大陸《非常與正常——上海「文革」時期的社會生活》一書關於曹錦清，
　　說：「三十年後，曹錦清教授深入中國農村作田野調查，完成了產生重大影響
　　的《黃河邊的中國》，無疑與他青少年時期的追求和經歷是息息相關的。」
　　(頁143)

「支援世界革命」

　　文革流行的馬恩語錄中，就有「無產階級只有解放全人類，才能解放無產階級自己」——當然有適用場合、具體詮釋的不同。[77]越境「支援世界革命」者，顯然受到了這條語錄的激勵。[78]楊健《文化大革命中的地下文學》錄有紅衛兵的詩作《獻給第三次世界大戰的勇士》，稱之為「政治幻想詩」，其中就有如下詩句：「還記得嗎？/我們曾飲馬頓河岸，/跨過烏克蘭的草原，/翻過烏拉爾的高峰，/將克里姆林宮的紅星再次點燃。/我們曾沿着公社的足跡，/穿過巴黎公社的街壘，/踏着國際歌的鼓點，/馳騁在歐羅巴的每一個城鎮、鄉村、港灣。」（見該書頁66）或許要親歷過那個時代，才更能相信這種情懷無可懷疑的真誠。[79]

　　「胸懷祖國，放眼世界」，文革前的「國際主義」教育深入人心。當然，其時對「國際」的認知，與當今的青年大有不同。但對

77　關於「無產階級只有解放全人類，才能解放無產階級自己」，恩格斯《共產黨宣言》1888年英文版序言的原文是：「……被剝削被壓迫的階級（無產階級），如果不同時使整個社會一勞永逸地擺脫任何剝削、壓迫以及階級劃分和階級鬥爭，就不能使自己從進行剝削和統治的那個階級（資產階級）的控制下解放出來。」（《馬克思恩格斯選集》第一卷，頁237）

78　更直接的鼓勵，應當來自偉大領袖。未收入《毛澤東文集》、《建國以來毛澤東文稿》的毛1967年7月7日的如下講話，文革中曾廣為傳播：「我們中國不僅是革命的政治中心，而且在軍事上、技術上也要成為世界革命的中心，要給他們武器，就是刻了字的武器（除一些特殊地區）也可以。就是要公開支持，要成為世界革命的兵工廠。」（轉引自卜偉華《文化大革命的動亂與浩劫》頁561）尤其「要成為世界革命的兵工廠」一句。「輸出革命」非始於文革，只是在文革中更公然，吸引了較多青少年的參與而已。經毛審閱、發表於1967年11月6日《人民日報》的《沿着十月社會主義革命開闢的道路前進——紀念偉大的十月社會主義革命五十周年》有如下表述：「……20世紀初葉，革命中心轉到了俄國，產生了列寧主義。隨後，世界的革命中心又逐步轉到了中國，產生了毛澤東思想。」

79　以上述方式展示「國際視野」，亦其時的「時式」。如《走向天安門》一詩中羅列「湄公河」、「亞得里亞」、「東爪哇」、「尼羅河」（岩佐昌暲、劉福春編《紅衛兵詩選》頁108）；《紅太陽頌》中的「剛果森林」、「安哥拉草原」、「納薩爾巴里」、「賢良江畔」（同書，頁165）。

「國際事務」的關心，文革結束後也仍然延續了下來：當然是在一部分青年、知識分子中。龍應台曾比較兩岸青年，稱許大陸青年的國際視野——即使這視野不免於殘缺不全。應當説，那種大視野是在「毛澤東時代」形成的。無論那個由意識形態灌輸、官方媒體塑造的「國際」、「世界」有如何鮮明的「時代印記」，追求大境界、大關懷，對於年輕一代人格塑造的正面意義仍無可懷疑。[80]

　　「帝國主義」、「現代修正主義」、「各國反動派」的包圍中，中國(一度還有阿爾巴尼亞)是「社會主義的明燈」：這種關於「敵我友」的劃分，以及關於中國所處國際地位、所應發揮的領導作用的認識，構成了關於「世界」的基本概念。文革中湖南「省無聯」楊曦光轟動一時的《中國向何處去？》，對形勢的基本估計是：「當代的中國是世界矛盾的焦點，是世界革命風暴的中心」(宋永毅、孫大進《文化大革命和它的異端思潮》頁275)，[81]正是當時多數紅衛兵的共識。「省無聯」中南礦冶學院學生張玉綱執筆的《我們的綱領》有如下表述：「無產階級文化大革命的勝利發動標誌着國際共產主義運動進入以毛澤東思想為偉大旗幟的新時代。」(《文化大革命和它的異端思潮》頁300)武漢《北斗星學會宣言》則説：「我們從來都把這場空前偉大的中國無產階級文化大革命看作是更為空前偉大的世界革命風暴的引子和序幕」(同書，頁343)。上海《反復辟學會創立宣言》開篇就説：「全世界進入了以毛澤東思想為偉大旗幟的新時代！」接下來説：「我們的時代是以中國為代表的革命營壘和以美帝蘇修為代表的反動營壘短兵相接……」(同書，頁425)據上文所引《文化大革命中的地下

80　當時的「世界」想像，包括了「帝國主義腐朽沒落」；「敵人一天天爛下去，我們一天天好起來」；「全世界三分之二的受苦人等待解放」；「臺灣人民生活在水深火熱之中」，等等。

81　「省無聯」全稱為「湖南省無產階級革命派大聯合委員會」。當時長沙的造反工人陳益南事後回憶説，楊曦光並非「省無聯」的喉舌(參看其回憶錄《青春無痕——一個造反派工人的十年文革》第十八章《旁觀「省無聯」事件與反「三右一風」運動》。

文學》，文革中的造反派組織，就有以「世界革命紅衛兵造反總
部」、「國際紅衛兵中國支隊」命名者(頁51)。那年代的年輕人好
說「天下大勢」，對於自己的判斷有十足的自信。所受啟發，就包
括了中蘇論戰中中共發表的系列檄文，尤其「九評蘇共中央的公開
信」。紅衛兵越境的背景中，尚有發表於1965年的時任國防部長林
彪的《人民戰爭勝利萬歲》。打一場徹底埋葬「帝修反」的人民戰
爭，中國青年責無旁貸。[82]

　　文革鼓勵狂想，也鼓勵行動；捲入運動的部分青年，則充滿了
對「行動」的渴望、踐行理論的熱情。據文獻，曾有紅衛兵強行搭
乘國際列車，試圖到國外「宣傳毛澤東思想」。至於中學生、知青
越過中越、中緬邊境參戰，當年就時有所聞。

　　因有其北京四中同學的一再敘述，越境者中以張育海的故事最
為完整。[83]在他的同學筆下，張育海活得灑脫敞亮，有着非常年代
人物才有的魅力。文革前的英雄主義、理想主義教育，雖政治意涵
明確，仍有預期之外的效應：比之「市場化」過程中普遍的功利、實
用，那種教育的確鼓勵了精神追求，鼓勵高遠的志向，以至不着邊際
的狂，與決不肯苟且的狷，尤其在如北京四中這樣精英薈萃的名校。

　　徐曉主編的《民間書信》，收錄了張育海的緬甸來信，其中
說：「歷史的經驗證明，像我國現在的政治狀況，必然要從不斷的
國內革命變為不斷的對外戰爭」。他認為由中共「九大」(即中共
第九次全國代表大會)林彪的政治報告可知，「九大不過是結束文
化大革命，開始世界革命的一個政治動員」，證明了「我國將要
進行的這場空前的席捲世界的鬥爭」，要將一切人「捲進去」，

82　1966年10月5日葉劍英在全軍院校文化大革命動員會上的講話談到，「在毛主
　　席的領導下，二十五年，在今天強大的社會主義中國和世界的形勢下，一定能
　　解放全世界」(《中國文化大革命文庫》)。

83　李寶臣《往事豈堪容易想》一文在《今天》雜誌2010年冬季號上發表時，題作
　　《往事豈堪容易想·七尺男兒從天埋——育海其人》。

「持續兩代三代也不一定」（頁97）。[84]信後附錄的記述張育海的文字說，「在二營三連，三分之一的戰士是中國學生，能將毛澤東的《論持久戰》和游擊戰要訣倒背如流。他們要對付的，是日盛（疑為「甚」）一日的消極與疲憊，似乎並不是隨時都會發生的敵情。」（頁101）儘管真的跨出國門、加入了渴望已久的「戰鬥」，體驗到的或更是失望與疲憊，[85]仍然應當將這些「紅衛兵—知青」歸入二十世紀最後的一批理想主義者。他們能虔信、篤行，踐履那或許經不起推敲的承諾。這種勇毅果決，使得比他們聰明也高明的後代人心情複雜，對他們不忍也不敢輕薄。

　　我所讀到的另一較為完整的越境故事，是由抵達越南後又遭遣返的牟志京講述的（《似水流年》，收入《暴風雨的記憶》）。牟所講述的種種亂世奇遇，非生長正常年代者所能夢見。越境故事相對完整的，尚有鄭世平《身邊的江湖》一書中的《亂世游擊：表哥的故事》；所越乃中緬邊境。一對華僑甥舅，在「階級鬥爭」的重壓下被迫越境，起初不過要將飽受衝擊的外婆送往境外；他們的加入緬共武裝，更是為了逃避「在國內所受的迫害和歧視」（頁46）。[86]

　　《文化大革命中的地下文學》提供了與越境有關的豐富材料（參看該書頁51–63）。該書說有人「幸運地在一份舊日的檔案裏讀

84　《民間書信》關於張育海有如下簡介：北京四中六七屆高中畢業生，1968年10月到雲南插隊，1969年3月參加緬共人民軍，1969年夏犧牲，年約21歲。這是他於1969年6月12日寫給同學的信，後幾經傳抄。持抄件人聽說收信人後來也去了緬甸，也犧牲了（頁100）。

85　上文所引張育海該信說：「實際上大多數犧牲，並不一定很壯烈」，「死也許不一定永遠被人懷念」（頁99）。對於由「紅衛兵—知青」走過來的張育海，這種認知，或許是一份重要收穫。

86　該篇說，「當時的中國政府，不僅提供武器和顧問給緬共游擊隊，還認可中國知青越境從軍參加『革命工作』」（頁47）。法國學者潘鳴嘯所著《失落的一代——中國的上山下鄉運動（1968至1980）》第十一章，說知青由雲南到越南、老撾、緬甸，「似乎是一種英雄式的抉擇」（中譯本頁444）。「下鄉運動的最初幾年，中國當局對他們的越境行動的態度是既不積極鼓勵，也不禁止，只是姑妄由之。沒有辦法知道多少知青出走他國。不僅在當時，那些越境是不為人知的，到了今天依然是國家秘密。」（頁445–446）

到有關部門的統計數字：1969年6月，因各種原因逾境參加緬共游擊隊的紅衛兵已達300餘人」，其中昆明的知青略佔一半(頁56)。該書說有越境赴緬的紅衛兵隨身帶了《格瓦拉日記》(頁58)。還說，「據當年廣州中山大學學員陳建軍(原雲南軍區某醫院護士)提供的情況，1968–1972年間由緬甸遷至國內醫傷的緬共游擊隊員中，有不少中國紅衛兵。緬共派過來慰問傷員的文藝宣傳隊，也大部分由中國紅衛兵組成」，演出的全是中國文革中的節目(頁63)。[87]

　　我所經歷的文革前夜的大學校園中，令人熱血沸騰的，就有「世界革命」這一概念。其時流行過兩首氣勢磅礴的合唱歌曲，光未然作詞、瞿希賢譜曲的《全世界無產者聯合起來》，以維吾爾族音樂素材譜寫的《亞非拉人民要解放》。後一首還被編舞，「五一」、「十一」作為廣場集體舞之一。當年北大文工團舞蹈隊的保留節目，有《非洲戰鼓》，幾個將皮膚塗黑的男生，以高低不同的蹲姿敲擊出雷聲般的鼓點。我所在的文工團民樂隊，則排演了《戰鬥吧，越南！》，在校內外演出。節目採用的，是由《黃河大合唱》、《長征組歌》沿用至今的詩歌朗誦＋合唱、獨唱、合奏的樣式，朗誦詞由我執筆，撰寫前還訪問了參加演出的越南留學生。那也是我青年時代寫作「新詩」的僅有經驗。那些長句，除便於朗誦，實在算不得好詩。[88]發生在文革中的紅衛兵、知青越境「支援世界革命」，未必不也受到了這種極具煽動性的藝術的鼓動。

　　同樣出生入死者，驅動力也仍然互有不同。確有一些青年，因了出身或其他問題而受壓，鋌而走險，但一腔熱血，未見得不同於正宗的紅衛兵，只不過更有一種「絕望的抗爭」的悲情，甚至某種

87　該書有關材料的來源，據書末的「參考、引用資料來源」，應據黃堯刊於1989年《海南紀實》的《緬共游擊戰中的中國知青》、秦曉英刊於1986年6月《藍盾》上的《文革逸事——四個紅衛兵潛入越南參戰經過》。同一時期越境者的故事，還遠未得到充分的講述。越境者的下落，也有待繼續追蹤。

88　《巴金日記》記其1965年所看劇目，就有解放軍海政文工團話劇團演出的《赤道戰鼓》、北京人民藝術劇院演出的《剛果風雷》(見該書頁318、326。)

自殺衝動罷了。魯迅的《非革命的急進革命論者》說，「每一革命部隊的突起，戰士大抵不過是反抗現狀這一種意思，大略相同，終極目的是極為歧異的。或者為社會，或者為小集團，或者為一個愛人，或者為自己，或者簡直為了自殺」（《魯迅全集》第四卷，頁226），實在是洞見了人心者之言。尤其令人心驚的，即「或者簡直為了自殺」，實在只能出自魯迅式的冷峻。自殺與「獻身」，在當時的情境中，並非總能區分得清楚。文革中捲入武鬥、越境參戰，動因、情懷之多樣或有甚於此。英雄主義激情與自殺衝動，有可能在同一人那裏糾纏不清。如上文提到的北京四中吳景瑞那樣浪跡天涯、不知所終者，未見得不是蓄意在槍林彈雨中了此一生。應當說，頭顱輕於一擲，也正為那個暴力氾濫的年代所鼓勵：慷慨赴死者或許對自己對他人的生命都不顧惜。這種混合了豪邁與悲愴的激情，已非時下如他們當年一樣年輕的人們所能體會。

　　《文化大革命中的地下文學》還說，「希望打仗，在眾多青年心中往往是一種『下意識』。反映出他們對周圍環境開始產生出一種焦慮、拒絕、憤怒。」（頁70）文革中自殺的乒乓球世界冠軍容國團，生前有一句廣為流傳的話：「人生能有幾回搏」。黯淡的知青生活更有可能催生這種冒險一搏的激情。「支援世界革命」或許只是美麗的說辭，衝動更在於脫出精神之困。

出逃

　　發生在同一時期的，既有越境「支援世界革命」，也有「出逃」。[89]李恒久的《越境》一篇所寫少年，儘管所越也是中越邊境，卻「並不想去參軍，更不願去打仗」，他們另有嚮往；「去越南(或者說是逃離這個國家)」，只是為了一個關於「自由」的

89　潘鳴嘯《失落的一代——中國的上山下鄉運動(1968至1980)》第十一章，寫到了知青的「出逃外國」，北韓(按「北韓」即朝鮮)，蒙古，蘇聯(中譯本，頁443–444)。還提到，有些知青去緬甸，希望能到泰國，由那裏去西方(同書，頁446)。

夢想：「我們要去看埃及的金字塔，要去遊覽印度的恒河，要橫穿非洲的撒哈拉沙漠……我們渴望過一種自由的、尊重人性的生活。」（《那個年代中的我們》頁680）「只想尋求一種沒有壓迫、沒有歧視、沒有人知道我的出身的環境，脫離開身邊的一切，忘掉已經發生的一切！我只是要從精神的巨大壓抑和破碎的現實中解脫出來。」（同上，頁679）該篇說兩人被遣返回中方邊防站時，發現「在專為越境的中國學生製作的表冊上，我們的排列序號是126和127」（頁704）。

　　強大的「反修」宣傳之後，甚至有企圖越境去蘇聯者。徐曉主編的《民間書信》有一封寫於1968年的信，提到所在中學的四個學生由廣州北上瀋陽，「準備逃到蘇聯去」，後被「押回廣州警司」（頁60）。同書收入的一封寫於1973年初內蒙知青的信中說：「聽說咱們團發生了一起反革命事件，三十多人集體投修叛國未成」（頁215）。敢於這樣孤注一擲的，幾乎是清一色的中學生。

　　正是令人不堪忍受的信息封鎖，刺激了窺探「外面的世界」的渴望。

　　收入《那個年代中的我們》一書的孫春明《雪夜看「四訪」》，寫兵團知青雪夜跋涉，只為了看熒屏上一閃而過的西方世界(所謂「四訪」，即紀錄片《中國兵兵球隊訪美、訪加拿大等四國》)，[90]無非為了療饑：對外部世界(尤其被嚴密遮蔽的「西方世界」)的知識饑渴。[91]雪夜跋涉看「四訪」的知青，與越境到越南、緬

90　吳宓1973年3月31日日記，記在電影院看《中國乒乓球訪問墨西哥、加拿大、美國(威廉斯堡，華盛頓，紐約，舊金山)進行友誼比賽》之「彩色活動電影」(《吳宓日記續編》第十冊，頁348)，應即所謂的「四訪」。1973年6月30日，記某人對其說，「中國及社會主義國家之現狀及前途，皆甚可悲可憂，(人多而食少，工農業皆不振。)宓殊以為異」；其人還說「今世界之實在富強者，乃英、法、德、美、日諸舊國家耳」(同書，頁421–422)。也可資考其時的「私下」言論。

91　張戎說自己人生中的「轉捩點」在1967、1968年：「過去的教育使我相信生活在人間天堂——社會主義中國，而資本主義世界是黑暗的地獄；現在我問自己：如果這是天堂，地獄又是什麼樣子呢？我真想看一看還有什麼地方比這裏

甸參戰的知青，其關於「世界」的想像，或許已有了不同。「外部世界」縱然模糊不清，卻已不再是官方意識形態給定的形象。

署名「凌耿」的《天讎──一個中國青年的自述》（見下文注），寫到了大串連中在北京東交民巷使館區對外國人的肆意窺探與尋釁滋事（參看該書第十五章《征服使館區》），說大使館使其想到了外國，突然有了奇怪的念頭：「我要躲在洋人汽車的行李箱裏混進大使館，用刀尖逼外交人員給我弄幾張必要的文件，然後化裝溜到國外作全世界性的串連旅行，這不是很棒嗎？」（中譯本，頁124）就該書看，這念頭倒更像是作者一年後偷渡的張本。

知青、知識人利用了極其有限的信息渠道。由印紅標《失蹤者的足跡──文化大革命期間的青年思潮》一書引述的陳爾晉的主張看，即使僻處邊陲，陳也經由自己的途徑，獲取了對「外部世界」的瞭解，並作為思想資源。無論「鐵幕」還是「竹幕」，均非鑄造完密。窺探世界的目光，利用了封閉之幕的一切微小的縫隙。柏樺引貴州野鴨塘詩人黃翔寫該派詩人啞默的文字，說啞默的陋室裏，《參考消息》「從桌子一直堆齊天花板」，「啞默就從這些報紙的文字縫隙中窺探『紅色中國』以外的世界」。[92]「當尼克松訪華，叩擊古老中國封閉的銅門時，他同他的朋友們興奮得徹夜不眠，在山城貴陽夜晚冷清清的大街上走了一夜。」（《左邊：毛澤東時代的抒情詩人》頁38）[93]

更痛苦。」（《鴻──三代中國女人的故事》中譯本，頁296–297）

[92] 吳亮《我的羅陀斯──上海七十年代》也提到了《參考消息》作為當年「國外消息的惟一來源，對另一個世界的窺孔」（頁2）。這份頁面不大（卻又絕非「小報」）的官方報紙，對於塑造幾代人的世界認知，用一句俗濫的話說，怎樣估計都不過分。

[93] 在意識形態嚴密封鎖的同時，1970年代前期，卻在毛的支持下，有「對外經濟引進」的「高潮」，是中國「第一次以資本主義國家為主要對象進行大規模經濟交流活動」（參看陳東林主編《1966–1976年中國國民經濟概況》頁67）。據同書，「1970–1973年，我國進出口總額持續走高……我國外貿事業在世界經濟中的地位已有所改觀。」（頁265）這種政經分離，此後更成為常態。

　　《參考消息》雖限定了讀者範圍，卻並不那麼難以到手，閱讀、收藏這種報紙也不觸犯刑律，與「收聽敵臺」性質不同。文革結束後的1977年，以「反革命罪」被處決的上海大學生王申酉，在對司法當局的陳述中，曾談到自己鼓勵弟弟以半導體收音機「真正瞭解時代的脈搏」，「瞭解全世界各國人民的生活，瞭解我國的情況」，還為弟弟寫明瞭「一些國家對華廣播時間和頻率」，包括蘇聯、美國、日本、西德、臺灣、印度、北朝鮮和南朝鮮(《關於與我兄弟王解平的通信和談話》，《王申酉文集》頁120、121)。補充交代中又寫到建議弟弟收聽的廣播電臺，即蘇聯的《莫斯科廣播電臺》、《和平與進步電臺》，《美國之音》與《英國廣播公司》(《關於與我兄弟王解平的談話與書信的補充》，同書頁124)。[94]王申酉鼓勵其弟乘着半導體收音機的電波「越境」。這種思想的「越境」，在知青回憶中不難讀到。較之讀禁書，「偷聽敵臺」自然更需要勇氣。在隨時可能被告發的威脅下，好奇心竟有如此強盛，使那些犯禁者不惜以身試法。而後果，你由王申酉入獄後的供詞，就不難知曉。漫長封閉後對「外部世界」的饑渴，也構成了1980年代「洋插隊」(合法越境)的一部分背景。你不難回想七八十年代之交的出國潮，整個1980年代知識青年中的所謂「托派」(按托即托福考試)。[95]

94　王申酉在1964年9月19日的日記中寫道：「在二十世紀的世界通訊事業極其發達的今日要求近一千萬平方公里的土地與世界隔絕起來實在是一件極其困難的工作」，居然被共產黨做「成功」了(《日記摘抄》，同書140)。文革已然爆發的1966年5月25日，他還在日記中說：「要使中國富強難道非要這樣辦不可嗎？從此以後，中國將與整個世界隔絕起來，除非征服這個世界。」(同上，頁157)在獄中供述中他坦率地說，他以為自己處身的社會「像滿清王朝一樣，採取閉關政策，把中國人民和全世界人民隔絕起來」。這種環境讓自己「感到越來越窒息」，「我們這些接觸過現代科學技術和西方精神文化的青年是不能適應這樣的社會形態的」(《親筆供詞》，同書頁110)。

95　文革中一些年輕人的學外語，被羨為先見之明的，隱蔽的動機，未必不在「看出去」，以至有朝一日「走出去」——即使未必預見到了一些年後的「開放」。

　　文革的外溢效應是如此明顯，法國，美國，日本，拉美，臺灣……那些溢出的「革命」，卻是在封閉中「造反」的中國青年不大知曉的。因此中國青年與他們國外的同代人，只有想像中的呼應。這是一種詭異的現象。信息傳輸固不可能全然切斷，中國青年的「收聽敵臺」卻不像是為了聯絡同志，更是出於上文所說的那種對外部信息的渴求。

　　大致同一時期，海峽對岸，也有人在收聽大陸電臺。臺灣作家鄭鴻生在他關於1970年代「臺灣左翼青年的一段如火年華」的追憶中，記1970年春天他和同伴在彰化，有一晚同伴「把收音機抓過去，開玩笑說『我們來聽聽「祖國」的聲音吧』，就順手撥到有着強大電波的大陸電臺，於是傳來了『大海航行靠舵手，萬物生長靠太陽……』的樂聲。在這種窒息的年代，從對岸傳來的無比雄偉的聲音無疑總會令人好奇萬分」（北京三聯書店2013年版《青春之歌》，頁84）。那同伴用的是戲謔的態度。我不知倘有人告密，會有何種（或會否有）後果。但只消想到，靜夜中海峽兩岸的青年同時傾聽對岸電臺的聲音，畢竟是一件有趣的事。

　　另有地域性的偷渡，不限於紅衛兵、知青。據說福建最早形成一定數量的跨國跨境遷移，正是始於文革時期。境外較早形成的關於文革的認知，部分地也得自偷渡客攜帶出境的消息。陳佩華的《毛主席的孩子們──紅衛兵一代的成長和經歷》，寫到了文革中廣東知青的「偷渡香港之風」。[96]也如法國學者潘鳴嘯最初（1975年）在香港的訪談，陳的受訪人幾乎均為偷渡者，[97]偷渡的動機也

96　該書第四章註6：「香港政府估計在1970至1974年間由大陸非法入香港的人
　　數為：1970年：7000，1971年為12,000，1972年為20,000，1973年為25,000，
　　1974年底達30,000」（頁244）。潘鳴嘯《中國的上山下鄉運動（1968至1980）》
　　據有關資料，認為知青偷渡香港，主要是從1970年開始，1972年才大批偷渡
　　（頁448）。

97　據上文所引潘鳴嘯《失落的一代──中國的上山下鄉運動（1968至1980）》中
　　譯本頁24註1，由一份不完全的美國學者著作的清單看，那一時期美國學者的
　　有關著作，「大部分都是以對偷渡到香港的知青所作的採訪為主而完成的」

互有不同。接受她訪談的一個前造反派頭頭，自説偷渡是「懷着到外面繼續開展鬥爭的理想主義目的」（中譯本，頁229）。此人的偷渡約在1971年，抵港後的確繼續從事政治活動。

　　上文所引潘鳴嘯該書説，「大多數廣東知青的歌都有一個特殊的主題，那就是日夜縈繞他們腦海的：偷渡去香港」（中譯本第十一章，頁420註1）。「幾乎所有的原籍廣州的及插隊到珠江三角洲的知青都曾經猶豫過要不要偷渡去香港。」（同書，頁447）收入《七十年代》的黃子平的《七十年代日常語言學》、趙越勝的《驪歌清酒憶舊時——記七十年代我的一個朋友》，為此提供了佐證。黃子平的《七十年代日常語言學》中説當年粵地暗語，將偷渡稱「篤卒」。「中國象棋裏的卒子向前走一步，『篤』是手指往前推棋子的動作。」知青偷渡者被從輕發落，因「看守所裏擠滿了篤卒的男男女女」。「那年頭，珠江裏練游泳的青年特別多，主要練長距離，當然速度也很要緊。傳説每年橫渡珠江比賽的前十名，清一色是上山下鄉知青。」（《七十年代》頁325）因「篤卒」而淹死、被鯊魚吃掉的，不乏其人。[98]

　　即使這種偷渡，也受到了那個特殊時代的暗中懲愚。明知「有關機構」正張網以待，依然飛蛾撲火般地前赴後繼，那種不顧一切、不惜一死，也正如鐵了心越境「支援世界革命」的勇士。上文説過，文革中見慣了生生死死、諸種無妄之災，使人不難於「輕生」，也應當是這類冒險故事的一部分背景。至於著名鋼琴家馬思

（頁24）。該書作者注意到，偷渡者當接受訪談時，「遠遠不是拼命講壞話給自己國家抹黑的，面對外國人他們倒經常將生活中最陰暗的一面淡化」（《引言》，頁9）。這固然由於長期培養的「愛國意識」，也因意識深處的「內外有別」，對來自「外部」的惡意保有警覺。

98　王學泰《監獄瑣記》一書中有幾則偷渡故事。文革期間的監獄中，這種失敗的偷渡者，「北京市第一監獄」外的其他監獄也應有。印紅標《文化大革命期間的青年思潮》關於廣州「李一哲」大字報產生的背景，説，「廣東省毗鄰香港澳門，粵港澳之間的人員往來給封閉的內地青年帶來些許海外信息。李正天等人抓住這個條件瞭解外部世界，而愈演愈烈的廣東知青和農民港澳偷渡潮也迫使王希哲反思現行政策。」（頁378）

聰的出亡，則更為離奇，文革中即已暗中流傳。不知在該事件脫敏
之後，馬思聰出亡的具體路徑是否已被詳細披露？[99]

　　諷刺性的是，同一時期有偷渡到海峽對岸的紅衛兵，一度被臺
灣當局作為意識形態宣傳的工具，最終卻被送到了關押政治犯的綠
島。[100]而另一偷渡者、《天讎——一個中國青年的自述》一書作者
的命運不同。那本以偷渡為結局的書，其敘事邏輯自然通向了這一
預設的終點，即一個中國青年何以選擇逃亡；所幸尚未因此而將過
程簡化，犧牲了「真實性」。[101]

　　另有奇詭的故事。文革結束後的1970年代末，一個名叫林正義

99　馬思聰1967年1月出走香港，後由美國駐香港領事陪同飛抵美國。1968年馬被
　　定為「叛國投敵分子」。

100　據2002年3月14日臺灣《聯合報》：「中共文革時期第一個以紅衛兵身份投奔
　　來臺的『反共義士』王朝天（後改名王朝安），以遭警備總部當成匪諜交付感化
　　教育及『軟禁』綠島十多年等理由，聲請二千九百六十四萬餘元巨額冤獄賠
　　償，司法院冤獄賠償覆議委員會昨天維持高雄地方法院准予賠償卅七萬五千元
　　的決定。」「民國五十五年耶誕日夜晚，王朝天藉參加紅衛兵串連機會，自北
　　平到廣州，然後由深圳泅水八小時到九龍半島，經中國大陸災胞救濟總會安排
　　來臺，獲先總統蔣公接見。王朝安說，當時因他多次向政府要求發還他投奔來
　　臺時遭沒入的數萬元人民幣及幾千張糧票，與政府關係生變。」

101　《天讎——一個中國青年的自述》，作者凌耿，原名郭坤仁，1968年7月19日
　　與兄長自廈門游泳至金門。在臺讀中學、大學，後赴美。該書是較早出版於境
　　外的關於中國文革的敘事體作品，寫作方式特別。據該書《序》，該書係根據
　　郭坤仁的50萬字中文稿和「數位中美人士所作三百多小時的正式訪問」，經
　　「研究人員」合作完成。英文本1972年1月在紐約發行，中文本同年8月在香
　　港出版。該書《譯者序》提到了「真實故事」與「傳奇性內容」、「戲劇性發
　　展」。如實地說，這本寫作方式特別的書，於今讀來，仍保存了相當的紀實
　　性，儘管其中的故事在境外讀者是如此聳人聽聞。該書中文本除誤譯（如頁3將
　　「無產階級文化大革命」譯作「社會主義文化大革命」），較少蓄意的渲染，
　　更無論有意「抹黑」。直至「改革開放」的1980年代，大陸與文革有關的出
　　版物中，仍然缺乏類似題材的作品。其時流行的是所謂的「傷痕文學」。既由
　　「加害」又由「受害」的角度的敘述，至今少成功之作。近年來當年的紅衛
　　兵領袖人物接受訪談，但如此細緻的講述（包括囚禁、虐待老師，抄家，「造
　　反」中諸種無法無天的「革命行動」），依然罕見。陳益南的《青春無痕——
　　一個造反派工人的十年文革》外，本書是「一個造反派紅衛兵」的較為完整
　　（1966–1968）的「自述」，較之前一本，更有聲有色。

的臺灣青年，由服兵役的金門泅渡到大陸，所用方式至為簡單。這
個青年就是後來的經濟學家林毅夫。[102]

2.4　作為局部戰爭的武鬥

　　本節所謂的「武鬥」，非指大批判中對批判對象「觸及皮
肉」，那種遍及城鄉的普遍的施暴，而是指派仗中兩派群眾組織
間的動武。關於派仗—武鬥，毛1966年底使用了「全面內戰」的
說法。[103]據卜偉華《文化大革命的動亂與浩劫》，1967年4月8日
「民族宮事件」「開創了以武鬥解決問題的惡劣先例」（頁493）。
據吳德口述《十年風雨紀事——我在北京工作的一些經歷》，文革期
間發生在北京市的規模較大的群體性武鬥，高校外，尚有西單商場
武鬥、百貨大樓的武鬥、永定門糧庫的武鬥、琉璃河水泥廠的武鬥
（頁74–75）。王年一《大動亂的年代》以1966年12月30日上海「工總
司」（全稱「上海工人革命造反總司令部」）等攻擊工人組織「赤衛

102　本節限於題旨，未在被作為刑事犯罪的「越境」或企圖越境上展開。文革期間
　　有動機、背景不同的越境。包括政治逃亡性質的越境。上文提到的馬思聰「叛
　　國投敵」一案牽連甚廣，不止一人自殺或被迫害致死。學部的青年歷史學者
　　沈元1968年因化裝為黑人企圖進入外國駐華使館而被捕，1970年的「一打三
　　反」運動中，以「叛國投敵」的反革命罪被執行死刑。楊憲益《漏船載酒憶當
　　年》記有被指控為「叛國犯」者被執行死刑（頁226）。文革後杜高談到1970年
　　新年前後南京街頭所見「企圖偷越國境」而被處決的知識分子（《杜高檔案》
　　頁13–14）。文革結束之初複查的反革命案件，即包括了「偷越國境以『叛國投
　　敵』處死」者（蕭冬連《從撥亂反正到改革開放》頁105）。

103　收入閻長貴、王廣宇著《問史求信集》的《毛澤東和上海奪權》（資料）一文，
　　記1966年12月26日，毛在其生日家宴上祝酒：「祝全國全面內戰開始！」《紅
　　旗》雜誌1967年元旦社論，將「全面內戰」改為「全面階級鬥爭」（見該書頁
　　92）。關於毛當時所說，同書頁113註2亦有記述。對此尚可參看李遜《上海文
　　革運動史稿》頁566。《戚本禹回憶錄》所記生日家宴上毛的說法，乃「為明
　　年全國全面內戰勝利乾杯」（頁543）。1970年12月18日會見埃德加·斯諾，毛
　　還提到了「全面內戰」（《會見斯諾的談話紀要》，《建國以來毛澤東文稿》
　　第十三冊，頁163）。

隊」，為「上海的也是全國的第一次大規模武鬥」（頁170）。[104]武鬥升級為「戰爭」，在毛使用上述說法之後。毛當時所謂「內戰」，有隱喻意味；由後來的事態看，卻有了某種「預見性」。也應當說，即使到了後來，具有戰爭形態的武鬥，也仍然限於部分地區。戰事最為激烈的晉東南及重慶一帶，的確可稱「局部戰爭」。[105]

　　高層(尤其中央文革小組)對群眾組織隨意定性、對派仗輕率地表態，往往導致對抗(包括軍民對抗)的升級——不少地區的文革經歷了此一過程。操控者突然由幕後現身，製造出新的劇情，是文革中一再發生的現象。

軍隊「支左」與武鬥

　　1967年1月23日中共中央、國務院、中央軍委、中央文革小組發出《關於人民解放軍堅決支持革命左派群眾的決定》（中發〔67〕27號）。[106]《決定》要求解放軍「堅決鎮壓反對無產階級革

---

104 逄先知，金沖及主編《毛澤東傳》也以此為「全國第一場大規模武鬥」（第六卷，頁2431）。關於武鬥的時間，徐景賢《十年一夢——前上海市委書記徐景賢文革回憶錄》的說法是12月28日夜（頁12–15）。關於文革中「第一次」（或曰「第一場」）武鬥的確認，或尚待廣譜地搜索。關於上海的武鬥，當年的該市《工人造反報》有《搗毀「聯司」老巢記》（譚放等《文革大字報精選》頁663）。1967–1968年發生在上海市區及郊縣的武鬥事件、傷亡數字及動用的兵器，參看李遜《上海文革運動史稿》頁853–856、894、896、頁897註102、頁899、1007、1013、1062。雖規模與嚴重程度不能擬之於重慶等地，也不無血腥。同書還寫到1967年10月1日遊行隊伍中上海產業工人「文攻武衛」隊伍手握步槍、衝鋒槍、機槍甚至拉着高射炮示威（頁1505）。一派群眾組織記述的1967年「七二〇」事件前武漢的武鬥，參看收入《文革大字報精選》的《武漢告急！告急！告急！》。

105 據趙瑜《犧牲者——太行文革之戰》，晉東南的工人、農民，兩派參戰「達幾十萬人」（該書上冊，頁253）。

106 3月19日，中央軍委作出《關於集中力量執行支左、支農、支工、軍管、軍訓任務的決定》。「支左、支農、支工、軍管、軍訓」即所謂的「三支兩軍」。前於此，1966年7月23日中共中央批轉解放軍總政治部《關於抽調軍隊幹部支援地方文化大革命的請示》。軍隊介入地方的文革，或由此始。1967年1月21日毛關於「應派軍隊支持左派廣大群眾」的信，收入《建國以來毛澤東文稿》

命左派的反革命分子、反革命組織，如果他們動武，軍隊應當堅決
還擊」，開啟了軍隊參與地方派仗直至武鬥之門。確如受命起早此
《決定》的王力所說，「後果很嚴重」（《王力反思錄》頁847）。[107]

　　據時為中央文革小組工作人員的閻長貴回憶，「1967年『七二
〇武漢事件』後，毛澤東認為軍隊支持『右派』，於是8月4日他
以『潤之』署名致信江青，提出要『武裝左派』（要求發槍100萬
支）」（《「文革」初期毛澤東和江青的關係》，《問史求信集》
頁281）。1967年7月22日，江青在接見河南群眾組織代表時發表講
話，肯定了「文攻武衛」的口號。該口號次日見報（上海《文匯
報》）。[108]大規模武鬥於是年夏爆發。「文攻武衛」賦予了武鬥正
面意義，使其合法化。「武衛」本應限於「正當防衛」，實踐中
「正當」與否又由誰判定？

第十二冊，見該書頁197。軍隊由不介入到介入的過程，參看王年一《大動亂
的年代》頁194。

107 該書說，此後又有「軍委八條命令」，發展到「部隊可以宣佈誰是反革命組
織，可以抓，可以開槍、鎮壓」（頁854）；「把部隊變成專政的政權組織形式
中直接執行專政職能的一部分」（同書，頁861），不但加劇了派仗，且嚴重損
害了軍隊自身的形象。毛關於軍隊在受到衝擊的條件下「開槍自衛」有條件限
定（參看王年一《大動亂的年代》頁201–202），事實上則為軍隊以「自衛」的
名義開槍開了綠燈。新疆、四川、青海、武漢、寧夏等多地，軍區、駐軍與群
眾組織間爆發流血衝突，使局面更加失控。據麥克法夸爾、沈邁克《毛澤東最
後的革命》，軍隊向民眾開槍的，尚有內蒙古、開封等地（參看該書中譯本頁
189）。1967年4月6日經毛批示的《中央軍委命令》（即「軍委十條」），有「對
群眾組織，無論革命的、或者被反動分子所控制的，或者情況不清楚的，都不
准開槍，只能進行政治工作」、「不准隨意捕人，更不准大批捕人」、「不准
任意把群眾組織宣佈為反動組織」等內容（同書，頁218–219）。該「命令」事
實上已無約束力。

108 1967年8月25日毛批發《中共中央、國務院、中央軍委、中央文革小組關於開
展擁軍愛民運動的號召》：「關於武裝革命群眾，必須在條件成熟的地方，由
當地人民解放軍弄清情況，通過協商，報告中央批准，然後有計劃、有步驟地
實施。」《王力反思錄》強調毛提「武裝左派」在前（1967年7月18日），江說
「文攻武衛」在後（同年7月21日），見該書頁266–267。按毛7月18日、8月4日
給江青的信，均未收入《建國以來毛澤東文稿》。江青接見河南群眾組織代
表，應在7月22日凌晨，王力係誤記。關於毛澤東稱讚上海「工總司」砸「聯
司」，參看李遜《上海文革運動史稿》頁906。

　　軍隊介入後局勢進一步失控。事後看來費解的是，同一時期高層又有制止武鬥的努力。胡鞍鋼《毛澤東與文革》一書涉及中共中央試圖制止1967年7、8、9三個月的武鬥造成的混亂；有關的《通知》與《命令》，7月份為24件次，8月份為32份次，9月份為22份次，三個月計達78件次，「平均每天中央發出0.8個文件通知，創下了建國以來的最高紀錄」（頁257–258）。同一時期發自「無產階級司令部」的指示相互矛盾、扞格，互為抵銷，亦文革中的怪現狀之一。[109]

　　因軍隊介入派仗而有「擁軍派」、「反軍派」的名目。派仗中的社會進一步撕裂。不同規模、烈度的武鬥，加劇了文革之初即已近乎失控的暴力，使「破四舊」、「橫掃一切牛鬼蛇神」喚起的施暴衝動得以酣暢淋漓地釋放。

　　《文革重慶大武鬥實錄》第九章有一節為「武鬥中的軍隊」（頁274）。這無疑是有必要專題調研的題目。軍隊捲入、以至直接參與武鬥，規模、程度不等。重慶、晉東南、保定等地區，當時即舉國矚目。[110]「三支兩軍」，當時表述為軍隊「走向了社會」。「走向社會」的風險性質，僅據常識即不難知曉。[111]「支左」中較早對群眾組織開槍鎮壓的，是青海省軍區副司令員趙永夫，時稱

109　1968年7月3日，毛簽署批發中共中央、國務院、中央軍委、中央文革小組關於制止廣西壯族自治區武鬥的《佈告》（即「七三佈告」）。同年7月24日簽署中共中央、國務院、中央軍委、中央文革小組關於制止陝西省武鬥的《佈告》（即「七二四佈告」）。兩省均為武鬥激烈地區。同年7月28日召見北京高校「五大領袖」，關於制止武鬥，毛放了重話，包括「圍剿」、「殲滅」、「消滅」（參看《聶元梓回憶錄》頁295、《王大賓回憶錄》頁149）。當年重慶地區的第二波「全面內戰」，幕後推手，毋寧說是意在制止武鬥的「中央首長講話」（參看何蜀《文革重慶大武鬥實錄》頁259）。上下的隔膜，莫此為甚。

110　《文革重慶大武鬥實錄》引用官方材料，關於重慶駐軍與群眾組織衝突並造成軍人傷亡的記述，見該書頁276等。

111　1965年8月17日毛有《關於軍隊幹部參加地方社會主義教育運動的批語》（《建國以來毛澤東文稿》第十一冊，頁437）。軍人深度介入地方事務，始於文革前，1949年以來得未曾有。

「二黨二三」慘案(1967)。軍隊內部對「左派」的不同認定——如青海省軍區司令員與副司令員各「支」一派——在部分地區，成為武鬥激化的直接誘因。

較之重慶地區，晉東南的軍事當局及該地駐軍，對武鬥介入更深，甚至將軍人家屬置於殺機四伏的險境(參看趙瑜《犧牲者》一書第十章)。《犧牲者》第十二章，有「軍民衝突很慘烈」的標題(中冊頁91)。該書說，在晉東南，「地方部隊和後來開進的野戰部隊多次參加了武鬥戰事。有時公開，有時隱蔽，有時攻擊，有時指揮，有時穿軍裝，有時換便服。」(中冊，頁99–100)。這種「軍民關係」，前此無法想像。1968年，為了收拾局面，結束武鬥，更有大軍出兵太行。[112]以強大的兵力與上萬民兵，「大開殺戒」(同書，頁128)，以「剿匪」的名義圍剿一派群眾組織(關於「剿匪」，參看同書頁267)。[113]所用武器，山地迫擊炮等常規武器外，甚至裝備了火焰噴射器、「喀秋莎」重型火箭炮(同上，頁209、316)；[114]抵抗的一方，則冒險試用毒氣彈(同上，頁259–261)，對抗的慘烈程度可知。僅一派在軍隊的支援下攻佔長治，交戰中即有千餘人員傷亡，摧毀焚燒大樓12座，燒毀幾十萬元的藥材與400萬斤優質糧食(頁221)。

如晉東南那樣由軍隊參與以至主導的一派群眾組織對另一派群眾組織的剿滅，還發生在廣西。據徐勇《韋國清剿殺四二二派》一文，文革期間廣西軍政當局「調動軍隊，武裝一派」，使用了機關

112　《犧牲者》：「大軍挺進晉東南，涉及5個軍番號，總兵力將近10個團，類似戰役規模，當然是毛澤東批准的。」(中冊，頁121)

113　指一派群眾組織為「匪」，如武漢的所謂「百匪」(按「百」即「百萬雄師」，係當地的大型群眾組織)，參看岩佐昌暲、劉福春編《紅衛兵詩選》頁218、223、235、244。民對軍的抵抗，則或用「抗暴」的名義，參看同書頁218。

114　「喀秋莎」重型火箭炮，正規名稱為「國防三號彈」或「國防四號彈」。該書說：「從目前史料來看，它是全國文革武鬥戰場上，最高級別的現代化重型武器」(同上)。

槍、衝鋒槍、高射機槍、高射炮、四〇火箭炮、七五無後坐力炮、土坦克等，造成的傷亡不下於晉東南地區（宋永毅主編《文革大屠殺》頁245、247）。不同於晉東南的是，廣西的鎮壓所針對的，另有不限於一派群眾組織的特定人群（參看本書下編《札記之二·文革中的鄉村》）。卜偉華《文化大革命的動亂與浩劫》：「廣西軍區頻頻動用部隊武裝來解決廣西派性鬥爭的問題，……往往是在向中央請示報告並得到批准的情況下這樣做的」（頁708）。

　　軍隊的神秘性，部分地賴有封閉式的管理。一旦進入「地方」，即可能不過是穿了軍裝的老百姓。《文革重慶大武鬥實錄》收錄了一份中國人民解放軍重慶警備司令部發給群眾組織的公函(67)警司字第22號，使用的竟然是群眾組織的口吻（頁186），證明了該機構人員身份意識的紊亂。同樣戲劇化的是，首都紅代會北京地質學院東方紅公社赴渝人員，竟「以北地東方紅警備司令部」的名義，指重慶當地的警備司令部為「黑警司」（同書，頁188）。當地某派建立了「黃山警備區司令部」（頁318），大學的群眾組織也公然使用「衛戍司令部」、「野戰隊」、「××部隊」一類名目（同書頁278）。

　　軍民間的對抗外，更有軍隊間的對抗。《犧牲者》第十二章，有「軍隊與軍隊衝突」的標題（中冊，頁101）。這種衝突發生在不止一地。1968年趙振開（北島）親歷河北的武鬥，所見由省軍區與38軍分別支持的兩派「打得天昏地暗」，「戰火波及白洋淀」（《走進暴風雨》，《暴風雨的記憶》頁219）。陳凱歌則親見白洋淀一帶兩支部隊相互開火，甚至處決被俘的對方軍人（《少年凱歌》頁101）。晉東南地區的特殊之處，或在駐當地的陸海空三軍均捲入武鬥並相互對峙。[115]

---

115 關於1967年初武漢軍區與所轄地區軍隊院校及其他軍事單位（包括空軍）間的對抗，參看麥克法夸爾、沈邁克《毛澤東最後的革命》中譯本頁212。陳毅在1966年11月13日北京工人體育場召開的軍隊院校和文體單位來京人員大會上說：「解放軍打解放軍，我是沒有見過。我是1927年參軍，當解放軍39年了，

軍隊因「支左」而發生對抗，青海軍區外，另如成都軍區(參看《文革重慶大武鬥實錄》頁249)。這種軍隊內部的「火併」，即使發生在「戰爭年代」，也堪稱奇觀。

現代武器在武鬥中

由處在臨戰狀態的地區看，由隱喻的戰爭(「派仗」)，到真刀真槍的戰爭，只需要一種條件或契機：武器流入民間。馬克思所說「批判的武器當然不能代替武器的批判，物質力量只能用物質力量來摧毀」，[116]被用作理論根據。

1967年我所見河南「二七公社」勝利大遊行，隊伍中的古代兵器，真的是洋洋大觀；甚至有類似原始部落的塗得花花綠綠的盾牌，更像是演出所用道具，並不曾在武鬥現場看到。有人扮酷，腰間別上一把匕首，甚至一柄手槍——群眾組織在派仗臨近結束時搶了一座廢舊的軍械庫。於是大學校園有流彈傷人。中學生則興致勃勃，提了集束手榴彈去池塘炸魚。同一時期，重慶、晉東南地區武鬥正酣，動用了飛機、軍艦(重慶地區以重型武器裝備的民用船隻除外)、導彈外的幾乎各類輕重型武器。重慶、晉東南的武鬥，分別持續到1969年年初或夏季方告平息。

時為北大哲學系學生的陳煥仁，1967年5月22日，記當時學生中的議論：「四川在打，安徽在打，武漢在打，江西在打」，「全國到處都在打」，已成「武化大革命」(《紅衛兵日記》頁331)。同年8月17日記周恩來說，從廣州、福州、浙江到瀋陽、長春一線，還有四川、廣西都發生了奪軍車、搶奪軍用物資和槍支彈藥的

還沒有見過解放軍打解放軍。」(參看王年一《大動亂的年代》頁123)

116 馬克思《〈黑格爾法哲學批判〉導言》：「批判的武器當然不能代替武器的批判，物質力量只能用物質力量來摧毀；但是理論一經掌握群眾，也會變成物質力量。理論只要說服人，就能掌握群眾；而理論只要徹底，就能說服人。所謂徹底，就是抓住事物的根本。但人的根本就是人本身。」(《馬克思恩格斯選集》第一卷，頁9)

事件。打傷解放軍，佔領軍事機關(頁391)。[117]據卜偉華《文化大革命的動亂與浩劫》，「全國沒有奪槍的地方，只有北京和上海兩個城市；當時基本上沒有奪槍的，僅內蒙古、河北、山東、山西、甘肅、青海等少數地區。」(頁590)至少關於山西的說法不準確。如無趙瑜的調查，晉東南大規模武鬥的事實或將湮沒無聞(卜著關於晉東南記述簡略，參看該書頁641–642)。何蜀《文革重慶大武鬥實錄》一書認為，發生在重慶的戰爭形態的武鬥，「無論規模或影響」，均為「全國之冠」(見該書《引子》，頁2)。由趙瑜《犧牲者——太行文革之戰》看，未必如此。可以相信，還有更多有關史實未經披露。關於搶奪及收回武器的數量，卜著有「據不完全統計，到1967年8月19日止」的統計數字(頁591)。即使「不完全統計」，也已驚心動魄。中國對平民持有槍支實行厲禁；文革中槍支彈藥大量流散於民間，空前或也將絕後。

　　大規模的武鬥，往往以軍工企業、大型製造業為依託，如軍工企業、製造業集中的「三線」城市重慶，也如擁有類似條件、且城市化程度高於鄰近地區的晉東南長治一帶。與此相關的一個條件，是，大型國有企業的產業工人較之其他人群，更有組織性，適於大

---

117 陳煥仁同月的日記，還記有親見四川廣元一帶武鬥中槍支氾濫的情景。1967年9月5日，中共中央、國務院、中央軍委、中央文革小組發出《關於不准搶奪人民解放軍武器裝備和各種軍用物資的命令》。到此時早已不能令行禁止。1967年年底毛說，「用熱兵器搞武鬥是從六月開始的。」(逄先知，金沖及主編《毛澤東傳》第六卷，頁2457)文革初期曾在中央文革小組辦事組的王廣宇，也提到1967年下半年，全國武鬥發展到動用機關槍、大炮，「搶軍械庫，攔截運送援越軍火的火車」(《中央文革在一九六七年》，《問史求信集》頁20)。閻長貴在《「揪軍內一小撮」口號的實質和來龍去脈》一文中說到武漢「七二〇」事件後各地揪本地的陳再道，衝擊軍事機關，搶奪槍支彈藥(同書，頁69)。中共廣西壯族自治區委員會整黨領導小組辦公室編《廣西文化大革命大事記》(香港版《文革機密檔案——廣西報告》)，有大量自治區各地武鬥發生、升級，群眾組織搶奪、使用現代武器的記述，以及武鬥所造成的財產損失、物資消耗的統計。徐曉主編的《民間書信》1968年10月的一封，記述了廣西融安的武鬥，包括殺人、搶槍支彈藥、炸毀橋樑等(頁63–65)。

兵團作戰。[118]而工農的「聯合」，則將城鄉連成一片，一併化為戰場——即如晉東南十七縣市。

　　武鬥的升級，《文革重慶大武鬥實錄》的説法是，「從動拳頭到拼鋼釺」（頁170）；當然這只是第一步。據該書，1967年的7月7日，重慶的武鬥即已動用了小口徑步槍（頁190）。《犧牲者》的説法則是「肉搏到冷兵器作戰」（上冊，頁243）；1967年7、8兩月後，「迅即轉入真槍實彈的戰鬥」（同書，頁253）。[119]兩地均有「誰打響了武鬥的第一槍」之問。[120]其實由後來的事態看，武裝對抗箭在弦上，「第一槍」的問題已不重要。

　　前於趙瑜，受到中共高層信任的美國友人威廉·韓丁，在一個較為接近「現場」的時間點與位置，調查過山西長治一帶的文革。[121]1969年夏該地的武鬥結束後，1971年韓丁被特許進入那一地區，記述了當地機務段武鬥升級，「冷武器」變成「熱武器」的過程。「自恃有機床的工廠工人，不僅很快掌握造步槍、手榴彈技術，而且也掌握製造重型武器和炮彈的技術。」（《深翻》中譯本，頁511）農民擁有真刀真槍的，則是民兵組織。該書還寫到兩派控制的機械廠、兵工廠，為武鬥而生產重機槍和大炮，「所使用大炮口徑已從80毫米，增大到160毫米。重炮轟擊導致坦克的出現。工廠工人把鏈機式拖拉機的鋼板焊接起來製成坦克，這些行駛緩慢的坦克一在街上出現，阻擊坦克的反坦克火箭就應運而生了。」

118　《犧牲者》一書説，產業工人中，煤礦工人被認為「特別能戰鬥」（中冊，頁308）。不惟重慶、晉東南，幾乎各省、市、自治區均有產業工人的群眾組織，以至跨廠、跨行業的大型組織。派仗或由學生主導，武鬥往往以工人為主力。

119　《犧牲者》説晉東南地區的派仗發展到「武裝衝突」，「有一個從赤手空拳人體肉搏，到冷兵器廝殺，再到用現代化武器裝備大規模作戰的遞進過程」（上冊，頁245）。

120　「打響了……第一槍」，應套用1927年南昌起義「打響了武裝反抗國民黨反動派的第一槍」。

121　威廉·韓丁著有關於山西長治地區「土改」的著作《翻身——中國一個村莊的革命紀實》，中譯本由北京出版社於1980年出版。

(同書，頁570)長治市在曠日持久的軍事對抗後，「市內除了自用水井外，停水、停電、食品也嚴重短缺。由於好幾月沒有理髮員，大部分男人是長髮過耳，鬍鬚滿腮。」(頁582)該書還詳細記述了部隊奉命制止、平息長治武鬥的過程，以及收繳武器的數目，如所收繳「總計是300門大炮，6000支步槍，400–500枚手榴彈，32部收音機(有的是從政府部門拿走的，有的是自製的)，以及400多萬發子彈」；後來又收繳了1000支步槍(頁584)。該書說，「部隊阻止了武鬥，但是並沒有終止派性。」(同上)據韓丁當時所知，長治地區有高達800人死亡，數千人受傷(頁587)。該書還寫到「晉南、晉中省府參加武鬥的市民向部隊交出了1萬支步槍，100門大炮和10萬發子彈」(頁598)。武裝衝突的規模可以想見。

　　《犧牲者》的作者趙瑜，以大量當年的文獻(包括親歷、目擊者的日記)與事後的訪談記錄，力求逼近「歷史現場」，再現武鬥的慘烈情景，材料遠較韓丁的上述作品豐富——尤其關於軍隊介入、甚至主導對一派群眾組織武力鎮壓。這種敏感內容，或許是文革期間的韓丁難以接觸到的。

　　也如文革之初的先點火、再試圖滅火，1967年當武鬥硝煙四起，《人民日報》發表了《立即制止武鬥》的社論(5月22日)，其效果不難想見。

　　《文革重慶大武鬥實錄》據《重慶市志》，記1967年8月8日，該市望江機器廠一派組織，「用改裝炮船三艘組成『艦隊』」，沿長江炮擊(頁207)。至此，「炮轟」已不再是「修辭」，目標也非各級黨委，而是對立的群眾組織。8月15日，隔江炮戰，使用了三七炮、二五炮，「本來是用來打飛機的高射炮改作平射，一串串火球拖着長長的曳光劃過夜空，嘉陵江兩岸的人們從未看到過這樣驚心動魄的炮戰場面。」(頁221)詩人柏樺所寫，即應當是這樣的一個夜晚。柏樺在遙遠的事後，描述其童年記憶中重慶「兩派對攻」的瑰麗之夜：晴朗的夏夜，星星，「一發發炮彈像光芒四射的

流星織成音樂的旋律，飛越黑夜沉沉的嘉陵江上空，穿梭般地在二輕局大樓爆炸」，然後是死亡與「劫後餘生」（《左邊：毛澤東時代的抒情詩人》頁26）。[122]

《犧牲者》提供了武鬥初期晉東南某派使用的武器種類及數量的不完全統計。種類計十餘種，由步槍、輕重機槍，到大型火炮、火箭彈發射筒，甚至改制而成的裝甲坦克戰車(上冊，頁310)。同書説，「晉東南武鬥戰場上最厲害的裝備」是「喀秋莎火箭炮」(同上，頁311)。甚至説，「兩派裝備不僅比國民黨軍和八路軍在抗日戰場上強得多，就是和野戰部隊的正規解放軍相比較，也要強得多。」(同上)群眾組織甚至獲取了「屬高度軍事機密的長治地區重炮射擊諸元圖表和詳細地形圖」(同書，頁312)。該書記述了長治工業區因彈藥引發的大爆炸，爆炸現場「到處是人的殘肢，到處是腸子腦子，到處是淋漓漿湯」，頭顱，大腿，「人體殘肢如雨落下」(同書中冊第十三章《血肉橫飛大爆炸》，頁154)。1968年10月八屆十二中全會毛的講話提到，「四川可打得厲害，十幾萬人打，無線電指揮，有什麼不得了，天塌不下來。」(王年一《大動亂的年代》頁311)「天塌不下來」亦毛的口頭禪。毛在1969年4月的一次講話中還説，武鬥「無關大局」，「所有武鬥材料我都看了，都不如四川那裏打的兇……這些好像不得了，其實都沒有什麼事。」(《毛澤東傳(1949–1976)》下冊，頁1550–1551)

《為毛主席而戰——文革重慶大武鬥實錄》的「為毛主席而戰」，係當年流行的説法，未必不出自真誠。只是到了後來，武鬥的參與者更激於意氣，激於傷亡引發的復仇衝動。《犧牲者》的

122　《文革重慶大武鬥實錄》摘錄了同樣寫在事後的當年中學生所見山城夜景：「好端端一個燈山燈海的夜山城，卻到處一片漆黑。夜空中，那炮彈在空中東劃一條紅線，西劃一條紅線，火紅的彈頭一個接一個飛來飛去，好幾處正在燃燒，火焰衝天。」(頁327)還摘引了一段寫在當時的日記，説轟炸中的「嘉陵江漆黑漆黑的，連一隻船都沒有。山城死亡啦！真的死亡啦！」(同上)該書記同年8月28日的武鬥，「動用了坦克、裝甲車、輕重機槍、高射機槍、一二二榴彈炮、迫擊炮、無後坐力炮等武器」(頁240)。

「犧牲」，非止指死於武鬥。該書給你看到的，是諸種性質的「犧牲」，是「犧牲」的普遍性。這也是書名的警策所在。《文革重慶大武鬥實錄》有如下沉痛的一問：「在漢語詞匯中，『犧牲』一詞可作不同的解釋，既可用來表示為正義的目的捨棄自己的生命，也可用來指稱為祭祀而宰殺的牲畜。那麼，這些在文革武鬥中身亡的人們，應該算何種意義上的『犧牲』呢？」（頁296–297）還記得河南的「二七公社」攻打據說是「保守派」據點的煙廠的那晚，在鄭州街頭，夜色中滿載工人的大卡車隆隆駛過，車上一色的工作服、柳條帽。過後想起，總不免淒然。那些我看不清面目的奔赴武鬥戰場的沉默的人們，果然知道他們的流血為的是什麼嗎？

　　關於軍工企業捲入派仗，為武鬥提供「優質現代化武器」，《犧牲者》一書也有較韓丁的《深翻》遠為詳細的記述（參看該書上冊頁295、309）。武器的來源，另有地方「人武部」（全稱「人民武裝部」）、[123]各級民兵組織，[124]以及軍區、軍分區、野戰軍的「明搶暗送」（參看《文革重慶大武鬥實錄》頁202）。「明搶暗送」，即明為群眾組織「搶」，實則為軍方「送」。徐友漁也寫到了武器裝備的授受有預謀，軍民配合默契（參看徐《我親歷過的武鬥（節選）》，《思想者》2006年第3期，頁83）。[125]

123　李遜《上海文革運動史稿》頁1508註14：各級武裝部是1951年建立的，軍隊編制，工作人員都是現役軍人，負責民兵訓練。武裝部曾經一度被取消，1958年恢復。

124　1958年9月毛《在第十五次最高國務會議上的講活》說，「……全民皆兵，要發槍，開頭發幾百萬枝，將來要發幾千萬枝。由各省造輕武器，造步槍，機關槍，手榴彈，小迫擊炮，輕迫擊炮。」（《建國以來毛澤東文稿》第七冊，頁390–391）這些武器在部分地區的武鬥中派上了用場。

125　關於高層所掌握的群眾組織搶劫援越物資、衝擊軍事機關、搶奪武器裝備、殺傷軍人等情況，參看1968年中共中央、國務院、中央軍委、中央文革小組發佈的《七三佈告》）、《七二四佈告》（見前注）。《文革重慶大武鬥實錄》記有1967年7月，該市大型國防企業嘉陵機器廠、建設機床廠、望江機器廠等兩派群眾組織「爭相搶奪軍械庫和成品車間的武器彈藥，並向外擴散」，空氣壓縮機廠的一派群眾組織將坦克開出廠示威（頁201–202）。同書還記軍校師生充當群眾組織武鬥隊的軍事教官（頁173）。湖南造反派工人陳益南的回憶，也寫

派仗使用現代武器，不限於晉東南、重慶，區別或只在武器的
種類，流入民間的數量，戰爭的規模，造成破壞的程度。當時在
西安高校的姜明亮，上書中共中央、毛澤東，反映西安的武鬥動
用了坦克(余習廣主編《位卑未敢忘憂國——「文化大革命」上書
集》頁122)。[126]牟志京所見1967年夏長春的武鬥，也使用了現代武
器(參看氏撰《似水流年》，收入《暴風雨的記憶》一書)。羅德里
克·麥克法夸爾、沈邁克《毛澤東最後的革命》所爆更為驚人：
長春市某研究所的群眾組織「瘋狂地進行非常規武器的設計和開
發」，「設計和實驗了各自的原始『髒彈』」，所幸只用於威懾
(中譯本，頁229)。在嚴格管控、嚴禁私藏武器的當代中國，武器
(甚至重型武器)從來不曾像文革中那樣易於得到。

《文革重慶大武鬥實錄》寫到毛1967年9月19日的談話，時任
解放軍代總參謀長的楊成武提到「重慶打了一萬多發炮彈」，毛
說，「這是個訓練，戰備演習，拿了槍炮，不打不過癮」(見該書
《引子》，頁2)；同年前一日還說過，「打一打也好，將來一旦發

到了當地的軍隊院校為地方派仗參與者發放槍支、提供訓練(參看氏著《青春
無痕——一個造反派工人的十年文革》)。1967年「七二〇」事件後揭發陳再
道的大字報，多處涉及武漢地區軍校、軍隊文藝團體的派仗與軍區的處置(參
看收入譚放等《文革大字報精選》的署名「武漢鋼二司」的《千刀萬剮陳再
道》。1966年8月7日總政治部所擬電報有「軍事院校的文化大革命在黨委領導
下進行」云云(王年一《大動亂的年代》頁62)。同年10月5日，中共中央批轉
中央軍委、總政治部《關於軍隊院校無產階級文化大革命的緊急指示》，又說
軍隊院校的文化大革命「和地方院校一樣，完全按照十六條的規定辦」，但仍
有「軍隊院校不要干涉、介入地方的文化大革命」云云(同書，頁96–97)。據
同書，軍隊院校的學生來京串連曾將近20萬人，衝擊軍事領導機關，揪領導人
(頁119)。直至1968年9月2日，中央軍委、中央文革小組發出《關於工人進軍
事院校及尚未聯合起來的軍事院校實行軍管的通知》(同書，頁304)。卜偉華
《文化大革命的動亂與浩劫》一書轉引1967年初的葉劍英講話，說全國十三個
軍區，七個軍區在搞運動。全軍157所院校都在搞運動(頁443)。李遜《上海文
革運動史稿》也一再寫到軍隊院校在上海的文革中(如該書頁916)。

126 據胡鞍鋼《毛澤東與文革》，1967年9月2日，陝西省西安市發生大規模武鬥，
     雙方動用了坦克、消防車、機槍、步槍，死亡近百人，傷殘290餘人(頁261)。

生戰爭，有經驗了，不會慌。」（同書，頁243）語氣輕鬆，確是毛
的口吻。[127]

虐俘、殺俘

　　較之文革初期「橫掃」中的施暴，上述武鬥進一步喚醒了人性
的惡，使原本有人格缺陷、心性殘虐、嗜血嗜暴者，有了一次充分
宣洩的機會。發生在重慶尤其晉東南的大規模殺俘虐囚，諸種慘無
人道的酷刑，對女性凌虐淫褻的獸行，已超出了通常「報復」的限
度。對於死難者與受害者，揭露真相，是起碼的正義。那些女性受
害者，選擇了向訪談者述說不堪的往事，希求的，無非這一種正義
（參看本書下編《札記之四・性別、性、性虐害》）。

　　《文革重慶大武鬥實錄》第九章，有《武鬥中的虐俘與殺俘》
一節，寫到了施之於對立派別被俘者的酷刑（頁300），與殺害被俘
人員（頁302–303）。該書據當時官方的統計數字，被殺之「俘」竟
有1737人之多（頁303）。中共廣西壯族自治區委員會整黨領導小組
辦公室編《廣西文化大革命大事記》（香港版《文革機密檔案——
廣西報告》），也有大量派仗—武鬥中虐俘、殺降、殺俘的記錄。
甚至殺害俘獲的縣委書記等（參看該書頁200、307）。《犧牲者》
所記述的殺俘虐囚（包括凌虐婦女），更慘絕人寰（參看該書上冊頁
336、中冊頁96、99–100、274–277、343、345–346），作者據此認
為該時期是「晉東南文革運動最黑暗的時期」（中冊，頁336）。該
書中冊頁274–277、280–282、300所列兩派群眾組織被害者名單，

127　同書頁194–195引張雲生、張叢堃《文革期間，我給林彪當秘書》（香港：中
　　華兒女出版社，2003），1967年7月下旬，林因南方五省發生群眾組織搶奪部
　　隊槍支事口述給毛的信，毛親筆批示，說，對於群眾搶槍的事，不必看得過
　　於嚴重。所謂群眾搶槍，有些地方實際上是部隊向他們支持的一派發槍。因
　　此，對此事的處理似可不急，待時機成熟後再去從容解決。」引自張雲生等
　　該書頁230–233。直到文革末期，毛仍然說，「無戰爭經驗已經十多年了，全
　　面內戰，搶了槍，大多數是發的，打一下，也是個鍛煉。」（《毛主席重要指
　　示》，1975年10月至1976年1月，《建國以來毛澤東文稿》第十三冊，頁488）

多屬被俘後「槍殺」、「機槍掃射致死」、「拷打致死」、「毒打致死」、「獄中酷刑致死」、「嚴刑逼供致死」，甚至有「活埋」、「打活靶致死」者。烤食被殺者的生殖器，即在此期間(同書，頁346)。所虐者，甚至包括「俘獲」的海軍戰士(參看同書頁96)。發生在此期間的，另有「人血饅頭」的故事(同書下冊頁36–37)；迷信某種療效而吃人腦的，甚至有軍管會幹部(同書，頁37)。如此慘無人道的暴行，理當歸入「反人類罪」。都是「工人兄弟」、「農民兄弟」，派仗激起的，是何種深仇大恨！

虐殺與食人不止發生在晉東南。胡發雲記1967年9月所見武鬥中的西安，「一堆又一堆在夏末的氣溫中變成了紫茄子般的屍體，有的還被割去了舌頭，剜掉了眼睛，截掉了四肢……到處都是讓人透不過氣來的屍臭……」(《紅魯藝》，《1966：我們那一代的回憶》頁228)《位卑未敢忘憂國——「文化大革命」上書集》的主編余習廣《序言》中提到「廣西慶功宴吃的是人肉、人肝；廣東、山東『語錄牌』下示眾的是人頭、人屍」(頁1)。

暴力與人性

本章第一節已提到陳凱歌、劉輝宣所見混跡於「群眾」中「為暴力而暴力」、「為快感而施暴」的人物。陳益南關於武鬥的挑起，也說除了兩派群眾的情緒衝動外，另有「因各種原因而喜歡鬧事的無組織暴民，捲入其中而推波助瀾，客觀上製造所謂『打響第一槍』、點燃武鬥之第一把火的事件」(《青春無痕——一個造反派工人的十年文革》頁160)。永遠有此種「暴民」；只不過文革為其提供了釋放其邪惡能量的巨大舞臺而已。

群眾運動中總有「勇敢分子」、甚至亡命徒的角色。武鬥中的這類角色，隨時衝鋒在前。其中膽子大而心機深者，夤緣時會，被眾人所擁戴而成為領袖人物的，各地均有。陳益南的文革回憶，提到當地(長沙)群眾組織中的「準專業武鬥力量」(參看其《青春無

痕——一個造反派工人的十年文革》頁160）。但也應當說，派仗、武鬥雖有地痞無賴參與其間，施暴的，卻也大有平素並無暴力傾向的普通百姓。「準專業武鬥力量」、「專業武鬥隊」，即往往以復員轉業軍人、普通工人為主力。[128]

　　真相是有待追尋的。武鬥嚴重的地區非止本節着墨較多重慶、晉東南、廣西等地。[129]各地武鬥的嚴重程度，與當地的史料搜集、整理有關。重慶、晉東南、廣西等地武鬥的真相，賴有何蜀、趙瑜等人方為人所知。撫慰、甚至必要的補償，應當是對於具體個人的，包括那些傷殘的倖存者，那些失去兒女的父母。如此深重的創傷不會因被迫噤聲而自行癒合，必定會留在民族記憶的深處，等待着正義的一朝降臨。[130]

武鬥與革命

　　清華大學「四一四」的周泉纓在當年的談話中說，「有人動不動就要上山打游擊去」（《四·一四思潮必勝》，宋永毅、孫大進《文化大革命和它的異端思潮》頁374）。其時激進青年中確有這樣的口頭禪，或許受了毛的詩詞《水調歌頭·重上井岡山》的啟發。[131]周當時使用的說法，正是激進青年的，即如以武鬥為「現代戰爭」，說必須準備「戰爭的一手」，「特別是有人要用武力吞掉我們，打垮我們的時候，我們必須採用相應的自衛手段，實際上我

128　《文革重慶大武鬥實錄》第九章有《武鬥中的專業武鬥隊》一節。該書說，武鬥隊的成員非即通常所認為的「暴徒」，「組成武鬥隊的多是熱血青年(也有少數是少年)」(頁279)。晉東南的武鬥，工廠亦有「專職武裝隊伍」，「成員由復轉軍人或廠內工人民兵組成」(《犧牲者》中冊，頁140)。

129　據羅德里克·麥克法夸爾、沈邁克《毛澤東最後的革命》，直至文革結束前夕，保定的「內戰」仍在進行(參看該書中譯本頁435)。

130　趙瑜該書說，由於「積怨」，太行山各縣市「至今仍有對立派之間堅決不許下一代子女結親的現象存在」(中冊，頁393)。

131　《水調歌頭·重上井岡山》，1965年5月，《建國以來毛澤東文稿》第十一冊，頁375。

們已經在局部地正在進行着初步形式的自衛現代戰爭了」（同上，
頁404）。只是他關於「武裝奪權」的認識，仍然較湖南、武漢的某
些年輕人清醒。[132]

　　湖南「省無聯」楊曦光轟動一時的《中國向何處去？》（1968
年元月）一文，[133]由正面肯定「八月局部國內革命戰爭」，主張
「以暴力推翻新官僚資產階級的統治，解決政權問題」（《文化大
革命和它的異端思潮》頁274、276）。他將群眾組織的搶槍與軍隊
的介入地方派仗視為一種契機，冀借此重演「武裝奪取政權」的歷
史一幕——事後看來，無疑出於對形勢的誤判。[134]該文揣測令軍隊
「支左」的用意，以為是毛「進行軍隊文化革命的巧妙方法」（頁
280）；對毛的「五七指示」，也作了想當然的解讀。

　　湖南「省無聯」中南礦冶學院學生張玉綱執筆的《我們的綱
領》也說：「儘管今年（按指1967年）五月以來全國各地發生了不同
規模的戰爭，但是一般的只認為這是武鬥，而沒有看到這是革命與
反革命的戰爭，是大規模的政治革命所必然引起的國內戰爭，是
無產階級革命派為奪取政權，鞏固政權所必須的暴力革命。」（同

---

132 他斷言「即使全面內戰因為各種因素打將起來，或許繼續發生局部暴亂和大規
　　模的武鬥，我國社會的基本階級狀況是不會有原則的改變的。那些只知道空喊
　　武裝鬥爭而不知道對武裝鬥爭的階級鬥爭，階級目的，階級力量的對比做調查研
　　究和全面的歷史的分析的人和忽視武裝鬥爭的人一樣，同樣是可悲的」（同上）。

133 湖南「省無聯」，全稱為「湖南省無產階級革命派大聯合委員會」。楊氏該文
　　在一定範圍「徵求意見」時，署名「省無聯一中紅造會鋼三一九兵團《奪軍
　　權》一兵」。楊曦光，即後來的著名經濟學家楊小凱。有人指出，楊的上述文
　　章係其個人所為，不代表該派群眾組織（參看陳益南的回憶錄《青春無痕——一
　　個造反派工人的十年文革》頁302）。

134 楊曦光該文將「全國性大規模武鬥和四川等地的局部戰爭」由「武裝奪取政
　　權」的方面，給予了正面評價（參看同書頁282、284），以之為「八月風暴」，
　　說「八月風暴偉大的創舉就是一個由革命人民自己組織的武裝力量的出現」
　　（頁284）；說這次革命，「不但靠『四大』，而靠武裝奪取政權，靠國內革
　　命戰爭」（頁285）。同文說：「八月的搶槍運動是偉大的，它不僅是在資本主
　　義國家空前而且是在社會主義國家第一次把全民皆兵變成事實」（同上，頁
　　287）；對「全民皆兵」作了一廂情願的解釋。楊曦光該文令當局不能容忍的尤
　　其是，公然提出「奪軍權」的主張。

書，頁302)武漢「北、決、揚」對形勢的基本估計，與上述論者相近，[135]認為「政治革命必然地不可避免地要採取國內戰爭的形式」（《怎樣認識無產階級政治革命》，同書頁354)。

　　諷刺的是，1968年以「欽犯」被捕入獄的楊曦光，被捕前以自己的方式理解毛關於文革的「戰略部署」，體會毛的意圖，態度有十足的虔誠。不妨說，揣摩高層意圖，推測形勢(尤其關於「黨內鬥爭」、高層鬥爭)，亦文革中一些人的常態。也因運動的主持者有意地神秘化，「形勢」始終有幾分晦暗不明，以至難免有人「錯誤地估計了形勢」。我甚至以為某些事後被稱道的勇敢行為，也因「錯誤地估計了形勢」，並非真的準備了捨身護法。

　　我們的文學藝術培養的戰爭想像，在這一時刻無疑發生了作用。劉輝宣認為紅衛兵的武鬥以「革命文藝」中的有關場景為「演出腳本」，且有「世界暴力革命」的背景。他說，「我們這代人的『革命』有着很強的模仿性」（《昨夜星辰昨夜風》，《暴風雨的記憶》頁59)。對於文學藝術中戰爭的模仿無處不在。參與了類似的現實過程、並在其中扮演一個角色，無疑令人興奮。事後被視為荒誕的，在親歷者，可能有十足的嚴肅性。[136]勞班記發生在成都大型軍用飛機製造廠的武鬥，所見「最悲壯無畏的場面」，即攻防中前仆後繼、從容赴死的勇毅，比之於電影裏蘇聯士兵的攻佔柏林（《崢嶸歲月——成都武鬥親歷記》，《1966：我們那一代的回憶》頁126)。[137]這種嚴肅性，文革後惟在1989年「六四」期間有回

135　「北、決、揚」，為該地「北斗星學會」、「決心把無產階級文化大革命進行到底的無產階級革命派聯絡站」、《揚子江評論》的簡稱。

136　劉輝宣該篇說，自己要為中國的紅衛兵說句「公道話」，即紅衛兵固然有過非常過激的暴力行徑，較之於當今世界那些群眾性暴行，「當年紅衛兵的『暴行』可以說是夠克制、夠文明的」。還說，「紅衛兵的武鬥絕不僅僅是簡單的暴行，它在上個世紀中期，特別是整個六十年代，在全世界的歷史中扮演了重要的角色。」(同上)。我所讀到的此種議論，僅見於上引文字。

137　該文說：「這次事件中死者50多人，傷者大約數百。過了兩天，造反派以車載屍在全市遊行，場面極為悲壯和隆重。」(頁127)

光反照式的重現。此後的市場化中，世風丕變。追求崇高的「青年亞文化」一旦消失，即難以再造。

那一代青少年熟悉的藝術形象中，就有希臘神話中的普羅米修斯(Prometheus)，以及高爾基(Алексей М. Пешков)筆下的傳奇英雄丹柯，作為自我犧牲以拯救人類的象徵。[138]武鬥的參與者，尤其青年學生，都接受過「獻身」的教育。其中一些賦性高貴堅毅者，不惜為其認為有意義的事業獻身。較之一般人，純潔，有信念，少私欲，能忘我，必要時不難挺身而出，從容赴死。他們無疑會是另一歷史事件中的英雄，另一歷史時代的優秀公民。[139]

「戰爭題材」的文藝作品——無論革命戰爭，還是抗日戰爭(亦作「民族解放戰爭」)——對殘酷性的刻意迴避，亦合於上個世紀五六十年代所認為的「政治正確」。那種文藝塑造了青少年的戰爭想像。打仗不但能得到英雄主義激情的滿足，且簡直是一件好玩的事。文革中越境赴緬甸參戰的北京四中學生張育海，由異國戰地寫信勸阻他的同伴們前來，要他們「珍惜和平和幸福，例如：不餓飯、夜裏不必半夜起來站崗、轉移，不必傾盆大雨爬泥濘的山路，不必雨中往山頭衝擊等等」，他據自己的經驗，説：「適應戰爭太不容易！」(李寶臣《往事豈堪容易想》，《暴風雨的記憶》頁252)

文革這樣的「革命」，死人的事的確經常發生。深度捲入者，對他人對自己的生命，都不甚愛惜。於是就有了武鬥中的輕於一擲，與撲殺一個生命時的漠不關情。就我看到的材料，輕於一擲的除卻血氣健旺的青少年(尤其中學生)，另有產業工人中的血性漢

---

138 文革前收入小學語文課本的高爾基的《罌粟為什麼開紅花》(又題《燃燒的心》)，講述丹柯為引領族群走出森林而撕開胸膛、以心臟為火炬的故事。我是在一些年之後，才知罌粟結出的果實，竟是製作毒品的原料。因宗教之為禁忌，摩西的率領希伯來人逃離古埃及、佛經故事中的捨身飼虎，當年並不廣為人知。

139 鄭義的短篇小說《楓》(發表於1979年2月11日《文匯報》)，是文革後較早敘述武鬥的作品，令人看到其時「為毛主席而戰」的中學生武鬥中的英雄主義氣概與悲情。

子。文革式的廝殺促成了青少年政治上的早熟，也最終將一些人引向幻滅甚或毀滅，是過於殘酷的「成人禮」。日本作家大島渚有《青春殘酷物語》。文革中中國青年的殘酷青春，在個人及當代史上刻痕之深，非時間所能磨平。如重慶、晉東南地區孩子們的「戰火中的童年」，豈是太平年月所能想像的？

「革命英雄主義」的教育外，人們接受的，還有個人渺小——不過是「齒輪和螺絲釘」、「大海中的一滴水」，等等——的價值判斷。關於武鬥死亡的人數，至今仍是一筆糊塗賬，缺乏較為全面精確、可以據信的統計。據《文革重慶大武鬥實錄》，作者寫作該書的當時，重慶武鬥死亡人數，尚未見統計數字。雖有《重慶市志》、重慶市公安局史志辦公室《重慶公安大事記(1949–1979)》等官方文獻為考察之助，也仍然感慨於因有關的官方歷史檔案迄未解密，「重慶檔案館的文革時期檔案要有中共市委常委的批示才能有限地查閱」，對包括武鬥死亡人數在內的「一些重要情況」難以查清(見該書《後記》，頁2)。《犧牲者》一書，有晉東南武鬥死難者的(不完全的)名單，與(不完全)的統計數字，包括軍人的傷亡數字(後者見該書中冊，頁104)。該書作者不認可山西省高級人民法院的相關統計數字，「推斷」該地區文革中「非正常死亡超過三千人到四千人」，「加上傷殘者，說全區傷亡上萬人，是可以成立的」(同書，頁339–340)。或許死亡人數確如有的人所說不那麼重要，更重要的，豈不是死者何以死、死於何種情境？我還將在本書的其他章節談到「犧牲」，如趙瑜該書所提示的廣義的「犧牲」；談到理應還各種意義上的犧牲者以公平、正義。

偶爾會聽到一種大英雄的見解，似乎為了某種偉大的目標，犧牲千百萬人是「必要」的，令我想起了黃宗羲的那句憤激的話，「使兆人萬姓崩潰之血肉，曾不異夫腐鼠」(《明夷待訪錄·原君》)。那聲口在我聽來不像出自知識分子，而是政客。魯迅說「凡做領導的人……須不惜用犧牲」，而自己「最不願使別人做犧

性」(《兩地書》第一集,《魯迅全集》第十一卷,頁32)。那些自命的「政治家」似乎頗敢用犧牲,能神態自若地用「目的就是一切」,為千百萬人的大犧牲辯護。這種氣概我始終無法欣賞。我自己所研究的明清之際的思想家如王夫之,竟視「民命」重於君權,想必也不能欣賞將千百萬人的生命視之蔑如的大氣魄的吧。那種紙上的「政治家」一旦由紙上走下,想必不會是中國人的福。

重慶的武鬥死難者公墓(原作「紅衛兵公墓」,對此已有辨正)存廢之爭,也涉及對「文革記憶」的態度。2010年「兩會」前夕,[140]一家有影響的報紙刊載了題為《最後的武鬥罹難者墓群》的長篇報道(《南方週末》2月25日,A1、A2版)。這題目有可能誤讀。那座重慶的墓地埋葬的,並非「最後的武鬥罹難者」,而是「最後的」埋葬「武鬥罹難者」的墓地。[141]據該文,那墓地掩埋有531人,其中有404名武鬥死難者;重慶的大規模武鬥,作者稱之為「死亡生產線」。你不能不說,葬入這片墓園者是「幸運」的。有多少武鬥死難者死無葬身之地,至今仍然是飄零無着的孤魂野鬼?

父親所在鄭州大學的校園中,也曾有過這樣一片墓地,早就被平毀。沒有聽說有死者的家人祭奠,更無論遷葬。那樣多年輕的生命,死得不明不白,無聲無息。身後的荒涼,無過於此的吧。不但沒有了「同志者」的、甚至沒有了親人的憑弔祭掃,且被諱莫如深——因其性質無從界定,當年的死失去了「正當性」。

即使在遙遠的事後,仍然不宜將文革中的派仗、武鬥視為無

---

140 「兩會」指1978年後每年一度的全國人民代表的大會與全國政協會議。

141 該文說,「2009年12月,在相關研究者及親歷者歷時十餘年的奔走呼籲之後」,該墓群被評為「重慶市級文物保護單位」;而文革中,重慶一地與此類似的紅衛兵墓群有二十多個,大多在文革後被剷除。該文還說僅留的墓地墓碑主體題字多為模仿毛體狂草:「死難烈士萬歲」、「頭可斷,血可流,毛澤東思想不能丟;可挨打,可挨鬥,誓死不低革命頭」,等等。該文引了顧城1979年目睹該墓地後的詩作《紅衛兵墓》:「淚,變成了冷漠的灰,荒草掩蓋了墳碑。死者帶着可笑的自豪,依舊在地下長睡。在狂想的銘文上,滙開一片暗藍的苔影。」1979年的顧城,已覺死難者的「自豪」是「可笑」的了。

所謂是非善惡的混戰，也不應否認始終存在着制暴的努力。援助弱者，也可能出自正義感。將武鬥中的死難者一概歸為某種荒謬政治的「殉葬品」，是一種過於簡率的做法。上述公墓存廢之爭，不也涉及了應當如何面對歷史？

　　還記得那一時期北大「三角地」一帶的佈告欄上隨處可見「××告急」、「血！血！！血！！！」一類字樣，告知某地爆發武鬥或血案，請求馳援。人們則見慣不驚，由那些血紅的字下漠然走過，儘管該地可能確有駭人的暴行，正在流血──也是我所見武鬥中高校一景。我在北大校園裏遇到的新疆女子，胸前佩戴着「河南二七公社」的徽章。她為尋求支援而來，只是北大派仗正酣，似已無暇顧及。

　　陳煥仁的《紅衞兵日記》1967年8月10日記中央民族學院（現名民族大學）武鬥，一個同學困惑地問：「這武鬥就發生在北京，發生在中央文革的眼皮子底下，他們怎麼不堅決制止？」（頁387）[142]「在中央文革的眼皮子底下」進行的，還有1968年春發生在北京大學校園歷時四個月的武鬥，[143]同年4月23日至7月27日清華大學的「百日大武鬥」。[144]天意從來高難問。可歎的是，兩校校園中對攻的雙方，無不認為「這是最後的鬥爭」，有事後看來不免誇張的悲壯感。

142　1968年7月28日，毛在召見首都紅代會「五大領袖」時說：「過去革委會、衞戍區對大學的武鬥不怕亂，不管、不急、不壓，這看來還是對的。」（《中國文化大革命文庫》）

143　《紅衞兵日記》1967年8月7日記北大兩派一場小規模的武鬥後，廣播喇叭中「雙方都在嚴重抗議對方挑起武鬥，雙方都要求嚴懲挑起武鬥的兇手，雙方都血淚控訴對方的反革命法西斯暴行，雙方都表示不惜用生命和鮮血來捍衞毛主席的無產階級革命路線」（頁385），正乃各地武鬥中常見。

144　參看唐少杰《一葉知秋──清華大學1968年「百日大武鬥」》，香港：中文大學出版社，2003。莫里斯‧邁斯納說：「文化大革命最後的武鬥發生在兩年前爆發文化大革命的地方──北京的大學校園內」（《毛澤東的中國及後毛澤東的中國》中譯本，頁454）。由本節看，北大校園中的武鬥顯然不是「最後的」。

還記得北大武鬥爆發當夜，「宣傳車」及遍佈校園的高音喇叭反復播放的，竟然是制止武鬥的《6‧6通令》。[145]掌控宣傳手段的一方，以此宣示了向對方動武的理由。為便于堅守，我所在宿舍樓要求不屬本派的人員即刻離開。只帶了一點隨身物品，我來到了街上。據說那幾天北大周邊公路，到處是難民般的學生。待工宣隊進校，我返回校園，看到自己留在宿舍裏托同學代為保管的被子，只餘下了破爛被套。可知以「捍衛毛主席革命路線」自居者，並不曾忘記順手牽羊。

同一座城市，在同一時間裏，也可能演出着全然不同的故事。還記得離開校園後在這座大城茫然地遊走。那是漫長的一天。入夜時分，一條胡同的街燈下，幾個女孩子在玩跳房。我疲憊麻木的心為之一動。昏黃的燈光裏，我恍然瞥見了自己的童年歲月，靜謐，安詳。走到北京站，在候車室的長椅上睡了兩夜。車站的管理人員得知我係由北大逃出，很同情，並不驅趕。長椅邊圍滿了向我打聽情況的旅客。回到鄭州的家，見父親着了春裝，神清氣爽，在窗下的書桌上寫字，看到我，似乎並不驚訝。由光線不足的書桌旁，父親抬頭向我微笑着。當時的運動已呈疲態，而另一場風暴（「清理階級隊伍」）正待襲來。[146]

---

145 中共中央、國務院、中央軍委、中央文革小組於1967年6月6日發佈嚴禁衝擊黨政機關、軍事機關，嚴禁打、砸、搶的《通令》，時稱「6‧6通令」。

146 關於文革中發生在各地的武鬥（包括軍隊介入、參與甚至主導的武鬥、「臨時權力機構」主持的武鬥），群眾組織與地方軍區、駐軍的衝突（包括軍隊對群眾組織的武裝鎮壓），卜偉華《文化大革命的動亂與浩劫》一書有廣譜的搜索。參看該書頁407、578、785-786（新疆）、頁415-416、788（浙江）頁417-418、461-463（青海）、頁423（內蒙古）、頁426（福建）、頁520-421、579、683（四川成都）、頁522、579、684（四川宜賓、樂山）、頁580-581（重慶）、頁530（武漢）、頁581-583（江西，南昌）、頁583-585（浙江，杭州、溫州等地）、頁585（湖南邵陽）、頁585-586（廣州地區）頁586-587、708-710、715-719、721-724（廣西）、頁588-589、643-644（雲南）、頁589-590（東北地區）、頁590（廈門）、頁684（湖北多地）、頁711-712（陝西）、頁782-783（山西）、頁783-784（貴州）、頁789（黑龍江）。1968年7月3日中共中央、國務院、中央軍委、中央文革小組發出制止武鬥的《佈告》後各地的武鬥，參看同書頁711-712。省、自治

附錄
文革前非戰爭狀態下的暴力

　　發生在文革中的暴行，不能籠統地以「無政府狀態」解釋。「破四舊」期間城市街頭施暴發生在當局並未失去對局勢的掌控之時，民族地區、鄉村的血腥暴力（參看本書下編《札記之二》），往往有地方當局的直接參與甚至指揮。那麼，為什麼會？何以至此？僅「階級鬥爭」已不足以解釋，又確與「階級鬥爭」有關：不但有必要上溯「暴力土改」，且應更上溯上半個世紀的革命史，以至傳統鄉村源遠流長的暴力史——被文人詩意化的鄉村的黑暗面。這種黑暗面並未深藏，只不過人們視而不見罷了。

　　「前文革時期」有組織的暴力，1949年前後、1950-60年代政治運動中的暴力，包括針對身體的暴力與語言暴力，值得作細緻的清理。這種工作超出了本書的框架，也非我的能力所能應對。以下僅就我閱讀所及，摘錄片段材料，或可為有關的歷史考察作註腳。

　　1927年11月中央臨時政治局擴大會議決議有「對於豪紳工賊及一切反革命派，應當採取毫無顧惜的殲滅政策」，「極端嚴厲絕無顧惜的殺盡豪紳反革命派」（《中國現狀與黨的任務決議案》，《中共中央文件選集》第三冊，頁458、461），是在國共合作破裂的「血雨腥風」中。「毫無顧惜」、「極端嚴厲絕無顧惜」，固與其時的歷史情境有關。內部整肅的「毫無顧惜」、「極端嚴厲」，

區中，青海、內蒙古軍隊開槍鎮壓的事件發生較早，較之此後的類似事件，已遠非慘烈。該書也寫到了1968年春夏之交發生在北大、清華的武鬥（頁685、690-691、692-697），工宣隊進駐清華後的收繳武器（頁701）。該書還記述了發生於各地的群眾組織（包括軍內群眾組織）揪鬥軍隊幹部、衝擊軍事機關，對軍隊領導幹部抄家、施暴的情況（參看該書頁434、443等）；各地發生的奪槍事件（頁576-590）。該書也有軍隊積極有效制止武鬥的例子。如湖南駐軍四十七軍（頁603、604），如奉調入皖的原駐蘇北的十二軍（頁639-640）。

即不能僅僅歸結為所處環境的嚴峻。儘管環境的確嚴峻。

關於紅軍時期「殺AB團」的「富田事變」，有專項考察。[147]
何方《黨史筆記》說，「當年蘇區在肅清根本不存在的『AB團』
等中，錯殺了十萬左右對革命忠心耿耿的優秀兒女(有名有姓的
『AB團』七萬多，外加『改組派』兩萬多，『社民黨』六千二百
多，還有許多未查出名姓的冤死者未包括在內)」(頁558。作為依
據的數據參看該書頁590註25)。[148]

鄧小平《對起草〈關於建國以來黨的若干歷史問題的決議〉的
意見》(1980年3月–1981年6月)提到同一事件。其說法是：紅軍時
代中央革命根據地「開始打AB團的時候，毛澤東同志也參加了，
只是他比別人覺悟早，很快發現問題，總結經驗教訓，到延安時候
就提出『一個不殺、大部不抓』。」(中共中央文獻研究室《〈關
於建國以來黨的若干歷史問題的決議〉註釋本》頁85)毛本人1968
年5月也曾談到黨的歷史上的「經驗教訓」，其中就有「江西的打
AB團，福建的抓社會民主黨，鄂豫皖的抓改組派、第三黨」(逄先
知、金沖及主編《毛澤東傳》第六卷，頁2484)。

《黃克誠自述》談到江西蘇區肅反打「AB團」的「擴大
化」，由此激起的「富田事變」，也涉及毛的領導責任(參看該書
頁95–97)。該書說，「中央蘇區打『AB團』的肅反運動，在『階
級決戰』的口號之下，不斷升格，導致廣泛擴大化，給黨和紅軍

---

147 如戴向青、羅惠蘭《AB團與富田事變始末》，鄭州：河南人民出版社，
　　1994。

148 該書說，「有人估算，我們黨從建立根據地政權起，主要是1930年到1935年，
　　一、四方面軍和江西、鄂豫皖、湘鄂西、閩西等地，在反『AB團』、『社會
　　民主黨』、『改組派』等名義下⋯⋯被自己人殺掉的幹部、黨員、紅軍官兵，
　　總數近十萬人。」(頁412)該書引《蕭克同志談中央蘇區初期的肅反運動》：
　　「僅1930年11月到12月的一個月裏，在不到4萬人的紅一方面軍內，就打了
　　4400個AB團」，「永新縣接連把六屆縣委都打成了AB團」(頁41)。說毛在打
　　「AB團」、「富田事件」中錯殺的好同志以萬計(頁186)。《文匯讀書週報》
　　2015年4月7日刊登對李銳的訪談，談到李離休後負責主編中央組織史資料，統
　　計了AB團等肅反殺了十萬人(第3版)。

造成了難以估量的慘痛損失」（頁96）。還說，第三次反圍剿前第二次肅反打「AB團」，自己雖拒絕執行，所在的師還是損失了一批幹部，「其中有不少是很優秀的幹部」（頁112）。毛雖對於打「AB團」有反省，此後的內部整肅中仍一再「擴大化」，直至文革。黃克誠所說「錯誤地運用對敵鬥爭的手段去處理本屬黨內矛盾」（頁97），也成為一種「傳統」。

　　出版於香港的《龔楚將軍回憶錄》，所記江西蘇區「屠殺AB分子的肅反運動」、「富田、黃陂大屠殺」、捕殺「社會民主黨」分子，雖聞之於他人，亦可備一說。據該書，毛主持的殺「AB團」分子，「殺了近萬的幹部和戰士」，「當時江西省委級的同志，除曾山、陳正人外，其餘的多被屠殺，紅廿軍全部消滅了」（頁354）。該書寫到作者親歷的蘇區對地主的濫殺：「自一九三三年秋，中共實行消滅地主的農民政策後，……殺了一批又一批，甚至殺到紅軍幹部的家屬」；「在『斬草除根』的口號下，被指為豪紳地主的家人，連繈褓的嬰孩也不免於死」，致使部分紅軍中下級幹部、地方幹部被迫逃亡（頁565–566）。同書第四章《政治保衛局》寫長征前內部整肅中的濫殺，列舉了殺害紅軍幹部的具體案例（頁572–577）。「特別軍事法庭」宣判後，「便由背着大刀的劊子手，押着犯人到預先挖好的大坑邊，一刀結果了性命，跟着飛起一腳將屍首踢落土坑之中」；甚至要犯人自己挖坑，然後殺掉或活埋（頁572）。

　　《邱會作回憶錄》關於中央蘇區的肅清「AB團」、「富田事件」中的「誤抓誤殺」，有據親歷的記述。邱寫到目擊行刑方法的殘酷，說至今仍「感到不寒而慄」（頁20–22）。該書還寫到第五次「圍剿」期間紅軍內部肅反中，蘇區「國家政治保衛局」的濫殺。他本人因掌握機密，出於保密的需要險遭處決。「那時的國家政治保衛局是革命隊伍中的『活閻王殿』，想要誰死是輕而易舉的事，幾年來殺了很多的革命人士和人民群眾。」（頁43）。

　　至於戰爭狀態下對於非軍事人員的濫用暴力，不在此篇的考察

範圍，卻無疑是有價值的調研題目。《黃克誠自述》談到1928年湘南暴動後，某特委書記執行「『左』傾盲動路線」，「下令各縣大燒大殺，不僅衙門機關、土豪劣紳的房子，還要把縣城的整條街道和所有商店都燒掉，而且還要將沿衡陽至坪石公路兩側十五華里的所有村莊統統燒掉，使敵人來進攻時無房可住」；有些縣按照特委指示，「把縣城燒得一空」（頁41、42）。另有對「反水農民」的「亂燒濫殺」。即使戰時，上述做法也過於殘忍，尤其一個聲稱「救民於水火」的黨和軍隊。殺「AB團」、殺「反水農民」對當地社會、民風的影響，尚未見相關考察。血痕可以被時間沖刷，集體記憶卻有可能以種種方式長久存留。

　　革命戰爭時期內部整肅，紅軍時期的「富田事件」、延安整風的「搶救運動」外，鄂豫皖「白雀園大肅反」、湘鄂西肅反等，無不血腥。文革後讀當時的軍旅作家喬良的小說《靈旗》，方知在敵軍圍追堵截中過湘江，紅軍仍然在整肅內部，所用刑罰駭人聽聞。曾彥修晚年受訪時說，「共產黨內部的消耗，自己消滅自己，比任何國家都厲害」（《曾彥修訪談錄》頁276）。

　　蕭冬連《從撥亂反正到改革開放》一書說，1930至1935年，蘇區肅反肅清「AB團」、「改組派」、「社會民主黨」、「第三黨」、「取消派」運動，錯殺了大批人。1954年中央對江西、福建、湖北等省平反了近兩萬人；文革後這一歷史遺留問題終獲解決（頁126）。福建省委為閩西「肅清社會民主黨」冤案中2624人平反昭雪(同上)。

　　何方認為1942年下半年先後展開的肅反（「搶救」）運動，「幾乎完全是打AB團時的認識和做法的翻版」（《黨史筆記》頁42）。該書說：「延安整風中的搶救運動，在黨的十一屆三中全會以前，一直是中國現代史和中共黨史研究中的一個禁區，比中央蘇區抓

『AB』團還要嚴格。」（頁300）[149]「搶救運動不但製造了以十萬計的冤假錯案，還留下諸多後遺症，特別是為以後各種政治運動創建了整人的範式。」（頁412）據該書，搶救運動中除打人、殺人外，還曾刑訊逼供、誘供（「釣魚」，即誘使坦白），使用「車輪戰」，甚至用「假槍斃」等手段。該書引薄一波說自己當時發現上百人被關在深溝的窯洞內，「有許多人神經失常」（頁358），均為千辛萬苦奔赴延安的知識分子。何方據劉英的談話，說胡喬木曾建議劉對凱豐的妻子、鄧潔的妻子使用車輪戰，「說這樣可使其在疲倦頭暈時講出實話」（頁347–348）。曾志的回憶錄，有「『搶救運動』搞『車輪戰』傷及無辜」、「『逼供信』鬥同志心狠手辣」等標題（《百戰歸來認此身——曾志回憶錄》頁257、262），具體寫到自己身受的「逼供」手段（同書，頁259）。據《何方自述》，「搶救運動」中黨校有人被用繩子拴住兩個手指頭吊起來（頁84）。延安、陝甘寧邊區和晉西北，在中央「糾偏指示」後，直至1944年3月，「有的整風班內竟使用了24種肉刑和變相肉刑」（頁90）。李銳也曾在受訪中談到「搶救運動」中受刑的經歷（《文匯讀書週報》2015年4月7日第2版）。逼供、誘供、「車輪戰」，文革中仍在使用。

　　據楊奎松《中華人民共和國建國史研究1》第一章，1947年「土地會議」後，擔任陝甘寧邊區副議長的開明紳士安文欽被沒收浮財、掃地出門；開明士紳王作相被打死後開膛剖肚，屍體扔進黃河；晉綏高等法院院長孫良臣被遣送原籍，慘遭毆斃；晉西北臨時參議會副議長劉少白被武裝押送回老家，撤銷其職務，將其家人掃地出門；已將全部財產捐出的開明士紳牛友蘭被批鬥，其擔任晉西北行政公署副主任的兒子被迫陪鬥；父親被鐵絲穿鼻，由兒子牽其

149　該書說：「本來，搶救運動就是延安整風的一個重要組成部分，無論是文獻上還是事實上都沒有分開。」（頁322）「搶救運動中自殺的、逼瘋的不少」（頁316）。同書頁448註53引王素園《陝甘寧邊區「搶救運動」始末》：「僅延安一地自殺身亡的就有五六十人」（《中共黨史資料》第37輯）。

父遊街(頁63、64)。據該書，1947年康生主持郝家坡土改，即「鼓勵農民使用暴力，打耳光、跪瓦渣、澆毛糞、剝衣服」，認為只有「農民敢於同地主撕破臉鬥爭」，才能「把地主的氣焰打下去」(頁41)。晉察冀中央局提出，「真正的百分之九十五的農民的意見要打人、殺人，領導機關也不能制止」(同書，頁49)。[150]

韋君宜談到陝北根據地實行的不是「和平土改」，當時的口號是「肉體消滅地主」(《思痛錄》頁166)。趙儷生1948年在河南，聽親歷者說到豫西「土改」及「土改」後，「幹部亂打、亂判、亂殺人的事太多了」(《籬槿堂自敘》頁116)。曾志也寫到了1948年一度發生在東北地區通遼一帶的暴力土改(《曾志回憶錄》頁297)。1949年後的土改，這一幕又在部分地區重演。

毛1948年3月1日為中共中央起草的黨內指示《關於民族資產階級和開明紳士問題》中說：「我們不要拋棄那些過去和我們合作過、現在也還同我們合作、贊成反美蔣和土地改革的開明紳士。例如晉綏邊區的劉少白、陝甘寧邊區的李鼎銘等人」(《毛澤東選集》第四卷，頁1231)。據毛該文的估計，全國的開明紳士大約有幾十萬人(頁1233)。未聞1950年代初的土改，有關於這幾十萬人的政策。[151]

1949年後土改中的暴力，吳宓、顧頡剛日記均有涉及，或得諸傳聞，或因親串所遭。1950年代初的吳宓日記一再記所聞土改。如1951年10月5日聞之於他人，土改之「嚴厲殘酷，殺人甚眾，且用棍梭等非刑逼索金銀，自縊自剚及投河死者尤眾。其懲辦地主也，不問罪行之輕重，惟視財產之多寡，在本鄉愈有富名者，其受禍亦愈烈」(《吳宓日記續編》第一冊，頁205–206)。四川土改中鎮壓地主，吳宓之妻鄒蘭芳的父母三兄一月內俱死，吳宓則有被反復批

150　1947年根據地、新解放區土改中的濫打濫殺，參看同書頁49–51、50–51、52)。

151　李鼎銘1947年病逝。關於劉少白等人在1947年後的土改中，參看智效民《劉少奇與晉綏土改》一書(香港：秀威資訊科技股份有限公司，2008)。

判之「易主田廬血染紅」句（《送鄒蘭芳赴川西參加土改》）。

1952年5月25日顧頡剛日記，記聞之於他人的四川土改、鎮反，說解放後該地死者「在二百萬人以上，除地主外，凡幫會中有力者皆死，鄉鎮長無一免者」（《顧頡剛日記》第七卷，頁224）。數字或不可據信，當地政府的敢於誅殺、殺人之濫，由同一時期身在蜀中的吳宓的日記亦可印證。吳宓1951年3月8日，記四川某縣「槍決地主、惡霸、特務至千餘人之多」（頁83）。3月9日記某地「每日槍斃之地主輒十餘至二十餘人。其被逼畏禍而懸樑投水自盡者尤多」（頁84）。3月13日記重慶城郊大批捕殺反革命特務分子（頁87）。由楊奎松《中華人民共和國建國史研究1》有關1950年代初四川土改濫用暴力、致死人命（他殺與自殺）的記述（如該書頁149–150），足證吳宓、顧頡剛所聞不虛。儘管較之1947年根據地、解放區的「暴力土改」，「還沒有發展到普遍失控」的地步（同書，頁153）。

王家新說，「湖北省的土改非常嚴酷，那時家產超過六十畝地的地主都要被槍斃」（何言宏、王家新《「回憶和話語之鄉」》，《當代作家評論》2010年第1期，頁137）。秦曉在接受訪談時，提到了「暴力土改」，將其與「反右」、「文化革命」並提，以為都「違背了基本的現代價值觀」（《回憶與反思——紅衛兵時代風雲人物》頁135）。文革中大興、道縣、廣西等地的殺戮，確可作為上述歷史的重演；發生在地、富早已喪失財產、且被剝奪公民權、淪為賤民之後，卻較土改中的血腥猶有過之。

至今仍有一套精緻的理論，為當年土改中的暴行辯護，以為只有經由施暴，方能確立農民的主體性。土改的主持者何嘗關心農民的「主體性」；土改後的集體化、「統購統銷」、大饑荒中，農民何嘗有過所謂的「主體性」！文革中發生在鄉村的暴行，固有文革的特殊情境，也宜於放回歷史脈絡中，既因於鄉村普遍的貧困、蒙昧（教育程度低下），也與前此戰爭狀態與非戰爭狀態下的暴力氾濫

有關，與中國社會源遠流長的「暴力文化」有關。暴力在鄉村，表現形式往往更簡單直接，造成的破壞卻隱蔽而難以修復。

我第一次讀到土改中的暴力，是在張煒的長篇小說《古船》中。倘我仍然在研究「中國現代文學」，會不知該怎樣看待《暴風驟雨》、《太陽照在桑乾河上》一類作品。2017年作家方方的長篇小說《軟埋》（人民文學出版社，2016）獲非官方的「路遙文學獎」，引起前高官發起的撻伐，可以作為文革式「大批判」的最新樣本。批判還牽連到已被公認為當代文學經典的《古船》、《活著》、《白鹿原》等。據説《軟埋》隨即下架，方方對批判的強硬回應被由網上刪除。傳聞某城市舉辦了批判該書的「工農兵座談會」，喚起的只能是關於文革、前文革時期類似手段的記憶。倘沒有上述事件，與土改相關的議題也難以由專業人士圈子內的討論走向公眾。

同一年，考察川東土改的學者、重慶師範大學涉外商貿學院副教授譚松被任教的學校解聘。[152]

1951年的「鎮反」，毛一再下達指標，即如指示上海在該年一年內，「恐怕需要處決一二千人」，「春季處決三五百人」（《關於鎮反部署給上海市委的電報》，《建國以來毛澤東文稿》第二冊，頁47）；一再要求「大殺幾批」、「大捕大殺幾批」（《轉發黃敬關於天津鎮反補充計劃的批語》、《關於同意上海市委鎮反計劃給饒漱石的電報》、對《第三次全國公安會議決議》的修改，同書頁168、192、297）。對殺人比例指示具體。如「一般不應超過人口比例千分之一」（《轉發西南局關於鎮反問題給川北區黨委的指示的批語》，同書頁267）；類似表述另見同書頁296–297。大殺之後，例有收縮，以控制運動的節奏。

---

152 著名農業經濟學家董時進，1949年底曾致信毛諫阻「土改」。1950年代初董去國，經香港赴美，著有《論共產黨的土地改革》（香港：自由出版社，1951）等。相關問題涉及「土地革命」的基本前提，毛的不予理會可想而知。

　　據楊奎松《中華人民共和國建國史研究1》，「鎮反」一年左右時間，「全國『殺』、『關』、『管』反革命人數有幾百萬之多」（頁169）。該書據毛的說法，鎮反運動中殺了70萬，關了120萬，管了120萬；據有關數據推斷「農村地區被殺的人數最多」，並認為「實際上全國範圍的殺人數字很可能要大大超過71.2萬這個數字」（頁216、217）。據同書，「鎮反」期間毛分別向各地下達殺人指標，包括應殺人數，在當地人口中所佔比例；一再指示「大殺幾批」（參看該書頁189–191、197、236、237、238）。這種荒謬的「數字化管理」，文革前的政治運動幾乎莫不如此。1956年關於鎮反的指示，尺度已有不同。如收入《建國以來毛澤東文稿》第六冊的《對中央轉發廣東省委關於鎮反工作報告的批語和修改》中的「只捕少數非捕不可的人」、「只殺極少數非殺不可的人」（頁45），《論十大關係》所說「少捉少殺」（同書，頁97），均寓糾偏之意，卻不承認有偏差，強辯道：「肯定過去根本上殺得對，在目前有實際意義。」（同上）

　　關於「鎮反」，事後毛說：「我們殺的是些『小蔣介石』。至於『大蔣介石』，比如宣統皇帝、王耀武、杜聿明那些人，我們一個不殺。但是，那些『小蔣介石』不殺掉，我們這個腳下就天天『地震』」（《在中國共產黨第八屆中央委員會第二次全體會議上的講話》，《毛澤東選集》第五卷，頁317）。殺小不殺大，不惟「鎮反」如此。楊奎松《忍不住的「關懷」》一書說：「正是依據這種原則，中共建國後共捕獲國民黨省軍級以上高級戰犯544名，近半數因『全國知名』，最後多教育釋放；而『沒有全國意義』的地方性戰犯，審問無價值後，相當部分就以『血債纍纍，罪惡極大，非殺不足以平民憤』，按反革命分子論刑殺掉了。」（頁289）[153]

153　楊奎松《中華人民共和國建國史研究1》所記濫捕濫殺之例（如對湖南衡陽茶市中共地下黨組織，見該書頁205），可與曾彥修《平生六記》所記親歷的廣州「鎮反」中濫用專政手段相印證。楊曦光《牛鬼蛇神錄》記他在囚車中看到「強烈要求人民政府鎮壓民憤極大的反革命分子楊曦光、張家政」的標語，想

　　1951年12月8日毛所擬《中央關於三反鬥爭必須大張旗鼓進行的電報》有關於槍斃人數的預估：「全國可能須要槍斃一萬至幾萬貪污犯才能解決問題」（《建國以來毛澤東文稿》第二冊，頁548–549）。1952年1月6日毛《關於大貪污犯逮捕權及判決權問題的批語和加寫的話》：「各地如有需要殺幾個貪污犯才有利於發動群眾，亦可殺幾個。」（《建國以來毛澤東文稿》第三冊，頁19）這裏的「需要」，指「社會動員的需要」。由當代中國的經驗看，殺機一開，即不難失控。

　　1952年「三反」「五反」，毛的有關批示一再鼓勵大膽懷疑，強調比例、預估數額、下達指標，且寧高勿低（參看《建國以來毛澤東文稿》第三冊頁64、78、87、89、94、95、97–98、100、107、111、117–118、138、141、142、143、145、151、163、177）。於預算外，尚有「追加任務」，在數額上鼓勵競爭（參看同書頁112、113、142、206、221）。關於「三反」，毛說：「全國可能須要槍斃一萬至幾萬貪污犯才能解決問題」（《中央關於三反鬥爭必須大張旗鼓進行的電報》，《建國以來毛澤東文稿》第二冊，頁549）。據楊奎松《中華人民共和國建國史研究1》，「三反」運動中毛說，「有多少反多少，開除四百萬黨員還有一百八十萬」；「成績就是要交數字，要大的，越多越大越光榮」（頁273）。「而層層分配打『虎』數字，也正是毛澤東這時用以突破『三反』發動瓶頸的一種辦法。」（同書，頁281）關於下達指標、預估數字，甚至要求限期向中央報告「打虎預算」，「增加打虎分配數目」，比較各單位打虎數字、以大促小，參看同書頁282、283、289、292。具體的打虎方式，則至少沿用至文革前夕的「四清」期間（打虎方式，參看同書295–296）。

　　起了1950年代初的鎮反運動，「那時很多國民黨官員和地方紳士就是當局根據這類呼籲，以『民憤極大』為由，不經過任何法律程序而執行死刑的」（頁146）。他由其他犯人那裏聽說，當時所見「佈告上沒有任何罪證和犯罪事實，只有被判死刑者在國民黨時代的官銜」（頁151）。

　　李新回憶錄寫到其所在的中國人民大學，「三反」中接到大約是來自中央的指示，要成立「打虎隊」，「要每個單位自己填一張表，表上規定了打虎的『必成數』與『期成數』」（《李新回憶錄》頁310）。關於「必成數」、「期成數」，李新記憶無誤（參看《建國以來毛澤東文稿》第三冊頁103，中央華北局關於各省市地委一律作出打虎計劃、結束三反要經過批准的緊急指示）。[154]不知有多少冤獄因此種「預算」、「指標」、「追加預算」等等造成。打擊人數不厭其多，似乎多多益善。後人或許難以理解何以當時的各級軍政官員恬不為怪，視為正常、正當、正確，執行起來毫無窒礙，甚至不惜超額，上報為政績、「戰績」，如展示戰利品。

　　軍事術語的運用出於戰爭思維。北京市委關於「五反」的報告，使用了「兵臨城下」、「停戰談判」的字樣（《建國以來毛澤東文稿》第三冊，頁241）；上海的有關報告更以「檢查少數，俘虜多數，嚴陣以待，不戰而勝」為「策略」，被毛作為經驗推廣（同書，頁392）。同一報告中尚有「互評互擠」、「先禮後兵」等字樣（頁393）。被推廣的上海經驗尚包括「進軍勸降」、「大膽運用俘虜」（同書，頁420）。此後毛卻又有《五反宣傳不要用軍事術語》的指示（同書，頁430）。

　　《李新回憶錄》寫到中國人民大學「三反」中有人準備了打人工具，後被制止（頁324）。說該運動中有「隔離審查」，「隔離」即「私設監獄」，「審查」即「私設公堂」（頁329）。顧頡剛1952年的日記，寫到所聞上海「三反五反」中對並未貪污之人以掌頰逼令退贓（《顧頡剛日記》第七卷，頁277–278）。吳宓聞「三反五反」期間所在學校的群眾大會上，總務長以下十餘人（吳宓日記作「十餘犯」），「跪地凳或煤渣上，剝其外衣，遮面蒙頭」，促其

154　中央要求地方限期報告「打虎預算」（《關於限期向中央報告打虎預算和縣、區、鄉開展三反運動的電報》，同書頁140）。「大膽懷疑」甚至寫入了軍內的經驗報告（參看同書頁132）。關於「三反」，楊奎松《中華人民共和國建國史研究1》有專項考察。

坦白（《吳宓日記續編》第一冊，頁300）。據楊奎松《中華人民共
和國建國史研究1》，山西某煤礦「三反」中使用的手段，有十七
種之多，其中包括肉刑（頁298）。淮北某區肉刑多至一二五種，
「殘酷程度駭人聽聞」（頁299），致死致傷及被迫自殺現象嚴重（同
上）。該書引曾志回憶錄，說曾所在工業部系統「三反」中採用
的，正是延安整風「搶救運動」的那種方式（頁298）。大致同一時
期「五反」運動上海一地對工商業者使用肉刑的情況，參看同書頁
328、345。

　　政治運動中施暴，也成為一種慣性。似乎非如此不足以表達
「階級感情」（對階級敵人的仇恨）及施暴者的「革命性」。

　　1955年「肅反」，中共陝西省委的報告提到該省「不少擬捕對
象的罪證是失實的」，「其中有些是根本不該捕的」，所以如此，
與力求完成「原計劃」、「急於湊數」有關（《建國以來毛澤東文
稿》第五冊，頁224–225）。[155]「反右」中毛主張，反革命搞得厲害
的地方，要鎮壓，肅反不徹底的，要殺一些人，少殺不是不殺，殺
少數人是完全必要的（參看同書頁631）。[156]

　　發起運動在前，制訂政策在後——時間差方便了暴力的氾濫。
1959年「反右傾運動」期間四川、浙江等地的使用肉刑，參看楊繼
繩《天地翻覆》頁60、61。關於「反右」後農村地區「社會主義教
育」中的暴力（包括刑罰），參看沈志華《從知識分子會議到反右派

---

155 何方《黨史筆記》說，據統計，「從建國到1957年反右前，全國肅反中肅對的
　　81000多人，肅錯的（大多殺掉）竟達130多萬人。」（頁413）朱正《一個人的政
　　治運動史》（刊《南方週末》2014年9月18日E24版），據1957年7月18日胡喬木
　　撰寫的《人民日報》社論中的官方數字，說「肅反」錯案率高達百分之九十四
　　強；肅對了的加上肅錯了的，約佔當時五百萬知識分子總數的四分之一強，也
　　即四個知識分子中就有一個肅反對象。關於1955年的「肅反」的數據，參看沈
　　志華《從知識分子會議到反右派運動》頁44。

156 據《曾彥修訪談錄》，曾晚年回憶，反右期間一份文件中，毛說了大意如下的
　　話：右派是一群吃人的狼，這次必須把這些狼的背脊骨都打斷（頁267）。

運動》頁658–659。上個世紀五六十年代之交的大饑荒中，河南、
貴州等地竟有為阻止農民逃荒而將農民毒打致死、致殘的事例(參
看《天地翻覆》頁58)。[157]

　　針對文革前夕「四清」運動中打人的問題，1963年1月14日下
發《中央關於在社會主義教育運動中嚴禁打人的通知》，該通知
所附材料有具體地區打、捆、吊、罰跪的人數統計(參看薄一波
《開展城鄉「四清」運動》，《「四清」運動親歷記》頁8–9、
19–20)。王力說「四清」的「桃園經驗」「很左」，抄家，「查
幹部的筆記本」，「噴氣式也是桃園發明的」(《王力反思錄》頁
574)。[158]

　　需要解釋的，是何以「革命戰爭年代」內部整肅如此嚴酷，
仍能保有凝聚力，「紅旗不倒」；何以「階級鬥爭」、政治運動如
此血腥，仍能政權穩固。對此，所謂的「糾錯機制」是沒有說服力
的。或許要有對於革命、政治的內部機制更深入的探查與分析，才
能說明。

　　清理中國的暴力文化，是一大工程，非本書作者所能承擔。上
文不過輯錄他人的已有考察，冀為本章的相關內容提供歷史縱深。
暴力文化有其積累。傳統社會與近代革命中的暴力，無疑可以歸
為文革中暴力的遠緣與近緣。中國民間(尤其鄉村地區)的「暴力文
化」，源遠流長。美國學者羅威廉(William T. Rowe)所著《紅雨：
一個中國縣域七個世紀的暴力史》(中譯本，北京：中國人民大學
出版社，2014)，或可作為相關區域考察的樣本。

　　魯迅曾提到革命中「必然混有污穢和血」(《對於左翼作家聯
盟的意見》，《魯迅全集》第四卷，頁233)，說的是他所知蘇俄以

157　據該書所引用的地方文獻，僅河南光山、潢川兩縣，即有2,104人被打致死；
　　貴州湄潭縣「反瞞產、反盜竊運動」，被活活打死的群眾1,324人(同上)。

158　《天地翻覆》注引他人的統計數據：「四清」運動中，城鄉共整5,327,350人，
　　逼死幹部群眾77,560人(頁87註116)，錄以備考。

及中國的事實，並非以為「污穢和血」乃「革命」本身的屬性。「後文革時期」有人提出「告別革命」，所欲「告別」的，或許就是過於血腥以至污穢的「革命」。這樣說或許會被指為書生的「潔癖」。但污穢就是污穢。為污穢的任何辯護都無助於將歷史洗白。不諱言黑暗、醜陋，才是更正常也更健全的態度。

　　暴力文化並未因文革結束而自然消失，也絕不會不經反思就消失。文革後的中國社會仍隨處有戾氣瀰漫。文革並非當代暴力文化的源頭，只是其極致的展演。暴力文化各民族均有。文革中的暴力，有顯然可感的本土基因。截斷暴力文化「再生產」的路徑、機制，需要長時期的艱苦努力。

第三章

出身與身份

出身與身份，是不同的面向。本章第二節《身份》也如第一節，與「階級路線」及相關實踐有關。

3.1 階級路線與出身論

這裏的「出身論」，乃出身之為議題，非指遇羅克有關出身的系列文章。[1]

階級路線

出身問題淵源古老，可上溯古代中國、傳統社會——除門閥士族/寒門士子外，另有多重社會等級區分，與對特定人群、職業的歧視。歧視是一種文化，每個民族，社會發展的任一階段均有。1950至70年代中國有關現象之特殊，或更在由政治方面對特定人群——即所謂「政治賤民」——的歧視。當代中國的出身問題，其近緣更在「革命戰爭時期」以及中共建政後實施的階級路線。

李新回憶錄寫到1940年代根據地整風審幹期間，有人因初到延安或敵後根據地，不懂如何劃分階級，將家庭成份寫錯，或故意將成份「提高」，諱言其貧寒或工農出身，「整風小組會上就追查這

1　高華《身份和差異——1949–1965年中國社會的政治分層》一書，提供了考察本節議題的歷史縱深。該文所述1957年「反右」、1959年「反右傾」後出身歧視向中小學蔓延；1963年對各級黨政機關家庭出身不好的一般工作人員和黨員幹部的清洗；1965年全國黨政機關開展「機關革命化運動」，以精簡為名對成份不好的幹部的清洗；文革前「階級路線」實施中的升級，與本節內容直接相關。

些『階級異己分子』為什麼投機革命，鑽入共產黨內」，直至該人承認是「特務」，才能完結」（《流逝的歲月：李新回憶錄》頁194）。

1947年根據地、解放區土改，「黨的組織不純」、與地富鬥爭不堅決，被歸結為幹部的出身問題(參看楊奎松《中華人民共和國建國史研究1》頁54–55、60–61、68)。有幹部因此而被捆綁吊打、活活打死甚至活剮(同書，頁65)。[2]該書據相關歷史脈絡，認為「階級出身與知識分子成份，很容易變成地下黨幹部的一種『原罪』。戰爭條件下發生『反AB團事件』、『白雀園大肅反』、『搶救運動』，建政時期發生對地下黨幹部集體不信任，乃至於排斥的情況，均在所難免』」（頁400）。[3]

1949年之前根據地、解放區土改，就有依「查三代」、「政治態度」等「亂劃階級成份」的問題(參看《中華人民共和國建國史研究1》頁51)。[4]趙儷生1948年在晉東南，由文件中讀到當地小學、初中、師範對教師的「階級清洗運動」。學生有所謂的「翻先隊」，查教師的三代甚至三代以上，「只要沾上『地富』，那就堅決清洗」，逐回家去勞動。「有的給胸口掛上『地主』、『惡霸』的牌子監督上課」；「地富子弟要背貧雇子弟去上學；貧雇子弟可

2　1947年根據地、解放區土改中幹部的出身問題，參看該書第一、二章。關於中華人民共和國建國後幹部任用中的出身問題，參看同書頁393、399–400。

3　該書據戴向青、羅惠蘭《AB團與富田事變》(鄭州：河南人民出版社，1994)，說：「也正是當年採取大批開除地主富農成份的黨員出黨的做法，促成了富田事變，造成了數以萬計地方黨員幹部和紅軍指戰員慘死的歷史悲劇。」(頁163)鄂豫皖「白雀園大肅反」，參看同書頁398註2。早期中共黨組織、中共黨政軍幹部的出身問題，因出身問題受到的排斥打擊，參看同書頁162–164。建國初期幹部任用中的出身問題，參看同書頁407。何方《黨史筆記》說，「毛澤東主持的湘贛邊『洗黨』，就把重點定為地富出身的知識分子」(頁244)。關於地下黨問題，參看本書上編第五章《「歷史問題」、「歷史反革命」》一節。

4　關於其時根據地、解放區土改中由「區別對待」大地主與中小地主、惡霸地主與普通地主，照顧到「開明士紳」、「抗日地主」、「抗屬」、「烈屬」、「幹屬」等，到普遍打擊，參看同書第一章。

以尿在地富子弟的頭上叫『洗腦筋』；地富子弟要替貧雇子弟做作文、演算草、放牛、割草，女的要代替紡花、做鞋，都有定額，不足定額者開會鬥爭。考試成績，要根據卷面扣分加分，如貧雇子弟加5分，地富子弟減5分；個別地方規定，不管卷面如何，貧雇子弟一律80分，中農子弟40分，地富子弟15分」（《籬槿堂自敘》頁120、120–121）。[5]

　　1954年通過的《中華人民共和國憲法》第八十五條：「中華人民共和國公民在法律上一律平等」。據說此條當討論時即有爭議。「法律上」不同於「政治上」，是無需說明的。1956年毛對《一九五六年到一九六七年全國農業發展綱要(草案)》稿有如下修改：「對於反革命分子的家屬，只要他們沒有參與犯罪行為，應當允許他們入社，並且應當同一般社員同等待遇，不要歧視他們。」（《建國以來毛澤東文稿》第六冊，頁3）1949年後到文革前，出身歧視始終存在。[6]

　　與出身有關的「階級路線」，曾被表述為「有成份論，不唯成份論，重在表現」，[7]通俗化為「出身不由己，道路可選擇」。

5　印紅標《文化大革命期間的青年思潮》談到，革命戰爭時期，「共產黨提出工農子女應當享有受教育的優先權」，在當時有對「建立和鞏固革命根據地政權的社會基礎、平衡舊社會工農子女在受教育方面的長期弱勢」的促進作用，弊端則在「無視少年兒童受教育的平等權利」（頁15）。

6　1951–1952年的「三反」（按「三反」即反貪污、反浪費、反官僚主義），家庭出身(家庭為工商業者)被作為可供尋找的「貪污線索」（參看《建國以來毛澤東文稿》第三冊，頁115）。關於1957年「反右」中某省將階級出身與政治歷史問題作為「劃右」的標準，參看沈志華《從知識分子會議到反右派運動》頁671–672。

7　1948年5月14日《中央關於地主富農知識分子入伍後改變成份的規定》：「弼石報告：地富入伍兩年(非五年)，知識分子一年，表現好的，即可改變為革命軍人成份。」認為上述做法可以「使他們在精神上一般地獲得解放」（《中共中央文件選集(一九四八)》第十七冊，頁158）。改變成份並不改變家庭出身（頁159）。同年5月21日毛《對知識分子應避免唯成份論的偏向》批評1933年的兩個文件，說文件關於知識分子部分，「說得不完全」、「不妥」。「原件說地主出身者是地主，富農出身者是富農，中農出身者是中農，這是說社會出

「有成份論，不唯成份論，重在表現」，也如對於知識分子的「團結，教育，改造」，可以有理解、闡釋及實行時側重點(關係「權重」)的不同。即如強調「有成份論」，與強調「不唯成份論」。文革發動之時由「階級路線」的方面對彭真的批判，就包括了其強調「不唯成份論，重在政治表現」。當年的「老兵」劉輝宣說，「血統論」固然不符合黨的政策，卻符合事實上實行的「潛規則」。「在這個意義上，『老子革命兒好漢，老子反動兒混蛋』不過是用糙話概括了這潛規則罷了。」(《昨夜星辰昨夜風》，《暴風雨的記憶》頁45)

當時「紅五類」(尤其幹部子女)理解的「階級路線」，[8]收入宋柏林《清華附中老紅衛兵手記》附錄的《無產階級的階級路線萬歲(修改稿)》，是可供分析的文本。該文強調「首先看成份」；「對剝削階級子女重在表現，首先就重在對階級路線政策的表現」(頁418)。該文「正告」自己出身剝削階級的同學：「如果你們死不悔改，反動到底，那我們就不客氣了！我們要像父兄一樣，把刻骨的階級仇恨集中到刺刀尖上，挑出你們的五臟六腑！」(頁421)即使同校的紅衛兵，對「階級路線」仍然有認知的不同。作為該書附錄的《紅衛兵戰校紅衛兵對目前形勢的十點估計》力圖糾偏，提出「對於出身於非紅五類家庭的人們，……不可籠統地叫作『狗崽子』」；即使「前北京市委負責人歪曲了『重在表

身，這是對的。但必須補充說，根據知識分子所從事的職業，例如參加軍隊者是軍人，參加政府工作者是政府職員，參加生產企業者是工人、職員、技師或工程師，參加文化工作者是教員、記者、文藝家等，並將着重點不放在社會出身方面，而放在社會職業方面，方可避免唯成份論的偏向。」(《毛澤東文集》第五卷，頁97)據馬永順編著《人民公僕周恩來》一書，北京某部隊文工團報幕員，因出身於反動軍官家庭，影響對其使用。1955年文工團領導決定讓其轉業到地方工作。周恩來得知，有如下批示：「有成份論，不唯成份論，重在表現。對該同志的轉業，應慎重考慮。如只講成份，那麼，我也應辭去總理的職務嗎？」(頁31，北京：解放軍出版社，1991)

8　「紅五類」/「黑五類」是文革初期的流行說法。前者指工人、貧下中農、革命幹部、革命軍人、革命烈士，後者指地、富、反、壞、右。

現』的政策」，也「決不能把『重在表現』政策一棒打死」（頁428–429）。[9]

文革爆發前後將「階級路線」具體化為「出身」問題，來自官方意識形態的誘導。本書上編第一章《文革在校園中引爆》，提到1964年8月3日《人民日報》社論《培養和造就千百萬無產階級革命接班人》對「階級路線—出身問題」的強調。關於出身問題的論爭中，遇羅克引1964年9月《中共中央關於農村社會主義教育運動中一些具體政策的規定》（即「後十條」），說該文件「人為地造成了一個階級，那就是『出身反動的青年』」。說該文件「分析約佔農村人口10%(其實遠不只此)的地主、富農子女的政治態度和思想狀態時說：少數人受家庭影響很深，或者有殺父之仇，對黨和人民有刻骨的仇恨，進行階級報復」，多數則「同自己的家庭劃不清界限，對勞動人民缺乏感情，還站在十字路口」；即使極少數「政治上要求進步，向勞動人民靠攏，願意為社會主義服務」者，也「一律不能擔任本地的基層領導幹部，一般也不宜負責會計員、記分員、保管員等重要職務」；對與地富子女通婚的幹部，也要「抓緊教育」（《為哪一條路線唱頌歌》，《遇羅克遺作與回憶》頁92）。歧視很公然，表述明確、直接。即使表現好的地富子女也不宜做會計員、記分員、保管員，即不可染指「集體財產」，無非因這類人「政治上不可靠」，有可能「搞破壞」。當時的文學藝術善於開發這方面的想像力，使你相信「階級敵人」總要搞破壞；在鄉村，這種人通常是「老地主」及其後代。

「四清」運動有對幹部「查三代」的做法(參看江渭清《開展「四清」運動》，《「四清」運動親歷記》頁64)。該運動有在鄉村「清理階級成份」「重劃階級」的要求，甚至擬在城市劃分階級

9　前此，工人出身的上海師大(今華東師大)學生王申西1963年的日記，即已表達了對「一切看歷史、看經歷、簡單履歷，強調歷史、家庭成份」的不滿（《日記摘抄》，《王申西文集》頁135）。

(參看收入《「四清」運動親歷記》的薄一波《開展城鄉「四清」運動》、宋任窮《開展社會主義教育運動》等文)。文革期間部分農村仍有「補劃」(地、富)成份的做法。

　　1966年3月召開的中央政治局常委擴大會議，毛說，「大學、中學、小學大部分被資產階級、小資產階級、地富出身的人壟斷了」(逄先知，金沖及主編《毛澤東傳》第六卷，頁2372)。將「地富出身的人」與「資產階級、小資產階級」並提，引人注目。1967年2月，毛在與外賓的談話中提到「資產階級、地主、富農的子弟」，說「這些人也不都壞」(同書，頁2437)，似乎平情。「也不都壞」可以作多種理解。文革語境中將這部分人單列，已別有意味。1968年8月，毛《為準備發表調查報告〈上海工人技術人員在鬥爭中成長〉寫的〈紅旗〉雜誌編者按》寫道：「從根本上說來，走從工、農、兵及其後代中選拔工程技術人員及其他意識形態工作人員(教授、教員、科學家、新聞記者、文學家、藝術家和馬克思主義理論家)的路，是已經確定的了。」(《建國以來毛澤東文稿》第十二冊，頁542。着重號為引者所加)

　　古代中國某些朝代特重門第郡望，並未成為「傳統社會」的通則。「君子之澤五世而斬」(《孟子·離婁》)。隋唐以降，科舉制度拓寬了社會流動的渠道，所謂「朝為田舍郎，暮登天子堂」。對特定人群的歧視，因朝代而有不同，有別於印度的種姓制度。雍正朝對七類「賤民」(樂戶、紹興一帶的九姓漁戶、蘇州地區的丐戶、紹興、寧波的惰民、珠江三角洲的疍戶、浙江、江西、福建的棚戶、徽州的世僕)「除籍為良」，被許為德政。其他種歧視仍不可免。即如貴族之於平民，富人對於窮人。但如1950–70年代中國對特定人群的由政治方面的歧視，涉及的人口如此龐大，不曾見於古代中國，[10]與「革命」標舉的「社會平

10　楊繼繩《天地翻覆》頁592註2據2004年最高人民檢察院網站公佈的數據，地、富、反、壞、右及其家屬，共2千多萬。李若健推算，2千多萬四類分子，受牽連的人口將超過一億，佔總人口的15%左右(《從贖罪到替罪：「四類分子」

等」的理念不相容；置於現代文明的背景上，尤見荒誕。

　　本書第五章將要提到漢娜·阿倫特(Hannah Arendt)所謂「客觀的敵人」(objective enemies)、「客觀反對者」(objecuve opponent)(《極權主義的起源》中譯本，頁529、533)。我們這裏的情況是，即使其人沒有「危害」、「顛覆」一類言動，僅因其背景(出身、個人歷史等)、「思想傾向」，仍然會被視為潛在的敵人——也應歸入與「出身」有關的基本思路。

　　列寧説：「社會主義學説則是由有產階級的有教養的人即知識分子創造的哲學、歷史和經濟的理論中成長起來的。現代科學社會主義的創始人馬克思和恩格斯本人，按他們的社會地位來説，也是資產階級的知識分子。」(《怎麼辦？》，《列寧選集》第一卷，頁247)這本來屬常識。中國包括毛澤東在內的早期共產黨人，按其出身來説，也多為有產階級的知識分子。收入《毛澤東選集》作為第一卷首篇的《中國社會各階級的分析》，原文與「出身」有關的表述，似乎先已將自己及其同志排除在外。[11]毛何嘗真的缺乏常識。《戚本禹回憶錄》寫毛在姚文元之父姚蓬子有變節行為的問題上説，「老子反動，兒子就不能革命了？這是兩回事嘛。老子反動兒子革命的很多。陳獨秀後來叛黨，可他的兩個兒子是革命烈士！」(頁379)出身問題從來不是複雜的理論問題。對出身的強調，不過出於「政治需要」而已。

　　經歷過1950–70年代者，對「階級根源」、「思想根源」一類説法耳熟能詳。1965年西南師範學院的「社會主義教育運動」，吳

階層初探》，《開放時代》雜誌2006年5月)。刊載於《南方週末》2013年7月18日D23版的對李洪林的訪談《李洪林：我經歷的思想解放運動》，李談到文革後胡耀邦主持平反冤假錯案，「解放『地富反壞右』，使他們抬起頭來成為一個『人』」。「所有這些被胡耀邦解放出來的幹部群眾和『五類分子』連同他們的家屬，總共有一億多人。」

11　關於《中國社會各階級的分析》的原文與收入毛選的修訂稿的比較，參看王來棣《毛澤東的知識分子政策》一文，刊《當代中國研究》(Modern China Studies) 2003年第3期，P. O. Box 6036 Norfolk, VA 23508 U.S.A.

宓自我檢查的題目是，《由階級觀點，即由我之地主階級出身，
檢查我所犯之錯誤》，亦標準樣式（《吳宓日記續編》第七冊，頁
124。按着重號為原文所有）。有趣的是，迫於「時風眾勢」，1966
年5月中央政治局擴大會議上，劉少奇、周恩來、林彪這樣的高層
人士，也檢討自己的出身，以之為所犯錯誤的「階級根源」（參看
卜偉華《文化大革命的動亂與浩劫》頁82）。[12]

　　限於能力，我不能作中國與蘇東的相關比較，難以確知將出身
強調到如此程度的「階級路線」，是否中國的「創造」。陳佩華比
較中蘇，說蘇聯「十月革命後僅十來年，階級鬥爭便被宣佈已經結
束」，「中國共產黨卻相反地日愈嚴厲地堅持保留舊日階級的分
類，並人為地將之附在一個新的完全不同的社會秩序之上」（《毛
主席的孩子們——紅衛兵一代的成長和經歷》中譯本，頁261）。陳
將此視為一種有明確功能期待的政治手段。

　　葉維麗說血統論、森嚴的等級制，「是對共產黨人追求的平等
理想的極大諷刺」，「為什麼這一套在中共的子弟中這麼有市場？
它在多大程度上反映了當年參加革命人群本身的問題」（《紅色大
院的女兒們》頁106）？葉的提問指向了「農民革命與農民戰爭」
（「當年參加革命人群」），卻難以解釋第一代共產黨人據其本人的
階級出身，何以不能有更開明的政策？

　　出身問題是逐步升溫的。1962年中共八屆十中全會上，毛將

12　文革中「走資派」的家庭出身、家族背景被「革命群眾」「起底」，所查甚至
　　不止三代，更由二百年前查起，像是以其人之道反治其人之身。如收入譚放等
　　《文革大字報精選》的《剝削世家——鄧小平調查材料片斷》、《鄧小平是地
　　主階級的孝子賢孫》、《鄧小平罪行調查報告》。《剝削世家》一篇即由鄧的
　　家世，挖掘其「罪惡活動」的「社會根源和階級根源」（見該書頁154）。對陶
　　鑄也如此。收入同書的《陶鑄在家鄉罪行錄》，由其祖父查起。文革初期的語
　　境中，這種「揭露」有相當的殺傷力。由此類材料，不難想見對被揭發者的親
　　屬牽連之廣。經不起這種追查的，尤其是早期共產黨人。他們本應由自己的經
　　歷，形成更開放也更合理的關於「出身」的政策思路。

「單幹風」歸因於黨內的出身問題,如「富裕中農家庭出身」、「地富家庭出身」、「知識分子家庭」「城市小資產階級出身」、「資產階級子弟」、「封建官僚反動階級出身」(參看楊繼繩《天地翻覆》頁77)。[13]作為「四清」前奏的1960年部分地區農村的「三反運動」,廣東的經驗,就包括清除出身地富的「成份不好」的幹部(《天地翻覆》頁81)。[14]黑龍江省「整風整社」試點,對幹部的「五查」,包括了查家庭出身(同書,頁83)。[15]

文革之初,1966年7月24日中共中央、國務院發出《關於改革高等學校招生工作的通知》。該《通知》關於高等學校選拔新生「貫徹執行黨的階級路線」,有如下表述,即,「對於工人、貧下中農、革命幹部、革命軍人、革命烈士子女以及其他勞動人民的子女,凡是合乎條件的,應該優先選拔升入高等學校。至於剝削階級家庭出身的應屆高中畢業生,一定要經過嚴格審查,對於那些在政治上確實表現好的,也允許挑選適當數量的人升入高等學校」。上引文字或許是1949年以來關於升學問題上的「階級路線」最清晰的表述;固然與當時的歷史情境有關,卻未必不反映領導層的真實思路。「紅五類」(即上述《通知》中的「工人、貧下中農、革命幹部、革命軍人、革命烈士」)一說呼之欲出。

高考招生中的出身歧視,並非始於文革。趙振開《走進暴風雨》一文,記北京四中曾主管高考的前教導主任文革中說,「四中高考升學率在百分之九十五左右,但同在分數線以上,往往是出身不好的被篩選下來」,學生檔案中的學校政審意見「建議不錄取,考出大天,也上不了大學」(《暴風雨的記憶》頁216)。錢偉

---

13 毛的有關講話,該書引自薄一波《若干重大決策與事件的回顧》下卷,北京:中共中央黨校出版社,1993。

14 1960年5月15日下發《中共中央關於在農村中開展「三反」運動的指示》。「三反」即反貪污、反浪費、反官僚主義。

15 《顧頡剛日記》第十卷1964年寫到因子女受累於出身感受的壓力(見下文)。1965年2月21日,記某人到京,因「成份不純」,未與往來(頁222)。

長的兒子高考「獲華北考區總分第二名，竟沒有被任何大學錄取」
（同上，頁217）。[16]遇羅克就曾遭遇升學歧視。其關於出身的系列
文字，痛陳了無處不在的出身歧視。即如不可參軍，不可接觸「機
要」工作，不可進入「涉密」專業、行業；甚至機動車駕駛員，也
有出身方面的條件（參看遇《談鴻溝》，《遇羅克遺作與回憶》頁
66–67）。在《出身論》中他說到他所熟悉的工廠的情況，如有的
工廠規定「出身不好的師傅不許帶徒工，不許操作精密機床」（同
書，頁17））；懷疑你會將徒工「帶壞」，對精密機床搞破壞。至於
「幹部路線」，從來寧左勿右。遇同篇提到當權派的一項罪名「招
降納叛」，常常指的就是用了有歷史問題或僅僅出身不好的人。[17]
文革爆發前後對「修正主義教育路線」的批判，至少與「階級路
線」有關的部分，多少屬無的放矢，或有意混淆視聽。[18]

　　將出身與升學、就業、參軍、從事某項工作掛鉤，即以「階級
路線」與利益鏈接。這一點，對文革初期的「校園政治」無疑有啟
發性：將打擊一部分同學作為補償（即如對學業）。這種時候將問題
政治化，與其說出於對執政黨理念的信從，不如說基於更切身的

16　對「鎮反」、「肅反」所涉人員的子女歧視更甚。尤其所謂「殺、關、管」人
　　員的子女。1956年毛《論十大關係》關於「關」、「管」的解釋是：「關，就
　　是關起來勞動改造。管，就是放在社會上由群眾監督改造。」（《建國以來毛
　　澤東文稿》第六冊，頁96）1967年1月13日中共中央政治局正式通過、由中共中
　　央、國務院頒佈的《關於在無產階級文化大革命中加強公安工作的若干規定》
　　（中發〔67〕19號）即《公安六條》，將「被殺、被關、被管制、外逃的反革命
　　分子的堅持反動立場的家屬」列入監管範圍。被「鎮壓」即被「殺」者的子女
　　從來在歧視鏈的末端。相信有所謂不可化解的「殺父之仇」，亦傳統的基於血
　　緣的思維。

17　不止參軍提幹，即發表文章，出版作品也要政審。馮牧1980年代初曾在談話
　　中提到有年輕人在西單「民主牆」貼給他的公開信，請人轉中宣部，其中就
　　有「廢除『因人廢言』，廢除對作者的政審制度」（劉錫誠《文壇舊事》頁
　　117–122，武漢：武漢出版社，2005）。

18　幾十年後接受訪談，譚斌（即譚力夫）仍然說，他當時就讀的北京工業大學，
　　「工農革幹子弟在學生中只佔百分之二十」，說文革前該校「執行政策」「偏
　　右」，「教育路線『右』了，階級政策也『右』了」，不像「共產黨的天下」
　　（《回憶與反思》頁290），口吻（以及認知）仍在當年的語境中。

利益。印紅標《失蹤者的足跡——文化大革命期間的青年思潮》說老紅衛兵「以進行教育革命為己任」，其喉舌《湘江評論》揚言要「奪回」「教育的優先享受權」。其反復提出的「貫徹階級路線」，是「對學生實行家庭出身的歧視性區別對待政策」，「這裏有幹部子女謀求優先權或特權的要求」（頁11、12）。

「訴諸」階級路線，屬當時的「政治正確」，有無可爭議的正當性。衝擊領導層(由教育主管部門到校、系)的同時，部分師生受到了連帶的打擊。發生在學生間的對立或非文革當局蓄意挑起，卻勢所必至。據遇羅克的《出身論》，文革初期改組後的《北京日報》大量刊登「紅五類」青年的訴苦文章，內容大致如「我們被拒於大學之外，大學為剝削階級子女大開方便之門」；「大學裏出身好的青年功課不好，大受教授白眼」；「有的出身不好的青年竟被提升做幹部」等等（《遇羅克遺作與回憶》頁16）。

分化

這裏所說「分化」與下文將要談到的「欺凌」，以至所謂「紅五類」／「黑五類」的劃分，都在學生且主要為中學生中，是文革初期校園政治的一部分。

分化文革前即已在進行。趙振開寫發生在校園中的裂變，說「北京四中既是『貴族』學校，又是平民學校。這中間有一種內在的分裂，這分裂本來不怎麼明顯，或許被刻意掩蓋了，而文革把它推向極端，變成鴻溝」（《走進暴風雨》，《暴風雨的記憶》頁201、205）。貴族與平民之外，另有分層。同一學校工人出身的趙京興，感到的則是自己與高幹、高知子弟，「顯然屬不同的社會階層和等級」（《我的閱讀與思考》，同書頁285）。我的大學同學，甚至中農出身也會因非出身貧下中農而感到壓力。[19]

19　分化的起始或許更早。秦曉談到自己早年(1950年代)就讀育才學校時，經歷的「不同家庭背景的文化衝突」（《回憶與反思》頁95）。

　　本書上編第一章已談及文革前夕在「培養接班人」的題目下對中學生的區分。將一部分學生特殊化，勢必導致對另一部分學生的壓抑。諸種區分、歧視，因一次次政治運動而加深、擴大，在不斷製造新的敵人的同時，連帶地將其親友歸為另類。葉維麗記得文革前一再填家庭情況表，班上的同學也就知道了彼此的家庭出身(《紅色大院的女兒們》頁85)，優越感與歧視隨之而至。陳佩華《紅衛兵一代的成長和經歷》一書分析了文革前兩三年，學生中「圍繞階級路線所產生的矛盾和為獲取政治資本的競爭」，說「階級路線將學生們分成四大陣營，幹部子弟，工農子弟，中產階級子弟和出身不好的子弟」(中譯本，頁135)。無論是否適用「中產階級子弟」的說法，幹部子弟、工農子弟與出身不好的子弟間，確有介於其間非此非彼不易歸類的子弟。

　　據秦曉的講述，1965年發生在北京四中、六中、八中的「學潮」中，「出身」問題已然凸顯。由高幹子弟挑頭的對教育制度的批判，將「階級鬥爭」與教師、學生的出身掛鉤(《走出烏托邦》，《回憶與反思》頁99)。即如將「有的老師出身不好」，重點栽培出身不好的學生，排斥幹部子弟作為校內「階級鬥爭」的表現(同上)。「學潮」中寫給中央的「進言書」不但強烈籲求在學生中推行階級路線，且要求在學校建立類似於農村貧下中農協會的階級組織(參看孔丹口述《難得本色任天然》頁30註1)。[20]

　　文革將上述分化表面化了。宋柏林《清華附中老紅衛兵手記》，1966年6月7日、8日寫到了所在學校「依靠……(按此處疑有刪節)，打擊工農革幹子弟」；「企圖分裂工農幹部子女」(頁78)。6月15日則記航院(按應即北京航空學院)附中工作組走一條「資產階級的階級路線，依靠地、富、反、壞、右、資等子弟，打

---

[20]　不止有依出身的分化。當時就讀於南京大學的趙毅衡說，該校學生文革前「蘇北對蘇南，鄉村對城市，每個班級很自然地按雙軸劃出了陣營，而且很容易轉成了革對專、紅對白的準階級鬥爭」(《人體孵蛋》，《那個年代中的我們》頁207)。

擊革幹子弟」，説「這純粹是反革命」（頁82）。6月22日寫「以前
自己把總愛與工農、幹部子弟在一起」看作「鬧小圈子」，現在則
以為「工農幹部子弟才是最大的『圈子』」（頁87）。7月5日寫到鬥
爭校領導大會上，涉及「階級路線」，「群情激憤」，「許多工農
幹部子弟氣得咬牙切齒，流出了眼淚」。該篇日記有「大講特講事
事講永遠講階級路線」，「迅速組成階級隊伍」一類表述（頁93）。
由日記看，其間宋得到了其父的支持、鼓勵。其父説：「對右派學
生……一個成份，一個文化革命中的表現，就足以卡住他們，不讓
他們升學，讓他們好好地改造」（頁87）。宋柏林這一時期的日記，
頻繁出現「階級鬥爭」、「階級分析」、「階級路線」等字樣，無
不屬這一批紅衛兵當時的核心關切。[21]

　　陳佩華由訪談中得到的印象使她認為，幹部子弟標舉「血統
論」的一個重要目標，是「將主要敵手──成就顯赫的專家子弟排
擠掉」（《紅衛兵一代的成長和經歷》中譯本，頁158）。陳對於心
理現象的敏感，由當年紅衛兵的回憶文字得到了印證。劉輝宣《昨
夜星辰昨夜風》談到「幹部子弟」在「高知子弟」面前的自卑感，
自以為學養風度不如人；説「血統論」其實是「衝着另一幫人去
的」，即知識分子子弟（《暴風雨的記憶》頁45）。與劉同校的楊百
朋也説，他後來明白了，「雖然『對聯』表面傷害的只是那些『老
子反動』的少數同學，但它真正想制約的是中間大多數」（《我的
「紅色記憶」》，同書頁121）。[22]發生在少年人之間（主要為中學）
的這一種隱蔽的競爭，將「階級路線」作為了打壓對手的口實，
與成人世界借「紅/專」、「政治/業務」打壓一部分人，邏輯同

21　同書附錄有宋1966年8月28日的發言，其中談到「階級路線」應體現於學生的
　　「成份比例」，主張剝奪多數「剝削階級子弟」的受教育權（頁435）。收入附
　　錄的《關於紅衛兵組織的幾個問答》，亦強調紅衛兵組織的階級成份、比例
　　（頁436、437）。

22　由劉輝宣有關文字可知，並非幹部子弟均有學業上的壓抑感；該校（北京四中）
　　成績優異的紅衛兵領袖即較少「出身─血統」問題上的偏激。

構——或也得之於成人世界的啟發。這裏有「出身問題」背後的心理症候。一種心理問題持續發酵，遭遇文革這樣的時機，會產生某種驚人的效應。文革初期批判「修正主義教育路線」，學業自然是敏感點：工農子弟因功課差而受歧視，剝削階級家庭子女則反是。這類「血淚控訴」極具煽動性；至少由現場效果看，總能引發「群情激憤」。問題被歸結到「階級感情」以至「階級仇恨」。「剝削階級」子弟學業方面的優秀更像是一種罪孽——「革命」的堂皇名義下既有正義衝動，也有基於私利的隱蔽動機，也才更像真實的革命。[23]

　　風行於1966年夏的北大附中《紅旗》戰鬥小組《自來紅們站起來了！》一文說：「我們老子為革命拋頭顱，灑熱血，可他們的後代反而低人三等，連那些資產階級小崽子都『不如』」，「往日我們矮三寸，今天是頂天立地的人！」(參見宋永毅、孫大進《文化大革命和它的異端思潮》頁84)同一時期清華大學附中紅衛兵運動發起者的文字《做頂天立地的人》開篇就說：「工農革幹子弟們，我們過去受壓迫、受排擠、受打擊、受盡了凌辱、受盡欺負。現在我們要翻身、要造反、要做主人。」「凡出身非工農革幹子弟者，我們可以隨意找來談話。他們在我們面前必須矮三寸！」(同上，頁86、87)所謂「低人三等」、「矮三寸」，指的主要是學業。校園生活、校園文化中的暗流穿地而出。上引文字毋寧說在洩憤，是積久的怨憤的爆發。

　　這裏的邏輯很微妙。出身不好而學業優秀似乎有非正當性——這種「子弟」不應、不配有此優勢，以至間接構成對幹部子弟、工農子弟的壓迫。幹部子弟、工農子弟的這種受壓感多少是被啟發的，並非自然生成。此外不妨說，將人分為三、六、九等不止在不同的出身間。學業差(甚至有「差生」一名)承受的壓力，不見得較出身差者不若。控訴「修正主義教育制度」對工農子弟的「迫害」

23　幹部子弟/知識分子子弟尤其高知子弟這一分析角度，未必有普遍的適用性。但「階級」話語掩蓋的學業競爭，確是易於被忽略的方面。

固然受了誘導，控訴者的怨憤卻可能很真實。「教育革命」、「教學改革」與「階級路線」間的關係見之於對「資產階級辦學方向」的批判，演變成一部分學生對另一部分學生的報復性打擊。出身的優越感被放大，因學業而積蓄的壓抑感由此得以釋放。

　　在趙振開的敘述中，分化以「貴族／平民」為界標。至少在文革的某個階段，「平民」不包括「黑五類」子弟。北京四中與「老兵」對抗的「平民」子弟，應以知識分子家庭出身者居多。錢理群引用了一種統計材料，《文革期間廣州中學紅衛兵的派別劃分表》，據此認為中學生對文革的介入程度，與他們的家庭出身直接相關。據該表，「革命幹部」、「工人階級」出身的中學生，只有少數「逍遙」，「而『中間階層知識分子』家庭出身的，32%是『逍遙派』，有61%是造反派紅衛兵」（《毛澤東時代和後毛澤東時代——另一種歷史書寫（下）》頁84）。幹部子弟的選擇順理成章；值得討論的，或許更是知識分子子弟的取向。知識分子子弟的激進化，有其遠緣與近因，基於1949年之後知識分子的處境，與這些子弟的教養也不無關係。關於北京四中的回憶文字提到的最另類、最敢冒險的兩位，赴越參戰的張育海與不知所終的吳景瑞，就是知識分子子女。他們的同學唐曉峰事後說，「這幫人的性情與那個時代反差最大，壓力也最大」（《走在大潮邊上》，《暴風雨的記憶》頁337）——似乎與通常關於這種子弟的印象不合。

「紅五類」／「黑五類」

　　「紅五類」的說法未見於前文革時期。因已有「五類分子」，「黑五類」更像是為了與「紅五類」對舉，因後者而派生。作為詞條，「紅五類」、「黑五類」為任一部「文革詞典」不可或缺。

　　文革中最早興起的紅衛兵組織往往有關於成員出身的明確要求。這種主張也得到了當局的支持與肯定。1967年2月19日，中共中央下發《關於中學無產階級文化大革命的意見》，其中有「應

當在運動中重建、鞏固和發展紅衛兵組織。紅衛兵應該主要由勞動人民(工人、農民、軍人、革命幹部和其他行業的勞動者)家庭出身的革命學生組成。但是非勞動人民家庭出身的學生，只要對毛主席懷有深厚的感情，具有無產階級的革命精神，並且政治思想表現一貫較好，也可以加入紅衛兵。」徐振保編《復旦大學大字報選》中《復旦紅衛兵籌備組織通知》，明確提出「這個組織必須保證工人、貧下中農、革命幹部子弟佔絕大多數」(頁120)。收入同書的一份大字報說：「我們是工人子弟、貧下中農……許多油頭粉面的資產階級的少爺小姐、孝子賢孫們也公然佩戴着紅衛兵袖章……你們好大的膽，敢向老子們專政了！」(頁141)部分學生承受的壓力不難想見。

　　文革初期周恩來、陶鑄等領導人面向紅衛兵的講話，也使用了「紅五類」的說法(參看卜偉華《文化大革命的動亂與浩劫》頁212–213)。1966年8月18日周對紅衛兵說：「組織革命隊伍要以紅五類出身的為基本核心。出身不好的很革命的也可以吸收……」(同書，頁212)中共中央1967年3月7日發佈的《關於大專院校當前無產階級文化大革命的規定(草案)》：「紅衛兵應該以勞動人民家庭(包括工農兵和革命幹部以及其他勞動者)出身的革命學生為主體。」(參看同書頁213)此前經廣泛宣傳已深入人心的「有成份論，不惟成份論，重在表現」，適應文革爆發後的情勢，有了顯然的調整。

　　「紅五類」又有等級之別。「工人、貧下中農、革命幹部、革命軍人、革命烈士」的「紅五類」排序，既不反映五類子女在實際生活也不反映他們在文革中的真實處境。「紅五類」雖工農在前，「革幹」子弟的地位普遍優於工農子弟。這也與他們在實際生活中的地位匹配。[24]工農——尤其農民——的社會地位，更在意識形態

24　所謂「革幹」，一種說法是，指行政十三級以上的幹部。《王力反思錄》則說所謂「紅五類」，1945年以前參加革命工作的才叫「革幹」，「解放前就當工人的才算工人」(頁690)。無論是否確有政策依據，幹部、工人中的等級區分則是事實。

宣傳中。當時在北京四中的唐曉峰說，在「紅五類」中，工農子弟地位不高，「他們的父輩是老幹部的群眾，自己則是幹部子弟的群眾」（《走在大潮邊上》，《暴風雨的記憶》頁331）。[25]

　　收入譚放等《文革大字報精選》署名「中共中央、中共北京市委革幹子弟、國務院人大常委革幹子弟、中國人民解放軍帥將校革幹子弟、中共中央軍委國防部革幹子弟、十六省省市委革幹部分子弟聯合行動委員會」的《「聯動」通告》，有對「聯動」的「組織路線」的表述。此「組織路線」的要義，即在「紅五類」中劃分等級：幹部子弟依其父母職、級；工農子弟地位在幹部子弟之下。尤其荒唐的是，以「中國人民解放軍將士」，「中共黨員，共青團員，工農積極分子」為「同盟軍」（頁46–47）——可以作為部分幹部子弟所設想的等級制度的粗糙樣本。如此囂張的表述，也惟在文革中才敢於示人。[26]

　　「紅五類」、「黑五類」原指出身的階級，以及不限於階級的政治身份。文革初期的使用中，往往省略了「子女」，即「紅五類」或「黑五類」的子女。這種省略並非全出無意。模糊子女與父母的界限，將出身本質化，是文革初期的普遍現象。在大興、道縣、廣西多地對於五類分子連同子女的無差別殺戮中，有尤為突出的表現。事發地基層政權所理解的「階級路線」，由此得以印證。較之「有成份論，不惟成份論」云云，他們寧願相信「斬草除根」、不留後患。京郊昌平縣某公社殺人者就提出「斬草除根，留女不留男」（楊繼繩《天地翻覆》頁664）。

　　黎若寫到他所在中學學生中的三大等級，即「紅五類」、「紅

25　遇羅克《出身論》也談到了這一點（《遇羅克遺作與回憶》頁20）。

26　「聯動」全稱「首都中學紅衛兵聯合行動委員會」，由北京海淀區十幾所中學的老紅衛兵發起成立。一說「聯動」全稱為「中央、北京黨政軍幹部子弟（女）聯合行動委員會」。關於「聯動」，參看卜大華《我所知道的紅衛兵》，《回憶與反思》頁72–73。駱小海為宋柏林《清華附中老紅衛兵手記》所作序，也可佐證有嚴格組織形式的「聯動」並不存在。

外圍」、「黑五類」，「每個人都被劃定在一個等級位置上」（《走出藩籬》，《1966：我們那一代的回憶》頁272、273）。當年在成都的張戎，寫當地紅衛兵將學生分為三類：「紅五類」、「黑五類」、「麻灰類」；「麻灰類」介乎「紅」、「黑」之間，「是那些劃不進兩邊的人」（《鴻——三代中國女人的故事》中譯本，頁230）。[27]「黑五類」外，另有「黑七類」之目，説法不一，或「五類」加「走資派」、「反動權威」；更有「黑九類」，即以上七類加叛徒、特務。由當年的眼光，「黑五類」已屬「死老虎」（「反」中的「現反」即現行反革命除外）。五加二或加三更有文革特色。發生在文革中與「出身」有關的戲劇性變化，即包括「革命幹部」變身為「黑幫分子」、「走資派」，「革命烈士」被認定為「叛徒」等等。如此驟生變故，頃刻間改寫了家屬子女的身份，為前此的政治運動所少見。

　　陳益南在其文革回憶錄中説，當時的人們並不將「黑幫子弟」等同於「黑五類」即地、富、反、壞、右子弟；「黑幫子弟」的心態也不同於後者（《青春無痕——一個造反派工人的十年文革》頁300）。同在地獄裏做鬼，仍然有三六九等。收入《烙印——「可以教育好的子女」的集體記憶》一書彭小蓮的一篇，就寫了自己在「黑五類子女」中找不到位置的尷尬（《晚上八九點鐘的月亮》，見該書頁81）。上海師大(今華東師大)學生王申酉，以工人子弟而不滿於當時的出身歧視。他不忍看其他同學受到打擊，説：「我們這幾個工農子弟如果厚着臉去享受這種額外權利，內心是不安的。」（《日記摘抄》，《王申酉文集》頁148）當年有此一念者或許不多——也可能只是無從表白。

　　由回憶文字看，所謂「紅外圍」，也即家庭出身介於紅黑之間而有「革命願望」的子弟。據尤西林的經驗，當時打人最兇殘的，往往就有「紅外圍」：為了洗刷與表白，謀求處境的改變（《文革

27　由回憶文字看，尚有「灰五類」、「麻六類」等説法。

境況片斷》，《1966：我們那一代的回憶》頁10）。李新說，「根據以往的經驗，凡在運動中將要挨整或剛挨過整而得到解脫的人，大多表現得特別激進。整風審幹中『坦白』了的人是這樣；土改整黨中，地主富農出身的幹部，很多人也都是這樣。」（《李新回憶錄》頁311）上述現象並非稀有，卻易於被忽略。文革後的人們更願意展示傷痕，少的是自省。政治運動中的變本加厲，不斷「升級」，從來都既與運動的邏輯又與人性缺陷有關。時任中學教員的徐幹生，其《「文革」親歷紀略》一篇寫到類似現象，即家庭背景有問題的學生，較之「根紅苗正」者，「更積極、更無情一些」（《復歸的素人：文字中的人生》頁380）。他們更需要「表現」，以自證其「革命」。這種「早熟」，可憐亦復可悲。以凌虐他人向強者輸誠，亦反常的政治環境造成的病態人格。面對學生的上述行為，徐幹生尤感痛心。該篇的附錄對此有專題討論，說這些青少年在事關前途之時的損人利己，「往往會做到無所不為的程度」（頁460）。[28]徐憤然道：「我可以一一指認他們。我熟悉青少年學生，就像我熟悉他們的各類教師和導師一樣」；「他們令我屢屢想到可怕的人性地獄」（同上，頁430）。出自為人師者，這番話何其沉痛！

　　「出身問題」在鄉村普遍較城市嚴峻。農村的「階級路線」往往與地方勢力、宗族勢力糾纏，互為依託。空間狹小，流動受阻，人與人之間的依存度加大，同時放大了社會矛盾。在傳統社會，厄運是可以「連染」、「遺傳」的。婚姻就是「連染」、「遺傳」的重要途徑。你的不幸有可能累及他人，後代，甚至不止一代。北大學生陳煥仁《紅衛兵日記》，記1966年12月7日與其同學「長征」（即步行串連）到鄉下，知當地地主的兒子某以800元錢為財禮娶貧農的女兒，被作為反動階級「腐蝕」貧下中農之一例，當地紅衛兵

28　李遜《上海文革運動史稿》寫到了類似現象，可與徐幹生上述文字互為印證（參看該書頁85–86）。

即採取「革命行動」，抄家且勒令女方與男方離婚，由此「粉碎」
了地主兒子「復辟資本主義的妄想」（頁207）。同日還記有當地另
一階級鬥爭的實例，即某地主分子在深山裏辦私學，「蒙蔽欺騙」
貧下中農，文革中被查抄，「將這個妄圖復辟封建主義的地主分子
揪出來，粉碎了他妄圖復辟資本主義的夢想」（同上）。可供考察其
時農村「四類分子」及其子女的生存狀況。

　　威廉・韓丁在長治市張莊，依他的敏銳察覺了地富子女所感受
的壓抑。他說自己在村莊歌舞表演的場合，見到某「被沒收財產的
紳士」的後代，「儘管她和其他人一起又跳又唱又笑，我還是從她
的臉上看出『困難的』階級出身必然給『鬥爭對象』每個子女的生
活帶來的痛苦和憂傷的痕跡。大部分時間裏，她成功地用一雙毫無
表情、假面具般的眼睛和其他特徵掩飾了她的感情。然而不時地失
去控制，流露出她內心對陣陣掌聲疑慮重重，以及身處同伴之中的
侷促不安之心情。」（《深翻》中譯本，頁415）文革中「反革命」
的女兒與人私通尋求保護，也令韓丁聯想到「土改」中富農女兒的
類似行為。

　　應當說，「黑五類」子女中，右派分子子女及其他知識分子子
女遭受的歧視，受到了較多關注；鄉村的地、富子女，受限於教育
水平、封閉的鄉村環境，其故事少有講述。對於大多此類子女，訴
說而被人聽到，尤其被眾多的人聽到，是奢侈的事。即使到了壓
力解除，他們中的一些人，或許仍然只能如文學作品描寫的那樣，
「咬齧自己的心靈」。

　　漢娜・阿倫特說，「在一個國家早已形成社會結構層中，一黨
專政只是增加了一個階級，即官僚階級」，她引用馬克思的話，說
這個階級「將國家當作私有財產來佔有」（《極權主義的起源》中
譯本，頁415）。由那種「打天下、坐江山」的古老思路，到「權貴
資本主義」對國家經濟命脈的掌控，都坐實着馬克思的論斷。「打
天下，坐江山」，「老子革命兒接班」，這一套話語因官員的複職
與部分幹部子女的「上位」，成為文革後人所共見、眾所周知的事

實；特權則較文革前猶有過之。近年來又聽到了某種熟悉的表述，曰「基因」，曰「血脈」，對呼之欲出的血統論並不避忌。這種不避忌當然並非出自任何一種「自信」，毋寧說正相反。自信不足，才需要向血統尋求證明。

欺凌

即使沒有文革，1950–60年代，上述分化也在發生。不同的是，文革初期暴力氛圍中，已不止於分化/歧視，更有欺凌——尤其中學生之間。卜偉華《文化大革命的動亂與浩劫》：「尤其在涉世未深的中學生中間，迫害出身於非『紅五類』的同學時，採取的手段往往更為嚴厲、野蠻和殘忍。」（頁213）楊繼繩《天地翻覆》一書以北京多所中學——包括師大女附中、一零一中學、北大附中、清華附中、人大附中、太平橋中學、北京六中等——為例，記述學生間借「出身」為名的凌辱、欺侮（參看該書頁249–250、269–270、279），令人不忍卒讀。[29]

宋柏林《清華附中老紅衛兵手記》1966年8月26日：「半夜一連傳來了三、四起殺害紅衛兵戰士的事件，大家真是義憤填膺……我們再不能容忍了。回去後幾乎各班狗崽子都被打翻在地，用皮帶、竹條猛抽。這是階級鬥爭，你打他，他殺你，這是你死我活。」接下來宋說自己「從來沒打過人，還有些『溫良恭儉讓』，沒有最深的階級感情和階級仇恨」，認為「這有些危險」（頁125。按「狗崽子」為其時對「黑五類」子女的蔑稱）。[30]

1966年8月的「紅色恐怖」，有人比之於二戰前夕反猶的「水晶之夜」（又譯「碎玻璃之夜」），擬當時的紅衛兵為「黨衛軍」。

29　關於北京六中學生王光華被折磨致死，遇羅克有詳細記述。見收入《遇羅克遺作與回憶》一書的《「聯動」的騷亂說明了什麼？》。

30　當時宋所聞「殺害紅衛兵戰士的事件」，就應當有「李文波事件」（參看本書上編第二章《城市街頭的暴力》）。關於發生在清華附中的學生打學生，參看卜大華《我所知道的紅衛兵》，《回憶與反思》頁53）。

朱大年《我與〈出身論〉的往事》，說「老兵」的行為，「酷似宣揚『亞利安優等人種』的褐衫黨」（《遇羅克遺作與回憶》頁233。按「亞利安」通常譯作「雅利安」）。牟志京則使用了「黨衛軍」的字樣（《似水流年》，《暴風雨的記憶》頁12）。凡此在我看來更是聯想。此外，上個世紀五六十年代的出身歧視，還被擬之於印度的「種姓制度」（所謂「賤民」、「不可接觸者」）。遇羅克的《出身論》提到了「新的種姓制度」（《遇羅克遺作與回憶》頁20）；刊發該文的《中學文革報》「編者按」也提到了「反動的種姓制度」（同書，頁3）。[31]亦「擬之於」。中國的所謂「政治賤民」，仍然不同於印度種姓制度下的「賤民」。「政治賤民」屬當代中國政治的「建構」。這種出於政治需要的對特定人群的歧視，可以上溯到「革命戰爭時期」，並無更深遠的淵源。另有擬之於種族歧視者。陳佩華《紅衛兵一代的成長和經歷》說某受訪人對於出身不好的同學的態度，「基本上與歧視黑人的白人相同：『儘管是個黑鬼，他還是個不錯的小伙子。』」（中譯本，頁102）在比喻的意義上使用的，尚有基督教的所謂「原罪」。「擬之於」更是修辭。當然，上述聯想、比喻並非毫無根據。

　　歧視與羞辱沒有統一規格，大可各自發揮想像力。中學生較之大學生更富於「創造性」。當時為北京一零一中學學生的肖文，記得學校教學樓門口的大對聯：「老子英雄兒好漢，老子反動兒混蛋」，橫批是「鬼見愁」；學校各處的牆上一夜之間貼滿了「紅色恐怖萬歲」的大標語（《文革回憶》，《1966：我們那一代的回憶》頁81）。作者說該校的大門口有人用桌椅搭了兩個門，「一個門十分寬敞，另一個門是用兩張課桌壓一條板凳搭成的，上面寫着『狗洞』。白天有身着軍裝的『紅五類』在此把守。出校門先報出身，出身不好的人，必須從狗洞中鑽過去」（同上，頁82）。

31　季羨林《牛棚雜憶》說自己尚未淪為「牛鬼蛇神」之前，曾慶幸自己「還沒有變成像印度的不可接觸者那樣」，「還沒有人害怕我踩了他的影子」（頁40）。擬之於「種姓制度」，另見本書上編第六章《人倫的變與常》。

　　湖南中學生蕭瑞怡上書毛澤東，談到「學校各班排座位也要把出身不好的學生排到教室的兩邊或後面，以至使他們感到恥辱」（余習廣主編《位卑未敢忘憂國——「文化大革命」上書集》頁9）。西安的黎若寫1966年8月18日之後所在中學「紅五類」子女打「黑五類」子女，幾個小時裏，「皮帶棍棒橫飛、拳腳交加」，地面上血跡斑斑。「最後的一道懲罰是從三樓的教室爬到一樓，鮮血在爬過的地面上留下一條條印跡」（《走出藩籠》，《1966：我們那一代的回憶》頁276）。他相信多數施暴者「並不攙雜個人報復的因素」，而是在「宣洩某種情緒」——「要做這個社會的當然佔有者」（同上）。[32]

　　甚至兒童間的口角或鬥毆，涉及出身，亦適用「階級報復」的指控。對「黑五類」及其子女，「階級報復」足令其聞之喪膽，因與「變天」、「反攻倒算」等一系列罪名相關，最易激起眾怒。陳凱歌記自己「親眼看見兩個同學因發生爭執而就要動武的當口，其中一個大喊：你這是階級報復！而另一個立刻泄了勁。這句咒語般靈驗的話出自一位將軍兒子之口，而另一位的父親則是個非黨的教授」（《少年凱歌》頁47）。劉輝宣所説作為「血統論」的一部分背景的幹部子女/高知子女，由此也可得一印證。

　　關於文革中學生打老師，有王友琴的專項調查。遇羅克《論鄭兆南烈士的生與死》一文，寫酷刑致死的中學教員鄭兆南。該文説，因出身不好，社會關係複雜，如鄭這種人，「不積極，是真右派；積極，是假左派」（《遇羅克遺作與回憶》頁43），幾乎沒有選擇的餘地。[33]

　　這裏有必要重複説明的是，差異普遍存在：大城市與中小城市、鄉鎮，不同省市，不同學校，以至大城市的精英學校與普通中

---

[32]　徐友漁《形形色色的造反——紅衛兵精神素質的形成及演變》引用了紅衛兵阻止對同班自殺同學施救的例子（見該書頁34–35）。

[33]　關於大中學校針對教員的施暴，見本書上編第七章《批鬥、強制勞動、降低待遇到「給出路」》一節。

學。學生對於學生的欺凌，學生對於教師的施暴，或非發生在所有學校；即有發生，程度也互有不同。但校園暴力的普遍性是無疑的。

　　出身歧視，鄉村一向較城市為甚。農民對政策的認知，往往得之於直接經驗，即如時過未久的暴力土改。較之上文中的校園暴力，發生在部分農村的，已遠不止於「歧視」、「欺凌」。文革期間京郊大興縣(今大興區)、湖南道縣(今道州)、廣西多地在地方權力機構支持、縱容下對「四類分子」及其家人子女的殺戮，駭人聽聞。據章成《湖南道縣農村大屠殺》一文所引當地官方統計數字，道縣所在的零陵地區，非正常死亡者中，「四類分子」3576人，子女竟達4057人(《文革大屠殺》頁117)。這種「階級路線」的極端化實踐，發生在社會管理水平更為低下的鄉村，自非偶然。

對聯事件

　　出現於1966年6月引發激烈爭議的對聯，即「老子英雄兒好漢，老子反動兒混蛋」；橫批五花八門，有「基本如此」、「絕對如此」、「永遠如此」、「鬼見愁」等等。[34]對聯作者，一說出自北大附中幹部子女。經劉輝宣譜曲(即《紅衛兵戰歌》，亦作《造反歌》)後，廣為流傳。[35]文革之初體現於對聯的「血統論」，是此前「階級路線」、「階級鬥爭教育」的合乎邏輯的發展，只不過將邏輯推向了極端而已。文革中學生打學生，派仗外，即在對聯出籠、出身歧視升溫之時。

　　即使由當年較有見識的老紅衛兵看去，對聯的表述也不但過

34　陳佩華《紅衛兵一代的成長和經歷》一書有對聯的另一版本：「老子英雄兒好漢，老子反動兒混蛋，老子平常兒騎牆。」(中譯本，頁159)或係衍生。

35　歌詞如下：「老子英雄兒好漢，老子反動兒混蛋。要是革命你就站過來，要是不革命，就滾你媽的蛋！」(齊喝)：「滾！滾！滾！滾你媽的蛋！」關於此歌，參看劉《昨夜星辰昨夜風》一文(《暴風雨的記憶》頁43)。至於劉將自己此舉與遇羅克之死聯繫，說「伯仁非我所殺，伯仁因我而死」(同上。按「吾雖不殺伯仁，伯仁由我而死」，出《晉書》卷六十九周顗傳。周顗，字伯仁)，誠意可感，只是說得過了。遇羅克之死另有背景。下文有相關討論。

於露骨而且膚淺，其荒謬一望可知。孔丹在事後的口述中說，北京四中的老紅衛兵(應指其領導層)「不能接受血統論和暴力行為」(《難得本色任天然》頁59)。孔1967年出獄後，與同伴辦了題為《解放全人類》的小報，孔為該小報寫的社論，即題為「無產階級只有解放全人類，才能最後解放自己」。在對聯問題、紅五類/黑五類問題上，孔有自己的思路，「不贊同老紅衛兵、高幹子弟搞小團體」(同書，頁100)。[36]駱小海為宋柏林《清華附中老紅衛兵手記》作序，說對於對聯，他所在清華附中的紅衛兵「多數人贊成」，「少數人有所保留」；「當時紅衛兵領導層的看法是：符合當時運動的需要，但不是黨的根本政策」(頁24)。以「血統論」為策略(「符合當時運動的需要」)，毋寧說錯會了高層的意圖。[37]

　　與其說「血統論」是對「階級路線」的曲解，不如說將隱藏着的邏輯(「自己人」/「他者」，後者包括了潛在的可能的敵人)擺在了明處，將「紅色江山代代傳」落實到了血緣意義上的代際，而非較為抽象的「世代」。「紅色江山代代傳」，被作為了高於民族存續的目標，革命後代的歷史責任。古代中國素有「有其父必有其子」的說法。民間則有「龍生龍、鳳生鳳、老鼠生兒打地洞」之說。對聯不過將一種有傳統淵源的認知赤裸裸地予以表述罷了。對聯引起的普遍反感，固然因赤裸裸、不假「政策語言」掩飾，也因直截了當的「權力—利益」表達。卻也因過於直白，毫無遮飾，即使在文革初期的環境中，仍引發了對抗。有代表性的，即下文將要提到的刊發遇羅克關於出身的系列文章的《中學文革報》。[38]

36　當年的北京四中學生牟志京事後記述他參與過的關於對聯的辯論會，有對持不同意見者施暴；卻也有的辯論會，「氣氛嚴肅而健康」(《似水流年》，《暴風雨的記憶》頁7、17)。「出身—血統論」期間的「老兵」又豈可一概而論！

37　宋柏林《清華附中老紅衛兵手記》稱讚對聯「好得很」(1966年8月4日，頁109)。事後說當時對於「血統論」，自己是支持的(同書，頁398)，態度坦誠。

38　上文所引北京一零一中學學生肖文《文革回憶》一文，寫到該校圍繞對聯的對抗。同一時期各地均有類似的辯論。京滬間的呼應，參看李遜《上海文革運動史稿》頁959。

　　上述對抗顯然有違文革當局的宗旨，即如有「轉移鬥爭大方向」之嫌。據《王力反思錄》，1966年10月中央工作會議上，關於階級路線，毛強調「主要以對待這次文化大革命的政治態度作為區分左中右的標準」，「不能用血統論來代替階級論」（頁631）。[39]1967年《人民日報》元旦社論說「龍生龍，鳳生鳳，老鼠生兒打地洞」是封建思想殘餘。黎若注意到，「這是中央第一次公開批判血統論」（《走出藩籠》，《1966：我們那一代的回憶》頁279）。此前，中央文革小組確曾出手糾偏。據王廣宇《我所知道的陳伯達》一文，陳伯達曾與紅衛兵辯論「老子英雄兒好漢，老子反動兒混蛋」的口號（《問史求信集》頁351）。1966年8月6日在天橋劇場對中學紅衛兵講話，江青主張將對聯改為「老子革命兒接班，老子反動兒背叛，理應如此」（據周良霄、顧菊英編《十年文革中首長講話傳信錄》電子書上冊）。

　　出身問題在大學也有表現，無論文革前還是文革中。「血統論」的市場卻更在中學。圍繞「血統—出身」的激烈爭論也主要在中學生中。在此期間，譚力夫的大字報及相關演講，更像是例外。該大字報與演講影響之大，堪稱「對聯事件」中的事件。

　　《從對聯談起》是北京工業大學學生譚力夫（後名譚斌）、劉京於1966年8月12日貼出的一篇大字報。譚在同年8月20日辯論會上有極具煽動性的講話，其中說：「這十七年對你們（按指『剝削階級』子女）也太寬宏大量了，你那個家還不完？早就他媽的該完了！」（參看宋永毅、孫大進《文化大革命和它的異端思潮》頁102）儘管譚（時任該校文革籌委會副主任）被作為「血統論」的代表人物，譚的表述仍較中學生們穩健，卻不能有某些中學生文革後的反省。譚數十年後接受訪談，說自己那個演講（自謙為「8.20發言」），「用共產黨的原則、用馬克思主義的原則來衡量」，「基

39　同書説毛「很早就提出幹部子弟問題，他説幹部子弟不是不能領導，但紅衛兵最好不要由高幹子弟掌握」（頁645）。該書還説毛認為「血統論」係對抗文化大革命的陰謀（頁694）。

本是對的」。這種判斷，自然不包含對「共產黨的原則」的反思；
至於「馬克思主義的原則」，則不知所云者何。譚說自己的演講
（「發言」）所以對，其一即在「充分肯定新生革命政權，實行有
利於強化新興階級的地位、而防止敵對階級復辟的階級路線、階
級政策，是正確的，合情合理的，無可非議的」（《回憶與反思》
頁300–301）。所謂「新生革命政權」、「新興階級」、「敵對階
級」均無明確的界定，未知具體的指涉，且顯然不以為「階級路
線、階級政策」有討論的必要。受訪中譚只是承認自己1966年8月
20日演講（「發言」）「表現的那種咄咄逼人的氣勢」，「在群眾辯
論中立了個不好的榜樣」（同上，頁302）。[40]收入譚《赤子白話》
一書的《發生在當年的一場辯論》，說那場風波是歷史同自己這樣
的小人物「開了個大玩笑」，自己只是「被捲入了一場關於『階級
路線』的無謂的爭論」（頁382、383）。以「共產黨的原則」、「馬克
思主義的原則」為盾牌，將批評者置於「反⋯⋯」的位置上，亦文
革中流行的論戰策略。幾十年後譚的表述風格仍如1966年8月20日的
演講：正/反、黑/白分明。這一整套論述方式及其間的邏輯，親歷那
一時代者都曾熟悉。如譚這樣的固化記憶的能力，亦屬稀有。[41]

40　王年一《大動亂的年代》對當年譚力夫的講話持基本肯定的態度，認為對譚
　　《在工大一次辯論會上的發言》「應該高度評價」，着眼在其「對八屆十一
　　中全會的抵制」，似乎有意忽略其在當時更有影響的涉及「階級路線」的內
　　容（頁83）。同書對「聯動」、「西糾」的評價也持類似標準，認為老紅衛兵和
　　「西糾」雖有歷史局限，其「歷史功績」不可埋沒（頁77。按「西糾」即紅衛
　　兵西城區糾察隊；「聯動」見前注）。還認為，「批判『血統論』總的說來是
　　正確的。如果考慮到這種批判是用來打擊不聽話的老紅衛兵的，就可以斷定這
　　種批判不是完全正確的了。」（頁105）楊繼繩《天地翻覆》一書所引譚力夫涉
　　及「階級路線」的煽動性言論，更與本節的議題有關（參看該書頁248–249），
　　足證譚的缺乏反思意願與能力，與王年一評價的失當。較早出版的高皋、嚴家
　　其《文化大革命十年史（1966–1976）》（天津：天津人民出版社，1986），對「西
　　糾」、「聯動」與「階級路線—血統論」有關的活動，有較為詳細的記述。

41　《戚本禹回憶錄》說譚的講話「得到了一些人的大力支持」，「被迅速印發到
　　了全國各地，農村印發到了公社的生產隊一級，其傳播的速度要比『中央文
　　件』都要快」（頁489）。

　　出身壓力下隱忍既久，有文革中的強力反彈，或為當局逆料所未及。與「血統論」的對抗，中學生較大學生激烈，更有政治能量，也更有勇氣。據我的經驗，挺身反對「血統論」，為不敢發聲的弱勢者發聲，與「對聯」的支持者PK的，往往並非「黑五類」子弟——他們幾乎喪失了抗爭的勇氣，大多噤若寒蟬，生怕發出任何聲音(也因此遇羅克更是異數)。收入《暴風雨的記憶》一書的當年該校「四三派」領軍人物之一王祖鍔的文章，標題為「為追求平等而鬥爭」。所謂「平等」，相對「出身歧視」而言。王在該文中說：「凡出身不好的人都會被直截了當地告知，不要幻想參軍入伍；不要期望上名牌大學，報某某專業；不要企圖留城工作；更別妄想進大機關和科研機構」。他不能忍受的是到了如此地步的「人與人的不平等」(見該書頁188)。王本人則出身於軍隊技術幹部家庭。

　　牟志京《似水流年》所寫「出身—血統論」氛圍中的北京四中，與同時期其他中學無異(《暴風雨的記憶》頁9)。由遇羅克撰寫、署名「北京家庭出身問題研究小組」的《出身論》在1967年1月18日《中學文革報》第1期發表時，牟所寫「編者按」，說「唯出身論」「把學生分為三、六、九等，妄圖在社會主義制度下重新形成新的披上偽裝的特權階層，以至反動的種姓制度，人與人之間新的壓迫」(《遇羅克遺作與回憶》頁3)。《出身論》則說：「一個新的特權階層形成了，一個新的受歧視的階層也隨之形成了。」(同書，頁20)遇對他所說的「特權階層」，更細分為「物質上的特權階層」與「精神上的特權階層」(《「聯動」的騷亂說明了什麼？》，同書頁29、31)，具體比較了「官二代」與工農的物質生活水準，表達的更是平民子弟(包括出身不好者)長期積蓄的不平不滿。該文說辯論對聯的過程，「就是對出身不好的青年侮辱的過程」(同書，頁6)。[42]

42　據牟志京的自述，刊發在《中學文革報》的《出身論》，曾經他修改。牟說原稿「行文中透着一股怨氣，文字也顯刻薄」(《似水流年》，《暴風雨的記憶》頁13)，可證遇羅克並不足夠「成熟」。「刻薄」也應因積鬱，所謂「積不能堪」。

　　發表於《中學文革報》的遇的系列文章對以出身為由的歧視迫
害的揭露控訴，雖以「修正主義教育路線」為靶子，實則指向十
幾年間執行的「階級路線」。遇羅克雄於辯，仍不免強詞奪理——
並非能力問題，或更是不得不然。即如徒勞地辨析「出身」、「成
份」，試圖使背負「原罪」者脫困。只是兩個概念在當時的使用中
一向纏夾不清。農民說某人「成份高」，即指出身地、富。遇對於
對手最嚴厲的指控，是「挑撥出身不好的青年與黨的關係」（《反
動血統論的新反撲》，同書頁77），亦論辯中常用的口實；對方攻
擊遇的《出身論》「挑撥各種不同出身的青年之間的關係」（見同
篇，頁78），不但以子之矛攻子之盾，且也像是正中命門。正因遇
的有關詮釋與實行過、執行中的「階級路線」並不一致，其論敵不
難據此而組織起反擊。遇羅克將那「路線」的表與裏剝開了，對手
則無需如此。他們只消據實而言就是了。

　　遇羅克在其「出身論」中大量徵引馬列，可見對「原典」的熟
稔，下過一番研讀的工夫。也因此理論水平與論戰技巧、論述的縝
密，確在其時的中學生之上。也應當說，遇的論述並未越出當年的
語境，超出當時所能達到的認識水準，只是將被蓄意遮蔽的常識
大聲地說出來而已。在當時，大聲說出來談何容易！據說有人寫
信給遇，說在街上讀到《出身論》，「觸文傷情，痛哭失聲，無
法讀下去，跑回家呆一會再來讀，又哭得讀不下去。幾次讀，幾次
哭，才把全文讀完」（《劃破夜幕的隕星》，周明主編《歷史在這
裏沉思——1966–1976年記實》第五卷，頁273）。當年的四中學生
印紅標說自己看到一張批判「對聯」的大字報，抄寫時「發現自
己的手竟激動得發抖」（《讀書聲、風雨聲》，《暴風雨的記憶》
頁231）。當年情境中，遇可稱勇者甚至大勇者，儘管如他的同道所
說，尚談不上「理論貢獻」。

　　《遇羅克遺作與回憶》一書中的×××、×××、××，有些
處或即劉少奇、鄧小平、江青，未知係編者還是出版方的「技術性

處理」。其實本無需為某人諱。以劉、鄧「資反路線」(「資產階級反動路線」)攻擊「老紅衛兵」，引江青、中央文革為奧援，亦當年批「血統論」者的策略，情勢使然。其間未見得沒有對文革當局的誤判。[43]不隱沒史實，才能呈現「現場」及其背後的歷史邏輯，對論戰的另一方也較為公平。

儘管遇羅克指辯論對聯為「對出身不好的青年侮辱的過程」，卻應當如實地說，經由這場辯論，積久的不滿有了公然表達的機會。針對「出身歧視」的政治平等的要求，在此前的十幾年間(遑論「革命戰爭年代」)從未有過如此直接地表達，成為公開討論、論辯的題目。即使無所謂「理論貢獻」，其意義也不容忽視。1976年李南寫於內蒙古的信，提到了當年關於對聯的辯論，說儘管當時的辯論會上自己是「實際上的勝利者」，但自己「內心的辯論」又延續了很長的時間。「在社會空間中到處瀰漫着對聯的氣息的時候，與社會的這種暗中爭鬥，遠沒有明顯可見的英雄氣概，卻在其中流着真正的血」(徐曉主編《民間書信》，頁387–388)。寫於同年的另一封信，李說自己「最初的反抗，僅僅是從對聯開始的」，這是自己「頭一次公開的爭取自己生的權利」；說自己因「處在被侮辱與被損害的底層」，「容易體會到那種不平等的心靈折磨」(頁420–421)。解全也說，自己在文革中「第一次感到思想解放，就是遇羅克的《出身論》」，以為該文鋒芒所指，不僅是「聯動」的血統論，而且是建國以來一直存在的極左傾向(《我在文化大革命中的經歷》，《1966：我們那一代的回憶》頁151、153)。

由今天看去，當時被認為振聾發聵的遇羅克關於出身問題的系列論述，價值更在對「出身歧視」這一現象的梳理與發露。至於被許為深刻的「分而治之」論，更屬常識性的見解，只是有待說破而

43　1966年10月2日，《人民日報》發表《紅旗》雜誌當年第13期社論，提出「批判資產階級反動路線」。關於「資產階級反動路線」的提出，參看《戚本禹回憶錄》頁508–509。該回憶錄將工作組鎮壓學生運動，與1957年「反右」、1965年「四清」、1989年「六四」並提(頁509)。

已。[44]即使因高層的干預辯論中止，此後的運動，以對特定人群的壓制為重要內容的「階級路線」效力漸失，且再未恢復——理應歸為發生在文革中的最為深刻的變化之一。

鄭樵《通志》卷二十七《氏族略黨氏族序》：譜學衰落，「自五季以來，取士不問家世，婚姻不問閥閱。故其書散佚，而其學不傳。」由此看來，「血統論」像是退回到了五季以前——當然事情沒有如此簡單。近年來「譜學」再興，背景卻有了不同。稱地望，炫家世，誇閥閱，不肖子孫挾古人、前人以自重，也仍不同於文革初期的「血統論」。傳統文化的上述「復興」，倒多少令人嗅出了商業氣息。

遇羅克之死

事後看來詭異的是，當時的中央文革，既有陳伯達、江青對「血統論」的公開批評，又有戚本禹對《出身論》的兇險指控，像是左右開弓。曾參與對「血統論」批判的北京四中學生李寶臣說，1967年4月14日，「戚本禹代表中央文革表態：《出身論》是大毒草，惡意歪曲黨的階級路線，挑動出身不好的青年向黨進攻」（《往事豈堪容易想》，《暴風雨的記憶》頁239）。要害即在「惡意歪曲黨的階級路線」、「挑動出身不好的青年向黨進攻」。[45]另有葉劍英等人氣勢洶洶為幹部子弟叫屈。圍繞對聯的辯論，以高層

44　2009年中華人民共和國建國60周年，《南方週末》10月1日A6版紀念性專欄，題作「人的崛起」，選取編者認為有標誌性意義的人物、事件，其中即有遇羅克的《出身論》。該紀念版說：「『紅五類』抑或『黑五類』，這個新的種姓制度，造成了不亞於西方和印度種姓制度的人權危機，一個人出身的紅與黑，決定了他(她)在讀書、參軍、就業、緊缺的生活資料分配的方方面面。」而遇羅克不過「以《皇帝的新裝》中那個兒童所有的智慧，指出了一個普世的常識：人生而平等」。

45　牟志京《似水流年》寫到戚本禹1967年4月13日點名批判《出身論》和《中學文革報》前，有自稱《紅旗》雜誌社記者的「神秘人物」轉達關鋒的話，《文革報》「大方向錯了，必須『懸崖勒馬』」（同書頁18）。

對《出身論》表態、《中學文革報》停辦而中止。遇羅克則於1968
年1月5日被捕，1970年3月5日被執行死刑。1980年遇羅克的名字出
現在全國各大報刊，被塑造為英雄。遇有廣泛影響的，是其《出身
論》；由十五年有期徒刑改判死刑，卻因了莫須有的「陰謀暗殺偉
大領袖毛主席」（《似水流年》，同書頁27）。

值得追問的，是遇羅克的死：其緣何而死，何以不能不死。
遇的言論究竟哪一點觸犯了當局，使必置之死地。《戚本禹回憶
錄》：「中央文革開會的時候討論分析過遇羅克的觀點，認為他完
全否定了階級存在的客觀性和階級分析的必要性」，走向了「另一
個錯誤極端」（頁490）。卻未對遇的被殺提供解釋。文革中高層對
於「血統論」／「出身論」的態度，遠較公開呈現的複雜曖昧。高
層不支持幼稚到荒謬的「血統論」，與遇羅克有基本邏輯的不同。
批評「血統論」而繼續維持「出身」的壓力，由上文所引當時高層
關於重建紅衛兵的指示也不難看出。

牟志京在回憶文字中說，「據內部消息」，遇羅克的死刑，
「是經最高層親自指示，並委託重要人物辦的」（《似水流年》，
《暴風雨的記憶》頁27）。我傾向於相信這種說法。[46]劉輝宣雖有
「伯仁因我而死」云云，也說，據他所知，「遇羅克之死恐怕與
《出身論》並沒什麼關係」（《昨夜星辰昨夜風》，同書頁43）。劉
猜想遇之死或因文革前夕反對批判《海瑞罷官》（同上，頁44），仍
無足夠的說服力。與其同校、也曾批判「血統論」且因言獲罪的
趙京興思路不同。趙認為遇的確死於他的「出身論」，致死的原
因在於，其「出身論」「對特權勢力造成建國以來從未有過的衝
擊」（《我的閱讀與思考》，同書頁288）。李寶臣認為，文革當局
對「對聯」的批判，「出於黨內路線鬥爭的政治需要」，而非徹底
清算拋棄「成份論」；對「權利平等」的呼籲，挑戰了「對聯」的

46　諷刺的是，據牟所說，遇對毛「相當尊敬」；其被捕前曾將一封厚厚的信交給
　　牟，請他「在今後情勢允許時，交給毛澤東」（同上，頁25、26）。僅此，也足
　　證他還沒有「成熟」到對「最高層」持懷疑態度。

政策基礎（《往事豈堪容易想》，同書頁235）。[47]我也傾向於認可這一判斷。

在相關檔案解密前——相關檔案很可能沒有解密之一日——不妨認為遇羅克的被重判且執行槍決，因其「出身論」的影響力，而非反對批《海瑞罷官》，更非顯係出於羅織的莫須有的「謀殺」企圖。遇羅克「出身論」中的質疑，被認為具有某種根本性質；作為異端思想，威脅到了統治基礎。其危險性還在於，借「出身論」為出口，歷次政治運動遭連染者積久的怨憤的爆發——由牟志京回憶文字談到的刊有《出身論》的《中學文革報》激起的反響即可知。然而，縱然有上文分析的種種，遇仍「罪」不至死。死刑判決證明的，毋寧說更是文革期間司法的荒誕。[48]掌控着如此強大的宣傳機器的當局，將一個不到三十歲的青年思想者作為危險敵人，必得消滅其肉身，無論如何難以由常情常理解釋。無論張郎郎、劉輝宣，還是李寶臣，回憶文字都表達了對遇的被捕尤其死刑宣判的意外。

遇羅克的故事並未因其人之死而失去爭議性。當時北京中學紅衛兵「四四派」的領袖人物李冬民，數十年後接受訪談，說儘管自己當時就認為遇不該殺，對遇卻沒有好感（《回憶與反思》頁197）。譚力夫（譚斌）受訪時說當時認為——由該訪談看，譚現在未必不仍然這樣認為——「有人借批對聯的偏激否定黨的階級路線，是更嚴重的問題」（同書，頁292）。當年北京四中學生印紅標事後回憶，自己「全心支持批判『血統論』，卻以『黨的階級路線』為界限，不能接受遇羅克《出身論》的觀點」（《讀書聲、風雨

47　李還認為遇以非在校學生「染指了中學運動」，左右了《中學文革報》，顯露出青年導師、青年理論偶像的氣象，有與某方「爭奪接班人」之嫌（同上，頁240），亦可備一說。「挑動……」「爭奪青年」「黑手」等等，在當時都是令人不寒而慄的罪名。李冬民關於遇羅克之死，說「深層原因在於」，中央文革要和他劃清界限，殺人滅口（《回憶與反思》頁197）。「殺人滅口」說雖根據薄弱，可以相信的是，其時的高層人物可以批評自家子弟，卻決不能容忍「敵對勢力」的子弟叫陣。

48　參看本書上編第五章《司法與獄政》一節。

聲》，《暴風雨的記憶》頁231）。印還説，「造反派主流是既反
對『老紅衛兵』的『血統論』，又反對遇羅克的《出身論》」（同
上）。這裏的「造反派主流」，應指四中的「四三派」那樣的「造
反派」。對《出身論》之為「異端」、對其作者「階級背景」的戒
備，應當是當時相當一部分人的態度。印的不止一個同學談到四中
師生的「溫和立場」。這種「溫和」，或也表現在既不取「血統
論」的「左」，也不認可遇羅克《出身論》有異端氣味的「右」。
高中《性壓抑與政治中立》一文説，「『新四中公社』雖反對『血
統論』對聯，當《中學文革報》推出《出身論》的『異端邪説』
時，我們緊跟『中央文革』批判《出身論》」，多少有點像戴季
陶，「舉起右手打倒『血統論』，舉起左手打倒『出身論』」（同
書，頁314）。李寶臣將此歸結為「造反派精英還不能完全放下血統
論思維與對血統論的恐懼」（《往事豈堪容易想》，同書頁236）。
不如説其時中學生政治上的「早熟」，既體現於政治方面的洞察
力，也表現在對政治風險的規避。大學生更善於規避風險。對「異
端」的高度警惕，是長期「階級鬥爭教育」的結果。在這一方面，
引遇羅克為同道的牟志京確屬罕見。

　　遇羅克的論戰文字，對手是老兵及其血統論，潛在的論辯方，
則是被作為執政基礎的「階級路線」。中央文革、陳伯達、江青的
等人可以就「對聯」表態，卻不能容忍對「階級路線」的質疑。遇
所指斥的具體政策，正是「既成秩序」的一部分，牽一髮而動全
身。遇的確無罪，卻不能不死。

　　詭異的是，即使同一學校的學生，也可能「分別因宣揚或反對
『血統論』而在押，殊途同歸」（參看趙振開《走進暴風雨》，同
書頁214）。至於張郎郎與遇羅克獄中相遇，説不上傳奇：在文革的
情境中「一切皆有可能」。[49]

49　曾屬「老兵」一派的張，曾與羅同在「死刑號」，以獄友的身份見證了遇羅克
　　在獄中及押赴刑場。參看其《寧靜的地平線》，收入《七十年代》。

與「出身問題」有關的對抗，文革中仍有餘波。韓少功《革命後記》一書說，清查「五一六」，「打的多是造反派骨幹，特別是家庭涉黑者」（頁141）。所謂「黑」，非「黑社會」，而是「黑五類」。出身問題被繼續賦予了嚴重性，只不過具體動作更隱蔽而已。

「出身」桎梏的鬆動

1968年12月，毛在《中共中央、中央文革關於對敵鬥爭中應注意掌握政策的通知》稿中添加了如下內容：「即使是反革命分子的子女和死不改悔的走資派的子女，也不要稱他們為『黑幫子女』，而要說他們是屬多數或大多數可以教育好的那些人中間的一部分（簡稱『可以教育好的子女』），以示他們與其家庭有所區別。」（《建國以來毛澤東文稿》第十二冊，頁617–618）這種指示在實踐中與其說強調了「他們與其家庭有所區別」，不如說提示的是他們與其他家庭的子女「有所區別」。當着出於某種需要對一部分人的歧視成為常態，不以他人的人格尊嚴為意的大人物，已失去了體察他人感受的意願以至能力。

非賴高層的格外開恩，轉機仍然出現了。借文革之初批工作組的「資反路線」、老紅衛兵的「血統論」，非「紅五類」以至「出身不好」的青年——主要是城市的大、中學生——開始發聲。胡發雲發覺，「資產階級」這個字眼，已經用在了各級黨組織頭上，「而且是主要地用在他們頭上了」，且最先這樣用的，是毛，「這使這個本來就嚴厲又含混的字眼，又有了更多的解釋」，而「對於長期置於它陰影之下的一部分人，無疑是一種寬釋與轉移」（《紅魯藝》，《1966：我們那一代的回憶》頁211）。這一時刻對於飽經出身歧視的一些人，有可能是決定性的：由陰影下走出，嘗試着挺直了腰桿做人。這種「解放感」，不曾領略過上述歧視的同代人難以體會。以「出身」為治理手段，至此漸告失效。

「老兵」外的群眾組織並非不講出身。即如上海的「工總司」
（參看李遜《上海文革運動史稿》頁18）：既出於十七年「階級鬥
爭」的慣性思維，也基於派仗中策略的考量，即避免授人以柄，使
對立派別有攻擊的口實。文革初期圍繞「血統論」的論爭之後，出
身歧視仍有延續，通常表現在「革命群眾組織」中較為激進與相對
溫和一派的攻防中。如清華大學的「井岡山兵團」（「井岡山兵團
總部」）與「四一四」（「井岡山四一四總部」）；另如北京中學的
「四三派」與「四四派」。[50]

對派別間的上述差異，清華「四一四」的理論家周泉纓表述得
很清楚。周泉纓比較「四一四派」（周寫作「四‧一四派」）與「團
派」的成份，說前者的隊伍「比較整齊」，其成員大多為「工農兵
基本群眾和勞動人民家庭出身的知識分子，以及大多數的黨團員和
幹部」，後者的隊伍是不整齊的，「還經常混雜着走資派，特別是
沒有改造好的地富反壞右以及代表他們的知識分子」（《四‧一四
思潮必勝》，宋永毅、孫大進《文化大革命和它的異端思潮》頁
395）。較有普遍性的情況是，群眾組織中相對溫和的一派更講「政
策」，同時注重「階級路線」意義上的隊伍的「純潔性」。「成份
不純」乃不限於清華大學的溫和派攻擊激進派的「彈藥」。

周泉纓該文的如下階級分析，使用的是主流意識形態的慣常表
述，如曰「一些資產階級分子，地富反壞右及其代表他們利益的知
識分子……混入了造反派的隊伍（主要是團派）」，「在造反派內部
尋找他們的代理人」（同上，頁398、399)等等。「地富反壞右」所
指明確，「資產階級分子」、「代表他們利益的知識分子」，則不
妨隨意指認。這種指認不無兇險。最穩妥的，是有出身問題或其他
把柄者盡可能「逍遙」，處在無論哪一方的射程之外；否則即有可

50　據卜偉華《文化大革命的動亂與浩劫》，北京中學「四三派」中「出身於剝
　　削階級家庭或所謂社會關係複雜的人數較多一點」；《論新思潮──四三派宣
　　言》的作者稱該派是「對再分配有最激進要求的那一部分人」（頁499）。

能如遇羅克所寫到的中學女教師鄭兆南那樣，因奮不顧身地投入運動而自蹈死地。

當年的北大學生陳煥仁1967年2月23日記記某同學說，自己不明白「為什麼造反派大多數人出身於剝削家庭？不少造反派本人就是右派分子和摘帽右派分子，或者是歷次政治運動中受到批判的人」，他總覺得這些人「對共產黨，對毛主席，對社會主義制度，有一種天然的仇恨，他們造反的動機很值得注意」（《紅衛兵日記》頁277）。上述現象被指為「右派翻天」。當時的口號是：「只許左派造反，不許右派翻天」。

關於「首都三司」的領導人「不再強調成員的家庭背景及檔案材料中記載的階級出身」，麥克法夸爾、沈邁克《毛澤東最後的革命》以林彪的下述言論解釋：「紅五類也有不紅的，黑五類也有不黑的，不可唯成份論，還是分左、中、右好」（中譯本，頁149）。據我的觀察，較為激進的群眾組織在出身問題上持相對開放的態度，更與發展隊伍、擴充實力以及網羅人才的實際考量有關。無論出於何種動因，派仗的確使得政治賤民意外地獲得了解壓的機會。甚至有長期受壓的「黑五類」子女，武鬥中不惜為接納他們的一派赴死。

據楊健《文化大革命中的地下文學》，其時赴越赴緬參戰者，有的是為了逃脫政治迫害。該書還說，「在緬共部隊中有不少『黑幫』子弟，因為無法洗刷掉自己身上的罪名挺〔鋌〕而走險」（頁64）。嚴力所寫關於抽屜的詩，有「甚至在黑五類肉體上/所拉開的抽屜裏/也必會有一本紅寶書」（《陽光與暴風雨的回憶》，《七十年代》頁304）。在皮肉上別一枚毛主席像章——似乎必用這種慘烈的方式，才能表明「心跡」。嚴力所寫「拉開」「肉體」，應當即以這類事蹟為素材。[51]

51　據楊健《文化大革命中的地下文學》，將毛像章別在皮肉上，曾被清華大學井岡山兵團編入大型歌舞劇《井岡山之路》（頁34）。

　　偏於溫和的一派，也對有出身問題者有條件地接納。譚力夫
1966年8月20日在闡發「血統論」的著名演講中說，有「兩種團
結」，一種是「核心的團結」，第二種則是「外層」、「再外
層」，「直到一切可以團結的力量」（參看宋永毅、孫大進《文化
大革命和它的異端思潮》頁104）。強調層級，合於毛的思想，也合
於十七年到文革的政治實踐。被「團結」，即被作為強勢主體下的
被動客體——不止明示了等級差別，且不顧及「客體」的意願，往
往居高臨下，不由分說。所謂「紅外圍」，即作為「團結對象」
的介於「紅」、「黑」之間者，包括被認為與其家庭劃清了界限
的少數「黑五類」子女。遇羅克針鋒相對地說：「在表現面前（按
『表現』即『重在表現』），所有的青年都是平等的，出身不好的
青年不需要人家恩賜的團結，不能夠只做人家的外圍。」（《出身
論》，《遇羅克遺作與回憶》頁12）[52]

　　激進派被詬病的「招降納叛」，未見得基於對「階級路線」的
質疑，卻向「黑五類」子弟打開了一定的空間。雖激進派被一再清
算——由文革中的「一打三反」、「清查五一六」，到文革後的清
理「三種人」——出身問題並未出現較大的反彈。至此，對「黑五
類」子弟的歧視漸次淡出社會生活。上述變化毋寧說循文革作為運
動的邏輯。確如攻擊者所言，「派別」模糊了「階級」，給「混
入」者提供了改換身份的機會。根深蒂固牢不可破堅不可摧的等級
劃分，於此被戲劇性地修改了。上述微妙之處，非深入文革的具體
過程即難以洞悉。

　　陳家琪說，文革前的歷次政治運動都是整「黑五類」，尤以
「四清運動」為甚，「唯有這次文化大革命才提供了另一種可能，
這就是『十六條』所說的：『鬥垮走資本主義道路的當權派』」，
「給從日常生活到升學、成家、提幹、入黨，乃至生老病死等人生

52　李遜《上海文革運動史稿》：「絕大部分知識分子，以及『民族資本家』，上
　　中農等」，「這些中間等級的地位很曖昧，有時是革命對象，有時是『團結對
　　象』，全由政治運動的指向決定。」（頁9）

的方方面面都感受到社會之不公正的下層小人物提供了一個至少從理論上說，具有某種『正當性』的『鬥垮當權派』的可能」（《執着與迷惘——作為一種個人思想與情感經歷的文化大革命》，《1966：我們那一代的回憶》頁314。按「提幹」即提拔幹部）。這種背景下的「造反」，多少讓作者（陳乃當時的高三學生）想到了「階級報復」——也是當年令人心驚肉跳的一個詞兒。

　　文革提供的空間中，諸種線索纏繞錯綜。據陳家琪的觀察，「最早領會到毛澤東的意思是要『鬥垮走資派』的，多為那些最明顯地感受到社會不公正（廣義地理解為懷才不遇，狹義地理解為出身不好）的學生」，他們較之其他人，「更切身地感受到了毛主席的拯救與恩情」（同上，頁315）。陳還發現農家子弟中，最先起來造工作組的反的，是赤貧的雇農子弟；陳於此關注「實際經濟狀況」、「社會地位」之於上述選擇的決定性；卻以為地主子弟也適用這種角度的觀察，因為他們在「實際」上，處於政治、經濟全無保障的赤貧地位。他說自己最好的一位朋友是地主成份，「但他在我心目中一直是貧下中農的典型形象」（同上，頁316）。要經歷那個時代且敏於思考，才會有如上的奇特經驗。

　　文革中有意涵不同的「解放」，諸種意義上的「解放感」。甘陽說文革前三年對於他，「一方面是父母被迫害，被抄家，但另一方面則是極大的思想解放，開始自己想問題了」（查建英主編《八十年代訪談錄》頁243）。被「出身問題」長期壓抑者，則有可能在某個「革命群眾組織」中找到了容身之地，有了與他人（「同一條戰壕中的戰友」）的平等感。另有一些人，因被「革命」排除在外、被「革命群眾」暫時遺忘（如在派別惡鬥的時期），終於有機會在社會的邊緣處、運動的空隙間營造一份屬自己的生活。在一個組織嚴密得鐵桶一般的社會，不被人注意（包括不被監視）竟也會是一種幸福。葉維麗說：「我們這代城市青年超越家庭出身的互相認同，是在廣闊的農村形成的。」（《紅色大院的女兒們》頁

194)則上山下鄉也為消解「出身問題」提供了機緣。

　　在這種意義上，派仗及其他事件對「血統論」的衝擊，較之圍繞對聯的論戰更為有力。借助於革命導師「解放全人類」的經典論述，以中共八屆十一中全會1966年8月8日通過的《關於無產階級文化大革命的決定》（即「十六條」）的「讓群眾在運動中自己教育自己」、「自己解放自己」為理據，[53]政治賤民獲得了改善自己社會地位的機會。當着一種政策被推到了極端，轉折的契機出現了。

　　人的肢體一旦伸展，即不能忍受拘手攣足。經此「解放」，再不能回到被壓抑也自我壓抑的狀態——亦發生在文革期間的諸種戲劇性變化之一種。當然也應當說，當時由出身的陰影下走出來的，更限於城市青年、大中學生中的一部分，不便作一概之論。

　　在胡發雲的印象中，1966年秋到1967年「大串連」，最初「基本上屬『紅五類』的特權」，到了1966年10月，「大串聯已變成了所有學生的個人行為，報上已開始用『偉大領袖毛主席檢閱革命師生』，而不再僅僅用『……檢閱紅衛兵小將』的字樣」（《紅魯藝》，《1966：我們那一代的回憶》頁208）。對此，作者有基於自身處境的細心體察。也在這當兒，我的兩個姊妹結伴「串連」去了。全國大流動的混亂中，她們受到了對「革命小將」的接待，並沒有遭遇盤查(以當時的條件，確也無從核查身份)。必須說明的是，這裏的「解放」乃就結果而言。文革中發表於紅衛兵小報的上海中學生的文章《一切為了九大》認為，文革是一場變動階級關係的革命，確屬誤判。其被指為「反動的社會思潮」，良有以也(參看李遜《上海文革運動史稿》頁1474–1481)。

　　有人記得串連返回時所見老紅衛兵失勢，「黑五類」子女進入「造反派」組織的情景。葉維麗說自己「大串連」回到北京，發現

53　1966年8月13日《人民日報》社論有「群眾……自己解放自己」的表述。周恩來曾引用毛「革命要靠自己」(周的講話發表於1966年8月19日《人民日報》；毛的相關言論收入《建國以來毛澤東文稿》第十二冊，即《革命要靠自己》(見該書頁108)。

北京的形勢已有很大的變化，「新的造反派組織層出不窮，參加的很多人都不是所謂的『紅五類』，他們成了中央文革的新寵」（《紅色大院的女兒們》頁143）。[54]此種變局，未見得出諸文革主持者的設計。

基於「階級路線」的出身歧視，文革後期進一步淡化。衝擊波由廣州街頭抵達全國的「李一哲」大字報的作者中，李正天的父親為國民黨將軍，後率部起義；陳一揚的父親亦國民黨軍人（參看印紅標《文化大革命期間的青年思潮》頁375）。這在1973–1974年，才更順理成章。[55]

「轉機」並非普遍發生。出身壓力在鄉村，一向更較城市沉重。農村或也有難以察覺的變動。1979年1月11日頒佈的《中共中央關於地主、富農分子摘帽問題和地、富子女成份問題的決定》有如下內容：地、富家庭出身的社員（第二代），「本人的成份一律定為公社社員，享有同其他社員一樣的待遇。今後，他們在入學、招工、參軍、入團、入黨和分配工作等方面，主要應看本人的政治表現，不得歧視」；第三代的「家庭出身應一律為社員，不應再作為

54　胡發雲的《紅魯藝》，記述較葉更為具體。比如大串連後成立的一些區別於老紅衛兵的紅衛兵組織，名稱加了「毛澤東思想」、「毛澤東主義」、「紅旗」、「井岡山」等前綴詞匯，而老紅衛兵因不加前綴而被貶稱為「三字兵」。新成立的紅衛兵組織成份複雜，有的是老紅衛兵分裂出來的，「大多數是其中的工農子弟，或原來是軍幹、革幹，後來突然變成了叛徒、特務、內奸、黑幫、三反分子、走資派家庭的子女。一部分是運動初期處於中間狀態的職員、手工業者、城市貧民或小工商業者的子弟。還有一些出身高級知識分子家庭、一向膽小文靜的女生，甚至有一批是運動初期的『狗崽子』們，父母自殺、被關被鬥、被報紙點名的『從裏到外』都黑透了的『黑五類』。他們有的還成為一些組織中很活躍，很有實力的骨幹」（《1966：我們那一代的回憶》頁210–211）。

55　在「血統論」風行的1966年11月，因化名「伊林·滌西」寫致林彪的公開信而名噪一時的北京農業大學附中兩個學生之一的劉握中（即「伊林」），出身於「逃亡」臺灣的「反動軍官」家庭。以這種家庭背景而敢於發表反主流的政治言論，可見出身壓力的效果仍有因人之異。數十年後接受訪談，劉說他們寫公開信，目的是「實現監督——廣大人民監督和批評國家領導機構和國家領導人的權利」，而不屑於自居「反林彪」的英雄（《回憶與反思》頁254）。

地主、富農家庭出身」。[56]對此黎若説，宣佈取消農村中地主富農成份，「對於那些因家庭出身問題一出生就帶上終生都無可變更烙印的人們來説，不啻是一生中最重大的事件。但是這一決定並沒有在整個社會中引起巨大震動和特殊反響。之所以這樣，是因為社會成員的思想觀念本身已先行發生了轉變，這一決定不過是追認已經成為現實的結果」（《走出藩籬》，《1966：我們那一代的回憶》頁267）。社會成員思想觀念的轉變，正是在文革的過程中發生。

　　至於地、富子女的解放，與其説因上述政策，不如説更賴有文革後經濟生活的變動。賈平凹説，就他的觀察，「改革開放後，發財的人，不少是以前成份不好的人的後代。」既賴有機遇，也因這種家庭「重視文化，思維比較開放，有這機會又復活了。這草啊，春風一來，它又綠了。當年那些貧困的人，很多現在還是貧困的，因為他老不注重文化教育，幾十年以後又恢復到這樣」（《賈平凹：最大的問題是農村沒有人了》，刊《南方週末》2015年10月8日C19版）。賈所説現象是否普遍，尚待考察。

父輩/子女

　　本節討論的「出身問題」，乃對特定人群的「子女」公正與否的問題，不涉及對其父輩的打擊是否正當。在上述「階級路線」的實踐中，出身乃身為子女者的宿命：你的命運預先決定，你的前輩則是你的痛苦的根源。這裏適用一「孽」字，孽緣，孽債。「父債子還」是極其古老的邏輯。事後的回憶中被忽略的，往往是背負這種「孽債」的父輩乃至祖輩的苦痛。

　　文革中加之於受害方身體的暴力與「冷暴力」（精神虐待）往往相輔相成。受害人承受着雙重乃至多重暴力。包括來自家庭內部、親族鄉黨的暴力。受歧視的子女對於父母長輩的怨恨也在其中。文革與前此的政治運動，「非正常死亡」的案例，固有夫婦同死、父

56　參看蕭冬連《從撥亂反正到改革開放》頁128。

母子女同死者，也有不堪來自家人的「冷暴力」而選擇死亡者。這類創傷最令人不忍觸碰。那裏確有人性的黑暗深淵。

討論出身問題而返回那個時代，「父母」、「父兄」的視角不可省略。「子女」、「子弟」、「父母」、「父兄」的記憶有可能互為補充，構成更完整的故事。較少讀到的，是出自「父母」、「父兄」的講述。「子女」、「子弟」的訴説則往往限於自身感受。即使到了遙遠的事後，也仍然會忽略當年其父母、父兄承受的壓力，他們那種無可告語、只能舔舐自己傷口的痛楚。我們不難讀到含辛茹苦的貧困母親的故事，卻較少留意生存在子女怨恨中的母親。史鐵生的小説《奶奶的星星》，在同時期寫「傷痕」的小説中較為罕見。儘管小説中的「奶奶」，遠非此類長輩中遭遇最不幸者。這些「剝削階級」的孑遺，即使在黃泉路上，也走得寂無聲息，像一團陰影。

陳佩華的一個受訪者「在培養『無產階級感情』時也許確實遇到了困難，但她和父母劃清界限卻十分容易」。「遠在孩提時代，她就為自己有這樣的父母感到羞愧。上初中以後，她對父母更加蔑視，幾乎不同他們講話，在做重大決定時也不徵求他們的意見。」（《紅衛兵一代的成長和經歷》中譯本，頁88）這位受訪者說她因出身而「看不起」自己的父母，她恨父親買東西時的「討價還價」，恨父親「有時對領導低三下四」（同書，頁39）。最終偷渡香港，她連一聲再見也沒有對父親說。這種情況未必罕見。被子女怨恨，無疑是一種殘酷的經驗，卻很少聽到對此的傾訴。或因了父母一方自以為罪孽深重，不忍責難自己的子女。

有人發現，收入個人回憶的合集的《七十年代》一書，「恐懼居然沒有任何位置」；「『劫難』之於他們，是長輩們的事情」（張念《有關七十年代的記憶秩序》，《讀書》雜誌2013年第1期，頁61）。因長輩而有的恥辱感，卻不會輕易忘記。陳凱歌曾寫到不忍目睹其父勞改時的卑屈姿態（參看本書上編第七章《批鬥、強制

勞動、降低待遇到「給出路」》）；我猜想在當時，那種羞恥感較之其父「牛鬼蛇神」的身份，更令他刻骨銘心。

顧準至死仍在懇求不肯探視、與他作最後告別的子女「原諒」，認為自己害了家人(參看《顧準日記》附錄陳敏之《送別——在顧準身邊的最後一個月》)。這或許是顧準的故事中最令人動容的部分。[57]子女以「劃清界限」為自己贖罪，顧準的子女未必是極端的例子。牟志京寫某同學帶領全班批鬥自己的父親，牟不忍看那位父親所受侮辱，竟受到了做兒子的嚴厲指責(《似水流年》，《暴風雨的記憶》頁6)。

顧頡剛1964年的日記寫到「疑似」因出身、家庭背景而影響其女兒入團，使自己「血液上升」，服大量安眠藥才能入睡；又説是年吸收團員，「嚴格過於前數年」(《顧頡剛日記》第十卷，頁179)。同年4月18日，讀女兒日記所寫「成份不好，資產階級的父母要和無產階級爭奪接班人，要展開鬥爭」，顧氏不解這話從何説起(同上，頁257)。日記中文革初期的顧氏，以七十餘歲的衰齡，小心翼翼地窺探着子女的臉色，心懷愧疚地面對子女的斥責，一筆一劃地錄下子女日記、書札中對自己的分析批判與規勸，讀之令人酸楚。1966年8月26日記自己被強制勞動時，女兒曾到研究所，「假作不見」(同書，頁517)。同年9月11日日記：「以我為『反動學術權威』故，四兒皆不得為紅衛兵，以是皆恨我。我每出一言，必受其駁，孤立之狀可想。」其子因昔日玩伴不與説話，即住在學校，僅回家吃飯，「在飯桌上常瞋目斥予」(同書，頁529)。1967年1月26日記親見其子「已戴紅衛兵臂章」(頁608)。卻不知此「紅衛兵」已非彼「紅衛兵」。3月28日記其子女「被選為」所在中學的紅衛兵(頁645)，亦屬誤解。1968年10月2日，記女兒因自己的緣故，「國慶節遊行不能參加，心中苦悶」，擬到內蒙古插隊(《顧頡剛日記》第十一卷，頁34)。説其在內蒙古插隊的兒子以自己的

57　關於顧準與其子女，參看本書上編第六章《人倫的變與常》。

緣故不得加入邊防軍，為之悶損(同書，頁181)。為人父的敏感脆弱，隨處可感。

　　楊絳則寫到曾擔心失去女兒錢瑗，說她和錢鍾書覺得女兒上了大學，「和家裏生疏了」(《我們仨》頁139)。文革中女兒寫大字報「和『牛鬼蛇神』的父母劃清界線」，卻繼續照顧錢、楊(同書，頁142–143)。其小說《洗澡》寫「舊知識分子」余楠的兩個兒子先後考上了北平西郊的大學，「思想都很進步，除了向家裏要錢，和爸爸界線劃得很清」(頁5)。有意輕描淡寫，觸到的正是大批知識分子的痛處，傷心處。

　　流沙河的孩子因受歧視而退學，詩人在詩中寫自己讓孩子當馬騎，逗小兒一樂：「小小屋中有自由，/門一關，就是家天下。/莫要跑到門外去，/去到門外有人罵。/只怪爸爸連累你，/乖乖兒，快用鞭子打」(引自楊健《文化大革命中的地下文學》頁267)。並非為人父母者都能如流沙河這樣以詩排解。趙振開寫所在北京四中某女教師因受審查而導致兒子由部隊轉業，「用剪刀割斷並揪出自己的喉嚨」(《走進暴風雨》，《暴風雨的記憶》頁204)。這種痛，未曾經歷類似厄難者不大能感同身受的吧。

　　出於政治需要對家庭倫理、親子關係的恣意破壞，其影響短時間難以消除。近一時期重建家庭的價值，難道不應對那種倡導「劃清界限」、迫使「決裂」的政治文化有所反思？

創傷經驗

　　出身歧視是文革結束之初被較多訴說的傷痛，諸多被展示的「傷痕」中的一道傷痕。知青及同一世代的作者與出身有關的作品，史鐵生《奶奶的星星》外，另有張煒《秋天的憤怒》、《古船》，王家新的《少年》等。更不必說海量的自述式的散文(包括回憶錄以及近十幾年來的網文)。與出身有關的創傷經驗留在文學藝術作品上的印痕不難辨認。楊健《文化大革命中的地下文學》一

書説，文革中的「『叛逆』詩人們往往有相同的家庭，社會背景，出身於『黑五類』，被衝擊的幹部子弟家庭、知識分子家庭」（頁166）。以此為線索，也可考察文革結束之初部分作家、藝術家、人文社會科學工作者從事創作與學術研究的初始動機——上述情況是否以及以何種方式、在何種程度上影響了「後文革時期」中國文化的一般面貌？

王家新説，自己上初中時填表，「每當填寫『家庭出身』這一欄時，我都痛苦萬分。其實，那時正是『自我意識』覺醒的時候」；又説，「現在想一想，我真要感謝那個時代，是它給了我走向文學的全部痛苦和內驅力」（何言宏、王家新《「回憶和話語之鄉」》，《當代作家評論》2010年第1期，頁141）。王於此想到的，是猶太作家如約瑟夫‧布羅茨基（Joseph Brodsky）、保羅‧策蘭（Paul Celan）等。他説，「像我們這種出身的人，在『文革』期間就是猶太人！」（同上，頁142）

由出身問題的陰影下走出，最緊迫的未必是與社會和解，而是治癒心理疾患。有人無力療傷，終身生活在陰影裏；也有人因長期被踐踏而養成「反社會」的人格，好勇鬥狠，視自己也視他人生命如草芥。潘鳴嘯《失落的一代——中國的上山下鄉運動（1968至1980）》説，文革中偷渡香港的知青中，少數人參加了名為「大圈仔」的黑社會組織，「作案時心狠手辣」。「他們之中許多青年出身不好，從小就被人歧視，嘗遍了辛酸、貧窮和絕望。香港的警察和監獄絕對嚇不倒他們。他們比本地的歹徒更輕易地出手殺人……」（中譯本，頁454）

有受害的猶太人後裔調查納粹子女。[58]沒有人「生而有罪」。任何正常社會都不應有人「生而有罪」。「和解」不是將歷史翻篇，而是一頁頁讀過去，並思考、追問，以向外部與內心的黑暗告別。

58　〔奧〕彼得黨西施羅夫斯基（Peter Sichrovsky）《生而有罪：納粹子女訪談錄》中譯本，北京：世界圖書出版公司，2017。

　　「改革開放」後基於「階級路線」的出身問題，成了須加註釋才能被年輕人弄懂的東西。等級秩序與出身歧視卻仍然存在，如既有傳統淵源又與市場經濟匹配的官/民、貧/富、以及城/鄉，等等，亦韓少功為之痛心疾首的「再等級化」。[59]出身歧視之外，另有諸種無所不在的歧視。城市對農民、農民工的歧視，政商豪門對平民的歧視，性別歧視，對殘障人士的歧視，年齡歧視，等等。社會等級固化，社會流動渠道阻滯。官員固有世襲，貧富則代際傳遞。等級制、特權，借了資本的助力變本加厲。上述社會問題尚未見有效的解決方案。

　　自然發生的階層分化，與由當局直接操弄者不同。當然，看似「自然發生」的背後，仍有政經力量看不見或看得見的手。基於「階級路線」的出身歧視雖淡出了文革後的語境，與此路線有關的反思並沒有充分展開。「英雄不問出處」漸成流行語，回到這樣常識的見解尚需時日。只有當「寒門子弟」不再成為一種身份，其成功無需特殊理由，與「血統—出身」有關的文化才有進一步改造的可能。

3.2　身份

　　「走資派」、「三反分子」——「資產階級反動學術權威」——「牛鬼蛇神」——「黑幫」、「黑線人物」、「四條漢子」——「反共老手」——「叛徒」、「特務」——「人民」、「公民」、「革命群眾」、「革命小將」、「革命……」——「同志」、「老師」、「先生」——「工人」、「工人階級」——「五七戰士」、「赤腳醫生」、「民辦教師」——「工宣隊員」、「軍宣隊員」——「黨委紅人」、「積極分子」、「勞模」——

59　所謂的「官二代」、「富二代」、「農二代」、「窮二代」，仍與出自何種家庭有關，亦「天註定」。

「五一六分子」——「可教子女」——「二十一種人」——「五類分子」、「黑五類」——「資本家」、「小業主」——「摘帽右派」、「漏網右派」、「漏劃地主」、「逃亡地主」——「國民黨殘渣餘孽」、「吸血鬼」、「寄生蟲」、「遺老」、「遺少」——「變色龍」、「小爬蟲」——「壞人」、「壞頭頭」、「『四人幫』幫派骨幹分子」、「三種人」——「黑後臺」、「黑手」、「黑幹將」、「黑爪牙」、「黑秀才」——其他身份符號。

此節涉及的，主要為與本書議題有關的身份或曰身份符號，借由身份梳理文革的某些面向。至於全面清理1949年後的身份符號，或需要一部詞典——已有這樣的詞典也未可知。不斷地定義人、人群，屬當代中國社會治理的基本手段。任一社會均不免於定義。只是當代中國的這種定義更具政治性，更關涉意識形態，更由當局掌控而已。

古代中國有所謂「名教」。清雍正帝賜錢名世「名教罪人」一名，命其懸匾門楣以儆效尤，可作為「名」之為「教」的示例，未必為正統的儒家之徒認可。當代中國的以「名」為治理手段，恐為古人想像未及：作為治術依然古老，只是鍛造得無比精緻罷了。

基於政治鬥爭與社會治理的需要，1949年後的中國，製造出了大量且層出不窮的身份符號。以下列舉的部分身份符號，應以製造「敵人」——亦所謂「設置對立面」——為一部分目的。歷次政治運動被一批批由「人民」中排除者，到文革已累積為「五類分子」、「二十一種人」等。文革則不但集大成，且創造出更多、無以數計的身份符號。以下諸種身份，有些文革前即有，有些乃文革中生成，也有的乃在沿用。

也如出身，身份的重要性，某些身份之於人的致命性質，是1950–70年代特殊的政治、社會現象。下列身份中的每一種都各有其歷史，關聯着諸多人的生存狀態及命運。以這些身份符號為線索，足以結構一部大書。其中有些身份符號文革後漸被遺忘，成為

語言化石；又有新的身份符號出現，其中的一些亦可作為當代中國史考察提供索引。

敵人係客觀存在，還是依某種需要被建構，不可作一概之論。可以相信的是，階級鬥爭的理論與實踐的確需要敵人。1949年以降持續的階級鬥爭與一系列政治運動，是不斷「發現」、衍生敵人的過程。身份符號方便了對於人的辨識。在「階級鬥爭」的語境中，尤便於對「階級敵人」的辨識，是當代中國政治文化富於特色的部分。

1964年12月中央工作會議討論《農村社會主義教育運動中目前提出的一些問題》（即「二十三條」），毛提出運動的「重點是整黨內走資本主義道路的當權派」（逄先知，金冲及主編《毛澤東傳》第六卷，頁2340）。1965年1月中央工作會議通過的該文件，表述為「這次運動的重點，是整黨內那些走資本主義道路的當權派」。這一時期毛《對陳正人關於社教蹲點情況報告的批語和批註》，有「官僚主義者階級與工人階級和貧下中農是兩個尖銳對立的階級」、「這些人是已經變成或者正在變成吸工人血的資產階級分子」的說法（《建國以來毛澤東文稿》第十一冊，頁265–266、266）。1966年5月16日中共中央政治局擴大會議通過的《中國共產黨中央委員會通知》（即《五一六通知》），毛加寫的部分提到「反黨反社會主義的所謂『學術權威』」、「混進黨裏、政府裏、軍隊裏和文化領域的各界裏的資產階級代表人物」、「反革命的修正主義分子」、「赫魯曉夫那樣的人物」（《建國以來毛澤東文稿》第十二冊，頁43–44）。《五一六通知》另有「資產階級鑽在共產黨內打着紅旗反紅旗的代表人物」、「資產階級、帝國主義的忠實走狗」、「反共、反人民的反革命分子」等提法（同書，頁41）。[60]1966年召開的中共八屆十一中全會8月8日通過的《關於無

60　「土改」中劉少奇有「黨內地主」的說法（參看楊奎松《中華人民共和國建國史研究1》頁90）。

產階級文化大革命的決定》（即「十六條」）說：「在當前，我們的
目的是鬥垮走資本主義道路的當權派，批判資產階級的反動學術
『權威』」。

官方文件中劉少奇、林彪、陳伯達、江青身份之複雜，身份
符號的重疊累贅，前未之見。在執政黨的文件中，劉少奇被定性為
「黨內頭號走資本主義道路的當權派」、「埋藏在黨內的叛徒、內
奸、工賊」，「罪惡纍纍的帝國主義、現代修正主義和國民黨反動
派的走狗」（中共八屆十二中全會通過的《關於叛徒、內奸、工賊
劉少奇的審查報告》）。[61]林彪為「資產階級野心家、陰謀家、反
革命兩面派、叛徒、賣國賊」；陳伯達則是「國民黨反共分子、托
派、叛徒、特務、修正主義分子」；[62]江青為資產階級野心家、陰
謀家、反革命兩面派、叛徒（參看《建國以來毛澤東文稿》第十三
冊頁367註1）。康生的定性則是「大陰謀家、大野心家、反革命兩
面派」、「血債纍纍的兇手、政治騙子和林彪、江青兩個反革命集
團的核心人物和罪魁禍首之一」（轉引自蕭冬連《從撥亂反正到改
革開放》頁309–310）。[63]

---

61 劉少奇問題升級、身份逐步明確的過程，參看逄先知、金沖及主編《毛澤東
     傳》第六卷，頁2503、2504。

62 見1972年7月2日中共中央批發《粉碎林彪反黨集團反革命政變的鬥爭》（材料
     之三）、《關於國民黨反共分子、托派、叛徒、特務、修正主義分子陳伯達的
     反革命歷史罪行的審查報告》。

63 身份符號疊加，不厭其多，還有其他例子。1966年「前門飯店會議」後，烏
     蘭夫被定為「三反分子、民族分裂分子、修正主義分子，內蒙古最大的走資
     派」（吳迪《「內人黨」大血案的始末與真相》，《文革大屠殺》頁63）。按
     「三反分子」所謂「三反」，即反黨、反社會主義、反毛澤東思想。創造身
     份符號，群眾組織也不遑多讓。1967年7月通過的《首都五‧一六紅衛兵團第
     一屆代表大會決議》，所擬周恩來的罪名，不下十項。「劉鄧司令部」的「幹
     將」，「中國最大的反革命兩面派」，「中國最大的賣國主義者」，「修正主
     義者」，「右傾機會主義者」，「十二月黑風的煽動主角」，「全國自上而下
     的資本主義復辟逆流的總後臺」，「……資本主義暗流的總後臺」，「……客
     觀支持者」，「中國第二個赫魯曉夫式的個人野心家」，且是毛身邊的「定時
     炸彈」（參看宋永毅、孫大進《文化大革命和它的異端思潮》頁262）。甚至向

　　1975年發起「批鄧、反擊右傾翻案風」，「不肯改悔的走資派」外，鄧小平又被指為「壟斷資產階級」、「買辦資產階級」，甚至「大漢奸」、「謠言公司的總經理」（參看王年一《大動亂的年代》頁562）。1976年4月5日「天安門事件」（即「四五事件」）後，更升級為「黨內最大的不肯改悔的走資派」。毛曾告誡江青「不要設兩個工廠，一個叫鋼鐵工廠，一個叫帽子工廠」（《對「四人幫」的幾次批評》，1974–1975年，《建國以來毛澤東文稿》第十三冊，頁394）。事實則是，「帽子工廠」，從來就有。

　　尚有「走資派」與「犯了走資派錯誤」的區分。毛就使用過「犯走資派錯誤的好人」的說法（《對林彪中共九大報告稿的批語和修改》，同書頁14）。至於「走資派」一名的被棄用，甚至不待文革結束。楊繼繩《天地翻覆》：文革後期幹部紛紛回歸體制，「文革初期被打倒的幹部，除了某些『有歷史問題』的外，沒有一個被組織部門定性的『走資派』，即使是曾經被中央點名的『走資派』，也沒有一個人再戴這個帽子。」（頁825）

　　「走資本主義道路的當權派」出現在「十六條」之前，對「學術權威」的批判早已緊鑼密鼓地進行。《五一六通知》除「反黨反社會主義的所謂『學術權威』」外，尚使用了「資產階級的學閥」的說法（《建國以來毛澤東文稿》第十二冊，頁43、42）。何為「學術權威」，何為「反動學術『權威』」（「十六條」），並無明確界定。「資產階級學術權威」除了「資產階級」這一意識形態定性外，也幾無標準。運動中受到打擊的，則是各個學科、學術門類的「權威」。「學術權威」本是稀有人種，卻因文革打擊之廣泛，似

　　毛反映「走後門」問題的小人物李慶霖，文革結束後也被當地專案組定性為「資產階級野心家、陰謀家、反黨反社會主義分子、現行反革命分子」（黃志雄《知青家長李慶霖》頁442），足夠誇張。便於衍生的身份符號，尚有「赫魯曉夫那樣的個人野心家和陰謀家」（原指劉少奇），「林彪一類假馬克思主義的政治騙子」。

乎凡「知識分子成堆」的地方皆有。知識界、文化界、教育界、學術界，凡「權威」均在打擊之列。甚至中學教員中的業務尖子。這種對於知識分子的普遍打擊，前此的政治運動得未曾有。[64]儘管「十六條」提到「注意把資產階級的反動學閥、反動『權威』，同具有一般的資產階級學術思想的人，嚴格區別開來」。

《譚其驤日記》記自己1966年文革爆發後被指為「反動學術權威」。次年3月出席校內某會議，有「已被解放」的錯覺，以為「今後將參加革命矣」，卻發現仍被稱為「反動學術權威」（3月21日、29日，同書頁137、138）。是年12月28日，記所在復旦大學勒令登記者「有反動學術權威一項，系內有思想反動分子一項，不知定義如何，只得等着瞧」（頁163）。發佈命令者也未見得知道「定義如何」。木山英雄記其聽説的鍾敬文、啟功的如下笑談：鍾說：「我可能多少有點兒『權威』，但說『反動』，我怎麼也不服。」啟則説：「我『權威』是一點兒也沒有的，但說『反動』大概是不錯的吧。」令木山英雄想到了《世説新語》中魏晉名士的語言方式（《人歌人哭大旗前——毛澤東時代的舊體詩》中譯本，頁63-64）。沈從文也説自己「被稱為反動專家『權威』」，「要承認，沒有這個資格；要否認，沒有分辨能力」（《陳述檢討到或不到處》，《沈從文全集》第二七卷，頁257）。

實際運動中承受打擊的，遠不限於知識分子。可能包括了各行各業的「業務尖子」。曾彥修晚年受訪時説：「凡是你有一技之長的，就是反動權威。理髮理得比別人好，工資比別人高，是反動權威；炒菜炒得好的，也是反動權威。更奇怪的是編竹籃子的、編竹筐的師傅，也叫反動權威」（《曾彥修訪談錄》頁334）。由此可考社會心理。

1957年「反右」前後，毛密集地提到「牛鬼蛇神」。1957年3

64　「反右」雖以知識分子為主要對象，打擊面之廣，仍非文革所能比。

月毛《在宣傳會議上講話(提綱)》有「不要怕牛鬼蛇神」等字樣
(《建國以來毛澤東文稿》第六冊,頁376)。一再提到「牛鬼蛇
神」的,尚有《在中國共產黨全國宣傳工作會議上的講話》(《毛
澤東選集》第五卷,頁416、417)、《事情正在起變化》(同書,頁
427)、《文匯報的資產階級方向應當批判》(同書,頁436、437)、
《對周揚〈文藝戰線上的一場大辯論〉一文的批語和修改》(《建
國以來毛澤東文稿》第七冊,頁93、94)。

　　文革前的「社會主義教育運動」,毛的談話再一次頻繁提到
「牛鬼蛇神」(參看逄先知,金沖及主編《毛澤東傳》第六卷,頁
2277、2278、2313)。最廣為人知的,是《轉發浙江省七個關於幹
部參加勞動的好材料的批語》(1963年5月9日)中的如下一段:「不
然的話,讓地、富、反、壞、牛鬼蛇神一齊跑了出來……」(《建
國以來毛澤東文稿》第十冊,頁293)以「牛鬼蛇神」與「地、富、
反、壞」並列,具體所指卻不明。[65]

　　《五一六通知》引用毛1957年《在中國共產黨全國宣傳工作會
議上的講話》的如下表述:「凡是錯誤的思想,凡是毒草,凡是
牛鬼蛇神,都應該進行批判,決不能讓它們自由氾濫。」(《毛澤
東選集》第五卷,頁417)係文革中引用率奇高的毛語錄之一。《人
民日報》1966年6月1日社論《橫掃一切牛鬼蛇神》,被讀作大規模
打擊的動員令。是年6月10日,毛在杭州向各大區負責人打招呼,
說到「把一切牛鬼蛇神揭露出來」(逄先知,金沖及主編《毛澤東
傳》第六卷,頁2384)。同年6月20日《人民日報》社論《革命的大
字報是暴露一切牛鬼蛇神的照妖鏡》。[66]同年7月8日毛《給江青的
信》中提到「牛鬼蛇神自己跳出來」、「七八年以後還要有一次橫

65　1965年12月《關於機要保密、警衛工作的指示》有「打起仗來要警惕牛鬼蛇神
　　會出來破壞」云云(《建國以來毛澤東文稿》第十一冊,頁489)。

66　同月劉少奇《批轉中南局〈關於文化大革命的情況和意見的報告〉》、《批轉
　　西北局〈關於無產階級文化大革命的情況和意見的部署〉》,有「當牛鬼蛇神
　　出籠攻擊我們的時候」(參看楊繼繩《天地翻覆》頁200)。

掃牛鬼蛇神的運動」（《建國以來毛澤東文稿》第十二冊，頁71、73）。[67]1967年1月《對〈紅旗〉雜誌社論稿〈論無產階級革命派的奪權鬥爭〉的批語和修改》，毛將「堅持反動立場的地主、富農和資產階級右派分子、壞分子、反革命修正主義分子、美蔣特務」一併指為「牛鬼蛇神」（同書，頁212）。據說毛喜愛「三李」（李白、李賀、李商隱）。「牛鬼蛇神」，出自杜牧《太常寺奉禮郎李賀歌詩集序》：「鯨呿鼇擲，牛鬼蛇神，不足為其虛荒誕幻也。」[68]「牛鬼蛇神」文革中成為「國內敵對勢力」的總名，且由此衍生出「牛棚」，即各單位關押牛鬼蛇神的處所。

　　至於「掃除」這一意象，人們也早已熟悉。毛說過，「掃帚不到，灰塵照例不會自己跑掉」（《抗日戰爭勝利後的時局和我們的方針》，《毛澤東選集》第四卷，頁1077）。「橫掃」不過更有暴力色彩而已。用以「橫掃」的，也非「掃帚」這種尋常物件，只能是紅衛兵所說的「鐵掃帚」。[69]

　　較之「反動權威」，「牛鬼蛇神」更是一個界定不明的身份符號。被認為迂腐不堪的吳宓，曾仔細核實自己身份，請教別人「社會上的牛鬼蛇神」的指涉，反復推敲，終於確認自己的性質，乃屬「社會上之牛鬼蛇神」＝「資產階級右派知識分子」（1967年3月30日、4月1日，《吳宓日記續編》第八冊，頁84、88。着重號為原文所有。下同）。對此心有不甘，說「仍靜待黨(紅線)之最後判決、處理，自信當是『具有一般的資產階級學術思想的人』（《十六條》之五條末段)而可歸入『百分之九十五以上的群眾』隊中，終免為牛鬼蛇神也(《十六條》五條二段)」（同年4月9日，同書頁97）。

67　《戚本禹回憶錄》：1966年8月4日毛在常委擴大會議上說：「牛鬼蛇神，在座的就有！」（頁457）

68　李歐梵所著《中國文化傳統的六個面向》（活字文化·中華書局，2017），六個面向之一乃「魑魅魍魎」。牛鬼蛇神與魑魅魍魎種屬相近。

69　《戚本禹回憶錄》說，陳伯達主持起草的1966年6月1日《人民日報》社論《橫掃一切牛鬼蛇神》，「並不完全符合」毛關於鬥爭的重點是走資派的思想(頁421)。卻似無根據證明毛反對社論的提法。

　　階級鬥爭中不以「鬥爭對象」為「人」。「牛鬼蛇神」一名，
也在指認其非人，為人格侮辱直至肉體摧殘提供了合法性。

　　文革中界定不明而又使用廣泛的身份符號，尚有「黑幫」、
「黑線人物」。1966年3、4月毛《對〈林彪同志委託江青同志召開
的部隊文藝工作座談會紀要〉的批語和修改》，一再提到「黑線」
（《建國以來毛澤東文稿》第十二冊，頁25）。同年6月16日《人民
日報》發表社論《放手發動群眾徹底打倒反革命黑幫》。6月20日
中共中央批轉《文化部為徹底乾淨搞掉反黨反社會主義反毛澤東思
想的黑線而鬥爭的請示報告》。文件說：「文化部幾十年來，一直
被以周揚為首的又長、又粗、又深、又黑的反黨反社會主義反毛澤
東思想的黑線專了政。」「黑幫」、「黑線」，前者多指官員，[70]
後者則更用於文化機構。「又長、又粗、又深、又黑」的「黑線」
一類修辭方式文革中被一再複製。普通知識分子，曾發表過文章，
即有可能被與「文藝黑線」掛鉤，指為「黑線人物」。

　　「肅反」中有「大小胡風分子」。「幫」、「線」都涉及「關
係」。一人不能成「幫」成「線」，通常依人劃線，據「關係」
而株連（所謂「上掛下聯」）。黑幫分子有各地的「代理人」；「三
家村黑店」有各地的「分店」；[71]有「閻王殿」，[72]即有大小「分
殿」、「代銷點」。「分店」、「代理人」、「代銷點」外，更有
「流毒」、「變種」。何蜀《文革重慶大武鬥實錄》寫當地（重慶）

70　文革中的批鬥會較有娛樂性的，是令被批鬥者「自報家門」。陳白塵記1966年
　　9月中國作家協會的批鬥會上，劉白羽自稱「黑幫幹將」，張僖自稱「黑幫爪
　　牙」（《牛棚日記》頁6）。

71　1966年6月7日《光明日報》發表《揭露「三家村分號」——楊述〈青春漫語〉
　　反動實質》。徐友漁說，他發現當北京開批「三家村」，全國每個省都複製
　　出類似的「三家村」，他所在的四川，就有馬識途等（《我在一九六六年》，
　　《1966：我們那一代的回憶》頁23）。

72　毛1966年3月30日談到「打倒閻王，解放小鬼」（《建國以來毛澤東文稿》第
　　十二冊，頁31）。

緊跟中央，揪本地的「三家村」即《重慶日報》副刊《巴山漫話》
雜文專欄(頁5)。「各地報刊的副刊特別是雜文專欄幾乎無一例外
被當作『反黨反社會主義的毒草』遭到批判」(同頁註2)。[73]被殃
及的，有諸多雜文作者，甚至「雜文」一體。

　　「四條漢子」，典出魯迅《答徐懋庸並關於抗日統一戰線問
題》(收入《且介亭雜文末編》)。「四條」指田漢、周揚、夏衍、
陽翰笙。魯迅的惡評對於相關人士的殺傷力，非其本人所能逆料。
他的友情和信任保護不了瞿秋白、馮雪峰、胡風，他的貶斥卻足以
導致厄運。這毋寧說是魯迅的不幸。[74]

　　「反共老手」，通常指歷史上曾有「反共」言行抑嫌疑，或
曾與國民黨有瓜葛者。1967年2月1日吳宓日記，記有批鬥中有人
說其編《學衡》雜誌，與魯迅先生辯爭，是「反共老手」(《吳宓
日記續編》第八冊，頁32)。同年9月5日，記「去年今日，宓胸掛
『反共老手』牌，在操場臺上受鬥爭，定為牛鬼蛇神」(同書，頁
238)。[75]顧頡剛1969年8月20日的日記，記由大字報得知，自己的
「頭銜」是「反革命分子」及「反共老手」(《顧頡剛日記》第
十一卷，頁131)。沈從文、豐子愷也曾被指為「反共老手」。[76]

73　據該書同頁註1，成都、貴州等地也揪出了當地的「三家村」。廣西南寧尚有
　　「『三家村』在文化界中的代表者和讚賞者」、「『三家村』黑詩社」、「小
　　鄧拓」等(參看《文革機密檔案——廣西報告》頁27、29)。《雲南日報》的
　　《滇雲漫譚》也在劫難逃。關於各地大小「三家村」，參看卜偉華《文化大革
　　命的動亂與浩劫》頁130–140。

74　文革後平反冤假錯案，「凡因所謂的『文藝黑線專政』、『三十年代文藝黑
　　線』、『四條漢子』、『海瑞罷官』、『三家村』、『黑戲』、『黑會』、
　　『黑書』、『黑線回潮』等等而審查、點名批判、被錯誤處理或被株連的，一
　　律平反昭雪，不留尾巴。」(蕭冬連《從撥亂反正到改革開放》頁206)

75　吳宓發現自己的身份越來越複雜，「反共老手」外，尚有「資產階級反動學術
　　權威，現行反革命分子」(同書，頁666)。

76　參看沈《陳述檢討到或不到處》，《沈從文全集》第二十七卷，頁258；豐一
　　吟《我和爸爸豐子愷》頁189。

1948年7月27日《中央關於新解放城市中對脫黨、自首、叛變分子的處理的指示》，收入《中共中央文件選集(一九四八)》第十七冊，見該書頁267-268。戚本禹《評李自成自述——並同羅爾綱、梁岵盧、呂集義先生商榷》一文，刊1963年《歷史研究》第四期。相關情況，參看《戚本禹回憶錄》第十七章。事後看，對於文革中「抓叛徒」的狂潮，戚文、尤其毛的批示確是引子。[77]

1936年4月劉少奇報請中共中央批准，要關押在「北平軍人反省院」(草嵐子監獄)中的薄一波等人履行規定手續出獄。1966年11月24日周恩來在《關於劉瀾濤出獄問題給西北局的電報》中說，劉出獄的問題，「中央是知道的」，「不要在大會上公佈和追查」(《周恩來選集》下卷，頁453)。周當日給毛的報告說：「因這一集體自首案牽連人甚多，而當時確為劉少奇同志代表中央所決定，七大、八大又均已審查過，故中央必須承認知道此事」(參見《建國以來毛澤東文稿》第十二冊，頁170)。毛1966年11月、1967年2月有《對中央關於劉瀾濤出獄問題的覆電稿和張聞天有關證明材料的批語》(同書，頁169。由該文獻的註釋，可考有關事件的前前後後)。毛在1967年2月3日會見阿爾巴尼亞卡博、巴盧庫時，卻否認「中央是知道的」(參看卜偉華《文化大革命的動亂與浩劫》頁482),且將「劉少奇同志代表中央所決定，七大、八大又均已審查過」的此事，作為劉少奇的一大罪案。[78]

77　麥克法夸爾、沈邁克《毛澤東最後的革命》關於大學生發起「抓叛徒」始末的敘述不乏戲劇性，包括前臺與幕後，利用與被利用，以及某些參與者為此付出的代價(參看該書中譯本頁158–159)。

78　希斯尼·卡博(Hysni Kapo)，阿爾巴尼亞部長會議第一副主席；貝基爾·巴盧庫(Beqir Balluku)，阿爾巴尼亞勞動黨政治局委員、部長。《陳伯達：最後口述回憶》說，抓叛徒的風潮「是由康生掀起的」(頁343)。可備一說。曾彥修《平生六記》附錄《我所知道的胡耀邦為「六十一人案件」平反急如星火》一文，記有作者與于光遠所知康生1948年關於「六十一人案件」的講述，可證包括康生在內的中共高層指示六十一人履行手續出獄的經過。李新回憶錄談到1945年共產黨撤出某些地區，為了以合法手段在白區堅持地下鬥爭，曾指示「只要是還不太紅的幹部，盡可以和群眾一道去『自首』」，仍然擔任原

1967年3月16日，中共中央印發《薄一波、劉瀾濤、安子文、楊獻珍等六十一人的自首叛變材料》。同年6月28日，中共中央發出《關於「抓叛徒」問題的通知》（中發〔67〕200號）。1968年2月5日中共中央轉發黑龍江革命委員會《關於深挖叛徒工作情況的報告》。「叛徒」被作為打倒政敵的致命武器。劉少奇如此，陳伯達如此，甚至張春橋、江青也不免於此種指控。曾在國統區、淪陷區從事地下工作的黨員，大多受到無端的懷疑或誣陷。據卜偉華《文化大革命的動亂與浩劫》，文革中以叛徒名義遭到迫害的幹部人數無人知曉，「但總數肯定要以十萬計」（頁486）。關於1967、1968年由「六十一人案件」掀起的「揪叛徒」的狂潮，參看王年一《大動亂的年代》頁223–224、卜偉華《文化大革命的動亂與浩劫》頁481–486。王年一該書引南開大學某群眾組織關於該組織「抓叛徒」的記述，其中有「我們派出了幾十個抓叛徒小分隊、幾百個專案調查組，調查人員出動了幾萬人次，行程約150萬公里」云云（頁229）。

文革中的「抓叛徒」嚴重影響於對重要歷史人物、黨史人物的評價，對革命史、黨史的敘述。這種對歷史不負責任的改寫，也是造成既有歷史認知崩坍的原因之一。即如對瞿秋白。1971年8至9月毛《在外地巡視期間同沿途各地負責人談話紀要》提到瞿，說瞿被國民黨捉住，「寫了《多餘的話》，自首叛變了」（《建國以來毛澤東文稿》第十三冊，頁243）。[79]

與節操有關的苛論不應由戚本禹文負責。否定一切妥協，即使策略性的、為保存有生力量的暫時的妥協；將農民軍的「假投降」

來或新委任的公職，只是不可以共產黨員的身份「自首」（《李新回憶錄》頁219–220）。確可謂有經有權。該書說，文革中造反派對上述問題曾有追查，說中央給中原局的指示是劉少奇搞的，而劉是叛徒（同上，頁220–221）。

[79] 據楊繼繩《天地翻覆》，周恩來曾建議把瞿從八寶山「搬出來」（頁169）。「革命群眾」所做的，不止於「搬」。我曾在當時的《討瞿戰報》上，看到被推倒的瞿的胸像被繩捆索綁，瞿的夫人楊之華在瞿像前被批鬥的照片。關於瞿秋白，尚可參看《天地翻覆》頁695–696。

與「叛徒」等視之（「假投降，真叛賣」），歌劇《紅霞》、影片《宋景詩》均因此遭遇質疑。可怪的是，姚雪垠創作長篇小說《李自成》，據說受到了毛的鼓勵。屢降屢叛，本是農民軍的常態。李自成、張獻忠均曾「詐降」。[80]

　　「叛徒」、「特務」往往並提。文學藝術培養了與叛徒、特務有關的想像力。文革中「叛徒」多與「前地下黨」的背景有關，「特務」則往往因國外經歷、「海外關係」以至留學的背景。前者主要在幹部層，後者則牽連了相當一些知識分子。李遜《上海文革運動史稿》：「上海科技系統，凡共產黨執政前夕，沒有去臺灣者，都是潛伏特務；共產黨執政後從海外回國者都是派遣回國特務」（頁1198）。這也是當時普遍的思路。凡曾經的地下黨均有叛徒嫌疑，凡有涉外、涉臺經歷、背景者，均懷疑為特務。溫濟澤竟因任職中央廣播事業局黨組分工主管國際廣播工作，被指為「國際帝國主義在黨內的代理人」（《溫濟澤自述》頁468）。[81]

　　《文匯讀書週報》2015年4月7日第3版刊登對李銳的訪談，談到李離休後負責主編中央組織史資料，統計延安整風搶救運動亂捕一萬五千個特務，一個真的也沒有。[82]延安及其他根據地亂捕「特務」，多少因被敵方封鎖強化的敵情意識；文革中的中國，繼續了被國外敵對勢力包圍、被強敵環伺的想像。1949年後直至文革，始終有對國民黨特務的高度警戒；中蘇關係破裂後，另有對「蘇修特務」的警惕。1964年1月28日毛有《關於注意我內部是

80　關於1972年重印郭沫若的《甲申三百年祭》，有年輕人說當時正大批「英雄創造歷史」的唯心史觀，該文的重印「難免產生不好的作用」，不知中央用意何在（徐曉主編《民間書信》頁192）。

81　較早在海外出版的署名鄭念的《上海生與死》（亦作《上海生死劫》）的作者，任職於1949年後留在大陸的外資企業（「蜆殼國際石油公司」）。鄭被指控「間諜」、「帝國主義的走狗」，所據乃其海外履歷及所任公司職務。較之僅有留學（包括留蘇）經歷即有「特嫌」，懷疑鄭的理由足夠充分。

82　《何方自述》說「延安抓了一萬五，各根據地合起來共有十萬特務大兵」（頁94）。

否有蘇聯和蔣幫佈置的人的批語》（《建國以來毛澤東文稿》第
十一冊，頁14）。

　　曾任中共統戰部部長的閻明復，回憶錄寫到其父、著名中共
情報人員閻寶航1967年11月7日被捕，「不到半年就慘死在秦城監
獄」（《閻明復回憶錄》頁63）。閻寶航被指為「國民黨特務」，閻
明復則被疑為「蘇修特務」（同書，頁970）。閻明復説，「當時強
加給我們的種種罪名，沒有別的，就是因為我們是俄文翻譯，而且
是給中央服務的俄文翻譯」（同書，頁1027）。[83]

　　1940年回國的楊憲益與其外籍夫人戴乃迭1968年入獄。關於因
曾旅居國外的背景與「涉外」關係而懷疑楊為「雙重間諜」，參看
楊《漏船載酒憶當年》頁197–198。楊著記述了文革前某機構的「神
秘人物」與他之間的一次令人毛骨悚然的談話(同上)。曾彥修處理
人民出版社戴文葆「特嫌」一案，本可作為範本，卻引火燒身。[84]

　　由美歸國的著名力學家董鐵寶「清隊」（即「清理階級隊伍」）
中被指為特務自殺身亡(參看《天地翻覆》頁613)。「乒壇三傑」
傅其芳、姜永寧、容國團因係由香港回來被懷疑為特務，相繼自殺
(參看同書頁614)。甚至表演藝術家上官雲珠、嚴鳳英也被懷疑為
國民黨潛伏特務，被迫自殺(同書，頁614–615)。留美留歐，固有
特務嫌疑；公派留蘇，亦有可能被懷疑為「蘇修特務」。國民黨留
用人員，則會被羅織為「潛伏特務」。甘肅玉門油礦「偽玉門油礦
應變潛伏特務組織案」牽連數百名幹部工人(同書，頁615–616)。
此外尚有雲南趙建民特務集團案(同書，頁619–620)。毛説彭德懷
「裏通外國」（《在外地巡視期間同沿途各地負責人談話紀要》，
1971年8至9月，《建國以來毛澤東文稿》第十三冊，頁244)。北京

83　按文革開始時閻任中央辦公廳翻譯組組長。據同書，當時中聯部、中央編譯
　　局、中國科學院學部的俄文翻譯被指為「蘇修特務」甚至「國際間諜」的，頗
　　有其人(同上)。關於閻氏「父子同獄」，參看同書頁996–997。
84　參看曾《平生六記·我之劃右，恐怕與我徹底否定戴文葆是「特嫌」之事有
　　關》，該書頁135–142。

二七機車車輛廠被用以向全國推廣的「清隊」材料，有「裏通外國分子和進行間諜活動的天主教骨幹分子」(參看《天地翻覆》頁597)。燕京大學抗日戰爭期間送學生去解放區，文革中被誣陷為「司徒雷登派遣特務打入根據地」，對當年經管此事的侯仁之設立專案組輪番審查(侯馥興《送學生去大後方和解放區──1940年前後父親侯仁之的親歷》，《中華讀書報》2017年11月1日第17版)。2018年因一部與清華大學校史有關的影片(《無問西東》)，著名物理學家葉企孫與其學生熊大縝的遭遇回到公眾視野。葉曾支持熊赴冀中抗日，助抗日武裝製造火藥。熊在抗日根據地因「特嫌」慘死，葉則文革中牽連入獄。出獄時病廢，晚景淒涼。未知魯迅所説「污穢和血」(《二心集‧對於左翼作家聯盟的意見》)，是否包括了這些。即使有魯迅式的洞見，也未必能預知那些匪夷所思的情節的吧。本書上編第五章還要談到一些影視人物的「後事」。在一個無視歷史環境而隨時將人標籤化的時代，相當一批從事諜報工作的共產黨人的「後事」經不起追問。正是「後事」，使「革命」的殘酷面畢現，令人領略了捲入其中者宿命的悲劇性。

人民、公民、國民，這一概念系列有待分疏。由當代中國政治史看，三者中最便於用作「名義」的，自然是「人民」。由官方用語──人民抑公民──可測政治氣候顯著或微妙的變化，亦當代中國的一種特殊國情。楊奎松《「邊緣人」紀事》開篇辨析「人民/國民」，引用周恩來的有關説法，強調「人民」的「階級性，或曰政治性」(頁1)。「人民」通常與「敵人」對舉，方便了排除。由於意識形態宣傳，至今「公民」的概念遠不及「人民」深入人心。「公民意識」仍待培育。憲法承諾的「公民權利」的全面兌現，更遙遙無期。儘管法院判詞，有「剝奪公民權」云云，「公民權」雲何，少有人深究。由此而有「公民」權力與義務的不對稱。只有健全的尊重公民權利的社會，才有可能使「公民義務」深入人心，塑

造有健全人格的現代公民，而不只是有「愛國心」的「國民」、為官方意識形態建構的「人民」。[85]

「公民」尚且如此，更無論「納稅人」。某央視主持人在國外演講，説到「納稅人」被媒體避用，只是因為説納稅人，你就知道自己是納稅人了。臺下哄笑。至今「納稅人」對於許多人，仍然是一種陌生的身份符號。「公民」有可能聲索權利，「納稅人」則有權追問所納之稅用到了哪裏，是否經過人大批准，是否向納稅人做出過説明。

文革因區分的需要，「人民」的概念已不敷使用。相對於林林總總名目繁多的敵人的，是冠以「革命」二字的身份符號，「革命幹部」、「革命群眾」以至「革命工人」、「革命農民」、「革命軍人」等等。凡不能以「革命」定義者，非「反革命」即「不革命」。「不革命」屬灰色地帶。有此區隔，一些身份曖昧者有了隙地可供安身。文革結束，「革命群眾」等説法被棄用，人民/公民/國民的區分仍在。多數場合，使用「人民」，更有意識形態的正確性。「人民」依舊便於作為「名義」。

「十六條」中「革命的知識分子」、「革命的幹部」有示例的作用。文革期間以「革命」界定身份，使用之濫，雖偉大領袖亦未能免俗——或者竟引領了風氣。1966年8月1日毛在《給清華大學附屬中學紅衛兵的信》中，使用了「革命知識分子」的説法（《建國以來毛澤東文稿》第十二冊，頁87）。[86]8月5日《在〈歡呼北大的一張大字報〉一文中加寫的批註》有「革命師生及革命幹部」的字

85　2018年某基層官員以「為人民服務不是為公民服務，你不是人民」為由拒絕履職。媒體對「人民/公民」的辨析，迴避了「人民」背後的「階級」論述（參看《新京報》2018年1月25日A1版《公民是人民的子集》）。文革結束後高爾泰關於「異化」的文章提到「抽象的人民成了神，而具體的人民，則被物化，成了供神的犧牲品」（轉引自蕭冬連《從撥亂反正到改革開放》頁452）。1979年6月19日《光明日報》刊發徐炳的文章《論「人權」與「公民權」》（參看同書頁455）。

86　該信另有「革命演説」、「革命戰友」、「革命態度」云云（同上，頁88）。

樣（同書，頁93）。8月5日、9日、11日《對中共八屆十一中全會公
報稿的批語和修改》有「革命幹部」、「革命知識分子」、「革命
師生」等（同書，頁95）。8月12日《在中共八屆十一中全會閉幕會
上的講話》有「革命學生」、「革命教師」云云（同書，頁100）。
1967年7至9月毛《視察華北、中南和華東地區時的講話》則有「革
命的紅衛兵和革命的學生組織要實現革命的大聯合。只要兩派都
是革命的群眾組織，就要在革命的原則下實現革命的大聯合。」
（《建國以來毛澤東文稿》第十二冊，頁386）不避煩瑣、累贅，
五十幾個字中「革命」的字樣出現了五次。[87]「文革體」的形成正
與偉大領袖的示範有關。文革期間對表述方面的「政治正確」有嚴
苛的要求，為此不惜疊床架屋，影響於一代文風，直至文革結束仍
難以消除。[88]

　　以「人民」排除之不足（人民/敵人），更以修飾語「革命的」
作進一步的排除（革命的/不革命的、反革命的）。文革即不斷確認
其人是否「革命」的運動。原有的「幹部/群眾」，分別加了界
定，「革命幹部」（以及「革命領導幹部」）、「革命群眾」。有偉
大領袖示例，「革命的」即大量衍生，幾用於各行各業。使用尤濫

87　當年9月25日上海《文匯報》刊登的《毛主席視察上海時作了極其重要的指
　　示》引了毛的上述指示（參看李遜《上海文革運動史稿》）。此段話在該年10
　　月1日兩報一刊社論《無產階級專政下的文化大革命勝利萬歲》發表時，毛作
　　了文字上的修改（參看《建國以來毛澤東文稿》第十二冊，頁420）。10月19日
　　《人民日報》社論發表的毛的一段語錄，三次使用「革命」、「革命的」（參
　　看同書頁424）。11月3日《人民日報》刊登的《關於教育革命的幾個方案》的
　　「編者按」引用的毛語錄，三處使用「無產階級」，四處使用「革命的」、
　　「革命派」（參看同書頁435）。類似表述尚見於1968年3月30日兩報一刊社論
　　《革命委員會好》所引毛語錄（參看同書，頁477）。按「兩報一刊」指《人民
　　日報》、《解放軍報》。《紅旗》雜誌。參看本書上編第四章《地上/地下，
　　官方/民間》一節。

88　1966年11月毛《對江青在文藝界大會上的講話稿的批語和修改》，將「對於我
　　們黨內的反對毛主席的資產階級反動路線」改為「對於我們黨內以反對毛主席
　　為首黨中央的無產階級革命路線為目標的資產階級反動路線」（見《建國以來
　　毛澤東文稿》第十二冊，頁166），可為文革修辭之一例。

的，即「革命群眾」。不屬「革命群眾」，即另類。身份曖昧者一
旦歸入「革命群眾」，如蒙大赦。邵燕祥說自己在檢查交代中，
「多方地自貶，不過為乞求和別人一樣參與這場『文化大革命』
的權利，亦即一個『革命群眾』的『名份』而不可得。」（《人生
敗筆——一個滅頂者的掙扎實錄》頁128）陳凱歌說自己所以面對抄
家而不反抗，「更深的恐懼是我怕永遠不被人群接納」（《少年凱
歌》頁79）。說父親卑屈的姿態也因了「想重新回到人群中去」（同
書，頁74）。這裏的「人群」，文革中即「革命群眾」。「革命」
作為定語，劃開了「我們」與「他們」。對經歷了那一時代的許多
人，上述劃分的嚴重性不言而喻。被視為另類，打入「另冊」，即
有隨時成為「鬥爭對象」的可能。

　　使用頻率甚高的，另有「革命小將」。文革前即有「小將」
的說法。1965年1月12日毛《對徐寅生關於如何打乒乓球的講話的
批語》一再使用「小將」（《建國以來毛澤東文稿》第十一冊，頁
302）。文革中所謂的「革命小將」，非特指大中學生，卻主要指
「革命造反」的大中學生。1967年4月2日《人民日報》發表社論
《正確對待革命小將》。

　　僅「革命」仍不足以界定，於是有「革命左派」、「無產階級
革命派」。《關於在無產階級文化大革命中加強公安工作的若干規
定》即《公安六條》承諾「保護革命群眾和革命群眾組織」、「保
護左派」。問題是何為「革命群眾」、「革命群眾組織」，何為
「左派」。這種文革式表述只考慮「政治正確」；是否嚴格的法律
用語，在所不計。

　　「革命群眾」取代了本有意識形態意涵的「人民」，成其為
「人民」的升級版或曰文革版。「革命」賦予了「群眾」行動以政
治的合法性，道義的正當性，其意志依然由「代理人」體現。文革
中的派別紛爭，無論借諸何種名義，所爭奪的，最終無非「代理
人」的位置。「革命群眾」也仍然不追究何以有此「代理人」，不

追究那個據說由他們委託來代行意志者的存在理由。似乎一切天經地義。在所謂「大民主」的情境中，他們也仍然是順民。

文革結束，「革命」祛魅。一次將「革命」再度神聖化的運動，成為了關於「革命」的反諷。即如以「文化大革命」為「革文化命」。這種變化，作為文革遺產的一部分，其意義並非不言自明。

文革後執政黨提出「以人為本」。使用的是「人」，而非被特殊限定(即如依階級屬性限定)的「人民」。「人性」、「人道」、「人權」漸次脫敏。體現於司法，即對被剝奪了公民權的受刑人人權的尊重。在當代中國，均屬來之不易的進步。即使如上文所說，仍有「人民」、「公民」的區分。

文革中除是否屬「革命群眾」，被處境特殊者極其在意的，還有是否被稱「同志」。某種情況下，稱「同志」，是一種恩賞，令人感激涕零。在受衝擊者，意味着你「重新回到革命隊伍中來」。「敵我矛盾按人民內部矛盾處理」，落實到身份，即可稱「同志」。武漢「七二〇」事件後，毛所擬電文對陳再道稱「同志」，陳即逃過一劫，待遇即刻恢復(《中央關於武漢「七‧二〇事件」給武漢軍區黨委的覆電》，《建國以來毛澤東文稿》第十二冊，頁380)。陳在回憶錄中說：「如果沒有毛澤東的這兩個字，林彪他們要整死我們，那是易如反掌的。」(逄先知、金沖及主編《毛澤東傳》第六卷，頁2465)據《戚本禹回憶錄》，武漢「七二〇事件」後，在京西賓館召開軍委擴大會議批判陳再道。得知毛仍稱陳為同志，周恩來「立刻就下令撤除了看守陳再道的士兵。陳再道就住進有大客廳的套間，待遇和其他中央首長一樣了」(頁659)。

不惟高級幹部如此。徐鑄成記自己於「反右」後的1959年被某領導稱「同志」，「聞之如觸蛇蠍，幾疑聽覺出了毛病」(《徐鑄成回憶錄(修訂版)》頁263)。《夏鼐日記》1969年4月14日，記自

己參加考古所部分黨員座談會，「好幾年沒有聽人家喊『同志』了，驟聞之幾乎感動得淚下」（卷七，頁248）。周而復也寫到自己在文革中第一次聽到這種稱呼，竟至於眼眶濕潤（《幹校看病記》，唐筱菊主編《在「五七幹校」的日子》頁88）。卻也有另外的例子。1971年6月14日的吳宓日記，記因對人誤稱「同志」而被指摘。吳錯在不配稱人「同志」（《吳宓日記續編》第九冊，頁285）。

今人難以洞悉其奧妙的，更是稱「同志」與「稱同志」的微妙區別。後者強調在「稱」：只是「稱」而已，並非就真的引為「同志」。漢語言文字在這種場合，其表意功能被發揮到了極致。

文革後避「同志」一名，一度代之以「師傅」，不倫不類。「下海」風起，尊稱中則有了「老闆」，也不倫不類。被重新啟用的，另有文革前廢棄已久(或只用於特殊場合)的「先生」、「女士」，被認為可鄙的「小姐」、「太太」（「資產階級小姐」、「闊太太」）。在這一點上，像是民國復辟。只是「小姐」一名須慎用，因有可能混同於提供特殊服務者。近期時尚的稱謂，則有「某總」、「美女」、「帥哥」。至於以「同志」指稱同性戀者，大陸較晚才引進。

被稱「同志」，與知識分子的被稱「老師」、「先生」，均攸關政治處境。顧頡剛1967年1月28日日記，記所在歷史研究所送給他的文件，封面上寫「顧先生」，不免驚喜：「豈欲團結我耶？此後當奮勉。」（《顧頡剛日記》第十卷，頁609）1968年處境兇險，吳宓曾感動於工宣隊員某次「稱宓為『吳教授』而不名」（《吳宓日記續編》第八冊，頁614）。親屬的回憶文字，寫到吳當病危之際，一再高聲說「我是吳宓教授」，包含了久被踐踏後的抗議（參看收入李繼凱、劉瑞春選編《追憶吳宓》的吳須曼《先兄吳宓之死的真相》）。他是吳宓教授，而非大批判中被誣為、辱罵為的種種；他是吳宓教授，籲請別人給以相應的尊重。

　　1950–70年代的語境中，「先生」曾另有一層含義，即不屬「我們」（自己人）的「他們」，往往用於非黨人士。吳宓日記記別人「密戒」他「在眾中勿稱同志們曰『先生』」（1968年10月17日，同書頁589），很可能出於這種敏感。楊曦光《牛鬼蛇神錄》寫自己在勞改隊時被派教農場幹部子女補習班的數學課，發現學生稱他為「楊先生」而不稱「老師」。楊將自己當時的反應——即對「歧視」的感受——敘述得很可信（頁249）。稱謂關涉身份，曾有如是之曲折。卻也有另外的例子。當年北京四中的黃其煦，寫所在中學稱「老師」、「先生」的故事（《四中的「先生」》，收入《暴風雨的記憶》）。該校為名校，自成風氣。在該校，「先生」之稱較「老師」文雅，更意含尊敬。

　　對師長直呼其名並非誰人都能。我就做不到。盡可能不稱呼就是了。倘能避人耳目，不妨聊幾句；即使不能執弟子禮，至少以人對於人的態度。那段時間父親回家來會說，某學生「背後」稱他「老師」了。也有讓他為難的，比如稱他「老師」的學生向他「借錢」。

　　我們由文革中直呼「王瑤」，到文革後稱「王先生」，似乎很自然。文革前的北大，保留了「先生」的稱呼，通常對於老而黨外的老師，尊敬中透着客氣（距離感）。文革後「老師」、「先生」並用，「先生」更寓有尊老敬賢之意。1976年貴州的幾個文學青年成立了「啟蒙社」，其中的一位在天安門廣場發表演講，一開口說的居然不是「同志們」，而是「女士們、先生們」，朱正琳以為「那是在公眾場合最早恢復這種稱呼的舉動，值得載入史冊」（《讓思想衝破牢籠》，《七十年代》頁177）。

　　楊奎松《中華人民共和國建國史研究》的有關章節，講述了中共建政之初上海的工人群體，令人相信「階級」的確是應政治的需要而被「建構」起來的（參看該書頁251–252）。關於「工人階級領

導一切」，李遜《上海文革運動史稿》一書的論述富於啟發性。
該書提到上海的工人造反派缺乏如北京的紅衛兵那樣的自信，即把
握自己政治命運的自信。他們成立組織後首先想到的，「是要求自
己的批判對象承認自己組織的合法性和行動的革命性」。該書接
下來說，「雖然1949年後的工人，有着理論上的社會地位和政治優
勢」，但這「優勢」得之於執政黨的「賜予」。這使他們對執政黨
和政府經濟上、政治上「有着先天的依附性」（頁379–380）。同書
另一處說，「『工人階級領導一切』從來沒有真正實行過。儘管在
基層，被三結合的工人幹部確實擁有比文革前大得多的權力，但在
權力的上層，工人並沒有多少話語權。」（頁1189）關於工人「依附
性」的體制原因，該書的分析亦有其精彩（參看頁1189–1190）。對
於文革後由「工人地位」的方面肯定文革的論述，李遜該書的分析
亦有說服力。

　　「改革開放」、「國企改制」中工人的命運，已有考察。有金
領/白領/藍領等級序列。「工人階級」的指涉已趨於模糊。近年來
當局倡導「工匠精神」，寓有提升技術工人地位的用意。效果如
何，尚待觀察。

　　「五七戰士」、「赤腳醫生」，係由毛的某項指示、文革中的
某項措施而有的身份。「五七戰士」因「五七幹校」而得名。關於
「五七幹校」，參看本書上編第七章《幹校記憶》。對於「赤腳醫
生」，文革後仍有人由正面肯定，實則提倡「赤腳醫生」，不過是
應對農村醫療資源極度匱乏的補救性措施。[89]至今對農村的欠債，
仍包括醫療。我插隊的鄉村有公社衛生院。醫務人員的工作量似乎
不大。農民看不起病，也往往不看病，死生由命。

89　1968年9月，毛有《對調查報告〈從江鎮公社「赤腳醫生」的成長看醫學教育
　　革命的方向〉一文的批語和修改》，《建國以來毛澤東文稿》第十二冊，頁
　　557。

「赤腳醫生」外，另有所謂「赤腳老師」；[90]通用的稱謂，乃「民辦教師」。「民辦教師」也如「赤腳醫生」，是時期性現象：在教育資源不足的條件下，以非公職人員承擔了教師的工作。文革後「民辦教師」除少數納入編制，多數被「清退」，補償微薄。「赤腳」、「民辦」均屬體制外。「民辦教師」略有補貼，與「赤腳醫生」僅此一點差別。

「工宣隊」全稱「工人毛澤東思想宣傳隊」；「軍宣隊」全稱「解放軍毛澤東思想宣傳隊」。工宣隊1968年7月進入清華大學。[91]工、軍宣隊員水平（文化及政策水平）不一，品質參差。[92]由諸種記述看，向大中學校、文化機構派駐工、軍宣隊，對工人、軍人形象，毋寧說有破壞性。回頭看，軍隊「支左」，得失甚至未必相抵。我所見回憶錄、文學作品中，工、軍宣隊形象正面者不多。文化機構流傳的與工、軍宣隊員有關的軼事，多與其人的文化水平低有關，可證「臭老九」確屬「倒驢不倒架」；[93]雖處在接受「再教育」的地位，仍未失知識方面的優越感。

親歷文革者不難感知運動中的民粹取向：反「精英」，反「權威」，由政治到文化；所反則由各級領導到各類知名人士，包括為當局表彰的勞動模範、先進人物。

90　參看高默波《起程》，《七十年代》頁90。作者作為「返鄉知青」任教於本村小學，沒有工資，按課時掙工分，農忙時赤腳下地幹活，故稱「赤腳老師」。

91　毛的有關指示，見收入《建國以來毛澤東文稿》第十二冊的《對〈人民日報〉、〈解放軍報〉社論稿〈團結起來，共同對敵〉的批語和修改》、《對姚文元〈工人階級必須領導一切〉一文的批語和修改》、《對派工宣隊進學校的通知稿的批語和修改》等。

92　據徐鑄成的經驗，最初所派工宣隊員素質尚好，「以後，每況愈下，輪換來的盡是些口號喊得響而生產吊兒郎當的了」（《徐鑄成回憶錄(修訂版)》頁274）。

93　趙翼《陔餘叢考》：「元制：一官，二吏，三僧，四道，五醫，六工，七匠，八娼，九儒，十丐。」文革中狀知識分子社會地位之低，在地、富、反、壞、右、叛徒、特務、走資派之下，故有「臭老九」的謔稱，往往被知識分子用以自嘲。

　　「黨委紅人」是文革中對一些曾受組織重用者的蔑稱。對「黨委紅人」(有時被徑指為「黑幹將」、「黑爪牙」、「黑走狗」)的衝擊，與各級權力機構權威失墜後的積怨爆發有關，也屬「整人政治」引發的反彈。

　　「積極分子」曾經是一種需要爭取才能取得的身份(參看本書上編第一章附錄一)。黨外「積極分子」，通常作為黨的「培養對象」、「依靠對象」。直至文革爆發，毛還説：「在過去的鬥爭中出現了一批積極分子，在這場運動中湧現了一批積極分子」(逄先知，金沖及主編《毛澤東傳》第六卷，頁2385)。據楊繼繩《天地翻覆》，1966年6月在杭州召開的政治局擴大會議上，毛説：「在這場運動中湧現了一批積極分子，依靠這些人把文化革命進行到底。」(頁186)。[94]「十六條」修改中，毛添加了「革命群眾中的骨幹分子」(《建國以來毛澤東文稿》第十二冊，頁83註3)。文革中的「積極分子」、「骨幹分子」、「勇敢的闖將」(見「十六條」)今安在哉？[95]

　　毛如上所説的「積極分子」，所指與此前已有不同；文革中更有因時的變化。「積極分子」一名的敗壞，也在文革期間。即如「破四舊」中的協助中學生施暴的「街道積極分子」(近期流行的替代説法，則有「朝陽大媽」、「朝陽群眾」等)。我注意到文革後「積極分子」一名雖未被棄用，卻往往代之以「好人」(如「身邊好人」)一類有意淡化意識形態色彩的名目，力圖貼近普通百姓的感受方式。甚至有「鄉賢」這樣的「出土文物級」老詞兒被啟用。當然，「鄉賢」不再指積德行善的鄉紳，而是「鄉間好人」。文革中文革後為一些術語、熟語(包括「積極分子」)重新賦義，語義、語用、語感等的微妙變化，值得作為文化現象分析。

94　《戚本禹回憶錄》的説法是，1966年6月10日毛在杭州召開的各大區書記參加的會議上，提到「要依靠運動中湧現出的積極分子」(頁420)。

95　據鮑若望(Jean Pasqualini)所著《毛澤東的囚徒》，文革前的監獄有「犯人積極分子」，或亦屬「管理藝術」，可證「裏面」與「外面」之相通。

　　勞動模範、先進人物是當代中國歷史的一部分。文革中對「勞動模範」、「先進人物」的衝擊，亦如對「黨委紅人」、「積極分子」，涉及對政治資本、社會資源的爭奪，一定程度由體制造成——當局作為治理手段一向鼓勵的政治競爭。借諸「懷疑一切」、「打倒一切」的社會思潮，群眾中的逆反心理得以宣洩。以「推翻黨委鬧革命」為邏輯支點，逢「紅人」、「積極分子」、「先進」必反，未見得不混雜有「羨慕嫉妒恨」，甚至個人恩怨；對勞模的衝擊，或也出於對「塑造」、「樹立」典型這種意識形態操作方式積久的反感。[96]

　　大慶工人王進喜的遭遇，周明主編《歷史在這裏沉思——1966–1976年記實》一書有專文記述；曾受劉少奇接見的掏糞工人時傳祥在文革中，參看收入同書的劉海蘭、曹佔一、林述禮《血淚的控訴——記著名勞動模範時傳祥》。對王、時的酷刑摧殘，無所不用其極，若有深仇大恨。對時傳祥的摧殘與劉少奇被打倒有關，所謂城門失火，殃及池魚。王進喜1969年中共「九大」當選為中共第九屆中央委員，翌年病逝。

　　較之知識界、文化界的知名人士，對上述人物的打擊，有更為複雜隱晦的社會心理。[97]對勞模的迫害，直接損害的是執政黨的威望，負面影響文革後難以消除。「勞模」的政治資本與象徵資本即使仍在，光環已然黯淡。「勞模」≠「技術能手」，命名更是由政治方面。也有作為技術能手的勞模。近年來大力表彰「工匠精神」，有價值觀的微調。另有一些被啟用的榮銜，即如「時代楷模」、「青年先鋒」，頒給不限於工農勞動者的科技工作者以至演藝界人士。當代中國政治文化的某些變遷，確係諸種「微調」的結果。

96　「樹典型」作為慣用的教育手段，往往有由宣傳效果出發的「拔高」甚至弄虛作假。互聯網時代對曾備受推崇的英雄人物、英雄行為「抹黑」，據說已成「網絡公害」。近期官媒發表署名文章，建議對「抹黑英雄惡搞歷史」依法打擊。

97　關於勞模在1949年以降包括文革中、文革後，較為成功的影視作品，應推陳國星執導的電視連續劇《大工匠》。該作品或因題材的敏感性，未受到應有的關注。

　　勞模文革中的處境不便一概而論。受衝擊與獲恩寵，均有極端的例子。河北的邢燕子、侯雋，遼寧的李素文、尉鳳英，北京的李瑞環，雲南的徐學惠，山東的郝建秀，湖北的王超柱、夏菊花，山西的申紀蘭、宋立英，上海楊富珍等，曾被吸收到各級領導機構，甚至進入高層，如陳永貴、吳桂賢、呂玉蘭、楊坡蘭(參看史雲、李丹慧《難以繼續的「繼續革命」》頁48–49、406)。王秀珍曾任上海「工總司」的二號人物(李遜《上海文革運動史稿》頁216)。上述人物文革後的命運，已有部分披露。

　　關於山西西溝著名勞模李順達，趙瑜有長篇特寫《但悲不見九州同——李順達在「文化革命」中》(收入《歷史在這裏沉思——1966–1976年記實》第六卷)；同一作者的自印書《犧牲者——太行文革之戰》記述了更大背景、更複雜局勢中的李順達與陳永貴。其中的李順達，尤可作為被變幻莫測的時勢播弄而「身不由己」的例子。[98]

　　對於政治陰謀的想像力在全國性的「清查五一六分子」中有極致的表現。毛關於被認作秘密組織的「五一六」的描述，運用的毋寧說是形象思維。也如想像右派分子的「或策劃於密室，或點火於基層」(《文匯報的資產階級方向應當批判》，《毛澤東選集》第五卷，頁435)，「五一六分子」更形跡詭秘，「只在夜深人靜時派人出來貼傳單，寫標語」(《對〈評陶鑄的兩本書〉一文的批語和修改》，1967年8、9月，《建國以來毛澤東文稿》第十二冊，頁403)，不難令上上下下草木皆兵。1969、1970年毛《關於清查「五·一六」問題的意見》有政策方面的指示(《建國以來毛澤東文稿》第十三冊，頁45)。只不過也如其文革期間的諸多指示，

98　威廉·韓丁的《深翻》，不止一處寫到李順達在文革中(參看該書中譯本頁530、608–609)。

被置若罔聞罷了。[99]清查「五一六分子」始末，卜偉華《文化大革命的動亂與浩劫》一書梳理較為清晰(參看該書頁504–510)。據該書，1967年9月10日時任公安部部長的謝富治還說「五一六兵團」的人數「不超過五十人」，「真正的壞人不超過十幾人」。第二年的「清查」即擴大到全國，受打擊迫害者數以百萬計(頁509、510)。

　　毛似乎有為人分類、命名的偏好，於此或體驗了一種「造物」般為人賦形的力量。「可以教育好的子女」(簡稱「可教子女」)，即其發明於文革中的一種身份。由1968年12月毛《對中共中央、中央文革關於對敵鬥爭中應注意掌握政策的通知稿的批語和修改》提出(《建國以來毛澤東文稿》第十二冊，頁617–618)，在我看來，也屬那種看似寬容卻適足以造成再次傷害的「政策」。「可教子女」一名有露骨的歧視。「可以教育好」的前提是「本不好」。這種拗口的名目，更像是為了將相關「子女」劃入另冊：在部分「黑五類子女」已「自我解放」之後，使之再次受辱；且將文革中製造的敵人(如「走資派」)的子女列入其中。與「可以教育好」相對待的，是「本來就好」，所謂「根正苗紅」、「本質好」，不待教育──豈非荒唐？
　　毛的「最高指示」發表後，曾在京城北苑青少年管教所設「可教育好的子女學習班」，將被打倒的領導幹部子女變相羈押，要求與父母劃清界限，並揭發其父母(參看《中國新聞週刊》總第682期對賀龍之女賀曉明的採訪文章)。電影史家李少白說，「一種政策就會樹起一道門，門裏門外」(《一醉今宵萬古眠》，《無罪流放》頁144)，亦「悟道」之言。

99　關於「清查五一六」，見該篇註1、毛1970年《對中央關於清查「五‧一六」問題通知稿的批語》註2(同書，頁87–88)。毛關於「五一六」的談話，另見收入同書的1970年《會見斯諾的談話紀要》(頁163)。

　　長沙造反派工人陳益南據自己的觀察，認為文革中「受害最深最苦也最久」的，既非老幹部，也非文化人，而是《關於在無產階級文化大革命中加強公安工作的若干規定》即《公安六條》中提到的「二十一種人」（《青春無痕——一個造反派工人的十年文革》頁355），即該《規定》第四條所說「地、富、反、壞、右分子，勞動教養人員和刑滿留場（廠）就業人員，反動黨團骨幹分子，反動會道門中的小道首和職業辦道人員，敵偽的軍（連長以上）、政（保長以上）、警（警長以上）、憲（憲兵）、特（特務）分子，刑滿釋放、解除勞動教養但改造得不好的分子，投機倒把分子和被殺、被關、被管制、外逃的反革命分子的堅持反動立場的家屬」。[100]文革期間無論哪一波，各派政治勢力都有可能以上述人物「祭刀」，充當「活靶子」。

　　前此，有1956年3月10日《中央十人小組關於反革命分子和其他壞分子的解釋及處理的政策界限的暫行規定》：「反動黨團骨幹分子：是指1946年解放戰爭開始以後任國民黨區分部委員、三青團區隊長（包括隊副）以上及相當於該級的其他反動黨派（青年黨、民社黨、閻錫山的同志會等）的骨幹分子。」作為標準的，乃職級，而非罪行。[101]

　　抗日戰爭時期知識分子的加入國民黨，往往出於支持執政當局抗戰的意願。上述「二十一種人」，「五類分子」不論，即敵偽的軍、政、警、憲、特，即可能包括國民黨抗日軍人，國共抗日統一戰線時期的國民黨諜報人員，清廉（至少沒有民憤）的政府官員，並無劣跡惡行的警、憲。通常使用的「反動軍官」，即原國民黨軍

100　各地又有發揮。即如廣西賓陽所謂的「二十三種人」（參看鄭義《廣西賓陽慘案紀實》，《文革大屠殺》頁209）。該縣打擊的，尚有「賭頭」、「領頭鬧分生產隊的首要分子」（同上，頁210）。

101　楊奎松《「邊緣人」紀事》頁73注引1954年5月羅瑞卿《進一步加強人民公安工作為保障國家社會主義建設和社會主義改造的順利實施而鬥爭——在第六次全國公安工作會議上的報告》，建國初僅自首登記教育釋放的反革命黨團骨幹就有近一百萬，另外還有五百萬左右的反動黨團分子，近百萬的反動軍官等。

官，尚不如「國民黨軍政人員」概念明確。至於「敵偽」，往往界限不清。「汪偽」固「偽」，國民黨政府何「偽」之有？卻往往混為一談，一概「偽」之。

1967年3月18日中共中央轉發北京市公安局軍管會頒佈的《關於在文化大革命中被遣返後返京人員的處理辦法》，不准返回北京的遣返人員包括「堅持反動立場的地、富、反、壞、右分子（包括摘了帽子後表現不好的）」；「查有實據漏劃的地、富、反、壞、右分子」；「表現不好的敵偽軍（連長以上）、政（保長以上）、警（警長以上）、憲（憲兵）、特（特務）分子」；「表現不好的反動會道門中的中小道首和職業辦道人員」；「表現不好的反動黨團骨幹分子」；「堅持反動立場的資本家、房產主」；「刑滿釋放、解除勞動教養和解除管制後表現不好的分子」。上述七類，均屬「傳統敵人」。是否「堅持反動立場」、「表現」好壞，並無嚴格的衡量標準，寬嚴取決於各級權力機構、專政機關與文革期間的「革命群眾」。

1967年武鬥高發，毛的判斷是：「解放後包下來的國民黨、資產階級、地主階級、國民黨特務、反革命——這些就是他們武鬥的幕後指揮。」（逄先知、金沖及主編《毛澤東傳》第六卷，頁2482）毛始終保持了如上的敵情判斷。1968年「清理階級隊伍」期間毛所說「國民黨殘渣餘孽」（參看同書頁2496），也屬「模糊修辭」，便於想像與聯想。為了收拾局面，將打擊目標引向「傳統敵人」，是常用的政治策略。將那些人指為「武鬥的幕後指揮」，與其說有真憑實據，不如說更出於需要。

不但文革中，即使文革後展示傷痕的時期，最沉默的，仍然是這二十一種人中的某些種。他們不被認為也不自以為有資格訴苦。1949年以來，一有風吹草動，他們就會被警告「只能老老實實，不能亂說亂動」。其子女也會自律，時刻想到自己的出身，對此幾近本能。

　　「二十一種人」中，以「五類分子」即地、富、反、壞、右更廣為人知。農村稱「四類分子」（地、富、反、壞）；「五類分子」乃四類分子加右派分子。文革中所謂的「黑五類」即指此五類。

　　「階級鬥爭」實行的，更像是叢林法則。處於食物鏈亦歧視鏈末端的，即「五類分子」。1958年3月毛在成都會議上，將「尚未轉變的地、富、反、壞和右派」，作為「兩個剝削階級」之一（《在成都會議上的講話提綱》，《建國以來毛澤東文稿》第七冊，頁120），或即「五類分子」的出處。

　　毛曾一再説明何以稱「右派」而非「反革命派」（如1957年8月《對統戰部關於在工商界全面開展整風運動的意見的修改》，《建國以來毛澤東文稿》第六冊，頁562）。將右派與地、富、反、壞並列，右派與「反革命派」事實上已無區別。稍有不同的是，對右派分子，毛主張「不剝奪他們的公民權」（《一九五七年夏季的形勢》，《毛澤東選集》第五卷，頁456）。只是除大右派分子與「摘帽右派」外，普通右派分子的公民權不知如何體現，有何保障。文革期間即「摘帽右派」也不會、不敢伸張「公民權」。文革的環境中，是否屬「革命群眾」、稱「同志」關係重大，是否「公民」無關緊要。

　　文革中的「黑五類」一名被青少年使用，主要在「血統論」風行時期。這期間「五類分子」的子女曾被稱「狗崽子」。

　　1966年12月15日中央政治局擴大會議討論通過的《關於農村無產階級文化大革命的指示(草案)》明確提出：「農村無產階級文化大革命的重點，是整黨內一小撮走資本主義道路的當權派和沒有改造好的地富反壞右分子。」地、富、反、壞、右文革中被視為「死老虎」，批鬥中或處於「陪鬥」的位置；卻也會隨時被某派群眾組織為顯示革命性而揪出來示眾。「死老虎」一旦被指為「反攻倒算」、「右派翻天」，[102]即罪上加罪，頓成眾矢之的。發生重大血

---

102 署名「李一哲」的大字報提到，有人將文革視為「右派翻天」（余習廣主編

案的地區，如京郊大興縣或湖南道縣、廣西多地，則是理所當然的屠殺對象。

　　關於地、富，參看楊奎松《中華人民共和國建國史研究1》有關「土地改革」的章節。由該書第一、二章可知，1947與1950年代初的鄉村「土改」，地、富（尤其富農）作為「四類分子」中的兩類是如何被「建構」的。收入《中共中央文件選集（一九四八）》第十七冊的《中央關於地主、舊富農的選舉權與被選舉權問題的指示》（1948年10月16日）有如下表述：土改後對於「封建經濟基礎已被消滅，而又遵守政府法令的一般地主及舊富農分子，原則上確定恢復其公民權（包括選舉權與被選舉權）」；即使確有罪行者，也只是「有限期地褫奪其公權」（頁395、396）。蕭冬連《從撥亂反正到改革開放》：「中共中央曾在1948年作出明確決定：『地主連續勞動滿五年、富農不剝削連續滿三年者可改變成份。』」「1956年6月頒佈的《高級農業生產合作社示範章程》還有這樣的規定：原來的地主分子、富農分子和農村中的反革命分子，經批准可以入社做社員，取得『社員』稱號。」（頁128）而在事實上，對地主的「管制」由有期限變為無限期。1960年毛說：「過去規定摘地主帽子一般是三、五年，現在看來，恐怕要到三十到五十年。」（參看楊奎松《中華人民共和國建國史研究1》頁154）並非基於事實，仍然是出於需要。由此，地、富不但淪為鄉村、且淪為整個社會的底層。

　　1979年1月11日頒佈《中共中央關於地主、富農分子摘帽問題和地、富子女成份問題的決定》。《關於建國以來黨的若干歷史問題的決議》在肯定「對生產資料私有制的社會主義改造」的前提下，提到「為現已改造成為勞動者的絕大多數原地主、富農分子改訂了成份」。這自然是一大德政，不但對於「分子」本人，且對於其親屬。《決議》未涉及對「土改」的評價，包括暴力土改。蕭冬連《從撥亂反正到改革開放》引刊發於1979年1月30日《人民日

《位卑未敢忘憂國——「文化大革命」上書集》頁247）。

報》的公安部長趙蒼璧答記者問，其中有如下內容：「對錯劃錯戴『地、富、反、壞』帽子的人要『堅決糾正，恢復名譽』，死了的也應給以糾正」（頁129）。未知對「錯劃錯戴」者的糾正，執行情況如何。據同書，文革後對包括土改在內的「歷史老案」，原則是「有告即理，不告不理」（頁120）。未聞有倖存的地、富或其子女「告」而受理的例子。

　　許子東注意到，「讀者很少看到描寫真正的資本家、地主富豪在『文革』中『受難』的故事。」（《重讀「文革」》頁59）不止小說，回憶錄中也少有關於資本家、地、富文革中「受難」的敘述。因長期的階級鬥爭教育，這些人的受難較少博得同情。許子東對此的解釋，是窮/富在道德天平上迄今一貫的傾斜——作為文革批判延續文革邏輯之一例。即使文革後較早發露「土改」之血腥的小說《古船》（張煒），也以地主子女而非其地主老子為無辜受難者，或可佐證那種教育的深入人心。「五類分子」中，「反」、「右」多屬知識分子，其苦情、冤情得到了較多訴說(包括以文學的方式)；「地」、「富」及其留在鄉村的子女，最是沉默的一群。「黑五類」中反、壞、右均有可能無辜，惟地、富背負「原罪」，救贖無從。

　　「五類分子」中「反」之一類，無論由近人關於「鎮反」的考察，還是由文革中大量「現反」指控與有關的司法判例(參看本書上編第五章第一、二節)，均證明了冤案、冤獄之普遍。受害人倘經歷文革而倖存，有可能得到甄別、平反；故去者若屬知名人士，亦有「恢復名譽」的機會。未沾恩澤、已入鬼籙者，想必是龐大的人群。

　　「五類分子」中，「壞分子」的界定最為模糊。1956年3月10日《中共中央批轉中央十人小組關於反革命分子和其他壞分子的解釋及處理的政策界限的暫行規定》。據該文件，一切反革命分子都是壞分子。「其他壞分子」則包括政治騙子、叛變分子、流氓分子、品質極其惡劣的蛻化變質分子。1957年11月13日中共上海市委

工業工作部下達了《關於在工人中劃分壞分子的意見》，提出十種人可以劃為「壞分子」。甘肅也下達了類似文件(沈志華《從知識分子會議到反右派運動》頁652)。據同書，是年八屆三中全會前鄧小平《關於整風的報告》，將「社會上的流氓、阿飛」，「公眾公認為壞人的人」，與刑事犯罪的「盜竊犯、兇殺犯、強姦犯、貪污犯」等一併歸為敵我矛盾(頁675)。李遜《上海文革運動史稿》說「壞分子」「主要指那些觸犯刑律被關押勞改後的刑滿釋放者；還指雖沒觸犯刑律但觸犯當時的道德和社會規範者，例如『流氓阿飛』、『投機倒把』者、『亂搞男女關係』者。此外，1957年反右時因工人中不劃右派，有些單位就將提意見者劃成『壞分子』。」(頁9–10)[103]民間想像中，「壞分子」主要指「有男女作風問題」者。1950–70年代的語境中，「男女作風問題」指涉寬泛模糊，不限於發生性關係，包括了今人所謂的「婚外情」。不對政治、道德污點與刑事犯罪作明確區分，將一般的道德問題由政治方面懲治，則是慣例。[104]

　　文革中對特定人群的打擊甚至落實到剝奪其生存權。卜偉華《文化大革命的動亂與浩劫》：「在河南焦作市的『破四舊』運動中，發生了停供五類分子糧油供應的情況。焦作市中站區糧食分局停供五類分子(含家屬)9月份糧食。中站區新市場、西採煤街、新建南街沒收五類分子(含家屬)糧油供應本26戶(計119人)，停供糧食3104斤。」(頁237)應當是特定地區的情況，不具有普遍性。

　　據蕭冬連《從撥亂反正到改革開放》，到1984年10月，「給最後一批近八萬名『地、富、反、壞』分子全部摘掉帽子。至此，建

---

103 楊奎松《「邊緣人」紀事》一書，有某小人物被定性為「壞分子」的案例(參看該書《隱瞞歷史的後果》一章)。楊曦光說1958年有過一個「劃壞分子和極右分子的運動，把與國民黨有關係的人全都劃成壞分子、極右分子」(《牛鬼蛇神錄》頁184)。錄以備考。

104 據《現代漢語詞典》(2002年增補本)，「壞分子」指盜竊犯、詐騙犯、殺人放火犯、流氓和其他嚴重破壞社會秩序的壞人。

國以來二千多萬『四類分子』全部改變了成份。其中多數人已經過
世。」(頁130)二千多萬人及其家屬子女,是何等龐大的數字!

《關於建國以來黨的若干歷史問題的決議》肯定了「對生產資
料私有制的社會主義改造」,「宣佈原工商業者已改造成為勞動
者」。於今看來,對原工商業者的「社會主義改造」,並不具有毋
庸置疑的正當性。

儘管執政黨的表述中有「資產階級分子」,卻不將此「分子」
與地、富並列。將同屬「剝削階級」的資本家與地、富區分,源於
「新民主主義革命」時期的政策。1949年後的官方表述,「資產階
級」往往與「小資產階級」、「資產階級知識分子」(甚至農民)一
併列為「改造」對象。由此看來,資本家的政治地位略優於「五類
分子」。此外不作嚴格區分的,尚有資本家與小業主,甚至個體勞
動者。顧頡剛日記提到文革中的掃蕩,及於本小利微的釘鞋匠。這
裏的混淆,出於所有制方面的考量,即同屬「私有財產」佔有者,
無論財產多寡,甚至無論本人是否勞動。也因此,在文革這樣的運
動中,小業主有可能與資本家受到同一打擊,甚至個體勞動者也
不能倖免。1949年後的私營工商業者(包括小商小販)、小手藝人及
其他個體勞動者的命運,繫於當局的政策。1969年中共中央轉發
北郊木材廠落實政策的材料,中央批語稿提到「區別資本家和小
業主及獨立勞動者的各種不同情況」(參看《建國以來毛澤東文
稿》第十三冊,頁47)。由此,小業主、個體勞動者的境遇有可
能得到改善。[105]

1950–70年代中國的「政治賤民」,除刑事犯罪或少數確屬

---

[105] 據蕭冬連《從撥亂反正到改革開放》,文革後為「民族資產階級」摘帽、改成
份,前提是資本家階級「絕大多數人已經改造成為社會主義社會中的自食其力
的勞動者」(頁133)。為小業主脫掉「資產階級」的帽子,「把這部分人從工
商業者中區別出來,恢復其本來的勞動者身份」(頁134)。

「罪大惡極」者外，更是應「階級鬥爭」以及社會治理——階級鬥爭被作為社會治理的手段——的需要被製造出來的。清雍正朝對歷史遺留下來的樂戶、惰民、丐戶、世僕、伴當、疍戶等除籍，開豁為民，編入正戶，被許為德政。1950–70年代的中國，老牌的「政治賤民」，即地、富、反、壞、右，即使「摘帽」、「刑滿釋放」，也仍不能脫出「賤籍」——在這一點上，甚至沒有雍正的開明。

　　文革中有「紅／黑」系列，包括所謂「紅五類」、「黑五類」。在身份上處於灰色地帶的，就有「摘帽右派」。「摘帽右派」的確是一頂帽子。邵燕祥稱之為「灰帽子」（參看氏著《一個戴灰帽子的人》）。「摘帽右派」更像是一種語言魔術。不但拒絕解壓（當然更拒絕糾錯），將另行命名作為保持壓力的手段。仍然是右派，「帽子拿在人民手中」，可摘可戴。「帽子」於此，具有了持久的威懾力。沈志華《從知識分子會議到反右派運動》一書認為，對右派分子的處理「第一次體現了敵我矛盾按人民內部矛盾處理這一原則」（頁680）。「敵我矛盾」乃性質；「按……處理」，其效果似乎更在對性質的強調。于光遠說他被定性為「敵我矛盾」，按人民內部矛盾處理，「開除黨籍，宣佈政治生命的死罪，這樣也可收到『恩威並着』的效果」（《文革中的我》頁151）。這也正應當是「按……處理」所預期的效果。不妨認為，如此精緻的政治技術的背後，有對人的「精神—心理」的深刻洞察。

　　文革後曰「平反」、曰「改正」，才真的將帽子摘去。「平反」與「改正」仍有差異（參看本書上編第八章《並非「大結局」》）——文字間暗藏玄機如此。到文革後為地、富「摘帽」，涉及的人群已不如此計較——其時也用不着再這樣計較。甚至是否「摘帽」已無關緊要——非要如此，才有可能終結一種對於人的掌控方式。

　　有所謂的「漏網右派」，也有所謂的「漏劃地主」。文革之初工作組時期如湖北省即準備在知識分子中劃「新的右派」（參看

楊繼繩《天地翻覆》頁201）。1964年9月18日中發〔64〕600號文件
《中共中央關於農村社會主義教育運動中一些具體政策的規定(修
正草案)》，有關於清查「土地改革中漏劃了的地主、富農」，沒
收其「過多的房屋和傢具」的規定，以之為「民主革命的補課工
作」(參看《建國以來毛澤東文稿》第十一冊，頁140)。1971年8月
24日周恩來送審而由毛批示「同意試行」的，尚有中共中央《關於
新疆、雲南少數民族地區劃分階級成份問題指示》，提出在「沒有
劃過階級成份或雖劃過但沒有劃清的少數民族地區」，補劃地主、
牧主、富農、富牧；「劃為地主、牧主、富農、富牧的戶數」，
「最多不要超過總戶數的百分之八」(參看《建國以來毛澤東文
稿》第十三冊，頁258)。由該《指示稿》看，不超過百分之八，已
出於政策方面的考慮(「不要用內地的比例硬套」)。「四清」、文
革中確有部分地區「補劃」地、富。[106]另有所謂的「逃亡地主」，
往往指在鄉間無以存活、進城依子女為生者。這部分人通常於文革
之初「破四舊」期間遭「遣返」。[107]

　　1968年毛有「無產階級文化大革命……是中國共產黨及其領
導下的廣大革命人民群眾和國民黨反動派長期鬥爭的繼續」云云
(《關於無產階級文化大革命實質的一段話》，《建國以來毛澤東
文稿》第十二冊，頁485)，導致了派仗的升級(參看本書下編《札
記之三‧派仗》)。同年10月，毛對訪華的阿爾巴尼亞代表團巴盧
庫等人提到了「國民黨殘渣餘孽」；所舉之例，即有1949年後的

---

106 關於個別地區(如陝西省)補劃地、富(參看卜偉華《文化大革命的動亂與浩
　　劫》頁133)；陝西省「清隊」中補劃地、富，雲南省在邊疆地區補劃地、富，
　　廣東省甚至為歸僑戴地、富帽子，參看楊繼繩《天地翻覆》頁602、607。文革
　　後落實政策，改正「四清運動」中重劃階級成份，參看蕭冬連《從撥亂反正到
　　改革開放》頁120。

107 文革結束後落實政策，「四清」中補劃的階級成份被否定。民族地區文革期間
　　重新劃定的階級成份也一律推倒，恢復原來的成份(蕭冬連《從撥亂反正到改
　　革開放》頁145)。

留用人員(《中國文化大革命文庫》)。[108]1951年2月毛《中央對華北局部署鎮反及審查留用人員報告的覆電和批語》，將「留用人員」與「新知識分子」作為審查對象(《建國以來毛澤東文稿》第二冊，頁114)。同年4月，毛有《關於正確解釋對舊人員「包下來」的政策問題的的電報》(同書，頁258–259)。此電報旨在強調政策(即區分)。1957年發動「反右」的《事情正在起變化》一文，有「曾經為舊社會服務過的知識分子」云云(《毛澤東選集》第五卷，頁426)。文革將社會矛盾歸結為對「留用人員」「包下來」。大規模的「清隊」(即「清理階級隊伍」)，所清理的，即有這部分人；儘管至此中共建政已近二十年。

　　「國民黨殘渣餘孽」泛指與民國時期軍政系統有關者，留在大陸的國民黨軍政人員，及其他中共建政時期的「留用人員」。文革初期大舉掃蕩的「舊社會遺留下來的污泥濁水」、「舊世界遺留下來的殘渣餘孽」、「吸血鬼」、「寄生蟲」(參看本書上編第二章第一節)，均屬文學化的表達，內涵外延不明，方便了隨意指認。[109]與「舊世界遺留下來的殘渣餘孽」語義相關的，尚有「遺老」、「遺少」。即如彭真1964年7月1日在京劇現代戲觀摩演出大會上的講話中所說「不要為舊社會的『遺老』、『遺少』……服務」(參看《建國以來毛澤東文稿》第十一冊，頁113)。「遺民」的污名化與此不無關係。

　　文革中有所謂「小爬蟲」、「變色龍」。「小爬蟲」指中央文革小組顯赫一時的「王、關、戚」，即王力、關鋒、戚本禹；「變

---

108 1949年9月《中央關於舊人員處理問題的指示》(《中共中央文件選集(一九四九)》第十八冊，頁460–461)。關於「留用人員」，參看本書上編第五章第二節。

109 張新蠶《紅色少女日記——一個女紅衛兵的心靈軌跡》記某軍人說：「國民黨八百萬軍隊，被打死了一部分，跑了一部分，剩下的另一部分上哪裏去了？是鑽進我們革命隊伍中來了！有混進工人隊伍的，有混進教師隊伍的，有在各行各業當上職務的。」(頁247)亦一種較為草根的對「殘渣餘孽」的想像。

色龍」則指軍方的「楊、余、傅」，即楊成武(解放軍代總參謀
長)、余立金(空軍政委)、傅崇碧(北京衛戌區司令員)。兩組人物
於1967、1968年先後被打倒。當時的口號是「揪出變色龍，橫掃小
爬蟲」(參看《聶元梓回憶錄》頁268)。文革的戲劇性，在往往波
瀾陡起。高層一次次重新洗牌，亦文革大戲的看點。即如拋出王、
關、戚這種由局外看來風頭正勁的人物。這類出人意表的事件，有
利於維持懸念，甚至鼓勵了一種期待，似乎總會有什麼事情發生。

　　「小爬蟲」、「變色龍」類似江湖諢名，不便作為嚴格意義
上的身份符號，更是一種蔑稱，也如「吸血鬼」、「寄生蟲」，
通俗、形象，易於訴諸民眾：也是文革期間文宣的特點。兩案本
無關聯；使用上述修辭，給人以相關的錯覺，也未必不合於當局
的意圖。[110]

　　還有界定更不明的所謂「壞人」、「壞頭頭」、「壞傢伙」。
毛就常用此類說法，如說「要痛加批判的是那些掛着共產主義羊
頭、賣反共狗肉的壞人」(《對章士釗關於暫不出版〈柳文指要〉
來信的批語和批註》，《建國以來毛澤東文稿》第十二冊，頁
59)。另如他說：「一個組織裏的壞頭頭，要靠那個組織自己發動
群眾去處理。」(《視察華北、中南和華東地區時的談話》，同書
頁387)說「鑽進我們隊伍裏的壞人」，說「整頓隊伍，把壞人抓出
來」(逄先知、金冲及主編《毛澤東傳》第六卷，頁2483、2485)。
1966年10月5日，中共中央批轉中央軍委、總政治部《關於軍隊院
校無產階級文化大革命的緊急指示》，有將「反黨反社會主義的壞
傢伙」揪出來的指示(王年一《大動亂的年代》頁97)。據麥克法夸
爾、沈邁克《毛澤東最後的革命》，周恩來發動「清隊」，一再
使用「壞人」的說法(參看該書中譯本頁262–263)。「×××是壞
人」，出之於高層人士之口，猶如古代酷吏的判詞；由毛說出，更

---

110 關於兩案，參看《建國以來毛澤東文稿》第十三冊頁42–43註11、12。

嚴於斧鉞。[111]駱小海為宋柏林《清華附中老紅衛兵手記》所作序，
寫到當年曾由王任重處看到李達的求救信。「據王文革後來說，
毛指示：『李達這個人很壞，連國民黨都不如。但是不要把他整
死。』」（頁26。所引王文革語出處不詳）另由其他處讀到毛稱讚李
達為理論界的魯迅，未知孰是。或不過此一時、彼一時。

　　至於文革中所謂「壞頭頭」，「壞」否，有可能只是根據主
觀印象或輿論。趙瑜《犧牲者——太行文革之戰》記一派群眾組
織掌權後，對另一派實行報復，將對方的骨幹分別標為「一般壞
頭頭」、「壞頭頭」、「最壞頭頭」、「特壞頭頭」、「極壞頭
頭」，對其中某些人處以極刑（參看該書中冊第十三、十六章）。文
革中、文革後被指為「壞頭頭」者，不見得比某些官場人物更壞；
他們不過在非常情境中扮演了某種角色罷了。

　　「三種人」之說應據鄧小平講話。鄧在某次講話中說：「跟隨
林彪、江青一夥造反起家的人，幫派思想嚴重的人，打砸搶分子，
絕對不能提上來，一個也不能提上來，已經在領導崗位上的，必
須堅決撤下去。」（《黨和國家領導體制的改革》，1980年，《鄧
小平文選》第二卷，頁323）「造反起家的人」、「幫派思想嚴重的
人」、「打砸搶分子」，作為身份符號，有界定之難；實踐中則難
以避免選擇性打擊。如對文革初期「破四舊」期間的「打砸搶」忽
略不計；「幫派」指特定的群眾組織。清查「三種人」，抓「幫派
頭目」、「幫派骨幹」、「四人幫」在某某地方的「代理人」，也
如文革初期各地抓大小「三家村」、「代理人」，上演的不過類似
劇目（關於抓大小「四人幫」，參看楊繼繩《天地翻覆》頁1025）。

　　群眾組織領袖的個人品質、作風，的確影響於該組織的面貌。
如王洪文之於上海「工總司」，蒯大富之於清華大學「井岡山兵
團」。群眾組織結構鬆散。將該組織的行動歸罪、歸過於頭頭，

111　寶嘉《鷦鷯巢於這一枝》說，在關於「五一六」的資料中，記有周恩來曾在
　　一次講話中說「馮寶歲是壞人」（《七十年代》頁499）。馮任職學部，「清查
　　五一六」中被虐殺。

乃無視文革的歷史條件。文革後清查出的「三種人」，確有作惡多端者(參看《天地翻覆》頁1060–1062)。只是政策界限不明，不免於誤判或報復性打擊罷了。楊繼繩引葉劍英的話：我們看「四人幫」有一條原則，就是他們說好的，我們就說壞；他們說可靠的，對我們就不可靠(頁1040。未注明葉劍英語的出處)。依此原則「清理」、「處遺」，仍未出政治鬥爭、黨內鬥爭的一貫邏輯。脫出慣例，需要政治智慧，更需要超越個人恩怨的氣量與胸懷。

「黑」字系列，除上文提到的賴有株連、依「關係」歸類的「黑幫」、「黑線」以及「黑五類」，尚有「黑後臺」、「黑高參」、「黑手」、「黑幹將」、「黑爪牙」、「黑秀才」等等。

紅與黑是當年政治色譜的主色調。1966年6月1日《人民日報》評論員文章《歡呼北大的一張大字報》中提到了「黑幫、黑組織、黑紀律」。大批判中流行的，尚有「黑風」、「黑會」、「黑信」、「黑詩」、「黑畫」、「黑電影」等等。甚至有「黑思想」(參看《徐鑄成自述：運動檔案彙編》頁305)。與此相對的，「紅線」外，更有「紅太陽」(以至「最紅最紅的紅太陽」)、「紅司令」、「紅寶書」、「紅色政權」、「紅色江山」、「紅彤彤的新世界」等等。最誇張的是「紅海洋」；最令人毛骨悚然的，是「紅色恐怖」。[112]

「黑後臺」又作「黑手」。用例如「伸向群眾組織的黑手」。某某組織的「黑後臺」即幕後主使。《十年一夢——前上海市委書記徐景賢文革回憶錄》記1967年張春橋曾說到群眾組織「背後有長

---

112 1966年12月30日中共中央、國務院發出《關於制止大搞所謂「紅色海洋」的通知》，其中提到所謂「紅色海洋」，「就是用紅色的油漆把大門和大片大片的牆塗成全紅色，甚至強迫群眾挨家挨戶出錢」。《通知》本身具有十足的文革特色，將上述現象歸結為走資派「別有用心」，「想用這個辦法使群眾沒有貼大字報的地方」，「抗拒大字報，對抗無產階級文化大革命」。

鬍子的人」(頁90)。[113]直到1976年「四五」天安門事件，官媒還聲稱抗議群眾中有「長鬍子的人」、「背後的黑手」。司法實踐有所謂的「教唆犯」。文革中所說「搖鵝毛扇的人」、「狗頭軍師」、「長鬍子的人」，往往指背後操縱青少年的成人。[114]未見得真的相信「青少年」必有成年人操縱——已有中學生政治上成熟的大量證據——更是出於「上掛下聯」、「順藤摸瓜」的政治操作的慣性。

據有人統計，1949年後的三十年間全國的政治運動有五六十次之多(參看王學泰《監獄瑣記》頁6)。無以數計的「分子」，政治運動及日常的政治運作中不斷衍生的「分子」，亦當代中國政治文化的特色之一。1952年「三反」「五反」，毛《對中華人民共和國懲治貪污條例草案說明稿的批語和修改》，除「貪污分子」、「官僚主義分子」外，還使用了「不法資產階級分子」(《建國以來毛澤東文稿》第三冊，頁411、412)。1955年「肅反」的首批打擊對象即「胡風分子」，亦作「胡風集團分子」。[115]該運動所打擊的，尚包括「各種暗藏的反革命分子(國民黨特務分子，帝國主義的特務分子，托派分子和其他反動分子)」(《對中央關於揭露胡風反革命集團的指示稿的批語和修改》，《建國以來毛澤東文稿》第五冊，頁148)。據沈志華《從知識分子會議到反右派運動》、蕭冬連《從撥亂反正到改革開放》，「反右」還劃有「中右分子」、「反社會主義分子」。

1959年8月毛《對八屆八中全會〈為保衛黨的總路線、反對右傾機會主義而鬥爭〉決議稿的批語和修改》，除「右傾機會主義分

---

113 陳煥仁《紅衛兵日記》1967年4月29日記有所謂「長鬍子的人」(頁319)。

114 據《中國向何處去？》的作者楊曦光回憶，當時康生曾說「這種文章不是中學生能寫出來，也不是大學生能寫出來的，後面有黑手」(《牛鬼蛇神錄》頁10)。

115 據賈植芳《獄裏獄外》，另有「胡風影響分子」(頁63)，令人不知所云，亦「運動」製造的千奇百怪名目之一種。

子」外，決議稿和毛的修改部分還提到「混入黨內的投機分子和階級異己分子」、「具有資產階級世界觀的個人野心家」、「歷史上犯了錯誤、受過批評、心懷不滿的分子」、「動搖成性的分子」（《建國以來毛澤東文稿》第八冊，頁405）。「心懷不滿」、「動搖成性」作為「分子」如何判定？

「階級異己分子」、「蛻化變質分子」用於黨內。「階級異己分子」的認定，通常與出身、家庭背景有關。1962年1月30日毛《在擴大的中央工作會議上的講話》提到「我們隊伍裏面的壞分子，蛻化變質分子」（《建國以來毛澤東文稿》第十冊，頁40）按這裏的「壞分子」略同於「壞人」；非「五類分子」之一的「壞分子」。1967年1月30日毛《對譚震林關於國務院農口幾個單位情況報告的批語》提到「變質分子」（《建國以來毛澤東文稿》第十二冊，頁209）。1968年8月毛《對姚文元〈工人階級必須領導一切〉一文的批語和修改》，使用了「工人階級的階級異己分子」的說法（同書，頁531）。

1979年3月鄧小平在「全國理論工作務虛會」上的講話，除反革命分子外，還提到「敵特分子」，「各種破壞社會主義秩序的刑事犯罪分子和其他壞分子」，「貪污盜竊、投機倒把的新剝削分子」（參看蕭冬連《從撥亂反正到改革開放》頁76）。這裏較為特別的，是「新剝削分子」。同年10月14日，中共中央批轉中央統戰部《關於地方民族主義分子摘帽問題的請示》（參看同書頁93）。可證有「地方民族主義分子」。1978年第五屆全國人民代表大會第一次會議華國鋒的《政府工作報告》，提到「反革命分子和敵特分子」、「各種嚴重破壞社會主義秩序的犯罪分子和蛻化變質分子」、「貪污盜竊、投機倒把的新剝削分子」（同書，頁179）。值得注意的，也是「新剝削分子」。《關於建國以來黨的若干歷史問題的決議》提到了「投機分子」、「野心分子」、「陰謀分子」。

涉及司法，則不但有「管制分子」，且有「撤銷管制的分

子」；有「刑事犯罪分子」，尚有「刑滿釋放分子」(參看楊奎松《「邊緣人」紀事》頁325、326)。「刑滿釋放」、「勞改釋放」並不即能脫罪；作為賤民，其地位甚至不能比之於「摘帽右派」。《公安六條》所說「二十一種人」，就包括了「勞動教養人員和刑滿留場(廠)就業人員」、「刑滿釋放、解除勞動教養但改造得不好的分子」，將其與「五類分子」等並列。

負面的身份符號遠不止此。「假黨員」的說法早已有之。延安整風中清理某省的所謂「紅旗黨」問題，指該省黨員「都是紅皮白心的假黨員」(參看何方《黨史筆記》頁322)。黃克誠出生入死逾40年，文革審查時仍被指為「假黨員」(《黃克誠自述》頁336)。所謂「假黨員」，有可能只是革命戰爭的特殊情境中「證照」不全。

另有侮辱性的身份符號。「××的臭老婆」即是。其他如「資本家太太」、「地主婆」亦屬此類。五四新文化運動數十年後，對女性歧視依舊。有「軍烈屬」，亦有「反革命家屬」(簡稱「反屬」)；另有「匪屬」、「叛屬」(參看根據施義之口述整理摘錄的《血與火的歷練(二)——特殊環境下的十年經歷》，收入陳楓主編《血與火的歷練——施義之紀念文集》頁48、56)。夫貴妻榮，夫賤則妻更賤。荒也在回憶文字中說，「爸爸被抓走後，街道裏竟然把母親喚去，責令她在脖子上帶上一個有『歷史反革命家屬』字樣的大木牌，參加陪鬥、反省和掃街」(《母親、父親和我們》，《那個年代中的我們》頁70)。凡此，均可為「夫為妻綱」做註腳。株連的背後，是古老且正統的文化。[116]

「地主、資本家的孝子賢孫」，或僅據血緣，或另據思想關聯，與「國民黨殘渣餘孽」均因「關係」而得之名。

「反動分子」係總稱。尚有「反動文人」。文革初工作組時期，曾抓「反動學生」。據王學泰《監獄瑣記》，「建國以來，改

---

116 邱會作文革中在總後系統(總後即解放軍總後勤部)整政治對手，要求專案組上報「黑家屬名單」(楊繼繩《天地翻覆》頁425)。

革開放以前『反動學生』這個詞雖也常見於教育系統的內部通報，但真正作為政治帽子、作為正式處分大學生一個案由，只實行於1963年到1966年清理反動學生的運動中。」（頁260）[117]至於文革初期隨意指認「反動學生」，不在該書的考察範圍。

「政治流氓」、「政治騙子」、「政治扒手」、「政治小丑」，均界定模糊，通常用於攻訐。文革處死的，甚至有「政治瘋子」，即有「惡攻」言論的精神病患者(參看蕭冬連《從撥亂反正到改革開放》頁105)。

文革前嚴格區分體制內外。「社會青年」、「社會閒散人員」、「無業人員」即屬另類。朱正琳《裏面的故事》：「那年頭『社會閒散人員』在人們眼裏跟『壞人』差不多，因為當時的『好人』都待在『單位』。」(頁54)未在國家或集體單位供職者，即有可能歸入「無正當職業者」。其時唯國家機關、國家企事業單位的職業「正當」；城市集體所有制單位(如街道工廠)已被認為成份複雜，往往混有勞改、勞教釋放人員。更邊緣、無安全保障的，尚有流浪乞討者，無戶籍的「盲流」。對體制外有根深蒂固的不信任，以之為亂源。體制內外對於人，有如是之嚴重。

界定模糊而又特具侮辱性的名目，尚有「社會敗類」、「社會渣滓」等。「社會渣滓」囊括了流氓、小偷、「刑滿釋放人員」、「反動會道門」、「歷史反革命」等基層社會的邊緣人群。被指為「社會渣滓」者在文革初期「破四舊」中，最先暴露在交叉火力下。本書上編第二章《城市街頭的暴力》寫到紅衛兵打「流氓」。「流氓」或特指或泛指，泛指即指所謂的「社會渣滓」。

曾有「紅色資本家」、「紅色專家」一類名目。文革中「紅色」非但不是保護色，且有可能成為更醒目的打擊目標。

文革中的「群眾」，有對於身份符號旺盛到病態的創造力，為

---

117 關於該時期處理大專院校的「反動學生」，及所涉人員的遭遇，參看同書附錄二《鮮為人知的「反動學生」案》、附錄三《1963年–1966年的大陸高校清理「反動學生」事件》。

他人命名的強烈衝動。曾彥修《平生六記》一書說，文革爆發後據說有十種「敵人」，地、富、反、壞、右、叛、特、走、資、資，後三種即走資派、資產階級分子、資產階級反動學術權威，「以後就四十種、四百種也不止了」（頁50）。運動中的每一波，甚至每一具體事件，都有可能創造出前所未聞的身份。命名亦示眾。用那一時期流行的說法，即將目標人物「揪出來」，「押上歷史的審判臺」。這種命名的狂熱，或源自古老的迷信，即如相信「名」具有符咒般的魔力。身份符號的殺傷力，確也從來未有如此之大。現代的政治技術，與經由命名將對象收服的古老巫術、魔法，在此找到了一個向對方致敬的機會。還應當說，派仗中正方、反方有因時的變換。角色的正派/反派亦然。這種情況有助於消解身份壓力，使某些命名歸於無效——亦物極而反之一例。

據說有人在作當代中國的「分子」研究，一定會有遠較本節豐富的發現。

「身份」關係重大：你在社會上的位置、地位，所屬圈層、類別。在階級鬥爭、政治運動的情境中，身份或攸關生死。文革中有極端化了的身份認同。命名往往關係「定性」，對事件定性，對人定性。本節上述每一名，都牽涉或多或少甚至無以數計的人。那些行將成為語言化石的名目，曾參與造成了實實在在的壓抑甚至生存威脅。本書其他處將說到檔案袋被認為較之其人更可信；這裏要說，身份符號似乎較本人更「本質」。對1949年以來的身份符號作廣譜的搜索與語源考察，由此討論特定情境中人的命運，筆者的能力所不能及。這裏只略舉隅，以證這一方向開發的可能性。

極度強化的身份意識，為當道蓄意造成。文革將借由身份符號將人抽象化，以身份、身份符號（「名」）對於人的控馭，發揮到了極致。身份認同的危機，也正在此一時期普遍發生。與身份焦慮有關的荒誕的經驗，成為了文革後文學藝術取用不竭的豐富材

料。與身份有關的恥辱記號，刻骨入髓，傷害之深，或有過於霍桑(Nathaniel Hawthorne)筆下的《紅字》。聶紺弩《〈水滸〉人物(五首)》有「男兒臉刻黃金印，一笑心輕白虎堂」句(《聶紺弩詩全編》頁132)。寫林沖，未必不以之自況。「一笑心輕」最能狀寫聶的神情。能如此灑脫的，能有幾人！

本書其他處談到了作為政治技術的「設置對立面」。每一次「政治運動」都生產出一種、幾種甚至一批特殊的政治身份，由人群中區隔出特殊人種，製造出一批「敵對分子」。文革較之平世，更需要敵人，更需要以「對敵鬥爭」凝聚人心，也使得累積效應達到了極點。文革期間製造的身份符號數量尤為龐大。人們隨時定義他人，隨時被他人定義。卻也因極端，導致了作為控馭手段的失效。文革中命名的權力「下放」，打擊目標空前廣泛。廣泛亦自有弊。文革十年間不同程度地受到打擊者，人數之多，前所未有。到頭來大家彼此彼此，也就淡化了敵我區分；對既有等級秩序的破壞，此亦一端。楊曦光《牛鬼蛇神錄》記有其他犯人問：「這種把人劃成地富反壞右的制度會有一天被廢除嗎？」楊肯定地回答：「只是遲早的問題。……」(頁304)文革後由社會結構的變動導致身份重新厘定。已有的等級外，有新的等級序列。但單一的以政治需要界定身份，效力不再。

文革結束，「分子」的無限衍生或已中止；對人的定義有了其他方式。新的社會身份通常避免過分意識形態化。甚至司法用語亦有改進，如定罪前使用「犯罪嫌疑人」一名而非徑稱「人犯」、「犯罪分子」。偶聞某種棄用已久的身份符號(如「反革命分子」)，會悚然一驚，恍若隔世。

3.3 作為治術的區分

區分作為社會治理的手段，其必要性毋庸置疑。尤其以法律為依據的區分、區隔，如犯罪分子/合法公民。本節討論的，

「階級鬥爭」語境中出於政治需要的區分。高華《身份和差異
——1949-1965年中國社會的政治分層》一書，有關於「政治分
層」的逐步細密化，通過「政治分層」實現社會動員；「政治分
層」與「新的身份制度」；「以階級出身為基準的政治分層」的
「全面制度化」的分析。本節內容，或可補高文所未及。

　　任何社會的治理均需要將人群區分的一整套技術。遇羅克批評
當局的階級路線，提到「分而治之」。[118]「分而治之」不止是傳統
社會的「馭下」、「牧民」之術。問題是，1950年代至文革爆發，
某些用於「區分」的技術，其運用是否正當、為「社會治理」所必
須；是否僅服從於當局的特殊需要，以對一部分人的打擊建構「革
命秩序」。

　　李遜《上海文革運動史稿》分析「等級身份制」之為「社會控
制手段」（激勵與懲罰），將遇羅克「分而治之」說細化，在大量事
實材料的支持下，較遇直覺的判斷更有洞見。該書說，當局出於政
治需要「製造政治等級，對社會一次又一次地分層再分層。將其中
最可能有獨立思想的知識精英，隔離在最不確定的等級；將最有活
動能力的前政府時期的經濟精英和政治精英，隔離在最低的等級」
（頁11）。用心之深刻，僅「分而治之」已難以充分解釋。

　　該書提到了用於對人群區分的各項「權利」，其中有「聽文件
的權利」（頁13），即看文件、聽文件傳達的權利——未經那個時代
者，是難以知曉這項權利對於人的意味的。用於「區分」的，除
能否「聽文件」，另有原高層人士的能否看《內參》。剝奪此類
權利，有可能是將被「打倒」的信號。這類無所不在的「區分—
排除」，日常而有效。即使一次意義並非重大的會議，也會有「區

---

118 遇羅克說出身歧視「把群眾分成三六九等，把非對抗性矛盾擴大化，以便分而
　　治之」（《論鄭兆南烈士的生與死》，《遇羅克遺作與回憶》頁46）。關於「非
　　對抗性矛盾」，舉例有「教員和學生的矛盾，幹部和工人的矛盾，低級幹部和
　　高級幹部的矛盾，出身好和出身不好的矛盾」（同上）。討論「出身」問題而歸
　　結為「分而治之」，出於敏銳的洞察力。

分—排除」，使被排除者備感壓力。經歷了一次次排除，你不難知曉自己被劃歸另類。政治運動較之平世，更刻意以諸種區分強化身份意識。文革初期有嚴重意味的，就有「參加運動的權利」。要求這項權利遭拒，其意義更在確認你不屬「革命群眾」，甚至不屬「人民」（人民/敵人）。

舒蕪舉過一個例子：某單位開會，主持者宣佈：「下面我們革命群眾聽報告，四類分子和某某某退出去！」（《向陽湖畔》，唐筱菊主編《在「五七幹校」的日子》頁163）。舒蕪的說法相當溫和，只是說這樣的做法太「不留情面」。待遇即身份。張光年對幹校期間的「政治待遇」很在意，如是否參加學習班，是否參加整黨學習。其《向陽日記》記在幹校過春節，「革命群眾在食堂聚餐」，「審批對象」則在過道裏吃飯（頁8）。為避免羞辱，後來死在幹校的侯金鏡，「寧願披着雨衣佇立雨中」（同上）。[119]

由日記看，吳宓對於類似區分極其敏感，心理每處於緊張之中：包括發像章獨不發給自己及某人（《吳宓日記續編》第九冊，頁44）；甚至「在『請罪』及行走之序列中，宓由第二人改排為第三人」（同書，頁85。着重號為原文所有。下同）。吳曾以《四書》禱卜，「得《論語·八佾》首章注：范氏曰，『自上而下，降殺以兩而已。』——似謂罪行有等差，雖微亦當辨別」，用以解釋自己較「學習班」（亦勞改隊）同人的「降低一等」（同書，頁15）。由今人看來，此等事甚微末，不值得介懷。當時如吳者，卻不能不「斤斤計較」，因關乎其身份、在社會生活中的地位。

文革前，被由某項活動中排除，已經是一種露骨的暗示甚至「明示」。楊憲益《漏船載酒憶當年》寫到自己1960年代初收到了出席中國作家協會第三次全國大會的邀請，卻被通知交回入場券（頁203）。也要經歷過那年代，才能體會這種動作對於楊的兇險意

---

119 顧準1971年2月19日記有自己作為「專案對象」所能參與及不能參與的活動（《顧準日記》頁237–238）。

味。類似動作頻出，或意在使特定人物不敢「翹尾巴」；即使不能割尾巴，也必得「夾着尾巴」。

這一整套技術，或形成於「革命戰爭年代」，有追根溯源的必要。進入「新社會」之初，人們就感受到了無所不在的等級區分，關於「身份—地位」的無窮提示。儘管人們大多接受了所屬身份等級、政治待遇，卻仍有人對此適應不良。楊絳《第一次觀禮》所寫的那些用於區分的「紅條兒」、「橙黃條兒」、「綠條兒」（《楊絳全集》第三卷），豈非很平常？遙遠事後的回憶，楊故作謙抑，以卑微小人物自居，更透露了當年對上述刻意區分的不適，不能忘懷。如楊這樣的知識分子會暗中想，以「社會平等」為號召的革命如此嚴於等級區分，是否有悖於所宣稱的宗旨？

並非僅知識分子敏感於等級—身份。李遜《上海文革運動史稿》一書對「工人階級」的體制身份作了合乎實際的區分，如全民所有制企業/集體所有制企業。「工人階級」中的「產業工人」，僅指全民所有制企業的工人——政治身份繫於編制，亦一種易被忽略的「中國特色」（參看該書頁20）。

將人分類、歸檔，更像是技術活兒，乃文革期間的「政工幹部」（多少有別於舊有的「人事幹部」）的日常工作，其影響卻滲透到社會的各個層面。至於「區別對待」，則有一整套政治操作的模式。以對人群的諸種區分，強化統治基礎；以一部分人對另一部分人的壓抑，作為社會的穩定裝置。文革前十七年與文革期間與此相關的實踐，顯示了執政黨如何想像黨/國家/社會，區分內/外，敵/我。

1957年5月毛《事情正在起變化》一文的如下論述，被認為有經典意義：「除了沙漠，凡有人群的地方，都有左、中、右」（《毛澤東選集》第五卷，頁474）。同文還說：「我們從來就是把人群分為左、中、右，或叫進步、中間、落後，不自今日始」（同

上）。「除了沙漠……」一段文字，為1968年4月27日《人民日報》刊登的《紅旗》雜誌評論員文章《對派性要進行階級分析》引用。文革中流傳甚廣的「最高指示」，就有如上一條。

文革爆發前後，毛頻密地提到「左派」、「右派」。1966年毛的指示就有「必須組織、發展無產階級左派隊伍」（《必須組織和發展無產階級左派隊伍》，《建國以來毛澤東文稿》第十二冊，頁68）。這裏「左派」的所指，似不言自明。同年7月8日《給江青的信》一再提到「左派」、「右派」，另有「動搖不定的中間派」（同書，頁72-73）。同年尚有「要保護左派，支持左派，建立和擴大左派隊伍」的指示（《要保護和支持左派，建立和擴大左派隊伍》，同書頁183），「應派軍隊支持左派廣大群眾」的指示（《對南京軍區黨委關於是否派軍隊支持造反派的請示報告的批語》，同書頁197）。何為「左派」，何為「真正的革命派」，仍以為無需界定。軍隊「支左」的實踐證明了後果的嚴重性。[120]

為高層肯定的清華大學附中紅衛兵《再論革命的造反精神萬歲》一文，有「只許左派造反，不許右派造反」，後改為「只許左派造反，不許右派翻天」（駱小海為宋柏林《清華附中老紅衛兵手記》所作序，頁21）。收入《手記》的1966年8月6日紅衛兵的《緊急呼籲書》使用了「只許左派造反，不許右派翻天」（頁423）。

左、中、右的劃分不止被認為適用於中國。1970年12月18日會見埃德加·斯諾，毛說到了美國的左、中、右「都讓來」（《會見斯諾的談話紀要》，《建國以來毛澤東文稿》第十三冊，頁163）。文革期間左右的區分甚至體現於主席臺上高層領導的座位安排，是當時人們熟悉的一景。

「政治排隊」既是政治運動中的規定動作，也是執政黨有關部門的日常工作。1952年「思想改造運動」對民主人士「階級定

---

120 1966年6月23日《中國青年報》社論，題為《左派學生的光榮責任》。同一時期，還使用了語義更嚴重的「革命勢力」、「反革命」的説法（逄先知，金沖及主編《毛澤東傳》第六卷，頁2391）。

性」，王芸生被定為「代表大資產階級中的知識分子和中間偏右的
知識分子」(參看楊奎松《忍不住的「關懷」》頁140)。中間偏右
或偏左，大有不同。非近於楊，則近於墨，厭惡「騎牆」，不相
信有「不偏不倚」的中間派，也有傳統淵源。1957年6月《中央關
於加緊進行整風的指示》有「在運動中，按左中右標準，排一下
隊」的要求(《建國以來毛澤東文稿》第六冊，頁492)。關於「反
右」中各級組織受命政治排隊，劃分左中右，參看沈志華《從知識
分子會議到反右派運動》頁670–671。據該書，1957年7月11日中共
中央批發的統戰部《關於劃分左、中、右的標準的建議》，將中
間派又分為中左、中中、中右三類，右派外另有「極右分子」(頁
671)，[121]區分不厭其細，令人不期然地想到了中古歷史上的「九品
中正制」。曾彥修晚年受訪時說，右派有五類，另有極右、「內
控的中右」，「實際是七種」(《曾彥修訪談錄》頁286)。1957年
6月毛《對中央關於爭取、團結中間分子的指示稿的修改》着重於
對「極右派」的打擊、孤立、分化(《建國以來毛澤東文稿》第六
冊，頁528)。《中共中央關於爭取、團結中間分子的指示》則有對
「極右分子」「實際上是一棍子打死，但形式上還不要一棍子打
死」，「否則也將不得人心」(參看沈志華《從知識分子會議到反
右派運動》頁625)。「實際上」/「形式上」，不過出於爭取中間
分子的需要。[122]以北大教授傅鷹為「中右標兵」(參看陳徒手《故
國人民有所思》中《傅鷹：中右標兵的悲情》)，意含輕侮。1957
年5月毛的《事情正在起變化》一文、同月《中央關於對待當前黨
外人士批評的指示》均對傅「鳴放」中的言論持優容態度(參看

---

121 1957年反右中有「極右分子」、「右派骨幹分子」，參看《中央關於增加點名
　　批判的右派骨幹分子人數等問題的通知》，《建國以來毛澤東文稿》第六冊，
　　頁537、556。

122 地方當局更有發揮，即如左中右反，反即「反革命」(參看楊繼繩《天地翻
　　覆》頁210)。據高華《身份和差異——1949–1965年中國社會的政治分層》，
　　1959年「反右傾」後，有對幹部(包括高級幹部)的「思想排隊」(頁47)。

《毛澤東選集》第五卷頁473、《建國以來毛澤東文稿》第六冊頁
477），亦網開一面，或可讀作爭取中間分子的示例。據《陳寅恪的
最後20年》，1958年、1960年、1963年三次「政治排隊」，陳寅恪
均被列為「中右」（頁392）。「排隊」的結果「內部掌握」，秘而
不宣，適足以刺激窺探欲。這種由「組織」掌握的分類排隊的威懾
力，由文革初期的衝擊檔案室，搶、燒「黑材料」，可得一證明。
只有相關檔案見光，你才有機會得知你在等級序列中所處位置。[123]

　　「極右派」、「極左派」，均為「反派」。關於文革中的「極
左派」，見本書下編《札記之三》。左，意涵視上下文而定。加了
引號的，即非正面；用例如「形『左』實右」。相較於左、左派，
右、右派較少歧義，絕對負面。因而「右派分子」乃「五類分子」
（五類階級敵人）之一類。此外還應當説，政治光譜在當代中國的語
境中往往扭曲，能指與所指分離以至相悖，不便直接與國外對接。
即如時下的所謂「左派」。

　　「我是誰」，乃古老的哲學問題。階級鬥爭的環境中，你是
誰，是由「組織」判定的。亦這一哲學問題的世俗解釋。你的自我
意識、自我想像較之於此，已不足道。這的確是現成的小説材料，
可供喬治・奧威爾或弗蘭茲・卡夫卡（Franz Kafka）擷取。

　　1950年代起，對於人的諸種政治性分類隨時進行，個人在社會
尤其政治生活中的位置、類別歸屬、等級，從所未有地明確。文革
不過將此戲劇化罷了：一個看似混亂無序的時期超乎尋常的與「身
份—等級」有關的控制機制。

123　關於文革初期北京市文教系統大學組對24所高校「初步排隊」、對左中右所佔
　　比例的判斷，參看楊繼繩《天地翻覆》頁199。關於進駐大中學校的工作組按
　　百分比「分類排隊」、「劃分左中右」，參看同書頁204、206。王學泰據其
　　親歷，記文革前被「勞動考察」、「勞動教養」的「反動學生」，也由管理人
　　員「分類排隊」，製造差別，讓其內部自我消解反管理的力量」（《監獄瑣記》
　　頁273）。「製造差別，讓其內部自我消解……」無疑出於犀利的洞察。朱正琳
　　《裏面的故事》則寫到了集體懲處「同犯」中的告密者（頁60）。告密與「不得
　　告密」，亦朱所説「號子文化」的一部分。

　　左中右的分類不免粗糙。毛有使用百分比的習慣，隨機估計，並不說明依據，與所謂的「數字化管理」無涉。對政治形勢的基本判斷卻落實在有關的百分比上。「階級鬥爭」如「生產活動」的量化、定指標，可追溯到「革命戰爭年代」。據何方《黨史筆記》，搞運動而定百分比，延安整風的「搶救運動」就有。該書說，「可惜搶救運動中這一創造，一直適用了幾十年，不知先後有多少無辜的人們被捲進了這個百分比內。」（頁433。尚可參看同書頁420）1947年根據地、解放區土改中毛的估計是地富「佔百分之八左右」。楊奎松《中華人民共和國建國史研究1》對此說：「對照當年中共基層幹部調查所得材料」，毛的判斷與全國相當多地區階級構成的客觀實際「相差甚多」（頁101）。

　　1949年後的政治運動設置定額、指標，不自「反右」始。1951年「鎮反」，甚至指示殺人的比例。[124]1952年「三反」「五反」運動，毛也一再談到百分之九十五與百分之五；在百分之五中細分百分之四與百分之一；百分之一更分出百分之點五，看似精密（《中央關於五反中對各類資本家的處理意見的指示》，《建國以來毛澤東文稿》第三冊，頁213）。[125]百分之九十五／百分之五，適用於各種不同的場合（參看同書頁248、308、413）。[126]於今看來，跡近荒誕：將戰爭思維（如殲敵指標）延續到了建政之後。

　　1955年「肅反」中適用的百分比，參看《建國以來毛澤東文

124　如「一般不應超過人口比例千分之一」（《轉發西南局關於鎮反問題給川北區黨委的指示的批語》，《建國以來毛澤東文稿》第二冊，頁267）；類似表述另見同書頁296–297。關於「鎮反」中毛分別向各地下達殺人指標，應殺人數，在當地人口中所佔比例（參看楊奎松《中華人民共和國建國史研究1》頁189–191）。

125　毛的有關指示，百分比不但用於工商戶的分類，且用於運動中力量的投入（《在中央轉發西安市五反策略報告的批語稿上加寫的話》，同書頁358）。

126　關於「三反」運動中曾下達5%的指標（參看何方《黨史筆記》頁344）。據韋君宜回憶，「三反」中經毛批准的文件，規定每個單位必須打出5%的貪污分子（《思痛錄》頁27，香港天地圖書有限公司，2000）。

稿》第五冊頁149。當年12月毛《在中央十人小組關於目前肅反運動應注意事項的通知稿中加寫的話》，明確指示：「對於高級知識分子的重點對象，必須也同其他方面一樣，一般地控制在百分之五左右。」（同書，頁472）1957年「反右」前的「鳴放」期間，冰心接受新華社記者採訪時說：「肅反時候，高等學校裏提出5%的控制數字。如果這個單位只有兩個反革命分子，就要找三個補上；若有二十個反革命分子，他也只挑五個。這怎麼會不亂！」（參看沈志華《從知識分子會議到反右派運動》頁581）。

束星北1957年5月「鳴放」中的發言《用生命維護憲法的尊嚴》提到毛肅反中「偶然說了一句『反革命分子可能只有百分之幾』一句估計猜度的話」，「後來竟成為肅反的指標」。束在該發言中舉例說某銅礦按百分之五的定額抓了四百人（《束星北檔案》頁150）。束當然未能料到，將他本人劃為「右派」的接下來的運動中，仍然有指標；而毛關於比例的說法，並非「偶然」。至於束星北說「毛主席也不能保證沒有偶然的錯誤」（同上），文革中即「惡攻」言論。

1957年3月毛《在中國共產黨全國宣傳工作會議上的講話》認為，五百萬左右知識分子中，「極端反動的人」「只佔百分之一、二、三」（《毛澤東選集》第五卷，頁405）。落實到人數，已相當可觀。以下又進一步細分。5月15日毛的《事情正在起變化》一文說：「右派大約佔百分之一、百分之三、百分之五到百分之十，依情況而不同」（同書，頁424）。儘管留了一點餘地，但由百分之一到百分之十，伸縮的空間——亦即各級領導掌握的自由度——如是之大，在「寧左勿右」的風氣中，「擴大」無可避免。[127]

---

127 同年6月毛在《中央關於加緊進行整風的指示》中涉及百分比，見《建國以來毛澤東文稿》第六冊，頁492。百分比另見同書頁496。同月《中央關於反擊右派分子鬥爭的步驟、策略問題的指示》：「民盟右派和反動派的比例較大，大約有百分之十以上」（同書，頁503）。民盟「反右」中遭受重創，與此種估計有關。《閻明復回憶錄》：「1957年『反右』運動中，上級規定每個單位劃定的『右派分子』要佔職工的百分之五，是硬性指標。」（頁1069）前此的政治運

　　據毛的秘書林克的日記，1957年5月28日毛對北京大學有如下估計：教授、副教授的11%是右派，左派39%，中間派50%。講師、助教不在其內。學生中右派有七十餘人，二百人左右支持他們（沈志華《從知識分子會議到反右派運動》頁607–608）。百分比與人數具體至此（按指標、名額劃右派，參看同書頁665–667）。6月26日中共中央《關於打擊孤立資產階級右派分子的指示》，提出「對於右派的數量，不要估計不足，劃得太少」；「如果對右派劃得過少，勢必把一些堅決的階級敵人當作好人。這是右的，也是危險的」（同書，頁624）。[128]

　　漢娜·阿倫特《極權主義的起源》中譯本頁538註2引用某前蘇聯教授關於北高加索內務人民委員會的文件的研究，說由那些文件可知，1937年6月大整肅高潮時，「政府預定要地方內務人民委員會逮捕一定比例的人。各省份的比例不同，在那些最不忠實的地區，比例高達5%。全蘇聯的平均比例是3%左右」。不知是中國取法蘇聯，還是兩國的「社會主義實踐」有共同性。

　　1962年1月30日毛《在擴大的中央工作會議上的講話》認為，「人民」與「專政對象」分別佔全人口的百分之九十五以上和百

動無不有「硬性指標」。

128　這一時期毛一再估計右派、極右分子的人數。6月，毛《對中央關於爭取、團結中間分子的指示稿的修改》認為，「需要在各種範圍點名批判」的右派，「全國大約有4000人左右」（《建國以來毛澤東文稿》第六冊，頁528）。7月《中央關於增加點名批判的右派骨幹分子人數等問題的通知》說：「準確的右派骨幹名單擴大了一倍，全國不是4000人，而是大約有8000人」（同書，頁537）。8月，《中央關於進一步深入開展反右鬥爭的指示》：「右派中的極右分子，即骨幹分子，登報的人數，也應適當增加。不是百分之幾，也不是百分之十，而是要按情況達到極右派的百分之二十、三十、四十或五十。」（同書，頁556）同月《對統戰部關於在工商界全面開展整風運動的意見的修改》有「全國約有十萬右派分子，知識分子居多」云云（同書，頁562）。關於「指標」不斷修訂，右派分子人數的遞增，參看沈志華《從知識分子會議到反右派運動》頁627、630、636、661–662。據同書，1958年10月15日中共中央《關於劃分右派分子標準的通知》，有不應劃為右派的幾種情況。標準本身不具有剛性，具體掌握不能不取決於單位與上級組織。

分之四、五（《建國以來毛澤東文稿》第十冊，頁26–27）。[129]1964
年6月16日，毛在中央政治局常委和中央局第一書記會議上談到，
「要團結廣大群眾，團結廣大幹部，團結這兩個百分之九十五。」
（《培養無產階級的革命接班人》，《建國以來毛澤東文稿》第
十一冊，頁86）

　　「四清」（又稱「城鄉社會主義教育運動」，簡稱「社教運
動」）中毛一再以百分比談自己的基本估計。即如讓百分之九十
的幹部放下包袱（逄先知，金沖及主編《毛澤東傳》第六卷，頁
2277），團結百分之九十幾的幹部和群眾（同書，頁2282），團結百
分之九十五以上的幹部（頁2292）。[130]

　　毛關於比例的說法，有相當大的隨意性。1961年1月18日，
毛在中共八屆九中全會的講話，「原來一般是講90%以上」，後經
周恩來提示，「同意改為團結95%以上」（薄一波《開展城鄉「四
清」運動》，《「四清」運動親歷記》頁7）。考慮到龐大的人口基
數，90%與95%之差，涉及的人口何等驚人。毛甚至說「我們這個
國家有三分之一的權力不掌握在我們手裏」（逄先知，金沖及主編
《毛澤東傳》第六卷，頁2312）。凡此，均不知何所據而云然。[131]
劉少奇的估計猶有過之，認為「也許不止三分之一」（參看江渭
清《開展「四清」運動》，《「四清」運動親歷記》頁49、51）。
「四清」運動中有「爛掉了」的說法，用於對某領導班子的全盤
（100%）否定。上文所引薄一波《開展城鄉「四清」運動》，記毛
在中共八屆九中全會的講話中提出，各地大約20%爛掉了（《「四

129　這一時期關於百分比的表述，參看同書頁197、296、390、403、407。

130　1963年《關於農村社會主義教育運動中的一些具體政策問題》（即「後十條」）
　　強調團結百分之九十五以上的農民群眾、團結百分之九十五以上的農村幹部。
　　1964年12月毛《對政府工作報告稿的批語和修改》：「我們從來相信，佔人口
　　百分之九十五以上的人民群眾是要革命的，是要社會主義的」（《建國以來毛
　　澤東文稿》第十一冊，頁273）。

131　毛還在其他場合說，打擊農村掌權的人，「戶數不超過百分之七、八，人數不
　　超過百分之十」（同書，頁2336）。

清」運動親歷記》頁13）。[132]文革中襲用這種説法。湖南「省無聯」中南礦冶學院學生張玉綱執筆的《我們的綱領》：「長期被羅瑞卿盤踞的公檢法已經完全爛掉了」（宋永毅、孫大進《文化大革命和它的異端思潮》頁301）。

　　出於「鬥爭需要」而誇大敵情，亦一以貫之。1964年11月毛在聽取彙報時説：「整個文化部系統不在我們手裏，究竟多少在我們手裏？20%？30%？或者一半？還是大部分不在我們手裏？我看至少一半不在我們手裏。整個文化部都垮了。」（參看楊繼繩《天地翻覆》頁101）同年12月《對謝富治在瀋陽冶煉廠蹲點的報告的批語》：「我們的工業究竟有多少在經營管理方面已經資本主義化了，是三分之一，二分之一，或者還更多些」（《建國以來毛澤東文稿》第十一冊，頁256）。據説有「詩人氣質」的偉大領袖在談及上述比例時，似乎全不意識到任一種比例均涉及不計其數的個人及其家庭。

　　懼怕入「另冊」，成「異類」，1965年「社教運動」中的吳宓表示「希望能脱離5%之『反黨反社會主義分子』而能進入95%的黨外人隊中」（《吳宓日記續編》第七冊，頁157）。文革爆發後的1966年7月，吳致信西南師範學院黨委，説自己希望「能在運動結束之時，擠進95%之知識分子群中」（《吳宓書信集》頁418）。「百分比」的威懾力可證。打入另冊，歸為另類，意味着諸種喪失，由基本的政治權利，到生存權利。

　　毛曾對外賓談到他對修正主義在中國所佔比例的估計，説「不多，大概百分之四五左右」（參看卜偉華《文化大革命的動亂與浩劫》頁6）。中共八屆十一中全會1966年8月通過的《中國共產黨中央委員會關於無產階級文化大革命的決定》（即「十六條」）提出，「經過運動，最後達到團結百分之九十五以上的幹部，團結百分之

---

132 關於基層黨組織「爛掉了」的説法，已見之於1947年土改中（楊奎松《中華人民共和國建國史研究1》頁67）。

九十五以上的群眾」。1967年5月《為轉發廣東省軍管會、湖南省軍區關於支左工作報告寫的批語》：「要堅決相信絕大多數群眾是好的，壞人只是極少數，不過百分之一、二、三」（《建國以來毛澤東文稿》第十二冊，頁347）。1968年5月，毛說：「要相信百分之九十以上的幹部是好的和比較好的。」（《要相信百分之九十以上的幹部》，同書頁492）。[133]

美國人威廉・韓丁《深翻》一書說，「毛澤東首次南方巡視回京後，號召所有的群眾組織與好的或比較好的教職員工和幹部團結起來（根據毛澤東的估計，大約佔總數的95%），但是他的號召只是加深並擴大已經存在的分裂。因為這些競爭的人，對打倒的教師和幹部的估計無法達成一致。」（頁468）問題不能不在95%或5%由誰認定？「好的」、「比較好的」由誰認定？強調區別對待，在文革的情境中卻加劇了對立，亦一種諷刺。

有「大多數」、「極少數」、「一小撮」一類慣用說法。百分之一、二、三乃至百分之五，無疑被認為「一小撮」，卻有意忽略了上文提到的人口基數。各單位都抓「一小撮」，運動的各個階段都抓「一小撮」，合起來勢必成一大撮。[134]1957年「鳴放」中黃紹竑批評「成績是主要的，偏差錯誤是個別的」一類說辭：就司法方面來說，百分之二三的錯誤案件，在全國範圍內不知要造成多少人家家破人亡，流離失所；就國家經濟建設來說，百分之二三的錯誤不知要造成多少億元國家的財政損失（沈志華《從知識分子會議到反右派運動》頁545）。胡鞍鋼《毛澤東與文革》談到毛1957年估計右派佔黨外知識分子的1–10%。「當時全國知識分子

133　文革期間百分比還用於對正確/錯誤、成績/損失的估計。1967年2月19日毛在會議上說，中央文革小組「錯誤是百分之一、二、三，百分之九十七是正確的」（參看楊繼繩《天地翻覆》頁392）。

134　當年北大哲學系學生陳煥仁的《紅衛兵日記》記某老師說：「毛主席說，要團結百分之九十五的群眾，那麼打擊的只是那剩下的百分之五。」某學生即算出北大兩萬多職工，應打擊一千來人，而揪出來關在「專政大隊」的，不止一千多人（1968年12月12日，頁609）。

約500萬人，按照這一比例，全國將有右派5–50萬人」（頁35）。同書還說，毛的估計，階級敵人(指地、富、反、壞、右)佔總人口的5%。依當時全國的總人口，「百分之四或五的人口就是2692–3365萬人，加上家庭人口合計約在1–1.5億人」（頁38）。文革後胡耀邦曾談到毛澤東對幹部的估計中的「絕大多數」、「極少數」，是怎樣的數量概念，1%、2%人數幾何(胡耀邦《在理論務虛會議上的講話》，1979年1月18日，轉引自胡鞍鋼同書頁340註284)。毛並不缺乏「數學頭腦」。對於比例/人口，是算得清楚的。「四清」運動中，毛曾說到打擊面不可過大，若是百分之二十，「七億人口就是一億四」(薄一波《開展城鄉「四清」運動》，《「四清」運動親歷記》頁22)。

「基本上」，是更模糊的說法。1964年6月27日毛《對中宣部關於全國文聯和各協會整風情況的報告的批語》使用的說法，就是「這些協會和他們所掌握的刊物的大多數……基本上……」（《建國以來毛澤東文稿》第十一冊，頁91。「基本上」三字下有着重號)文革爆發前夕文藝界受到巨大衝擊，即基於此種估計。儘管毛也提到「據說有少數」、「不是一切人」。直至1969年4月的中共九屆一中全會，毛為了論證發動文革的必要性，還說，「我們這個基礎不穩固。據我觀察，不講全體，也不講絕大多數，恐怕是相當大的一個多數的工廠裏頭，領導權不在真正的馬克思主義者、不在工人群眾手裏」（《在中共九屆一中全會上的講話》，《建國以來毛澤東文稿》第十三冊，頁36)。「相當大的一個多數」又是多少？

毛還將百分比用於國際政治的分析，如上文所引1962年毛《在擴大的中央工作會議上的講話》認為「各國的人民」「佔人口總數的百分之九十以上」（《建國以來毛澤東文稿》第十冊，頁27)；如說「以美國為首的一小撮帝國主義者和支持他們的各國反動派……最多也不到百分之十」（《支持美國黑人反對種族歧視鬥爭的聲明》，同書頁337)；如曰「全世界百分之九十以上的人民大眾」

(《致阿爾巴尼亞勞動黨第五次代表大會的賀電》，《建國以來毛澤東文稿》第十二冊，頁152)。

最高領袖口含天憲，所說百分比，並非基於其親自倡導的「調查研究」。對於百分比的偏好，看似為了控制人數，使不至於濫，甚至意在「縮小打擊面」、「爭取大多數」，實踐中卻無不導致擴大化。政治運動中放手打擊，更以誤傷誤殺為必要的代價。上述數字化亦抽象化：不像是在說人的生命，有血有肉、有七情六欲、有家人父子的人的生命。歷次政治運動按比例對「敵人」的指認、懲處，累計的數字何等龐大。讀上引文件的荒誕感，或也是「進步」的證明，卻不宜倒果為因，認為這種進步必得經由文革才能發生。

不但政治運動，經濟活動也如此。以指標要求產量——「數字化管理」亦「指標管理」。近年來追求GDP的「政績衝動」難以遏止，即因長期形成的慣性。

1962年毛《在擴大的中央工作會議上的講話》使用了「先進分子」、「積極分子」、「中間分子」、「落後分子」的分類(《建國以來毛澤東文稿》第十冊，頁38。按「落後」代之以較為中性的「後進」)。與普通人更切身相關的區分，即是否「積極分子」，屬先進/中間/落後(後進)中的哪一類。上述區分的預期效果，在鼓勵競爭，即競相「進步」，爭取「組織」的認可，以上述競爭維持政治生活中的張力。1957年「反右」前的「鳴放」中，北京大學教授楊人楩質疑將所有的人分為積極、中間、落後三類的效果(沈志華《從知識分子會議到反右派運動》頁546)。這種質疑過此即難以發出。「先進」與「落後」(「後進」)的矛盾雖屬「人民內部矛盾」，「落後」(「後進」)包含的歧視不言而喻。至於政治上被認為「可靠」/「不可靠」，組織上對你信任/不信任，直接關係你的前途、命運。當然，你的「檔案」，由「家庭出身」、「社會關係」到「政治面貌」，無不用於分類。你有必要隨時弄清自己的定

性，謹守「本分」，否則非「狂」即「怪」，多半不會有好的結局。至於到了文革，先進/落後(後進)一類區分失效，則是另一個故事。

　　政治運動更強調依靠對象/團結對象/打擊對象的三分。「團結大多數」的主詞──即文革前歷次運動中的黨團組織、積極分子，文革中的「革命左派」──先已據有了優越的位置。「團結」，不能不包含了既隱蔽又露骨的歧視。如果說文革前你對這樣的歧視尚能隱忍，到了文革，當你得知你不過是人家的「團結對象」、「同路人」、「同盟軍」，甚至達成暫時目標的利用對象，已不會無動於衷。顧準1971年的日記說，「決心超出『利用對象』的水平，力求繼續革命」(《顧準日記》頁273)。較之不被作為「組織」的「依靠對象」，「懷疑對象」有遠為嚴重甚至致命的性質，意味着已入「另冊」。「另冊」云云，來自毛的《湖南農民運動考察報告》，為人熟知。

　　「區別對待」是一種政策性語言和姿態。以區別為控馭，當局者確精於此道。敵我矛盾/人民內部矛盾的區分外，尚有「敵我矛盾按人民內部矛盾處理」：故示寬大，卻足以使「受惠」者感到屈辱。其設計者的主觀願望，確也在留這點「尾巴」，提示你不同於他人的身份，令你凜凜然生懼。這種微妙之處用意之曲折，不難體會。也因此，「區別」不但沒有改變、且更加強調了矛盾的性質。1967年12月19日吳宓記由別人的言談中得知「資產階級知識分子」「屬人民內部矛盾」，指「一般教師」；「反動學術權威」「屬敵我矛盾」，自己即在此類(《吳宓日記續編》第八冊，頁324–325)。同一勞改隊中更生分別，令吳氏愈加緊張、沮喪(參看同書頁325)。性質決定身份。據說劫後餘生的路翎，對「定性」耿耿於懷，逢人便問自己的問題屬「敵我矛盾」抑「人民內部矛盾」，令聞者鼻酸。被作為「死敵」而墜入深淵、斷送了半生之

後，仍關心「定性」，也要那個時代被「整」過的人才能理解。[135]

自然形成的層級、差異，與依政治需要製造的區分、區隔仍然不同。儘管前者的形成未必就「自然」，背後或有「看不見的手」。但看不見的手與公然操控的手仍有不同。

陳佩華關於「前文革時期」校園政治的分析，已涉及了區分的運用。[136]陳賴有其不同的文化背景，對於當代中國由小學始的競爭機制印象深刻。在此體制下長大成人的我們，卻習以為常。陳由別人的研究中得出的印象，是蘇聯1920–30年代，「青年人想成為『社會主義新人』（……）的需求」，並不如中國1949年後二十多年裏表現出的那麼強烈（《毛主席的孩子們──紅衛兵一代的成長和經歷》中譯本第五章註9，頁269）。我接觸的蘇聯時期的文學作品似乎也能證明──其中較少關於階級鬥爭的露骨描寫，較多愛情、友情，延續着俄國文學的人文主義傳統。

一個在國外環境中長大的朋友，問到，在那個時代，有沒有可能不理會那些劃分，對於別人關於自己的界定一笑置之。我相信一定有這樣的高人，卻不會太多。1949年之後的社會生活過於政治化。「超然」是需要精神空間的。「個人」受到了空前的擠壓，承受着要你融入「主流」的壓力。對此的抗拒也足以使你變形。超然物外，超然於毀譽之外，超然於「潮流」、「風尚」之外，內心要足夠強大。這種強大也索取代價。代價有時太過高昂，甚至包括不見容於社會，以至毀滅。[137]

　　1958年3月毛《在成都會議上的講話提綱》批評「不知道設置

---

135 區分與否也基於需要。即如「土改」中地富的地，並不總區分大中小，更不區別「紳」之良、劣，一概作為打擊對象。文革中的所謂「資產階級反動學術權威」亦然，不分別「反動」以及「權威」的程度，也方便了一概打擊。

136 參看本書上編第一章附錄一《陳佩華關於文革前夕校園政治的考察》。

137 關於知識分子的諸種區分，參看本書上編第七章《對知識分子的改造與統戰》一節。

對立面」(《建國以來毛澤東文稿》第七冊，頁113)；同年5月《在中共八大二次會議上的講話提綱》有「設置對立面，非常必要」、「設置對立面(自然的，人為的)」等字樣(同書，頁196、201。着重號為原文所有)。同年9月《在第十五次最高國務會議上的講話》說，「我是歷來主張對立面的」(同書，頁381)。這裏尤應注意「人為的」。用了流行的理論表述，「對立面」不妨根據需要「人為」地「建構」。建構時自然無需計及將多少人作為了犧牲。《平生六記》的作者老共產黨人曾彥修感歎道：「我們也太會製造『敵人』了」(見該書頁58)。在經歷了包括文革在內的「歷次政治運動」之後，已不便公然以「政治需要」、「革命需要」的名義，辯護這種「建構」與「犧牲」。當然，也可能辯護者擁有了鍛造得更精緻的理論工具。

「階級敵人」的所指有因時(時期、運動)的變動。「設置對立面」，被證明有效地保持了為「革命」所需要的動力、動能。青年毛澤東有如下名句：「河出潼關，因有太華抵抗，而水力益增其奔猛。風回三峽，因有巫山為隔，而風力益增其怒號。」(《〈倫理學原理〉批註》，1917至1918年，《毛澤東早期文稿》頁180-181)很詩意。將此化用為政治技術，有可能就是「設置對立面」。或不便據此判斷有關的「策略思想」的形成，卻不妨以之為一條線索。

政治方面的「身份—等級」區分外，另有工資、待遇的區分。由根據地、解放區到中共建政之後，後一種區分也不厭其細。毛1958年中央政治局擴大會議上批評「資產階級法權」，提到「衣分三色，食分五等，坐椅子有等級，辦公桌也有等級」(史雲、李丹慧《難以繼續的「繼續革命」》頁506)。「衣分三色，食分五等」是延安整風時王實味語。王的獲罪，即因其對根據地時弊的揭露與犀利批評。直至1949年後，幹部子弟仍依家長的「革命歷史和職位」劃分等級、區別待遇(參看《建國以來毛澤東文稿》第三冊，

頁472)。楊奎松《中華人民共和國建國史研究1》第八章：「戰爭期間帶有軍事共產主義性質的供給制的形成，固與當時的環境密切相關，同時也有意識形態的因素在起作用。但是，當革命取得勝利、中共成為執政黨以後，共產黨人並未能把這種相對而言可以體現其平等理念的分配制度堅持下去，而逐漸轉向了以森嚴的等級制為標誌的職務等級工資分配制度。」(頁413)楊著該章關於國共工資制度的比較、中蘇與歐洲多數資本主義國家工資制度的比較，尤應留意(參看該書頁451–452)。該書說，「歐洲多數資本主義國家政府公務人員工資收入普遍差別不很大」，而「蘇聯人的做法與馬克思和恩格斯對未來革命政權下公職人員應有待遇的設想，卻是南轅北轍。蘇聯人所建立起來的職務等級工資制及其黨政幹部內部的分配差距，甚至大大超過了歐美日本等資本主義國家公職人員收入分配的差距」(頁452)。在中國，1950年代以降，不惟工資，「物質待遇」方面的層級劃分，是「官場文化」的重要組成部分(這裏尚未及於諸種隱性的「特權—待遇」)。文革後非但不曾由「四大」的激烈批評汲取教訓，反而變本加厲，更公然、無所忌憚，像是蓄意挑戰公眾忍受的極限。取消「待遇終身制」尚遙不可期。

　　至今人所共見的儀式場合，不惟順序、座次儼然，[138]且人距精確到尺寸毫釐：傳統社會的「等差秩序」尚不至此。對等級區分的熱衷，確可稱一種「中國特色」。[139]

　　另有其他涉及權利/利益的區分。如正式工與臨時工、合同工、外包工，全民所有制企業職工與集體所有制企業職工，公辦教師與民辦教師等等。[140]事實是，改變政治身份、體制身份，爭取權

138　各種場合的排座次，不但是必須掌握的行政技術，且幾乎成為一門學問。

139　1956年中央統戰部召開的座談會上，有人說：「現在官氣之重，比國民黨還甚。」(參看沈志華《從知識分子會議到反右派運動》頁277)。

140　民辦教師為當代中國特有的準職業身份，指未獲得正式教師資格、不在「編制」(亦體制)內而事實上從事教學工作的教師。

利/利益的要求，不但貫穿了整個文革時期，且文革後仍有延續。
如民辦教師的「轉正」、工資補償要求，如復員退伍軍人與權利、
利益有關的訴求。

我所讀過的文革研究著作，李遜《上海文革運動史稿》以「等
級身份制」（「體制身份」/「政治身份」）為基本線索梳理文革，
分析文革參與者的「能量來源」與利益關係，其動機與動力，涉及
社會結構與社會治理技術，作為該書的分析框架，確有相當的解釋
力——對於分析文革中上海的工人造反運動，尤為有效（參看該書
前言頁3）。有關的抗爭，僅基於切身感受到的不公，並未質疑與試
圖改變壓抑性的體制或緣於體制的壓抑，其結果非但沒有改變、反
而強化了「政治身份制度」。對於這種弔詭，該書富於洞見的觀察
也特具啟發性（參看該書頁22–23）。但該書説，「文革結束後，大
陸社會越來越多元化，兩個體系的等級身份越來越淡化。尤其政治
身份，幾乎完全退出政治生活；職業身份越來越成為名符其實的社
會身份。人們不必再通過爭取革命名份去換取利益，這是社會的極
大進步。」（頁24）或許過於樂觀。有必要看到，「官本位」體制下
無所不在的「行政化」與科層制結合，等級制已滲透到社會生活的
各個方面。雖不體現於「革命名份」、經由政治表現（如向當局提
供某種「信息」）「去換取利益」的方式也依然有效；當局基於其
「意識形態導向」的表彰（揚/抑），不過使用了另外的名目而已。
仍有「上位階層」與「下位階層」，更有不斷翻新的「鄙視鏈」，
不斷升級的歧視文化——看似與「階級」無關，卻未必不在製造新
的階級分化。[141]

費孝通的《鄉土中國》論述了中國傳統社會的等差秩序。1949
年後平等表象下無所不在的「階序」，較「傳統社會」猶有過之。
種種潛在的、隱蔽的區分尚不包括在內。上述區分作為治理方式，

141 韓少功《革命後記》對文革前直至文革後中國社會的不平等有敏鋭的觀察與分
析（參看該書頁34–39）。

浸染了整個社會的日常現實，影響於社會心理、社會關係、社會倫理，其深廣度難以測量。[142]士大夫源遠流長的「平等」思想，集中體現於有關「井田」的論述。近代民主思想的輸入，促成了十九、二十世紀之交的社會革命。以「平等」為訴求，才有可能統合知識者與工、農民眾的意志。各種與「平等」相悖的形式，卻至今層出不窮。市場化多少打破了「官本位」下的不平等。你可以憑票子(而非僅憑級別)乘坐軟臥，乘坐飛機；付同等的錢理直氣壯地要求同等的服務。與此同時，由上個世紀八、九十年代以來，身份、等級劃分，政、經的因素更為混雜，階層區隔、等級差別更加刺目，「平等」的目標愈益渺茫，確可作為20世紀中國革命的一大悖論。

142　作為對身份區分熱衷之一例，如作為身份信息(通常歸為「政治面貌」)的「無黨派」，並不基於你未加入任一黨派這一事實，另有其他附加條件，即是否知名人士；非知名人士，只能劃入「群眾」(幹部/群眾、領導/群眾)一檔。千家駒《從追求到幻滅——一個中國經濟學家的自傳》一書說，「『無黨派』在中國亦當為民主黨派之一，即為『無黨派』的黨派」(頁196)。

第四章

大破壞中的文化

　　本章在上編各章中顯然較為薄弱，與已有論述較多，更與我在相關方向上用力不足有關。文革大破壞中的文化，也屬那種不可能以一章的篇幅展開的大題目。本章不過觸及了若干個點而已。

4.1　地上/地下，官方/民間

「地上/地下」、「官方/民間」辨

　　涉及文革的諸多場合，「地上/地下」的說法不無歧義，易致誤解；「官方/民間」，有時也界限不明。姑且用之，不過為方便辨析。有必要強調的是，對文革期間的「地下」不宜想像過度——絕非民國時期「地下工作」的「地下」，也非指政治性會社的秘密活動。謂之「地下」，有時不過非公開、非由當局組織，非正式發行、經正規渠道流通，未經官方認可；未見得即違禁，更無論非法。即如未公開發表或不預期公開發表的寫作，或其他文化活動。地上/地下有時僅係於流傳範圍與傳播方式。這些活動甚至未必都有政治性，或雖關時局卻更有個人性。如文革期間的舊體詩，流傳在同好的圈子裏，本無意使之浮出水面。1950–70年代的中國，私人空間有限。來自外界的激盪衝撞難以躲閃逃避。卻也仍然會有遁世避世者，活在個人的世界裏，繼續私人化的書寫。其文字既不作為「文化產品」，也就不為我們所知，卻不便假定其不存在。我相信以中國之大，任何取向、生存方式都有，因而不妨慎用全稱判斷。

　　洪子誠《讀作品記：〈晚霞消失的時候〉》(刊《中國讀書報》2016年3月30日第13版)一文，提示了如下的認知誤區：「在一個時期存在這樣的一種『文化心理』：秘密流傳的、『地下的』作品具有更值得重視的思想/美學價值；在佈滿裂痕的時代裏，時間界限，以及特殊的寫作、傳播方式具有更高的等級。」該文校正了以《晚霞消失的時候》為「地下文學」的誤判。

　　文革前凡非由政府、黨團組織控制，處於某種行政管理下的文化活動，都被認為有某種異端至少曖昧的氣味。這種成規與偏見本身即在文革前期的衝擊下。

　　較之「官方/民間」更貼切的，或許是體制內外。由他人的文章得知，1970年代有發生在學院體制外的藝術反叛──條件之一，就應當是文革造成的學院體制的破壞──與上個世紀四十年代可有一比：原有的機構(無論民國官方機構還是「左翼作家聯盟」一類機構)解體、權威空缺造成人自為戰的「無組織狀態」。1980年代的一些「事件」，正由這種狀態醞釀、甚至起始。體制外力量的興起，是否也可以歸入文革「遺產」的一部分？即使文革結束之初的「西單民主牆」、「星星畫展」等被終結後，[1]仍有流貫整個1980年代的思想激情。當局未必不想將這種思想、文化能量裝回體制的籠子，只是不能罷了。體制內外的博弈始終在進行，以文革前不能想像的形式。的確有人游走於體制內外，甚至法制邊緣，野蠻生長；也有能量的代際轉移與傳遞。

　　文革前期的情勢下，體制內外、官方/民間的界限打破；後期則有地下、半地下文化活動的興起，文化能量無聲地彙聚。「沙龍」、讀書會，「詩派」，「手抄本」，以及個人從事的科研活動，等等。被以「暗流湧動」描述的，或更在某些圈層，尤其青年知識分子中。雖中共「九大」前後各級政權已相繼重建，仍未能實

1　關於文革後「西單民主牆」的被取締，參看蕭冬連《從撥亂反正到改革開放》
　　頁240。

施有效的社會管理，有諸多縫隙。前期的所謂「無政府主義」亦慣性地延續。

　　「地下」因其蓄積的語義，易於引發過度想像，即如以之為反抗的姿態。有人使用了魯迅關於「地火」的説法。[2]寂靜中包孕着緊張。思想在寂靜中發酵。正因寂靜，有利於冥想與對自身能量的最大限度的榨取。「地下」、「半地下」狀態令人有病態的興奮。單打獨鬥而又暗中串連、有意犯禁，都令人興奮。禁制最有可能激成病態。在病態興奮中，通常會有一些重大的事情發生。文革中壓抑既久後的反彈，勢必挾了狂暴的力。在文革後期禁網相對鬆弛的環境中，各種政治、文化力量，都像是在為了1980年代而暗中聚集。無論「兵團」還是「知青點」，都是青年聚集的場所，便於討論、爭論、思想交鋒，有可能出後備政治人物、未來的政治新星，也有可能醞釀異端思想。據趙振開《走進暴風雨》一文，他的同學趙京興曾預言：「伴隨着人們的地下活動，將會出現新的歷史舞臺。」（《暴風雨的記憶》頁213）。事後看，這種預言仍然過於樂觀。

　　「地下」與「公開」，區分或更在載體。有性質不同的「地下」。「地下」有時不過指在小範圍傳播，並非即「叛逆」、「異端」。在公共空間被極度擠壓的條件下，文字大多「私下」流佈。對於命名，日本學者岩佐昌暲態度謹慎。他説：「究竟稱之為『潛在寫作』（陳思和）合適，還是『地下文學』（楊健），或『秘密或半秘密狀態下創作的文學』（洪子誠）合適另當別論。文革文學裏面，除了在當時的政治領導部門認可的媒體上發表的作品（暫且稱之為『公開文學』）以外，事實上還存在着另外一種未具發表手段但卻寫成了的作品（在此稱之為『地下文學』）。」（《文革文學的研究狀況及本資料集》，收入《紅衛兵詩選》，頁6-7）[3]「未具發表手

2　　《野草·題辭》：「地火在地下運行，奔突……」（《魯迅全集》第二卷，頁159）。

3　　潘鳴嘯《失落的一代——中國的上山下鄉運動(1968至1980)》一書説，「根本沒有可能去判斷這些地下小説流傳的範圍有多廣。」（中譯本，頁415）

段但卻寫成了的作品」，不涉及作者是否意欲發表，或在何種範圍「發表」。岩佐使用的「非公開文學」的説法或較少歧義(同上，頁8)。從來有也永遠有私人書寫，不以發表為目的。若身後被由抽屜中揀出，或也不便歸入「潛在寫作」或「抽屜文學」。

地上/地下外，另有外部/內部。仍有來自外部的壓力，內部的、內在的空間卻悄然打開。在表層的停滯凝固之下，一些事情發生了。在一些人那裏是思想的、精神性的，在另一些人那裏則是別種性質的。

關於文革期間的「地下文學」，已有較多著作問世。除本書引用的楊健《文化大革命中的地下文學》、[4]許子東《重讀「文革」》、岩佐昌暲與劉福春編《紅衛兵詩選》、日本學者木山英雄《人歌人哭大旗前──毛澤東時代的舊體詩》外，尚有郝海彥主編的《中國知青詩抄》(北京：中國文學出版社，1998)、廖亦武主編的《沉淪的聖殿──中國20世紀70年代地下詩歌遺照》(烏魯木齊：新疆青少年出版社，1999)、王堯《遲到的批判──當代作家與「文革文學」》(鄭州：大象出版社，2000)等。史雲、李丹慧《難以繼續的「繼續革命」》第七章有《「文革」後期的地下文學》一節。我對本節涉及的諸面向，不過略作引申而已。

除食指(郭路生)、北島(趙振開)、「白洋淀詩派」，楊健《文化大革命中的地下文學》提到的作者，大多未在文革後「崛起」，一批老詩人也聲光漸就黯澹。非常情境中的寫作更像是一種姿態，反抗的掙扎的姿態，其意義有時確也在此。當年的流佈賴有靈犀相通，更被用作了相互辨認、識別、溝通的代碼，甚至暗號隱語，傳遞同類間的感應：同聲相應，同氣相求。

文革落潮期，當局也嘗試恢復「正常的」文化活動。據蕭冬連

4　楊健該書內容較蕪雜，「地下」指涉普泛；對材料缺少嚴格的揀擇與甄別，近於有聞必錄；某些材料的來源未予説明(作者對此的解釋參見下文)，卻也因此呈現了文革期間文化活動的某種豐富性；缺少為迴溯、反思所需要的距離，卻也由此保留了某種「現場感」。

《從撥亂反正到改革開放》，文革期間，一度全國僅剩下期刊雜誌20種，1976年恢復到542份。文革結束後期刊雜誌井噴式增長，1979年全國雜誌總數達1479種（頁444）。「井噴」前的那五百餘種期刊雜誌，即文革當局「重建」的成果。

　　文革中第一部「集體創作」的文學作品，即由上海組織的黨的幹部、業餘記者、專業作者「三結合」炮製的長篇小說《虹南作戰史》（參看李遜《上海文革運動史稿》頁1288–1289）。1970年代，上海等地漸有刊物出版。如文藝叢刊、月刊《朝霞》、《摘譯》、《自然辯證法》雜誌、《教育實踐》月刊、《學習與批判》月刊等。其中《摘譯》分別譯介外國文藝，外國哲學、史學、經濟方面的文獻，外國自然科學。雖經嚴格選擇，在文革封閉的環境中，仍然打開了一隙通向外部世界的窗縫。據李遜該書，《摘譯》是文革期間「唯一專門介紹外國文藝和國外社會科學動態的雜誌」（頁1293）；《學習與批判》「是文革後期影響最大的綜合性社科類雜誌」（頁1300）；《朝霞》「一出世，就成為文革主流文學的樣板」（頁1306）。所以「唯一」、「影響最大」、「樣板」，賴有上海的特殊條件，也因沒有競爭。據同書，上海寫作組的編譯組還組織翻譯了一批外國小說，其中就有當時流行在文藝青年中的沙米亞京的《多雪的冬天》等（頁1305）。寫作組下屬的編輯組，還組織翻譯了一批西方自然科學名著（頁1295–1296）。即使不能言「功德」，上述出版物的出版，也屬文革期間上海寫作組最有正面意義的工作。由此看來，「地上」的風景也非一片枯槁，滿目荒涼。[5]

　　岩佐昌暲《文革文學的研究狀況及本資料集》，將1972–1976作為文革時期「公開文學」的「發展期」。當局採取了一系列措施以圖重新構築文壇（《紅衛兵詩選》，頁8）。麥克法夸爾、沈邁克《毛澤東最後的革命》在「解凍」的標題下，記述文革後期出版業

5　也是在1970年代，高校的學報漸有復刊，如北京大學學報。上文所說《學習與批判》，即復旦大學學刊（同書，頁1297）。

的復甦與出版物(主要為譯品)面世情況，及引起的反響；也寫到了
黑市的圖書流轉(見該書中譯本頁354–355)。

　　文革初批鬥「走資派」，據聞有不少官員看破了紅塵，表示寧
可種地也再不為官。不過幾年，一旦「班子」重組，謀官者即大有
其人。批判文學界「大毒草」，無不視寫作為高危行業。查一查文
革後竄紅的作家的履歷，卻會發現他們的文字換成鉛字，往往正
是在文革後期。表達(語言、文字)是一種古老的衝動，根於人的本
性。為此不難前赴後繼，甚至生死以之，否則就不會有那一部沾血
帶淚的文學史了。死在文字上，或雖遭厄難而至死寫之不輟的，代
不乏人。據楊繼繩《天地翻覆》，文革中身在武漢的詩人白樺、小
說家姚雪垠均曾寫詩對造反派表達支持。白樺在武鬥現場散發組
詩，姚則將二三十首七律油印成小冊子散發(頁472)。

　　據說1972年恢復個人公開署名。個人署名的正當化，無疑鼓
勵了文學愛好者的寫作熱情。張抗抗出版了長篇小說《分界線》
(上海人民出版社，1975)。據李遜《上海文革運動史稿》，繫於時
機、風會，賈平凹、路遙、劉心武、余秋雨、錢剛、古華、葉蔚
林、陸天明、王小鷹、孫顒、趙麗宏、劉緒源、黃蓓佳等，都曾在
《朝霞》發表過文章。當年所發表的，自然合於其時的「主流意
識形態」。另有「圈子讀物」。文革結束之初面世的《公開的情
書》、《晚霞消失的時候》，當寫作時，亦「圈子讀物」，與特
定的讀者分享。「圈子讀物」從來就有、永遠會有；尤其網絡時
代——網絡的確在重新界定所謂「發表」。從來就有的，尚有不以
「社會功能」為追求、作為個人愛好的寫作。

　　上文已經說到「地下文學」易生歧義，即如與私人寫作混淆。
對寫作的目標、功能設定原本互有不同。一向有不用於(公開)發表
的寫作。文革後期有了為寫作所需要的閒暇。「無目標狀態」、
「非功利(或非過分功利)態度」，是產生好作品的條件。于堅說自
己和韓寒這一代作家的不同在於，「我們開始寫作的時候沒有發表

這回事，也沒有成名這回事。」「我們天生就知道自己的作品是不
會發表的，寫了私下給朋友，和現在通過寫作來掙錢的寫作是兩
碼事。」（于堅、河西《寫作就是從世界中出來》，《上海文化》
2010年第2期，頁122）不以公開發表（指被正規刊物接納、出版社出
版）為期待，會造成一種寫作態度，以至一定程度地決定了作品的
質地。當然，不指望公開發表，非即不希望公開發表。或許隱秘的
渴望壓抑既久，將寫作者本人也騙過了。

　　在官方出版機構、演出團體陷於癱瘓（或「無政府狀態」）的情
況下，「非正式出版物」並非均屬「地下」。文革期間有各種形式
的「發表」。「發表」的含義因而複雜。無論鉛印、油印還是手
抄，均可視為「發表」，與所謂的「正式出版物」，讀者未見得不
若。經由多種形式而發表，而分享，而共享，對於造成「後文革時
期」的文化氛圍與交流方式，作用巨大。楊健衡定「地下」與否，
強調流佈的範圍與方式，即如是否在某一「系統」內部流傳，是
否以手抄、口傳的方式流佈（參看《文化大革命中的地下文學》頁
255）。取捨之間，卻也難以嚴守上述尺度。

　　除一批年輕的詩人外，因文革中的荒廢，即使「圈子文學」、
私人寫作，整體水平也不宜高估。這一點，由文革後「崛起」的一
批作家的早期作品，亦可佐證。戴鐐可能有優雅的舞步，荒廢卻註
定了要重新墾殖才有收穫。思想、文化的成長需要空間，需要空氣
與水分，適宜的氛圍與對話、交流。文革期間形格勢禁，「地下」
畢竟侷促，難以舒張。

　　另有所謂的「抽屜文學」。王蒙將其寫於文革中的「抽屜文
學」《這邊風景》幾十年後出版（廣州：花城出版社，2013），據他
本人說，是想證明，即使在最嚴酷、荒謬的時節，「藝術和文學仍
然在場」。只是「抽屜文學」有認定之難：是否確係當年書寫，是
否嚴格意義上的原貌。因此即使尺度較大的文學史，或也只能存此
名目。此外，寫給自己固然是「抽屜文學」，給二三友人看即一種
「發表」。這種分享亦文人通性。

文革中青年知識人散落在了鄉間、市井，因而「接地」，也因而有語言的粗鄙化，卻有可能粗鄙而生動。在網絡語言行世之前，生成了一種令人感受複雜的文學語言現象。即如憤世而玩世。由曾一度搶眼今已風光不再的「王朔體」，可一睹風采。阿城說較之1980年代後期出道的一批先鋒作家，王朔才「真的有顛覆性」；「由王朔的作品開始，整個正統的語言發生了變化。包括央視的主持人都開始用這種語氣說話，這個顛覆的力量太厲害。」（查建英《八十年代訪談錄》頁46）阿城所謂「顛覆」，是入室操戈，而非另起爐灶；是那種破壞性的反諷、調侃，對文革意識形態、主流話語的解構。[6]「王朔體」雖以文革為近緣，卻到1980年代後期才出現；固然因文革期間——即使文革後期——缺乏必要的空間，也應因消化文革（包括文革話語）需要時間。

起步於文革中的，另有徐冰、陳逸飛、陳丹青等一批畫家。龔雲表認為，文革是陳逸飛繪畫藝術的巔峰時期（《東方早報·上海書評》2015年3月15日第16版）。陳丹青直接說九十年代中國的前衛藝術「實際上就是紅衛兵文化」，這是它的本土脈絡：「造反的、破壞的、激進的、反文化、反歷史的」，「打的招牌是藝術跟人民的關係，跟大眾的關係」；而「整個中國實驗藝術就是世界性左翼文化在中國的一個分支」（《八十年代訪談錄》頁109）。徐冰則說：「除個別先知先覺者外，我們這代人思維的來源與方法的核心，是那個年代的。從環境中，從父母和周圍的人在這個環境中接人待物的分寸中，從毛的思想方法中，我們獲得了變異而又不失精髓的、傳統智慧的方法，並成為我們的世界觀和性格的一部分。這東西深藏且頑固，以至於後來的任何理論都要讓它三分。八十年代，大量西方理論的湧入、討論、理解、吸收，對我來說，又只是

6　流風所至，影響到王朔與馮小剛等聯手的「賀歲片」。以調侃解構「革命意識形態」，無疑是成功的語言策略。但王朔式的政治諷喻也因而賴於語境，有時效性——「後文革時期」的語言環境，文革記憶，甚至對毛語錄、文革文體的熟稔。1980年代王朔小說一紙風行，也因了文革尚未遠去。

一輪形式上的『在場』。思維中已被佔領的部分，很難再被別的甚麼東西擠走。」（《愚昧作為一種養料》，《七十年代》頁17–19）是之謂「先入為主」。

　　儘管封閉，與境外交流渠道幾近堵塞，仍然有隱秘的渠道，微弱的交流。也因資源的稀缺、交流渠道的不暢，有限的資源得到了最大限度的利用。美術評論家栗憲庭談到1979年上海的《12人畫展》，北京的《新春油畫風景和景物展覽》，及年底的《無名畫會展覽》、《星星美展》。將有關畫家前此的繪畫置於「地上/地下」、「官方/民間」的框架中，不免鑿枘。據栗説，「無名畫會」的兩個導師式的人物趙文量和楊雨樹「六十年代末期就開始畫現代主義風格的藝術」（《八十年代訪談錄》頁295）。六十年代末期相對於主流的一脈支流以至潛流，到七十年代末終於波濤洶湧。至於文革期間的美術與文革後的「政治波普」，不妨認為有「弒父」式的親緣關係。

　　關於電影界的「第五代導演」，上述説法也部分適用，儘管他們的電影作品文革後才可能推出。關於「第五代導演」，林旭東説，由他們的電影語言，「可以看出這代人的成長背景，他們所接受的全部教育，他們和革命文藝的血緣」；説自己曾寫過，「它是一種『褐色的浪漫主義』，經過了現實的浸泡，鮮亮的紅色成了褐色了」；説這代人剛出道的時候，「『文革』的磨難反倒成了一種閱歷，增加了他們釋放時的能量，但再往後走，各種先天的局限就一點點出來了」（《八十年代訪談錄》頁364）。

　　1980年代以至其後仍然有「地下」，或雖非「地下」卻不被官方認可的刊物、出版物；有短命的「民刊」（「民間刊物」）；有民間思想者、文學青年的「群落」。但這已是另一個故事，或文革故事的續篇。幾乎每一種文革故事都有續篇，文革也借此延續其存在，只是人們有時會忽略上下文，忽略這種脈絡線索罷了。中國沒有那麼容易改變，有「續篇」更合乎常情常理。

　　「地上/地下」、「官方/民間」外，用於區隔的，另有公開
/非公開/半公開，內部/非內部，合法/非法，等等。無論地上/地
下、官方/民間，還是公開/非公開/半公開、內部/非內部、合法/
非法，適用性都有限。這種不無模糊、混沌的狀態，或許更是文革
作為文化情境的重要特點。

　　七八十年代之交，對文學的熱衷席捲中國。遍地「文學青
年」；有「青創會」（青年作家創作會議），各色筆會。1978年北大
招考研究生，王瑤先生門下，據說有六七百名考生蜂擁而至。這種
文學狂熱，正是在貧瘠的年代中激發出的。認知及抽象思辨的渠道
堵塞，你擁有的或僅餘感性；儘管有想像力、文學寫作能力的普遍
退化。不惟知青作家起點普遍較低，復出的作家甚至難以恢復既有
水準，在在可感命運的殘酷性。對於李英儒寫在文革中的作品，其
兒女認為父親在長達七年的單身關押、批鬥、寫檢查的環境中，
「思想已變得禁錮保守」（《文化大革命中的地下文學》頁373）。
由丁玲到路翎，文字間滿是風刀霜劍的刻痕。高壓下仍維持了頑強
的生命力，才華、靈感卻不可挽回地流失。同時證明着的，還有文
革十年前後閱讀要求、接受期待的變化。即使作者尚有創作力，也
未見得能使他們曾經的讀者感到滿足。即使如此，也仍然有枯木逢
春，老樹新枝，有幼稚而迅速成熟，然後絢爛綻放。

權威媒體、寫作組

　　以權威媒體發動、引導運動，前此已有「肅反」、「反右」。
即使如此，官方媒體在上述運動中的作用，仍不能擬之於文革中的
「兩報一刊」。[7]文革期間的人們，會用心辨別「兩報一刊」哪些
文字是偉大領袖的指示，哪些是御用「筆桿子」對聖意的闡發。研
究權威媒體的表述，由字裏行間分析形勢，窺探高層動向，亦其時
人們的一項功課。宋柏林《清華附中老紅衛兵手記》1967年7月26

7　「兩報一刊」，即《人民日報》、《解放軍報》、《紅旗》雜誌。

曰：「看了《人民日報》與《解放軍報》的社論，仔細分析，前者
不提中央軍委而後者提，何也？」（頁300）以權威媒體指導運動，
以社論、「評論員文章」傳達高層的指令，培養了由字裏行間搜尋
潛隱信息的讀報習慣，直至「後文革時期」仍是一些人的癖性。

　　官方媒體影響深遠的，傳達「最高指示」外，即組織「大批
判」。由雜文一體的當代興衰，可覘言論環境的變化。姚文元批吳
晗、「三家村」的權威文章問世，不但一批作者，且「雜文」這一
文類頓遭滅頂之災。代「雜文」而興起的，即「大批判」文章。人
文知識分子除淪為「鬥爭對象」者外，少有人沒有寫大批判文章的
經驗。大批判文章自有套路，甚至修辭方式，影響於文體、文風，
謬種流轉，文革後仍綿延不絕。儘管因資源匱乏，大批判文章亦有
對魯迅文體的模仿，卻與魯迅雜文的精神氣質無干。

　　為了滿足當時「政治正確」的嚴苛標準，官方表述通常不避疊
床架屋。即如1967年7月26日中共中央《關於紀念「八一」建軍節
的通知》：「徹底批判反黨分子彭德懷、羅瑞卿的反動資產階級軍
事路線，揭露他們同黨內最大的走資本主義道路的當權派相勾結，
在黨內最大的走資本主義道路當權派支持和策劃下進行篡黨、篡軍
的罪惡活動，把目前對黨內最大的一小撮走資本主義道路當權派大
批判運動推向一個更深入的階段。」於今讀來，堪稱「奇葩」。
一向講究文體的毛，也不能免俗(參看本書上編第三章《身份》一
節)。慣於挑剔對手破綻者，自己的表述務必防堵漏洞，令無懈可
擊，為此不避煩碎。「政治正確」於此既是進攻也是防禦的姿態。

　　權威媒體還假手群眾組織引導文革。如1966年《紅旗》雜誌第
11期刊載清華大學附中紅衛兵的《論革命的造反精神萬歲》、《再
論革命的造反精神萬歲》、《三論革命的造反精神萬歲》，[8]再如
以《人民日報》轉載上海造反派的《緊急通告》及高層評價該《通

8　轉載時將原文的「革命的造反精神」改為「無產階級的革命造反精神」。

告》的賀電(參看李遜《上海文革運動史稿》頁686)。[9]

　　母國政記得，「那時的《人民日報》非同凡響，簡直不是報紙，而是中共中央的紅頭文件。」(《我當過一次老千》，《那個年代中的我們》頁504)曾在《解放軍報》工作的姚遠方説，文革中新聞界有一種風氣叫「對表」，有較重要的新聞，全國各地許多報紙頭天夜間打長途電話給《人民日報》、《解放軍報》，詢問重要新聞在版面上的位置，所用字體，標題佔幾欄，然後依樣葫蘆，以避免負責任、犯錯誤(《天上掉下一個毛姑娘》，同書頁3)。號稱「大民主」的文革期間，官媒的「輿論一律」竟至於此。[10]楊奎松《忍不住的「關懷」》：「中共建國後對報紙統制的一個最有效的措施，還是統一新聞來源，避免各報從黨所控制的通訊社以外的渠道獲取信息」(頁115)。這種情況，至今依舊。

　　借工農兵的名義，則是權威媒體慣用的宣傳技巧。如1957年6月10日《人民日報》的《工人説話了》，[11]到文革已是「故伎」。類似手法的運用，包括了以工農兵寫作組、座談會、「讀者來信」等名義。[12]

　　其時除官方媒體外，1967年「一月奪權」後，尚有「半官方」的媒體，如被群眾組織奪權後的上海《解放日報》。至於大批判文章，除下文提到的「寫作組」外，亦用群眾組織、「革命群眾」的名義，不妨看作半匿名、匿名。

　　文革初期地方對中央的響應唯恐或後，既是表態(「與黨中央

9　上述例子外，尚可參看同書頁700–701。

10　顧頡剛1967年11月22日日記，記學部朱西崑，「發言狂妄」，説「報紙上文不必都看，看一篇即可，因為內容一致，只是排列有異」，説「此次運動只是『定調子，對口徑』」，因此被批鬥(《顧頡剛日記》第十卷，頁781)。

11　關於「反右」中工人農民如何「説話」，參看沈志華《從知識分子會議到反右派運動》頁639、641–642。

12　文革前夕批判《海瑞罷官》前後的類似事例，參看李遜《上海文革運動史稿》第一章。《徐鑄成回憶錄(修訂版)》寫到1965年姚文元《評新編歷史劇〈海瑞罷官〉》刊發後《文匯報》舉辦的座談會(頁267)。

保持一致」），亦為自保。最先被「拋出來」的，就有各省、市、
自治區宣傳部門、黨媒的負責人，亦可歸入文革的第一批犧牲。取
而代之引領輿論的，即有京、滬兩地的某幾個寫作班子。大批文人
不得不擱筆，知識人普遍噤聲，少數文人貪緣際會，將文字的影響
力發揮到了極致。足稱「現象級」的，就是文革中的「寫作組」；
尤其其中由最高當局直接掌控的「寫作組」。

　　針對「個人主義」、「成名成家」，提倡集體創作、集體寫
作，文革前已然。名噪一時的「寫作班子」，即有丁學雷、羅思
鼎、[13]洪廣思(北京市委寫作組)、唐曉文(中央黨校寫作組)、「初
瀾」、「江天」(「初」、「江」係文化部的寫作組)等。[14]文革期
間寫作組地位最顯赫者為梁效。[15]其時有「小報看大報，大報看梁
效」之說。「小報」非指紅衛兵小報，而是其他官方報紙，包括地
方報紙。文革當局以御用寫作班子掌控輿論、引導運動，其他地方

13　丁學雷、羅思鼎等為上海的寫作班子。據徐景賢文革回憶錄，中共上海市委
　　1963年即成立了專門的寫作班子(參看其《十年一夢》頁3)。文革中上海的寫
　　作班因有張春橋、姚文元的「交底」而間接「通天」，在地方寫作班子中得天
　　獨厚。1967年1月張春橋、姚文元回上海，寫作班一度作為張、姚的秘書班子
　　和對外的工作班子，功能已不限於所謂的「筆桿子」(參看李遜《上海文革運
　　動史稿》頁582)。

14　1966年5月8日《解放軍報》、《光明日報》分別發表署名「何明」、「高炬」
　　批「三家村」的文章。「高炬」即關鋒。關於「高炬」，參看閻長貴《江青
　　一九六七年的行止》一文，收入《問史求信集》。關於文革期間知名的寫作班
　　子及其使用的筆名，已有專項考察。對此，尚可參看史雲、李丹慧《難以繼續
　　的「繼續革命」》頁342–343、346、347。

15　「梁效」諧音「兩校」，即「六廠二校」中的「二校」北大、清華。「六廠二
　　校」，即北京針織總廠、北京新華印刷廠、北京化工三廠、南口機車車輛機械
　　廠、北郊木材廠及北京大學、清華大學。六廠二校的「鬥、批、改」由毛派去
　　的中央警衛團8341部隊、遲群、謝靜宜領導，取得經驗以推動全國。對六廠二
　　校，毛經常聽取彙報，親自指導。關於「梁效」，參看范達人《「文革」御筆
　　沉浮錄──「梁效」往事》，香港：明報出版社有限公司，1999。「梁效」與
　　上海的寫作班的功能比較，參看朱學勤《「造反派，真的反了嗎？」──文革
　　「造反」的幻與真》，刊臺灣聯經版《思想》第30輯，2016年5月。朱文忽略
　　了的是，「梁效」在其存在的較「丁學雷」短暫的時間裏，往往充當最高當局
　　的喉舌，直接傳達「黨中央、毛主席的聲音」。這一點非上海的寫作班可比。

則惟「梁效」、「丁學雷」等馬首是瞻，不敢稍越雷池。當時有所謂的「槍桿子」、「筆桿子」。有上述寫作組，後者才足以與前者相提並論。[16]上述寫作班子既操縱輿論，勢必影響文風。其他寫手不免襲用其口吻，模仿其筆調，對於造成「文革體」，為力甚鉅。

　　李遜《上海文革運動史稿》以「工總司」為代表的工人造反派與寫作班為既平行又交叉的基本線索，對寫作班的敘述力求平情（參看該書頁1127–1129）。不能擺脫權力的擺佈，是威權體制下文人的普遍命運。受制於情勢，有時確也無所逃於天地之間。寫作組的一時風光無限，毋寧說由另一方面註釋了文人與政治，註釋了「最是文人不自由」（陳寅恪）。文革結束後清算「梁效」，網羅其中的學者如魏建功、周一良，甚至一向潔身自好的林庚，均未能倖免，甚至不能如古人的略跡原心。

小報現象

　　與寫作組同樣足稱「現象級」的，即紅衛兵小報，及不限於紅衛兵的各色「小報」——乃中國出版史上的奇觀。「紅衛兵運動」的短時期內，紅衛兵小報曾極一時之盛，種類之多，發行量之大，不但1949年之後，即民國時期也得未曾有。[17]楊健說：「當時，中學生只要幾個人湊在一起，把手錶賣了湊幾百元，就能出一張報紙」（《文化大革命中的地下文學》，頁22）。搶了官方「筆桿子」的風頭的，乃為小報撰文的大批民間寫手。某些出諸個人的印刷品（如傳單），則不妨視為前網絡時代的「自媒體」。憲法許諾的「出版自由」，以上述形式得以短暫（且有條件地）兌現。被當局特許的「四大」，在言論方面，大字報外，影響廣泛的，即小報。甚至最

16　權傾一時的中央文革小組，輿論權威的寫作組，均用「組」這樣刻意低調的字樣。何方《黨史筆記》說，延安整風中「總學委所起作用，在一個時期就相當於『文革』時期的『文革小組』，幾乎可以號令一切」（頁349）。

17　文革中「小報」，有五千多種、八千多種的不同說法（參看楊繼繩《天地翻覆》頁308）。

高當局也經由小報獲取信息、掌握動向。關於毛關注、閱讀小報，當時即有傳聞。見諸《王大賓回憶錄》的1968年7月28日凌晨毛召見北京高校「五大領袖」的談話記錄稿，毛說，「你們的情況我都瞭解，其實你們的小報我都看過」（頁139。按該記錄稿係王的同學據王的傳達整理）。[18]

牟志京認為《兵團戰報》、《清華井岡山》為有半官方背景（應指受到中央文革支持）的小報（《似水流年》，《暴風雨的記憶》頁15）。上海的情況仍較特殊。該市工人群眾組織不但有小報，甚至有變相的大報，即如「工總司」的《工人造反報》（參看李遜《上海文革運動史稿》頁361–371）。上海最有影響的群眾組織的報紙，即《工人造反報》，其次則是紅衛兵辦的《紅衛戰報》（同書，頁964）。《工人造反報》亦應有「半官方背景」。[19]

自清末民初報紙作為媒體的興起，有民國時期的書報檢查制度與1949年以來對媒體的更為嚴密的管控，文革中的「小報現象」實屬稀有，或亦絕響。1957年「反右」前的「鳴放」中，沈志遠要求出版事業向社會開放，「允許志同道合的人開辦像同人出版社、同人雜誌社、書刊出版發行合作社之類的機構」（參看沈志華《從知識分子會議到反右派運動》頁548）——當然屬事後被清算的「右派言論」。1956年「整風—鳴放」期間的「同人刊物」、社團，「反右」中無不遭滅頂之災。

「非正式出版物」的「非正式」，指非由官辦出版機構出版。文革中的相當時間裏，這類機構處於半癱瘓狀態，或僅出版毛著

18　毛的讀小報，另有佐證。牟志京《似水流年》一文說，據傳聞，當時的「中央政治局曾以大號字體翻印過《出身論》」；還聽人說中央文革「為毛澤東本人準備八種最有影響的紅衛兵小報」（《暴風雨的記憶》頁18）。北京高校「五大領袖」，參看下編《札記之三》。

19　據李遜該書，「1967年8月以後，上海的其他小報被市革委會以整頓名義，全相繼停刊，《工人造反報》卻在1968年擴大發行，發行量達到27萬份」。該報1971年停刊（頁370、1041）。關於上海文革期間的小報，參看金大陸《上海文革運動中的群眾報刊》，《史林》2005年第6期，上海社會科學院歷史研究所主辦。

作、語錄，是當代中國出版業的非常時期，不盡適用公開/非公
開、正式/非正式一類常規標準。紅衛兵小報等大量印行，以種種
渠道公開傳播，擁有眾多讀者，在當局的默許下，是事實上的公開
出版物。只不過條興條滅；有違礙內容者或遭壓制，如刊有遇羅克
批判「血統論」系列文章的《中學文革報》。楊志明的《換「小
報」》寫自己當年搜集、收藏小報的經歷，説那份刊有《出身論》
的《中學文革報》，是自己用了四份報紙換到手的。該文寫與這份
報紙有關的戲劇性經歷，結尾説：「儘管出身再也不會困擾我們的
生活，但我真想有一天還能看到那張印著《出身論》的小報。」
（《那個年代中的我們》頁310）。[20]

　　大字報與小報，不但可供窺探政爭內幕，亦可獲知種種名人秘
辛。《王大賓回憶錄》記有北京地質學院群眾組織奉命「揪彭（德
懷）」，得以讀到彭的「萬言書」，大感震撼，將「萬言書」刊登
在該組織的小報上（頁90）。當年曾熱心地搜集小報的中學生楊志
明，説他當年對小報揭批領導人及各種名人的文字，「充滿了獵奇
的慾望」（《換「小報」》，《那個年代中的我們》頁305）。[21]

　　有「存史」自覺的官方文化機構及民間人士，當時即着手徵
集、搜集小報。北京四中學生楊百朋與同道辦了一份小報，創刊
後接到北京圖書館來函，要求每期贈送幾份供該館收藏（楊《我的
「紅色記憶」》，《暴風雨的記憶》頁145）。可知1966、1967年，
某些文化機構尚在運作，甚至收藏文革印刷品，為正在發生的事件
存史料。

20　關於那份小報產生的經過，除牟志京收入《暴風雨的記憶》一書的回憶文章
　　《似水流年》外，尚可參看《劃破夜幕的隕星》，周明主編《歷史在這裏沉
　　思——1966–1976年記實》第五卷，頁272。

21　文革初期有著名的漫畫《群醜圖》，據説最早的一幅，發表於首都大專院校紅
　　衛兵革命造反聯絡站（二司造反聯絡站）主辦的《東方紅》報第21號（1967年2月
　　22日出版）上（參看何蜀《文革重慶大武鬥實錄》頁321）。據楊健《文化大革命
　　中的地下文學》，該畫的作者為翁××，中央美院附中畢業，文革中因作此畫
　　而被捕入獄（頁75）。

　　文革期間的「小報現象」，大致與「紅衛兵運動」相始終。這種被賜予的權利，有效期僅在1966至1968年的短暫時間。將上述現象稱之為「出版自由」不免誇張；卻仍然不能不說，那是1949年迄今最接近於這種「自由」的時期。在那個短時期內，「地上」流通的固有非官方出版物；貌似民間印品的，或有某種官方、半官方背景。

　　小報外，尚有其他油印或鉛印的出版物。如諸種「大事記」，大字報彙編，高層人士講話錄，未收入《毛澤東選集》的毛文彙編，等等。[22]我即在此期間，讀到了北京大學出版社印製的毛建國以來未刊文稿（包括講活記錄）。流傳甚廣的，還有諸種歌曲集。官方出版機構承印小報，及其他未經當局審查的出版物，也打破了正式／非正式以及官方／民間的界限。據楊繼繩《天地翻覆》，清華大學《井岡山》報「在全國多個城市有航空版印點，郵局可以訂閱」（頁308）。牟志京寫到當年的「小報交易市場」（《似水流年》，《暴風雨的記憶》頁15）。他與同道所辦《中學文革報》不但辦理郵購，且成了「硬通貨」，「可用來換任何小報，還出現過比值達一比五十乃至一比一百的交易」（同上）。該篇還說，刊發遇羅克《出身論》的《中學文革報》只在北京發行，印數有限，全國的讀者來信，「到了連郵遞員不能負載的程度」，且「除西藏和臺灣外，讀者來信在全國各省分佈均勻」（同書，頁14）。[23]

　　「非正式出版物」包括了手抄本。暗中流傳，情節詭異的黑幕小說或口口相傳的故事，往往有一種陰濕的氣味。如「譚甫仁之死」、「梅花黨」案。文革中「陰謀論」流行，不難誘導民間的政

22　閻長貴說自己「感謝當年紅衛兵編輯印刷的材料──說實在話，他們當年編輯的材料，很有史料價值，是恢復『文化大革命』本來面目和研究『文化大革命』史的重要參考」（《「奪取政權沒趕上，保衛政權不能落後」》，《問史求信集》頁201）。

23　牟說據他所知，《中學文革報》「是第一家沒有官方背景的小報，此後非官方小報如雨後春筍」（同書，頁16）。是否「第一家」，待考。

治想像。文革中民眾所知所見「政治」的殘酷血腥，則是此類小說、傳聞流行的背景。據說有近於鬼故事的《一雙繡花鞋》。另有涉及情色的手抄本。當時我所在中學奉某方之命由學生手中收繳的《少女的心》，大約是節本，被我那些不讀書的學生抄得錯別字百出，令人啼笑皆非。這些身體尚在發育中的少年，並沒有探索人的生理奧秘的興趣，只是一意深入禁地。識的字有限，卻不妨礙他們畫出淫穢的符號。有必要再引洪子誠《讀作品記：〈晚霞消失的時候〉》關於手抄本的如下提醒：「要將文學史出版、傳播方式的『手抄本現象』，和文本意義上的『手抄本』加以區分』」。

朱正琳《裏面的故事》記所見死刑犯，其案情只是抄寫了四份《少女的心》（頁138）。與手抄本有關的文字獄，更有張揚的《第二次握手》。王學泰《監獄瑣記》，寫某工人因傳抄該書而判死緩（頁116）。凡此，無不是亂世奇聞。王所在的北京第一監獄，有被關押的中學語文教員經當局許可寫小說（頁117–118），可證文革結束前後該監獄氣氛趨於寬鬆。楊曦光曾在勞改隊寫電影劇本，以手抄本被犯人傳閱（《牛鬼蛇神錄》頁264）。

北京四中學生趙京興流傳於圈子中的哲學撰著，亦屬非正式出版物。趙《我的閱讀與思考》一文寫到當時因追查「反革命傳單」而查抄油印機、蠟板等設備器材，自己的著述因油印而被查獲（《暴風雨的記憶》頁297），因此嘗到了鐵窗風味（參看本書第五章《思想、言論罪》）。文革期間哲學應屬奢侈品，小眾沙龍的精緻茶點。

上述傳播方式有助於擺脫對官方出版機構的依賴。正式出版物與非正式出版物的界限於此模糊。「民間」的成長，有效地利用了這有限的「空窗期」。

本章下文將要寫到的京滬及外地的「沙龍」、讀書會，大多有地下、半地下的性質。有的讀書會（如以趙一凡為核心的讀書會）成員，還因此而獲罪。我曾談到明中葉以降知識人的講學活動，說以當時的交通以及通訊條件，那樣大規模的集結與思想傳播，難以得

到有説服力的解釋。關於七十年代的地下沙龍，曾經是個中人的李零也有相似的困惑，説他覺得神秘的，是在電話還是稀缺物資的條件下，分住各處的沙龍中人，「怎麼約好了往一起湊」（《七十年代》，《七十年代》頁245）。耐人尋味的或許更是，反右到文革爆發不及十年，何以不畏「小集團」的前車之鑒，仍有類似同人刊物的小報、非正式出版物，一批批讀書會覆滅之後另有以讀書、思想交流為號召的「沙龍」、「村落」？反右的教訓為何不足以震懾，反右引起的「寒蟬效應」，何以不能嚇阻後起者飛蛾撲火？

　　文革結束後地火終於衝出地表，旋即被撲滅，其生命較文革中的小報更短暫，多少像是小報現象的迴光返照。這也是那一時期「民刊」共同的命運。文革後各地的民間報刊，仍不便以地上／地下論。據楊繼繩《天地翻覆》，北京的民間報刊有《四五論壇》、《今天》、《群眾參考消息》、《民主牆》、《求是報》、《沃土》、《北京之春》、《探索》、《啟蒙》、《人民論壇》等數十種。上海的民間報刊有《民主之聲》、《未名》、《青年筆記》等。廣州有《人民之聲》、《人民之路》、《浪花》。天津有《新覺悟》、《渤海之聲》等。上述刊物中「走得最遠的」，是魏京生主持的《探索》，與任畹町主持的《中國人權》（參看該書頁1119）。關於上述刊物的始末，已有相關考察。《今天》1978年12月第1期出刊，共出9期，1980年停刊。[24]直至互聯網時代，民刊（網刊）再度興起，傳播途徑與受眾範圍已然不同。儘管仍然游走於地上地下，如貓鼠遊戲，徹底封殺卻遭遇了技術難題，合法／非法的界限也不再剛性。這也是高科技推動的一點進步。夾縫中的民刊屢僕屢起，證明的是對憲法承諾的「言論自由」、「出版自由」的頑強堅持。這裏不也正有中國知識人的堅忍與堅韌？

24　文革結束之初的西單「民主牆」上，有署名「百全」的大字報《論民主辦　　報——學習新憲法的一點體會》（參看蕭冬連《從撥亂反正到改革開放》頁　　44）。關於同一時期的民辦刊物，參看該書頁48–53、頁49註64、頁50註68。

私人書寫

　　喬治‧奧威爾的《1984》，有通行於一個封閉世界的有自己的構詞規則與使用方式的「新語」。阿爾及利亞作家布阿萊姆‧桑薩爾(Boualem Sansal)《2084》中則有阿比朗語。文革中使用的詞彙與修辭，有些是文革前原有詞彙的加強版，也有些屬新創。其中一部分因文革色彩過於濃重，對於文革有了某種標誌意義。

　　無論文革初的「四大」，還是「派仗」期間，甚至被歸為「異端思潮」的言說，不但所用語彙，而且「表達方式」，都往往不免於「時式」——不便籠統地歸為「文革體」，因文革前此「體」已在形成。張愛玲關於五四時期主流論述的一段話，說得很妙，出於張特有的犀利洞察。她將「浩浩蕩蕩五四運動」擬之於「大規模的交響樂」，「把每一個人的聲音都變了它的聲音，前後左右呼嘯喊嚓的都是自己的聲音，人一開口就震驚於自己的聲音的深宏遠大；又像在初睡醒的時候聽見人向你說話，不大知道是自己說的還是人家說的」（《談音樂》，《張愛玲散文全編》頁220，杭州：浙江文藝出版社，1992）。說自己的話談何容易！尤其在某種體制的籠蓋下，某種既經形成的言論場中。

　　文革期間，不惟大批判文章，且揭發舉報、認罪請罪、檢討交代、思想彙報，甚而至於「喜報」、「決心書」、「致敬電」等等，均成流行「文類」，且不同程度地制式化也日常化了。各有套路，不難相互拷貝或自我複製。韋韜、陳小曼《父親茅盾的晚年》一書說，茅盾文革爆發後的第一封信，「破天荒用了標準的『文革語言』」，以當時流行的格式開頭，即：「首先讓我們共同敬祝我們偉大的領袖毛主席萬壽無疆，萬壽無疆！」夏鼐1966年6月28日日記錄有自我批判，說自己當時「思想之反動，昭然若揭」，「欲蓋彌彰」（《夏鼐日記》卷七，頁227），均為流行用語，合於其時此種文字的寫作慣例。可知即專業人士，對通行的套話也運用嫻熟。葉至善1969年寫給其父葉聖陶的祝壽家書，說：「祝爹爹長

壽，能看到帝、修、反徹底滅亡，社會主義在全世界取得勝利。」（《葉聖陶葉至善幹校家書(1969–1972)》頁41）私人書寫的「公共化」，亦其時的普遍現象。

被特許從事調研的美國人威廉‧韓丁在1970年代初的中國農村，發現「青年人個個能寫會說『紅書』或『人民日報』中的套語」；他希望能發現一個，「哪怕只有一個發言者扔掉講稿，說幾句發自內心的張莊人平常說的話」，卻不能不失望了（《深翻》中譯本，頁444）。

詩人于堅在回憶文字中，寫到對語言禁制的感受，說：「那時代漢語粗鄙簡陋，只有幾百個詞勉強准用，就是恩准的語詞，使用時也得小心翼翼。」（《地火》，《上海文學》2012年第12期，頁102）略有誇張。卻也惟詩人能體味、表達得如此痛切。

奇葩的是，1967年1月11日中共中央、國務院、中央軍委、中央文革小組給上海工人革命造反總部等三十二個群眾組織的《賀電》，筆調更像群眾組織——或可作為反映在文風中的身份淆亂之一例。

當年文獻中今人看來的門面話(套話，亦廢話)，是非說不可的，且說得鄭重其事，或曰煞有介事。蔡翔說，「『文革』十年，基本沒有制度創新，儘管搞出了許多新名詞」（《七十年代》，《七十年代》頁330）。那些名詞是「歷史」的顯明記號。憑藉了那些個詞，那段生活才有可能由你的記憶中復活。寫在當時的文獻的遣詞造句，使用的概念術語，儲存了豐富的歷史信息。同一時期也仍然有不同的修辭，除被歸入「地下文學」者外，另有私人書寫，使用了另一套語彙，憑藉的是另一些資源。儘管看似「文革八股」一統天下，也尚有個人化表述的空間。

顧準文革前的文字，文革爆發後為避禍而毀掉。其遺著《希臘城邦制度》、《從理想主義到經驗主義》寫於由幹校返回至去世的兩三年間。文革中的顧氏，僅有1972至1974難得的相對平靜的時

期。兩部遺著，前者尚未完成，為一項系統研究所作筆記；後者則是與其弟陳敏之的通訊錄。據《顧準文集》陳敏之序，顧氏有十年研究計劃，惜天不假年，其人於1974年12月病逝。

1971年 6 月20日，顧準寫自己「要放棄那種輕信態度，要深思，要分析了」（《顧準日記》，頁266）。與陳敏之通信中所表述，自然是深思、分析所得。因屬「私下」的思想理論討論，未公之於眾，套用「地下文學」的說法，只能稱之為「地下思想」或「地下理論」；其傳播範圍僅及於其弟，或者加上曾與他討論相關問題的二三知交、同事。在這一點上，甚至不能比之於「地下文學」，不便作為考察文革期間思想狀況的材料。

本書上編第六章《私人信件與日記》，討論了私人書信在文革中。文革後期，除半地下的沙龍外，嚴肅的思想交流與信息傳遞，往往取書信形式。有因討論時政的往來信函被「破獲」而以「言論」入罪的例子。這裏有必要辨析「地下」與「私人」。在公私分際被無視的語境中，某種「私人」（如顧準、陳敏之間的通信）才可歸入「地下」。這種「地下思想」活動，除非如顧準兄弟那樣，將當年所寫冒險保存了下來（且未作修改潤色），否則只能事後追憶。回憶錄的有關內容並非不可靠，卻通常不為嚴格的考察所採信。它們確也難免於時間中的增刪，「記憶」的篩選、追加、修訂。

書信，是那年月「民間語文」的重要部分，其中的「隱微修辭」特具考察價值。包括了古人所謂的「曲筆」。「曲筆」繫於特殊的語言訓練，不但使不被允許言說者得以言說，且利於淘汰平庸，甚至收「含蓄蘊藉」之效，有一點「掩映」之美，不至於直白淺露，一瀉無餘。「打擦邊球」的技巧，亦由非正常的言論環境培養。文革中知識人圈子內的日常會話使用隱語，彼此相視而笑，莫逆於心，亦言論管控下的別致風景。在寫作能力普遍退化的時期，毋寧說私人書寫為日後推動文風的嬗變，儲備了人才。

對文革中的言論環境不宜想像過度。除非你在專政機關的監控

之下，倘不希冀公開發表，盡有寫作的「自由」。「革命修辭」更
在公開表態的場合，如大字報、大批判文章或發言，「私底下」的
交流方式仍不乏豐富。沈從文行文原本曲折有致，用來寫家書，亦
搖曳多姿，水準不下於其作為文學發表的散文；也偶用隱語，大異
於流行文體。沈的難以被同化，被他生活的時代「消化」，由此一
端可見。[25]卻也應當説，隱語、曲筆，是語言材料中最有時期性、
最易於磨損、後人或要憑藉了註釋才能讀懂的部分。

　　書信之為交流、交往方式，在針對目標人物的「信檢」之外，
留出了有限的言論空間。顧準兄弟間的學術、理論性通信、沈從文
家書外，另如收入徐曉主編的《民間書信》的諸多信札，以至文革
後流傳一時的劉青峰、金觀濤等人的《公開的情書》。大量未曾面
世的書信，或可冀有一天作為文物出土。家信、私人書札，往往有
家常瑣屑，父子夫婦間的情感交流，較之其他年代並無不同，卻因
特殊的環境、氛圍，或另有意蘊的豐富性。

學術工作

　　在普遍「逍遙」的環境中，管控鬆懈。「將失去的時間奪回
來」，文革後期成為一些知識分子的衝動。當着一批小説家、詩人
在地上、地下從事寫作，一些學者也不待文革結束，恢復了他們的
學術工作。錢鍾書整理出了自己最重要的學術作品《管錐編》。[26]
楊絳文革中譯《堂吉訶德》。陸谷孫主導並參與編寫了《新英漢
詞典》。程千帆説文革期間「只要有機會就做自己的工作，很多
比較細緻的工作都是那時做的」（《桑榆憶往》，《程千帆全集》
第十五卷，頁32）。豐子愷晚年的文字工作，包括了寫作舊體詩、
《緣緣堂續筆》，翻譯日本的《竹取物語》、《落窪物語》、《伊

25　沈1972年6月寫給妻子的信件，議論及於其時的文風（《沈從文家書》頁546）。

26　　《管錐編》初稿完成在1972至1975年蝸居間（錢之俊《晚年錢鍾書為何沒有大
　　　作品》，《中華讀書報》2017年3月1日第9版），1979年由中華書局出版。

勢物語》，翻譯日本湯次了榮《大乘起信論新釋》。病中共譯了330500字。此外還重譯了夏目漱石的《旅宿》。被認為「最有意義最重要的」，是提前完成了巨著《護生畫集》（《我和爸爸豐子愷》頁232–237、253）。

文革後傳為佳話的，另有語言學家裘錫圭幹校期間繼續文字學研究，1972年發表《讀〈安陽新出土的牛胛骨及其刻辭〉》。周有光在幹校編寫《漢字聲旁讀音便查》。學部外文所童道明不但打着手電筒在被子裏讀借來的俄文小說並作筆記，還利用看病住招待所翻譯蘇聯劇本（《心不死》，《無罪流放》頁52）。王朝聞在幹校寫了洋洋萬言《論鳳姐》（鳳子《天命之年下幹校》，同書頁104）。黃翔鵬幹校後期「刻苦鑽研古代音樂史，頗有著述」（劉東升《老知識分子二三事》，同書頁174）。中科院數學家吳文俊在基礎科學研究幾近停滯的情況下，自學了《九章算術》在內的中國古代算學書籍（參見2017年5月12日《新京報》關於吳的紀念文字）。

季羨林1969年初「半解放」，1970年初任北大東語系門房。其《八十自述》說，經歷了文革的一再摧折，自己仍「不甘心成為行屍走肉」。「二百多萬字的印度大史詩《羅摩衍那》，就是在這時候譯完的。」（《季羨林文集》第二卷，頁194）其《牛棚雜憶》有關於自己任職門房的間隙翻譯《羅摩衍那》的情景描寫（頁164–166）。該書《後記》說，自己平生著譯約八百萬字，百分之七八十是文革以後的產品（頁184）。倘沒有文革與前此的政治運動，其學術成就又當如何？

出於對荒廢的恐懼，學部歷史所朱大渭幹校期間躲到山坡上偷偷看書（《摧殘》，《無罪流放》頁62）。朱琳則記得後來北京人民藝術劇院的「大導」林兆華，在幹校向焦菊隱學導演（《「牛棚」與「皇家劇院」》，同書頁330）。更堪稱一絕的是，沈從文在鄉下，全無文字材料，竟能全憑記憶與想像寫作專題文章甚至「佈展」文物，設計的展櫃竟有六十個之多（張新穎《沈從文的後半

生》236）——非有超常的學術熱情與毅力則不能。這種「癡」，當局者幾人能懂。

　　文革中無論人文社會科學還是自然科學，均有人利用一切可能進行專業研究。包括文革後名聲大噪的陳景潤。批鬥之餘，投閒置散，對有些學者，反而是難得的機緣，專心致志，心無旁騖。少了來自行政部門的干預、政治運動的干擾，較之1949年後至文革前，那或許是更「正常」、更有利於「出成果」的學術環境。研究工作有可能更純粹，即使不能説「非功利」，確也避免了急功近利——儘管可能有資源匱乏構成的限制。當然，對上述諸例不宜過度解釋——若將文革導致的人才荒廢與毀滅計算在內，得失實在不便估量。

　　豐一吟寫其父豐子愷文革中的文化創造，使用的標題是加了引號的「地下活動」（《我和爸爸豐子愷》頁232）。對上述現象，「地上/地下」的框架也不盡適用。文革後期綱紀廢弛，寫作無需如「地下工作」，只是非公開而已。周邊的人對此視為平常，不以為意。梁漱溟文革中著述不輟，不但在世事擾攘中寫作《儒佛異同論》，完成了《中國——理性之國》，且有《人心與人生》、《東方學術概觀》等著作（參看本書上編第七章《梁漱溟、譚其驤、沈從文、夏鼐日記、書信中的文革》）。由日記看，他的這些活動無人干預。周有光《我的人生故事》的如下標題頗有妙趣：「專家專家，專門在家」（頁150）。本來人文學科的有些科研就在家中進行。「專門在家」，少了開會、聽報告、聽傳達、「政治學習」一類無謂的消耗，正有利於專業工作。周氏説自己由幹校回到北京的幾年「研究的成果最多」（同上）。那種狀態，未必不值得懷念。是否可以據此討論何為正常的、有利於出成果出人才的學術環境？

　　《顧準日記》附錄《我與顧準的交往——吳敬璉訪談錄》談到幹校勞改期間與顧準的思想交流，説「已經有很長時間沒有參與這種能夠啟發人的思想的自由討論了。這種機會居然在被打成『反革命』的情況下得到，真是一種奇緣」（頁435–436）。學術工作也賴

有某種物質條件。吳敬璉受訪時說，文革期間經濟所圖書館在館長宗井滔的主持下，繼續訂閱國外期刊雜誌，即如《美國經濟評論》等(同上，頁436)。我由老同事那裏聽說，下幹校時，文學所在所將不所的情況下，仍奉命將大批線裝書轉移，寄存在信陽雞公山的寺廟裏。西諺曰，魔鬼的手也有漏光處。想來文革中的漏光之處遠不止此。

1970年元旦，身在河南息縣幹校的顧準，怕存放在北京的書籍、手稿、卡片散失，卻又說：「一個人，用全生命寫出來的東西，並非無聊文人的無病呻吟，那應該是銘刻在腦袋中，溶化在血液裏的東西。我所要寫的，沒有書籍、卡片也可寫，喪失它們，又何所懼。」(《顧準日記》頁174)顧1971年7月17日的日記寫道，自己對政治上的「處理」淡然置之，對「出處」不抱幻想，「倘然還能活二十年，最大希望，不過是廣泛涉獵古今哲理，旅行祖國各地，看看山河如何重新安排，經濟如何建設，作芻蕘之獻而已」(頁273)。

文革結束，有些進行於文革期間的學術工作為人所知——或許竟是該學人一生最重要學術成果。上文的梳理過於粗疏，不免掛一漏萬：這本應是學術史專項考察的題目。

現代詩、舊體詩

總體而言，較之大致同一世代的小說家，現代詩作者起點較高。世亂詩工，古今均不乏其例。小說作為文類，偏於惰性，形式方面變化緩慢。文革期間及文革結束之初的小說，接續文革前的傳統，文風、修辭普遍未脫出1950–60年代的語境。新詩則不然。一批年輕詩人異軍突起，其作品如新發於硎，寒光閃閃。聶紺弩等老知識人的舊體詩寫作，則在五四新文化運動後極一時之盛。

楊健論述「文化大革命中的地下文學」，由「紅衛兵文藝」入手。所引紅衛兵詩作曾公開流傳，且收入1968年付印的《寫在火紅

的戰旗上——紅衛兵詩選》。收入岩佐昌暲、劉福春編《紅衛兵詩選》的，也曾於當年流傳，以紅衛兵小報、大字報、群眾組織油印的宣傳品等為載體「公開發表」。除頌聖之作，多屬「戰鬥詩篇」。詞匯貧乏，意象與修辭手法單調重複；不乏押韻的散文或類似「大躍進民歌」的順口溜。

劉福春《紅衛兵詩選·後記》説，「雖然文革詩歌開始於對前十七年的否定，並『打倒』了前期幾乎所有的詩人」，卻與「前期詩歌，特別是前十七年詩歌有着深刻的聯繫」。「文革詩歌是前十七年詩歌非詩化的延續，它承繼並強化了頌歌與戰歌這前十七年詩歌的兩大主要功能」，「將其推向了極端」，「因而頌歌更多了愚昧和瘋狂，戰歌更多了霸氣和匪氣」（頁292）。其合作者岩佐昌暲的感受與劉不同。岩佐1973–1978年在中國，曾被文革期間的一些作品「深深地感動過」。他不贊同對於文革的「全盤否定」。對於自己曾為之感動的一些作品，「並不情願徹底拋棄自己的感情記憶」（《文革文學的研究狀況及本資料集》，頁10、11）。應當承認，我們的確會因時因地、自覺或不自覺地，修改自己的閱讀經驗、情感記憶。

文革中的「戰鬥詩篇」，往往力求先聲奪人，以氣勢勝，不難看出對馬雅可夫斯基、賀敬之、郭小川詩作的模仿痕跡。何蜀《文革重慶大武鬥實錄》就提到賀敬之《放聲歌唱》、《雷鋒之歌》等的影響（頁315）。

文革結束之初發表小說的知青作家，少有奇才，不世出的人才。同一世代的詩人，不待運動告終即已頭角崢嶸。在劉福春所説「非詩化」的詩歌氾濫之時，有日後被奉為經典的先鋒詩作暗中流佈，呼喚着真的詩的回歸。於此對於地上/地下同樣不宜想像過度。食指（郭路生）的詩非違禁品，只不過傳播渠道、傳播範圍不同而已。食指、北島與被歸為「白洋淀詩派」的芒克（姜世偉）、根子（岳重）、多多（栗世征）等人承擔了啟蒙的任務。不是回到前文革的

賀敬之、郭小川時代，而是開啟新的詩歌時代。文革期間，詩人的確像是較早蘇醒的族群——或者從不曾昏睡。詩人的感官本有異常的靈敏，最不能忍受借諸「集體」名義的專制。

看似封閉的環境，與「外部世界」仍有聲息相通。王明賢、嚴善錞《新中國美術圖史1966–1976》認為文革中「紅衛兵美術運動」，是「帶有『紅色現代主義』特點的藝術形態」，不盡出於「偶合」（頁11）。詩歌何嘗不然。文革結束前後小說、散文、詩歌、劇作諸文類，最先成熟，於1970–80年代之交獨領風騷的，或即現代詩。與「現代」、「後現代」的對接，尤其在現代詩與美術方面。這裏有詭異的「歷史線索」或曰「伏線」。

先鋒詩歌外，另有也不便以地上／地下界定的舊體詩寫作。

何蜀《文革重慶大武鬥實錄》第九章《武鬥中的文藝》一節，寫到重慶武鬥中流行「毛體詩詞」，「造反派也經常會模仿寫些似舊非舊、不講平仄音韻的『舊體詩詞』」（頁315）。出諸知識人的文革期間公開發表的舊體詩，多屬「賦得」之類的應制詩。《夏鼐日記》錄有其所寫舊體詩，如1969年「強迫勞動」告一段落，賦詩志感，首聯為「春風漾蕩牛棚中，勞動歸來花正紅」（卷七，頁247）。是年尚賦有《慶祝「九大」勝利閉幕》（同書，頁248）、《慶祝國慶二十周年》（頁254）、《熱烈慶祝偉大領袖毛主席的七十六歲壽辰》（頁256–257），1970年賦有《元旦獻詞》（頁258）。在作者，上述諸詩有「表態」性質。這類頌聖體、「歌德式」的舊體詩，事後並不都收入個人文集。

夏鼐1963年3月胃病住院期間，曾作「打油詩」《病中偶吟》二首，有「病榻孤燈夜靜時，往事低回苦纏思」，「綺年舊夢迷莊蝶，老境禪心贈採石」，「得便高歌失即休，不將愁痕鎖眉頭」等句(同書卷六，頁324)。後將《病中偶吟》改題《斷腸詞》，序曰：「斷腸者，外科手術切斷肚腸也」（同上，頁326）。不過病中感懷，全無政治牢騷，且注引毛語，不無牽強地寫入「反修勝

利」，文革中仍被指為「黑詩」，無非望文生義、吹毛索疵。[27]實則該詩較之夏氏文革中所寫「詩」更是詩，至少才思尚未枯竭。

　　除收入文集或以詩集形式於文革後出版的如聶紺弩、荒蕪、俞平伯、李銳等人的詩作，對1950–70年代的舊體詩，有必要作廣譜的搜集整理。即如散見於幹校回憶的作品。收入《無罪流放》一集的吳祖光、張光年、王世襄、屠岸、李少白、劉士傑、劉重日等人的回憶文字、受訪記錄，均錄有寫在幹校期間的舊體詩。何西來《往事如煙》寫俞平伯文革中被由其祖寓老君堂的正院趕至原作書房的偏院，由偏院牆頭看到正院馬纓花開，賦「七絕」一首：「先人書室我移家，憔悴新來改鬢華。屋角斜暉應似舊，隔牆猶見馬纓花。」（《無罪流放》頁4）收入同書的劉士傑《長夜孤零的日子》引俞賦「牛棚」而被傳誦的詩句「三椅拼睡南窗下，太陽棉襖暖烘烘」（同書，頁26）。可知當年即已在一定範圍內流傳。沈從文幹校期間也有舊體詩作。關於張伯駒文革期間的舊體詩，參看寓真《張伯駒身世鉤沉》頁269–270。張曾有詩曰：「一朝天子一朝臣，舞榭歌臺夢已陳。啼笑皆非馬思遠，中州斷送老詞人。」（同書頁285。關於「啼笑皆非馬思遠」，參看同書頁275–278）從來有寫給自己而不擬面世、或僅供二三好友傳閱的寫作，只不過在文革情境中，被賦予了某種特殊意味而已。寫舊體詩本是文人長技，亦知識人之間的社交方式。出於對詩詞的「酷愛」，豐子愷甚至將其用於與子女間的交流（參看豐一吟《我和爸爸豐子愷》頁230）。

　　由已面世的幹校回憶看，幹校期間，或許是舊體詩寫作的盛期，應與知識人面對大自然、中國文人熟悉的「田園風光」，以及心情較為寬裕有關。曾彥修說自己「一個人在田間坐看藍天白雲時，每每順口吟出一些打油詩，即詠即成」（《曾彥修訪談錄》頁362）。寫於文革低潮中（包括幹校時期）的某些舊體詩，確有點「黑

27　關於夏因曾寫「黑詩」及住精神病院而檢討，見同書卷七，頁239。「黑詩」云云，是文革中「革命群眾」慣用的指控。

詩」的味道。只是此時「革命群眾」鬥爭熱情消磨殆盡，嗅覺鈍
化，不再虎視眈眈罷了。

　　臧克家的詩集《憶向陽》自序《高歌憶向陽》，提到了作為新
詩的代表性作者，何以使用舊體詩的形式，所說不是聶紺弩等人寫
舊體詩的緣由。在聶等人，舊體詩便於使用「隱微修辭」，是較
為安全的交流工具。且因門檻較高，不易被「革命群眾」解讀。但
風險猶在，即如被其他知識人讀出「微言大義」。聶詩的觸犯禁
忌只是一例。據木山英雄《人歌人哭大旗前──毛澤東時代的舊體
詩》，俞平伯、荒蕪等人作舊體詩，宣傳隊(應指工、軍宣隊)試圖
阻止，「並特意召開了『批鬥』『反動詩』作者(按這裏是荒蕪)的
大會」。此後在幹校，舊體詩的寫作並沒有停止，只是變換了手法
和題材(中譯本，頁44)。

　　文革期間與文革結束之初，有中國文化中諧謔傳統的修復。
「打油」，是當年能詩的文人適用的排遣與宣洩方式。其表達曲
折，令有嗅覺而無學養者徒歎奈何。聶紺弩、楊憲益、黃苗子的詩
作(按黃有《牛油集》)，雅俗並作，莊諧雜出。曲筆，隱語，市井
俚語，用於反諷亦用以自嘲。「以天下為沉濁，不可與莊語。」
(《莊子‧天下篇》)有東方朔式的智慧，既不能譎諫，且以之舒憤
懣，由此接通了「美刺比興」的古老傳統。當此時世，詩的諷喻功
能，也要賴舊體詩這一古老載體才便於發揮。不但以之寄寓身世之
感，也用來寫無往不在的荒誕。五四新文化運動之後，1950–70年
代的舊體詩，有可能是此種文體的最後一度輝煌。

　　吳宓與其詩友的詩社為當局警戒，即應與舊體詩的修辭方式有
關。吳1950年代初與「土改」、「鎮反」有關詩作事發，一再有
人勸其「勿更作詩」(《吳宓日記續編》第一冊，頁260)，吳謝不
能。1952年1月9日的日記，吳「自陳」其「仍必需讀舊書，且必需
作詩抒情，但決不可示人或寄出；非然者宓即鬱苦不能生活」(同
書，頁276)。在吳，舊體詩亦如日記，是其面對自己、面對世界的

一種方式，被其人視若生命。必作，必不可不作，必不能不示人、與詩友分享，雖因之得禍而不惜。這份癡，人所罕有。

五四新文學運動後，雖舊體詩邊緣化，成了相對於主流文化、文學的旁支潛流，卻始終不絕如縷。有名家佳作。陳寅恪、沈祖棻均稱大家。魯迅、郁達夫等，也寫作舊體詩。木山英雄《人歌人哭大旗前》一書，寫到「建國後仍繼續不斷的毛澤東詩作」，說毛「憑藉其超級權威對那個時代詩歌觀念的介入」，「值得研究」（中譯本，頁172）。高層人士如朱德、陳毅等，各有詩作。「原先在抗日戰爭時代的陝北和華中的共產黨根據地裏流行的詩社之風」，亦有延續（頁174）。毛及其他「黨和國家領導人」的寫舊體詩，有某種示範意義，亦為此種寫作提供了合法性。

我所讀到的對不限於文革的1949年後中國舊體詩的研究，在政治層面切入較深、勝義迭出的，即木山先生的這部著作。木山由所分析的作品，讀出諧趣中的苦澀，察知文字背後的隱曲，既與木山先生深湛的漢學修養又與其對中國當代史的洞見有關。入選該書的諸詩人多賦異稟。如楊憲益，如聶紺弩，如李銳，均為奇男子，人物與詩都不可再得。聶尤為曠世奇才，所寫近於絕唱。用了時下流行的說法，聶紺弩、楊憲益、啟功、黃苗子，可稱某種「達人」，滑稽多智，即回應時事，也合於風人之旨。一時文人的調侃戲謔，與市井小民的插科打諢呼應。尤為難得的是，淪落至此仍未失現實關切。木山感慨道：「雖說一生的經歷被政治弄得一塌糊塗，但此人（們）的政治喜好實在是病入膏肓啊。反覆經歷了激烈的『幻滅』，其詩的語言與政治仍彼此相連而不肯有所分離」（《人歌人哭大旗前》中譯本，頁37）。一代書生與政治的糾纏，撕擄不開，猶如宿命。木山所見極是。

該書關於啟功的一篇，羅列了啟功的諸多頭銜，說「其職位與詩風之間的對照則近於滑稽」（同書，頁62）。啟功本長於自嘲，或不免過甚其辭，心境的蒼涼則是真的（參看同書所引啟《沁園春·

自敍》，頁68–69）。[28]大半生的坎坷與晚年的盛名，確也宜於以諧謔的態度對待。較之聶、黃等人，啓更有遊戲態度，亦有意的「不莊」。其人身為清皇族後裔，為旗人文化濡染，本大雅近俗。京城隨處可見的他的「墨寶」，亦可證其不自矜重。

　　上述諸人的自嘲（非自我作踐），是一種基於修養的能力，非人人都有。承接了古老的文人傳統，在文革的荒誕情境中，可能更有療愈作用，有助於維持較為健康的精神狀態與生活態度。有時甚至不止於自我救贖，也自渡渡人（在共享的圈子中）。

　　木山該書引朱文華《風騷餘韻論》所説「監獄為『詩的溫床』是現代舊體詩固有的『特殊現象』」（頁127。朱作由上海復旦大學出版社1998年出版）。「潘漢年、揚帆」一案中的揚帆兩度入獄，入的均為自己人的監獄。一次在1940年代的抗日根據地，一次在「潘揚」案中。其傳世的「獄中吟」均作於前一次冤獄，後一次或已無「吟」。其《出獄》一首有「大笑三聲出獄門」句（見同書頁146）。未知文革中、文革後出獄者，還有沒有這等豪氣。即揚本人，二次出獄時已病廢，精神亦被摧垮（參看木山同書頁150），決不可能再「大笑三聲」。監獄作為「詩的溫床」也需要條件。獄中吟大約更宜於單監的囚犯。雖沒有真正的「私人空間」，卻有足夠充裕的時間，與自己的「內心」交流。[29]聶紺弩享受的卻是「混合關押」的待遇。

　　木山這樣的日本學者，對中國瞭解之深，或在諸多中國同行之上。尤其對人心的洞察，對知識人處境的體察。設身處地，感同身受，或許也是東方學者優於西方學者之處。隔着一道海的長期凝視，所得即不限於文字材料的梳理。木山的知人論世，既基於其中

28　其人《自撰墓誌銘》曰：「中學生，副教授。博不精，專不透。名雖揚，實不　　夠。高不成，低不就。癱趨左，派曾右。……計平生，諡曰陋。身與名，一齊　　臭。」（《啟功韻語集》頁82，北京師範大學出版社，2004。按「癱趨左，派　　曾右」，啟曾因病感到身體左側不適；1957年被劃為右派。

29　《黃克誠自述》有寫於羈押中的舊體詩。

國古文化的修養，更緣於對他國現實的持續關注與對考察對象的細心體貼。

與舊體詩有關的，尚有作為現象的「偽作」。如毛「未發表」的詩詞。楊健《文化大革命中的地下文學》將其置於文革中舊體詩詞復興的題目下敘述。「大旗揮舞衝天笑，赤遍寰球是我家」，「真理在胸筆在手，無私無畏即自由」，是傳誦一時的名句。同書還說，另有一些舊體詩詞「被冠以上層領導人的名字，憑藉『小道消息』而流傳」（頁216）——亦動盪時世才有的怪現狀。[30]

文革的特殊語境，刺激了舊體詩寫作。這類舊體詩因屬「圈子」亦「小眾」文學，流佈範圍有限，其功用或更在詩人與圈子中人的個人發抒，卻合於「詩言志」的古訓。文革後期流通於少數文人間的舊體詩，與半公開傳播的現代詩，作者並無交集，卻仍可認為有微弱的呼應。兩者的「嚴肅」與「純」（「嚴肅文學」、「純文學」）則同之。舊體詩則因形式的成熟，以較高水準引入了「文學傳統」。想必尚有大量舊體詩被秘之篋中，他人無緣得見。至於文革後退休官員作舊體詩，略有附庸風雅之嫌。李銳自承所作乃「老幹部體」（《人歌人哭大旗前》中譯本，頁126），自嘲而已。其人獄中所作，自與後來的「老幹部體」無關。

演出活動及其他文藝活動

「文革文藝」通常指涉的，為文革期間的官方、半官方文藝亦主流文藝。「文革時期的文藝」之為概念，意涵更廣，包括了諸種非官方組織的文藝創作、文藝活動。即如版本不一的「知青之

30　關於「偽託」之作，「過來人」耳熟能詳的，另有本書上編第一章《文革在校園中引爆》一節所引「從現在起，五十年內外到一百年內外，是世界上社會制度徹底變化的偉大時代，是一個翻天覆地的時代，是過去任何一個歷史時代都不能比擬的。……」文革期間引用率極高的「毛詩詞」，有一說出自陳明遠、一說出自林杰的「千鈞霹靂開新宇，萬里東風掃殘雲」。參看閻長貴、王廣宇《問史求信集》，頁107-109。

歌」。這類作品在特定圈子內流通，有作者因此而入獄，甚至險遭處決，如《南京知青之歌》的作者任毅。

　　2018年熱映的影片《芳華》（馮小剛執導），喚起了關於「文工團」的記憶。文工團本是戰時的組織形式，服務於軍隊的流動性。這種形式1949年後繼續存在，出於以文藝宣傳鼓動的需要。文革前「烏蘭牧騎」式的「文藝輕騎兵」活躍一時。[31]「烏蘭牧騎」因適應牧區居住分散的條件，至今仍存在。面向駐地隨時移動的部隊，靈活機動的「文藝小分隊」也仍有生存空間。官方對「烏蘭牧騎」、「文藝輕騎兵」、「小分隊」的提倡，取其機動性強，便於下鄉、下廠礦、下基層。提倡中隱含了與「普及/提高」有關的論述。文革前夕的語境，更將通俗與高雅，「陽春白雪」與「下里巴人」，「群眾性文藝活動」與「大洋古」、「高精尖」對立，將問題上升到「為誰服務」的政治層面。文革中曾清算劉少奇等人的整頓文工團。收入岩佐昌暲、劉福春編《紅衛兵詩選》的詩作，就有質問「劉修」「為啥要砍文工團」者，更將問題上升到「路線鬥爭」的高度（頁148）。1967年4月中國作家協會革命造反團的大字報《劉少奇伸向文藝領域的一隻黑手──胡喬木的罪惡種種》，說：「一九五一年十月左右，劉少奇為了砍掉毛主席多年來提倡的革命文工團……發出了所謂整編文工團的黑指示」（譚放等《文革大字報精選》頁341）。事實是，到文革爆發，「文工團」仍普遍存在。可知「整編」非即取消。知名的文藝團體，就有總政文工團（中國人民解放軍總政治部文工團）、海政文工團（海軍政治部文工團）、北京軍區「戰友文工團」等。

　　文革期間承上述風氣，派仗中更出於對抗的需要，作最大限度的動員，由舞文弄墨、舞刀弄棒到「藝術人才」，悉數網羅。各派群眾組織紛紛組建「毛澤東思想宣傳隊」──亦屬派仗的「文鬥」

31　「烏蘭牧騎」，蒙語原意為「紅色的嫩芽」，指誕生於1957年、活躍在蒙古草原的文化工作隊。

(文鬥/武鬥)部分。北京大學兩派的「宣傳隊」均人才薈萃,水平未必輸於專業團體。文革結束後熱衷於公園合唱、廣場舞者,很可能是當年的文藝活動積極分子;與同一時期作為「青年亞文化」的迪斯科、KTV、街舞等,既有時代更有世代的區分。

　　「毛澤東思想宣傳隊」的演出形式,受到「大型音樂舞蹈史詩」《東方紅》、《長征組歌·紅軍不怕遠征難》等的影響。1964年為慶祝中華人民共和國建國15周年排演的《東方紅》,由「大歌舞」演化而來;《長征組歌·紅軍不怕遠征難》用肖華原詞譜曲,由北京軍區戰友文工團1965年8月1日首演。上述演出形式文革前期被一再拷貝,用以敘述文革版的革命史,某一群眾組織的造反史。如楊健《文化大革命中的地下文學》一書提到的清華大學井岡山兵團的大型歌舞劇《井岡山之路》(頁34)。[32] 上述演出形式沿用至今,即如2009年為慶祝中華人民共和國建國60周年排演的大型音樂舞蹈史詩《復興之路》。

　　收入《七十年代》一書的高默波的《起程》,副標題是「一個農村孩子關於七十年代的記憶」,大不以為然於文革期間「八億人民八個戲」、文化生活枯燥的說法。高的經驗是,樣板戲豐富了「大多數人的文化生活,更反映出現代的所謂民主和人權理念」(頁87)。我插隊的鄉村,稍大的村落往往有自己的劇團、「戲箱」(放置戲裝等行頭),農閒尤其春節前後,連演幾晚大戲,讓村民過癮。

　　武漢的一群因出身問題而處於邊緣的少男少女,以組織「文藝宣傳隊」的方式公開聚集,抱團取暖,釋放自己的才華——與文革後期的「沙龍」不同,是文革前期(1967年)發生在地上的故事。由其他類似處境的年輕人看來,匪夷所思。該篇的作者說,他們到某專業文藝團體借了樂器,在某藝術院校要了排練廳,而且竟然「在市委辦了革命群眾組織的登記手續並領到了一筆經費」。作者

32　宋柏林《清華附中老紅衛兵手記》記有觀看老兵與中學造反派的文藝演出(頁344、346)。上海的類似演出活動,參看李遜《上海文革運動史稿》頁970–976。

說：「真是大革命了，一切按常規不可想像的事情，都可以辦得到了。」（胡發雲《紅魯藝》，《1966：我們那一代的回憶》頁213）

鮑昆《黎明前的躍動》一文，說「從一九七一年到文革結束的一九七六年之間，北京青年人的文化活動是非常活躍的，內容也非常豐富」。作者以為江青對藝術的愛好，「實際上倡導和推動了文藝的群眾性的普及」，所舉的例子就有各單位的「毛澤東思想文藝宣傳隊」，各級文藝匯演（《七十年代》頁188-189）。我由此想到文革前高校的人才狀況。其時文體人才入校並不靠加分。大、中城市的少年宮（亦作「少年之家」或「青少年宮」）、少年體校等，是培養這類人才的搖籃，尤其京、滬。鮑氏該文還說，當時北京很多年輕人學習樂器，交換各種練習曲，希望以此改變自己的命運。「一些文革破四舊時未被砸爛的舊唱片，也開始四處流傳。」（頁190）「在樣板戲的普及之外，繪畫和攝影活動也很炙熱。」中國攝影學會、中國美術家協會，文革爆發後變身為「全國美術展覽辦公室」和「全國攝影展覽辦公室」，給民間繪畫以空間，對藝術愛好者提供庇護（頁191）。鮑氏說自己當年的攝影，還受到了江青攝影風格的影響。

文革前夕的演出舞臺，為「小戲」提供了此後所沒有的機會。「小戲」包括了小劇種與小劇目。小戲的興盛也與意識形態主管部門與「普及/提高」有關的「導向」有關。小戲本非新品種，只不過適逢其會罷了。1965年的巴金日記，記有在京看內蒙烏蘭牧騎代表隊的彙報演出，看江西採茶劇團演出的農村小戲，看婺劇、甌劇、甬劇小戲（《巴金日記》）。同年田漢日記也記有看部隊小戲及其他小戲，看天津歌劇團演出的小劇、江西採茶戲的小戲、北京戰友文工團演出的小戲、內蒙古自治區職工業餘話劇隊演出的小戲（見《田漢全集》第二十卷）。文革延長了「小戲」演出的黃金季節。想到文革結束後戲劇舞臺的日見蕭條，一些地方戲、小劇種面臨的生存難題，令人別有感慨。只是文革前夕被認為有革命性、戰鬥性的文藝作品，文革中獲正面評價者極少，或只是倖免於作為批

判的靶子。無論文革前還是文革中的小戲，無不旋生旋滅，質量上乘、能作為「保留劇目」者，寥寥無幾。

最莊嚴神聖的事物亦有可能娛樂化。張賢亮《綠化樹》寫健碩的村姑以跳「忠字舞」自娛自樂，並以柔韌的腰肢吸引了其所心儀的異性。「忠字舞」乃「忠字化」運動的一部分，文革後被譏嘲，當年未必不曾讓文藝青年有了以頌聖的名義炫耀舞姿的機會。

樣板戲之外，如芭蕾舞劇《紅色娘子軍》、鋼琴協奏曲《黃河》，至今仍為保留劇目、曲目。鋼琴協奏曲《黃河》有意屏蔽了原作《黃河大合唱》的詞作者光未然即張光年。據張光年的幹校日記，他是在幹校由報紙上得知有關的演出消息的。日記說，「看來是根據冼星海同志的音樂改編的(是遵照『留曲不留詞』的產物)」(《向陽日記(節選)》，郭德宏等編《我與「五七幹校」》頁235)。其心情可想。那是1970年2月9日。幾天後的日記說，自己「考慮了《黃河大合唱》歌詞的一些問題，準備在班會上檢查」(同上，頁237)。修改歷史歌曲的歌詞，使合於文革中的「政治正確」，亦當時的風氣。

作為公共品的文藝的貧乏，仍然是更普遍的現象。詩人于堅寫他1974年讀到食指《相信未來》，特別注意到「當蜘蛛網無情地查封了我的灶臺」中「查封」一詞的運用(《地火》，《上海文學》2012年第12期，頁102)。文革前、文革中的「查封」，是太尋常的事。[33]即使文革結束幾十年之後，寫作者依然需要試水，觸探邊界，爭取表達的空間，力求處於意識形態槍彈的射程之外。屏蔽、封殺、下架，仍然是意識形態管控的常規手段。

作為大眾文化的電影業，乃文革的重災區。拍攝於這一時期極其少量的國產影片乏善可陳；由特定國家進口的影片，亦稀缺資源。本書上編第二章《越境》，寫到了前知青回憶雪夜跋涉，只為了看一部國家領導人出訪的紀錄片(孫春明《雪夜看「四訪」》，

33　關於1970年代末雲南的同人刊物《地火》的被查禁，可參看于堅該文。

收入《那個年代中的我們》）。話劇演員方掬芬寫下放期間走幾里
地看朝鮮劇情片《摘蘋果的時候》，因斷電直看到深夜兩點，覺得
「新鮮極了」，說「為了看這樣一場電影，就是再苦再累也值得」
（《下放》，唐筱菊主編《在「五七幹校」的日子》頁300）。正是
積久的饑渴——對文學藝術的，對「外部世界」的——引發了文革
結束後一度的觀影狂熱。

　　由上文碎片化的材料亦可知，那個文化破壞的年代仍然有文化
現象的豐富性。那種文化不可能在另一時代複製。其作為現象留在
當代中國文化史上的印跡，至今依然有待仔細分辨。

4.2　非常年代的閱讀

皮書

　　關於「皮書」[34]與文革期間青年的閱讀狀況，印紅標《失蹤者
的足跡——文化大革命期間的青年思潮》一書有系統的考察——由
圖書來源，到閱讀書目，到基於共同讀書興趣與共享資源的「沙
龍」。[35]印在該書中說，那更是京、滬「某些青年人的小圈子」

34　關於文革前與文革後期內部出版、在限定範圍內發行的圖書，參看史雲、李
　　丹慧《難以繼續的「繼續革命」》頁473–475。該書據《內部發行圖書總目
　　（1949–1989）》，社科類書中，屬西方理論和文學的，文革前出版有1041種，
　　文革中出版有約1000種(頁473–474)。諸種回憶錄中所謂的「皮書」，即文革
　　前由世界知識出版社、人民出版社、三聯書店等多家出版機構奉高層指示出
　　版的「供內部參考」的圖書，因封面設色而分別稱「灰皮書」（政治、哲學類）、
　　「黃皮書」（文學類），與文革後期翻譯出版的人文、社會科學書籍，統稱「皮
　　書」。對此也有說法的不同。當時在北京四中的曹一凡寫到的「皮書」，包括文
　　學類的黃皮書，政治類的白皮書，科技類的藍皮書(《留在北京》，《暴風雨的
　　記憶》頁353–354)。「藍皮書」不大見之於回憶文字；而政治、哲學類係白皮書
　　抑灰皮書，說法不一。秦曉在受訪時提到的，是灰皮書、黃皮書、白皮書。白皮
　　書據說是史料(參看米鶴都主編《回憶與反思——紅衛兵時代風雲人物》)。
35　參看該書第四章。該章註26提供了經校訂的蕭瀟(即宋永毅)在《文化革命中的
　　地下讀書運動》一文中所列「對那一代青年的思想歷程產生過較大影響的內部
　　讀物書單」（頁228、259）。

的讀物；「『灰皮書』對這一代人的影響，不可估計過大」（頁233）。這無疑是必要的提示。由該書及諸多當年青年的回憶文字可知，所謂的「青年讀書運動」的重要條件，即資源尤其稀缺資源的獲取，因而註定了是一部分、或者更應當說，一小部分，主要即京、滬幹部、知識分子家庭出身的青年的「運動」。

那年頭，內部發行的「皮書」，內部放映的「內參片」，均屬稀有資源。也會以各種渠道流入民間：如果你有「路子」。凡此，可以作為「知識—權力」的特殊例子。有些令人豔羨的故事，是近些年來才聽到的。或許也像那只不曾嘗到葡萄的狐狸，略有點不舒服的，是有關敘述中那種得享禁臠的得意。正是資源的長時間匱乏刺激了慾望。因而有1980年代對於外國文學以至理論著作的瘋搶。那真的是出版界千載難逢的機遇。觀看外國影片更如癡如狂。觀影者因胃納極佳，饑不擇食，無論怎樣的爛片都看得下去。要過一段時間，才漸漸恢復了分辨能力。

即使有京、滬某些圈子中的「青年讀書運動」，書單也仍然人各不同。秦曉文革期間的書單中少有人提到的，即有屬黃皮書的蘇聯小説《這位是巴魯耶夫》，灰皮書羅斯托的《經濟增長的階段：一篇非共產黨宣言》（《回憶與反思》頁122）。李零説文革中他的閱讀，包括了馬恩列斯毛魯，「聯共黨史、中共黨史、國際共運史、『文革』中的首長講話和各種資料，第四國際資料彙編，以及右派言論等等，從伯恩施坦到考茨基，從托洛茨基到布哈林，還有鐵托、德熱拉斯、盧卡奇、阿爾都塞、索爾仁尼琴等等，那是甚麼『反動』看甚麼。灰皮書、黃皮書，各種古書和文學名著，都是我所熱衷。」（《七十年代——我心中的碎片》，《七十年代》頁244–245）

上述回憶也引出了一些有待追究的問題。韓少功説，經過一段停頓，1972年「皮書」恢復出版。他接下來問：「如果説一九六八意味着秩序的基本恢復，那麼一九七二是否意味着文化的前期回

潮？這是一種調整還是背叛？是文革被迫後撤還是文革更為自信？」（《漫長的假期》，同書頁580）所謂「文革更為自信」，毋寧說是偉大領袖的自信——基於對普遍思想狀況的不甚了然。此外我想到的是，「內部讀物」、「供批判用」一類字樣，更像是掩人耳目的花招。那麼，推動這種出版者的真實動機是什麼？「內部發行，供批判用」的名義，文革後曾繼續使用。漢娜·阿倫特《極權主義的起源》的中譯本(2008年三聯版)在書店裏公開發售，卻在「定價」後安置了一個括弧：「內部發行」，確像是一種「障眼法」，一種為爭取合法出版的小小伎倆。名為「批判」，實則啟蒙，不免詭異。在吳亮看來，「這段歷史如此自相矛盾，它的全貌至今沒有充分展呈於世。」（《我的羅陀斯——上海七十年代》頁74)我也相信，其中定有未揭之秘。

　　1950–60年代，政治待遇嚴別層級。即使那份發行量並不小的《參考消息》，也作為「內部讀物」，更無論專供某級以上領導幹部閱讀的《內參》之類。[36]一些材料由「內部」流出，是文革期間等級破壞的積極後果。我曾寫過一篇隨筆，《內外》。內外之別，隨時提示你的「社會地位」。讓你知道多少你就只能知道多少。李零在開出了一張華麗的書單後，如實地說：「『反動』的東西，只供領導看，這是特權。我們是沾老幹部的光。北京老幹部多，換外地，不可能。這種故事，沒有普遍性，外地同齡人，聽了就生氣。」（《七十年代——我心中的碎片》，《七十年代》頁245)明白自己倘非憑藉某種條件、機緣，亦將無異於蒙昧無知的芸芸眾生，後來的「成功人士」就應當想到，他們未見得個個天賦異稟。將他們由同代人中拔出的，有某些非他們本人所能決定的因素，儘管個人的努力也至關重要。

　　讀「反動」、「異端」，是一種特權，並不自文革始。這種區

36　蘇聯也曾有所謂的「特別內部書籍」，其部長會議國家外國書籍出版社有「特別編輯室」，較之中國的內部書籍，編輯、出版過程更嚴格保密，流佈範圍有更嚴格的限定。

分，預設了處於等級序列高端的人物具有天然的免疫力。憑什麼？有何道理？層層帷幕在文革中揭開，激起的不滿，也助推了文革結束後的某種「放開」，無論內部書還是「內參片」。

還應當說，即使有上文及下文列出的書單，你也仍然是在給定的範圍內閱讀的。在資訊被嚴格管控、外語遠非普及的條件下，官方出版機構的出版書目，相當程度地決定着普遍的知識狀況，甚至限制了「高端人才」的知識（包括專業知識）水平。但文革前與文革中以「反修」名義部分開放西方的政治類書籍，以「評法批儒」名義開放的部分古籍，畢竟使得知識人受益。你終於可以公然地讀某些書。有一陣子，竟會興奮而又不無狐疑。畢竟是一點鬆動。在阿Q似的讖言「光」、「亮」之後，能將一些極易引發聯想的著作公開出版，無論有沒有「內部發行」那個小括弧，都已無關緊要。我們往往忽略了社會生活中的細小進步。這種進步畢竟在發生着，並構成了我們生存環境的一部分。

至於禁制的不如想像的嚴密──尤其在文革的某些時段，自然也因「王綱解紐」造成的諸多縫隙。那種有着「內部發行，供批判用」一類字樣的出版物，至少使某些「禁書」有一隙被閱讀的通道，可供專業人士「參考」。較之用行政命令的方式禁止出版或強令「下架」，「皮書」出版的決策者似稍有「理論自信」或其他「自信」。當然，互聯網時代有了更多漏光處。即使海關設禁，也不能阻斷出版物的進入。至於電子文本在微信圈內、圈間流通，也令你不必有某種身份、某種渠道才能分沾那一點恩澤。

地下、半地下狀態的閱讀，往往被擬之於「偷食禁果」。那確也是一種未必不摻雜了興奮愉悅的經驗。禁制增進了快感，是無疑的。[37]

37　魯禮安《仰天長嘯──一個單監十一年的紅衛兵獄中籲天錄》，寫到了「雪夜閉門讀禁書」在當時，「是一種最令人神往的享受」。由該書所列書單看，大多為政治類與文學類書（頁227、245）。

沙龍、圈子、「村落」、讀書會

文革後期地下、半地下的讀書會、沙龍，也是被較多談論的話題——包括其遺產，政治遺產與文學遺產。「地下沙龍」、「地下文學」，與地下、半地下商業活動，絕無交集，是在不同範圍、社會層面展開的，卻在同一時間浮出地表，構成「新時期」的重要景觀。當然，對文革期間的「地下」，也不宜想像過度。[38]

當時的京城(或京、滬)與「外地」，亦如19世紀俄羅斯的聖彼得堡、莫斯科與「外省」，知識圈的文化氛圍，相去不可以道里計。京城被較多談論的「沙龍」，由我讀過的材料看，多少帶有一點貴族性質。平民子弟忝列此類沙龍，儼若受洗。文革後期京城徐浩淵的沙龍，以幹部子弟、藝術家子弟與文藝青年為核心，屬較純粹的文藝青年的聚集，更有藝術氣息，難免令人想到「舊俄時代」聖彼得堡的貴族沙龍，或二三十年代京城以林徽因為主人的「太太的客廳」，[39]是精英人士的聚會之所，與同在京城的多數讀書人無關，不免被升斗小民望若天人。據徐浩淵回憶，「新中國第一個民間自辦畫展」，「是在文革最黑暗的一九七二年冬天」，自新路譚曉春的家裏(《詩樣年華》，《七十年代》頁45)。[40]京、滬之外，貴州有野鴨塘的「野鴨沙龍」。柏樺說：「其實這類地下沙龍在當時的中國到處都是，如我出生的重慶就有兩個以陳本生、馬星臨各為其主的沙龍，北京有徐浩淵的沙龍，北島、芒克的兩個沙龍，

38　關於這一時期部分青年中活躍的讀書活動，參看史雲、李丹慧《難以繼續的「繼續革命」》第七章。

39　1930年代冰心寫《我們太太的客廳》，意在諷刺。當年的那間客廳曾令左翼以及某些非左翼知識人側目。近些年來林的被豔稱，其沙龍被豔羨，則像是一度輪迴。不同於當年「太太的客廳」的，是徐浩淵作為沙龍女主人曾兩次入獄。

40　「文革最黑暗的」，不像是一九七二年。當然，對此的經驗有因人之異。楊健《文化大革命中的地下文學》以「地下沙龍」為線索，寫「地下沙龍」作為「地下文學」的產床(參看該書第二、三、四章)。該書說，北京地下「文藝沙龍」的黃金季節，在1972至1974年，「現代主義詩歌運動」1973年達到了高潮，其中徐浩淵的沙龍成為「白洋淀詩派」誕生的產床(頁103)。該書說，1974年有「政治氣壓」的變化，較大的地下沙龍開始解體(頁112)。

南京有顧小虎的沙龍，上海有朱育琳、陳建華的沙龍……」（《左邊：毛澤東時代的抒情詩人》頁37）[41]我沒有聽說我當時所在的中原城市有類似的場所——或許我狹小的生活圈子限制了我的視野。關於文革，你千萬不要僅據見聞遽下判斷。那段被分割得七零八碎的生活，往往出於你的經驗你的想像力之外。

　　「沙龍」一名略有貴族氣。或亦出於有意——有意區分於芸芸眾生。對於其他大小不等的青年知識分子群體，「圈子」或許更適用。潘婧說，「『文革』是亂世，動亂造成了空隙，在這些窄縫一般的縫隙中，形成一些自由的小社會，當時俗稱為『圈子』，不同的『圈子』相交疊，於是，莫名其妙地認識了許多人。這與我們以往的生長環境是大不相同的。在中國，有單位，有組織，有集體，但是沒有『社會』，雖然我們叫『社會主義』。」（《心路歷程——「文革」中的四封信》，徐曉主編《民間書信》頁74）[42]不同於只能安放在都會至少城鎮的「沙龍」，「村落」主要係知青因讀書、討論而形成的聚落。「村落」提示了這種群體所在空間的特徵。貴州安順錢理群與其同道的讀書會，與都市文青的沙龍、知青聚集的「村落」又有不同，更有「外省」特徵，以思想討論為主要內容。雖條件更簡陋，卻有極其嚴肅的性質，類似「思想小組」。各地的這種「思想小組」，文革中被專政機關視為異端而「破獲」的，不計其數。安順的小組得以保全，或也因其在僻邑。

41　柏樺沒有提到的，還有上海孫恒志的「小東樓」沙龍(參看印紅標《文化大革命期間的青年思潮》頁243)。至於貴州安順錢理群、籃子的「思想村落」，參看同書第四章《貴州小城的思想村落》。「思想村落」，見朱學勤《思想史上的失蹤者》，《讀書》雜誌1995年10月號。

42　韓少功《革命後記》所用的說法亦「圈子」。他提到北島(北京)、錢理群(貴州)、徐友漁(四川)、王紹光(湖北)、張志揚(湖北)、張木生(北京和內蒙)、王鴻生(河南)、朱學勤(河南)、多多(北京)、徐曉(北京、山西)、宋永毅(上海)、王希哲(廣東)等圈子(頁180)。其時的「思想村落」不止於此，尚有寧夏「共產主義自修大學」、北京任公偉「二流社」等，參看史雲、李丹慧《難以繼續的「繼續革命」》頁478–486、宋永毅《文化大革命中的地下讀書運動》，《中國大陸研究教學通訊》(臺灣)第20期。

　　因有徐曉的那只筆，京城被敘述較多的，即有她所在的以趙一凡為核心人物的群落。由讀書的一面看，那個群體中流通的，更多的也是文學類書，尤其俄蘇文學。曾在其中接受啟蒙的徐曉，就談到當年所受俄蘇文學的影響。這種影響由徐曉本人的文字亦不難察覺。徐曉事後用了輕嘲的筆調，寫自己當年讀書時的心情：「其實要的是那麼一股勁兒，我在讀書，讀文學書，讀外國文學書，覺得自己很浪漫，很理想，甚至很貴族，很文化」，自己與眾不同，世界也和以前不一樣（《無題往事》，《半生為人》頁66–67）。那種「浪漫」有虛幻的性質，有時像是在扮演別一個人，生活在別人的世界裏。而「以傳閱這些書籍為使命」的趙一凡，雖不便擬之於「傳薪」或「播火」，也有類似的莊嚴性，且確有「傳薪」或「播火」的自覺。

　　文革中京、滬(尤其京城)的上述「青年亞文化」，與所在的「革命」環境似異質而又不無關聯。徐曉所記以趙一凡為核心的文學青年，是一有意識形態取向、有「反抗」色彩的圈子。儘管徐強調了其間的分野，那分野卻不在革命/非革命、政治化/非政治化。這些「張揚個性」、「反抗主流話語」的圈子，毋寧說是相當政治化的。[43]

　　小型集會，「跑書」，傳遞關於當代政治的異端見解，確也令人想到魯迅所說「地火在地下運行，奔突」（《野草·題辭》）。那種激越悲壯的情懷，構成了1980年代的激情與浪漫的一部分。可以確知的是，其中有些沙龍、村落中人，正是七、八十年代之交某些轟動一時的文化活動的發起者。文化的、思想的1980年代，是由他們參與揭幕的。李零說，「八十年代，很多東西，從地下變地

43　徐曉由車爾尼雪夫斯基的《怎麼辦——新人的故事》，將趙一凡、周郿英，以及《今天》的北島、芒克等人，定義為「中國上個世紀七十年代末至八十年代初湧現出」的「新人」（《半生為人·自序》頁2）。這些「新人」的特徵，被她歸結為「以張揚個性的方式而不是以革命的方式表達了對主流話語的反抗，以反傳統的作品和生活方式挑戰了革命的神話」（同上，頁3）。徐曉所說的「張揚」，或也可形容陶洛誦等曾在遇羅克周邊的北京中學生。

上，全是從這種石頭縫裏長出來的。」(《七十年代——我心中的碎片》，《七十年代》，頁244)。誠然。

至此，「小集團」的魔咒失靈，年輕人不憚於小範圍的集聚，政治與文化的能量也由此彙集，等待着一朝釋放。即使全無政治色彩的同好者的「圈子」，也證明了個人興趣的復甦，人與人相互吸引的媒介的變化。文革前期縱然有類似的「圈子」，也一定在更深的「地下」，更逼仄更少騰挪的空間。

當局卻不曾放鬆警覺。即使文藝性的結社，在1950至70年代都會被嗅出政治氣味。官方與民間均不相信其背景單純。這也屬非正常年代的社會心理。徐曉提到的趙一凡沒有顯赫的門第，除了一些特殊的資源，所擁有的更是個人魅力。他周圍的也非某一特殊社會階層(高幹或高知)的子女，似乎是滾雪球般地因臭味相投、相互吸引而「滾」出來的「圈子」。即使這一種性質的交往、聚合，也有被當局認為的危險性質。被羅織而成的以趙為首的「反革命集團」案，既未被發現明確的政治圖謀，也未查出與政治有關的「集團」宗旨。由此也可知被認為的「危險」，更在於「集聚」。集聚即有異端色彩。

當局者也非庸人自擾。「去政治化」是「後文革時期」的時尚。文革中「村落」、讀書會中熱議的，通常正是政治性的話題。讀書被作為了拒絕「虛無」、「頹廢」的姿態。縱然失望於現狀，也仍未放棄追問，頑強地叩擊思想禁錮的堅壁，問出的往往是「中國向何處去」一類巨大的問題。當然，對此也仍然不便作一概之論。作為消遣的閱讀，追求審美愉悅的閱讀，無論何時都更為普遍。

至於文革造成的政治人物，我讀過的小說中，以柯雲路的《新星》，描寫最為貼近。[44]小說主人公寫「當前的形勢與我們的任

---

44 因1968年4月上書中共中央、毛澤東揭露林彪而被打成現行反革命分子的西北工業大學學生姜明亮，文革後任蒙城縣縣長，被稱為蒙城的「李向南」(余習廣主編《位卑未敢忘憂國——「文化大革命」上書集》頁130)。可證該小說當時的影響。按李向南為柯氏該書的主人公。

務」這類雄文的情節，若落在當今的網絡寫手筆下，想必要被惡搞的吧。這種人物就有可能出自某間沙龍。詩人的沙龍，「思想者」的沙龍，與未來政治新星的沙龍，並非同一道風景；成員的構成、取向，互有不同。所有這些活動，都使文革後期表層的平靜下暗流湧動，諸種可能在醞釀中，甚至蓄勢待發，卻不為我這樣遲鈍的人察覺。

另有像是不在當局監視範圍的「圈子」。由陳建華的回憶文字可知，七十年代初上海淮海中路繁華地段的一所商人所住洋房裏，竟開有兩三個英語班和一個法語班。當年曾參加此種班的陳說，淮海路曾經是法租界地段，「代表某種殖民文化的精緻」，卻在他們這些人身上「找到了新的載體」（《夢想與回憶》，《七十年代》頁440–441）。陳還說，「聚在一起讀書，學習本身即目的，不問你是誰，不議論國事」，氛圍不同於自己曾參加過的文學沙龍。但也仍然有與時局相關的意味，即如「自救」。「好像在同一條船上，互相勉勵，不計利害」（同上）。我不能因自己沒有這一種經歷，即斷言上海人精明，提前作好了某種準備。但這些外語班中人確可能有對於未來的信念，儘管具體的打算未見得清晰。[45]

我不能確定這種活動是否唯上海才能。外語人才「開班授徒」，且非「地下活動」，並不刻意避人，左鄰右舍也沒有人過問：「住在這『張家花園』的新式里弄的，階級覺悟不那麼敏銳，或許像張愛玲說的，都有那種上海人的『聰明』」（《夢想與回憶》，頁443）。該文還描述道，提供了開辦外語班的場所的商人，「相當海派，穿背帶西褲」，「顯得練達而樂觀」（頁440）。這種人物，這種場所，不敢想像會在我居住的那座中原城市。

---

45 自1972年下半年，吳宓日記亦有向同事的子女講授外文的內容。所在西南師範學院中文系，則要「願學英語、俄語、日語者報名」（《吳宓日記續編》第十冊，頁244）。關於此一時期恢復外語教學的背景，參看逄先知、金沖及主編《毛澤東傳》第六卷頁2597。由此，外語教學成為文革中較早恢復正常秩序的學科，為文革後的「外語熱」、「出國潮」準備了條件。

　　我還要不避重複地說，對所謂的「青年讀書運動」不宜想像過度。那只是青年中極少一部分人的「運動」——能否稱「運動」尚須斟酌。生當那年代，並非都有躋身某間「沙龍」的幸運。于堅寫自己在「偏遠」雲南「秘密寫作」的孤獨，說「我寫了八年詩，周圍沒有一個詩人」（《地火》，《上海文學》2012年第12期，頁102）。由這些孤獨的眼睛看過去，京、滬的那些個沙龍，似乎在另一世界。收入《七十年代》的回憶文字，不止一篇提到了七十年代北京的「文化生態」。說一個城市的「文化生態」，也不免誇張。那只是京城某一隅的「生態」，不過因其中產生出一批後來的成功人士，顯得耀目罷了。那巨大幕布上的若干亮點，正因了大面積的沉黯，才格外顯出了亮度。那種特殊人群的經驗，與生活在同一時期的廣大人群無關。湖南作家彭見明寫所見其時農村貧瘠的文化生活：「入夜的時光往哪兒消磨？說來醜人，豬婆起草，種豬引苗，年壯青春的後生伢子團團圍看。姑娘小伙成群結夥，黑暗裏打做一團。」（《那人那山那狗》）

　　還應當說，上述讀書活動確係思想禁錮激發的反彈，積蓄已久的能量卻未必能轉化為有價值的「思想」、「理論」。那種讀書毋寧說處於「啟蒙」階段，自我啟蒙、相互啟蒙，被讀物啟蒙。

　　成功人士的回憶不免於誤導，無論對於想像文革，還是對於想像1980年代。知識精英「討論問題」的熱情，的確由文革後期延續到了1980年代——「青年文化」的嚴肅性，於此有集中的體現。那些年輕的知識人貢獻的或不是「思想」、「理論」，更是一種生存狀態、人生意境。這種意境幾不可重現，也無從複製。而發生在1980年代後的「思想者」的「失蹤」，更與社會生活的漸趨「平面化」，「思想」、「問題」的淡出有關。

　　至於七八十年代之交大學校園的結社活動，亦由文革後期延伸而來，令人想到五四新文化運動甚至晚明的「復(社)、幾(社)風流」。那些個社團今安在哉？至於近年來商界精英主持的「高端」

書院、讀書會，似不宜歸為上述「沙龍」的一脈——不但進入的門檻，宗旨也應大為不同

各色書單

對於曾享受正常教育、文革期間尚能獲取閱讀的資源者，那個時代的封閉性的確像是被誇大了。葉維麗說，回頭來看，「並不能說我們在50年代就和優秀的世界文化隔絕了。美國並不能代表整個世界。當時，不僅蘇聯和東歐的，不少西歐、拉丁美洲和亞洲的文學藝術也被介紹到中國來了。」(《動盪的青春——紅色大院的女兒們》頁35)這裏說的是文革前。即文革中，「封閉」也做不到全無縫隙。

由1980年代後的回憶文字，你看到了令人驚豔的書單。你難以僅由這些書單辨識閱讀者的身份與職業。往往政治類書與文學類書並重。似乎那些有機會得到這些書的，都既是「文青」又是候補政治家或政治學家。查考書單主人的人生軌跡，你會發現，其中的多數後來成為了「人文知識分子」。有科技興趣者相對稀有(少有人提到所謂的「藍皮書」)。較之於文學，科技自然更與「革命時代」相遠，學習自然科學也賴有更苛刻的條件。一些本有資稟成為科學家者搭上了另一班車，致使文革後科技人才有斷檔之虞，而「文學青年」則滔滔皆是。

諸種書單上重復出現的政治類書目，不消說出於「讀懂政治」、「讀懂政治史」(由法國到俄國的革命史、國際共運史、近現代的中國革命史)、「讀懂文革」的願望，為自己的困惑迷惘求解。朱學勤說他記得「當年上山下鄉的背囊中，不少人帶有一本馬迪厄《法國革命史》的漢譯本」(《思想史上的失蹤者》)，由其他回憶者那裏未見佐證。我接觸的材料中，被多人提到的，是南斯拉夫密洛凡·德吉拉斯(Milovan Djilas，一譯密洛凡·吉拉斯)的《新階級：對共產主義制度的分析》(*The New Class: Analysis of the*

Communist System）。[46]其實知識青年背囊中的書五花八門，很政治很思想很理論，或很文學，很小資。仍然應當說，對政治類書的閱讀熱情，是文革期間的特殊現象，此後即難得再現。[47]儘管文學類書擁有較多讀者，卻仍然是政治類的讀物，更具顛覆性與衝擊力。有人說到自己讀托洛茨基的《被背叛了的革命：蘇聯的現狀與未來》與德熱拉斯的《新階級》，自以為對政治、社會的認識，「終於擺脫了夢魘般的桎梏和愚昧」（潘婧《心路歷程——「文革」中的四封信》，收入《民間書信》，頁72）。[48]政治啟蒙，文學啟蒙。理一分殊——經受了上述「啟蒙」者，事後未必不分道揚鑣。由「後文革時期」政界、知識界在現實政治問題上的不同取向，即可推知。

更值得注意的或許是，當年知識青年熱衷的政治類讀物，並非全係「內部發行」，還包括了由中共中央編譯局主持翻譯的馬克思主義經典著作。1970年中共九屆二中全會（亦稱盧山會議）及其後的「批陳整風」（按陳即陳伯達），毛一再要求黨的高級幹部

46　該書陳逸的中譯本，由世界知識出版社於1963年出版。張承志《兩間餘一卒》一文，關於1970年代最初一兩年所食「禁果」，提到的就有《新階級》（該文刊《上海文學》雜誌2010年第6期）。李慎之1957年檢討時說，「關於德熱拉斯新階級論，思想有相似之處，但不如他想得透。」（《李慎之的私人卷宗》頁278）邵燕祥《一個戴灰帽子的人》寫到自己1965年讀到《新階級》（頁312），自說當時「沒讀懂」該書（同上，頁311）。韓少功《革命後記》說毛與「黨內資產階級」有關的一系列論斷，與密洛凡·吉拉斯的「新階級」一說甚為接近（頁102）。對於此書的接受，或可作為專題考察的題目。

47　關於當時流行在一部分青年中的書籍，較為完備的書單，參看錢理群據宋永毅《文化革命中的地下讀書運動》、印紅標《文化大革命期間的青年思潮》所列（參看氏著《毛澤東時代和後毛澤東時代——另一種歷史書寫（下）》頁126-127）。書單中的部分書名，出現在諸多回憶文章中。回憶文字提到的政治類書籍，尚有托洛斯基的《斯大林傳》、傑吉耶爾的《鐵托傳》、尼克松的《六次危機》、朱可夫的《回憶與思考》、《鬥爭之路：米高揚回憶錄》、《普列漢諾夫機會主義文選》、等。

48　宋永毅、孫大進《文化大革命和它的異端思潮》將潘婧提到的1967年北大學生何維凌、王彥、胡定國等人組成的「共產主義青年學社」稱作「異端組織」，其根據是這個小群體閱讀的書單（頁32）。

讀馬、列，讀哲學史(參看《建國以來毛澤東文稿》第十三冊，頁
126、135、145、216)。[49]高層推薦的讀物，即有「馬列主義的六
本書」：馬、恩的《共產黨宣言》，馬的《哥達綱領批判》、《法
蘭西內戰》，恩的《反杜林論》，列寧的《國家與革命》、《唯
物主義和經驗批判主義》。上述倡導自上而下影響了閱讀風氣。[50]
口子一旦打開，即不免會擴大。不但六本，也不僅於馬列；搭車讀
相關書籍，一併有了正當性。而某些被認為「異端」的思想，也因
「識別真假馬列主義」而興起——亦文革思想空間中的奇特現象。

　　切不要以為馬列的著作原本就是文革中最有可能公然閱讀的。
在高層倡導之前，讀馬列原著不免要為人側目，懷疑你在借讀馬列
衝擊學習毛著作，甚至企圖「打着紅旗反紅旗」。[51]不能説這種懷
疑毫無根據。吳亮《我的羅陀斯》中就有試圖用馬克思主義政治經
濟學、歷史唯物主義解釋中國現實，得出了「駭人結論」的例子
(頁70-71)。文革中因學馬列而成「現反」者，頗不乏人。[52]以讀
馬列原著為號召的「讀書會」的覆滅，也時有所聞(參看本書第五
章《集團案》)。「覆滅」通常因了較真，尋根究底，以「徹底的
唯物主義者」自命而「無所畏懼」。[53]

49　倡導讀馬列，緣起於1969年八、九月間的廬山會議(參看逢先知、金沖及主編
　　《毛澤東傳》第六卷，頁2556-2559)。關於推薦書目，參看毛《關於黨的高級
　　幹部讀書問題的批語》，《建國以來毛澤東文稿》第十三冊頁135註1。文革期
　　間，讀馬列也要最高當局特許，才有正當性。

50　據史雲、李丹慧《難以繼續的「繼續革命」》，1970年11月，中共中央發出通
　　知，建議全黨組織讀六本書(頁477)。當年的武漢大學生魯禮安，其文革回憶
　　錄《仰天長嘯——一個單監十一年的紅衛兵獄中籲天錄》，説自己「用心研讀
　　的第一本馬克思主義的經典著作」，便是《法蘭西內戰》(頁246)。

51　當時的北京四中學生趙京興事後回憶：「工宣隊」對自己「整天捧著《資本
　　論》而不學毛主席著作」極不滿意，質問其「為什麼在社會主義卻要讀《資本
　　論》」(《我的閱讀與思考》，《暴風雨的記憶》頁292)。

52　重慶鋼鐵公司機修廠技術員白智清批判張春橋《破除資產階級的法權思想》一
　　文，亮出的批判武器，即馬克思的《哥達綱領批判》與列寧的《國家與革命》
　　(參看余習廣主編《位卑未敢忘憂國——「文化大革命」上書集》頁216、225)。

53　關於「徹底的唯物主義者無所畏懼」，參看下一章《思想、言論罪》。

　　借助於由此打開的思想空間，一些耽讀馬列的青年知識人體驗了理論的魅力，培養了思辨能力，甚至對於理論文體（尤其馬克思的文體）之美的感受力——當然是由中譯本中。其中有些篇，令年輕人為之傾倒並熱血沸騰。吳亮一再提到馬克思的《路易·波拿巴的霧月十八日》。黃子平的回憶文字寫到1970年代讀馬列，最喜歡的也是這篇，說那真是「氣勢如虹，文采斐然」（《喜歡閱讀》，收入氏著《遠去的文學時代》，頁343）。至於由馬克思主義經典著作入手，經馬、恩而德國古典哲學，黑格爾、費爾巴哈，而其他馬、恩論及的哲學史乃至國際共運史人物，這一種「進路」，在日後從事人文、社會科學的知識人那裏相當普遍。[54]既經受了理論、哲學訓練，又有得之於文革的直接經驗，對於「中國問題」的思考，自與由學院、書齋培養的學者不同。

　　由文革中派別組織的文獻，亦可知其時大中學生的一部分對馬列著作的熟悉程度。吳亮在其閱讀史（他稱之為「閱讀前史」）中，寫到了自己文革中對馬列——或應當說馬恩——的癡迷。他的說法是「迷狂」到了「不分晝夜」（《我的羅陀斯》頁90）。該書列出的，包括了當時所認為重要的馬恩著作的幾乎所有篇目。他說自己無法解釋在當時的歷史條件下，「一個如此害怕政治和現實的年輕人，沉迷於馬克思究竟所欲何為」（同書，頁33）。[55]甚至1976年囚禁中的上海師大（今華東師大）學生王申酉，懇請其貧困的父母為自己購書，所列書單也均為「馬克思主義經典作家」的作品（參看收入《王申酉文集》寫在其監禁中的《報告（幾點請求）》，見該書頁127）。

54　北京四中的趙京興當年就曾讀馬恩列斯全集、《資本論》、黑格爾、康德、費爾巴哈（趙振開《走進暴風雨》，《暴風雨的記憶》頁212）。趙本人則說，他文革中在北京圖書館系統地閱讀的西方古典哲學譯作中，還有培根、洛克、貝克萊，以及古希臘哲學家的篇章（《我的閱讀與思考》，同書頁295）。

55　該書還特別提到恩格斯的《自然辯證法》對自己「影響至深」。他對那種輕浮的「過時」說鄙夷不屑，斥之為「趨炎附勢」（頁90）。

　　于堅説，自己對哲學的興趣發生在1970年代，據他所知，當時「中國民間有很多地下哲學研究小組」，「他們學的不是官方規定的馬列主義選本，而是直接閱讀馬克思、恩格斯和列寧原著。受毛澤東的影響，喜歡哲學在當時青年中是一種風氣」。于説自己「早期的哲學基礎是從馬克思、列寧的那些原著中打下的」（于堅、河西《寫作就是從世界中出來》，《上海文化》2010年第2期，頁114。着重號是我加的）。應當説，毛對艾思奇《大眾哲學》的推獎，對學哲學——唯物論、辯證法，亦作「歷史唯物主義」、「革命的辯證法」——的倡導，他本人所撰《矛盾論》、《實踐論》，多少打破了哲學的神秘性，使與「大眾」親近；或曰，使「大眾」以為可以親近。文革期間知識青年對哲學、理論的熱情，應有這一幅背景。悖論的是，鼓勵「獨立思考」，同時為思考設限，使思考成為高風險的。這是另一話題。回到本題，要説的是，上述讀馬列的熱情，文革後不曾再現，或也永遠不會再現。

　　饑渴是各種各樣的，文學的，哲學的，思想理論的。曹一凡寫到其某同學讀斯賓諾莎的《倫理學》和斯賓塞的《進化論》，「不吃不睡，幾乎到了發癡的程度」。一個高二同學還把大家帶到北大康德研究專家鄭昕家聽他講哲學（《留在北京》，《暴風雨的記憶》頁354）。當年一部分中學生——往往是名校學生——對知識與理論的癡迷，豈是習於「快餐文化」的世代所能想像的？

　　閱讀取向固然因條件也因個人興趣而互有不同，駁雜卻是普遍的。閱讀有顯而易見的隨機性。某黑龍江的知青讀《嚴復傳》，同時讀馬列、讀《斯大林時代》（安娜‧路易斯‧斯特朗著）、讀《西方名著提要》、讀德萊塞（《民間書信》頁180、181）。另有人的書單有卡夫卡的《城堡》、克郎寧的《袖珍神學》、萊蒙托夫的《當代英雄》等等（同書，頁242）。陝西某知青的書單有傑克‧倫敦的《墨西哥人》、伏契克的《絞刑架下的報告》（同書，頁249）；內蒙古某知青讀法捷耶夫的《毀滅》；另一個內蒙知青讀的

則是傑羅姆·大衛·塞林格的《麥田的守望者》、傑克·凱魯亞克
的《在路上》、約翰·布蘭的《往上爬》（同書，頁369）；一個中
學生1968–1969年間閱讀的書，有果戈里的《欽差大臣》、歌德的
《少年維特之煩惱》、車爾尼雪夫斯基的《怎麼辦》、雷馬克的
《西線無戰事》等（同書，頁310）。後來的小說家路遙當年讀了托
爾斯泰的《戰爭與和平》、肖洛霍夫的《被開墾的處女地》、巴爾
札克的《高老頭》、《邦斯舅舅》、《貝姨》，又讀了《馬恩通訊
集》（同書，頁292）。其他書單上，還有威廉·夏伊勒的《第三帝
國的興亡》、雷希納爾多·烏斯塔里斯的《格瓦拉傳》、奧魯佩薩
的《點燃朝霞的人們》、霍桑的《紅字》、革拉特珂夫的《士敏
土》、司湯達的《巴拿馬修道院》、海明威的《伊甸園》、《老人
與海》、薩繆爾·貝克特的《椅子》、阿克肖諾夫的《帶星星的火
車票》、愛倫堡的《人·歲月·生活：1891–1917年回憶錄》、布
隆恰夫的《經理的故事》、葉甫圖申科的《娘子谷》、[56]艾特瑪托
夫的《白輪船》、沙米亞金的《多雪的冬天》。另有人讀了蘇聯電
影劇本《第四十一》、《一寸土》、《跟着太陽走的人》、《高
空》、《雁南飛》等等，等等。1950–60年代的文學、哲學譯作
（那些名家名譯至今為人樂道），滋養了文革前後的幾代人。[57]

　　吳亮外，小說家葉兆言的書單也堪稱豪華。據葉自己說，那
是他在北京的祖父（即葉聖陶）那裏讀到的（參看葉兆言《蒙泰里
尼》，《上海文學》2010年第12期）。因了葉日後的身份，那種閱

56　收入《〈娘子谷〉及其它——蘇聯青年詩人詩選》，作家出版社1963年版。

57　個人書單往往有不見之於其他人的書單者。如北京四中牟志京所讀墨雷·蒂波
　　爾《震撼克里姆林宮的十三天》、特加·古納瓦達納的（《似水流年》，《暴
　　風雨的記憶》頁41）。同是「皮書」，洪子誠書單中的文學類書，亦有少見於
　　知青中流行的篇目西蒙諾夫的《生者與死者》、《軍人不是天生的》、南
　　斯拉夫作家姆拉登·奧里亞查的《娜嘉》等，見洪《「請聽聽吧，後輩同志
　　們……》一文（《讀書》雜誌2015年第12期）。上述書單仍然只能是不完整的。
　　蕭冬連《從撥亂反正到改革開放》頁459註142錄自宋永毅文的書單，可補上述
　　書單的遺漏。

讀不難被歸為其文學創作的前期準備。普遍匱乏中的豐饒，是文革
中的特殊現象。機緣之外，名校學生、文化人的子女確也得天獨
厚。至於讀書者日後的造化，似乎不在書單的長短與部頭的大小，
而在那些書與「生命」的關聯。早年失卻「系統訓練」，並非在誰
都是缺憾。對於日後從事人文研究者，最有決定性的或許是，是否
讀懂了沈從文所說的人生這一部大書。

　　余汝信為宋柏林《清華附中老紅衛兵手記》一書的所寫《代出
版說明》，列出了宋的書單。由宋的日記看，書單尚不止於此，堪
稱龐大而龐雜，有更多不見於其他書單的書目，亦其時閱讀的隨機
性與資源擁有極度不均之一例。1967年8月2日日記說：「書使人埋
入陳舊、壓抑、無聊之中。」(頁302)8月19日日記卻說：「看書，
無目的地，廣闊地看書！積蓄，積蓄。」(頁307)宋當年的認知能
力有限；「雜食」與食而不化，日記中隨處可感。書目多關政治，
也在風氣中。幾未見諸其他書單的，就有陳里寧的《狂人日記》與
《蒯大富大字報集》(頁246)。由相關記述可以略知其所在圈子書
籍的流通、分享，亦當時年輕人的一種社交內容。[58]日記中宋一再
說到自己旺盛的求知欲，「凡是世界上存在的事情我都想知道」
(頁357、366)。這也是最宜於閱讀的狀態。

　　僅由各種書單，也可以相信俄蘇文學依然保持的影響力。不少
人的文革回憶提到了柯切托夫的《你到底要什麼？》、《落角》、
《葉爾紹夫兄弟》、《州委書記》。甚至歷史學家夏鼐，也在文革
前夕的日記中，提到他在讀《州委書記》(1964年8月9日，《夏鼐
日記》卷七，頁47)。我至今沒有讀過被一再提及的康·帕烏斯托

58　宋在日記中自列的書單，已堪稱驚人(頁372–373)。書單列出後，繼續延長；
　　由資源匱乏的平民子弟看去，過於奢侈。宋所閱讀的尚有辭書，如《簡明哲
　　學詞典》、《新知識詞典》、《世界知識詞典》(頁270)；閱讀中對某些書大
　　量摘錄，如《近代世界史教程》(頁330–331)、《蘇聯共產黨(布)歷史簡明教
　　程》(頁359–364)，顯然處在學習狀態。宋龐大的閱讀量，與所寫讀後感的低
　　水平不相稱。至於同一時期東北四平女孩張新疆的閱讀更像是處在低幼水平
　　(參看張的《紅色少女日記——一個女紅衛兵的心靈軌跡》)。

夫斯基的《金薔薇》，卻在大致同一段時間讀了柯氏的上述小說，很喜愛，甚至被感動到莫名所以。記憶中的那些書，有俄蘇文學特有的含有痛楚的溫暖，混雜了悲憫與救贖的激情，即使有意識形態寄寓其間，與「我們的」也仍然有質地之別。而對文學青年曾受關注的艾特瑪托夫，卻沒有太深的印象。閱讀中何種東西感動、觸動了你，並非總能說清楚。倘能破解，那裏或有你的生命至少是「心靈」的密碼的吧。

李慶西談到文革中知青對柯切托夫的誤讀——柯氏乃「斯大林主義者」，卻由其作品讀出了「思想解放」。我想那原因或許是，蘇聯時期的作家無論政治傾向如何，仍令人可感俄羅斯文學的深厚傳統，那種由特定土壤培育的人文主義精神。吸引了中國讀者的，正有1950–70年代被我們這裏大舉批判的「人道主義」、「人情味」，對「人性」的探究，且愛情描寫無不動人。[59]相比之下，我們這裏的空間更偪仄侷促。當然也不妨承認，蘇聯的主流文學被文革中的青年耽讀，也應當因與「革命」期間的中國語境沒有太大扞格。打動了當時的年輕人的，正有與「革命」有關的種種。即如革命者的某種人格，某種「意志品質」。即如牛虻那種非凡的堅忍。那年代的年輕人不難傾倒於那種耐受力，應對肉體折磨、生活磨難的強毅。[60]收入《民間書信》的中學生信札，有一封引了奧斯特

59　吳亮《我的羅陀斯》就提到了柯氏《葉爾紹夫兄弟》中的廖麗婭與《州委書記》中的尤麗雅(頁74)。

60　徐曉一些年後還說，「我想沒有一個二十歲的人會讀《牛虻》而不被亞瑟的魅力所迷醉的」(《無題往事》，《半生為人》頁65)。李恒久的《越境》，寫文革期間兩個中學生的試圖越境，兩人共同喜歡的一本書即《牛虻》(該篇收入《那個年代中的我們》)。《牛虻》、《鋼鐵是怎樣煉成的》中的保爾·柯察金外，另如車爾尼雪夫斯基《怎麼辦——新人的故事》中的拉赫美托夫。徐曉在其所著《半生為人》的《自序》中，在收入該書的《無題往事》中，都提到了所受《怎麼辦——新人的故事》的影響。《民間書信》的一封信提到牛虻、柯察金這些「能經受得起任何痛苦的打擊的堅強戰士」(頁115)。還有一封信稱道《牛虻》、《鋼鐵是怎樣煉成的》，以證當時「文革文藝」「塑造英雄人物」手法之拙劣(頁165)。也可證這些小說在幾代人那裏刻印之深。關於《牛

洛夫斯基評價牛虻時說過的話，用以激勵他因失戀而沮喪的哥哥：
「我贊成那種認為自己的事情絲毫不能與全體的事業相比的革命者
的典型」（頁83）。這句話我也曾熟悉。至於曹一凡的回憶文字《留
在北京》所說「大家幾乎都是從《牛虻》、《鋼鐵是怎樣煉成的》
開始掃盲」（《暴風雨的記憶》頁354），或只適用於文革爆發時的
部分中學生。至於葉兆言的《蒙泰里尼》（按蒙泰里尼為《牛虻》
中人物，牛虻（即亞瑟）的父親）一文，寫到其堂兄葉三午文革中構
思過的小說，被他稱之為「『文革』版的《牛虻》」，是一個「弒
父」的故事；葉三午認為「弒父」即文革大革命的「本質」。這種
認知，文革後才較為流行。當年的知識青年縱然失望於身邊進行中
的「革命」，也仍然能感受與理解推動人「革命」的強大衝動，感
動於某種堅守，縱然目標是烏托邦的。他們是那樣年輕，而某些事
物本與青春同在。

　　一些年後，文化日趨多元，俄蘇文學在中國的文化界已不再據
有顯赫的位置，詩人王家新卻寫道，「在倫敦的迷霧中，是俄羅
斯的悲哀而神聖的繆斯向我走來」（《承擔者的詩：俄蘇詩歌的啟
示》，《為鳳凰找尋棲所》頁163，北京大學出版社，2008）。你知
道俄蘇文學魅力仍在，儘管人們迷戀她的理由或已有了不同。

　　以「批判」的名義，有些閱讀合法化了。你或許用不着必得
「雪夜關門」才敢讀某種書；用不着與工宣隊玩貓鼠遊戲，將那
本書包了書皮冒充「毛選」，或欺工宣隊員無知而調弄你的三寸
不爛之舌。在當年的年輕人，這點小機靈總不缺乏。[61]韓少功寫到
過這類伎倆：「比如《毀滅》、《水滸》、李賀、曹操這一類是領
袖讚揚過的，可翻書為證，誰敢說禁？孫中山的大畫像還立在天安
門廣場，誰敢說他的文章不行？德國哲學、英國政治經濟學、法國

　　虻》、《鋼鐵是怎樣煉成的》、《怎麼辦——新人的故事》及其人物，見本書
　　上編第一章《文革在校園中引爆》一節注。

61　叢維熙《我的黑白人生》寫到獄友建議他將高爾基的《母親》包上《毛澤東選
　　集》的封面（頁58）。

社會主義一直被視為馬克思主義三大來源，稍經忽悠差不多就是馬克思主義，你敢不給它們開綠燈？再加上『古為今用』、『洋為中用』、『有比較才有鑒別』、『充分利用反面教材』一類毛式教導耳熟能詳，等於給破禁發放了曖昧的許可證，讓一切讀書人有了可乘之機。中外古典文學就不用說了。哪怕疑點明顯的愛情小說和頹廢小說，哪怕最有理由查禁的希特勒、周作人以及蔣介石，只要當事人在書皮上寫上『大毒草供批判』字樣，大體上都可以堂而皇之地收藏和流轉。」（《漫長的假期》，《七十年代》頁573）需要補充的是，絕非「一切讀書人」都有條件都能都敢這樣幹。那只是「大體上」而已。

文革後一段時間裏文化人的「曬書單」，想必並非意在誇炫，而是在敘述個人的成長史；卻也證明了即文化破壞的時期也有「文化」，青少年的精神生活不盡是荒漠。上述書單的重合部分，又意味着共享，由一個方面註釋了代之為「代」，其豐饒與寒傖。一定要提到「寒傖」。你會注意到，那些書單中罕有中國古代典籍——固然與文革的閱讀環境有關，但「封資修」何以獨缺了「封」，不仍然是個問題？確也有人在讀古書，文革後即成某方面的專門人才。[62]只是他們的閱讀經驗更個人，其選擇、思考，與同代人更少交集。至於城鄉角隅的民間奇人，他們讀些什麼，很可能當時與事後都不聲張。你不妨相信，一定有不同的閱讀經歷至今不為人知，有不同的書單終成私家藏品。你大可相信散落在各地不為人知的孤獨的思考者，有大量可貴的思想被淘洗在時間之流中。

「一個人的文革」豐富的差異，亦見之於這一方面。儘管有什麼讀什麼，能找到什麼讀什麼，不同的「書緣」仍然不盡出於偶然。即令饑渴，你也不會被任一種書打動。這裏既有宿緣，也賴有

62　收入岩佐昌暲、劉福春編《紅衛兵詩選》的，有一篇挖苦當時的「逍遙派」的詩，其中有如下詩句：「誰說我不參加大批判？／《紅樓夢》《西遊記》／古今中外，大本大本來。」（頁110）。楊健《文化大革命中的地下文學》一再提到王力的《詩詞格律》被文革中學寫舊體詩的年輕人奉為寶典。

小環境，小氣候，小氛圍。比如是一夥「文藝青年」，還是一群政治興趣濃厚者。閱讀者是正在成熟期的青年，閱讀範圍多少決定了他們日後的可能性以及限度。當年隨機的閱讀，結果卻可能是宿命的。儘管1980年代及其後還有機會惡補，我的經驗卻是，先入為主。而先天不足造成的缺陷，或將終你的一生。倘若細細地考察，你不難由那代人中的精英、成功人士那裏，辨認那個特殊年代的讀書生活烙下的印記。文革期間文化土壤造成的限制，在更長的時間裏發生著作用，部分地決定着那些人物能走多遠。

雜食也會造成一種知識狀況。一旦進入與文化相關專業、職業，上述閱讀經歷即影響於專業、職業取向——未見得能造成「通才」，卻可能令你保持了廣泛的知識興趣，對社會生活、文化領域的多方面的關注。改革開放之初的人才，憑藉的不就是1950–70年代的能量積蓄，文化積累？仍然不妨重複地說，承長期思想禁錮之餘，即使由上文所引那些看似華麗的書單，也不難想到「反右」之後直至文革結束，青年知識分子恢復思考能力之艱難。1956年李慎之應約向毛提意見，說到「經濟上花色品種減少，政治上是否也有思想品種減少，也有許多好東西無情地消滅了」（《李慎之的私人卷宗》頁249）。文革中的思想者所能接觸的，不能不是這「減少」、「消滅」之餘。

不大有具體功利目的的閱讀，或許是更「純粹」的閱讀。正是這種「純粹」值得懷念。匱乏使生活簡單。資源的稀缺使有限的資源被高度利用。較少物慾的好處，是想像力的活躍。在這種意義上，那毋寧說是有利於文學閱讀的環境。你不妨放縱你的想像，進入遙遠、陌生的世界，浸淫其中。你出入往來於現實與夢幻之間，模糊了時空感覺。物質生活的貧瘠，由活躍的感受力與想像力得到了補償。這種情況，與臺灣解嚴前強人政治下的生活，略有一點相像。關於解嚴前的臺灣，一個知識人說，「當年是個耳聾眼矇的時代，是個缺乏世界觀的時代，卻也是個勒緊褲帶讀詩的年代；只

要你幫她打開一點窗，她就會飛翔。」（陳正國《臺灣人文寓言：
國家哲學院》，《思想》第2期，聯經出版事業股份有限公司，
2006，頁244)同一時期的大陸知識人卻像是不「缺乏世界觀」，而
是有既成思路的「轟毀」；到了文革後期，不再「耳聾眼矇」，
「勒緊褲帶讀詩」者大有其人。人文的1980年代正由此而開啟。有
蓄積於文革後期的思想能量與文學衝動，當着門窗次第打開，於
是，飛翔。

無書可讀

　　我仍然要一再重複地説，擁有上文所列書單的，是同代人中的
幸運者。他們的多數同代人，沒有類似的記憶也沒有過屬自己的書
單。無書可讀，或不能得其書而讀，是更為普遍的經驗。他們甚至
接收不到鄰壁透過來的微光。只是有此種經驗者，通常也沒有了
表達的機會甚至能力。「荒廢」是大面積的。幾屆未曾經受基本的
知識教育、技能訓練的中學生(尤其初中生)，停課—下鄉—返城—
下崗，淪為了政治動盪與社會轉型中的犧牲。套用張愛玲《傾城之
戀》中誇張的説法，一代人的荒廢，成就了少數人的聲名。[63]這種
意義上的不公在此後的歲月中延續，以至於代際傳遞。文革後一度
成風的「同學會」上，分佈在社會各層的舊日同窗聚在一處，對於
其中的一些人，是一種殘酷的經驗。近期有人調查披露1700萬知青
的養老困局。[64]「經受了鍛煉」、「增長了才幹」、「加深了對中
國的瞭解」，對於部分知青，是真的。卻也有必要隨時想到那些潦
倒困頓、以大半生為代價的遠為眾多的同世代人。

　　文革期間書籍的獲取與流轉，機會從不均等。出生在重慶的詩
人柏樺，談到了京城與偏遠地區文化資源的差異。他引多多關於京

63　張的原文是，「香港的陷落成全了她(按即白流蘇)。……誰知道呢，也許就因
　　為要成全她，一個大都市傾覆了。」

64　1700應為知青的總數。其中至少有部分無養老之困。比例如何，要經廣泛的社
　　會調查才能確知。

城青年——當然只是一部分幸運的青年——閱讀狀況的迴溯，説多
多提到的那批內部讀物「真是及時雨」，「讓『今天』的詩人們在
決定性的年齡讀到了決定性的書」，而同一時期的貴州青年卻「處
在無書可讀的苦悶之中」，所讀的書「不能強力提升他們的精神
高度」（《左邊：毛澤東時代的抒情詩人》頁45）。潘鳴嘯（Michel
Bonnin）《失落的一代——中國的上山下鄉運動（1968至1980）》引王
小波的一段文字，説插隊生活中「最大的痛苦是沒有書看」。「傍
晚時分，你坐在屋簷下，看着天慢慢地黑下去，心裏寂寞而淒涼，
感到自己的生命被剝奪了。」這樣地活下去，衰老下去，在王看
來，「是比死亡更可怕的事」（中譯本，頁326）。王小波曾帶了幾
本書下鄉，其中有奧維爾的《變形記》，被人看成了「一卷海帶的
樣子」，終於被「看沒了」（同書，頁410–411）。李慶西也寫到他
所在的農場，《紅與黑》的主人為了方便傳閱，「把書拆成一二十
沓重新裝訂」，「每人限時一個晚上」（《小故事》丙集《啟蒙時
代》，頁170）。當時在內蒙古烏梁素海南岸建設兵團的一個知青，
説自己曾步行百十里路向另一知青借《紅樓夢》，歸途遇雨，脱
掉衣服，彎腰九十度，「把書緊緊捂在胸前」（初軍《離潮最近的
地方》，《那個年代中的我們》頁553）。這種寒酸，自然使得一些
同代人的書單顯得過分奢華，難免如李零所説，讓人「聽了就生
氣」。不惟知青。1971年顧準在幹校中苦於無書可讀，見別人購得
的《天演論》，竟「似受電觸」（《顧準日記》頁264），可知饑渴
之甚。[65]因此不便僅據某些個人的經歷，以為那當真是一個「讀書
時代」；且因沒有學業等等的壓力，是一個自由閱讀的時代。卻也
應當説，將書讀成了海帶固然可惜，但書印了出來，不正是為了被
閱讀？被如此眾多的人閱讀，或許倒是書的幸運？

　　張旭東、王安憶關於《啟蒙時代》的對話中，有如下一段：

65　1967年沈從文曾在家書中抱怨「中小兒童青年」無書可看，好的「小兒書」尤
　　其難覓（《沈從文家書》頁422）。

張：「『文革』期間雖然專制，但另一方面，很多門又都是開着的。」王：「當然，接觸這些打開的門還是需要一定的條件，和權力還是有關聯，但是幾率一定高許多。」張：「今天的社會，雖然很自由，但是對一個年輕人來說，很多門卻都是關着的。」王：「今天雖然很自由開放，但是某種意義上講，比那個時候嚴格，社會體制完備。」（《關於〈啟蒙時代〉的對話》，《對話啟蒙時代》頁33）上面的說法在我看來有點似是而非。有必要強調的是，張所說的「門」，只向上文涉及的那批小眾打開；「今天的社會」雖有諸多禁制，卻有更多的門開向公眾——這裏還沒有涉及由互聯網推動的資訊共享。這個時代當然另有流弊，除當局對出版業、網絡的管控，如速食、快餐文化，「低頭族」的沉溺於刷屏。較之文革，畢竟資訊的獲取更能體現「社會平等」。有書不讀與無書可讀，終究不同。其利病或可擬之於貴族社會與現代民主社會。如若選擇，我仍然會選擇所有有閱讀能力者皆有書可讀，即使其中的一些人並不讀書。

另類閱讀

我所見最為系統的個人閱讀史，出自洪子誠與吳亮，即洪子誠《我的閱讀史》，吳亮《我的羅陀斯——上海七十年代》。前者未限時段，是以閱讀為主軸，對個人精神歷程的迴溯；後者內容較為駁雜，圍繞文革中的閱讀，在不同時空穿梭往返，將個人生活史與對應時期的城市史雜糅；雖標明了年代，卻不守時限，往來隨心，運思的幅度相當大。洪著寫書與人，因路徑明確而易於入深。吳著則將個人精神史與社會政治史一併納入，力圖返回更廣闊的閱讀現場，與洪的立意本有不同；雖該書曾以「閱讀前史與書的輪迴」為題，內容卻大大溢出。

返回「閱讀現場」在我看來，是太難的事，絕不敢輕試；如洪子誠那樣重讀，往返於不同時段，在我，幾無可能。上文所引書目

均屬回憶，似乎較少有人重讀，嘗試找回當年的閱讀情景，也應當
因其難的吧。因此兩部閱讀史令人驚歎的，更是那種復原、重現當
年閱讀環境與氛圍的令人稱羨的能力。著者賴有感官印象的記憶，
使書中流蕩着閱讀年代的氣息；而我的記憶則如老屋牆皮般剝落，
「感覺」也在歲月中風乾。兩書中，吳亮那本裏的意象，草木般繁
茂葱蘢，不但有書與人的故事，而且以此為線索，由瑣屑的日常生
活與目擊身歷的政治，歷史大事件與個人小事件(包括吳所説他的
「私人意念事件」，同書，頁52)，勾畫當年上海的人文地理。他
記憶中1970年代城市地圖，充滿了感性的生動性與豐富的細節。卻
也因了那種感性，不便於徵引，證明的是我的這種綜論式的寫作自
身的限制：宜於納入的，是更明確概括的「印象」、「記憶」。吳
亮不屬京、滬某個著名沙龍，亦不屬某個「民間思想村落」，卻有
着不輸於上述「沙龍」、「村落」的極活躍的閱讀與思考；也因不
囿於某個村落、沙龍，不斷攝取來自社會的豐富印象，將思考延伸
到了文革後的1980、1990年代。由此看來，閱讀的共享固然限於條
件，也未見得沒有「集體主義」的遺痕。在一個圈子裏閱讀：你總
算沒有被某種風氣、某個群體落下。

　　吳亮閱讀的「另類」，包括了個人性，不止隨機而且隨性，非
功利——甚至「求知」這一種功利。這個閱讀者胃納極佳，卻又褒
貶苛刻，絕不隨俗從眾。過目的書籍各有渠道，沒有相對穩定的來
源。或也因此，所讀有當時流行書單上較少出現的文學作品，即如
岡察洛夫的《奧勃洛摩夫》；被其單列的巴爾扎克、柯南·道爾、
屠格涅夫，也不屬其時被知識青年熱讀的作者。[66]他的書單上的政

66　吳亮説七十年代他酷愛過的三個作家，是巴爾札克、柯南·道爾、屠格涅夫；
　　對這三位，他「始終不敢輕易重讀」(同書，頁157)。也因此寫上述書緣，他
　　沒有用「文本細讀＋情景再現」的方式，卻仍然將閱讀印象寫得驚心動魄(如
　　關於柯南·道爾或曰福爾摩斯)。吳亮那種對屠格涅夫的癡迷，也足夠個人
　　化。吳亮説他對文學評論的嚮往，受「別車杜」中別、杜的影響「顯而易見」
　　(頁53)。在文革前夕的清算之後，即使大學中文系學生，讀「別車杜」的，也
　　應不多見的吧。按「別車杜」即別林斯基、車爾尼雪夫斯基、杜勃羅留勃夫，

治類書，即如《杜魯門回憶錄》、[67]哈欽遜的《愛德華‧希思》、戶川豬佐武的《田中角榮傳》、《阿登納回憶錄》(同書，頁69)、悉尼‧胡克的《理性、社會神話和民主》、《歷史中的英雄》(頁75)等，似乎也不屬流行書目。書單上甚至有達爾文的《物種起源》。[68]一介平民子弟的書緣也可以如是豐富！吳亮自說的「延伸性的非系統閱讀」，活躍而充滿靈性，不像是在那個壓抑、思想低迷的時代。當然也因那是上海。他說自己「讀了許多當年看來完全是不必要的書」(頁92)。但什麼又是「必要」的？

上文說到知青的書單上少有中國古籍。知識分子則略有不同。張中行幹校回憶寫到俞平伯因「偷看」《水經注》被告發，自己的閱讀、抄寫帶到幹校的《唐詩三百首》、《白香詞譜》，被作為「階級鬥爭新動向」而罪上加罪(《幹校瑣憶》，唐筱菊主編《在「五七幹校」的日子》頁18)。話劇演員方掬芬也寫到自己因讀《唐詩三百首》而被「幫助」，書則遭沒收(《下放》，同書頁296)。後來的情況漸有了不同。周明記得文化部幹校後期，鍾惦棐讀《資治通鑒》，不少人讀《史記》，自己讀英文版的《毛澤東選集》、列寧《唯物主義和經驗批判主義》，做卡片時還有人為其放風，以防人「打小報告」(《獨立的人格》，郭德宏等編《我與「五七幹校」》頁98)。李少白說幹校後期的最大收穫，是讀了上百本世界名著和史書(《一醉今宵萬古眠》，《無罪流放》頁143)。徐鑄成則寫到「林彪事件」後在五七幹校，大部分時間「花在溫習古書上」；積習未改，即借「評法批儒」閱讀古籍，也「不忘隨手抄製卡片」(《徐鑄成回憶錄(修訂版)》頁282、283-284)。

為俄國19世紀著名的文學批評家，文革前對中國文學界有廣泛影響。

67 吳亮書中作《哈里‧杜魯門回憶錄》。按該書有1965世界知識出版社與1974年三聯書店的中譯本，書名為《杜魯門回憶錄 第一卷 決定性的一年1945》、《杜魯門回憶錄 第二卷 考驗和希望的一年 1946-1953》。

68 據《難以繼續的「繼續革命」》，1970年11月中共中央通知，建議全黨組織讀馬列的六本書後，配合出版了毛在接見外賓時提到的赫胥黎《進化論與倫理學》、達爾文《物種的起源》等(頁477)。

由張光年的幹校日記看，其時他所讀除馬列外，尚有范文瀾的
《中國通史簡編》、任繼愈的《中國哲學史》等(參看其《向陽日
記》)。王西彥記巴金在「牛棚」裏讀西班牙文的毛語錄，後來
更大聲誦讀西班牙文，且重譯屠格涅夫的《處女地》，續譯赫爾
岑的《往事與隨想》(《煉獄中的聖火——記巴金在「牛棚」和農
村「勞動營」》，周明主編《歷史在這裏沉思——1966-1976年記
實》第三卷，頁59)，也應當在幹校後期。錢鍾書則將幾本「比磚
頭還厚的外文辭典」帶到了幹校，「一有工夫就看」(何西來《往
事如煙》，《無罪流放》頁11)。[69]幹校中的王蒙，閱讀與青年人
有交集，即如讀《白輪船》。讀的書還包括費正清的《美國與中
國》、美國的暢銷書《海鷗》、《愛情故事》(《烏拉泊「五七幹
校」記趣》，《在「五七幹校」的日子》頁117)。[70]千家駒則説，
1972年離開幹校後，「政治待遇」未恢復，省卻了參加「學習」
(政治學習)的麻煩，是自己「讀書的黃金時代」；所列出的書單，
豪華不下於某些年輕人(《從追求到幻滅——一個中國經濟學家的
自傳》頁268、269)。

　　知青的閱讀也有另類者。內蒙知青有人讀《聖經》、讓·保
羅·薩特的《厭惡及其它》(《民間書信》頁170、176)。某東北知
青，在信中談到了存在主義(同書，頁221)。不止一份當年知青的
書單有薩特、加繆，像是在為1980年代「存在主義」的傳播預熱。
這樣説，或只是我自己孤陋寡聞。我後來才得知，1980年代潮水般
湧入的現代派文學，部分作品此前即已作為「皮書」引進。洪子誠
提到的「黃皮書」，就有後來大熱的貝克特的《等待戈多》、凱魯
亞克的《在路上》(《「請聽聽吧，後輩同志們……」》)。而我，無

69　據楊絳《幹校六記》，錢、楊幹校後期，還能收到女兒寄來的各種外文報刊
　　(頁65)。

70　另有人將英文版的《莎士比亞全集》等帶下了幹校(鄭土生《亂世鳥驚心　幹
　　校路難行》，《無罪流放》頁40)。葉廷芳的幹校閱讀，參看同書頁51。與閱
　　讀有關的記述，另見同書頁62等。

論在京城還是在中原城市，對這類出版物均聞所未聞。直至上個世
紀八十年代中期，先鋒派文學的迻譯已蔚為大觀，才像是突然間瞥
見了新大陸。

　　閱讀方面，許成鋼未必「另類」，有可能只是未進入某種視野
而已。許遠早於高層倡導，即以初二學歷讀馬克思的《資本論》，
後在政治壓力下由政治經濟學轉向了數學與工程技術，自學高等數
學、大學物理、電動力學、無線電電子學、自動控制原理，甚至美
國的大學教材──是自我訓練而不止於求知。這種訓練也是其職業
生涯的起點（《探討，整肅與命運》，《七十年代》頁417、425、
427）。甚至為取得閱讀時間，自願看護屍體（同書，頁728）。在文
革結束之初遍地「文學青年」的年代，如許這樣的書生早已深入了
專業領域。少數中學生的攻讀數學，也像學外文，似得了先機，是
當時的我根本不可能動念的。[71]上文說到當年的讀書青年有科技興
趣者相對稀有，其實我對此並無把握。也有一種可能，即「藍皮
書」的讀者──許成鋼所讀似也非「藍皮書」，而是教科書──更
是專業人士。即使文革期間這種閱讀在繼續，那些讀者事後也不像
人文知識分子似的有敘述的願望。

　　既因文革的環境不提供學習自然科學的條件，更因現實的刺
激，後來因「現反」罪被關押、槍決的上海師大（今華東師大）理工
科學生王申西，嗜讀的是人文社會科學。他在書信中說，經由閱
讀馬克思主義著作，自己「一生志趣與世界觀一樣發生了根本的
轉折：從自然科學的領域轉入社會科學，深感現實社會對我們這
代青年提出的社會任務絕不是搞自然科學，而是社會科學」（《書
信摘抄》，《王申西文集》頁177）。曾被長期監禁的武漢大學生
魯禮安，亦理工科學生而有志於社會科學者。他相信文革中「必
將有一批在運動中嶄露頭角的工科學生轉入文科領域，發揮其思

71　孔丹口述《難得本色任天然》也說到自己插隊期間，在窯洞裏自學理工科大學
　　的普通化學、普通物理、高等數學，學外語（頁115）。

維縝密、邏輯推理能力強的特點，成為今後文科改造的一支攻堅力量」（《仰天長嘯——一個單監十一年的紅衛兵獄中籲天錄》頁214–215）。[72]

　　較之讀理工科書籍更其另類的，應推獄中讀書的吧。聶紺弩「肅反」期間的「檢查」、「交代」，説自己不懂馬列。文革中關進了看守所、監獄，總算有了惡補的機會。《毛選》外，[73]更驚人的，是其人在獄中「精讀《資本論》數遍，並作許多眉批和大量讀書札記」（《聶紺弩生平年表》，《聶紺弩全集》第十卷附錄三，頁438）。《聶紺弩刑事檔案》錄聶的上訴狀，其中寫到「計讀《資本論》等十八種(馬列著作)，最多讀過十八遍(《反杜林論》、《唯物主義與經驗批判主義》)」；交獄方的讀書筆記約二三十萬字(頁173)。[74]早在1955年「肅反」期間，聶就表達過「專研馬列主義」的願望(《個人主義初步檢查》，《全集》第十卷，頁4)。這一願望在獄中得以實現，不免令人啼笑皆非。聶的讀馬列近於自虐，也因獄方不滿足其別的閱讀要求。[75]他的讀馬列，甚至帶動了

72　魯禮安在其上引回憶錄中説，自己在文革中一直在思考「關於文科的改造問題」，並寫了《工科學生論文科的改造》一文；説自己通過對文革期間工科與文科學生在筆戰中的不同表現的比較，認為文科學生「脱離實際，缺乏獨立思考的能力和勇氣」。我個人的觀察與魯有相近之處。文革中的大學文科與理工科學生，亦一可供考察的題目。

73　聶獄中讀「毛選」，參看寓真《聶紺弩刑事檔案》所錄其《思想改造過程》，頁177。讀毛，聶想到卻是當年蘇區參加紅軍、赤衛隊、加入共產黨的數十萬人，「以及整個蘇區幾百萬人民」，「除了很少的一部分到了延安以外，都到哪裏去了呢？而那些殘留下來的人們又碰到一些什麼遭遇呢？」(同上)這種延伸思考、追問，才更是聶的。

74　聶的獄中讀馬列，尤其《資本論》，《懷監獄》一篇記述較詳(《聶紺弩全集》第四卷，頁312–314)。1984年所寫《〈腳印〉序》，也寫到獄中讀書(《全集》第九卷，頁111–113)。《思想改造過程》列有所讀馬列的書單，説已讀過的「都看了五六遍到十四五遍不等，反覆讀、背、摘錄、作筆記種種不同」(《聶紺弩刑事檔案》頁179)。某兩種馬列著作看得廿幾遍(《懷監獄》，《全集》第四卷，頁314)。無獨有偶，李慶西記其所在農場知青，「有人把列寧的《國家與革命》讀了二十遍」(《啟蒙時代》，《小故事》頁169)。

75　聶1966年4月在書信中説，自己對《莊子》「有前人所不知之見，頗思發抒，

獄友(聶稱「同犯」)。他說自己也勸獄外的人讀《資本論》，「有效的只是監獄裏的人」(《懷監獄》，《全集》第四卷，頁312)，亦有諷刺意味。在班房裏讀馬列讀得極其認真的，聶紺弩外，另有朱正(參看朱《小書生大時代》39《四科》)。朱正的特殊之處，更在文革期間的研究魯迅，從事有關著述——卻是在出了看守所之後。獄中著書立說，古今中外不乏其例；文革中即使有，也應屬殊遇的吧。[76]據魯禮安說，張志揚是攜了寫於「單監」中的筆記出獄的。其人囚室中的讀與寫，不消說為此後的哲學思考與言說，尤其對「創傷記憶」的分析，準備了條件。

　　獄中讀書的條件與所讀書目，因關押場所、關押時間而有不同。楊曦光(即楊小凱)在看守所曾有計劃地學習，學英文，學電機，學機械製圖，讀《世界通史》、《資本論》，以及收入了毛1949年後未公開發表的內部講話及批示的《毛澤東思想萬歲》(《牛鬼蛇神錄》頁76–77)。據同書，楊在勞改隊，還曾向其他犯人學高等數字(頁100)，或均可歸入其日後成為經濟學家的前期準備。王學泰關押在北京半步橋看守所，已是文革後期。在押的大多是刑事犯，沒有讀書要求。王獲准讀到了家裏送來的《馬恩全集》；利用機緣由家裏要來了《文心雕龍》、《左傳》、王力的《漢語詩律學》；更利用文革結束之初獄政的寬鬆，讀了不少線裝書(《監獄瑣記》頁53、132、135)。

　　因此而從事涉獵先秦一切著作，及《史》、《漢》以下諸所謂子書之類，而偶有會心則欣然忘食」(《全集》第九卷，頁293)。一旦入獄，繼續這種閱讀即成夢想。縱然在獄中，聶也希冀能重操舊業(探討語文問題、文學問題、中國古典小說等等)。在《思想改造過程》結尾部分說，自己「很想寫東西，但最有把握的還是關於古典小說」(《聶紺弩刑事檔案》頁182)。監獄當局何嘗會提供此種條件？

76　關押秦城監獄的閻明復，或因「案情」較輕，閱讀條件較聶紺弩為優：由只能讀《人民日報》、《毛澤東選集》，到林彪事件後被允許閱讀馬列的六本書，到允許閱讀家屬探監時送來的書籍，包括古典小說(頁983、991)。叢維熙也寫到了自己大牆內的閱讀(《書殤》，收入氏著《我的黑白人生》)。

亂世書緣

　　原擬的標題，是「書籍在文革中」。標此一目，不過以為係題中應有之義。真的寫起來，不能不是大題小作。這本是專項考察的題目——或早已有專書，只是我不曾寓目罷了。曾寫過一篇隨筆，《載籍之厄》，討論明清之際書籍的命運。書籍文革中所遭厄難，較明清易代間或更有過之；相關材料之豐富，足夠用來寫一本大書的了。[77]

　　1949年後曾有不少人為了生計而出售藏書、舊傢具衣物。也因已進入「新社會」，舊家底被認為不祥，舊書則被視為無用。吳宓1951年日記，記四川「土改」沒收地主包括書籍在內的財物，農民將書籍作為廢紙出售，（《吳宓日記續編》第一冊，頁68）。同年還記所聞各地土改中大批中西書籍，「取自地主者，農民扯取書背供用，內頁則堆棄拋置，或售作紙漿」（同書，頁205–206）。應去事實不遠。[78]文革前夕，書籍已在流失中。顧頡剛1966年2月2日的日記，錄所聞阿英(錢杏邨)的話，說為了備戰，北京圖書館等機關都在賣書以減輕負擔，「價值奇廉」，主其事的年輕人「但問此書於現時代有用否，能為人民服務否。苟不合此標準，即斥去，領導不敢問也。然各省圖書館正缺書，如能分與各省，免得被炸，豈非佳事！」顧氏「聞之歎息」（《顧頡剛日記》第十卷，頁408）。文革初期抄家、「破四舊」之外，書籍由私家流出，還在1969年前後以「戰備」名義的大遷徙(「疏散」)中。其時一些單位「連鍋端」，

77　據卜偉華《文化大革命的動亂與浩劫》，1966年8月25日，「北京地質學院紅衛兵倡議，將圖書館所有有毒書籍統統燒掉。當晚，焚燒了《紅樓夢》、《三國》、《聊齋》、《二十四史》及外國小説等共二千餘冊。」(頁234)麥克法夸爾、沈邁克《毛澤東最後的革命》一書説，「到文革結束之際，中國1100處縣級或縣級以上的圖書館，三分之一已經關閉，僅在遼寧、吉林、河南、江西、貴州五省，就有700多萬冊圖書遺失、失竊或者毀壞。」(中譯本，頁103)據説納粹焚毀書籍一億冊。文革中焚毀的書籍，未見較為準確的統計。

78　這一時期因書價之廉，也造就了某些藏書家(參看顧頡剛1952年9月28日日記，《顧頡剛日記》第七卷，頁280)。

工作人員赴五七幹校前,將家中書籍賤賣的,所在多有。[79]事後如沈從文似的重新購置,即有其心也未見得有其力。[80]那些文革初期由公共圖書館、私家流出的書籍,疏散中被丟棄的書籍,能被圖書館回收,即屬幸運,大部分化為了紙漿。

這樣一來,倒是成就了一種特殊的書緣。當時北京四中的學生趙京興事後說,自己常常泡在舊書店、廢品收購站,與他互通有無的同學幾乎個個都是「書癡」(《我的閱讀與思考》,《暴風雨的記憶》頁290)。他的同學曹一凡,也寫到自己在舊書店及向收破爛的小販買書(《留在北京》,同書頁352)。如陳建華所記上海的地下外文學習班一樣,解全所記武鬥期間成都的舊書市場,也是我憑了自己的經驗不能想像的。解全說,熱鬧時,這個書市每天達七八百人,交通為之堵塞(《我在文化大革命中的經歷》,《1966:我們那一代的回憶》頁154)。這種地下書市類似黑市交易,交易的就有由圖書館流出的書籍與抄家物資,其他城市未見得沒有。

79　文革初期「破四舊」與1969年前後「下幹校」,是知識分子賣書最集中的時間。朱大渭說文革中「孫楷第把自己所藏的小說秘籍和他親筆批的書籍、手稿七分錢一斤賣掉」(《摧殘》,《無罪流放》頁59)。學部的童道明下幹校前把書全都賣掉,說「沒有再比這更能表現知識分子的絕望了」(《心不死》,同書頁54)。學部另有人說,「知識分子落到賣書這一步,就好比秦瓊賣馬」(劉重日《「泡」校》,同書頁66)。何西來還記得當年賣書,「小本八分一斤,大本一毛五分一斤,報紙三毛一斤,外文精裝書還不要,得撕了皮才行。也有不乏遠見的聰明人買書,幾塊錢就能買一套《資治通鑑》。」(《往事如煙》,同書頁5)有人記得,當時黨校門口書籍堆得小山一樣,令人心痛(金春明《西華幹校以前五百天》,《在「五七幹校」的日子》頁197)。何方晚年自述,也談到下幹校前賤賣書籍,說「收購站不但開價極低,而且規定精裝書必須撕掉封面才能過秤」(頁320)。這應當是文革中又一次「載籍之厄」,因波及面不夠大,不大為人提及罷了。

80　沈從文曾說自家的書除學習文件外,工具書與文學書,當時即「用七分錢一公斤處理完事」(《覆沈雲麓》,《沈從文家書》頁459)。1972年7月另札寫到自己藏書的散失,及重新購置;說當年用七分半一公斤處理,「不及應有價百分之一」,「現在又用不止七元半一市斤的價格」,慢慢買回(《覆沈虎雛》,同書頁554)。

　　大破壞中，搶救也在進行。1967年2月23日顧頡剛日記，記燈市口的中國書店「已重掛牌子收書」（《顧頡剛日記》第十卷，頁625）。不惟舊書店，圖書館也着手收書，儘管動作可能慢了幾拍。當時的北京四中學生劉東，「聽說全市的圖書館都在收集古籍」，建議該校的副校長將藏書全部捐給圖書館，避免被抄被燒（《親歷者的見證》，《暴風雨的記憶》頁160）。初期文革操盤手之一的陳伯達，晚年自述談到了1967年秋制止破壞圖書文物的情況（《陳伯達最後口述回憶》頁304）。只有這樣的幕後之手，才有力量阻止劫難的持續，儘管已是在大規模的破壞既已發生、損失無可挽回之後。

　　發生在文革期間的，另有匪夷所思的事。即如1967年年中到年底，北京圖書館竟對外開放了。「除了被列為淫穢圖書如《金瓶梅》、《查泰萊夫人的情人》文學作品外，一律敞開閱覽。」（趙京興《我的閱讀與思考》，《暴風雨的記憶》頁289）那半年時間曾泡在圖書館裏的趙京興，說，何以會在文革高潮中有這種令人難以置信的事，他所見諸種文獻均未提供解釋。[81]也應該是那期間，後來從事英美文學研究的黃梅，在北圖初次讀到了奧斯丁《傲慢與偏見》的英文原著。她在回憶文字中寫道：「閱覽室高大而幽深，十分空曠。僅有三三五五的讀者散落其中，各自佔據一方小小的空間……」她也認為，「在那個時段裏，北圖的正常運行似乎是個小小的奇跡。」（《奧斯丁「遇見」〈教育詩〉》，《中華讀書報》2011年7月6日第13版）梁漱溟也利用了這類機緣。其1966年12月日記，記有全國政協書庫同意其借閱書籍（《梁漱溟全集》卷八《日記》，頁742）。1967年3月4日，記書庫被封（同書，頁750）。4月25日，到北京圖書館看書（頁756）。此後連日到北圖查書。據李遜《上海文革運動史稿》，上海圖書館文革期間仍然能進口國外新書，未知是否開放及在何種範圍內開放。此外該市1973年後還辦有

81　趙提到北圖「每天只發兩百多個座位號」，而「最後關閉像開放那樣突然」（同書頁289、290）。

不定期出刊的《摘譯》，分別摘譯外國文藝、哲學、歷史、經濟、自然科學(頁1291、1290)。在資源極度稀缺的條件下，雖不能見全豹，得窺一斑亦聊慰饑渴。

有幸抓住了這類機會的年輕人，事後談到，1967年北京圖書館不到半年時間的開放，曾短暫地成為學生們「汲取知識、溝通信息、聯絡感情」的場所(李恒久《越境》，《那個年代中的我們》)。而曹一凡在1968年年底之後，仍然憑了「介紹信」到北圖讀書。要憑「介紹信」，或許是與上一年北圖開放時的一點區別。曹說當時北圖的大閱覽室「快成了同學聚會的場所了」(《留在北京》，《暴風雨的記憶》頁351)。由此看來，進入該館似乎並不難。學部外文所的童道明也曾利用過北圖，其閱覽證是1972年10月辦的。童說「從1972年秋天到1976年秋天的四年間」，自己「讀完了北圖館藏的全部有關俄蘇戲劇的俄文圖書」，為此後的戲劇研究預作了準備(《心不死》，《無罪流放》頁53–54)。則北圖文革期間開放、半開放時間不止半年。[82]

至於青少年的「偷書」，我已在本書上編第六章《私人財物與「公物」》一節寫到。偷書的故事被大事張揚，對「社會風氣」或有負面影響。卻也適用上文中的說法，書籍在此非常時期的被偷，或許倒是書籍之福：被保存，被閱讀，被多人傳閱。甚至有人不惜火中取栗，由被焚燒的書堆中揀書。你不能不說，這些人中必有真正的「讀書種子」。

82　關於北京圖書館及其他公共圖書館文革期間開放的情況，可參看印紅標《文化大革命期間的青年思潮》的有關考察(見該書頁221–222)。該書第四章註13：「據筆者向北京圖書館工作人員瞭解，文革期間，北京圖書館於1966年12月至1967年5月開館，其餘時間不同程度向不同範圍的讀者開放。另據讀者回憶，北京的西城區、宣武區等圖書館至少在1967年至1968年也向公眾開放部分圖書的閱覽和外借。」地方圖書館也非都關門大吉。王申酉就曾在上海黃埔區圖書館讀書(參看《王申酉文集》)。關於北京圖書館開放的背景，戚本禹的說法可以備考(《戚本禹回憶錄》頁691)。

我在文革中的閱讀

　　我文革中的書單並無可觀。運動初期在北大，耽讀的是毛未公開發表的文字、紅衛兵小報與各種非正式的印刷品。一個詩人說，1970年初冬是一個令北京青年難忘的早春，「皮書」於此時在他們中流傳。這個初冬我已在鄉下，手邊可讀的，只是帶下鄉的《辭海》的文學藝術分冊。讀詞條，亦望梅止渴的意思。兩年後，京城的「地下」讀書活動熱度未減，我其時正在中原省城的一所中學當孩子王。即使無緣於任何「沙龍」、讀書會，與流行的讀書活動仍有交集，即如讀柯切托夫，讀《多雪的冬天》等其他蘇聯當代小說，讀政治類的哈爾伯斯坦的《出類拔萃之輩》及上文提到過的《第三帝國的興亡》——只是不知有「皮書」一名而已。因此我的閱讀決不另類，也很少能體會「地下閱讀」的隱秘快感。此外所讀，還有當局開出的馬列的六本書。儘管缺乏將馬列主義作為體系把握的能力，那些書仍然滋養了我，培養了對於理論的興趣，儘管並不就具備相應的能力。讀馬列原著及有數的幾種政治類書，不曾誘發我對於現實的批判性思考。我屬「後覺」的一類。至於讀到「內部書」，也不記得有特殊渠道，多半得之於父親所在大學的圖書館的吧。一些年後探訪「明清之際」，驚訝於王夫之僻處湖南，何以思路時與東南人士相接。你不能不感慨於所謂的「風氣」。儘管「風氣」也者，並無蹤跡可尋。那期間也曾有過「圈子」，卻更是因所在中學的內鬥，與讀書無關。事後看去，沒有一種氛圍(小氣候)，沒有幾個同好切磋商兌，思考之難以入深，是自然的。文革期間，我始終沒有這樣的遇合。文學閱讀似乎並不需要這類條件。獨自品賞，沉溺，或許是更理想的狀態。你的閱讀感受無需與人分享。即使到了後來做學術，我也仍然沒有與人討論、交流的習慣。讀書仍然是我自己的事。

　　上述閱讀看似隨意，卻各有對於我個人的意義。未公開發表的毛的文稿、講話記錄稿(鄭州會議、成都會議、南寧會議等等)，樣

式仿「毛選」，也有四卷，由北大出版社印刷，並非稀缺資源，當時在校的學生幾乎人手一套。[83]讀那「四卷雄文」，我竟有一朝開悟的誇張感覺：關於當代的中國政治。甚至自以為領悟了辯證法的要義。「唯物論」或包含了宿命論，「辯證法」卻可能有「解放」意義。毛對於「辯證法」的通俗演繹將我迷住了。令人着迷的，是關於事物變化的富於想像力的描述。這自然也基於我自己對於變化的隱秘期待，希望自己相信「一切皆有可能」：社會的變動，以及自己命運的改變。[84]更具體的心得，也仍難以記起。

文革期間大量未經審查的印刷品，毛的講活外，其他揭秘當代史重大事件、揭秘黨內鬥爭、揭秘國際共運者，均不難讀到。閱讀中時有心神的悸動。無序、失控造成的空隙，大得可以漏掉吞舟之魚。對當時的知識人，那何嘗不也是「啟蒙」：由對當代政治、當代史的蒙昧狀態中走出。

儘管未被任一「革命群眾組織」接納，「紅衛兵運動」結束前的我，卻保持了對於運動的緊張關注；所讀中央文件、中央領導講活，大字報、各地紅衛兵小報，油印、鉛印的「非正式出版物」或不遜於他人。這種閱讀花費了我相當多的時間。至今對文革的瞭解，仍賴有當年如上的閱讀經歷，因而不以之為精力的空耗。與某些地區的相關之感，正由那種閱讀培養；一些當時耳熟能詳的「文革人物」，至今仍不陌生。儘管那或許正是有先見之明的年輕人系統地讀日後「有用」的書、甚至學外語的時候。稍有點特別的是，

83　由陳煥仁的《紅衛兵日記》知曉，中央檔案館的造反派曾將1949至1967年毛沒有公開正式發表的文章和講話作為「禮物」送給「新北大公社」（見該日記1968年1月14日，頁489）。我們所讀到的，或即此贈品。據何方《黨史筆記》，毛「修改發表過的文章或重寫沒發表過的文章也許稱得上空前」（頁98）。文革中編印的毛的文稿、講話稿，是否未經修改或重寫？

84　宋柏林《清華附中老紅衛兵手記》1967年4月16日記其讀收集1914–1967年毛未發表文章的《毛主席重要講話》（頁246）；4月18日說「看毛主席有關辯證法的論述，既新穎又有趣」（頁247）。至於這種「辯證法」的運用，將「壞事變好事」用作對重大失誤以至災難的辯護，並使「喪事當作喜事辦」成為一種傳統，不消說造成的是另一種蒙昧。

當時的我，手中常有一本馮至的《杜甫詩選》，聊慰遊蕩在「群眾組織」外的落寞。還曾耽讀屈原，《離騷》大半能背誦。只是到了後來，不免付諸逝水罷了。

　　文革期間我的閱讀，刻印最深的，仍然是運動初期的讀魯迅，與任教中學期間的讀托爾斯泰的《戰爭與和平》。讀魯迅在當時無異於拯救，將幾近崩潰的我，由內外世界的擾攘中救出，有一種脫出繭縛的開豁。緩解了自己的痛苦，換了一副眼光也換了一種心情面對世界，真切地感覺到了思想的成長，自信也由此恢復。倘若全不切身，又無關時事，絕不會讀得那樣如醉如癡。有人提到所謂的「關鍵之書」。[85]如果說有於我來說的「關鍵之書」，那只能是魯迅。其「關鍵性」繫於特定個人，還因了特殊的時間點。在那一刻與之遭遇，猶如宿命。最終，你被那本書改變了。也有可能是，你內心深處的某種東西等待被一朝喚醒。若沒有這機緣，那種潛在的可能性或許終你的一生都在沉睡。可惜的是，我沒有洪子誠、吳亮的那種能力，難以將「魯迅之於我」在數十年後呈現出來。[86]

　　把《戰爭與和平》留到文革後期才讀，或也因其「部頭」之大。那確實是讀這部書的最佳時機。那時的我還是「文學青年」，不但極其易感，且易於耽溺，即如陷在小說營造的氛圍或我自己釀造的情緒中不能自拔。並非每種閱讀都有可供回想的故事；卻確有吳亮所說的那種個人的瞬間，令你經久難忘。由大學的圖書館得到書籍，亦一種「知識—權力」，是許多人不敢想的。到1977、1978年高招、研究生招考，他們有可能先已「輸在了起跑線上」。也因此我不敢輕狂，相信那些未被機會眷顧者中，定有更優秀的人才。

85　柏樺《左邊：毛澤東時代的抒情詩人》說，自己即使在文革結束後的一段時間也未能讀到對於他來說的「關鍵之書」，所讀的書「只能使人格中集體『超我』，即被規定的『超我』這一部分古怪而兇猛地成長，真正的『自我』依然在沉睡」（頁44）。

86　楊曦光寫到他所知政治犯的「喜歡魯迅」，以為這關係「政治犯的意識形態」，他本人卻「認為魯迅是個沒有大著作的淺薄的激進主義者」（《牛鬼蛇神錄》頁296）。這種認知是否「淺薄」？

　　黃子平提到1970年代「開了幾個口子」，你可以「冠冕堂皇地」讀某些書(《喜歡閱讀》，收入氏著《遠去的文學時代》)。這「口子」在我，就有利用「評法批儒」讀古籍。也就在那期間，讀李贄敗壞了胃口，以至幾十年後涉足晚明，也無意再碰這麼有趣的人物。除了本有宿緣的屈原、杜甫，文革期間我並沒有更多地接觸中國古代典籍，這使我在八九十年代之交進入「明清之際」，首先遇到的，就有句讀方面的障礙。

　　寫過一篇關於文革後期的短文，《閒散的日子》，我所謂「閒散」，指的是「無目標狀態」。《民間書信》1972年的某封信，提到周圍的同學當小徒工而刻苦學習，「早上學英文，晚上學古文，然後看些雜七雜八的什麼書」(頁167)，對其人生似已有設計至少是預期。而我沒有。只是覺得，「當着生活陷於停滯，全無遠景，它忽而變得單純了。我還記得在鄉下的那間借住的農舍裏，白天幹完了活，夜間在燈下繡風景時，那極淡然極悠遠的心境。那是在其前其後都不能體驗的。」(《閒散的日子》)至於在那所中學任教時，「夜讀，實在是愉快的。一燈獨坐，如在世外。我的那個班，學校的那些『派』都頓時遠去。」(《陋室》)。「無目標狀態」下的，或也是較為「純粹」的閱讀。而這種閱讀在成為「專業讀者」之後，不能不令人懷念。較之其後的世代，文革中閱讀的專注，才值得特別談論。當時的我，也有緊張的思考；思考的是什麼，已全不能記起。肯定與風氣不接，是孤獨的個人的凝思。或許思考什麼並不那麼重要，重要的是無目標而又耽於思考。這種耽於思考的狀態，即延伸到我的整個1980年代。

　　也應當說，即使文革前，你的閱讀也有導向，即如革命歷史題材，另如19世紀「批判現實主義文學」。文革後也未必沒有導向，只是有了更大的選擇空間，以及更豐富的來源罷了。互聯網時代的電子讀物亦然。至於文革後一度成為響亮口號的「讀書無禁區」，

卻未聞再提，或許本身已成禁忌。[87]

　　自1970年春離開北大到了河南農村，即與京城失卻了聯繫。即使文革後期，也極少由寂靜中捕捉到來自京滬「地下」的信息。其時北京與外地風氣差異之大，由當今的信息時代已難以想像。你也並不就知道自己居住的城市還有其他讀書人的圈層。現在又何嘗不如此！當下青少年活動的場域，對於我或無異於異國，儘管資訊之發達，已非當年所能夢見。[88]

4.3　文革與文革後的人才狀況

諸種失衡中的人文社會科學人才

　　陳東林主編的《1966–1976年中國國民經濟概況》一書說：「十年動亂使中國少培養了100萬名大學生，使整整一代人失去了接受系統、完整的學校教育的機會和條件」（頁287）。「一代人」尚不足以概括。應當說，1966–1976年期間在校的大中學生──包括文革後期招收的「工農兵學員」──均不同程度地「失去了接受系統、完整的學校教育的機會和條件」。自然科學人才斷檔。社會科學的某些門類，文革前已處在取消、半取消的狀態，文革後面臨學科重建的任務。

　　曾有一種說法，一流人才搞理工，二流人才學文史。依我的經

87　朱正琳寫到自己文革前與文革中的閱讀，說即使「曾有意識地違背『導向』」，也「沒跳出如來佛的手掌心」。即如「我讀過拜倫、雪萊……卻沒有讀過華茲華斯、科爾律治……我讀過魯迅、茅盾、巴金、郭沫若、丁玲……但卻沒有讀過周作人、沈從文、穆旦、張愛玲、梅娘……我讀過普希金、果戈理、屠格涅夫、托爾斯泰、陀斯妥耶夫斯基……卻沒有讀過安·別雷、納博科夫、巴別爾、帕烏斯托夫斯基、索爾任尼琴……」（《裏面的故事》頁186–187）我自己也如此。看似自由，仍然只能在給定的條件下閱讀。文革中亦然。朱正琳接下來說，「禁書遠非始自『文革』，而且其數量早就大得驚人」；「我們這一代人普遍地偏愛俄羅斯文學，百分之百應歸功於當時的『導向』。」（頁187）考察閱讀，上述面向不能忽略。

88　本節的外國人名過多，不能用外文一一注出，特此致歉。

驗，文革前即已如此。只是上述說法不適用於文革結束之初。恢復高考後，據說文科中最熱門、錄取分數最高的，曾經是文史專業。這自然與文革造成的普遍荒廢有關：文革爆發時的初、高中生，相當一部分未受到完整的中學教育；有條件閱讀者所能接觸的，多為文史類書。潛在的科技人才因無必要條件而投身人文社會科學。人才的偏廢，其背面，是某些方面的「偏勝」。文史人才的易於「成功」，以另一些方面人才(如科技人才)的短缺為代價。即使「偏勝」，也因了十年之久的「積壓」，看起來的「盛景」，是由大批被犧牲者「墊底」的。

　　上述現象迅即成為過去。市場化前後，像是上述現象的翻轉，不但文理畸輕畸重，且文科人才向更有就業前景的經濟、法學傾斜，自然科學則重應用輕基礎。北京大學文史哲諸系一度招生遇冷。文革前的北大，中文系是文科名牌，物理系為理科名牌。文史諸學科的被冷遇，多少也因了文革的教訓，對「意識形態」避之惟恐不遠，文史非徒無用且有風險，智者不為；同時基於市場化造成的新的人才需求。此一時彼一時，可以作為世運升降影響於人才狀況的例子。

　　文革後「崛起」的人文學者，學歷可疑，知識背景殘缺不全，基本訓練缺失，卻以文革期間對中國社會的瞭解，對當代中國政治的切近觀察乃至切身體察，展示了一片中國學術獨有的風景。在諸種制約中呈現出的某種精神維度，或許更是他們對於學術的特殊貢獻：歷史反思與對中國命運的憂思。錢穆關於明清之際學術由「東林遺緒」的一面解釋(《中國近三百年學術史》)，所說乃該時代學術的內在精神。考察「後文革時期」的學術，也適於這種學術史/精神史的眼光。

　　考察文革結束後的人才狀況，自然有必要將學人的文革經歷納入視野。由1980年代人文社會科學專家的個人背景看，其「成功」更賴人生閱歷，卻因未接受「系統、完整的學校教育」，有學術視

野、理論準備、知識儲備、知識結構方面的缺陷。人生閱歷對於人文知識分子，至關重要，的確堪稱「寶貴財富」，只不過代價不免過於高昂罷了。

文革爆發那年的初一學生秦暉，文革中有與小伙伴辦報(紅衛兵小報)的經歷；派仗中「走向社會」，又有另外的歷練，如對於市民社會、對產業工人切近的觀察(《沉重的浪漫——我的紅衛兵時代》，《1966：我們那一代的回憶》)。北京四中初三學生趙京興，出身貧寒，剛滿十八歲「已通讀過馬恩列斯全集，僅《資本論》就讀了六遍，精通黑格爾、康德、費爾巴哈等西方經典哲學，並寫下了《哲學批判》和《政治經濟學對話提綱》等書稿」(趙振開《走進暴風雨》，《暴風雨的記憶》頁212)。[89]此類人才，似乎只能長養在那個年代。才華的一度綻放，賴有催人早熟的環境。至於能否「修成正果」，走得更遠，卻要憑藉更苛刻的條件。

仍有成長於文革中的自然科學方面的人才。清華大學附中的許成鋼劍走偏鋒，以初二學歷，1960年代末期即撰寫書稿《試論社會主義時期的政治經濟學研究》，與趙京興可有一比，無不顯示了其時中學名校學生的自信與氣魄。許在北大荒生產建設兵團，在監督勞改的條件下，「自學了高中及(中國和美國)大學本科的數學、物理、電子工程及英語，並搞了不少技術革新」(《探討，整肅與命運》，《七十年代》頁408)。自然科學方面的人才絕不止此，只不過不如人文知識分子的易於成為「公眾人物」罷了。

名校憑藉了優質生源，往往人才薈萃。不惟北京四中，也如許成鋼所在的清華大學附中。該校的卜大華就談到文革前他的一些同學「是站在教材之上學習的」。酈桃生初中學完了高中數學，開始自修大學數學(《我所知道的紅衛兵》，《回憶與反思》頁28)。這種學習不幸被政治運動打斷。

---

89 趙京興説其《哲學批判》「是按哲學專著的形式」寫的，分上下兩卷，分別為「哲學的認識」與「哲學史」(《我的閱讀與思考》，同書頁295)。關於趙，尚可參看收入同書的白羽《一個七〇屆眼中的四中》，同書頁305–306。

　　蓄積於文革中的能量於文革後集中釋放，造成了為人津津樂道的1980年代的思想文化面貌。卻也應當說，雖學術人才至1990年代，賴有十年的積累漸趨成熟，格局、氣象仍較前輩——尤其所謂「民國學人」——遠遜。更不必說文革結束後最初的一小批「成功人士」，與所屬世代的龐大基數不成比例。這裏有可供考察1950-70年代的政治文化影響於人才狀況、文革影響於人才狀況的材料。卻也是到1990年代，中國學術承「革命」與市場化雙重破壞，某種人物，某種境界、氣象，漸漸遠去。

　　米鶴都主編《回憶與反思——紅衛兵時代風雲人物》的《導言：夢開始的地方》，是訪談組織者的發言記錄。其中有人說，該書所採訪的那一代人「是中國近百年歷史上思想力最強的一代人，不亞於五四時代的那些思想啟蒙者」（頁23），事後看來不免誇張。文革後至今所缺少的，或許正是堪稱「思想家」、「理論家」的那種人才。有「思想者」，甚至優秀的思想者，如顧準（而非該書採訪的那一代人）。即優秀的「思想者」也不同於「思想家」。迄今我們的民族罕有的，仍然是強大的思想力。經歷了文革這樣劇烈的動盪，支付了如此昂貴的代價，倘沒有足稱「思想家」的人物、堪稱「原創」且有影響力的理論出現，是否需要解釋？

奇才，怪才

　　這裏的「奇」、「怪」不過指異於常人，並非不可名狀。「革命」對秩序的破壞，使得「正常社會」被制度捆縛壓抑的偏才、奇才、怪才，得到了發舒的機會。中國畢竟廣大，即使箍成了鐵桶一般，倘有一絲縫隙，也會有生機萌動。臺灣人看鍾阿城，感覺似乎有幾分誇張（參看唐諾《讀者時代》中的《清明世界·朗朗乾坤——像孔子的阿城》，臺北：時報文化出版企業股份有限公司，2003），也應因臺灣社會太過正常，不大有這類人物生長的土壤。

　　即如美術人才，因文革期間政治宣傳的需要，有了非常規地訓

練畫技、施展畫藝的機會。徐冰説，「一個人一生中，只能有一段真正全神貫注的時期。」自己的這段時期，是插隊期間刻印油印刊物。他説自己「對漢字的肩架結構有很多經驗，那是文革練出來的」（《愚昧作為一種養料》，《七十年代》頁12）。徐寫自己文革期間拜訪一位專業畫家，「在他那裏的時間，像是一個沒有文革這回事的、單獨的時空段，它與外面熱鬧的美術創作無關，是秘密的，只在那種古老教堂的地下室，只在牧師與小修士之間才有的。」（同上，頁10）非常年代也會有可供避世的角隅。「像是一個沒有文革這回事的、單獨的時空段」，不止在這間畫室。

　　骨子裏「叛逆」的更是藝術家，而且是有根柢有想像力的反叛。崔健、王朔，曾是軍隊大院的頑童。艾未未則曾跟了被放逐的父親艾青生活在戈壁灘上。被認為「頑劣」的少年，與原有的體制關係較淺，較少負擔；一旦成蛹化蝶，即斑斕耀目。能從事創造性的破壞、建設性的顛覆的，最是這一流人。陳丹青説自己撰文回憶文革期間在上海怎樣學畫，「一位學生看了居然大哭，説為什麼他沒經歷這些人事。他們被如今的學院生活熬得太乏味了，不能想像『文革』中學藝術可以這麼活潑傳奇」（查建英《八十年代訪談錄》頁105）。

　　《暴風雨的記憶》一書令人印象深刻的，如編《中學文革報》而使遇羅克的「出身論」廣為傳播的牟志京，赴緬參戰而喋血異國的張育海，上文已提到的其言論驚世駭俗的趙京興。[90]精英中學原本彙聚了俊才。逢文革這種亂世，奇者更奇崛，怪者更怪誕。這類人物即活在平世，也不會泯於眾人。李寶臣説牟志京「個性鮮明，説話低沉緩慢，像牧師似的極富感染力」（《往事豈堪容易想》，同書頁238）。唐曉峰説張育海、吳景瑞等，「是一幫才華橫溢的痞子」，其「性情與那個時代反差最大」，參與文革，「半真半戲」

90　趙的「批判毛澤東思想」，其關於文化大革命、「上山下鄉」的言論（參看該書頁212-213）。曹一凡記述了趙在批判會上的強硬表現（《留在北京》，同書頁356-357）。

（《走在大潮邊上》，同書頁337）。在當時，少有的不是「真」，而是「半真半戲」。有非常之人乃有非常之事。年輕的中學生不甘平庸，追求卓越；那種特立獨行、義無反顧的勇毅，即幾十年後看去，仍令人血脈僨張。

亂世向不乏奇女子、偉丈夫，不乏奇境、奇行、奇情。如京城沙龍女主人徐浩淵，如趙一凡那個圈子中的徐曉。雖不必有足載史冊的功業，其情懷與勇氣、能量，已非常人所能想見。相信那年代可以稱「奇」的女子絕不止於上述諸人。應當說，經歷了1949年後至文革前的重重制約，五四新文化運動中「新女性」的風采，要有這樣的人物才得以再現。

「奇」並不惟亂世才有；只是平世「奇」往往掩沒於「庸」，不得展露罷了。非常年代既有令人嘔噦的卑劣醜惡，又有令人顫慄的真、純、絕美。文革猶之另類「叢林」，固然撲滅吞噬人才，卻又提供了機緣，使不甘羈束的個性「逆勢」上揚，成其為一種勝景。文革倘有可懷念之處，也應在此的吧。

葉兆言的散文《蒙泰里尼》提到了一個叫彭剛的小伙子，說當時（1974年前後）所見彭的畫「充滿了邪氣」，人則「非常傲慢而且歇斯底里，與『文革』的大氣氛完全不對路子」（《上海文學》2010年第12期），後來卻像是消失了。徐曉在憶舊文字中說，「一凡當年的那個圈子真可謂是怪傑薈萃的大本營」（《無題往事》，《半生為人》頁68。按一凡，趙一凡）。其中就有北島（趙振開）。陳一諮在北大兩次被開除黨籍，畢業後在河南駐馬店新蔡縣，卻被任命為公社黨委書記，亦可作為亂世奇譚（參看印紅標《文化大革命期間的青年思潮》頁247）。

較之那些出身名校的天才少年更令人稱奇的，仍然是如聶紺弩這樣的人物。一個人經歷如許曲折，仍保有赤子之心，甚至不為社會所容的名士習癖。這種人物行將滅絕——即使社會更合理，環境更寬裕，也不可能被複製。聶的道行由經磨歷劫中來，非同一時代

的年輕人所能有。其猶如出自天性的詼諧，更是一種智者的人生態度。聶不便稱「民國人物」，也不是任何一種意義上的「遺民」。他是中國革命史中人，革命竟不能包容這個並非異端、只不過不能被主流意識形態消化的參與者，實在可悲。

其他有些被當局視為「異端」的，也可稱奇，遇羅克，王申酉，「李一哲」等。「異端思想」者未必以「思想」勝。由後世看去，值得驚歎的，毋寧說是那種舉世默默而能諤諤的姿態。古代中國本不乏此種人物，到了當代反成稀有：在如山的重壓下坦然發聲，令人懷疑有精神疾患。本書上編第五章《思想、言論罪》提到了僻處邊陲的陳爾晉。陳既以民間思想者又以謀臣策士自居，兼有行為的幼稚荒唐與思維的縝密，以至「正常人」眼中的瘋狂；其論述則混雜了犀利、睿智，草根政治經驗與政治想像的質樸以至天真，以此區別於京、滬的知識精英，亦屬文革中的「狂人」、「畸人」（參看印紅標《文化大革命期間的青年思潮》第七章《陳爾晉的〈特權論〉》一節）。[91]

仍然應當說，文革的「非常」會有正常年代難以造出的奇才、怪才，卻難有超越於時代之上、對自己處身的環境擁有深刻的批判意識與前瞻能力的智者、哲人。除少數後來的「人文知識分子」，年輕人中真正發展了的，毋寧說是「行動能力」。文革結束後最早走出國門「洋插隊」的一群，舉辦「星星畫展」的藝術家群，聚集於《今天》雜誌的詩人群體，顯示的確也是行動能力，和在簡陋的條件下挑戰命運、從事創造的能力。

關於文革中的奇才、怪才，被較多關注的，是知識青年、知識人。如鄭世平(土家野夫)《身邊的江湖》所寫散落民間、底層的人物，自覺選擇了另類人生，甘於、安於邊緣生存，倘無人記述，即就此湮滅無聞。有更多平民少年，在荒謬年代野蠻生長，其奇其

91　關於文革中的敢言之士，參看余習廣主編《位卑未敢忘憂國——「文化大革命」上書集》、史雲、李丹慧《難以繼續的「繼續革命」》頁51–53。關於文革期間監獄中的人才，參看朱正琳、鄭世平、王學泰等人的監獄紀事。

畸，難以為世人所知。鄭世平說自己從無數故事和親歷中感知，「在中國底層，無論處於怎樣的兵荒馬亂和高壓恐嚇之下，都一直有某種江湖道統在秘密傳承。正是這樣一些不惜扛枷負鎖的人，在民間社會堅守常識，揭發真相，思考着國家民族的走向。」（《身邊的江湖》頁104）我不知這樣的江湖是否還存在，是否還能存在。

印紅標《文化大革命期間的青年思潮》提到鄭義當年所見京城的一路義俠，「分文不取的仗義的『書販子』」，「在『讀書界』每日亂竄」，「以極高的信譽為讀書的哥們找書，在讀書人之間『倒騰』書」（頁240）。這類人物或也屬市井奇人。《儒林外史》所寫市井奇人，汪曾祺所寫市井奇人，似乎靠了一點空氣和水分和，即能存活。經了上個世紀五六十年代政治運動的一再掃蕩，仍有高士隱逸，在社會的皺襞裏，如陳建華所寫的朱育琳。文革乃更徹底的掃蕩，將那些皺襞也抖摟了一番。我仍相信會有遺落。倒是1990年代的市場化，使有些品類有了絕種之虞。市場化使生活同質化的力量如此強大，倘不能將上述稀有物種由隱身處逐出，則會使之淪為爛在屋角的怪物的吧。以搞運動的方式「下海」，掄着大笊子摟錢，不難造成諸種「單向度的人」。知識界的世俗化，在同一過程中。回頭看，「傳統社會」確有其可愛之處。或許某些方面空間偪仄，某些方面又有其寬裕——多少也賴有古代中國人積累已久的關於人的某種見識，士大夫精緻的人倫賞鑒——上述文化已流失殆盡。

某種奇、畸，為「非常態」所塑造。被拘囿於家庭、學校尤其「各級黨團組織」規訓下的青少年，有機會脫出，即諸種人才一時並出。由此回頭看沈從文對文明社會教育制度的懷疑，確也不無道理。他筆下的虎雛只能在蠻荒中長成。只是這種懷疑不宜推向極端。即如人為的文化荒原。其上固然有草木，卻被恣意踐踏，並《莊子》所說不成材的散木也難以成活，更何況稀有物種。

奇才、怪才、特殊人才，任何時代都是稀有之物。更值得關心

的，是普遍的人才狀況。文革中觸目皆是的，更是荒廢。面對這
大面積的荒蕪，沈從文想到的是，「一個國家有八年中大中小不
上學，情形是驚人的」（《沈從文全集》卷二三，頁60）；大學招收
「工農兵學員」，只能當「補習班」，「師生同感痛苦」（同書，
頁186）；「無一文學刊物，無一藝術刊物，無一文、史、哲研究刊
物」，隨處是「無知」與「混」（同書，頁256）。賴有文革中「自
由度」成就的人才，固然證明了人的潛力、可能性，卻代價巨大，
適用於分子/分母之說。由社會整體論，支付這種代價，不公平也
不合算。那些政、商、文化界的「成功人士」，升起在如此龐大的
同代人之為「分母」之上，其中的敏感者，會有類似負疚的心情的
吧，儘管理應負疚的並非他們。

　　此外，還應當說，儘管文革後期，地上地下出沒着諸種人才，
由後來看去，除少數人功成名就，泰半「失蹤」，退出了公眾的視
野。即上文提到的佼佼者，也有的消失在了「庸眾」中；用了俗濫
的形容，不過「如彗星劃過天際」。「成才」的條件從來苛刻。古
人歎「才難」，大有道理。

　　也因此對文革「成就」人才不宜誇大。不妨用如下設問，「假
如沒有文革」。沒有文革，許多知識人的人生道路或全然不同。我
看重的不止得失；失之東隅，確有可能收之桑榆。我說的是文革對
個人選擇的某種決定性。無可選擇，是普遍境況。在一個相對開
放、正常的社會，你或許有諸種可能，至少有其他可能。

　　1990年代以降，有了層出不窮的「新人類」、「新新人類」，
大咖、大V、「網紅」……不缺少驚世駭俗之舉，令人驚豔、驚駭
的人物——與他們另一時代的「前輩」，背景、根柢、內涵均已不
同。社會的寬容度大大提高，不再動輒指人為「另類」；甚至「另
類」的說法也漸少使用——不能不說是社會的一點進步。至於個人
充分發展的理想社會，則還遙不可及。

政、商人才

　　文革使得一夜間「暴發」似乎成了人人可期的事——當然這半是幻覺。「組織安排」、「人事制度」，體制無所不在的籠罩，使某些人才沒有可能脫穎而出。文革提供了機緣。產出在文革中的人物，固然有貪緣時會的諸色投機者、陰謀家，真誠的或做戲的「激進革命者」，也有借由文革中的秩序破壞、教育廢弛，在非正常環境中自我造就的「政治人才」。其潛質在正常條件下無從顯現，適逢其會，毫無前兆地嶄露頭角，令自以為熟悉他們的人目瞪口呆。其中就有某些群眾組織頭頭，或派仗中的活躍人物。美國人威廉·韓丁曾寫過山西長治技工出身的敢死隊司令楊某的發跡簡史（參看《深翻》中譯本頁603-604）。

　　徐曉主編的《民間書信》中的一封說，「文化革命杜絕了升大學進研究院考博士或一本書成名的門路，因此很多人都開始集中精力研究政治，也出現一些野心家」，其中也有在客廳裏講政治、談革命的「時髦風流的貴族革命家」（頁54）。對「政治」的熱衷，文革結束後仍在一些人中延續，儘管同一時期有人倡言「告別革命」。

　　文革中紅衛兵、群眾組織的領袖人物，往往有俯臨天下、睥睨一世的神情，指點江山，縱論天下大事，氣勢如虹。由回憶文字看，這些領袖人物中，不乏頭腦冷靜、處事幹練者，確有政治家的「範兒」。文革初期某些中學紅衛兵領袖政治上的成熟穩健，應對亂局的清醒，把控能力，超出了年齡，非經驗、閱歷所能解釋——不盡得之於常規的政治、歷史教育，還應出諸由實際運動磨礪的洞察力，形成的對政治鬥爭（尤其黨內鬥爭）的認知，是今天的中學生難以想像的。胡發雲在敘述了文革中的派別組織之後說：「20年後，當我見到他們中的許多人以及更多比他們年輕的人，以同樣的熱情、同樣的風格組建各種公司的時候，感到又親切又熟悉又無可言說。」（《紅魯藝》，《1966：我們那一代的回憶》頁211）未便

言説者或許是，派別組織像是組建公司前的演練。政略、商略原本就相通。1990年代商戰中長袖善舞者，就有前知青——不能説與文革期間的歷練無關；當然，也可能承襲了文革的某種遺風餘習。

派仗中大有人才，精通謀略，折衝尊俎，運籌帷幄，確像是天生的革命家。武鬥中亦不乏將才。被帶上戰場的，往往有毛的軍事著作，《中國革命戰爭的戰略問題》、《抗日游擊戰爭的戰略問題》等等。用智用計，即非得之於古代兵書，亦不無暗合，儼然老於此道。

楊健《文化大革命中的地下文學》記述紅衛兵組織的大型演出活動，就令人對其時大中學生的動員能力與組織才能印象深刻。不但跨單位且跨省市的大型群眾組織，其操盤手平世通常無異於他人。文革後政經領域一些人顯示的組織能力、管理才能，誰説不也得之於文革經歷。儘管有「即時政治家」迅速蜕變為政客甚至陰謀家，群眾中蘊藏的可能性仍令人驚歎。惜文革後的清算中不免玉石俱焚，無非加固了普通百姓關於成王敗寇、政治乃一大賭局的固有認知。權力的爭奪則在另一群人中、以另外的形式繼續，手段之卑污，有可能愈趨愈下。

趙瑜《但悲不見九州同——李順達在「文化革命」中》一文歎息着中國不缺少人才，甚至「具有將帥才賦的人才」（《歷史在這裏沉思——1966–1976年記實》第六卷，頁339）。陳益南的回憶錄《青春無痕——一個造反派工人的十年文革》，對湖南省文革中群眾組織中的人才，津津樂道。不惟京城的大小「群眾組織」的頭頭見過了大場面、大陣仗，地方上也並不缺少將才、帥才，不必惟京城人物馬首是瞻。文革後幾於將此類人物一網打盡，使其中的一些不得一展長才。有人由班房出來，經商致富，屢僕屢起。生存能力之堅韌，內心的強悍，依然如故。至於文革式的「政治」對於人性的負面影響，本書下編《札記之三·文革與當代中國的政治文化》還將談到。應當説，文革固然為某種人才提供了施展才幹的稀有機

遇，這類人物對於惡質的政治文化又很難全無沾染。

對權力的追求也會成癮。因嘗到了權力的滋味，或窺見了權力的效用，汲汲營營謀求一官半職，挖空心思佈局人事，將此作為了終生事業。此外，「整人政治」造成的傾險人格、暴戾心性，也會在變換了的歷史環境中自我複製、不斷再生。當然任一時代都會有上述症候，不惟文革，也不惟中國，卻仍以集權體制，更是上述人物繁衍的適宜環境。

朱學勤說他所謂的「六八年人」（即1968年捲入「思潮」、經歷了覺醒的一代），到了「新時期」，「由於具備底層生活經驗，洞察社會結構及其組織細胞的各種縫隙，內心深處又解除了意識形態虛假道德束縛」，「將遊刃有餘地穿插於各種結構的縫隙，從中漁利。新一代社會中堅也許就會這樣形成」（《思想史上的失蹤者》，《1966：我們那一代的回憶》頁333）。文革造就的「人才」，宜於由多個角度審視。上引文字不也提示了形成於文革中的經驗與能力，其內涵的複雜性？

「革命」衝擊下支離破碎的教育，不完備、非正規的教育，的確曾使人才呈現出別樣風貌。即使那種「成才」條件不具有普適性，仍然可以引出對教育之為「體制」的思考，尤其這種體制包含的壓抑性。有必要強調的是，本節討論的「人才」不便簡單地歸之為「文革造就的」，用以反證文革的合理性，卻不妨據以檢討「正常社會」人們習焉不察的弊端，探究人才長養的條件。詩窮而後工，世亂出詩人。沒有人為此祈求「窮」、「亂」，以「窮」、「亂」為幸。何況更有「窮」、「亂」對人才的摧殘、毀滅。在此議題上倒果為因，只能製造認知方面的混亂。

文革、「後文革時期」的人才狀況，不可作一概之論。不便籠統地歸因於原有教育機構的解體。普遍的荒蕪中生長、成就的人才，是一些特殊個例。由要求文理諸科「全面發展」到應試教育壓力的解除，對某些青少年的確是一種解放，卻有更多的同代人在

無書可讀、無學可上的文化荒原上拋擲了僅有一度的青春歲月。
教育體制對人才成長的正反兩面的影響，至今仍是有待解決的難
題。在日見強化的意識形態管控與官僚化的管理之下，錢學森之
問愈加無解。[92]

4.4　文革與傳統文化

文革與傳統文化，本書已多處涉及——上編第三章《階級路線
與出身論》、第五章《思想、言論罪》，下編《札記之四》的《性
別、性、性虐害》、《肉刑》等——仍不足以充分展開此一議題。
這裏略作補充，意在強調相關論域的重要性而已。

「封建」代之以「傳統」（封建社會/傳統社會），「封建專制
主義」已較少使用。古代中國的「封建」指分封(藩王)，有分權之
意。高度中央集權而用「封建」的名目，的確易於混淆。「後文革
時期」的某些論述，不待文革結束即已有人提到。1974年廣州街頭
署名「李一哲」的大字報，在批判「林彪體系」的名義下批判文革
的「封建性」，認為「封建的社會法西斯專政是我們無產階級專政
的主要危險，反封建依然是我們繼續革命的一個重要內容」，「應
當着重地批判經過董仲舒改造了的封建專制的思想體系」（《「文
化大革命」上書集》頁246）。文革結束，「反封建」的呼聲大作，
與五四新文化運動遙相呼應(參看蕭冬連《從撥亂反正到改革開
放》頁174–175)。這一點上，黨內外未必形成了共識，卻有一度
的配合(參看《溫濟澤自述》頁422–424)。我所在「中國現代文學
專業」的興起，即以上述思潮為一部分背景。[93]論者因文革而致力

92　2005年錢向時任政府總理的溫家寶提出如下問題，即為什麼我們的學校總是培
　　養不出傑出人才？後被稱為「錢學森之問」。

93　其時的共識，即指文革為「封建法西斯專政」。王富仁的博士論文《中國反封
　　建思想革命的一面鏡子——〈吶喊〉〈彷徨〉綜論》，屬上個世紀「八十年代
　　思潮」的組成部分，為文革後類似論述的代表作之一。至於中國現代文學這一

於清算「傳統文化」的黑暗面，不暇推究「封建」一名是否恰當。當年的批判者未曾料到的是，文革爆發50年後「傳統文化」被強力徵用，作為秩序重建的資源，而由傳統文化的方面對文革的反思卻沒有推進的空間。

　　1967年10月1日兩報一刊社論《無產階級專政下的文化大革命勝利萬歲》，引用了馬克思、恩格斯《共產黨宣言》的如下名句：「共產主義革命就是同傳統的所有制關係實行最徹底的決裂；毫不奇怪，它在自己的發展進程中要同傳統的觀念實行最徹底的決裂。」（《馬克思恩格斯選集》第一卷，頁271–272）1970年代有文革當局主導拍攝的以「教育革命」為劇情的影片《決裂》。此「決裂」自有特殊含義。至於文革，則非但無意與封建專制主義「決裂」，甚且將「專制主義」推向了極端。《關於建國以來黨的若干歷史問題的決議》提到了「封建專制主義」的「遺毒」。說：「一九八○年八月的中央政治局會議，提出反對資產階級思想侵蝕和肅清政治思想上的封建餘毒的歷史性任務。」文革後的1980年代，「反對資產階級思想侵蝕」的運動一再發動（如「批判資產階級自由化」、「清除精神污染」），卻未聞「肅清政治思想上的封建餘毒」有何動作。這一「歷史性任務」的完成，似乎只能期之於遙遠的未來。[94]

　　讀明清文獻，一再想到當代中國政治文化的傳統淵源，被認為（或自詡為）激進改造中的古老鬼魂。如理學關於「克治」己私的嚴

學科命運的戲劇性，則是另一話題。當局主導的徵用「傳統文化」，牽涉對於五四新文化運動的再評價；由文革引發的對於20世紀中國革命的再認識；以至對於上個世紀四五十年代之交社會政治轉折意涵的再討論——這一學科註定了不斷面臨挑戰。

94　《決議》中「長期封建專制主義在思想政治方面的遺毒」不易「肅清」、未能將「黨內民主和國家政治社會生活的民主加以制度化，法律化」、「黨的權力過分集中於個人」，致使「黨內個人專斷和個人崇拜現象滋長」等論述，仍未失去其現實意義。

苛要求，如將「牛鬼蛇神」遊街示眾以羞辱的方式，如抄家、[95]強行沒收私人財物，以及以「充軍」、「投諸四裔」作為懲罰手段。文革前大規模的政治/道德淨化運動，甚至具體方式均像承自理學之士(包括類似「功過格」的修身日記)。對此，或可由領袖人物的知識背景與早年經歷得到部分解釋。王汎森曾考察及於「新民學會」、早期共產黨人(如惲代英)對明末清初修身方式的採用。[96]革命並未切斷歷史。事實或許是，某些方面、某些環節「斷裂」了，另有一些方面，則非但延續且有發展。那本不是憑空構想的革命，由具體的人發動與實施。發動與實施者無不在其上打下了個人印記。

　　林彪事件後批林的「克己復禮」，不過順手揀來的由頭。儒家之徒「克己復禮」的理路，文革前夕的「學雷鋒」、「革命化」運動中已發揮到淋漓盡致。「鬥私批修」、「狠鬥『私』字一閃念」，較理學之士的「四路把截」猶有過之。其時與「鬥私」有關的一套論述，其近緣、摹本，清晰可辨。收入《民間書信》的一封說，「文革是一個抹煞個性的時代，同時又是傳統的『心學』張揚的時代」，對此使用了「心靈的自我拷問」、「自我鞭笞」一類說法，說「『鬥私批修』之所以使我們如此着魔，是因為我們隱約感知到了其中的唯心、唯意志因素，以及它所具有的『反求諸己』的儒學淵源和『存天理滅人欲』的理學傳統」(《民間書信》頁311)。當年的知識青年何嘗沒有辨識能力！

　　據寓真《聶紺弩刑事檔案》，聶私下裏曾對人說，「毛這個人，古書讀得不少，他是把中國帝王的一套，跟馬克思列寧主義結

95　印紅標《文化大革命期間的青年思潮》：「抄家是中國傳統社會懲治罪犯的方法，而二十世紀農民運動中的許多做法也是對傳統的繼承」(頁26)。

96　參看氏著《權力的毛細管作用——清代的思想、學術和心態》第五章《明末清初的〈人譜〉與省過會》、第六章《〈日譜〉與明末清初思想家——以顏李學派為主的討論》，臺北：聯經出版事業股份有限公司，2014。早期共產黨人思想的傳統淵源，包括與心學的聯繫，尚看參看氏撰《中國近代思想中的傳統因素——兼論思想的本質與思想的功能》，收入氏著《中國近代思想與學術的系譜》，臺北：聯經出版事業股份有限公司，2003。

合起來。那不是馬列主義，那是中國封建的東西。」（頁168）何方
則認為「毛澤東思想之為馬列主義同中國實際結合，這『實際』
中重要一部分就屬傳統」（《黨史筆記》頁86）。「中國封建社會傳
統和蘇聯模式的結合，對中國黨的建設和領袖的形成起了巨大作
用。」（同書，頁103）[97]

　　毛批評「厚古薄今」、「重外輕中」。批評後者，基於其本
人的知識結構與偏好，不難理解；批評前者，顯然與他的個人取
向相悖，更出於意識形態的考量。至於一再要求高層讀《資治通
鑒》，[98]着眼無非在治術，馭下牧民之術──確應歸入當代政治的
本土淵源。吳宓1965年的「社會主義教育運動」期間日記中寫道：
「毛主席之許多政策、辦法、指令、號召，似皆出於中國古書舊
史，但諱言之，而新其名。」（《吳宓日記續編》第七冊，頁139。
着重號為原文所有）。

　　曾經的紅衛兵領袖安文江說，紅衛兵「無論是思想武器還是行
為方式、組織形式都有着封建主義的深刻烙印」（《我不懺悔》，
《1966：我們那一代的回憶》頁99）。這是一個有趣的話題，惜未
能在該文中展開，也少見於當年紅衛兵領袖的回憶、受訪記錄。

　　當代中國政治中的株連，其「傳統淵源」顯而易見。由《黃克

97　何方還說，「毛澤東思想」「是在強烈濃厚的中國傳統上吸收融合的列寧斯
　　大林理論，而不是直接從馬克思、恩格斯那裏吸收、繼承的」（頁229）。何方
　　比較毛澤東、張聞天的知識背景，強調張作為新文化運動參與者的文學修養
　　（尤其外國文學與五四新文學），與對馬列理論的興趣，毛則熱衷於中國古籍，
　　「對通行於世界的經濟學、社會學、國際關係理論一類書卻讀得不多，對外國
　　文學更沒多大興趣」（同書，頁98）。「他不但自己愛好古籍，還經常挑選一些
　　古文叫印發給中央領導或某個會議參加者看，如《後漢書》的《張魯傳》、枚
　　乘的《七發》等。有時還要考問一些領導人，《資治通鑒》看了幾遍？直到臨
　　死前還要人給他念庾信的《枯樹賦》、賈誼的《鵩鳥賦》，以及岳飛、張元幹
　　等人的詞」（同書，頁99）。

98　毛鼓勵高層讀《資治通鑒》，一說再說，卻未讀過《資本論》（參看何方《黨
　　史筆記》頁107註76）。何方說張聞天常談到毛「對中國歷史熟，會用權術」
　　（同書，頁86）。還說廬山會議後，張與彭德懷「不約而同地讀起了《資治通
　　鑒》」（同上）。

誠自述》可知，江西蘇區「肅反」，「家屬亦不能倖免」(頁96)。
據楊奎松《中華人民共和國建國史研究1》，1950年代「鎮反」，
有些地區「地主、反革命家屬，一般都是全家大小一律管(按指管
制)」(頁216)。1949年後歷次政治運動均有株連。[99]「反右」期間
邵燕祥落難，竟株連到讀者(參看氏著《沉船》頁155–156)。1962
年習仲勳、賈拓夫、劉景範「反黨集團」一案，株連多達萬餘人，
甚至株連至於習用過餐的多家飯店(參看圖們、祝東力《康生與
「內人黨」冤案》頁103)。

　　一榮俱榮，一損俱損。官員獲罪，受株連者除親友下屬外，其
曾提拔、褒獎、關照者，均可能被牽累。重要人物尤其如此。如劉
少奇表彰過的掏糞工人時傳祥。王年一《大動亂的年代》：「『株
連』是封建主義的。在『文化大革命』以前，株連的現象就已存
在；在『文化大革命』中則極為普遍。因劉少奇錯案造成22000餘
起錯案，首先是株連到王光美。」(頁240)同書另一處說，因劉受
株連而被判刑的達二萬多人，被批鬥、關押的難以計數(頁622)。

　　王光美在應對清華大學紅衛兵審訊中指其為「三反分子的臭老
婆」，說：「中國的婦女中國的女共產黨員是獨立的，不能因為丈
夫錯了，老婆就一定錯」(同書，頁254)。陶鑄夫人的遭遇，《百
戰歸來認此身——曾志回憶錄》有記述。北京外交學院紅旗造反兵
團的大字報《陳毅醜聞幾則》(收入譚放等《文革大字報精選》)，
以涉及其夫人張茜的內容吸引眼球。張因面目姣好，被指為「臭妖
婆」(見該書頁327)。指控某人即連帶侮辱其「婆娘」，亦傳統社
會大眾文化的常態。1976年「四五運動」的「天安門詩抄」，指江
青為「妖」(「妖婆娘」)，以「妲己毀商」(「女禍」)為暗喻，也
淵源古老(參看同書，頁707)。[100]

　　《閻明復回憶錄》使用了「株連『九族』」的標題(頁1034)。

99　關於1957年「反右」中的株連，參看沈志華《從知識分子會議到反右派運動》
　　頁667–668。
100　類似比喻尚有「妖精」、「狐狸精」之類，見同書頁705《捉妖戰歌》。

古代中國有所謂的「滿門抄斬」。京郊大興縣(今大興區)、湖南道縣(今道州)與廣西多地的慘案，對「四類分子」，一再演出「滅門」慘劇(參看本書下編《札記之二‧文革中的鄉村》)：相信「親子一體」，出於斬草除根、不留後患的考量。「革命戰爭年代」鋤奸、懲處叛徒，已有類似做法。

　　「兩案」即林彪、「四人幫」反革命集團案的涉案人物亦然。《邱會作回憶錄》扉頁題獻給老伴，「和因我受到株連的老戰友和同志們」。該書《寫在前面的話》對老伴與五個子女所受「無端的株連」痛心疾首；寫到「林彪事件」後，解放軍總後勤部幹部及其家屬、身邊工作人員受株連之廣，歸結為其時通行的「以人劃線」(頁941–942)。邱寫其母親活活餓死在醫院，「老伴受到殘酷至極的迫害」，「五個子女無一倖免」，甚至株連及於兒子的女友、女友的父母(頁956–969)。[101]《戚本禹回憶錄》寫到自己被拋出後，株連至於懷有身孕的妻子；其小兒子出生在秦城監獄，被稱作「秦城之嬰」(頁702)。《王大賓回憶錄》寫有「清查五一六」株連其未婚妻、其母親及其他親戚，說自己體會到了「什麼叫株連九族」(頁179)。《聶元梓回憶錄》也訴說了子女受到的株連(頁336–337)。

　　宗法社會特重血緣、親緣。由傳統社會的誅九族，到當代政審的「查三代」，正一脈相承。作為罪名的「孝子賢孫」，亦繫於「宗法論述」。至於「出身」歧視，不過在文革中被極端化了而已。出身問題的預設，無非血緣、親緣對於人的某種程度的決定性或規定性。一方面不惜破壞人倫，鼓勵親人間的背叛(「大義滅親」)，一方面又相信倫理關係之於人的決定性，並不以為其間有何扞格。「自來紅」理直氣壯地宣稱的「打天下、坐江山」，是起

101　《李作鵬回憶錄》也痛心疾首於株連，說自己對此「有難言的痛苦和慚愧」(參看該書頁754、798)。吳法憲對空軍因他而致的株連痛心不已(《吳法憲回憶錄》頁909)；其家屬也未能倖免(同書，頁957)。《陳伯達：最後口述回憶》也述及陳妻劉叔宴受到的株連(頁317)。

事農民習用的一套語言。「株連」，與「世襲」、「恩蔭」，不過
一體兩面，共享同一套邏輯。近些年被熱議的「紅二代」、「官二
代」，官場的「裙帶關係」，不出重宗親、以至「閥閱」、門第的
宗法制的慣例。看似最激進的「革命」中，隨處遊蕩着「古老中
國」的幽靈。[102]

　　文革期間有諸種古老的儀式，無非魯迅所説的「沉滓的泛
起」。頌聖的儀式尤為荒誕。遍及城鄉的「忠字化」運動，由諸
種形式的「表忠心」，到「忠字舞」，似未見於古代中國，令人想
到的，倒更是1930年代納粹興起時的德國。一時的社會生活中充斥
了對儀式的狂熱。花樣繁多的效忠儀式、頌聖儀式，窮極想像。被
奉為聖物者，紅寶書、毛像章外，甚至有沾了領袖手澤或不過複製
品的芒果。被「忠字化」的狂潮所裹挾者，往往身不由己，因巨
大的集體力量而無從抽身。「從眾」既因無可選擇，也為自保。
看似全民性的狂熱掩蓋了個體差異。毛對「忠字化」運動並未鼓
勵，甚至有抑制。但他對「個人崇拜」的曖昧態度，對林彪式肉麻
吹捧(至少在相當一段時間裏)的默許與放任，無疑是上述運動的誘
因。[103]至於與上述現象互為表裏的令人膽寒的「大不敬」罪，參看
本書上編第五章《思想、言論罪》一節。

　　競相「表忠心」的壓力，誘發了層出不窮的「創造」，事後
看來令人啼笑皆非，像是愚人節的玩笑。甚至購物、傳呼電話前
也有語錄問答，猶如黑道的「切口」，或「地下工作者」接頭暗
語、「通關密碼」，荒唐到了無以復加(參看收入《那個年代中的
我們》一書的《「忠字化」小議》、《電話》)，是相聲、小品的

---

102 據我有限的經驗，「株連」也因在文革中達於極致而發生了改變。對此可以
　　1989年「六四」之後的清查為例──亦可作為「政治文明」進步之一端。

103 莫里斯‧邁斯納《毛澤東的中國及後毛澤東的中國》關於「破四舊」，説，
　　「代替封建迷信的是對毛澤東的迷信崇拜和圍繞對毛主席個人崇拜而表演的種
　　種原始儀式」(中譯本，頁391)。羅德里克‧麥克法夸爾、沈邁克《毛澤東最
　　後的革命》：「1969年6月，中共中央正式終止了『三忠於、四無限』運動，
　　但是在農村地區該運動一直持續到1971年林彪死後。」(中譯本，頁274)

絕好材料，現成的喜劇橋段。在鄉村，毛像、「紅寶書」被供奉在原先安放祖宗牌位之處，或類似土地廟的「忠字坊」內，亦農民所能想到的表達對神祇敬畏的固有樣式。「忠字化」運動甚至將本應最理性的知識分子裹挾其中（參看《顧準日記》），可證風氣的無所不在、不可抗拒。古代中國的皇權崇拜無過於此。傳統社會尚不以「忠」責之於草民，或朝不坐燕不與的布衣之士。

　　與此相關，有古老的語言禁忌。如「請」毛主席像，「請」毛主席著作，類似佛教徒對於佛像的「請」，亦淵源古老。以吳宓的迂，也隨俗用「請」，如曰「購請來」領袖畫像云云，不倫不類（《吳宓日記續編》第九冊，頁14）。[104]

　　「早請示、晚彙報」，則令人想到古人所謂的「出告反面」（《禮記·曲禮》），佛家的早課晚課。顧頡剛夫婦在家向毛請示、彙報，徐鑄成的學習「老三篇」，背誦毛語錄（參看《徐鑄成自述：運動檔案彙編》頁71、74、77），都像是對自己智商的貶低。據說吳宓1977年回到家鄉涇陽後，吃飯時總要問：「還要請示嗎？」（吳須曼《回憶先兄吳宓教授》，《追憶吳宓》頁23）[105]儀式之古老者尚有「請罪」。徐鑄成1968年的《思想彙報》說，自己每天早晚向毛主席請罪，背誦《南京政府向何處去》（《徐鑄成自述：運動檔案彙編》頁138）。

　　1974年廣州街頭署名「李一哲」的大字報，提到了「念經式的『天天讀』，越搞越虛偽的『講用』」，「鼓勵政治投機的『表忠』」，「不倫不類的『忠字舞』」，以及「上下交接班、買賣東西、寫信、打電話」等等場合的準宗教的儀式行為（《「文化大革

---

104 毛像章、「紅寶書」必得說「請」或「敬送」，不可說「買」。孔丹口述《難得本色任天然》一書說，有紅衛兵到新華書店，不准賣毛著作，認為「賣就是對偉大領袖的褻瀆」（頁66）。

105 陳佩華《毛主席的孩子們——紅衛兵一代的成長和經歷》中譯本第四章註3：「早請示、晚彙報與基督教傳統的飯前禱告相似。」（頁243）

命」上書集》頁235）。[106]近年來官媒的表述，卻每令人有時光倒流之感。文革中如上的一幕之後，如若有新的「造神運動」，只能是劇情更荒誕的鬧劇的吧。

　　「傳統文化」不免過於籠統。古代中國文化多元而豐富。文革當局對於「傳統文化」，原非一概反之。文革後期的「評法批儒」，即是此非彼，「評法」被用作了對暴政的辯護。籠統的「反傳統」，既不足以概括文革，亦不足以概括五四新文化運動。近聞儒學專家樂見當代中國政治文化的「再中國化」，令人費解。當代中國的政治文化本未「西方化」，未經反思的「再……化」，其意涵是什麼？

　　傳統中國與現代中國（包括中國革命）的關係，仍待繼續梳理。以「反封建」（「反帝反封建」）為號召的革命的「封建色彩」，未始不可以看作一種歷史環境下「革命」的宿命。這種諷刺性，充斥於文革全程。近一時期選擇性地張揚「傳統」，卻不及於一些近於常識、常談的方面。「官箴民瘼」，以時下官員的知識水平，或不易索解；「世道人心」、「民脂民膏」總該懂得的吧。倘有此一念，一些不得人心的做法或可避免。且不要侈談「傳統文化」，先補補文化課如何？

---

106 1969年6月12日根據毛的批示，中共中央發出《關於宣傳毛主席形象應注意的幾個問題》，其中有「不經中央批准，不能再製作毛主席像章」；「各報紙平時不要用毛主席像作刊頭畫」；「不要搞『忠字化』運動」；「不要修建封建式的建築」；「不要搞『早請示、晚彙報』，飯前讀語錄、向毛主席像行禮等形式主義的活動」（逢先知、金沖及主編《毛澤東傳》第六卷，頁2525–2526）。

第五章

罪名、罪案、司法與獄政

5.1　思想、言論罪

　　蕭冬連《歷史的轉軌——從撥亂反正到改革開放》一書據1978年12月中共最高人民法院黨組向中共中央提交的《關於抓緊複查糾正冤假錯案認真落實黨的政策的請示報告》，估計文革期間判處的反革命案，約佔全部刑事案件的28%，其中40%需要改判糾正（頁100–101）。1979年12月31日中共中央批轉的中共最高人民法院黨組的請示報告，說28萬件反革命案件複查了24.1萬餘件，糾正冤假錯案13.13萬餘件（頁103）。此後各級人民法院複查反革命案件27萬多件，改判糾正17.5萬多件，涉及18.4萬多人（頁104）。同書據司法部門的「不完全統計」，文革期間以反革命罪判處死刑10402人（同上）。[1]

　　卜偉華《文化大革命的動亂與浩劫》：據不完全統計，全國各大城市1966年8月23日至10月3日，破獲現行反革命案件1,788起（頁240）。關於上海司法機關文革期間審理反革命案件的統計材料，參看李遜《上海文革運動史稿》頁1210–1211。相關數字足證當時的濫刑。1968年毛說：「十六條規定，現行反革命就是殺人、放火、放毒、破壞國家財產。貼了幾張反動標語，也不一定要抓嘛！總之，現在現行反革命的範圍相當擴大。」（逢先知、金沖及主編

---

[1]　寇真《聶紺弩刑事檔案》：「自中華人民共和國成立初期，宣佈廢除原先民國時期的《六法全書》以後，二十年來國家沒有制定刑法和訴訟法，凡『反革命』犯罪的定罪判刑，所依據都是一九五〇年頒佈的懲治反革命條例。」（頁37）

《毛澤東傳》第六卷，頁2483)事實上，大面積地抓人，濫用死刑，沒有最高當局的放任(至少默許)即不可解釋。

「現反」、「惡攻」——「大不敬」罪

文革期間反革命案中最具特色的，毋寧説是被指為「現反」、「惡攻」的「大不敬」罪。文革因所設目標，各級黨組織甚至(被高層點名的)黨和國家領導人均可衝擊，惟毛、林(後更有追加，如周、如中央文革小組成員)除外。對涉及毛、林等的言論，懲處力度之大，前所未有。

中共八屆十一中全會1966年8月8日通過的《關於無產階級文化大革命的決定》(即「十六條」)中有「即使是真正的右派分子，也要放到運動後期酌情處理」云云。同年8月22日中共中央批准、轉發公安部給毛澤東、中央的報告《嚴禁出動警察鎮壓革命學生運動》，「重申除了確有證據的殺人、放火、放毒、破壞、盜竊國家機密等現行反革命分子，應當依法處理外，運動中一律不許逮捕人。」1966年第11期《紅旗》雜誌重發《人民日報》評論員文章，其中説：「對於無產階級的革命派來説，我們遵守的是中國共產黨的紀律，我們無條件接受的是以毛主席為首的黨中央的正確領導」。前提、限定明確：即「以毛主席為首的黨中央」不可批評；「以毛主席為首的黨中央的正確領導」不可質疑——何為「正確領導」，並無界定。上海市1967年1月9日的《緊急通告》，有「凡是反對毛主席、林副主席、中央文革及破壞文化大革命、破壞生產者，立即由公安局依法逮捕」云云。同年1月13日中共中央政治局正式通過、由中共中央、國務院頒佈《關於在無產階級文化大革命中加強公安工作的若干規定》(中發〔67〕19號)，即《公安六條》，第一條涉及的主要為刑事犯罪；第二條已有擴大解釋的可能：「凡是投寄反革命匿名信，秘密或公開張貼、散發反革命傳單，寫反動標語，喊反動口號，以攻擊污蔑偉大領袖毛主席和他的

親密戰友林彪同志的，都是現行反革命行為，應當依法懲辦。」[2]
同年2月5日上海人民公社《第一號通令》宣佈：堅決貫徹執行《公
安六條》，「對於反對毛主席、林副主席和中央文革小組，破壞無
產階級文化大革命，破壞上海人民公社，破壞社會主義經濟的現行
反革命分子，立即逮捕法辦。」如此，被指為「攻擊污蔑」的就不
限於「偉大領袖毛主席和他的親密戰友林彪同志」，而擴大至於
「中央文革小組」；甚至「現行反革命」罪還包括「破壞上海人民
公社」。[3]卜偉華《文化大革命的動亂與浩劫》一書說，在上海因
「炮打中央文革」等罪名製造的冤假錯案有24.9萬起，受到株連者
在一百萬人以上(頁598)。「清查五一六」中指認「五一六」分子
的標準有所謂的「三指向」：將矛頭指向「無產階級司令部」、指
向解放軍、指向「新生的革命委員會」(參看吳德口述《十年風雨
紀事》頁70)，打擊範圍更有擴大。據吳德回憶，北京市在清查中
提出的口號，尚有「誰反總理，誰就是反革命」(同書，頁73)。

　　據寙真《轟赫弩刑事檔案》，文革後複查冤假錯案，「其中數
量最大的一類案件就簡稱為『惡攻』案，全稱應為『惡毒攻擊毛主
席和無產階級司令部的現行反革命案』。從相關資料可知，『惡
攻』類案件涉及十萬人眾。」(頁48)據卜偉華《文化大革命的動亂
與浩劫》，中共十一屆三中全會後，經最高人民法院組織各地法
院複查，1966–1976年「因受《公安六條》影響而被誤判的冤假錯
案竟佔到總數的一半以上」(頁598)。同書還說，1970年「一打三

2　《王力反思錄》說，經毛批示肯定、官媒公開發表的上海市1月9日《緊急通
　　告》在前，《公安六條》在後，《通告》容易推廣，後患無窮(頁840)。該書
　　還說，《公安六條》中的「反革命分子」這個詞「作為法律概念不清楚」；
　　「殺人、放火、放毒等都是刑事犯罪，怎麼都叫現行反革命分子」(頁839)？
　　指的是《公安六條》第一條：「對於確有證據的殺人、放火、放毒、搶劫、製
　　造交通事故，進行暗害、衝擊監獄和管制犯人機關，裏通外國、盜竊國家機密、
　　進行破壞活動等現行反革命分子，應當依法懲辦。」王力還說現行法律的「反革
　　命宣傳煽動罪」概念也不清楚，來源於文革，沒有總結經驗教訓(同上)。

3　李遜《上海文革運動史稿》有上海對於「炮打張春橋」司法處理的案例(參看
　　該書頁988)。

反」運動中，「各地公安機關軍管會判處了十萬餘件反革命案件，
經文革後複查，冤錯率高達八至九成。」（頁599）。同書據穆青等
人撰寫的《歷史的審判》（刊1981年1月26日《人民日報》），説：
「僅僅由於對林彪、江青一夥有一字一句損害而被定為『惡毒攻
擊』加以逮捕、判刑的，全國就有十萬多人。」或即寓真上述説法
的來源。有關統計不免於遺漏。大批底層小人物未必都有機會成為
相關數據中的一個數字。

「歷史反革命」、「現行反革命」均屬重大罪名。較之「歷史
反革命」，「現行反革命」更便於隨意指認。為「歷史問題」定
性，尚須「外調」，儘管多半旨在印證已有的結論；而確認「現
行」，則可僅據舉報。文革期間因打錯了「紅叉」（將紅叉打到了
偉大領袖的名字上），口誤（喊錯了口號，如顛倒了「打倒」與「萬
歲」）、筆誤而頓成「反革命」，情節之荒誕有匪夷所思者。口
誤、筆誤的發生，往往由於巨大壓力下的恐懼。當年的北大學生
陳煥仁的《紅衛兵日記》，就記有因筆誤、口誤而成「現行反革
命」、被聲討批鬥、扭送公安機關的事例：1967年12月22日北大的
幾個老工人，本想將對立一派的大標語「聶元梓惡毒攻擊毛主席和
林副主席，罪該萬死」中的「聶元梓惡毒攻擊」七個字覆蓋，「卻
製造出一條反動透頂的極端反革命的標語：『毛主席和林副主席罪
該萬死！』」，雖然所屬派別當即將幾個老工人扭送公安部，對
立一派仍然説聶等是此「反革命事件」的「總後臺」，必須一併
扭送公安部，依《公安六條》，定為現行反革命分子（參看該書頁
483）。派仗中尤多此種鬧劇。[4]

「大不敬」罪在文革中到了足令人人自危的程度。據徐友漁
説，當時有一張流傳很廣的毛在天安門城樓招手的照片，突然有來
自北京的「緊急呼籲」，要求不要再張貼此照片，理由是照片上

4　汪曾祺寫劇團一個打小鑼的，因「打叉」出錯而被捉去勞改的事（《非往事（外
　　二篇）》，收入《那個年代中的我們》）。

「毛揮手的陰影落在他胸前,像一把張開的叉子直刺他的咽喉」
(《我在一九六六年》,《1966:我們那一代的回憶》頁23)。近於
病態的敏感與奇特的想像力,任一正常社會只能作為笑話的,當時
的人們恬不為怪。吳宓日記記自己奉命為群眾組織抄寫大字報,
將劉少奇、陸定一等人的姓名,與「毛主席」均寫成黑體大字,
被斥為「直將毛主席與反革命修正主義罪犯惡人等量齊觀,順逆
無別,愛憎一體」,「是對毛主席之莫大侮辱,實別有用心」。
對此,吳氏只能認為自己實在「無術偷生此世」(1968年2月16日,
《吳宓日記續編》第八冊,頁376、377)。另記自己因批鬥中被施
暴而受傷,不得不用報紙包大便,勞改隊同人竟「不避污穢,細細
檢閱」,終於發現報紙背面有「毛澤東思想萬歲」的標題,以證
其「大不敬」。還記有因腿傷,不得不用瓷碗接尿,因碗上燒有
「為人民服務 毛澤東」,亦構成「大不敬」的「嚴重罪行」(1969
年5月19日、22日,《吳宓日記續編》第九冊,頁108、109)。[5]徐
鑄成1968年的一份《思想彙報》,寫到自己不到四歲的孫子收藏的
毛照片有部分折損,背面有塗抹,被所在里弄專政小組的成員批
評教育(《徐鑄成自述:運動檔案彙編》頁70)。豐一吟《我和爸爸
豐子愷》說其父的隨筆《阿咪》的「貓伯伯」被指為「影射」(頁
188)。張戎《鴻——三代中國女人的故事》寫到某人在寫大標語
時,把「衷心熱愛毛主席」的「衷」字寫得有點像「哀」字,受到
殘酷折磨而自殺(中譯本,頁265)。

　　涉及最高領袖的禁忌無所不在。印有領袖像的報紙,必得慎
重處理。意味着所有報紙均不可用於擦拭便溺,包裹穢物,因為
當年的幾乎每張報紙都印有領袖像或「最高指示」。1968年初「王
瑤被控有意污辱印有毛澤東頭像的紙張,被打成『現行反革命』
並遭到毒打」(王超冰《父親王瑤》,《王瑤與現代中國學術》頁

5　吳宓日記中尚記有自己曾說「恨吸紙煙人」,「欲殺吸煙人之苦我者」,有
　　人揭發說「毛主席亦吸煙者」,並判吳為「蓄意刺殺毛主席」(《吳宓日記續
　　編》第七冊,頁463)。

550–551）。上文提到的《紅衛兵日記》，記四川農村批鬥「走資派」（生產大隊黨支部書記），令其交出小紅書，摘掉毛像章，理由是如不交出、摘掉，即是「讓毛主席陪鬥」（頁444）。另有「不能讓毛澤東瓷像躺着燒，為此還專門把爐子拆了改建」（樊建川《敍説文革瓷器》，《那個年代中的我們》頁560）。凡此，無不是荒誕小説、「黑色幽默」的材料，當時卻事關身家性命，沒有人幽得起默。[6]

美國人威廉·韓丁在其《深翻》一書中，寫到了《山西日報》「排字錯誤」的「政治事件」。所謂錯誤，只不過在「毛澤東、林彪和周恩來」中略去了「和」字（中譯本，頁599）。作者由此想到中國人對其印刷文字的「持久不衰的盲目崇拜」，其表現就有「對職位安排，健康狀況，以及任何字的真正含義和意圖進行離奇的解釋。彷彿白紙黑字之間擁有他們自己的生命似的」（中譯本，頁599）。問題顯然要更複雜，僅「語言拜物教」已不夠用來解釋。在字裏行間尋找「真正含義和意圖」，被某種政治生態所鼓勵。對印刷文字的「持久不衰的盲目崇拜」，至今仍有其例。

因言論文字的高危性質，就有了諸種規避風險的對策。姚遠方《天上掉下一個毛姑娘》，寫毛的女兒李訥（化名「肖力」）到《解放軍報》主持「版面組」，「當一版有毛主席的照片時，就必須保證一版的其他照片上沒有人把槍口對着毛主席的方向。甚至在文字上有『毛主席』的字樣出現時，一定要透過光線看看二版上的同一地方有沒有貶意（按應為「義」）詞」（《那個年代中的我們》頁3）。對於諸種怪現狀，其時的人們像是被集體催眠，某一部分知覺、能力昏睡了。上述種種，大可用來編文革版的《笑林廣記》。在當時，那卻是殘酷的笑話；當事者感受到的，只能是恐怖。

人心惟危。病態的「敵情觀念」，激發了潛藏在人性深處的惡。本用於科學研究的「放大鏡」、「顯微鏡」，被用來對準周圍

6　有人建議將「向右看齊」改為「向左看齊」，用左手握手、用左手行軍禮；建議交通部門將紅綠燈改為「紅燈行、綠燈停」（劉道樹《人造英雄》，收入《那個年代中的我們》）。在當時絕非奇想。長於琢磨此等事者不乏其人。

的人與事。你得知某張油畫上的草叢中暗藏了「反標」（反革命標語）；某種鞋底的圖案是一「共」字，意謂將×××踩在腳下；某家四個兒子的名字中某字可拼成「中華民國」，等等，等等。隨時有令人毛骨悚然的發現，如同兒童的聽鬼故事，鋪天蓋地鬼影幢幢。一驚一乍，很刺激。如若不考慮受害人的感受，更像是在「消費」「反革命陰謀」。抓「惡攻」、「現反」的那種空氣，也如美國麥卡錫時代一樣有毒：毒害人的認知方式，毒化人與人的關係。

　　文革期間的「鍛鍊周納」，固有其淵源。清雍正朝查嗣庭因鄉試命題而被以「大不敬」論罪，就可以作為某些「現反罪」的樣板。只不過今人在這一點上度越了前人：文革中「文網」之密，羅織人罪的奇思妙想，在本不相關的事項間發現相關性的能力，以及吹毛索疵的耐心與興致，已非清人所能及。蔡翔的回憶文字，抄錄了廣州某紡織廠加之於一名女工的罪名，起因是她的親友自香港帶給她的女式三角褲。罪名是：「（一）將最神聖的革命色彩——紅色用來穿在最骯髒和不適當的部位。紅色是代表最進步的顏色……因此把紅色穿在不當的部位未免大大的瀆褻。（二）崇尚西方國家的貨物，具崇洋思想。（三）追求資產階級的生活享受，不穿布褲喜穿絲褲。」（《神聖回憶》，《1966：我們那一代的回憶》頁253–254）亦其時人們熱衷的「上綱上線」之一例。

　　文革期間以「現行反革命」入罪的，有各色人等；知識分子外，尚有工人、農民、市井小民。底層的「現反」罪犯，較之「文化人」，案情往往更離奇、荒謬。種種可慘可笑的故事，令人疑非人間。朱正、王學泰、朱正琳、馬雲龍等人的獄中紀事，所記即有底層小人物、農民因言賈禍的荒唐故事。王學泰所見看守所與北京第一監獄底層出身的「現反犯」，往往因懵懂無知、不知禁忌；王以為其案情可入「拍案驚奇」。[7]知禁忌，也要有一點知識或世

7　參看朱正《小書生大時代》、朱正琳《裏面的故事》、王學泰《監獄瑣記》。馬雲龍的有關系列文章，發表於2012年前後的《南方週末》。

故。蒙昧、率性，在一個如文革這樣荒謬的年代，看守所、監獄即
有可能是其去處。一面掩蓋、合理化文革中的罪惡，暗中支持以
文革為禁區，一面指責文革研究的「知識分子視野」，以「底層民
眾」的代言者自居，亦一種怪現象。文革中的底層受害者，不但包
括死於各地大規模武鬥的工人農民，死於大興、道縣、廣西、內蒙
等地屠殺、血案的「基層民眾」，也包括了馬雲龍監獄紀事所寫因
對抗合作化而庾死的農民，因筆誤而被投入牢房的農村女青年。

　　作家徐星曾據偶爾得到的「犯人信息」尋訪有關的涉「現行反
革命」案的農民，製作了紀錄片《罪行摘要》。面對鏡頭的，是
老人神情麻木的臉，和不完整的敘述。拍攝紀錄片，徐星有感於
「『文革』底層受害者通常不被提及，尤其是農民。他們因『反
革命罪』進就進去了，出就出來了，沒有解釋、沒有平反、沒有
補償」（原刊《中國新聞週刊》，引自《報刊文摘》2013年4月12日
第3版）。楊奎松《「邊緣人」紀事》一書有小人物淪為「現行反革
命」的案例（參看該書《「反動」的代價——一個「現行反革命」
的發生與發現》）。據蕭冬連《從撥亂反正到改革開放》，文革中
全國經由司法機關判決的反革命案件28萬件，「大都是普通百姓中
的所謂『現行犯』」（頁97）。曾有人試圖發起「尋找『文革』底層
受害者」（參看《中國新聞週刊》2013年第12期昆鳥文）。這種工作
在目下的言論環境中不可能進行。

　　武漢大學生、被監禁達十一年之久的魯禮安，罪案中有「胡
塗亂畫」一條（參看魯著《仰天長嘯——一個單監十一年的紅衛兵
獄中籲天錄》）。如果不是我的記憶有誤，1970年春北大畢業生分
配前，有過一項針對「老五屆」學生——未知是否僅限於北大、清
華——的政策，即不追究畢業生中「議論中央領導」的「反革命言
論」，作為示例的，即有某學生犯了「胡塗亂抹」的錯誤。由此，
某些激進的北大學生躲過了一劫。所以有此豁免，也應因文革期間
京城高校學生「議論中央領導」之普遍。北大在工宣隊尤其軍宣隊

治下，氣氛蕭殺，「小將」們確實收斂了，很有些人因言論而被抓了「現行」。畢業時卻又「一風吹」——也仍然是驚人之筆。

思想、言論罪

據思想、言論定罪並非始於文革。「思想罪」、「言論罪」，從來是現行反革命主要入罪、入刑的部分。只是號稱「大民主」期間有關罪名使用之濫，因言獲罪者人數之多，足稱奇觀，亦文革的一大悖論。

即使無「政治犯」之名，卻始終有「政治犯」之實。[8]「政治犯」多屬「思想犯」、「言論犯」。1957年「反右」中李慎之檢討其錯誤思想，其中涉及專政「專到思想」（《李慎之的私人卷宗》頁261），謂之「思想統治」，說「別的專政還沒有專到我們這樣深度」（同上，頁263）。時李任職新華社國際部，有國際視野。另一次說得更尖銳：說自己認為「中國比起蘇聯來是『仁慈的專政』，但是對思想的統治和壓抑超過歷史上的任何時期」（同書，頁304）。他「認為言論自由和觸犯刑律的界限不明確」（同書，頁276）。當時的李慎之，還不可能想像文革中以言治罪濫到了何種程度。1969年李慎之因某人被「揪出」而被迫交代與該人間的私人交談，說自己曾說，「孟德斯鳩在兩百年以前就說過思想不能定罪」，這是「應該絕對遵守的原則」；承認自己確曾說過「thought crime」（思想罪）「這個惡毒的詞」（同書，頁1158）。「思想罪」淵源有自。1952年「三反」（「反貪污、反浪費、反官僚主義」）打「老虎」，有所謂「思想老虎」的名目。顧準就曾被指為此種「老虎」。當然，「淵源」還可上溯、再上溯。

以思想、言論定罪，1949年後，以「反右」最為集中。沈志華《從知識分子會議到反右派運動》一書認為，較之以往的政治運

8　王學泰《監獄瑣記》說，「無論過去、還是現在的政法當局都不承認中國有政治犯」。王代為解釋：無論過去的「現行反革命罪」還是現在的「顛覆國家罪」，都納入刑律。觸犯刑律即刑事犯（頁57）。

動，反右運動的特性在於「主要針對的是思想和言論」（頁670）。[9]
文革結束，李慎之在其右派問題「改正」後致信黨支部，説自己的
「右派言論」中「有相當一大部分是毛主席的原話」，自己想不通
「為何毛主席的革命思想到了我的嘴裏就成為反動語言」（《李慎
之的私人卷宗》頁1214）。只能説此一時彼一時。

　　「思想犯」、「言論犯」是文革後人們據實的命名。文革中籠
統地稱「現反」。「現反」有意模糊了從事政治活動(如「地下政
黨活動」)，與僅以思想、言論觸犯禁忌；甚至無視思想的表述方
式，言論是否公開，以及在何種範圍傳播。將經由正常渠道上書，
甚至日記、私人信件入罪，文革中不乏其例。

　　聶紺弩的被刑拘，案由主要即小圈子裏的私下議論，以及僅
公諸同好的舊體詩。聶有自己的詩友圈子。據寓真《聶紺弩刑事檔
案》，「大約從一九六二年九月以後，聶紺弩的寫作和他的言論就
被公安機關通過不同渠道頻頻搜集上來，而且多次被摘編報送高
層領導。」(頁60)由聶案看，一旦成為監視目標，事發只是時間問
題。本書其他章節寫到了安插眼線對特定目標實施定點監控。卻
也應當説，向統戰部門、單位黨組織彙報，與向專政機關報告，
仍然有性質與後果的不同。「肅反」、「反右」中，審查聶紺弩
歷史者混淆「私人關係」(私誼、私人交往)與「政治關係」，聶
在申辯中強調了二者的區分；文革中的辦案人員據其私下的言論
(包括僅在朋友中流佈的舊體詩)為其定罪，卻未聞其由公/私的方
面為自己辯護。

　　定性在前，取證在後，是文革中較為常見的做法。因被捕前已
先行搜證，《聶紺弩刑事檔案》所錄對聶的審訊筆錄，審訊方的提

9　反右前的「鳴放」中，北大教授王力曾質疑1955年的肅反運動不區分反革命言
　　論和反動思想，將反動言論「肅」在一起(參看《從知識分子會議到反右派運
　　動》頁580)。文革中對此已無異議。法國人鮑若望1957–1964期間在中國監獄
　　服刑，所在草嵐子監獄中關押有「反右」中因言獲罪者(見氏著《毛澤東的囚
　　徒》中譯本第三章)。

問往往是羞辱性的，不過迫其認領早已擬定的罪名而已。被捕七年後，1974年對聶的判決書中關於其罪行，有如下表述：「聶犯頑固堅持反動立場，對黨和社會主義制度極端仇視。經常與一些右派分子大肆散佈反動言論，極其惡毒地誣衊無產階級司令部，攻擊黨的各項方針政策和社會主義制度，妄圖推翻無產階級專政，復辟資本主義。並大量書寫反動詩詞，為反革命分子胡風、右派分子丁玲等人喊冤叫屈。」（同書，頁35）或可作為文革期間「現行反革命犯」判決書的一種樣本。[10]「與一些右派分子大肆散佈……」，即私人談話；「書寫反動詩詞」，則屬未公開發表（或僅在少數人中傳閱）的個人寫作。因已有偵伺、搜集、揭發、舉報在前，對自己的上述「罪行」，聶紺弩「供認不諱」。

「十六條」即《中國共產黨中央委員會關於無產階級文化大革命的決定》有如下表述：「有時真理在少數人手裏。即使少數人的意見是錯誤的，也允許他們申辯，允許他們保留自己的意見」。以上表述的適用範圍可任意劃定。一旦被指為「現反」，即不被允許申辯，沒有了保留自己意見的權利。《公安六條》第五條：「凡是利用大民主，或者用其他手段，散佈反動言論，一般的，由革命群眾同他們進行鬥爭。嚴重的，公安部門要和革命群眾相結合，及時進行調查，必要時，酌情處理。」事實卻是，言論一旦觸犯禁忌，不待「酌情處理」，通常被「革命群眾」當即「扭送專政機關」。

《公安六條》第一條所說「放毒」，非指發表「反動言論」，卻往往在比喻的意義上運用。文革語境中的「放毒」，即傳播反動言論。據當時在場的王力回憶，1967年末毛澤東七十三歲生日談話，曾反復講，「放毒不是指思想上的問題，思想反動的、堅持資產階級思想的，只要沒有違法，就不能抓」（《王力反思錄》頁327）。當時不但有所謂的「假批判，真包庇」，還有「假檢討，真

10　作為政法界人士的該書作者說，這「是那個時期的司法文書的通用格式和通用語言」（同書，頁37）。

進攻」，後者即包括借「檢查交代」「放毒」。「反右」中李慎之
對自己的思想、主張表述清晰，自我批判卻勉為其難；以文革的眼
光看，其檢查無異於「放毒」，只是當時人們的政治警惕性尚未達
到文革中的水平。

思路縝密到了相當程度，就有了荒誕意味。陳白塵《牛棚日
記》1968年5月11日，記某人在會上宣佈：「對於炮打無產階級司
令部的事實不許追問，問者等於自己炮打」；「不許借交代為名，
再重複炮打的事實或言論」（頁93）。亦大批判中通常的弔詭。批鬥
中複述「反動言論」為「放毒」，不交代則是對抗運動。你有理由
相信，最先有上述思路的，很可能「心理陰暗」。而當時的「檢查
交代」，確有跡近「放毒」者，未見得不是有意。

據李遜《上海文革運動史稿》，上海1970年代初有所謂的「防
擴散案件」。該書頁1207註42：「所謂『防擴散案件』，即因議論
和批評毛澤東、江青、林彪等文革中在位的中央領導人被立案者，
案件內容甚至連一般辦案人員也不准瞭解，更嚴禁傳播，否則也論
罪處理，因此稱『防擴散』。」亦如此後清查「政治謠言」的既要
「清查」，又以複述為「傳謠」。事實卻是，防範愈密，傳播愈隱
蔽而迅速，防不勝防。文革後期「小道消息」流傳，即是證明。

文革期間充滿了有關「思想」的危險性、「思考」的風險性
質的暗示。「省無聯」（全稱「湖南省無產階級革命派大聯合委員
會」）楊曦光一案，武漢「北、決、揚」（即「北斗星學會」、「決
心把無產階級文化大革命進行到底的無產階級革命派聯絡站」、
《揚子江評論》的簡稱）一案，均為因言獲罪的例子。甚至傳播範
圍更小的北京四中學生趙京興的哲學撰著，也給作者帶來了三年牢
獄之災（參看趙《我的閱讀與思考》，收入《暴風雨的記憶》）。其
他如學術討論中公開發表自己的觀點而獲死罪的大學教師張師亮；
獄中書寫自己的觀點而被執行死刑的毛應星；向有關機構寫信表述
其批判思想而被槍決的忻元華；因在家中的言論被家人告發而判

死刑的方忠謀（關於張、毛、忻、方，參看楊繼繩《天地翻覆》頁644–646、654）。更為人所知的，則有因日記獲罪、應司法機關的要求陳述自己的思想終被槍決的王申酉；因私人信件而被判處死刑的李九蓮，等等，等等。

言論禁制在標榜「四大」的文革期間達於極致。千奇百怪的語言禁忌，造成了無數令人啼笑皆非的荒誕故事。因言治罪，則鼓勵了構陷。斷章取義、無限上綱，成為一些人賴以發跡或藉以報復、迫害的長技。我的同事說，當時甚至有「不提罪」，即以「不提毛澤東思想」之類為「罪」。由此「誅心」，「抉發」你的「反動思想」。「天羅地網」即賴如此細密的心思編織而成。1966年7月5日，上海的大學生王申酉在他的日記中寫道：「看來『興文字獄』還算是好的，現在拼命在『興話語獄』」（《日記摘抄》，《王申酉文集》頁160）。製造文字獄者，通常具有迫害狂加多疑妄想的特徵。這種非正常政治環境造就的人格，猥瑣傾險，正乃古人所謂的「僉壬」。文革期間，此種人物堪比西方宗教狂熱分子的迫害異教徒，卻又沒有後者的虔誠。以羅織入罪，或許就是目的本身。對於自己的指控，指控者本人也未見得相信。

詩人于堅事後寫自己當年的恐懼，說自己讀查良錚譯雪萊《西風頌》時在激情中戰慄：「多麼可怕的語詞，閱讀它們足以使我遇難。」「我太害怕了，我害怕中了這些語詞的魔咒，陷於迷狂，這些語詞會成為我的夢話，在某個夜晚被人偷聽告發。」（《地火》，《上海文學》2012年第12期，頁101）又說使自己害怕的還有，自己「詩中的語詞很可怕，許多都是那時代罕見的」（頁102）。錢鍾書序楊絳的《幹校六記》，說，倘若回憶，「一般群眾……大約都得寫《記愧》」，包括自己，慚愧自己糊塗或怯懦（頁2）。在那年月，你沒有免於恐懼的自由，甚至不敢奢望這種自由，能俯仰無愧者又有幾人！

《顧準文集》陳敏之序寫到了文革前夕顧的老母與妻子參與的

「毀滅『罪證』」，即將顧氏所寫「放在水中浸透、揉爛，然後放進抽水馬桶抽掉」。因紙張太多，來不及漚爛，堵塞了抽水馬桶，未能逃脫銷毀「罪證」的罪名(頁6)。2009年中華人民共和國建國60周年，《南方週末》設紀念性專欄，將《顧準文集》的出版，作為體現「人的崛起」的標誌性事件。該專欄文字說：「《顧準文集》原本應該更厚一些。」「把思想放在抽水馬桶裏排掉，是那個時代的隱喻。」(2009年10月1日A8版)。

一面提倡「五不怕」(即不怕撤職、不怕開除黨籍、不怕離婚、不怕坐牢、不怕殺頭)，[11]一面迫害黨內外的「異端」或僅僅持不同意見者以製造恐怖，絕非為了考驗人們的忠誠度與意志力。倘以刀鋸斧鉞鼎鑊「考驗」，亦不仁之至的吧。

除少數勇者，文革期間未聞有更多的人實踐「五不怕」。當着厄運臨頭，倒是有人為了自救而作困獸之鬥。關於文革中批鬥者與批鬥對象間的攻防策略，邵燕祥的《人生敗筆》序有如下一段精彩的描寫：「在那年月，最高的境界是『無限熱愛毛主席』，『無限忠於毛主席』，因此最大的罪惡就是反對毛主席了。大字報和批鬥會，『打蛇打七寸』，竭力要讓被批鬥者承認的，就是『反對毛主席』；被批鬥者知道要害所在，堅守的最後防線，也就是『從未反對毛主席』。批鬥者進行有罪推定，證據不足則借助於『實際上』；被批鬥者不得不『順竿爬』以求解脫時，便也只承認到『實際上是反對毛主席的』為止。有了這個『實際上』作為過渡和緩衝，雖會帶來關於動機與效果的無窮爭論，但畢竟對被批鬥者是網開一面，批鬥者也得以『下臺階』；倘不存在一個止於推論為『實際上是反對毛主席』的中間地帶，乾脆不折不扣地『真正反對毛主

11　也作「六不怕」，即不怕戴機會主義帽子，不怕撤職，不怕開除黨籍，不怕老婆老公離婚，不怕坐班房，不怕殺頭(參看1958年3月毛《在成都會議上的講話提綱》，《建國以來毛澤東文稿》第七冊，頁116)。1973年，王洪文仍在中共九大《關於修改黨章的報告》中說：「事關路線，事關大局，一個真正的共產黨員，就要出以公心，不怕撤職，不怕開除黨籍，不怕坐牢，不怕殺頭，不怕離婚，敢於反潮流。」

席』，那就非抓起來判刑不可，否則必定成了右傾包庇，立場問題。」（頁5）

有更狡黠的應對之策，古人所謂「弄狡獪」。吳亮倘生在古代，當屬「滑稽多智」的一流。他寫到自己當年規避「文禍」的技術，即將自己的讀書心得模仿成別人的語氣，署上「馬克思」、「泰戈爾」、「狄德羅」一類名字，混在其他書摘裏。或者「盡量寫得晦澀、刻板、嚴謹，非常黑格爾或非常亞當·斯密」（《閱讀前史與書的輪迴(之三)》，《書城》2010年4月號，頁62），簡直稱得上獨門絕技。在他，也屬「無心插柳」之類。那些仿作，成為了日後「寫作生涯」的早期準備。吳亮的經驗亦可證明，言論控制參與了文字訓練，留下了印跡在日後的寫作中。我生性拘謹，決沒有吳亮的那種本事，對文字的謹慎保持至今。倒不是怕「上帝臨汝」，而是預先防備有某種特殊官能者的監臨。

所謂「異端思潮」

比較文革中的所謂「異端思潮」與「反右」中披露的如李慎之的「右派言論」，不難感到知識人思想能力的普遍退化。「反右」後的言論空間，已難有涉及制度的深度思考。文革中的「反革命言論」，與1957年某些「右派言論」，其深度不可同日而語。即如李在「反右」中承認，自己曾認為社會主義經濟的「全民所有制」，「必須確保國家為全民所控制」，這涉及「權力的淵源」，即政權究竟在誰手裏；他主張「還政於民」（《李慎之的私人卷宗》頁259）。還認為「公有制如不解決民主問題，全民所有制會變成集團所有」（同書，264）。而「一個全權集團要自己反對、制約、監督自己不可能」（同書，頁259）。他承認自己不以為然於「黨政不分」、「以黨代政」，說「黨不是權力機關」，「直接做一些工作不合乎法理」，「管得太多就變成了思想統治」；他「主張有公開的反對意見」，「多開點口子」（同書，頁253）。這類危險的思

想，「反右」後已成雷區，知識人也大多喪失了如李慎之當年這樣懷疑、提問的能力。

文革後期顧準的私人通信，回應了李的上述言論。顧身後方得面世的寫於1973年的文稿，關於體制，以為不妨「乾脆採用華盛頓的辦法」，所舉之例，卻是保留《文匯報》（按應指「鳴放」中「反右」前的《文匯報》），「讓它形成並代表一個派別」，「有一個通氣孔，有一個吹毛求疵的監督者」（《直接民主與「議會清談館」》，《顧準文集》頁363）。由上下文看，顧所謂「華盛頓的辦法」，指的應當是「兩黨的議會政治」。他說：「『人民當家作主』其實是一句空話。」「從馬克思起，社會主義者在『民主—專政』問題的爭論中所要實現的是對人民的『領導』」（同上，頁364）。「不要奢求人民當家作主，而來考慮怎樣才能使人民對於作為經濟集中表現的政治的影響力量發展到最可能充分的程度。……唯一行得通的辦法，是使行政權不得成為獨佔的，是有人在旁邊『覬覦』的，而且這種『覬覦』是合法的」（同上，頁368）。但他贊成消滅私有財產，說自己所主張的，是「社會主義兩黨制」（《民主與「終極目的」》，同書頁370）。由此可知，即使文革結束，顧氏也不可能被官方作為知識分子的「旗幟」。雖一時名聲大噪，思想卻不被宣傳；上述命題更絕不容發揮、推闡。[12]與因言獲罪者不同的，是那些非公開言論的學術理論性——對文革較少具體的針對性。若當時暴露，也不難「鉤稽」出一套反動（甚至包括「惡攻」）言論，且更系統、完整。

被事後歸入「異端思潮」的，用了時下流行的修辭，有的不過「被異端」，在錯誤的時間發表了未見得錯誤的言論，思考了不被容許思考者。思想者係真信（即使不便說「虔信」），意欲經由對

12　陳敏之說顧準的遺著《從理想主義到經驗主義》，「從整理成書到出版問世，費時18個春秋」（《從詩到散文——〈從理想主義到經驗主義〉出版追記》，《顧準文集》附錄一，頁427），其間曾兩次遭遇退稿，不得不在香港出版。後收入1994年貴州人民出版社版《顧準文集》。

馬列主義、毛澤東思想的深入探討，達到毛曾經倡導的「獨立思
考」的境界。被嗅出「異端」氣味，也因了真信，不甘人云亦云。
北京外國語學院學生王容芬的上書毛澤東(參看余習廣主編《位卑
未敢忘憂國——「文化大革命」上書集》頁52)，實在出於致命的
純真。收入同書的戴晴、洛恪《女政治犯》一文寫王上書前的想
法：「不忍了，豁出去了，把想說的話說出來！」(同書，頁59)該
文的作者將此歸因於王1949年後所受的教育：「由此可以看出，
一九四九年成立的新中國用理想與信仰來造就差不多五代人(其中
包括一九一〇至一九五〇年出生的三代青年)是怎樣一個了不起的
成功。」(頁57)[13]趙越勝《驪歌清酒憶舊時》寫到其文革後見到
「李一哲」時的失望：他看到的是凡人，面目平庸，不大像是想像
中的英雄(《七十年代》)。這自然不是「李一哲」的問題。他們本
來就是普通人。

　　潘鳴嘯《失落的一代——中國的上山下鄉運動》第十一章討論
了知青中的「政治異端行為」(中譯本，頁422)。一些被歸入「異
端思潮」的思想言論，本在馬克思主義的理論框架內，只是對於那
一套理論與官方的詮釋不同而已。即著名的「李一哲」大字報，對
其所說的「民主」、「法治」也有嚴格的界定，即「社會主義的民
主與法治」(其他如「社會主義的按勞分配的原則」等)；且「社會
主義」絕不是無謂的修飾，即非「明修棧道，暗渡陳倉」。至於後
來的堤防潰決，並不在文革中上述「異端思想」的延長線上；包含
其中的，是另一種邏輯。

　　1976年春貴陽「七人大字報」《對目前形勢和新的歷史任務的
幾點看法——給毛主席、黨中央和全國人民的信》，思想資源主要

13　據戴晴、洛恪《女政治犯》，王容芬1966年9月被逮捕，1976年1月宣判為無
　　期徒刑，1979年3月作為大案要案第一批改正，無罪釋放。關於王容芬、李九
　　蓮等，印紅標《文化大革命期間的青年思潮》有較詳的記述，參看該書第三章
　　《「您將把中國引向何處？」》、《「中華民族的文明受到空前的浩劫」》，
　　第五章《李九蓮的反思與被害》。據蕭冬連《從撥亂反正到改革開放》，李九
　　蓮一案牽連入獄者達百人，判刑五至二十年者達六十人(頁106)。

為馬、列、毛。該大字報不過憑藉已有的「現代化」論述，提到生產關係要「適應生產力的發展」，意在強調發展經濟的重要性，期待結束文革式的「階級鬥爭」，「發展生產力」，以實現「四個現代化」（《「文化大革命」上書集》頁443）。該大字報將意向——以實現「四化」取代「階級鬥爭」——隱蔽在大篇「政治正確」的流行論述（包括「堅持無產階級專政」、「堅持黨的一元化領導」等）中，幾乎難以剝出，可感寫作者的戒慎恐懼。倘若當局者稍有政治智慧，不難引導並利用此種思想激情，他們卻更願意襲用意識形態控馭的慣技，一意將被他們認為「異端」的思想撲滅在其端倪初露之時。

　　李遜的判斷有所不同。其《上海文革運動史稿》第三十八章《「另類思潮——來自邊緣的思索」》說，包括楊曦光《中國向何處去？》及武漢「北、決、揚」、山東「渤海戰團」、廣西柳州《紅衛兵戰報》與上海「中串會」等發表的被視為「異端」的文字，「幾乎都在1967年下半年至1968年上半年」，「這是以文革話語作為武器，挑戰整個共產黨專政的一股全國性思潮。雖然思潮的外殼仍是毛澤東的階級鬥爭理論，但核心卻是探討民主、自由和社會公正這些被禁忌已久的論題。」（頁1498–1499。「中串會」全稱「中學運動串連會」）或許她的說法更有道理。

　　上文尚未計及散落在民間的不知名的思想者與被湮沒的思想。這些思想者與其說以其思想不如說以其姿態為人所知。即使身在陋室，也無妨思考關涉中國以至「全人類」的大問題。文革開始時讀清華大學附中初中的許成鋼，曾在黑龍江農場研讀《資本論》，說自己當時認為所探索的問題「是全人類面對的尚未解決的問題」，「是馬克思列寧未能見到的問題；是毛澤東見到但未能解決的問題」（《探討，整肅與命運》，《七十年代》頁418）。對於這些思想者，或許「理論成果」並不重要，價值更在人生境界。在「消費主義」的狂潮中，在「娛樂至死」的青年亞文化風靡之時，這樣的姿態與境界已不可理解。

　　在我看來，那一批思想者中論述較為系統的，當推華東師範大學的王申酉。王自蹈死地的六萬言理論化的「供述」，恐非辦案人員所能讀懂。他們只是憑藉了久經訓練的嗅覺或本能，從中嗅出了「異端」氣味。在當時，使用經典馬克思主義的理論表述本身，即被認為有危險性——越不懂越危險。王申酉認為，1957年反右，「黨外資產階級從此基本上退出了中國的歷史舞臺」；「一九五八年的人民公社化運動為黨內分裂埋下了深深的種子，甚至為八年後的文化大革命中的黨內分裂埋下了禍根。」他據此認為「一九五八年是考察建國後我國歷史的極關鍵的一年」（《供詞》，《王申酉文集》頁58）。[14]王申酉言論的精彩處遠不止此。如1964年9月19日的日記對執政黨以「新聞封鎖」禁錮思想的評論（同書，頁139–140）；同年9月25日日記有關物資匱乏的議論（同書，頁141–142）。王申酉的當代政治批判、社會主義制度批判不便言「超前」，卻犀利、直接。只是這種「不隱瞞自己的觀點」，代價太過慘重。[15]

　　被後來籠統地歸為「異端思想」者的，有可能正是在實踐毛所說的「徹底的唯物主義者無所畏懼」。[16]一些人以卵擊石的抗爭，

14　按1976年9月王申酉被捕後，同年11月18日應司法機構的要求寫此篇思想陳述（司法機關以之為《供詞》）。

15　關於王申酉及其思想，參看印紅標《文化大革命期間的青年思潮》第七章《王申酉關於中國社會主義的思考》、李遜《上海文革運動史稿》第三十八章《王申酉全面否定文革，批判毛澤東》一節。李遜該書說，「上海人特有的乖巧，在文革政治中表現得淋漓盡致。」但「上海的另類思索，卻為上海張揚了熱血和勇氣」（頁1498）。如桑偉川，尤其王申酉。關於王申酉，另見本書下編《札記之三》附錄《大學生/中學生》。

16　1957年3月12日毛《在中國共產黨全國宣傳工作會議上的講話》，有「徹底的唯物主義者是無所畏懼的」（《毛澤東選集》第五卷，頁412）。1963年11月毛《對周揚〈哲學社會科學工作者的戰鬥任務〉講話稿的批語和修改》有如下表述：「真正的革命家，真正的無產階級革命戰士，真正的馬克思列寧主義者——戰鬥的唯物主義者是大無畏的……」（《建國以來毛澤東文稿》第十冊，頁405）遇羅克轟動一時的《出身論》，篇末引用了「徹底的唯物主義者是無所畏懼的」。李慎之1957年「反右」中發表在單位牆報上的文章，引了毛的「真正的唯物主義者是無所畏懼的」、「拼得一身剮，敢把皇帝拉下馬」（《李慎

多半基於他們所受的「革命英雄主義」、「犧牲精神」的教育。
毛說：「共產黨員對任何事情都要問一個為什麼，都要經過自己
頭腦的周密思考，想一想它是否合乎實際，是否真有道理，絕對
不應盲從，絕對不應提倡奴隸主義。」（《整頓黨的作風》，《毛
澤東選集》第三卷，頁785）毛說：「世界上怕就怕『認真』二字，
共產黨就最講『認真』。」（《在莫斯科大學會見中國留學生時的
講話》，1957年11月17日，《建國以來毛澤東文稿》第六冊，頁
651）。還說過：「歷史上常常有這樣的事實，起初的，真理不是在
多數人手裏，而是在少數人手裏。」（《在擴大的中央工作會議上
的講話》，1962年1月30日，《建國以來毛澤東文稿》第十冊，頁
40）上述言論，無不鼓勵了孤獨的堅守與無望的抵抗。一次次的政
治運動，卻撲滅了思想者的思想以至肉身。文革不過有更多的人撞
死在了「獨立思考」上，撞死在了「認真」二字上。[17]

　　另有較為草根的狂狷人物。廣西博白縣某中學校長兼黨支部書
記劉振武以兩廣邊境某地一個並不存在的「中國人民保黨反『派』
委員會」的名義，致信中國人民解放軍玉林軍分區政治部、司令
部，要求「協助」將自己撰寫的該「委員會」的《宣言》（「第
一號文件」）、《對當前全國各地兩派爭端的意見》（「第二號文
件」）刊印散發到全國各地：由常人看來，不能不是異想天開。上
述「文件」模仿權威媒體的筆調，以擁護中共第八屆中央委員會為
基本立場，指文革為「『派』性中央挾持領袖」所發動，是「復辟
封建主義的政變暴亂」（《「文化大革命」上書集》頁150）。在當
時的人(以至後世的人)看來，其人言論囂張，具備「妄想狂」的特
徵；卻又極其認真、鄭重甚至樸素。劉所擬「文件」表述的，不過

　　之的私人卷宗》頁121)。「捨得一身剮，敢把皇帝拉下馬」，文革中成為流行
　　的豪語。

17　陳佩華《紅衛兵一代的成長和經歷》一書說，中國大陸「五十年代的教學法一
　　方面要求學生活躍主動，富有創造力，另一方面又要求他們克己自製，遵守紀
　　律，服從集體的意志。這些要求本身自相矛盾」（中譯本，頁141）。

一個正常的頭腦由常識出發的見解。文革期間的政治犯，劉振武不屬任一「民間思想群落」，單打獨鬥。這種人毋寧說死於真誠(或曰「較真」)，死於篤信，死於認為自己作為黨員作為「人民」中之一人，有維護、表達其信仰、信念的責任。[18]

劉振武外，致信中共中央、人大常委會「獻國策」的李天德(署名李笑天)，亦屬大膽狂徒。其人的主張固有荒唐之處，如「優選化」、以「選擇良種」的方式控制生育(同書，頁382-383)，也有雖缺乏可操作性、卻包含合理成份的制度構想：「草民」對合理社會的想像。沒有理論性，無非大白話，亦大實話。這種簡單直接，是「思想群落」中人所不能的。李提出「抑工揚農」，「抑制工人工資，提高農民收入」(同上，頁383)；徑說用「接受貧下中農的再教育很有必要」來動員知青下鄉「是可笑的」，「有欺騙性」(同上，頁386)；建議「從現在起，凡對國家領導人、黨的方針、政策提出書面批評和口頭指責者(即通常所說的反革命攻擊、誣衊言論)一律不打成反革命或反革命集團」(頁389)；認為文化大革命「是完全不必要的，壞處大大超過好處」(頁391)；說「在精神道德方面，由於林彪搞的神秘主義、宗教迷信、極權崇拜，使人們變得不誠實、偽善、奸猾。」(頁391)；甚至有關於中央主席、總理等的任期制的構想(頁394)。李受過大學教育，1957年被打成右派。與其說他是「民間思想家」，不如說是民間的「言者」、「敢言者」。[19]

據印紅標《失蹤者的足跡——文化大革命期間的青年思潮》，文革中提出過「革新社會主義制度，改善無產階級專政」等命題的李文博事後回憶說，「當時是文革中一個短暫的可以就這一類問題進行公開探討的時期」(頁89)。即使有關探討與1957年某些知識人的言論不無呼應，卻更宜於用來考察文革式的「大民主」為言論

18　劉1968年8月11日被捕，9月20日死於獄中。

19　李被以現行反革命罪逮捕，判處有期徒刑20年，1979年無罪釋放。

所設限度。在為關涉制度、體制的思考設限成為常態的情況下，文革中即使短暫的討論，有限的探索空間，也令人懷念。倘不過於苛求，仍然應當說，極其短暫的時間，已足以使得楊曦光們釋放其思想能量，令人想見王申酉的思考繼續推展的可能性。[20]

　　不妨說，文革期間轟動一時的「異端」文本，其思想邏輯仍不免在其時的流行思想中，缺乏更豐富的理論資源；知識背景是五六十年代的。引用馬列，並非「策略性」地「以子之矛攻子之盾」，而是並無矛、盾之外的利器。卻也因此，易於為公眾接受，造成短暫衝擊。由已面世的材料看，對文革中「批判思想」的成色，不宜高估。有眾多的思想者，多向度多層面的思考，並不意味着會有與之匹配的思想成果，更無論理論貢獻。以如此大的犧牲，如此高的代價，卻不能獲取更有份量的成果與貢獻，也正是文革之為文革。

　　對於文革中的思潮、思想派別作非左即右的歸類，這種視野，我已難以適應；也懷疑西方政治學範疇對於分析文革思潮的適用性。即如以遇羅克的「出身論」為「人權宣言書」，甚至「人權主義體系」（宋永毅、孫大進《文化大革命和它的異端思潮》頁113）。對於文革期間的思想者及其思考，我更願意由人生境界的方面看取。無論言論的思想含量若何，上述人物均堪稱大勇者。那種飛蛾撲火般的慘烈激情，前仆後繼的犧牲精神，難道不也是一種價值？魯迅說過，「人類的血戰前行的歷史，正如煤的形成，當時用大量的木材，結果卻只是一小塊」（《記念劉和珍君》，《魯迅全集》第三卷，頁277），思想的發展也如是。何況十年在人類歷史上，的確不過一瞬。禁錮、斲喪之餘，貧瘠的土壤，稀薄的「思想空氣」，匱乏的資源，難以為有深度的「異端思想」提供滋養。此

20　宋柏林《清華附中老紅衛兵手記》1966年3月17日，說自己「想問題有一個很壞的毛病——鑽牛角尖」，對治的方法，即將問題簡化，簡化到「階級立場」、「階級感情」（頁51）。也正是「鑽牛角尖」即深究、窮究，助推一些年輕人走出了文革。

外我還想說，被指為「異端」的論者中，未見得沒有投機者：基於對形勢的誤判，對最高當局意圖的揣摩。文革前期在如下一點上略有點像1957年「鳴放」時期：空氣中包含了誤導。最高當局即使並非有意設局，「引蛇出洞」，也以其不循常理出牌，鼓勵了冒險。

「客觀敵人」

並非文革期間被由政治方面指控者，都能歸入「歷史」或「現行」。漢娜·阿倫特使用過一種說法，「客觀的敵人」(objective enemies，《極權主義的起源》中譯本，頁529)、「客觀反對者」(objecuve opponent，同上，頁533)；她說到了「邏輯上可能的罪行」(同上，頁542)。該書說，「從法律角度來看，比從可疑分子轉到客觀敵人這種變化更有趣的是，可疑的觸犯被極權主義置換為可能的罪行(possible crime)。可能的犯罪不再是主觀的，而是客觀敵人。」(同上，頁534-535)這種說法啟發我想到了一些與她所說相關而又非重合的東西，那種我們曾經熟悉的「有罪推定」：你的言行雖不能證明你反動，卻隱含着走向反動的可能性；由客觀效果看，可以懷疑你的主觀動機反動；你雖沒有反動的表現，但據你的家庭出身、社會關係，不妨將你視為潛在的(即邏輯上可能的)敵人，等等。這也是許多被指控者不難認罪的「認識論」依據。他們都多少接受了主觀/客觀、動機/效果的「辯證法」；其中特別真誠、忠誠者，甚至相信即令冤枉，倘若對革命有利，犧牲一己也應無怨無悔。

較之被定性，「可疑」有時更可怕。只有定性——無論何種「性質」——才能落地。因「可疑」而抓捕監禁，文革中最無章法。楊憲益夫婦即應歸入此類：由其國外經歷或外籍背景，由其與國外人士的交往等等，判斷其可疑。最終，「事出有因，查無實據」，放出去就是。更其詭異的，是因「可疑」而「內控」，本人對自己的身份、處境始終懵然無知。文革後拍攝的影片《黑炮事

件》，不妨讀作對此種處境的隱喻。未知文革中關在秦城與各地監
獄、看守所的，有多少屬被認為有「危險性」的「疑犯」。「疑罪
從無」的觀念進入我們的司法實踐，是晚近的事。[21]

　　與「革命戰爭時期」對「革命隊伍」純潔性的極端要求相承，
假手「群眾運動」清除異己(包括一切可能的、潛在的異己)，似乎
不是一個擁有強大自信的政權所當為。何方《黨史筆記》說到中共
領導人的「肅反情結」。在他看來，「作為延安整風重要組成部分
的搶救運動，是黨在肅反問題上一貫犯『左』傾路線錯誤的一次重
要演練，還為以後各種政治運動創造了範式。這就是在對形勢(敵
情)的過左估計下任意發動一場大規模運動，從動員群眾、挑選和
培養積極分子、引蛇出洞、全面反擊、大轟大嗡，造成大批冤假錯
案，然後倉促收尾、甄別定案。」(頁236)[22]

　　文革中動輒「全黨共誅之，全國共討之」；至少由表象看
來，是所謂的「千夫所指」。絕少如古代中國那樣，朝廷指為有
罪，百姓卻呼號攀轅，甚至捨命圖救。那一種古老的文化，20世
紀50至70年代的中國，不再有其土壤。不再有魯迅所說的「敢
撫哭叛徒的弔客」(《這個與那個》，《魯迅全集》第三卷，頁
142)，不再有為無辜受難者伸冤的義士，一切惟當局是從──難
道真的是民族之福？

21　1970年「廬山會議」後，毛指吳法憲為「可疑分子」(1970年10月14日《對吳
　　法憲檢討信的批語和批註》，《建國以來毛澤東文稿》第十三冊，頁138)，認
　　為「陳伯達是一個十分可疑的人」(1970年10月15日《對葉群檢討信的批語和
　　批註》，同書頁145)。至此陳任毛的秘書已有三十多年之久。

22　同書注引1943年4月3日《中共中央關於繼續開展整風運動的決定》：「在領導
　　策略上，各地在今年繼續整風的第一階段，必須極大地提倡民主，公開號召參加
　　整風的一切同志大膽說話……批評領導，批評工作，……絕不加以抑制。」「這
　　樣做的目的，第一，在於使下情獲得上達的機會……第二，在於讓有錯誤思想的
　　同志盡量表現其錯誤觀點……第三，在於使內奸分子利用我們的民主政策，認為
　　有機可乘……以便誘使他們盡情暴露」。「領導人員對之均要鎮靜忍耐，不慌不
　　忙」(引自《中共中央文件選集》〔14〕頁30-31)。合於毛的一貫風格。

　　文革結束後有關於「政治犯」、「思想犯」的公開議論。張志新一案引發輿情洶湧。1979年6月20日《人民日報》發表署名文章，說「思想問題不能稱犯罪；就算是犯罪，也純屬政治犯」（參看蕭冬連《從撥亂反正到改革開放》頁231–232）。甚至有任仲夷這樣的官員關於「政治犯」、「思想犯」公開發表反對意見（同書，頁232）。前此，同年1月由中共中央宣傳部、中國社會科學院聯合召開的「理論工作務虛會」上，有人提出不應當有思想犯、政治犯，更不應有言論犯（參看同書頁40）。[23]對此，執政黨內至今也未見達成共識。

　　1979年2月17日，中共中央宣佈撤銷《公安六條》（同書，頁101）。是年五屆人大通過的《刑法》，仍有「反革命罪」，規定反革命罪限於「以推翻無產階級專政的政權和社會主義制度為目的的行為」。1997年3月14日第八屆全國人民代表大會第五次會議修訂、自同年10月1日施行的《中國人民共和國刑法》，取消了有關「反革命罪」的相關條款。當然，也可能類似罪案被認為適用其他罪名。

　　文革後有短暫的言論開放，「放」出的言論確有驚世駭俗者。著名演員趙丹在臨終前的病榻上口述了《管得太具體，文藝沒希望》。該文說，自己知道，「我們有些藝術家——為黨的事業忠心耿耿、不屈不撓的藝術家，一聽到要『加強黨的領導』，就會條件反射地發怵。因為，積歷次政治運動之經驗，每一次加強，就多一次大折騰、橫干涉，直至『全面專政』。記憶猶新，猶有特殊的感受。今後可別那樣『加強』了。」（《趙丹自述》頁95）未必不是「諍言」。今天還有誰敢發這樣的議論？

　　魯迅曾引約翰·穆勒（John S. Mill）的「專制使人們變成冷嘲」（《忽然想到（五至六）》，《魯迅全集》第三卷，頁43）。言論控制

23　關於以言論入罪的不同意見，參看同書頁244。據同書，中國社會科學院的「內部刊物」《未定稿》1979年4月發表陳春龍、劉海年的《論反革命罪》（頁447註109）。

至文革後期已然失效(參看本書上編第八章)。之後則由戲謔、調侃,到「黑色幽默」、冷笑話,到鋪天蓋地刪不勝刪的「段子」。至於執政黨內的「妄議」之禁,則連私人間、飯桌上的議論也欲禁絕。設禁的效果,不過使議論更私密也更放肆——是否「倒逼」了控制手段的升級、再升級?

5.2 「歷史問題」、「歷史反革命」

文革中區分「打擊對象」,有「死老虎」、「活老虎」之別。「活老虎」指文革的主要打擊對象走資派、反動學術權威,以及現行反革命分子等。「死老虎」則指已經定性者,「黑五類」(包括「歷史反革命」),及有其他歷史問題者。以老虎喻人,淵源有自。蔣經國1940年代即以肅貪為「打老虎」。

文革中對於人的政治歷史清理,是前此政治運動中類似清理的加強版。1950年代初有「交清歷史」的帶有強制性的要求。文革前的歷次政治運動,均有對打擊對象政治歷史的清算。[24]文革更有不限於特定目標的對一切被認為「歷史問題」的總清算。即使前此曾一再清查、清算者,也不例外。

1951年2月毛有《中央對華北局部署鎮反及審查留用人員報告的覆電和批語》。據《建國以來毛澤東文稿》第二冊的相關註釋,當時對「留用人員」與「新知識分子」,有所謂「三查」,即查歷史、查立場、查工作(頁116)。同年11月30日中共中央發出《關於在學校中進行思想改造和組織清理工作的指示》,提出必須在一至二年內,「在所有大中小學校的教職員中和高中以上的學生中,普遍地進行初步的思想改造的工作,……在大中小學校的教職員中和專科學校以上(即大學一年級)的學生中,組織忠誠老實交清歷史

24　沈志華《從知識分子會議到反右派運動》根據陸定一向蘇聯通報的情況,「肅反」中「全國總共審查1200萬人」,「『仔細審查了』222萬人」(頁44)。

的運動，清理其中的反革命分子。」（同書，頁526–527）「三反五反」與針對知識分子的「思想改造」，要求「交清歷史」（家庭背景、個人經歷），於此對幹部、知識分子一視同仁。[25]

諸種「歷史問題」

1968年夏秋之交的「清理階級隊伍」（簡稱「清隊」），涉及面之廣，打擊力度之大，致死人命之多，超出了前此歷次政治運動。毛說：「清理階級隊伍要搞叛徒、特務、死不悔改的走資派、反革命分子、沒有改造好的地、富、反、壞、右分子。」（在中共第九次全國代表大會上的講話，1969年4月11日，引自楊繼繩《天地翻覆》頁592）[26]

1968年，毛將文革的性質歸結為「中國共產黨及其領導下的廣大革命人民群眾和國民黨反動派長期鬥爭的繼續」（《建國以來毛澤東文稿》第十二冊，頁485）。當年6月21日，毛在會見坦桑尼亞總統尼雷爾時說，「過去我們留下了一些表現比較好的國民黨人，這是我們的政策。我們沒有教授、教師，沒有辦報的，沒有藝術

25　中共中央1952年4月5日有關於幹部交代和資產階級的關係給各中央局、分局，轉省、市、區黨委，並各大軍區、志願軍的指示。毛在指示稿的批語中說：「幹部中有和帝國主義、國民黨和地主階級有關係者，亦須在此次交代清楚。」（《建國以來毛澤東文稿》第三冊，頁382）同月毛有《中央轉發輕工業部關於黨內外幹部普遍交代經濟關係和社會關係報告的批語》（同書，頁416–417）。6月《中央轉發出版總署關於發動交代關係和思想檢查的總結報告的批語》（同書，頁468）。至此，「交代關係」、「交清歷史」已在文化部門推開。安子文關於中央機關三反處理階段工作情況報告中說，「三反」中普遍交代與資產階級的關係，比歷次整風、審幹都深入徹底（參看同書頁481）。

26　關於「清隊」背後的脈絡，莫里斯·邁斯納《毛澤東的中國及後毛澤東的中國》的分析，可備一說（參看該書中譯本頁458）。據李遜《上海文革運動史稿》，1968年10月召開的中共八屆十二中全會上，毛明確地以「清理階級隊伍」作為文革的任務（頁1192）。前於此，同年5月19日，毛對姚文元報送的《北京新華印刷廠軍管會發動群眾開展對敵鬥爭的經驗》批示，要求轉發全國。姚在資料送毛時，就使用了「清理階級鬥爭」的說法。至此上海的「清隊」已開展了近半年（頁1194）。

家，也沒有會講外國話的，只好收羅國民黨的一些人或者比較好的一些人。有一些是國民黨有計劃的隱藏在我們的工廠、政府機關和軍隊裏。」「文化大革命就是清理他們，加以清理，好的繼續留下來做工作，壞的踢開。」（卜偉華《文化大革命的動亂與浩劫》頁675–676）10月，他說：「大陸上有國民黨殘渣餘孽。有些人鑽到我們中央領導機關來了，或鑽到地方領導機關來了。這一次算是一個一個作了清理。」（逄先知、金沖及主編《毛澤東傳》第六卷，頁2496）1970年會見埃德加·斯諾，毛將大學教授、中學教員、小學教員也作為國民黨的留用人員，解釋文革為何由學校的教員「開刀」（《會見斯諾的談話紀要》，《建國以來毛澤東文稿》第十三冊，頁171）。「鎮反」十幾年後，毛對於「敵情」仍有上述估計，則當時的「留用」更像是權宜之計。對「從舊社會過來的知識分子」、「國民黨殘渣餘孽」的警惕，在一次次打擊之後，沒有絲毫鬆懈。[27]

　　「清隊」是文革期間集中清查「歷史問題」的時期。文革初期北京大學西校門曾貼過一副對聯：「廟小神靈大，池淺王八多」。類似的對聯在不少地方貼過。有必要「深挖」的，是被認為「隱藏得很深的階級敵人」。那個「隱藏得很深的」，有可能是你意想不到的任何人，甚至你本人。我所在北京大學由軍、工宣隊主持的「寬嚴大會」，尺度不全據罪行，或曰更在「態度」，像是一場腳本前定效果預估後的演出：突如其來，在意想不到之處出擊，期待的效果更是震懾。還記得章廷謙(川島)被選作「從嚴」典型，被幾條大漢挾持上臺。當時有人放出話來，說著名流體力學家、理論物理學家、原北大副校長周培源因驚嚇尿了褲子——要的就是這種作用。[28]

27　楊奎松《「邊緣人」紀事》不止一篇涉及「留用人員」。對相關人物的審查一而再、再而三地反復進行。

28　當年北大哲學系學生陳煥仁的《紅衛兵日記》，記述了這種戲劇性場面(參看該書714–715，718–720)。按「寬嚴大會」原作「對敵鬥爭大會」，後改稱「落實政策大會」即「寬嚴大會」。無論「寬」還是「嚴」，均無章法。主持

　　「深挖」的戰果往往是爆炸性的。比如發現了某「潛伏特務」，在某家挖出了「變天賬」之類。紅衛兵在傅雷家別人寄存的箱子裏發現了蔣介石像，北大在章廷謙家搜出了宋美齡像，即屬此類。涉世未深的青少年由此換了一副眼光看周圍環境，以為「驚險小說」的情節就在身邊上演。

　　「清隊」實際上成為了文革初期「橫掃一切牛鬼蛇神」之後的又一輪「橫掃」。政治歷史、社會關係，包括前此的運動中已經交代、查明、作過「結論」的「歷史問題」，均在清查之列。文革初期逃過一劫者，至此陷入滅頂之災。這種有組織的恐怖較之「群眾運動」，更有殺傷力也更使目標人物絕望。麥克法夸爾、沈邁克《毛澤東最後的革命》寫到江西、吉林、黑龍江、浙江、內蒙古、河北等地「清隊」中有組織地使用暴力，包括肉刑(中譯本，頁265–267)。[29]我當時所在的北大，發生了文革興起後第二波「自殺」潮。顧頡剛、吳宓日記，都寫到1968年是他們最難熬的年份。

　　是年召開中共八屆十二中全會。毛在10月31日的閉幕會上說，「清理階級隊伍，注意一個『準』字，不要搞逼供信那一套。」(王年一《大動亂的年代》頁315)12月1日毛致信林彪、周恩來及中央文革，建議將《北京新華印刷廠革委會在對敵鬥爭中堅決執行黨的『給出路』政策的經驗》轉發各地參考，批示中有「必須注意政策，打擊面要小，教育面要寬，要重證據，重調查研究」云云(同書，頁318)。上述指示並沒有有效地遏止暴力。

　　1950、60年代直至文革一再清查「歷史問題」，延續的是1949年以前「革命戰爭年代」的做法。如延安整風中的審幹反奸、「搶救失足者」。據何方《黨史筆記》，延安整風中毛號召理論聯繫實

者想必有隨心所欲、生殺由我的快感。至於目標的選擇，仍然經了精心的計量——對於效果。

29　「清隊」的清查範圍，參看李遜《上海文革運動史稿》頁1199。該書據當年的統計數字，說，幾乎近一半的「階級敵人」，是「清隊」中新挖出來的(頁1194)。關於「清隊」中的施暴，參看該書頁1198–1199。

際行動，所謂「實際」，就有「個人的歷史實際」。《四三決定》的第一條即要求「反省自己的全部歷史」（頁250）。

邵燕祥提供的1951年廣播事業局《寫歷史與思想自傳參考提綱》、《怎樣寫歷史和思想自傳》、廣播事業局青年團分總支《通告 第二號》（收入氏著《別了，毛澤東——回憶與思考 1945–1958》頁140–145），既令人可知1950–60年代「組織上」必須掌握的個人信息，也可證「組織」對個人掌控的程度。所謂「思想自傳」，包括了個人歷史、家庭出身、家庭成員的政治面貌、社會關係，等等。確如邵所説，審查是「拉網式」的。這張網編織之細密無與倫比。提供有關信息帶有強制性，不容拒絕。提供的內容直接影響到信息提供者的政治處境與命運。

據邵燕祥書中的上述材料，其時有關於「歷史問題」的分類：「特務問題及反革命的重要政治問題」、「一般政治問題及一般政治性問題」。以參加「反動黨派團體」如國民黨、三青團、青年黨、國社黨以至敵偽的新民會等，為「一般政治問題」（同上，頁144–145）。到文革，僅「一般政治問題」就有可能歸入「牛鬼蛇神」之列。[30]至於「特務外圍組織」，往往色彩模糊，誘人「誤入」。運動一來，也就與貨真價實的特務不加甄別地一鍋煮了。「注意事項」有「交代問題的態度是忠誠老實，自覺自願，主動交代」云云；而在事實上，你並沒有不「自覺自願」的餘地。

楊奎松《「邊緣人」紀事——幾個「問題」小人物的悲劇故事》最令人心驚的，是該書附錄中的一系列組織、人事部門與「敵情調查」有關的表格。包括《1951年××市政府機關反動黨團人物內部掌握數字情況》、《1955年××市問題人員政治掌握情況》、《1957–1958年××省××縣整風反右運動中右派分子、右傾分子人數及處理情況》、《1960年××省××縣基層農村敵情概況》、

---

30 國民黨的做法曾被描述為「染缸政策」。韋君宜《思痛錄》寫到，「國民黨以發展黨員越多為越好，經常下令某校全體教師參加國民黨，全體學生參加三青團」，共產黨則把這些人「統統視為國民黨的死黨，共產黨的仇敵」（頁24）。

《××村反壞分子、普壞分子、反革命社會基礎花名表舉例》、
《1963年××市××服裝廠敵情登記表》、《1966年××製造廠
××車間四清運動檢舉揭發問題人員登記表》。由諸表的設計及填
寫內容，可知其時被有關部門視為「問題人物」者「問題」的種
類、範圍，以及何為「敵情」、何為「社會基礎」。儘管該書附錄
屬取樣，卻顯然出於統一的設計，有應用的普遍性。由那些表格，
不難知曉1949年後的中國，一個人怎樣被定義，怎樣在本人不知情
的情況下被權力機構定義。[31]

　　由楊著上述諸表看，1949年後的「問題人物」的「問題」不限
於「歷史問題」；被認為的「問題」五花八門，有一些於今看來
匪夷所思，證明的是一個社會被歸為異類者之多。即如偷過煤渣、
當過海員（頁313）、説美國貨好、「偷聽『美國之音』」、親戚為
被逮捕的反革命（頁314）、對糧食計劃供應不滿、一度住在反革命
分子家中（頁317）、地主出身（疑為逃亡地主）、有親戚殺關管（頁
318）、甚至本人吃素（頁321）、男友係托派分子（頁324）、「反革命
家屬」（頁325），等等。必不可少的，則是所謂的「海外關係」（涉
美、涉港、涉臺等），以及生活作風不檢點、經濟上手腳不乾淨。
被某縣鄉（社）列表歸為「反革命社會基礎」的，五類分子外，尚有
「反革命分子家屬」、「帝國主義在華分子家屬」、「海外回歸
分子」（頁342）。被某市某服裝廠列入「敵情登記表」的，包括有
「殺親之仇」者、其父被關押者、「對現實不滿」者、「反動教
徒」、「消極怠工」者等等（頁343、344）。可知有關部門工作量之
大，行政資源投入之多。「問題人物」的諸「問題」中，最為常見
的，仍然是與國民黨軍政系統有關的「歷史污點」。楊奎松該書以
個案示人「歷史問題」如何鎖定了一個人的人生軌跡，鑄就了某個
「邊緣」小人物的命運。由該書敍述、分析的案例看，非但不可更

31　楊奎松《中華人民共和國建國史研究1》一書有由單位與上級主管部門內部掌
　　握的關於「五類」問題人物的劃分標準（頁253–254）。據有關文件可以知曉被
　　認為有「政治歷史問題」者的大致範圍。

改的過去，且個性、人事關係(尤其與領導的關係)以及偶然變故，均有可能影響「命運」；同一問題在不同的大氣候下影響於人的命運又有不同；相關個人付出的代價與「案情」往往不相稱。[32]

曾彥修《平生六記》記有作者在力所能及的範圍內，如何拯救可能因某種「歷史問題」而墜入深淵的普通人。作者參與過上海某印刷廠的「四清運動」。該書逐一舉例，講述此廠一些職工的罪名被推翻的過程(頁58)。倘無這樣立意查清真相者，那些小人物的罪名或罪嫌將跟隨其一生。曾彥修在該書中說，自己一生「真正談得上是做了一件工作的」，「即1965年在『四清』運動中，為被審的三十來個工人及幹部，全部洗清了漢奸、特務、政治騙子、反動資本家……這一類的懷疑或帽子」(頁49–50)。在那個年代，確也堪稱「勝業」。只是這種情況較為稀見而已。[33]審查歷史以坐實既定罪案為指歸者，滔滔皆是。有多少求告無門的普通人、小人物，和他們受牽累的親友家人！

「階級鬥爭」的語境中，「關係」之重要，正常社會難以想像。某人與某人「關係不正常」，某人與組織「關係不正常」，均屬嚴重的指控。1950–70年代盛行「株連」，所謂「順藤摸瓜」，「關係」即入手處。文革後有所謂的「關係學」，通常即「搞關係」(亦「走門子」)指南；此「關係」已非彼「關係」，指涉的有了不同。

成為了一個人的宿命的，家庭出身、個人歷史外，即「社會關係」，既包括非你所能選擇的血緣親屬關係，也包括朋友關係，甚至基於職業、閱歷的種種關係。賈植芳「社會關係複雜」。他說自己不是書齋中的文人，一生「經歷過各種複雜的場面，周旋於各種社會關係，見識過各種政治和社會人物」(《獄裏獄外》頁55)；

32　該書引用李若建的說法，到1960年代，全國被清查出的「異己分子」，「應不少於全國人口總數的0.4%」(參看楊著頁2)；應不包括文革在內。

33　該書的有關內容，作者晚年受訪時也談到(見《曾彥修訪談錄》第二十一章)。如曾這樣以「摘帽右派」力證被「整」者無罪，何止勝造七級浮屠！

也如聶紺弩，其經歷即成無可脫卸的負累，不得不應對無休止的審查。[34]高層人物也未必經得起這樣的審查。1967、1968年上海一些人兩次「炮打張春橋」，即將其妻、其父的「歷史問題」作為炮彈（李遜《上海文革運動史稿》頁929–930）。收入譚放等《文革大字報精選》的《地主階級的孝子孝孫譚震林——赴皖[皖]調查報告》等，起底其人的宗族成員、社會關係，不但查三代，且及於妻族（內親），由其「狗岳父」，到「狗兄弟」（內弟）。

　　1957年「反右」批判南開大學教授雷海宗遇到阻力，天津市委即「着重從歷史問題入手」（沈志華《從知識分子會議到反右派運動》頁643）。以「算歷史舊賬」為鬥爭手段，殺傷力屢試不爽。對羅隆基、儲安平、陳銘樞、黃紹竑等人無不如此(同上)。1967年4月，陳寅恪被迫交代其「社會關係」（《陳寅恪的最後20年》頁477）。顧頡剛「社會關係」廣泛；除了與魯迅間的那一公案，當年與胡適、朱家驊的關係，令其麻煩不斷。較之顧頡剛，聶紺弩的「社會關係」更有嚴重性：中共高層外，尚有諸多民國期間的「黨國要人」，大大超出了「辦案人員」的想像力與知識水平。聶雖為1935年入黨的老黨員，卻因與國民黨的歷史關係，被視為異己，屢經調查，反復交代。而當年的黨組織，正要求其「盡量利用」與國民黨的關係，「打入他們內部去」（《歷史交代》，1955年6月25日，《聶紺弩全集》第十卷，頁10）。

　　2017年中國近代史上著名出版家張元濟終於重新進入公眾視野，亦屬遲來的紀念。此前媒體曾披露張元濟1952年填寫的「幹部履歷表」，於今讀來，其迂闊(換一種說法即誠實)、不合時宜，堪稱「奇葩」。履歷表「有何重要的社會關係」一欄，張首先填寫的是胡適，且有對胡的褒獎。其人的不諳世事，可見一斑。[35]幸而

34　被列入「胡風反黨集團」成員，賈植芳在獄中被命交代與各色人物的關係，甚至其所寫的小說人物(頁98)，堪稱離奇。

35　關於張元濟填寫「幹部履歷表」，參看2010年3月22日《北京日報》、同年3月26日《報刊文摘》第8版。

張先生於1959年故去，倘活到文革，以他複雜的個人歷史與社會關係，對「新社會」的隔膜，倘未蒙高層眷顧，怕難以存活的吧。

　　清查個人歷史者不難將工作關係與私人關係混淆，為批判對象編織「關係網」。據徐景賢的文革回憶錄，上海自發組織的游雪濤「掃雷縱隊」，製作了華東局「黑線人物關係圖」，幾將華東局九十多名老幹部一網打盡（《十年一夢——前上海市委書記徐景賢文革回憶錄》頁119）。收入譚放等《文革大字報精選》的《把反革命修正主義分子黃澍則揪出來鬥倒鬥垮鬥臭》，羅列與黃有關人物十九人，由劉少奇、王光美，到畫家黃冑（見該書頁266-273）。

　　1950-70年代的「反革命集團」或「小集團」案，更可佐證人與人的交往可能的致命性質（參看本章第三節《集團案》）。詭異的是，人際交往固有風險，不合群亦可疑。李慎之文革中奉命交代所知某人的情況，就說到該人「偶然愛到偏僻的酒館裏一個人喝一頓酒，然後又一個人跑到頤和園或者陶然亭那樣的地方逛一逛」，「這個作風頗為使我奇怪」（《向黨認罪實錄——李慎之的私人卷宗》頁972）。

　　社會關係中尤為敏感的，自然還有「涉外」的關係。楊憲益因曾居留國外，「肅反」中被調查後，感覺到自己的地位「發生了微妙的變化」，不再享有某種政治待遇；從1955年到1972年獲釋出獄，頭上始終「籠罩着政治疑雲」，明白自己「不再是中國共產黨可信賴的朋友了」（《漏船載酒憶當年》頁188）。這種曖昧的狀態對於人的折磨，或也被精明地計算在預期的效果中。

　　「反屬」（反革命分子家屬）外，尚有「臺屬」、「僑屬」。[36]「歸僑」這一特殊人群，在被僑居國迫害之後，在自己的祖國遭受二次傷害，亦當代中國政治的諸種荒謬之一種。文革結束後「調整對海外華僑華人（包括港澳同胞）及其在國內眷屬的關係」，亦落

36　高華《身份和差異——1949-1965年中國社會的政治分層》，涉及1964年各級黨政機關對城鄉人民中有臺、港、海外關係者的調查（頁52）。

實政策的一部分。落實政策，包括「落實在大陸的去臺人員親屬的政策」，「糾正對去臺人員親屬在政治、經濟、社會生活等方面實際存在的歧視政策」，「凡因所謂海外關係在政治上被錯誤對待的『應即改正』」(蕭冬連《從撥亂反正到改革開放》頁140、141)；複查平反相關的冤假錯案近一萬三千起。此前「凡同海外僑胞有親屬、朋友關係的人，都會因『海外關係複雜』受到歧視和壓制，不少人甚至僅僅因『海外關係複雜』就被加以『叛國』罪被捕入獄，國務院僑委主任廖承志也經受了多年的牢獄之苦」(同書，頁142-143)。據該書，甚至有「地、富、反、壞、僑」一說(頁143)。

　　「反右」期間《人民日報》刊發的批判馮亦代的文章，小標題之一「剝開皮來看」，即公佈其「罪惡歷史」(《悔餘日錄》頁27)。據《曾彥修訪談錄》，曾晚年回憶，反右期間的一份文件，毛說了大意如下的話：對有的人，還要把他祖宗十八代的醜事全部拿出來公開(頁267)。歷史問題也如出身，屬「原罪」。有此「問題」者只能任由一次次被拋出，救贖無門。賈植芳《獄裏獄外》一書說：「任何一點所謂『歷史問題』都是需要你一遍又一遍地反復交待，刻骨銘心，只有這樣，人才會像基督教徒那樣時時刻刻地記得自己的原罪，甚至沒有罪也會變得相信自己有罪了」(頁94)。縱然曾洗脫冤屈，下一次運動仍會「揪出來」。1952年的顧頡剛日記，記所聞張東蓀在燕京大學的「三反五反」、「思想改造」運動中，慨歎道：「然在此際，則一切算舊賬，雖為人民政府委員、民盟重要人物，亦無濟矣。苟不低頭認罪，唯有自殺。即此可見政府握有充分材料，不待坦白而已準備發動群眾矣。」(《顧頡剛日記》第七卷，頁200-201)而任用有「歷史問題」者，則是領導者的一宗罪。馮雪峰寫於文革期間的檢查交代，就有《有關胡風及胡風分子侵入舊人文的幾點材料》(《馮雪峰全集》第八卷，頁269。按人文即人民文學出版社)、《初步交代我在舊人民文學出版社招降納叛的罪行》(同書第九卷，頁216)。收入同卷的《交代

計劃》，尚有《繼續交代我在舊人民文學出版社招降納叛的罪行》
（頁226）。這種檢查交代，不但傷害了檢查交代者，且不免對被指
為「降」、「叛」者造成再次傷害。文革期間的有些「非正常死
亡」，即既因所受傷害也因累及他人。

　　文革中有所謂的「揭老底戰鬥隊」。「老底」往往即指「歷
史污點」。不以弄清事實為滿足，甚至不以弄清事實為目的。目
的似乎更在以人的過去，控制其現在與將來。古代中國即使在極
端道德化的環境中，如明清易代之際，也不乏通達之論；對於節
操有玷者，為其開出自新之路。1949年後執政黨的政策似乎也有
此義，只是一當政治運動興起，即有可能寬嚴隨心所欲，已有的
政策頓成具文。

　　「歷史清白」與「歷史清楚」是兩個概念。前者指無污點劣
跡，後者則指雖有問題但已查明。「清楚」非即「乾淨」（無過
犯）。倘不「清楚」，無論是本人交代不清楚，還是組織未能查清
楚，抑或組織認為不清楚，均有可能作為可疑分子終生不被信任，
或不被（某些機構、部門）任用。倘逢「運動」，「清白」者或被用
了放大鏡挑出污跡，「清楚」者則仍要經歷新一輪的審查與交待。

　　歷史不清楚（或只是被認為不清楚）即有可能被「控制使用」
（「內控」）、「限制使用」。「控制」、「限制」由組織部門內
部掌握。你有可能至死不知自己的真實處境。[37]陳益南講述了因一
個老工人的歷史疑點而大費周章地尋找「證明人」、套取「證明
人」證言的故事（《青春無痕——一個造反派工人的十年文革》頁
342–345）。那一份使老工人因「特嫌」而「控制使用」的檢舉材
料，其本人或許終生不知曉，卻如影隨形伴隨了其一生。這類荒誕
的故事，那一時期稀鬆平常。「內控」外，尚有「靠邊站」、「掛
起來」一類所謂的「冷處理」。那種「妾身未分明」的狀態，無

37　文革後的落實政策，也包括了撤銷肅反審幹中所作的限制使用的意見（參看楊
　　繼繩《天地翻覆》頁1059）。

異於慢性折磨；較之身份確定（無論何種身份），更有殺傷力。身份
不明在當代中國，猶如沒有影子。身份界定不明，往往不在「平
反」、「改正」的範圍，最終以不了了之者居多。有過該身份者也
未必有「恢復名譽」的訴求。以身份的曖昧保持威懾，其有效正在
於「莫測」。誰說政客不懂得心理學！

　　魯迅說：「不測的威稜使人萎傷」（《搗鬼心傳》，《魯迅全
集》第四卷，頁617）。「內定」、「內控」一類陰影，覆蓋了一些
人的一生，牽連至於家人子女。《束星北檔案》錄入了1951年杭州
市人民政府公安局所制束的檔案《複雜分子登記表》，該「登記
表」使用「該犯」字樣，「身份」一欄則為「嫌疑分子」。「登記
表」中有「解放前的犯罪事實」、「解放後的罪惡事實」等項內容
（頁51–52）。其人既在「另冊」，命運已然註定。對此，束至死也
無可能知悉。豐一吟《我和爸爸豐子愷》則說自己直至文革中才得
知其父為「『內控』對象」（頁188）。未知豐子愷本人至此是否知
情。王學泰《監獄瑣記》一書則有「內定」「反動學生」的例子
（頁267）。

　　韋君宜《思痛錄》寫丈夫楊述承受「內控」的折磨。收入者永
平等編《那個年代中的我們》一書的士毅一文，寫「不可重用」的
組織結論鑄就的個人命運（《把遺憾永遠留給過去》）。甚至有「內
定右派」（參看楊曦光《牛鬼蛇神錄》頁103），即未公開宣佈其右
派身份的「右派」。豐子愷即「內定」的「右派」（豐一吟《我和
爸爸豐子愷》頁196）。我所在研究室有程姓老同事，「反右」後並
不清楚自己的「定性」，被迫離開原單位後，求職四處碰壁，潦倒
半生。曾彥修晚年受訪時說，右派於五類之外，尚有極右與「內
控的中右」，「中右在內部還是算右派」（《曾彥修訪談錄》頁
286）。或許程姓同事即屬此類。據蕭冬連《從撥亂反正到改革開
放》，文革結束後平反冤假錯案，未戴右派帽子而被定為「中右
分子」、「反社會主義分子」有待安置者數量龐大，「有的所受

處分比右派還重」（頁114）。這些人被落實政策的有31.5萬餘人
（頁115）。[38]

　　某人「有問題」，是一種模糊表達。「有問題」可以作多種理
解。某人政治上「不可靠」，語義更為嚴重。那年代，被「組織」
作為「懷疑對象」，甚至僅僅「不被信任」，即足以使你疑神疑
鬼，惶惶然不可終日。楊憲益寫自己文革前已被懷疑為「雙重間
諜」（《漏船載酒憶當年》頁196–198）。信而見疑，忠而被謗，為
敏感、有潔癖的知識分子不堪忍受。那更是一種「心獄」。

　　「歷史問題」一向被用作黨內鬥爭的利器甚至致命武器。其兇
險，文革中也達於極致。長期在毛身邊工作的陳伯達，一旦被定性
為「反黨分子」，其家庭出身、「反動歷史」、與國民黨人士的
關係等等，即成為罪行的一部分。[39]據王年一《大動亂的年代》，
八屆中央委員、候補委員中，被指為「叛徒」、「特務」、「裏
通外國」或「有政治歷史問題」的，達71%（頁310）。文革期間掀
起驚濤駭浪的「薄一波、劉瀾濤、安子文、楊獻珍等六十一人的
自首叛變」一案外，另如1967年攪動高層的《伍豪等脫離共產黨啟
事》（參看吳德口述《十年風雨紀事》頁65）。據金沖及主編《周恩
來傳》，1975年9月20日周恩來在進入手術室之前，對《關於國民
黨造謠誣衊地登載所謂〈伍豪啟事〉問題》簽字（頁1933）。周的舉

38　沈志華《從知識分子會議到反右派運動》有類似記述（見該書頁687）。1957年
　　「反右」後，1958年5月毛説，「可能還有30萬右派（黨內外）」（《在中共八大
　　二次會議上的講話提綱》，《建國以來毛澤東文稿》第七冊，頁198）。關於
　　「右派分子」人數的大幅度增加，參看沈着頁662。據該書，「在五十五萬右
　　派之外，還有大量的『中右分子』、『反社會主義分子』以及無法統計的受株
　　連家屬。……其中僅『失去公職』者就有十六萬人。」（頁687）關於右派分子
　　的人數，近年來又有新説，尚未得官方證實。

39　見1971年1月26日中共中央發出的《反黨分子陳伯達的罪行材料》、1972年7月
　　2日批發的中央專案組《關於國民黨反共分子、托派、叛徒、特務、修正主義
　　分子陳伯達的反革命歷史罪行的審查報告》和陳的歷史罪證。關於1967年8月
　　王力「倒臺」後對其歷史以至姻親的調查，參看麥克法夸爾、沈邁克《毛澤東
　　最後的革命》中譯本頁240。調查的結果亦聳人聽聞。

動，要在黨內鬥爭的險惡語境中才能解釋。「政治生命」重於生物學意義上的生命。簽字在周，較癌症更攸關生死。

打擊政敵而「老賬新賬一起算」，甚至將歷史上朱德與毛的分歧作為朱的罪孽(參看王年一《大動亂的年代》頁312、卜偉華《文化大革命的動亂與浩劫》頁90)。據《吳法憲回憶錄》，康生也曾擔心對其「歷史問題」被清算(參看該書頁856)。這類把柄(亦所謂的「辮子」)，凡閱歷複雜者均所不免。即使無中生有、捕風捉影的所謂「歷史問題」，亦可成為摧垮其人的致命一擊。只不過以「歷史舊賬」為對付政敵的殺手鐧，也會如飛去來器，最終傷及自身。反江青、張春橋的活動，即以江、姚的「歷史問題」為命門。

「地下黨」問題

另有一種特殊的「歷史問題」，亦與黨內鬥爭有關，即「地下黨」問題。

楊奎松《中華人民共和國建國史研究1》據相關材料，說：「因為建國後在階級問題上採取了『一刀切』的政策，南方各省的地下黨組織及其所領導的外圍組織和武裝部隊，幾乎統統因其階級成份『嚴重不純』而長期受到懷疑。不少人還因此被打成『地主惡霸集團』或其他名目的『反革命組織』，遭遇開除黨籍、判刑入獄，甚至是被殺的命運。」(頁164)關於1949年後「蘇區黨」與「白區黨」的複雜關係，該書第七章有梳理。該章第四節即《關於對地下黨幹部的任用問題》。據該書，1943年延安整風中，「普遍發生了以嚴重『逼供信』為特徵的主要針對『白區黨』的黨員幹部的所謂『搶救』運動」，「幾乎所有來自國民黨統治區的黨員幹部都受到懷疑，甚至被打成『敵特』或『反革命』」(頁399)。中共中央針對南京地下黨幹部的「十六字方針」，即「降級安排，控制使用，就地消化，逐步淘汰」(同書，頁400)，適用不限於南京一地。

　　文革中毛區分劉、鄧，理由之一，即鄧在中央蘇區「是所謂毛派的頭子」；之二是，鄧「沒歷史問題。即沒有投降過敵人」；之三則是：「他協助劉伯承同志打仗是得力的，有戰功。」（《建國以來毛澤東文稿》第十三冊，頁308）[40]根據地/國統區、蘇區/白區幹部的區分，前者的強勢、優越地位，亦一種特殊的「出身問題」。文革的清算「三十年代文藝黑線」、大舉「抓叛徒」，將這種「出身問題」擺到了明處。

　　楊繼繩《天地翻覆》一書認為，「階級出身與知識分子成份，很容易變成地下黨幹部的一種『原罪』」（頁400）。關於原中共地下黨組織鎮反中因出身問題與不實指控橫遭厄運，參看楊奎松《中華人民共和國建國史研究1》頁205。該書提到從事地下工作而被作為「歷史反革命」鎮壓的朱自清之子朱邁先（頁206）。命運悲慘的，另如被派遣到敵方的諜報人員關露。李遜《上海文革運動史稿》則說，文革初期被拋出的黨內幹部的共同特點：「大多是知識分子幹部或1949年前的地下黨幹部，這也是歷次政治運動的規律」（頁164）。文革期間對前地下黨工作人員的大規模衝擊，是對「自己人」猜忌迫害的例子。上海1968年抓叛徒中製造的「集團性」冤假錯案中，最大的一起，即上海地下黨冤案。據卜偉華《文化大革命的動亂與浩劫》，上海「全市地下黨被按解放前的原工人運動委員會、職工運動委員會、學生運動委員會、警察工作委員會和中共上海文委等系統，建立了39個大案，845個小案，全市共有3675人被立案審查，受到殘酷迫害。文革前擔任區、縣、局以上領導職務的原中共地下黨員有99人被趕離領導崗位，65人被拘捕或隔離審查，4人被迫害致死。……」（頁677）[41]

40　關於毛認為劉、鄧的區別，參看《陳伯達：最後口述回憶》頁361。毛對劉、鄧的不同態度與劉少奇之死，尚可參看麥克法夸爾、沈邁克《毛澤東最後的革命》中譯本頁284。毛的態度決定高層人物的生死，該書尚有鄧與賀龍的不同例子（同書，頁287–288）。

41　李遜《上海文革運動史稿》依據相關中央文件及江青講話，將「抓叛徒」作

據《天地翻覆》一書，「清隊」中與地下黨有關的集團大案，
另如河北省深澤叛徒集團案、廣西地下黨案、廣東地下黨案等(參
看該書頁627–628)。據同書，文革後落實政策，江蘇省複查處理
了文革中和文革前包括地下黨歷史遺留問題在內的案件147,583件
(頁1059)。文革後平反的地下黨案件，尚有甘肅、河南、陝西、
四川、湖南、湖北、雲南、貴州、浙江、廣西等地的「紅旗黨」
案，涉及冀東地下黨的「冀東黨」案(蕭冬連《從撥亂反正到改革
開放》頁125–126)。原楊虎城部38軍中共地下黨組織被誣為「黑
黨」、「假黨」，文革後平反(同書，頁126)。文革後平反的，尚
有雲南地下黨「邊縱」的歷史遺留問題，西北聯大地下黨的歷史遺
留問題(同上)。廣東省則複查處理了誣彭湃為「叛徒」、致海陸豐
多人死傷的惡性事件。[42]

文革史一筆帶過的上述諸案，背後或充斥着血淋淋的事實。即
如廣西地下黨案。中共廣西壯族自治區委員會整黨領導小組辦公室
編寫的《廣西文化大革命大事記》(即香港版《文革機密檔案——
廣西報告》)，有大量迫害、摧殘原地下黨人、誣為「叛徒」、

為「清理階級隊伍」的始點，梳理了有關的脈絡(參看該書頁1191–1194)。該
書也寫到上海「清隊」中牽連甚廣、涉案人數眾多的「上海地下黨案」(頁
1194–1195)。上海地下黨問題無疑因1955年「潘揚」(按潘揚即潘漢年、揚
帆)一案而愈加敏感。潘漢年1955年因「內奸問題」被關押審查，1963年被定
為「內奸分子」，判處有期徒刑15年(參看《建國以來毛澤東文稿》第十冊，
頁46)。關於潘揚一案及文革後平反過程，參看蕭冬連《從撥亂反正到改革開
放》頁123–125。

42　關於1949年後原地下黨人的命運，參看何燕凌等編著《紅岩兒女的罪與罰——
中共地下黨人之厄運》，香港天行健出版社，2008；《黃慕蘭自傳》，北京：
中國大百科全書出版社，2012。曾彥修《平生六記》一書有關於前地下黨員的
個案，可證對歷史的無知有可能造成多少冤案(見該書附錄《一個地下黨員被
人供出後有無不被捕的可能？——記軍宣隊一次對我的徵詢(1971年)》)。黃志
雄《知青家長李慶霖》一書有閩中地下黨幹部文革後艱難平反過程的記述(頁
463–466)，證明了文革結束後仍一度繼續製造冤案。趙丹身陷其中的，即新疆
「叛徒」案(參看《趙丹自述》頁93)。賈植芳困擾一生的所謂「歷史問題」，
與所從事的「地下工作」有關(參看其《獄裏獄外》頁49–55)。

「歷史反革命」、致死致殘的記錄（參看《文革機密檔案——廣西報告》頁239、275、276、298、349–355）。甚至迫害及於原地下黨領導的游擊隊。鳳山縣文革中殺害的一千三百多人中，就有參加過紅軍、赤衛隊、游擊隊的一百多人（頁311）。桂林地區原地下黨游擊隊五千多人，三千九百一十人被審查，二千零八十七人遭迫害，被迫害致死二百零一人（頁351）。確如該大事記所説，「這是地下黨在歷次政治運動中，遭受最殘酷面最廣的一次迫害。」（同書，頁352）已披露的事實或不過冰山一角。對原地下黨幹部由「內部掌握」的「控制使用」，到放任群眾普遍懷疑、打擊，由黨外看去，更像是箕豆相煎。「隱蔽戰線的英雄」，「戰鬥在敵人心臟」，曾經很激情，很浪漫。

　　「抓叛徒」尤足以刺激被臉譜化的文學藝術作品培養的想像力。一時「叛徒」、「特務」無處不在。據王年一《大動亂的年代》，1970年2月至11月，挖出「叛徒」、「特務」、「反革命分子」184萬多名，逮捕28.48萬多名，「殺了數以千計的人」（頁337）。

　　武漢「北、決、揚」的魯禮安、馮天艾，曾以「紅司新華工敢死隊」的名義貼出大字報《「大抓叛徒網，保護一小撮」是資產階級反動路線的一個新的組成部分》。該大字報説：「經過長期革命戰爭考驗，現在又能堅定地站在以毛主席為代表的無產階級革命路線上的，即使曾經有過那麼一段歷史，基本上仍屬毛主席司令部的人。我們沒有理由在今天把他們仍稱為變節自首分子，硬將他們塞進『叛徒網』之列。」（宋永毅、孫大進《文化大革命和它的異端思潮》頁339）在當年的風口上，有幾人敢發表如此大膽的言論。

　　與「叛徒」問題邏輯相關的，尚有我方戰俘。即如志願軍戰俘。現代戰爭中，我方或許大致遵守了「不虐待俘虜」的紀律，不同於著名好萊塢影片《桂河橋》中的日本人，卻不妨苛待己方戰俘。對「戰俘」的態度也基於東方式的道德。不妨將下文將要提到的「國民黨起義人員」與「志願軍戰俘」置於同一框架中考察，因認知的邏輯相通：雖原分敵我，卻一概以「失節」視之。對前者即

「優待」也心存鄙視(運動一來，即使之陷於險境)；對後者，正因是「自己人」，更難容忍。近年來「志願軍戰俘」問題見諸官方媒體，成為可以公開談論的題目。數千人的苦難(其中大半或已入鬼籙)，終於進入了公眾的視野。

甚而至於不考慮歷史條件，基於「不革命即反革命」、脫離革命即背叛革命的極左邏輯，將「脫黨」與「變節」等視之。文革後為「中原突圍」的歷史遺留問題平反，湖北、湖南、河南等省解決了約五萬餘件隱蔽、掉隊人員的問題(蕭冬連《從撥亂反正到改革開放》頁126)。[43]

「歷史反革命」

1951年2月21日，經中共中央提議和批准，政務院和最高人民法院聯合公佈《中華人民共和國懲治反革命條例》。據楊奎松《中華人民共和國建國史研究1》，該《條例》「明顯地參考了國民政府1928年3月9日發佈的《暫行反革命治罪條例》，……有意使對『反革命罪』的解釋變得相當寬泛，所規定的處刑標準掌握起來更是有相當的自由度」(頁192)。以今天的眼光看，《條例》對國民黨軍、警、憲、特，不區分歷史條件，如是否抗日戰爭時期；僅據職級，不考量是否確有惡行劣跡。李新在回憶錄中寫到永年縣「解放」過程中，「把匪軍中當官的都按官階殺了」(《流逝的歲月：李新回憶錄》頁272)。[44]而在具體實施中，即使依職級不在「懲治」範圍，也未必逃脫「懲治」。

43　穆旦1955年填寫的《歷史思想自傳》說自己的認識：「反革命的意義是廣闊的，只要是不幫助革命，不在黨的領導下辦事，無論你自認怎樣，結果與革命無利，即是反革命。」(引自易彬《穆旦評傳》頁343)正是流行見解。

44　韋君宜說，據她的觀察，「鎮反」，「肅反」，「凡夠『職務線』的一律或審查或拘捕」(《思痛錄》頁29)，並不需要有其他罪行。「職務線」即在國民黨政權內所任職務、所屬級別。收入譚放等《文革大字報精選》的《堅決打倒羅瑞卿　徹底砸爛公檢法》(署名「鬥爭彭羅陸楊反革命修正主義集團籌備處」)一文，清算鎮反擴大化，有具體材料。曾彥修《平生六記》一書有「鎮反」中濫殺的例子。

高華《六十年來家國，萬千心事誰訴：讀龍應台〈大江大海一九四九〉》一文，說到1949年大批原國民黨軍政人員留在了大陸，包括被認為最危險的「軍、警、憲、特」。他們選擇留下，「一方面是對國民黨完全失望，另一方面也是相信共產黨的《約法八章》」。「在一年後『鎮反運動』中，有現行破壞活動的國民黨殘餘分子及有反共『血債』的前國民黨『軍、警、憲、特』和『惡霸地主』等，約71萬人被鎮壓」（《思想》第15輯，頁284，臺北：聯經出版事業股份有限公司，2010年5月）。不能有效制止濫捕濫殺，「鎮反」、「三反五反」無不如此。在缺乏嚴格政策界限的情況下，任事者「自由裁量」，勢必寧左勿右，以顯示其「革命性」。最高當局對此未見得沒有據經驗的預見。魯迅說，「革命是並非教人死而是教人活的」（《上海文藝之一瞥》，《魯迅全集》第四卷，頁297）。可惜這一點在相當長的時間裏並未成為共識。以殺立威，是傳統社會古老的治術。即古代中國，亦為較開明的帝王所不取。

1967年1月13日中共中央政治局會議正式通過《中共中央、國務院關於在無產階級文化大革命中加強公安工作的若干規定》（即《公安六條》），第四條為：「地、富、反、壞、右分子，勞動教養人員和刑滿留場(廠)就業人員，反動黨團骨幹分子，反動道會門的中小道首和職業辦道人員，敵偽的軍(連長以上)、政(保長以上)、警(警長以上)、憲(憲兵)、特(特務)分子，刑滿釋放、解除勞動教養但改造得不好的分子，投機倒把分子，和被殺、被關、被管制、外逃的反革命分子的堅持反動立場的家屬，一律不准外出串連，不許改換姓名，偽造歷史，混入革命群眾組織，不准背後操縱煽動，更不准他們自己建立組織。這些分子，如有破壞行為，要依法嚴辦。」[45]該條囊括了除「現行反革命分子」外的所有「階級敵

45　《公安六條》對於「反動黨團骨幹分子」、敵偽的軍、政、警、特，甚至不能如1956年3月10日《中央十人小組關於反革命分子和其他壞分子的解釋及處理的政策界限的暫行規定》，作必要的區分。該《暫行規定》中有：「反動黨團

人」，甚至包括家屬。即使如此，文革中認為的「階級敵人」仍不限於此。

政治運動中你面對的，很可能是毫無歷史感的「歷史審查」。1950年代初由美國歸來的巫寧坤，因抗日戰爭國共合作時期與國民黨空軍有關的經歷，被南開大學宣佈為「暗藏的反革命分子」（巫寧坤《一滴淚——從肅反到文革的回憶》頁47–49）。查良錚（即詩人穆旦）放棄教席參加中國遠征軍入緬抗日的經歷，成為他終生的罪負。[46]較之那些為此而潦倒終生的西南聯大同學，查良錚的遭遇尚不能稱最慘。他畢竟以詩作及譯作傳世，享受過為時不長的正常生活。查良錚也較他的南開同事巫寧坤幸運。雖為「歷史反革命」，卻不曾有巫那樣的勞改經歷。

出版於2014年的范穩所著《吾血吾土》（北京：北京十月文藝出版社，2014），以抗戰中參與「中國遠征軍」赴緬的西南聯大學生1949年後的遭遇為主要敘事內容。作者採訪的二十多人中，沒有坐過牢的僅有一兩個。受訪者幾乎都經過幾十年勞動改造，經歷批鬥，文革結束後才陸續獲得自由。范穩在受訪中說：「我們永遠想像不到他們所面對的一些苦難和荒謬。這種荒唐在我們國家才會有。」（《范穩：還原他們的抗戰歲月》，《中華讀書報》2014年11月5日第11版）。不曾死於日寇之手、卻受難於、死於自己人、中國人之手，這種荒謬、荒唐是否真的無以避免？[47]

骨幹分子：是指1946年解放戰爭開始以後任國民黨區分部委員、三青團區隊長（包括隊副）以上及相當於該級的其他反動黨派（青年黨、民社黨、閻錫山的同志會等）的骨幹分子。」着重號為我所加。

46　據易彬《穆旦評傳》，1955年「肅反」中，穆旦因遠征軍的經歷被作為「肅反對象」，所幸結論為「一般政治歷史問題」（頁350）。1958年下半年經天津市委五人領導小組批准，被定為「歷史反革命分子」，判處管制三年。遠征軍的經歷亦依據之一（頁398）。

47　何蜀《文革重慶大武鬥實錄》也寫到某群眾組織成員，時為建築工人，因抗日戰爭中投筆從戎赴緬作戰，被專案組認定為「混入革命群眾組織的國民黨殘渣餘孽」，關押批鬥後判處有期徒刑14年，出獄後在貧病中去世（頁234）。2017年《抗戰老兵口述歷史》由廣西師範大學出版社出版。這一時期的言說中，

　　與抗日戰爭中「正面戰場」的重新呈現同步，中國遠征軍、南僑機工等，以正面形象回到了人們的視野。遠征軍、「滇西抗戰」一度成為影視作品的熱門題材。而那一段歷史也由此漸趨完整。

　　階級鬥爭中原有灰色地帶。國民黨起義人員外，如民國時期政府機構的下級官員、公職人員，鄉村基層的保甲長，以至抗日戰爭時期拉鋸狀態下「兩面政權」的維持會長，等等。據楊奎松《中華人民共和國建國史研究1》第三章，「鎮反」中「把大批國民黨起義投誠人員打成了反革命」（頁206–207）。在京郊大興縣的血腥殺戮中，某受害者將羅榮桓簽發的《起義證書》懸掛屋內，也未能倖免於難（遇羅文《北京大興縣慘案調查》，《文革大屠殺》頁24）。原北京四中學生寫到文革初期抄家中，某國民黨起義將領全家被施暴，妻子被毒打致死（高中《性壓抑與政治中立》，《暴風雨的記憶》頁309）。1949年起義後留用人員陝西安康縣副縣長、縣政協常委張開印以「反革命」罪被槍決（楊繼繩《天地翻覆》頁638）。曾彥修《平生六記》記有「我們指定的兩面村長」被指為「漢奸」的案例（頁61–64）。更荒唐的是，紅衛兵在葉坪欲參觀博生堡與公略亭被阻止，理由是趙博生、黃公略係由國民黨部隊起義，不知該如何「重新評價」（陳煥仁《紅衛兵日記》，1966年12月25日，頁228–229）。對「革命烈士」尚且如此，何況其他。人無信不立。將政策作為權宜之計，不能不導致「信用」的喪失。

　　當代史上「國共合作」時期「我中有你，你中有我」，是接受了制式化的歷史教育者與司法機構辦案人員的認知盲點。對近代史的無知，歷史認知的混亂，種因於「階級鬥爭」語境中扭曲的歷史教育。徐曉主編的《民間書信》，收入了廖冰兄1972年寫給其弟的一封信，其中寫到「組織」為自己「抗日時期在國民黨機關搞抗日宣傳工作的歷史」所作「結論」，「認為這是為國民黨的真反共

　　「抗戰老兵」往往更指國民黨抗日軍人。這一名份對於國軍老兵無疑較共軍老兵重要，也更攸關正義。

假抗日的反動路線效勞」（頁154）。聶紺弩1955年的《歷史交代再補充》說，「在抗戰的那種情況下，要和一個國民黨都不來往，幾乎是不可能的。事實上也未聽見說不可同任何國民黨來往」（《聶紺弩全集》第十卷，頁80）。他《致陳克寒、戈矛的信》（1955年9月10日），說黨派自己到康澤那裏去工作，「就是鑽他的空子，也就是毛主席所說的『乘敵之隙的可能性』」，「沒有什麼不可理解」；找谷正綱，黨內（包括周恩來）非但沒有人「非難或阻止」，還鼓勵利用這種關係（同書，頁108）。此一時彼一時。當年的利用，此時的追究，似乎都理所當然。「秀才遇到兵」，只能徒歎奈何。以非但毫無歷史知識、甚至缺乏常識、缺乏正常的思維邏輯者清理他人的歷史，冤案勢不可免。更何況「辦案人員」中不乏舊時「刀筆吏」一流人物，專以吹毛索疵、鍛煉周納為能事。

聶紺弩寫「歷史交代」，巨細靡遺，只能是「雞同鴨講」。「肅反」尚在進行中，聶就在交代材料中寫道：「我總以為在這次肅反運動中，一定會發現許多怪人怪事。我不相信荒謬的人只有我一個。」（《叫回來為什麼不回來？》，同書頁163）他明知「肅反」中不許答辯，仍「要冒死講幾句話」，講何以與國民黨特務頭子來往（《追溯我和康、谷的關係》，同書頁206。按康即康澤，谷即谷正綱）。更無可解釋的是，明明「組織」上早已掌握的，卻追究不已。

文革臨近結束的1975年，「繼年初『特赦』全部在押戰犯之後，12月15日–18日，各地司法機關先後召開寬大釋放大會，對在押的原國民黨縣、團級以上黨政軍警特人員一律釋放，並給予公民權」（《聶紺弩生平年表》，同書附錄三，頁440）。進入21世紀，倖存的國民黨抗日軍人終於迎來了遲到的正義。對陳納德的「飛虎隊」、「駝峰航線」的記憶修復，應當與中美關係的改善有關。對國民黨「正面戰場」的重新評估，對慘烈的滇西、緬北抗戰的紀念，則多少賴於兩岸關係的破冰。2015年紀念抗戰勝利的大閱兵

中，國共老兵的代表同受嘉獎。更有實際意義的，毋寧説是民間
發起的「關愛老兵」(按「老兵」主要指國民黨抗日軍人)公益活
動——未聞國家有關部門對國軍老兵及其遺屬的普遍優撫。

　　未撤離大陸及被俘的國軍下級軍官、士兵在歷次政治運動中，
亦一可供考察的題目。他們中的多數應屬1950–70年代的「邊緣人
群」。稍許開放的環境中，猶如出土文物，終於被記憶，被注視，
被由忘川中打撈。社會的公平、正義，在這些人那裏逐漸顯現。
與他們相連的歷史圖像由此顯影，也使得有關抗日戰爭的敍事或多
或少趨於完整。這種向着政治文明的每一步，無論步幅大小，都值
得肯定。原有的結構嚴整、邏輯簡明的歷史敍事現出諸多裂紋、罅
隙，誰説不是史學發展的契機？

　　因已有「後見之明」，讀當代史、革命史不免心情複雜，想到
「後事如何」。相信延伸想像會影響對文學藝術的閱讀、觀賞。即
如近些年來諜戰片中隨「國府」赴臺的「共諜」(《潛伏》)，如歸
順中共的原軍統諜報人員(《偽裝者》)，如曾活躍在東北、華北地
區的「國際特科」(《懸崖》)，如遠征軍題材的電視劇中戰後卸甲
辦教育的國軍上校團長(《中國遠征軍》)。倘若為這些人物各寫一
份「後傳」，你將會看到什麼？電視劇《北平無戰事》的處理最稱
「穩妥」：有可能遭到清算的人物，或赴美，或赴香港、臺灣。劇
中奉命繼續隱藏其共產黨員身份的民國中央銀行北平分行裏理，未
知該如何逃過此後的一次次運動。中共華北城工部負責人劉雲以劉
仁為原型。劉文革中死於秦城監獄。相關的「非虛構作品」，有關
於傳奇情報人員、文革中死於秦城監獄的閻寶航的電視劇；軍旅
作家項小米以其祖父中央特科人員項與年為原型的小説《英雄無
語》，等等。在其他種書寫遭遇困境的情況下，文學藝術於此也承
擔了喚醒沉睡的記憶以告慰亡靈的沉重任務。

各級專案組

　　文革中的專案組，非司法當局針對某一案件組成的臨時辦案組織，也非正常時期應對具體事件的工作小組，而是適應遍及全國的大規模審查而設的機構。中央專案組成員主要來自原「公、檢、法」及軍隊；單位以至群眾組織的專案組，成員則無資質方面的要求。專案組對於所審查的個案，有立案、外調、訊問等一套程序。因專案組成員政策水平不一，全無章法，「逼、供、信」所在多有。

　　文革期間立案人數之多、專案組數量之大、外調頻率、密度之高，前所未有。最有權威也最惡名昭彰的，即所謂的「中央專案組」（亦作「中央專案審查小組」）。[48]致使翦伯贊夫婦自殺的，即中央專案組之一的「劉少奇、王光美專案組」。王年一《大動亂的年代》的說法是，劉少奇一案廣有株連，除夫人子女外，牽連的案件達22053件（參看該書頁315）。[49]

48　關於「中央專案組」，參看《王力反思錄》頁726–730、吳法憲《歲月艱難——吳法憲回憶錄》頁698、楊繼繩《天地翻覆》頁704。關於中央專案組人員在文革後的「揭、批、查」中，參看楊繼繩該書頁1043–1944。原中央專案組負責人文革後被判刑，參看蕭冬連《從撥亂反正到改革開放》頁318。

49　關於「劉少奇、王光美專案組」，參看胡鞍鋼《毛澤東與文革》頁375註591所引戚本禹的有關回憶。據《王力反思錄》，江青熱衷於抓中央專案組，且借重康生，說康「有延安整風的經驗」（頁680）。關於翦伯贊夫婦之死，參看陳煥仁《紅衛兵日記》1968年12月23日，頁614–615；《百年潮》2012年第五期謝甲林文；郝斌《老來憶「牛棚」》（2013年4月11日《南方週末》E27版）指名當時對翦威逼者；謝文也説專案組巫某等人一再威脅翦，交代不清楚，是要坐牢的。關於中央專案組，尚可參看麥克法夸爾、沈邁克《毛澤東最後的革命》中譯本頁224–226。該書將這一權傾一時的機構與中央文革小組並提，擬之於蘇聯的「契卡」（Cheka，全稱「全俄肅清反革命及怠工非常委員會」，簡稱「全俄肅反委員會」）、德國的蓋世太保（Gestapo）。中央文革小組解散後，中央專案組繼續存在，直至文革結束後1978年12月的中共十一屆三中全會。關於周恩來與中央專案組，參看同書頁289。文革結束後新的中央專案組繼續製造冤案（參看楊繼繩《天地翻覆》頁1045）。關於文革後中組部由中央專案組接收受審人員，參看蕭冬連《從撥亂反正到改革開放》頁84註1。關於上海1970年代初的「十大專案」，參看李遜《上海文革運動史稿》頁1207。

對專案組深惡痛絕的王力，説文革中錯誤的做法之一，是「比聯共的契卡更壞的專案組」（《王力反思錄》頁397）。1981年王由秦城監獄致信黨中央，建議「永遠廢除」專案組的辦法（頁379）。他認為「專案組這種組織形式禍害無窮」；十一屆三中全會後「繼續和發展專案組的弊端」；雖無「專案組」之名而有其實，「中紀委弄得不好也就是擴大的專案組」（同書，頁730、731）。王力説「在林、江、康專案組時期，不但有摧殘人肉體的辦法，而且有摧殘人的大腦的辦法」（同書，頁380。按林、江、康即林彪、江青、康生）。説自己「熟知『文革』中『專案組』的思想方法和工作方法」；「先從一個概念出發，總可以在『調查研究』的名義下找到『證據』的」（同書，頁387）。張光年《向陽日記——詩人幹校蒙難紀實》的《引言》也説，「最最不能忍受的」，是中央專案組對自己「歷史問題」的「長期糾纏」（頁3）。[50]

文革中「專案組滿天飛，一個小小工廠每個車間也都設專案組」（謝培林《東拉西扯話文革》，《那個年代中的我們》頁301）。專案組的工作，包括所謂的「內查外調」。「內查外調」本是政治審查的常規手段，單位人事部門與司法機構的日常工作，只不過文革中被集中且高強度地運用罷了。「清隊」期間，幾乎各單位都在「內查外調」。無以數計的專案人員僕僕道途，行政資源的浪費在所不計。

由顧頡剛1968至1970年的日記看，幾年間他苦於應付各種「外調」。顧將為應對「外調」所寫材料稱作「交代」、「資料」。1968年8月15日的日記，抱怨是月寫「資料」太多，説：「這都是從前好出鋒頭，因而有號召力的自然結果」（《顧頡剛日記》第

50　《陳伯達：最後口述回憶》：「審查劉少奇的做法同後來審查陳伯達的做法是一樣的，都是背着本人搞審查，專案組搞出來的所謂材料，也不向被審查者進行核對。」（頁322）。《邱會作回憶錄》記自己在秦城監獄與同案犯交流，認為「中央專案部門對老幹部打擊之殘忍是前所未聞的」（頁929）。記其聽王洪文述説所受非人道折磨（頁930–931）。倘不以人廢言，上述諸人的説法不妨錄以備考。

十一卷，頁17）。同年10月15日記因應答「外調」不當，被其妻女責罵，甚至被其妻「批頰」（同書，頁38）。于光遠也寫到自己為「外調」所苦，曾因不能滿足外調者而挨打（《文革中的我》頁35-36）。吳宓日記亦詳記接受「外調」種種，對其時有關的不正常現象評論道：「按：《論語・憲問》『不逆詐，不億不信』。今之調查材料者，每先假定對方為虛偽之人。又用毛主席所『嚴禁』之『逼、供、信』方法以威嚇之，豈調查之本旨哉？」（《吳宓日記續編》第九冊，頁76）[51]吳敏感於外調人員的態度，「和藹」抑或「冷傲」（後者見同書頁675）。說某外調者「兇狡成性」，對自己「威逼恫喝」（同書，頁26）。郭小川1968年11月14日日記，記應付外調，「許多問題，都記不得，非常着急，簡直不知怎樣好」，因此「哭了一場」；次日則記失眠，連做夢都是外調涉及的事（《郭小川全集》第十卷，頁345），可知壓力之大。陳白塵也寫到外調人員以「突然襲擊」、「高壓姿態」為震懾（《牛棚日記》頁27）。[52]關於派仗中為打倒某人，外調中指供、誘供的情況，參看《溫濟澤自述》頁309-311。由《李慎之的私人卷宗》看，文革期間李關於他人情況的交代較為謹慎，卻也有對調查對象極不利的懷疑、指證，應與個人恩怨無關，卻有可能造成其逆料不及的傷害。文革後修補破損的人倫，因「外調」中的交代、舉發而造成的嫌隙，老友熟人間，同學同事間，仍有難以彌縫、以至成終身負累者。

　　季羨林即使身在「牛棚」，也不能擺脫外調人員的糾纏（《牛棚雜憶》頁128-129）。吳法憲關押期間，亦為外調所苦，且同一問題重複調查；所有有過聯繫者，無論是組織領導關係、工作關係

51　吳記自己不得已而編故事，事後反悔、推翻已有的說法（參看《吳宓日記續編》第八冊，頁397-400、405-406、409、411-412）。吳氏關於外調的記述，另見同書頁600-602、604-605；《吳宓日記續編》第九冊頁41-42。

52　陳白塵對專案組的搜證方式與思維邏輯，有細緻的觀察（參看其《牛棚日記》）。

還是私人關係，統統調查（《吳法憲回憶錄》頁899-900）。吳說自己在北京衛戍區關押的五年間，「寫過的材料在百萬字以上」（同上，頁900-901）。收入新近出版的《馮雪峰全集》第九卷的，有《外調材料》。該《全集》出版後，有人撰文稱道馮文革期間所寫「外調材料」，在艱難的處境中堅持實事求是，令人感佩其人格。如竺可楨那樣，寫證明材料，為澄清有關人士的歷史問題，不惜花費大量精力檢索自己幾十年的日記，在當年，堪稱佛家所言「功德」。[53]據韋韜、陳小曼回憶，茅盾蒙高層「保護」，也如竺可楨，力求實事求是地對待「外調」，作為對歷史、他人應盡的一份責任（《父親茅盾的晚年》）。則馮雪峰、茅盾、竺可楨所寫「外調材料」，不惟具有史料價值而已。

　　專案組的目標通常不在澄清事實，而是「板上釘釘」，鑄成「鐵案」——尤其對於重要的審查對象。定性在前，搜證在後，所謂「調查」，不過取證。因而有「提審式」外調，認定被「調」者會知情不報，類似「共犯」、「從犯」。

　　高層對於專案組（包括劉少奇專案組）的弊病心知肚明。1969年中共九大前，毛批評「外調」、搞「專案」，說：「鬥批改，清理階級隊伍，搞了很多人去搞調查，沒有目的地到處亂跑。」「搞專案的人搞的材料不那麼準確，不那麼可靠。他們的觀點是抓得越多越好」（逄先知、金沖及主編《毛澤東傳》第六卷，頁2509、2518）。此後他也說過：「專案組的材料至少一半不能相信。」「內查外調搞不出什麼東西」（同書，頁2527）。[54]據說毛對關於劉少奇的「有些材料也存在懷疑」；1968年5月8日，「他同文革碰頭會議成員談話時曾說：『整出來的劉少奇的材料，也不能全信。』」（逄先知、金沖及主編《毛澤東傳(1949-1976)》下冊，頁1536）卜偉華《文化大革命的動亂與浩劫》引用了上述材料，說，

53　竺可楨的應付外調，參看《束星北檔案》頁322。
54　據吳德口述《十年風雨紀事》，周恩來說毛曾批評過「搞專案的人，不搞出幾個反革命好像就沒有成績」（頁175）。

「但毛澤東顯然是同意如此給劉少奇定案的。」（頁749）

據蕭冬連《從撥亂反正到改革開放》，「設立中央專案機構審查幹部，沿用了延安整風運動時期審幹的做法，專案組實質上是一個凌駕於黨政機關之上的秘密專政機構，『文革』十年，中央專案組先後關押和監護了1124名幹部，被隔離在單位、幹校或外地的不在其內」。文革結束後中央專案組撤銷。中共十一屆三中全會正式作出決定：「過去那種脫離黨和群眾的監督，設立專案機構審查幹部的方式，必須永遠廢止。」（頁84）。

也應當說，專案人員固良莠不齊，確也有不刻意入人罪的專案組。有被審查者對專案組澄清了事實（即解除了對自己的懷疑）而心存感激。當時在人民日報社的李行事後說，專案組亦有「貢獻」，即澄清了某些人的問題（《三上幹校》，唐筱菊主編《在「五七幹校」的日子》頁124），自己「十分感謝」其專案組的許多同志「實事求是、嚴肅認真」（頁132）。閻明復雖也遇到過「胡攪蠻纏」的專案組（《閻明復回憶錄》頁985），自己的那個專案組「從一開始就沒大聲訓斥過人，沒有搞過『逼、供、訊（按疑為信）』」（同書，頁981）。

作為控制手段的檔案

這裏所說檔案，指由各級黨政機構、單位掌管的人事檔案。

1966年10月5日中共中央批發軍委、總政《關於軍隊院校無產階級文化大革命的緊急指示》，其中有「個人被迫寫的檢討材料，應全部交還本人處理。黨委或工作組及別人整理的整他們的材料，應和群眾商量處理辦法。經過群眾和被整的人的同意，也可以當眾銷毀」等內容。1966年11月16日下達《中共中央關於處理無產階級文化大革命中檔案材料問題的補充規定》，「責成原工作組、學校黨委或者其他有關組織，必須將一九六六年五月十六日以後的各種整學生、整群眾的材料，包括整理過的或者沒有整理過的材料……

全部集中，不許隱瞞，不許轉移，不許複製，不許私自處理」；
「除個人被迫寫出的檢討材料全部交還本人處理外，其他所有的
材料，集中清點之後，在上級領導機關和學生代表的監督之下，
當眾焚毀。」[55]被命「銷毀」、「焚毀」的「個人被迫寫的檢討材
料」，時稱「黑材料」。「黑材料」被擴大解釋，即包括了由「組
織」掌握的其他個人資訊。高層出於運動需要的上述《指示》、
《規定》，引發了對決定個人命運的人事檔案制度的衝擊。文革提
供了稀有的機緣，使人們以這種方式索要被剝奪的知情權——「組
織」所掌握的個人信息，對自己的評價，尤其政治排隊、歸類。[56]

　　我在本書的其他處也說到，文革中有諸多「第一次」。陳益南
以為，1966年底批判「資產階級反動路線」時的燒毀「黑材料」，
是「第一次」；儘管此後的「黑材料」屢燒屢整，「直到如今還塞
滿了很多人的檔案袋」（《青春無痕——一個造反派工人的十年文
革》頁48）。關於文革初期造反派「搶黑材料」的反體制性質，李
遜《上海文革運動史稿》一書有分析。李遜認為，「搶黑材料」，
「是造反派逾越規範的開始」，係針對各級黨委，「質疑他們的權
力」。「這個挑戰共產黨嚴密控制民眾制度的造反行動，是之前從
未發生過的」，「是文革中造反派對十七年規則的第一次真正逾
越」（頁16）。關於發生在上海高校的「搶『黑材料』」，參看該書
頁191–192。搶「黑材料」在文革後期的1974年部分地區一度重演
（參看楊繼繩《天地翻覆》頁877、878）。

　　長期參加中國革命與建設的美國人李敦白，發現「每一個人
都有一份機密的人事檔案」，「只有高階的黨員可以查閱，或是
下令給相關人員查閱。不過當事人則從未看過這些資料。不論這
份黨員機密資料中有什麼，它都關係到他的未來——甚至他的生
命」（《我在毛澤東身邊的一萬個日子》中譯本，頁233–234）。李

55　1966年11月15日尚有《中共北京市委關於給革命群眾平反的緊急通知》。

56　關於「政治人事檔案」建立的背景，參看楊奎松《中華人民共和國建國史研究
　　1》頁252。

敦白不能適應這種對於人的掌控方式，文革中曾激烈批評「監視群眾制度」、「密告和人事秘密檔案」（同書，頁523）。他文革中在中央廣播事業局的「造反行動」，就包括了「將那間保存個人資料的檔案室封鎖」，力圖使「特務密探和秘密記錄之類的東西」「銷聲匿跡」（同書，頁451）。發生在文革初期的衝擊檔案室的行動，大多與對這種「特務密探和秘密記錄之類」的管理手段積久的怨憤有關。借「黑材料」問題對檔案制度的衝擊，正是蓄之既久後的爆發。[57]

「檔案材料」的威懾力，或要經歷過1950–60年代才有體驗。「檔案」是跟着人走的。你和你的「歷史」（某種「歷史紀錄」）牢固地捆綁在一起。檔案材料由「組織」掌握，秘而不宣，是左右你的命運的隱秘力量，懸在你頭頂的達摩克利斯之劍。劍鋒下的生存，不由你不戒慎恐懼。經由檔案，已有的過犯（案底）將追隨你終身，不必妄想「重新做人」。對於「組織」，檔案袋較之你的肉身更足「採信」。誰掌握了你的檔案，也就掌控了你的命運。

當代中國的「檔案制度」亦如蘇聯的秘密警察制度，積怨甚深。一旦局面失控，即不難失守。文革中群眾的衝擊單位檔案室，也如衝擊「公檢法」，是特殊機緣下為獲取「免於恐懼的自由」而採取的非常行動。沒有這一番「衝擊—曝光」，你可能永遠沒有機會知曉當局對你「掌握」到何種程度。個人檔案「解密」，往往是在政治運動中你被「拋出來」的時候。文革初期亦然。部分檔案的曝光，使一些人意外地得知了自己的真實處境，獲得了一次「震撼體驗」。錢鍾書也如是。楊絳《幹校六記》寫到錢鍾書檔案袋裏的「黑材料」，「若沒有『偉大的文化大革命』，我們永遠也不

57　1957年「反右」前的「鳴放」，即涉及人事檔案制度（參看沈志華《從知識分子會議到反右派運動》頁589）。文革後王力說：「查檔案的辦法並不可靠，外調的辦法更不可靠。」（《王力反思錄》頁379）他建議「所有黨員的檔案都要同本人見面，不允許在檔案袋裏隨便裝材料」（同書，頁425）。類似意思他一說再說（如同書頁449）。

會知道」（頁62）。《我們仨》也説，直至「檔案裏的材料上了大字報」，才知道自己有「何罪」（頁124）。[58]這種失控情勢下的「信息公開」，不能沒有荒誕意味。[59]

操弄政治運動而利用「歷史問題」，具體手段，就包括出於運動或單位內部權力鬥爭的需要，拋目標人物的人事檔案。李遜《上海文革運動史稿》記文革初期復旦大學黨委「拋出」內定的「反動學術權威」，並由系黨總支向學生透露其「歷史問題」以供批判（頁74）。

當時的北大學生李橦回憶文革中的「隔離審查」，説審查者對自己反復講的是：「你如果不交代，沒關係，我們把你掛起來，將來在你檔案裏寫『有重大問題沒有交代清楚，請繼續審查』，這個結論會跟你一輩子，沒有單位敢要你，沒有人敢接近你。歷史不清白沒有關係，不清楚問題就嚴重了，多少人因為歷史的問題沒有結論毀掉了一生。」（叢璋、亞達、國真編《燕園風雲錄——北京大學文革回憶資料彙編》頁143）

檔案之為命門，不止對於「群眾」。徐景賢在文革回憶寫到檔案被作為黨內鬥爭中的「炮彈」（《十年一夢》頁8）。據徐的回憶，中共九大籌備期間，上海方面就曾挖掘陳毅的檔案材料，作為攻擊的彈藥（參看同書頁172）。當年曾在瀋陽市公安局工作的劉麗英説，即使在「公檢法」內部，也有以「暴露人事檔案的手法」整異己者（《往事回首》頁75）。事實是，無論文革之初各級黨組織「整群眾」，還是群眾組織批判各級黨組織，以至黨政要人，都由

58　關於「黑材料」一事，《幹校六記》一書記述較詳。參看該書六《誤傳記妄》。

59　莫里斯·邁斯納《毛澤東的中國及後毛澤東的中國》寫到了文革初期發生在上海「具有爆炸性」的「『黑名單』事件」。據該書，所謂「黑名單」即「由在學校、工廠、居委會和群眾組織中的黨的工作人員和公安人員在數年間搜集的關於公民的政治檔案」（中譯本，頁430–431）。文革後至今，仍有各種版本、未經證實的「黑名單」，即如涉及出版、發表。據說已不取書面形式，避免「白紙黑字」。

檔案這種政治鬥爭的利器得到支持。王力的如下說法或並不誇張，即，「只要江青懷疑一個人是壞人，康生就連夜查檔案。第二天就證明這個人不是叛徒就是特務。」（《王力反思錄》頁215）有諷刺意味的是，上海文革中「炮打張春橋」，也利用了張妻文靜與變節有關的檔案（參看徐景賢《十年一夢》頁149）。[60]

　　最招人痛恨的，還包括歷史結論、政治結論「埋釘子」、「留尾巴」。[61]涉及人數最多的，如「摘帽右派」，邵燕祥指為「灰帽子」（見邵著《一個戴灰帽子的人》）。這頂「灰帽子」也仍然是「帽子」。用流傳甚廣的說法，「帽子拿在群眾手中」，隨時可以重新戴上。章立凡說文革中為自己「落實政策」，處理方式是「『反革命』帽子拿在群眾手中，以觀後效」（《我的「低種姓」生活見聞》，《烙印》頁32）。據豐一吟《我的爸爸豐子愷》，1972年關於豐子愷的「審查結論」是，「不戴反動學術權威帽子，酌情發給生活費。」（頁238）在當局，「留尾巴」，無非不承認整錯了人。有鑑於此，直至文革結束，「政治結論」仍被一些人認為性命攸關，尤其黨政幹部。他們字斟句酌，對有關方面的「留尾巴」高度警戒。更有人將劫後餘生用來推敲組織上的「結論」，跑有關部門討說法，即便在旁人看來已沒有「實際意義」。文革在這些人那裏遲遲不能結束也因此。文革後胡耀邦任中央組織部部長平反冤假錯案，至今為人樂道以至感激涕零，這種感情，要經歷過1950–70年代，才能體會。

　　也有一些所謂的「老運動員」，每逢運動必中槍，練就了「打

60　關於上海寫作班在毛的支持下，打破「內外有別」的保密制度，利用市委檔案室的檔案，參看李遜《上海文革運動史稿》頁580。美國人威廉·韓丁所著《深翻》，寫到山西長治地區兩派鬥爭中，軍區支持的一派採取的動作，即搜尋對方所支持的幹部的檔案材料中的污點，對手則以相反的檔案材料還擊（參看該書中譯本頁532–533）。

61　《何方自述》談到「埋釘子」、「留尾巴」的慣用手法，說那一套措辭多年來已變成「一種八股」（參看該書382）。該書據作者本人的漫漫平反路談「糾錯」之難，有關方面規避責任的種種招數。

太極拳」的本事；因對同一事項反復「交代」，熟極而流，以至無論「組織」還是本人，都像是在履行一項手續，完成一種儀式。審查與被審查者，不大像在談論活着的人。那個真實存在着、存在過的人，就此消失在了檔案文字中。黃苗子《牛油集》有《口袋歌》。「口袋」即「檔案袋」。據日本學者木山英雄說，黃的「『口袋歌』以充滿詼諧的語調代人抒發了對『檔案袋』的痛恨」（《人歌人哭大旗前——毛澤東時代的舊體詩》中譯本，頁34）。[62]

　　文革初期各地的衝擊檔案室，延燒至國家檔案庫，導致機密檔案外泄——青少年固有揭秘歷史、尋求真相的動機，卻也不排除有人有意為之。據卜偉華《文化大革命的動亂與浩劫》，1966年9月，北京地質學院的群眾組織衝擊地質部，「強行翻閱與取走機密檔案」（頁221）。是年9月8日下發《中共中央、國務院關於在文化大革命中保障黨和國家機密安全的規定》，並沒有起到約束作用。11月17日吉林省的群眾組織衝擊檔案庫房，奪走黨和國家機要文件278份（參看王年一《大動亂的年代》頁120–121）。1967年1月15日中央統戰系統「紅色聯絡站」將全國政協自建國以來全部機密檔案（包括人事檔案）洗劫一空；該組織又搶了統戰部1949年以來全部機密檔案一百多櫃以及大批資料、文件；搶劫、運輸過程中散落文件幾百件（參看《聶元梓回憶錄》頁202）。[63]同年武漢「七二〇」事件後，清華大學群眾組織抄了徐向前的住所、辦公室，「搶走裝有絕密、機密文件的檔案箱五個和其他材料」（同書，頁542）。8月

62　關於檔案制度的荒誕，另有被作為一次「詩歌事件」的詩人于堅的《○檔案》。這首以「檔案室」起首的詩作，寫到了那個「作為一個人的證據」的「距離他50米過道30級臺階」的檔案袋。那個神秘的袋子最令人驚悚的，當屬「根據掌握底細的同志推測　懷疑　揭發整理」的「思想彙報」。檔案之於人，尚可參看楊奎松《「邊緣人」紀事》中《沉重的檔案——一位文化教員交出日記的遭遇和影響》。

63　該書說，學部民族研究所洪濤等人一個月內在統戰部和民委系統搶檔案二十多次，還搶了西藏駐京辦事處的檔案（同書，頁235）。該事件被認為與時任公安部部長的謝富治有關（參看收入譚放等《文革大字報精選》的《楊、余、傅「倒謝復辟」破產記》，見該書頁476）。

31日，中共中央、國務院、中央軍委、中央文革小組有《關於化工部「紅戰團」搶走國家機密檔案的通報》。1968年2月13日外交部九十一名司長、大使的《批判「打倒陳毅」的反動口號》，說發生在外交部的「篡奪」機要局、破壞檔案制度，「洩露了大量機密」（《文革大字報精選》頁623）。6月2日，陝西勉縣群眾組織襲擊國家絕密檔案庫，打死守庫戰士九名，打傷四名(同書，頁712)。失密的後果，包括了重創中共在臺諜報系統。

　　物極而反。文革後的變化之一，即雖「檔案制度」仍有而威懾不再。甚至對於人事調動也不再能構成限制：即原單位以扣押個人檔案留難，也無妨其他單位接納該人，是文革前不能想像的。「口袋」支配人的命運，更像是卡夫卡式的政治寓言，其含義終將成為有待註釋才能瞭解的東西。上述人事制度的變化，並不令人吃驚。變化是一點一點地發生的。人與「單位」的關係也由此而改變。

　　何方《黨史筆記》說到胡耀邦的深得人心的措施之一，即「在以前提的『三不』(不打棍子、不戴帽子、不抓辮子)之外，再加一條『不裝袋子』(不把一些黑材料、假材料，包括本人被迫所作違心的交代和檢討，裝進幹部的檔案袋……)」(頁137)對於政治運動的倖存者，「不裝袋子」實在是善莫大焉。

　　文革後的清理，包括對人事檔案的清理。據楊繼繩《天地翻覆》，北京市即清理了21萬餘名幹部的檔案，「撤出含有誣陷不實之詞的材料」；黑龍江省也「全面清理幹部檔案，僅省管幹部中即清除各種不實材料4萬餘份」(頁1059)。本書上編第七章用於分析的「運動檔案」，也在此時期發還本人；其中部分文字編入文集作為歷史文獻。[64]

　　關於歷史檔案在文革後對「四人幫」的清算中，參看史雲、李丹慧《難以繼續的「繼續革命」》。據該書，對「四人幫」採取

---

[64]　杜高檔案文革後的流入舊貨市場，亦舊有人事制度(包括檔案制度)重建前過渡期間混亂無序的表徵。

行動前夕，「華國鋒問汪東興，解決以後如何整理專案材料。汪胸有成竹地表示，他已經準備好了，一查檔案就可以解決。」（頁190）[65]歷史檔案依舊是對付政敵的致命武器，端看此利器在誰手中。這也才可以解釋毛逝世後對毛留下的文件的爭奪。「這些文件裏有些牽涉到政治局許多人的檢討書、檢舉信。」「拿到了這些文件，就拿到了制服人的『武器』」（楊繼繩《天地翻覆》頁994）。

文革後大舉清查所謂的「三種人」，[66]為此而進行的「內查外調」，與文革中思路、方式無異。1983年4月23日中共中央發出《關於文革期間高等院校學生造反組織重要頭頭記錄在案工作的意見》。「三種人」除判刑者外，一些當年相應毛的號召起而「造反」的年輕人，文革中的經歷被「記錄在案」，限制使用，成為新的「歷史問題」（參看《天地翻覆》頁1051）。

「反右」前的「鳴放」中，束星北說「最好廢除人事處」，至少不能使其「掌生殺大權」；抱怨山東大學教授評級也由人事處定（《束星北檔案》頁140）。文革期間「人事處」改名「政工組」，強勢依舊。人事部門職在幹部管理，「審幹」是其職份內事。由功能言，「政工」似更貼切。文革後的變化中，即有「政工部門」作為名目的取消。由單位的「人事處」外走過，你已經不大會想到這機構一度的前身曾經擁有怎樣的權威。

發生在社會生活中的控制的鬆動，僅由如下事實也不難感受：農民工大批湧入城市，年輕人在企業間頻頻「跳槽」，學術從業者在事業單位(包括科研院所)與高校間、高校與高校間流動。此外尚有「孔雀東南飛」，有所謂的「北漂」，[67]有自由撰稿人、「行吟

65　該書說，1977年3月6日中共中央發出的《王洪文、張春橋、江青、姚文元反黨集團罪證(材料之二)》指張春橋為「國民黨特務分子」並不屬實(同頁)；「江青是叛徒」亦未能證實(頁197)。

66　參看本書下編《札記之三》、第八章《並非「大結局」》。

67　「孔雀東南飛」，指內地人才向東南沿海發達地區流動。「北漂」指由其他地區到京城尋找發展機會而居留、滯留該地。

詩人」，等等。人員的「單位所有」終於改變。即使尚不能有「自由身」，選擇空間也在擴大。「飯碗」不再是被派定的，掌握在「有關部門」手裏。單位仍有權以「解聘」為懲戒，你或可另謀生計。「不給飯吃」不再是迫你就範的終極手段——調查一下1957、1958年被「開除公職」的「右派分子」的生存境遇，你會知道變化之大。

「擴大化」與防「翻案」

文革中毛曾談到「清理階級隊伍」的「擴大化」(1969年4月11日、13日，《毛澤東傳(1949–1976)》下冊，頁1550–1551)。政治運動的「擴大化」，可以上溯「革命戰爭時期」。江西蘇區的打「AB團」、延安的「搶救運動」。1949年後的歷次政治運動、文革期間的「運動中的運動」，幾無不「擴大化」。[68]「擴大化」毋寧說是當代中國「階級鬥爭」、政治運動的常態，甚至是運動的一部分。對於「擴大化」未聞防範於前；即「糾偏」於後，對造成的傷害(包括死於非命)也罕有補償。

「擴大化」毋寧說是一種文過飾非的說法。關於蘇聯「肅反擴大化」的說法也屬此類(參看毛《對〈關於無產階級專政的歷史經驗〉稿的批語和修改》，《建國以來毛澤東文稿》第六冊，頁62)。斯大林1937、1938年的肅反在毛的表述中，不過「擴大化的錯誤」(《對二評蘇共中央的公開信稿的批語和修改》，1963年9月，《建國以來毛澤東文稿》第十冊，頁371)。「二評蘇共中央的公開信」經毛修改的文字，多少像是對中國政治運動擴大化的辯護。

圖們、祝東力《康生與「內人黨」冤案》一書說：「當時關於『內人黨』問題的提法都是『清隊擴大化』，『擴大化』意味着

68　杜高說公安部長羅瑞卿關於肅反的報告，披露運動中有一百三十多萬人被立案審查，「真正是反革命分子的只有八萬一千多人」(參看《杜高檔案》頁32)。未知「真正是反革命分子」的，是否包括「胡風反革命集團」中人。

『內人黨』並非子虛烏有。因此，在平反工作的指導思想中還留有一個尾巴。」(頁286)以「擴大化」的說辭「留尾巴」，也是處理政治運動遺留問題的通常做法。也因此，運動的組織者不怕「擴大化」。寧左勿右，寧取「過」而不可「不及」。文革中內蒙古自治區「挖肅」(即挖「新內人黨」、「肅流毒」)，領導層有人說：「別人在『挖肅』中怕犯錯誤，我不怕！……只要有百分之三十是真的就繼續挖，挖錯了將來再平反。挖十個有七個是假的，三個是真的，最後去給七個磕頭陪禮；挖十個有一個是真的，九個是假的，也是了不起的成績！」(同書，頁143)有偉大領袖「搶救運動」中向受害者輕鬆賠禮的示範，就寧可錯抓錯判錯殺，不可錯放；且預先準備了將來「平反」。有這個「底」，怕什麼「擴大化」。只不過人死不可復生；無論精神踐踏還是肉體摧殘，都沒有那麼容易忘記。「擴大化」到文革達於極端。終結上述惡性循環的契機，也於此出現。

　　一旦定性，即不得「翻案」。喊冤不但不足以減罪免罪，且可能罪上加罪。「肅反」如此，「三反五反」如此，「反右」更如此。1957年2月毛《如何處理人民內部的矛盾(講話提綱)》曰「有反必肅，有錯必糾」(《建國以來毛澤東文稿》頁311)。同月所寫《關於正確處理人民內部矛盾的問題》重申這一原則，卻又嚴辭批評「想利用今天的政策去翻過去的案，想否定肅反工作的巨大成績」(《毛澤東選集》第五卷，頁377)。同年4月毛有《對中央關於轉發全面檢查肅反工作文件的批語稿的修改和說明》。轉發的文件強調不對肅反案件作全面複查(《建國以來毛澤東文稿》第六冊，頁441)。1958年中共八屆三中全會通過的《劃分右派分子的標準》，將「攻擊肅清反革命分子的鬥爭」作為劃右派的一條標準。「反右」中被劃「右」者，正不乏為「肅反」喊冤者。王世襄曾為國家「收回珍貴文物總數在兩千件以上」，「三反」中被誣為「大盜寶犯」，關入公安局看守所審查，被文物局解僱。「反右」中欲

伸此冤，被定為「右派」（《昂首猶作花的，誓結豐碩子》，《無罪流放》頁111–112）。[69]文過飾非，不難習非成是。聲稱「有錯必糾」的黨，何以容許自己一錯再錯，而不能容忍受害者申訴、自己更不及時糾錯？

對「翻案風」高度警戒。韋君宜説「反右」中有些人本有可能脫罪，「中央突然通知，凡劃右派者，申訴要求翻案，一律不得受理。也就是一律不許甄別平反」。前此的劃反革命、肅反、鎮反、三反五反，都還允許甄別（《思痛錄》頁44）。[70]1962年9月29日毛《關於檢查右派分子甄別試點問題的批語》，責問：「此事是誰佈置的？是組織部，中直黨委，還是國家機關黨委自己？此事出在中央機關內部，右派分子本人不要求甄別，而上級硬要『試點』，以便取得經驗，加以推廣。事件出在六、七月。其性質可謂猖狂之至。」（《建國以來毛澤東文稿》第十冊，頁200）辭氣嚴厲。[71]經毛修改的中共中央統戰部副部長徐冰1963年5月檢查總結中關於右派甄別問題，有如下表述：一九六二年我們提出的，如果領導上認為需要和右派分子本人或其家屬要求甄別的就進行甄別的意見，是錯誤的，那樣做客觀上必然會形成對右派分子普遍甄別平反，這勢必導致否定一九五七年反右鬥爭的偉大成績，後果是嚴重的（參看《建國以來毛澤東文稿》第十一冊，頁18）。

讓當局認錯太難。整錯了，整得家破人亡，可以承認「擴大化」，可以象徵性地「摘帽」，甚至可以在一定範圍內「糾偏」，卻不可認錯；即使認錯，認到什麼程度，也必經仔細考量。更沒有道歉這一種「傳統」。最難的似乎在「認錯」、「道歉」，因體統

69　1957年「反右」前的「鳴放」中關於「肅反」的批評，參看沈志華《從知識分子會議到反右派運動》頁548–549、580–581。

70　1952年對「三反」的甄別（參看毛《中央轉發三十八軍黨委關於認真做好三反甄別工作報告的批語》，《建國以來毛澤東文稿》第三冊，頁348）。

71　中共中央1962年8月17日對中央統戰部7月26日「關於右派分子工作的幾個問題」的請示報告的覆示（中發〔62〕429號文件），參看同書頁201。

(亦面子)所關。也因此陳毅1962年對知識分子行「脫帽禮」，令一批書生感激涕零，視為曠世盛典，幾十年後還津津樂道。

即文革後的「平反」、「改正」，仍有當局者將此視為恩典，倘不叩頭謝恩，即被認為「耿耿於懷」。據曾在中國人民大學任職的李新回憶，「人民大學黨委把給林希翎平反的決定派人送去給她時，派去的人以為她會感激涕零，誰知她卻不甚理睬，於是，這人便把平反決定帶回去了。這樣，林希翎便成了很少幾個沒有平反的右派之一。」（《李新回憶錄》頁343）

歷史問題的處理往往手法粗糙，既有「翻烙餅」，又有「一風吹」。1957年反右期間的聶紺弩，對「運動」式打擊的粗暴、處理的粗糙感受深切，說運動之後，「應該有比對本人宣佈不是反革命進一步的措施」；對錯整的人，注意到「一些無法平反的比較微妙的心理方面」；他引用當時《人民日報》某篇社論中的文字，「有些傷害是無法補償的」（《關於周穎的發言》，《聶紺弩全集》第十卷，頁240）。聶提到駱賓基「肅反」中「精神崩潰」、「神經失常」（同上，頁241–242），以類似傷害為黨痛惜；而他當年所說，直至文革結束，仍不為當局者措意。對於人的漠視由來已久；生死尚且不以為意，何況「比較微妙的心理方面」！在執政黨，平反、改正(對右派分子)、摘帽(對地、富)已是莫大的恩典，不懂聶何以還有上述非分的要求。

「反右」中聶紺弩檢討其「右派思想」，說，若將許多個人合起來看，「這樣多的(究竟怎樣多，其實不知道)知識分子(那時正在宣揚優待高知)對黨鬧情緒(本質上是情緒上的反黨)，對黨是很不利的，是黨的一個不小的損失」（《檢討》，1957年11月，同書頁299–300）。無非體制內的批評，出於為黨着想的忠忱，卻被作了別樣的理解、解釋。直至今天，當局者仍未必由上述方面計量代價。

文革後至今，發生了太多變化，以至人們習以為常，後生小子更誤以為從來如此──這或許正是好事，是社會生活返回常態，人

們找回「常識」、恢復了正常反應的證明。卻也仍然要說，一個以前瞻、面向未來為號召的政黨，如何對待既往，關係重大。

5.3　集團案

文革中的黨內鬥爭是文革前的繼續，或可視為黨內矛盾的總爆發。諸種「反黨集團」層出不窮。較之黨內集團，黨外集團案高發，或更有文革特色。1949年後僅有的放任民眾「自組織」的文革前期——準確地說，只是在1966至1968三年左右的時間裏——甚至不便擬之於明中葉後的「黨社運動」、清末民初的社團活動。弔詭的是，被人豔稱為「結社自由」的文革，正是「集團罪」氾濫的時期。較之此前任一時期，相關罪案之多，涉案人數之眾，都是創紀錄的。

「反黨集團」、「反革命集團」、「叛徒集團」等

1949年後1957年「反右」前，有「高、饒反黨聯盟」案（按高、饒即高崗、饒漱石），「胡風反黨集團」案。「胡風反黨集團」後作「胡風反革命集團」。據沈志華《從知識分子會議到反右派運動》，「在全國清查『胡風反革命集團』的鬥爭中，共觸及2100餘人，逮捕92人，隔離62人，停職反省73人。後正式定名為『胡風反革命集團分子』的有78人。」（頁43–44）「肅反」運動，「還發現了為數甚多的小集團」（頁44）。該書根據陸定一向蘇聯通報的情況，「肅反」中「揭露出11000個集團和派別」（同上）。

「反右」中最為人所知的，即所謂「章羅同盟」（按章羅即章伯鈞、羅隆基）。1955年的「丁玲、陳企霞等反黨小集團」，至此加碼為「丁玲、馮雪峰右派集團」。關於1957年「反右」中的「右派集團」、「反黨集團」，參看沈志華《從知識分子會議到反右派運動》頁636、637。

1959年廬山會議，則有彭、黃、張、周的所謂「軍事俱樂部」（亦「反黨集團」。按彭、黃、張、周即彭德懷、黃克誠、張聞天、周小舟）。廬山會議後各地跟進，抓「反革命集團」，如浙江的「沙、楊、彭反黨集團」（按沙、楊、彭即沙文漢、楊思一、彭瑞林）、青海的「以張國聲為首的右傾機會主義反黨集團」（參看楊繼繩《天地翻覆》頁60、61）。

關於「高饒反黨聯盟」，「有人問：究竟有沒有聯盟，或者是兩個獨立國？」毛的解釋是：判斷有沒有「聯盟」，並不依據是否有「明文協定」；「陰謀分子的反黨聯盟」，不同於「公開的政治聯盟」（《在中國共產黨全國代表會議上的結論的提綱》，1955年3月31日，《建國以來毛澤東文稿》第五冊，頁72、73）。這種解釋，或也適用於「章羅同盟」。「章羅同盟」，見毛《文匯報的資產階級方向應當批判》（《毛澤東選集》第五卷，頁435）。即使文革後複查，中央統戰部的結論仍然是：組織上的章羅同盟「應肯定其不存在」，但政治上的章羅同盟「仍應認為存在」，因為「他們反黨反社會主義的根本立場是一致的」（蕭冬連《從撥亂反正到改革開放》頁117）。《王大賓回憶錄》所引周恩來關於「清查五一六」的指示，亦基於類似思路：「是不是參加組織，填表沒有，不是主要的。要查本質，罪行就是本質，形式是第二位的。彭德懷、黃克誠的活動就是反黨的，還需要成立什麼組織？真正的核心不一定填表參加組織，他們背着中央開會集會這種行動就是罪行，有集會就是有計劃的行動。只要罪行確實，抓住幾件事就可以。」（頁176。按這段引文未注明出處）

據高華《身份和差異——1949–1965年中國社會的政治分層》，自1950年代後期，省一級的「反黨集團」有13個，較為著名者有：浙江的「沙文漢、陳修良反黨集團」、河南的「潘復生反黨集團」、安徽的「張凱帆反黨集團」、山東的「趙健民反黨集團」、遼寧的「杜者蘅反黨集團」（按杜者衡應為杜者蘅）、廣東的

「古大存、馮白駒反黨集團」、新疆的「伊敏諾夫反黨集團」等。中央一級「彭、黃、張、周反黨集團」外，尚有「習仲勳、賈拓夫、劉景範反黨集團」、「譚政反黨集團」等(頁46-47)。將習、賈、劉定性為「反黨集團」，竟然由一部小說(李建彤的《劉志丹》)為緣起(參看楊繼繩《天地翻覆》頁78-79)。毛曾批評「山頭主義」。「拉幫結派」、「結黨營私」是執政黨內的常態，政治鬥爭中則被作為打擊政敵的口實。1962年1月30日毛《在擴大的中央工作會議上的講話》中說：「不准組織秘密集團」，「我們不怕公開的反對派，只怕秘密的反對派」(《建國以來毛澤東文稿》第十冊，頁39)。「反右」打擊的，正是「公開的反對派」。

　　1950-70年代的政治氛圍中，兩個人咬耳朵，固可能有「不可告人」；倘兩個以上的人走得太近，過從太密，定期或不定期地聚會，即有「小集團」的嫌疑。即使聚會的主題是非政治的，聚會這種形式也可能被認為是政治的。1952年「五反」中，毛的有關指示，要求設法解散「資本家的秘密結社」，如「星四聚餐會」等(《中央關於在五反鬥爭中及其以後必須達到的八項目的的指示》，《建國以來毛澤東文稿》第三冊，頁354)。

　　本章上一節提到了「關係」於人的嚴重性。文革中所謂的「幫派體系」，或不過「集團」的放大，乃「上掛下聯」的結果——僅據所謂「傾向」，甚至僅以人際交往為據，無論有無政治、組織上的聯繫，猶之古代中國的所謂「瓜蔓抄」。古代有所謂「連坐」。當代政治運動中則有「查背景」、查關係、「拔起蘿蔔帶出泥」。人們相信「物以類聚，人以群分」，民間俗諺曰，「魚戀魚，蝦戀蝦，烏龜找王八。」一旦被視為同類同群，或許會同時落難。

　　1964年6月27日毛《對中宣部關於全國文聯和各協會整風情況的報告的批語》警告說，文藝界的那些組織「如不認真改造，勢必在將來的某一天，要變成像匈牙利裴多菲俱樂部那樣的團體」

（《建國以來毛澤東文稿》第十一冊，頁91），[72]是針對知識分子的含義嚴重的警告。當年的語境中，「裴多菲俱樂部」即「反革命集團」。文革初沈從文駁范曾對其的揭發，説范指某些人是沈家的「座上客」，「來即奏爵士音樂，儼然是一個小型的裴多菲俱樂部」，乃不實之詞（《表態之一──一張大字報稿》，《沈從文全集》卷二七，頁172）。這位匈牙利大詩人在中國的廣為人知，竟然因以其名字命名的「俱樂部」。1976年「四五運動」前夜，中央政治局還認為「存在一個地下的『裴多菲俱樂部』」（史雲、李丹慧《難以繼續的「繼續革命」》頁633）。[73]

　　陳伯達1964年在天津市南郊區小站搞「四清」運動試點，大抓「反革命集團」（參看卜偉華《文化大革命的動亂與浩劫》頁160註106）。據蕭冬連《從撥亂反正到改革開放》，文革後陳伯達在小站搞出的三個「反革命集團」案均予平反（頁120）。楊繼繩《天地翻覆》註引如下統計數據：「四清」運動中，清查出反黨反社會主義集團5760個（見該書頁87註116），錄以備考。

　　文革初期有「彭、羅、陸、楊反黨集團」。彭（真）、羅（瑞卿）、陸（定一）、楊（尚昆）之為「反黨集團」的理由，即「他們反對毛主席是共同的」、「他們反對林彪同志是共同的」、「他們篡軍反黨是共同的」、「他們都是黨內的資產階級當權派」（參看王年一《大動亂的年代》頁20）。北京市委另有「彭真、劉仁反黨集團」。

　　至於所謂「三家村反黨集團」（亦作「『三家村』黑店」），以

72　裴多菲‧山陀爾(Petöfi Sándor)，匈牙利著名詩人、民族英雄。「裴多菲俱樂部」原是成立於1954年匈牙利的一個知識分子學習小組，在1956年的匈牙利事件前起了輿論動員作用。關於1950–70年代中國語境中的裴多菲與「裴多菲俱樂部」，參看邵燕祥《沉船》頁54–55。文革中濫用所謂「裴多菲俱樂部」，如對武漢的「北斗星學會」（魯禮安《仰天長嘯──一個單監十一年的紅衛兵獄中籲天錄》頁218）。

73　「四五運動」指1976年4月5日清明節前後，以周恩來逝世為契機的民眾集結、抗議活動。

三個黨內知識分子在同一家報紙所闢專欄《三家村札記》定案。該《札記》署名吳南星，吳即吳晗，南即鄧拓(筆名馬南邨)，星即廖沫沙(筆名繁星)。「章羅同盟」等曾被描述為「或策劃於密室，或點火於基層」(《文匯報的資產階級方向應當批判》，《毛澤東選集》第五卷，頁435)；「三家村」則被指為「有步驟、有組織、有指揮地向黨進攻」，是「有組織、有計劃、有領導的反黨事件」(廖沫沙《甕中雜俎》頁222)。「集團」也者，毋寧說更出自特殊的想像力。1966年6月2日由王力、關鋒、曹軼歐執筆的《人民日報》評論員文章《歡呼北大的一張大字報》，指斥北大校長、黨委書記陸平，說「你們的『組織』就是反黨集團」。該評論員文章指北大為「『三家村』黑幫的一個重要據點」；由北大證明「『三家村』黑店的分號，『三家村』黑店的車馬們」仍在頑抗，鼓勵了各地各單位紛紛抓「三家村」的「分號」、「車馬」。

薄一波、劉瀾濤、安子文等「六十一人叛徒集團」，是文革期間最大的「集團案」之一，牽連甚廣，引發了全國性的「抓叛徒」。地下黨被羅織為「集團」的，如與閻寶航有關的「東北叛黨集團」(《閻明復回憶錄》頁1032)。各地抓出的「叛徒集團」，廣東、冀東、新疆等地「叛徒集團」冤案中被非法關押、審查批判、迫害致死的人數，參看卜偉華《文化大革命的動亂與浩劫》頁484、486。

圖們、祝東力《康生與「內人黨」冤案》一書李德生序，說內蒙古自治區「內人黨」一案，是文革期間「特大集團冤案」(關於「內人黨」，參看本書下編《札記之二·民族地區》)。據該書，文革初期的前門飯店會議上，已有一大批蒙古族幹部被指為「烏蘭夫反黨叛國集團」成員(頁22)。據吳迪《「內人黨」大血案的始末與真相》，該自治區被認為尚有「內人黨」的「周邊組織」：「真理黨」、「大眾黨」、「統一黨」、「民族黨」、「合併黨」、「牛糞黨」、「柳條黨」等等(《文革大屠殺》頁71)。

據不完全統計，1968年上海的「清隊」中，列為重大集團性案件的731起。「上海在抓叛徒和『清隊』運動中製造了大量集團性冤假錯案。上海地下黨冤案就是其中最大的一例。」（卜偉華《文化大革命的動亂與浩劫》頁677）李遜《上海文革運動史稿》據文革結束後的統計數字，説文革中上海全市「叛徒集團」、「特務集團」、「反革命集團」等集團性案件949起（頁1208）。司法機關審理的反革命集團案約624件（頁1210）。其中「共向東反革命集團」，係因一些共產黨員書寫、張貼公開信、傳單，組織公開活動而起（同書，頁1466–1470）。[74]

湖南道縣有諸多集團案（參看章成《湖南道縣農村大屠殺》一文）。該省東安縣全縣追查所謂「反共救國軍」，挖出一個有2258人的「反革命組織」（同上，《文革大屠殺》頁191）。關於廣西壯族自治區軍政領導機構製造的集團冤案，參看中共廣西壯族自治區委員會整黨領導小組辦公室編寫的《廣西文化大革命大事記》即香港版《文革機密檔案——廣西報告》，該書記有廣西各地追查、打擊、血腥殺戮莫須有的「中華民國反共救國團廣西分團」、「反共救國軍」的血案。即如平樂縣受「反團案」牽連者達一千七百二十九人，死亡一千二百九十人（頁320）；都安縣追查「反團」，揪鬥一萬七千二百五十一人，受嚴重迫害三千三百四十一人，致死四百四十一人，受株連達八萬人之多（頁324）。該書相關記錄，另見頁182、248、265、266等。[75]

據楊繼繩《天地翻覆》，廣東省「一打三反」中發現147個「反革命集團」（頁636）。四川僅萬縣地區即揭發反革命集團225個（頁637）。「破獲」的「特務組織」尚不在內。即如「六廠二校」中「六廠」之一的二七機車車輛廠與「特務組織」有關的假案，毛

---

74 關於上海「清隊」中的「集團案」，參看該書頁1194–1195。「一打三反」中的「集團案」，參看同書頁1206。

75 關於廣西的上述「集團案」，尚可參看徐勇《韋國清剿殺四二二派》一文，《文革大屠殺》頁230–233、233–234。

信以為真(參看同書頁597)。吉林、雲南等地的「集團案」,參看卜偉華《文化大革命的動亂與浩劫》頁679、681。關於「清隊」中上海、廣東、陝西、黑龍江、吉林、江西、雲南等地及中國科學院的「集團案」,參看《天地翻覆》頁601-609。「清隊」中捏造的重大「集團」假案、冤案,如「反共救國團廣西分團」冤案、雲南趙建民特務集團案、內蒙古「內人黨」案、河南省深澤叛徒集團案、廣西地下黨案、廣東地下黨案,等等,參看同書頁616-629。蕭冬連《從撥亂反正到改革開放》則提到「新疆叛徒集團案」、「東北叛黨集團案」、甘肅、河南、陝西等省地下黨的「紅旗黨」案等(頁90)。

據陳東林主編《1966-1976年中國國民經濟概況》,國防科委某廠在「清理階級隊伍」中,「製造出『國民黨西北派遣軍』等9個『反革命集團』假案,揪出78個『反革命組織』。共有4,000餘人被隔離審查和關押,300多人被迫害致傷殘,59人被迫害致死。全廠科級以上幹部844人中,有220人被捕判刑,523人被批鬥;124名專家中,有121人被定成『反革命』。」(頁286)

邱會作主政的解放軍總後勤部,文革中僅總後機關即製造出集團假案29個,牽連七八百人(《天地翻覆》頁425)。

據蕭冬連《從撥亂反正到改革開放》一書,到1982年,全國複查平反的集團性的冤假錯案近二萬件(頁89)。「集團性的冤假錯案」,主要應指黨內有關案件(如該書頁90所列)。還說:「據不完全統計,從1978年11月中共十一屆三中全會到1981年6月中共十一屆六中全會前後,中共中央向全黨發佈的為重大的和集團性的冤假錯案平反的文件達六十餘件。」(頁90)[76]

76　關於對有關集團案的平反,參看同書頁125-126。相關數據尚可參看本書下編《札記之五‧諸種數據》。何方《黨史筆記》說:「建國後從中央到地方出現了不知有多少所謂的反黨以至反革命集團或聯盟,追根溯源,恐怕就與延安整風時對反黨宗派和集團的不確定性和隨意性、無限上綱和隨便套用有關。」(頁150)

我所讀到的「集團案」中，稍覺詭異的，是秦曉敘述的中科院「張勁夫反黨集團」一案。秦曉將涉及其父的這一案，解釋為周恩來為與中央文革爭奪對中科院的控制權，不得已而「採取主動」（《四中往事》，《暴風雨的記憶》頁106），可備一說。只是在關於周與文革的材料進一步披露之後，秦的說法尚需更有說服力的佐證。也如「保護性批鬥」、「保護性羈押」，「保護性」的「集團案」並非不可能──亦文革政爭中權謀之為用。

文革十年最後的集團案，即林彪、「四人幫」反黨集團。「林彪反革命集團」（一度稱「林陳反黨集團」）與「江青反革命集團」，見諸《關於建國以來黨的若干歷史問題的決議》，屬官方的權威表述。另有陳伯達反黨集團。據《陳伯達：最後口述回憶》，因文革後李雪峰、鄭維山平反，「1971年初中共中央文件中所說的陳伯達反黨集團只剩下陳伯達一個人」（頁342）。[77]

「讀書會」、「馬克思主義研究會」

最高領袖對紅衛兵組織及此後勃興的「群眾組織」的放任，難免造成一些青年對形勢的誤判。文革中的「反革命集團罪」，清晰劃出了當局容忍的限度，他們所認為不可逾越的「底線」。

對於當局，現實的威脅來自激進的思想派別、有行動能力的思想者。1957年「反右」前學生自發組織的小團體，「反右」中即成標靶。文革期間，民眾短暫、有條件地享有了憲法允諾而從未兌現過的「結社自由」，同時當局對以思想探討為宗旨的組織，持高度警戒的態度；更對全國性組織實行厲禁，為此不惜動用專政工具，務將其消滅在萌芽狀態。「以思想探討為宗旨的組織」與政治性質的「小集團」，界限模糊，賴有超常敏感、訓練有素的對異端氣味的「政治嗅覺」才能判斷。

---

77 「集團」用於國際政治，如「赫魯曉夫修正主義集團」、「日共宮本修正主義叛徒集團」（參看《建國以來毛澤東文稿》第二十冊，頁278）。

　　1964年北大學生黃偉民組織「馬克思主義研究會」，被打成「反革命集團」（印紅標《文化大革命期間的青年思潮》頁246）。文革中意欲以馬克思主義研究中國問題的群眾組織，通常使用「讀書會」、「馬克思主義研究會」等名目，仍被視為異端；倘若仿效「青年毛澤東」以「改造中國」為宗旨，則必為「反革命組織」無疑。實則當年青年學生討論馬克思主義的結社，所仿效的，就有「少年中國學會」、「新民學會」等。包括湖南楊曦光等人籌建的「毛澤東主義小組」，武漢的「北斗星學會」，寧夏的「共產主義自修大學」。本書上編第一章已提到青少年的以「青年毛澤東」為偶像。弔詭的是，「青年毛澤東」式的獨立思考、社會調查等等，適足以成為文革中「異端思想者」所以「異端」的條件。當局或許依據「歷史經驗」，將這類組織視為可能的「政黨」雛形。

　　為杜絕準政黨性質的組織出現，不惜有意混淆思想與政治的界限，對上述「研究會」、「讀書會」以刑事手段處理。1968年北京大學何維淩等人組成「共產青年社」進行思想探討，被打成反革命（參看印紅標《文化大革命期間的青年思潮》第三章註56）。1970年貴州安順某村寨三名知青因成立「馬列主義研究會」，被指為「反革命組織」而抓捕（同書，頁251）。1970年，寧夏十三名大中學生自發成立的「共產主義自修大學」被定為「現行反革命集團」，成員先後被捕，其中三人被執行死刑（同書，頁254）。當武漢大學生魯禮安發起組織「馬列主義學會」（後稱「北斗星學會」）時，他的一隻腳已踏進了牢門。[78]被審查、偵訊、羈押、判刑的，另有潘婧寫到的北大「共產青年社」讀書圈子，徐曉所寫以趙一凡為中心的文藝沙龍，因讀書會被打成上海「第一反革命案」的復旦大學胡守鈞小集團，1974年山西太原張珥等人的「反革命集團」，1975年被宣佈為「反革命集團」的四川萬縣幾位青年的「馬列主義研

78　魯禮安在其回憶錄中，細緻地追記了「學會」成立時會場的兇險氣氛（《一個罪囚十一年的紅衛兵獄中顧天錄》第九章《北斗星學會始末》）。

究會」，等。[79]《譚其驤日記》1970年10月20日，記該日復旦大學召開「處理胡守鈞集團大會」（頁228）。1971年5月7日，全校召開「批判胡守鈞反革命集團大會」（頁247）。[80]據楊健《文化大革命中的地下文學》，「查金華是南京市在『一打三反』運動中頭一個被槍斃的人，僅僅因為他自己組織了一個馬列主義小組，用馬列的觀點對現行政策提出了一點質疑」（頁126）。[81]魯禮安事後回憶道，自己當時和許多青年學生一樣，「一心想要弄清毛澤東思想發展的真實脈絡」，渴欲「全面地閱讀主席從青年時代開始的各個歷史時期的『原著』」（《一個單監十一年的紅衛兵獄中籲天錄》頁201）。這在當時，竟屬致命的求知欲、好奇心。

長沙的造反派工人陳益南在其回憶錄中，寫到自己因讀馬列的書而受到軍代表的質疑：「現在有毛主席的書，你為什麼還要讀馬列的書？什麼動機！」（《青春無痕——一個造反派工人的十年文革》頁381)據卜偉華《文化大革命的動亂與浩劫》，文革前夕，羅瑞卿曾組織高級幹部學習馬列主義三十本經典，被作為其「反對學

79　趙一凡等人的「第四國際反革命集團」案，參看史雲、李丹慧《難以繼續的「繼續革命」》頁479–480。關於寧夏的「共產主義自修大學」一案，尚可參看楊繼繩《天地翻覆》頁651–652。山西太原張�等人的「反革命集團」案，四川萬縣「馬列主義研究會」的「反革命集團」案，參看印紅標《文化大革命期間的青年思潮》頁406、397。上海的「反復辟學會」宣稱要進行「理論性創造」（《反復辟學會創立宣言》，宋永毅、孫大進《文化大革命和它的異端思潮》頁429。關於該組織，參看同書頁419–420。

80　關於復旦大學的「胡守鈞反革命小集團案」，參看李遜《上海文革運動史稿》第十九章、第三十章的有關記述。據宋永毅、孫大進《文化大革命和它的異端思潮》，自1967年夏至1971年，最早策劃炮打張春橋的復旦大學胡守鈞、周谷聲等人，以「讀書會」等形式，「開展對於『文化大革命的意義』，『政治鬥爭的黑暗』等等問題的討論」。討論還涉及其他敏感的政治問題。1970年春，上海清剿「胡守鈞反革命小集團」，牽連達千人之多。胡以「現行反革命罪」被判處十年徒刑(頁419)。

81　關於查金華一案，尚可參看楊繼繩《天地翻覆》頁635。楊曦光《牛鬼蛇神錄》一書所記犯人，就有因與同學組織「馬克思主義研究小組」而被判刑的例子(頁172)。顧準的第二次被劃為右派，乃因其甥於文革前組織「現代馬列主義研究會」的牽連，即使他對該組織並不知情。

習毛著的『罪證』」(頁30)。直至文革當局倡導讀馬列的六本書，讀馬列才具有正當性。有關的思維邏輯，將「馬克思主義」與「毛澤東思想」作對立觀，認為二者不兼容；儘管公之於眾的，另是一套說辭。文革大批判中，使用頻率甚高的，就有所謂的「打着紅旗反紅旗」。至於讀毛而以子之矛攻子之盾，其危險性與讀馬列同。獲罪者往往出於虔信，而非蓄意誤讀：自以為超越流行觀點而參透了真經，理解了毛思想的奧義。

　　捕捉異端氣味，需要鬣狗一般的嗅覺與勤勉。那確像特殊物種，其器官因特殊的社會政治需要而生成。對「讀書會」、「馬克思主義研究會」的圍剿看似荒唐，在當時卻不難理解：依據馬克思主義考察中國社會、中國革命，據「馬列主義經典著作」批評中國的現實，分析文革，確有危險性。華東師大的王申酉即一例，北京四中的趙京興則是另一例(參看本章第一節)。讀馬列讀成了「反革命」，文革中絕非罕見。不妨承認那些政治鷹犬的嗅覺的確靈敏。

　　時下有諸種「圈」，由「朋友圈」到所謂的「飯圈」(即娛樂界明星的粉絲群體)。1950–70年代，「圈子」乃貶義的。「小圈子」或不過「小集團」的另一種說法。清華大學附中主動赴北大荒勞動的許成鋼的「反革命集團案」，甚至非因讀書會，只是因與他人分享其研究成果(許六十年代末完成書稿《試論社會主義時期的政治經濟學研究》，寄送多人)，亦由「社會聯繫」(「圈子」)獲罪之一例(許《探討，整肅與命運》，《七十年代》頁409)。[82]

　　「讀書會」之為組織形式，通常鬆散。文革中被作為「反革命地下組織」、「五‧一六式的反革命集團」的武漢的「北、決、揚」，為該地的「北斗星學會」、「決心把無產階級文化大革命進行到底的無產階級革命派聯絡站」、《揚子江評論》的簡稱；據宋永毅、孫大進《文化大革命和它的異端思潮》，「它不過是一個人

---

[82]　關於許成鋼案，參看印紅標《文化大革命期間的青年思潮》頁302)

數不過千把的，以青年學生為主體的讀書會組織」(頁335)。[83]

　　據說近一時期有規模不等的讀書會，宗旨較為單純，與官方倡導的讀書活動若即若離，或被認為無害。畢竟空間已非1950–60年代可比，也是社會的一點微小進步。至於文革結束後短暫存在的有政治色彩的民間組織，如「啟蒙社」、「中國人權同盟」、「興中會」、「社會主義民主制度促進會」、「上海民主討論會」、「振興社」、「解凍社」、天津「覺悟社」等(參看楊繼繩《天地翻覆》頁1119)，其「末路」，應已有專項考察。近聞文革結束四十多年後，又有對高校「馬研會」一類左翼學生群體的打壓，多少像是歷史重演。背景、劇情不同，內在邏輯未見得不相通。

「地下政黨案」

　　較之所謂「異端思潮」，更詭異的文革故事，應屬楊曦光披露的張九龍一流人物及其「地下政治活動」。楊1992年為自己寫於1980年代的《牛鬼蛇神錄》(署名楊小凱)作序，説「連貫全書最重要的問題是：『秘密結社組黨的反對派運動在中國能不能成功，它在文革中起了甚麼作用。』」(頁 ix)文革中的地下政黨活動在普通人的視野之外。我本人對此一無所知。楊或也因了以政治犯入獄，才有機會接觸類似案件。至於楊以湖南的群眾組織「湘江風雷」為「準政黨造反派組織」，對「政黨」的界定顯然過寬。他將自己當年擬發起組織的「馬列主義小組」稱為「政黨萌芽式的」(頁 8)，倒正契合了當局的思路。楊在該書中説，「我自己完全理解為甚麼青年人會有組織政黨的衝動。一九六七年底，我和一些造反派的激進學生就產生過這種衝動，希望重新組織政黨萌芽，獨立思考中國的政治和社會問題，用類似共產黨那樣的強有力的組織來

83　據同書，「北」、「決」、「揚」三個組織，「北斗星學會」成立最早，其精　　神領袖為華中工學院學生魯禮安與馮天艾。作家、右派分子白樺也在該組織　　中。魯、馮於1968年被先後逮捕。關於「北、決、揚」始末，詳見魯禮安《仰　　天長嘯——一個單監十一年的紅衛兵獄中籲天錄》。

實現自己理想的政治主張。」（同書，頁38）還說，1970年「一打三反」運動對「反革命組織犯」的處決，使他不寒而慄。「想不到組織政治組織在中國卻有殺頭之罪，更可怕的是，所有官方文件中從沒有明確規定這一點，大多數沒有政治知識的人對此一無所知。只是在懲治反革命條例中，有一個模模糊糊的『反革命罪』。」「這種不成文的規例使我更加感到不可捉摸的恐懼。」（同書，頁45）

　　至於楊曦光入獄前在《中國向何處去？》提出建立「自己的政黨」；由上下文看，並非指在中共外另建新黨，而是指「原有的中國共產黨」須經「革命性的變動」（《文化大革命和它的異端思潮》頁291）。武漢「北、決、揚」《怎樣認識無產階級政治革命》一文說，「要革命麼，必須要有革命黨」（同書，頁353）；也不認為要另建新黨，而是以文革中形成的「無產階級左翼隊伍」為「整頓後的中國共產黨的基本隊伍」（同上）。僅此，已足夠令當局警覺，也證明了文革中的激進青年對所處環境的無知。

　　由《牛鬼蛇神錄》一書看，文革期間確有自覺的「政黨活動」。楊說他所在勞改隊大約有三分之一的政治犯是被認為「真正的反革命的犯人」，這些犯人「都是因主張以地下政黨活動的方式發動新的革命推翻共產黨而被判刑的」（頁282）；「大約有四分之一的政治犯屬『反革命集團案』。這種罪名與反革命組織的區別是：前者不是正式的政黨，而只是沙龍，而後者是正式的政黨組織」（頁282）。後者因一旦敗露即遭刑拘，也就無從進入公眾的視野。楊所歷看守所、勞改隊或為此類罪犯集中的場所。他發覺「反革命組織犯」和「反革命集團犯」都多少與1959年的大饑荒有關，「但是奇怪的是這些地下反政府活動都是在文化革命中才被政府破獲」（頁288）。還說因大饑荒而進行地下反政府活動的另一股勢力是「一貫道」，也是他由囚禁中獲知的（頁289）。

　　楊說自己「看到和聽到至少有數百件被共產黨判處死刑的反革命組織（地下政黨）案件」（見該書頁131）。他為宋永毅等《文化大

革命和它的異端思潮》一書作序，説：「可惜的是此書中收集的文革思潮大多是文革史的傑出學者陳佩華所稱的文革中期(1966年末至1968年)，變相結社自由中公開發表的文章。當時社會上一般不知道的中國的地下政黨活動中的思潮並沒有包括在內。」(頁2)楊本人因其當時的處境，對於組織秘密政黨的人物的案情，顯然也知之不詳。此種人物的肉身一旦被消滅，其故事也將成「永世無法找到答案」的謎，其組織的黨的「政治綱領和意識形態」永遠不被人知曉(《牛鬼蛇神錄》頁46、72)。[84]

　　王學泰《監獄瑣記》記有1954年由美國歸來任清華大學教授的徐璋本1957年公開聲明組建勞動黨一案(頁154–159)。徐公開發佈組黨有關文件，已非「地下政黨活動」。徐1975年作為特赦人員釋放，1979年得以平反。以這樣的案情尚能活着出獄，當屬異數。

　　地下政黨、準政黨活動固屬厲禁，也斷不容「思想派別」的存在。諸種有「思想派別」嫌疑的「讀書會」、「研究會」的被取締、打壓，即出於此種警惕。1974年廣州街頭「李一哲」的大字報呼籲容納「光明正大的反對派，界限是服從紀律和不要搞陰謀詭計」(參看印紅標《文化大革命期間的青年思潮》頁390)，對其所謂的「反對派」不免界定模糊：黨內抑黨外，取政黨形式還是限於「思想派別」——或也因問題的極端敏感性而不便展開。印紅標對「李一哲」評論道，「毛澤東是在政治一元化的思想框架下，暫時允許反對意見的存在，而李一哲則要求把這樣一個暫時的做法，轉變成為允許反對派在法律和紀律的約束下公開存在的權利，一種有由法制保障的穩定的基本政治權利。」(同上)其觸犯禁忌者以此。[85]

　　最聳人聽聞的地下政黨案，或許應推麥克法夸爾、沈邁克《毛

84　楊繼繩《天地翻覆》提到的福建「中國共產黨幸福委員會」，其性質應當是民間有政治色彩的會社；同書提到的山西「中國共產主義聯盟」主要成員為在押政治犯，其組織或有準政黨性質(參看該書652–654)。

85　1979年2月6日，中共廣東省委為錯判的李一哲「反革命集團」案公開平反(蕭冬連《從撥亂反正到改革開放》頁101)。

澤東最後的革命》提到的「中國(馬列主義)共產黨案」。「在刑訊逼供之下，中國科學院經濟研究所的一名研究人員承認有一個以朱德為首的秘密的『影子』中共，與國民黨、蘇聯共產黨和蒙古共產黨有聯繫」(中譯本，頁290)。另有一些奇案，如上文提到的莫須有的「第四國際反革命集團」案(徐曉《監獄中的日常生活》，《半生為人》頁101)。如此環境中，「陰謀—黑幕小說」想不流行都難。如流傳甚廣的將王光美編排在內的「梅花黨」的故事。那年頭你不難聽到這類故事，如兒時的聽鬼故事，聽得你寒毛倒豎。

關於文革期間的「地下政黨案」，上文所及不過零星材料。要開放司法檔案，才可能使文革的此種面相呈現出來。

禁網中的「文人雅集」

文人雅集，屬古代中國源遠流長的文人文化。以文會友，詩酒流連，亦文人之為文人。1949年後，文人間臭味相投，趣味相近，過從較密，相與議論時政，即有可能被構陷為「小集團」。傳統文人的交往方式備受猜忌，包括了文人雅集。據賈植芳回憶，他聞之於馮雪峰，約在全國解放前夕，毛曾向馮瞭解胡風在上海的情況，問馮：「聽說胡風身邊還有一幫人？」(《獄裏獄外》頁67–68)對「一幫人」的警覺，或即後來打擊「胡風反革命集團」的張本。

詩社，小圈子內分享詩作，不過舊派文人習用的交往方式。1950年代初吳宓與其詩友的社集，曾被懷疑為「反動之政治組織特務活動」(《吳宓日記續編》第一冊，頁250)。「二流堂」集團案，由1957年到文革一再被攪動，不過與「群聚」(無論是否成其為「集團」)有關。「知識分子成堆」似乎就有異端氣味，具體所為(或無所為)倒在其次。1955年肅反期間文化部黨組《關於「二流堂」組織活動情況的報告》將「二流堂」定性為「反革命政治嫌疑小集團」。1979年6月22日文化部黨組有撤銷《關於「二流堂」組織活動情況的報告》的通知。該通知說，抗戰時期的重慶，「所

謂『二流堂』是我黨和一些黨外人士聯繫的場所」(參看《杜高檔案》附錄二,頁396)。該「堂」尚非成員相對穩定的結社,人員隨時流動,乃戰亂中帶有互助性質的文人聚落。

不如「胡風反革命集團」、「二流堂」的廣為人知,1955年杜高等人的「小家族」案,亦可作為詮釋「小集團」,考察與結社、準結社有關的政治生態的案例。一群文藝青年出於共同興趣的聚合,被羅織成有組織、有綱領、有領導、有外圍的「小集團」,從事的是「違反革命紀律的、甚至是違法的政治性質的活動」(《杜高檔案》頁68);被劃入此「反革命小集團」者,付出了青春以至生命的代價(如死於勞改)。這種事例當年並不鮮見。該「小集團」首要分子杜高,說自己當時不理解「為什麼幾個青年人要好,談得來,就是組織小集團,反黨,是不是我們這個新社會不允許人們有幾個好朋友」(同書,頁33)?

《杜高檔案》涉案諸人的坦白交代、檢舉揭發,內容相當瑣碎,有些不過是關於單位領導的牢騷。涉及兩性關係,不過年輕人的生活常態,不足以構成問題(如「生活作風問題」),與「流氓罪」更了無關涉。這批揭發交代材料常常用到的一個字,即「玩」:不過一起玩的朋友。依如此薄弱的「證據」定罪,即使用了文革的尺度,也會覺得誇張。杜高1956年「鳴放」期間向中宣部提交的申訴信(「反右」中被指為「翻案信」)中說,他們是「嬉戲地,天真地稱我們的結合為『小家族』」,還提到「兒童般狂喜的感情」、「取鬧的熱情」,「非常生動的人的天性中的東西」等等(同書,頁240)。這種屬人性的東西,是當局沒有願望瞭解的。由杜高的坦白交代,可知此案牽連之廣;偶一接觸者,均有可能被網羅其中。1955年7月,壓力下杜高承認他和幾個朋友的活動「是一種政治性的小集團活動,而且是有利於反革命,破壞革命的活動」(同書,頁73);未用「反革命小集團」的說法,與當局的定性仍有距離。

　　1951年由美國歸來的巫寧坤，1955年「肅反」中與查良錚(即詩人穆旦)等被南開大學宣佈為以巫為首的「反革命集團」(巫寧坤《一滴淚──從肅反到文革的回憶》頁47–48)，也不過因過往較密及私下談論。該書第二章寫到作者所知「肅反」中高校教員、學生中的「反革命小集團」，情節均較杜高等人的「小家族」嚴重，私下的議論也更與政治相關。

　　聶紺弩1957年「反右」中被追究「宗派主義」，他直說自己「現在還作不出深刻的檢查」，同事間的關係「是一種自然形成的東西」(《關於宗派主義》，《聶紺弩全集》第十卷，頁277)。知識人圈內的某種私人交往，最易招致猜忌，也最難「說清楚」。文革前朱正就曾被歸入「思想落後小集團」(參看其口述《小書生大時代》頁114–120)，尚屬定性較不嚴重的一種，卻是其此後厄難之始。

　　1962年北京外國語學院附中學生張郎郎等人組成文藝沙龍「太陽縱隊」，被宣佈不允許搞小團體和非法組織活動，文革後繼續受到追究(參看印紅標《文化大革命期間的青年思潮》第四章註72)。1963年北京大學郭世英與中學同學結為「X」社，編輯手抄刊物《X》，其成員被判勞動教養(參看同書第三章註24)。[86]陳建華寫一個文學小圈子的不見容於文革中的政治環境(《一九六〇年代的文學追憶》，《書城》2009年9月號)。

　　對結社的警戒，甚至及於學術研究性質的團隊(由「組織」包辦或特許者除外)。顧頡剛一再抱怨他意欲組織學術團隊而不為當道支持。「團隊」、「幫派」，前者含義多為正面，後者則屬貶義。「團隊」未必不被視為「幫派」。顧頡剛說自己的學術活動吸引了許多青年的「依附」，「能做成幾件事情是靠着他們的幫助」(《我的性格的分析》，《顧頡剛自傳》頁143)，殊不知在新環境

86　關於郭世英的命運，可讀收入周明主編《歷史在這裏沉思──1966–1976年記
　　實》第五卷的萬伯翱《你，一顆劃破夜空的流星》一文；張飴慈《致邵燕祥的
　　信》，收入林賢治主編《烙印》一書。

中正屬犯忌。顧在寫於1950年5–6月的《我的治學計劃》中說：
「將來我們國家走上文化建設的階段時，我希望有一機關給我方
便，許我在朋友中選取十人，共同工作……」（同書，頁165）始終
未能如願。

　　關於文革結束之初的民間政治性組織及官方定性，參看蕭冬連
《從撥亂反正到改革開放》頁48–50、68。該書頁49註66說，最初
「中共沿用『文革』的習慣，稱之為『群眾組織』，後稱之為『自
發組織』。因為這些組織都是公開的『地上』活動。也沒有稱它
們為『地下組織』，更沒有定性為『反動組織』」。後定性趨於
嚴厲。[87]1981年2月20日，中共中央、國務院發出《關於處理非法
刊物非法組織和有關問題的指示》，「提出處理非法組織和非法刊
物的總方針是：決不允許其以任何方式活動，以任何方式印刷、出
版、發行，達到合法化、公開化；決不允許這些非法組織、非法刊
物的成員在單位之間、部門之間、地區之間串聯，在組織上、行動
上實現任何形式的聯合。」（同書，頁416）該書據鄧力群《國史講
談錄》（未刊），說關於處置自發組織，中共內部有不同意見。陳雲
主張「不能給非法組織以合法地位」。「他講了解放前國民黨統治
時，我們做地下工作的經驗，當時我們出版進步刊物，用各種各樣
的名義登記出版，出版幾期後，國民黨發現是共產黨的刊物，就查
禁。它查禁後，我們又用另外的名義再登記，再出版。現在，如
果我們允許非法組織登記，它們也會用這種方法對付我們。」（同
書，頁416–417）由國共鬥爭中吸取的「教訓」非此一端。這一方
向上的考察，參看1950年頒佈的《社會團體登記暫行辦法》、1989
年頒佈的《社會團體登記管理條例》、1998年修訂後頒佈的《社會
團體登記管理條例》。

　　「反動組織」，要害或更在「組織」。毛一再引用過如下說

87　關於文革後有政治取向的「自發組織」的末路，參看該書頁234–236。

法，「黨外有黨，黨內有派。黨外無黨，帝王思想；黨內無派，千
奇百怪。」(參看本書上編第一章《關於「四大」》)卻無妨嚴防、
嚴查黨外的準政黨活動與黨內派別活動。1957年執政黨有對「輪流
坐莊」論的激烈反應。「共產黨領導下的多黨合作」，主賓分明，
保證了不致發生「政黨輪替」。甚至以「特殊國情」為由，不容忍
任何政治性以至非政治性的自由結社。共產黨的革命利用有組織的
工運、農運，利用文化界、知識界的左翼團體，其社會動員曾獲
得極大的成功。或也由此對社會組織的能量有深刻體認，以嚴控
(黨、團組織外的)有組織活動杜絕亂萌，避免重蹈國民黨的覆轍。
至今不容許成立曾經充當過革命利器的獨立的工會、農會。[88]各級
官辦的工會，在八九十年代頻發的礦難與勞資糾紛、其他「群體事
件」中，形同虛設，幾無作為。「改革開放」之初的農民工，赤手
空拳地面對某些外資、港資、臺資企業非人道的工作環境與無度盤
剝，毫無交涉能力。1993年深圳致麗玩具廠失火致死數十名工人一
案，直到一些年之後，仍有民間人士代葬身大火的女工遺屬艱難索
賠。至今農民面對徵地、城市居民面對強拆，尤其在官商勾結(包
括鄉村基層政權與開發商勾結)的情況下，依舊不能憑藉自組織維
護其權益。甚至居民社區的管理，也有自上而下的行政系統。至於
中國特色的「群眾組織」、「人民團體」，不惟作為部級單位的全
國總工會、中國共產主義青年團中央委員會、全國婦女聯合會、
全國文學藝術家聯合會、中國作家協會，即作為學術團體的「學
會」，也以「掛靠」官方機構為條件。

88　1953年9月中央人民政府委員會擴大會上，梁漱溟為農民請命，涉及「農會」
　　問題；但說「工人有工會可靠」，也不盡符合實情(參看毛《批判梁漱溟的
　　反動思想》，《毛澤東選集》第五卷，頁108)。國民黨時期官辦工會被指為
　　「黃色工會」。文革前「四清」至文革期間，有「貧農下中農協會」而非「農
　　會」。1964年5、6月毛有《對貧農下中農協會組織條例的批語》(《建國以
　　來毛澤東文稿》第十一冊，頁76)。同年12月《對政府工作報告稿的批語和修
　　改》涉及此協會(見同書頁273)。這一組織形式乃適應「階級鬥爭」的需要，
　　文革後即不存在。

　　長期以來，「自組織」幾乎是陌生概念。有關思路尤難為官員所接受。在官僚機構的慣性思維中，任何「自治」均有「擺脫黨的領導」的嫌疑。任何脫出直接掌控的組織，無不被視為潛在的威脅。權力無孔不入，無遠弗屆。倘沒有公開或隱蔽的官方背景，「民間組織」往往缺乏成長發育的空間。NGO曾作為某屆「兩會」的議題。[89]此後並無預期中「非政府組織」的勃興。社會發育緩慢，民間社會的活力難以激發，阻滯了社會管理的改革。所謂小政府、大社會，只能止於空談。「一放就亂，一管就死」，仍像是死結。

　　即使如此，「集團案」對社會關係、人際交往的破壞仍在緩慢修復。有些變化也如文革引起的其他變化一樣難以逆轉。即使政治氣候陰晴不定，「小集團」不再成為知識人的夢魘。各種形式的社會組織不可遏制地破土而出，利用了有限的空間、微小的縫隙。官方的容忍度也在擴大。如近期引起注意的屬「青年亞文化」的「粉絲群」，據聞正在由對偶像的應援發展出對偶像的公益應援。縱然尚屬個例，仍令人相信中國社會中蘊藏的巨大能量。這種能量勢將為自己創造出釋放的形式。與其防堵，何如為其提供空間、促進社會肌體的健康發展？[90]

5.4　司法與獄政

　　本書的寫作，文、題適稱，題目大小合宜，是個難題。「司法」、「獄政」均屬大題目。本節並非對文革期間司法、獄政的全面考察，所設目標僅限於為相關考察提供若干線索與材料。考察文革期間的司法，除了相關法規律令，不但應由被執法者的角度，還

89　「兩會」即1978年以來每年一次召開的中華人民共和國全國人民代表大會與中國人民政治協商會議。

90　由本節看，文革後平反的「集團性的冤假錯案」，有必要細分。此外，本節未涉及文革期間被高層輕率地定性為「反動」予以「取締」的群眾組織。

應由執法者的角度。這是本書作者力所不能及的。作者只能就閱讀所及，觸及有限的面向。何況文革時期的司法固然有時期性，也有延續性；不但延續自文革前，甚或淵源古老。

1954年《中華人民共和國憲法》第八十九條，「中華人民共和國公民的人身自由不受侵犯。任何公民，非經人民法院決定或者人民檢察院批准，不受逮捕。」（《建國以來重要文獻選編》第五冊，頁540）。此條在文革十年的大部分時間裏，不過具文。任意剝奪公民人身自由以至亂捕濫殺，文革中幾成常態。1950年代以來，司法、執法機構的公然違憲，莫甚於此期間。

文革初期的「砸爛公檢法」，得到來自高層的支持。文革爆發時任公安部副部長的劉復之，在其回憶錄中寫到，1967年8月7日謝富治在公安部批鬥羅瑞卿的大會上呼喊必須「砸爛公、檢、法」，「還聲稱毛主席說過好多次」（《劉復之回憶錄》頁220）。[91]

群眾組織一度「接管」公、檢、法，是文革特有的亂象之一。1967年1月中旬，上海「紅三司」曾接管上海市公安局（金光耀《一份重要的歷史資料》，《書城》雜誌2014年3月號，頁84。按「紅三司」即紅衛兵第三司令部）。同一時期，「北京政法學院政法公社在公安部長謝富治的支持下奪了北京市公安局的權」（卜偉華《文化大革命的動亂與浩劫》頁393）。北京政法學院政法公社的

---

91 「公檢法」，即公安局、檢察院、法院；一說為公安、檢查、司法三大系統。文革期間任公安部副部長的施義之事後回憶道，謝富治說，毛說他聽到「砸爛公檢法」這句話就高興，謝要求把這句話「捅下去」（《血與火的歷練（二）——特殊環境下的十年經歷》，根據施義之口述整理摘錄，收入陳楓主編《血與火的歷練——施義之紀念文集》，頁41）。後來毛又表態，說「砸爛公檢法」的口號「不科學」，應該提「公檢法徹底鬧革命」（同上，頁47）。胡鞍鋼《毛澤東與文革》也有如下內容：毛曾對周恩來說：「我一聽到『砸爛公檢法』，心裏就高興。」（頁263）1968年7月28日毛召見北京高校「五大領袖」，說「砸爛公檢法」「是謝富治第一個提出來的」（《王大賓回憶錄》頁147）。毛的上述說法另見《聶元梓回憶錄》頁292。收入譚放等《文革大字報精選》的《堅決打倒羅瑞卿 徹底砸爛公檢法》引毛的「號召」：「徹底砸爛公檢法。公、檢、法要徹底革命。」（頁315）可證該說法文革中流傳之廣。

「奪權」，事後受到周恩來的批評。據同書，1967年初上海「奪權」後，成立「無產階級文化大革命保衛委員會」，「用以代替原來的上海市公安局、法院和檢察院。在此後近十年的時間裏，上海市不存在任何司法機關。上海的奪權經驗經毛澤東和中共中央的充分肯定，迅速為全國各地所仿效。公、檢、法機關在全國範圍內受到極大的衝擊，有的被取消，有的則陷於癱瘓。」（頁599）

　　1967年2月，北京市公安局實行軍管（《文化大革命的動亂與浩劫》頁393）。1967年12月9日中共中央、國務院、中央軍委、中央文革小組發佈《關於公安機關實行軍管的決定》（中發〔1967〕379號），對全國公安機關實行軍管。是年底，上海對公安機關實行軍管。直至1974年，上海公檢法軍管會撤銷，市公安局、市高、中級人民法院才恢復建制（李遜《上海文革運動史稿》頁1145、1146）。文革期間對「公檢法」的「軍管」有必要作「面面觀」。寓真《聶紺弩刑事檔案》說到「公檢法」的「軍管」：「一切在軍人指揮下，軍人最懂得服從命令，司法慣例可以打破，而執行上級指示是不會有違的。」（頁31）趙瑜的《犧牲者——太行文革之戰》寫到了晉東南「軍管」後的「公檢法」成為一派鎮壓另一派的工具。[92]《閻明復回憶錄》說，秦城監獄被軍人接管後，「變成了名副其實的法西斯牢房」（頁1035）。

　　不遵守司法程序、任人不任法的情況，文革期間較前更為普遍。「公檢法」受到群眾運動衝擊以至「軍管」後，各地的執法難

92　該書所記述的晉東南血腥的武鬥後一派對另一派的殺戮與殘害，在地縣兩級革命委員會的名義下實施，且「罪犯」的材料，「整體移交給了軍管中的公檢法」；晉東南17縣市，「無不如此」（中冊，頁377）。同書還說：「1968年至1971年間，全國判處死刑的權限，下放至省級以下，只要由省地兩級軍管會批准即行生效」（同書，頁165）。文革期間晉東南「軍管」當局，則將生殺之權「下放」給群眾組織（「公檢法軍管會」亦有派別背景）。公審、處決一派群眾組織頭頭，其時已在進行（見同書下冊，頁53–57、160）。「軍管」後的「公檢法」以「派性」辦案，應有一定的普遍性。該書有關虐囚的大量案例，其中的一些，即在「公檢法」軍管時期。

以有相對統一的標準，量刑更繫於司法人員的個人品質——這種以法制不健全為條件的「自由裁量權」，亦文革期間司法的一大特點。

關於1975年憲法，史雲、李丹慧《難以繼續的「繼續革命」》一書說，審判機關和檢查機關，此憲法中只有一條，「而且取消了1954年憲法所確立的『人民法院獨立進行審判，只服從法律』和審判公開、辯護等制度」，「取消了國家不可缺少的檢察機關，只規定『檢察機關的職權由各級公安機關行使』一句，從而取消了公、檢、法三機關應有的制約關係」（頁426）。

無限期羈押

文革中的羈押，已不適用「超期羈押」的說法。司法當局似乎並無「期限」的概念。文革前雖未出臺《刑法》、《刑事訴訟法》，權力尚不至如此「任性」。

1954年12月20日頒佈的《中華人民共和國逮捕拘留條例》第十一條：「執行逮捕、拘留的機關，對被逮捕、拘留的人犯，應當在逮捕、拘留後二十四小時以內進行訊問；在發現不應當逮捕、拘留的時候，必須立即釋放。罪行較輕的，可以取保候審。」未知文革前是否嚴格實行。無疑的是，也如1954年憲法第八十九條，文革中該條例不過具文。

王造時於1966年11月21日被捕，羈押於上海第一看守所，1971年因肝腎綜合症病故於獄中，仍是「未決犯」（《王造時：我的當場答覆》葉永烈序，頁3–4）。王係美國威斯康辛大學政治學博士，曾開律師事務所。對於當時的司法混亂，未知作何感想。聶紺弩1967年1月被逮捕，直至山西臨汾第三監獄將其以「國民黨黨政軍警特人員」的身份1976年「特赦」出獄，北京高院由無期徒刑改判其有期徒刑十五年的判決書尚未發出（《聶紺弩生平年表》，《聶紺弩全集》第十卷附錄三，頁439–440）。[93]

93　據年表，聶回京後多次申訴，仍久拖不決，直至1979年3月，「在某些高層領

　　黨政高層人士享有類似待遇。陳伯達1970年10月被拘押，1976年9月才正式逮捕。據《陳伯達：最後口述回憶》，陳在秦城監獄只有一次審問，直至1980年的審判(頁400–401)。《邱會作回憶錄》則說，到1980年，在被關押近十年後，才為邱「補辦了逮捕手續」(頁899)。王造時、聶紺弩為知名人士，陳伯達、邱會作係前政要，尚且如此，其他可想而知。[94]

　　將楊憲益、戴乃迭夫婦在長達四年的時間裏分別囚禁，入獄時宣佈為「逮捕」，出獄時改為「拘留」，仍然振振有詞(楊著《漏船載酒憶當年》頁233)。更匪夷所思的是，外交部的姚登山，「沒有經過任何司法程序，既未判刑，又無結論，卻糊裏糊塗在秦城關押了九年多，而黨籍卻一直不曾中斷，放出來後仍然是黨員，而且還要補交黨費」(《何方自述》頁403)。未知事實是否真有如此誇張。若然，確可謂亂世奇譚。

　　1963年潘漢年被定為「內奸分子」，判處有期徒刑15年。1970年在未發現任何新問題的情況下，經中央批准，加刑改判為無期徒刑，未辦理改判手續(參看《建國以來毛澤東文稿》第十冊，頁46)。直至文革結束，聶元梓定罪前仍在看守所關押五年(《聶元梓回憶錄》頁350)。前不久報載中國工程院院士李某羈押超過四年仍

導的過問下，北京高院才撤銷原判，宣告無罪。」(同上，頁442)

94　徐曉說她所在的看守所，民主黨派屈武的夫人關押時間超過了十年(《監獄中的日常生活》，《半生為人》頁90)。1968年武漢「北、決、揚」的魯禮安被捕，未經審判關押至十一年(參看楊繼繩《天地翻覆》頁477)。朱正琳《裏面的故事》寫到作者本人未被判刑，關押了四年多。同一看守所，羈押三年、五年、八年、十年，甚至有坐滿了十五年者(頁5)。作者說，「那年頭似乎是有人抓人，無人審案。」(頁19)楊健《文化大革命中的地下文學》採用《第二次握手》的作者張揚《一次文字獄》(載1986年6月號《藍盾》)的敘述，說下令逮捕他的「大人物」「也不會在他的命令或『批示』中點明要害，不敢公然觸及周恩來的名字」，但該案確因此而成立。「這真是一種奇特的國情、奇特的政治、奇特的風氣！是一種技巧極高的權術。」(頁302–303)即使上海這樣局面較為穩定的城市，對被捕人員的長期羈押也不罕見(參看李遜《上海文革運動史稿》頁903)。

未宣判。對於司法當局，「無罪推定」依舊像是外來的概念，在中國遭遇水土不服。

　　先抓捕，後取證；即無「證」也無妨長期羈押。抓、放由我。縱然確係冤案，甚至致使家破人亡，也不難靦顏以「事出有因，查無實據」搪塞。「事出有因，查無實據」，可用於解釋任何誤判甚至錯抓、錯殺，「平反」、「改正」時尚期待被害人感激涕零。

　　有關的回憶錄混淆看守所與監獄，也因「看守所」與「監獄」文革中本無嚴格的功能區分。長期從事司法工作的寓真(李玉臻)在《轟紺弩刑事檔案》一書中說：「按照國家的司法制度，看守所是羈押未決犯的，判決之後服刑的場所稱之為監獄，過去也有叫勞改場的。監獄統一由國家或省級司法機關管理，看守所則是按縣級行政區劃分設置的。監獄設有專門的工業或農業生產專家，對犯人實行勞動改造，而看守所的未決人犯是不允許外出勞動的。但在文化大革命中，反正都是專政，這種劃分和管理已不分明。在我們的社會習慣上，大家把關押場所都統稱為監獄。」(頁172)文革末期一度在押的王學泰，也說過「拘」「押」界限不清：「『文革』當中往往『以拘代押』，不逮捕，只在看守所拘留，亦有長達數年者」(《監獄瑣記》頁8)。還說：「一些案情複雜、一時弄不清的嫌犯，那時也採取拘留處理，有以拘代押、以拘代審的。如果被逮捕了(簽署了逮捕證)就要升級到看守所了。」(同書，頁11)[95]王所在北京半步橋看守所，尚關押有已經判刑的、當局認為不宜送到普通監獄與大量犯人接觸的人犯。有的被判20年，關押在此處。「更多的是以拘代判，有的連逮捕手續都沒有履行，甚至沒有拘留手

95　1963年2月25日《最高人民法院關於拘留和羈押問題的批覆》對拘留和羈押有如下區別：「拘留是在未批准逮捕以前，在法定的條件下，對需要進行偵查的人犯採取的一種緊急措施，而且只有公安機關才能行使拘留。羈押則是在人民法院決定逮捕或者人民檢察院批准逮捕，並且實施逮捕以後把人犯羈押起來；執行逮捕的機關，即人民法院、人民檢察院和公安機關，都可以在逮捕人犯後實施羈押。」

續」，一押就是三四年，甚至十來年(頁31-32)。司法與獄政之混亂可知。[96]

　　本書上編第三章第一節提到了「殺、關、管」，引1956年毛《論十大關係》關於「管」的解釋：「管，就是放在社會上由群眾監督改造」(《建國以來毛澤東文稿》第六冊，頁96)。《束星北檔案》錄1958年青島市南區人民法院刑事判決書，其中有「判處被告人束星北管制三年」，「刑期」自某年某月某日至某年某月某日云云。「反右」後的束星北屬有「刑期」的受刑人；「管制」方式即集中、強制勞動。[97]

　　關於蘇聯「古拉格群島」式的「勞動營」，與文革前至文革期間中國的勞改農場，應已有比較研究。中國2013年廢除的「勞動教養」制度，據說與反右後處置右派分子的需要有關。1957年青島會議期間，毛提出處理右派的原則，有「要搞個勞動教養條例，除了少數知名人士之外，把一些右派都搞去勞動教養」。同年7月26日國務院全體會議通過《關於勞動教養問題的決定》，並報請人大常委會審核批准。《決定》說勞動教養既是「實行強制性教育改造的一種措施」，也是「安置就業的一種辦法」(參看沈志華《從知識分子會議到反右派運動》頁681)。「勞動教養」作為處罰之一種，並不始於「反右」(參看楊奎松《「邊緣人」紀事》頁18)。1956年《關於反革命分子和其他壞分子的解釋及處理的政策界限的暫行

96　王學泰有「監獄考」，說，執法機關辦的關押場所，有收容站(現在已取消)、拘留所、看守所、監獄(包括監獄工廠、監獄農場)等。當時京城的收容站在德勝門外的功德林，簡稱「功德林」；拘留所在東城炮局胡同，簡稱「炮局」。他的書名中的「監獄」，「指政府關押人犯的地方，並非是法律文書中的監獄」(《監獄瑣記》頁10)。關於「收容站」與「看守所」的功能區分與物質條件，參看同書頁10-11。該書寫到與作者在房山縣公安局收容站同號的以「投機倒把罪」收押的農民、精神病患者。精神病患者只是在特殊時間因「有礙觀瞻」而短暫收押(頁20、21-22)。鄭世平《身邊的江湖》關於看守所，見該書頁59-60。朱正琳關於看守所，見其《裏面的故事》頁3。

97　1979年頒佈的《刑法》，「管制」作為主刑之一種。「被管制分子」是一種司法意義上的身份。

規定》，即規定了反革命分子處以勞動教養的幾條標準。據楊氏該書，「該制度從提出實行之日起，就因缺乏必要的司法程序和法律規範，變成了以政代法的主觀隨意性極強的一種人身懲罰辦法」（頁243）。「勞改農場」適用於服刑的犯人，也用於對特定人群(如右派分子)的「勞動教養」。勞動教養處於刑事處罰與行政處罰間的灰色地帶，因制度不規範、適用範圍不明確而難免於濫用(《「邊緣人」紀事》一書即有這方面的案例)。至於對右派分子的「勞動教養」，即或本人因這一種「安置就業」而尚能存活，家人卻可能失去了經濟來源。據說1957年至1960年三年期間，被勞教的右派達48萬(參看《南方週末》2013年11月21日A3版《誰推動了勞教廢除？》)。發生在這種「勞改營」中慘絕人寰的故事，楊顯惠《夾邊溝記事》、劉海軍《束星北檔案》、叢維熙《我的黑白人生》等書均有記述。

　　1957年因「反革命罪」被判處有期徒刑12年、1964年特赦出獄的法國人鮑若望，最初在北京公安局拘留所(即原草嵐子監獄)羈押，後關押在北京市第一監獄看守所。他與人合著的《毛澤東的囚徒》一書，比較中國的勞改營與蘇聯的「強制勞動營」，以為「勞改」是「中國共產黨理論家向人類貢獻的一種制度，意思為通過勞動進行改造」；較之蘇聯，「中國人首先掌握了激發犯人勞動熱情的藝術」(中譯本，頁2)。他甚至發現「在中國監獄及勞動營內，友誼的觀念和個人自由的觀念，得到了高度的發展」，儘管這一事實具有諷刺性(同書，頁2-3)。[98]鮑的經驗與海外歸來的巫寧坤有所不同。1951年應邀由美國歸國任教的巫寧坤，前後在半步橋「北京市勞動教養所」(北京市第一監獄的下屬單位)、興凱湖勞改農場、清河(亦稱寧河)勞改農場「勞動教養」(參看氏著《一滴

98　鮑若望雖為外籍，因一副中國面孔而得以混跡中國人中，較其他「老外」，有一種「中國通」的老於世故的神情。其對文革前中國的司法與獄規，監獄中的「改造」手段，有評價性的描述，如當年的「中國式審判」、「中國式上訴」。關於後者，參看該書頁72-73。

淚——從肅反到文革的回憶》)。

　　1967年4月經毛審閱的中央軍委十條命令,有「不准隨意捕人,更不准大批捕人」(《建國以來毛澤東文稿》第十二冊,頁308)。1975年「根據毛澤東關於儘快結束專案審查把人放出來的意見」,「中央4月底作出決定:除與林彪集團有關的審查對象和其他極少數人外,對絕大多數被關押受審查者予以釋放。」「根據這一決定,長期被關押的高級幹部300多人被釋放出來」(王年一《大動亂的年代》頁518)。由此數字,亦可知關押之多之濫。[99]

變相羈押

　　由剝奪人身自由看,「監獄」、「看守所」、「勞改農場」不過極有限的視角。無論司法何等混亂,批捕、關押,乃屬公權力的應用,與文革中的「群眾專政」仍有區分。文革期間侵犯公民權利、剝奪人身自由如此尋常,變相的囚禁、羈押方式五花八門。變

---

[99]　1979年通過的《刑法》、《刑事訴訟法》,屢經修正。修正後的《刑事訴訟法》第七十四條:「犯罪嫌疑人、被告人被羈押的案件,不能在本法規定的偵查羈押、審查起訴、一審、二審期限內辦結,需要繼續查證、審理的,對犯罪嫌疑人、被告人可以取保候審或者監視居住。」所謂超期羈押,是指犯罪嫌疑人、被告人被羈押的案件,不能在法定的偵查羈押、審查起訴、一審、二審期限內辦結,需要繼續查證、審理的而繼續對犯罪嫌疑人、被告人進行非法關押。羈押期限是對待偵、起訴、審判的人犯關押的法定時限。據《刑事訴訟法》,對被告人在偵中羈押期限不得超過二個月。案情複雜,期限屆滿不能終結的,可以經上一級檢察院批准延長一個月。重大的犯罪集團案件和流竄作案的重大複雜案件以及交通十分不便的邊遠地區的重大複雜案件在上述期限不能辦結的,經省、自治區、直轄市檢察院批准或決定,可以延長二個月。特別重大複雜的案件,經延長仍不能終結的,由最高檢察院報請全國人大常委會批准延期審理。人民檢察院審起訴階段被告人羈押期限為一個月,重大、複雜的案件可以延長半個月。需要補充偵的,補充偵不得超過一個月。人民法院一審、二審的辦案期限為一個月,至遲不得超過一個半月。對上述三類案件,在法定期限內不能辦結的,經省、自治區、直轄市高級法院批准或者決定,可延長一個月。被告人被羈押的案件,未能在法定辦案期限內辦結,採取取保候審、監視居住的方法沒有社會危險性的,可以取保候審或者監視居住,期間不計入法定辦案期限。對被判處有期徒刑、拘役、管制的被告人,對其羈押的時間應按規定折抵刑期。

相羈押最普遍而廣為人知的形式，即所謂的「牛棚」。「牛棚」之外尚有「政訓隊」、「黑幫隊」、「專政隊」、「勞改隊」等名目。[100]吳宓日記將「牛棚」稱作「牛棚獄」（《吳宓日記續編》第十冊，頁403），出於他的個人感受。

各地遍設的「牛棚」外，尚有單位私設的監獄。如北京六中的那種，私刑拷打、草菅人命，較監獄、看守所更血腥。牟志京寫設在北京四中的「小監獄」，與六中或只有施暴程度的不同（《似水流年》，《暴風雨的記憶》）。他的同學馮永光則寫該校紅衛兵「根據街道居委會的舉報」抓來「五類分子」和小偷流氓，設立「刑訊室」，「從『牛棚』到廁所百十步遠，很多同學手持皮帶、柳樹枝、掃帚條，在這必經之路兩側等候，抽打羞辱上廁所的『犯人』。他們幾乎全都光着上身，後背傷痕纍纍，結成血痂」（《風雨飄搖憶當年》，同書頁166）。[101]不但中學，軍隊也私設監獄。邱會作主政的解放軍總後勤部，即私設監獄七處（楊繼繩《天地翻覆》頁425）。看守所、監獄關押人數尚可統計，上述羈押的人數以及死於私刑的人數，未見有可信的統計。由此看來，如聶紺弩等人的文革初期即被投入監獄，得免此劫，誰說不也是幸運？

人身自由不受憲法保護的，不止平民。1967年7月18日中南海的群眾組織批鬥劉少奇後，即對劉少奇、王光美「分別隔離『監護』」（卜偉華《文化大革命的動亂與浩劫》頁550）。

文革前的政治運動中，亦有拘禁、羈押「運動對象」的場所。如曾彥修《平生六記》所記1952年廣東「三反」、「打虎運動」的「老虎洞」（頁12）。不走司法程序，無需當局批准，任一單位包括

100　邵燕祥《人生敗筆──一個滅頂者的掙扎實錄》，説其所在單位的「政訓隊」俗稱「黑幫隊」（頁55）。季羨林《牛棚雜憶》則説，在北大，「牛棚」稱「勞改大院」或「黑幫大院」（頁7）。郝斌回憶文革中的北大，説最初揪出的一批統稱「黑幫分子」，關押他們的地方叫「黑幫大院」，後稱「牛棚」（《老來憶「牛棚」》，2013年4月11日《南方週末》E27版）。

101　楊百朋當年聽説四中食堂旁小屋關了好幾個「地富反壞分子」，有人對他説「已經打死兩個了，屍體剛拉走」（《我的「紅色記憶」》，同書頁137）。

「群眾組織」均可對人實施羈押，且事後無人追責，仍以文革最為普遍。1966年11月18日中共北京市委有《重要通告》，要求「任何廠礦、學校、機關或其他單位，都不允許私設拘留所、私設公堂、私自抓人拷打」。[102]通常這類文件的發出，在相關事件高發、現象已然普遍的情況下。

「牛棚」的管理有寬嚴的不同。有的形同監獄，也有的管理較為鬆散。夏鼐日記時而稱「牛棚」，時而稱「牛鬼蛇神」的「學習班」，説其所在學部考古所的此種「學習班」分「日托」、「全托」，「日托」每晚可回家，「全托」則「睡草薦，自帶被褥」（《夏鼐日記》卷七，頁245–246）。陳白塵的《牛棚日記》，記中國作家協會的「牛棚」（又曰「黑窩」），一個時期裏非集體住宿，個人尚有一定的行動自由；即集中居住後，監視也不甚嚴密，可請假外出，且未被拆檢信件。同在「牛棚」，又有「半隔離」與「全隔離」之分。《日記》1969年8月10日：「每逢周日，大樓中僅剩下我與二張(光年、天翼)。於是每每分別請假，然後共餐於東風市場，再去北京浴室洗澡。」(頁145)即使如此，陳仍用了類似「地下工作」的方式，京城有秘密接頭地點(頁145註1)；與南京家人間私密交流，則以竹籤蘸米湯書寫於報紙空隙處，以碘酒塗之使字跡顯現(頁108註1)。陳閱歷豐富，非迂夫子，不難有此小小技巧，卻也並非總能逃過管理者的耳目，曾被專案組某人突然問道：「你和張光年、張天翼星期天在外面『壓馬路』麼？」將其驚出了冷汗(頁146)。

周一良《畢竟是書生》説1968年5月初，北大成立「勞改大院」，集中勞改的男女老少二百多人，「是北京市當時最大的牛棚」(頁63)。是否「最大」，待考。但「牛鬼蛇神」的隊伍隨時見於校園，卻是我當時目睹的北大一景。據周一良説，自己在「勞改大院」中被「審訊」過不止一次，「不少老教授被單獨叫去挨打，

---

102 1966年11月20日，周恩來指示中共中央轉發中共北京市委頒發的《重要通報》（胡鞍鋼《毛澤東與文革》頁190）。

以至鼻青臉腫，呼叫之聲慘不忍聞。」(同書，頁65)[103]季羨林《牛棚雜憶》所寫北大「牛棚」，體罰的手段花樣百出。包括令被關押者長時間直視太陽以損毀其視力。管理者以折磨人取樂：學生折磨師長，工人折磨教授。由該書看，當年北大的工人中不乏虐待狂(參看同書頁88)。季由其術業所專的佛教，說北大的「牛棚」較佛教的地獄更嚴酷者，乃精神折磨。勒令背語錄與例行的晚間訓斥(夾雜着「清脆的耳光聲」)，即折磨之一種(頁9、118–119、121)。北大在這一方面，也引領風氣。

　　1968年2月5日《人民日報》、《解放軍報》發表題為《華北山河一片紅——熱烈歡呼河北省革命委員會成立》的社論，引用了毛的如下語錄：「辦學習班，是個好辦法，很多問題可以在學習班得到解決。」(《建國以來毛澤東文稿》第十二冊，頁466)文革中的「學習班」也可能用於變相羈押。1969–1970年湖北省群眾組織頭頭在京舉辦的學習班上多人被批鬥、逮捕(楊繼繩《天地翻覆》頁478)。趙瑜《犧牲者——太行文革之戰》擬中央舉辦的山西學習班為「集中營」。學習班期間兩人自殺(參看該書下冊，頁161–162)。文革中剝奪人身自由的，另有「監護審查」、「隔離審查」等諸種名目。

　　上文已提到1954年《中華人民共和國憲法》第八十九條「中華人民共和國公民的人身自由不受侵犯。任何公民，非經人民法院決定或者人民檢察院批准，不受逮捕。」在公民的人身自由被肆意侵犯之後，在濫捕亂抓，任何單位與組織均可私設監獄、擅自羈押之後，1975年《中華人民共和國憲法》第二十八條：「公民的人身自由和住宅不受侵犯。任何公民，非經人民法院決定或者公安機關批准，不受逮捕。」適成諷刺。這裏的奧妙或許端在「公民」二字。在不承認你為「公民」的條件下，不認為對你的任何侵犯以至逮捕，適用上述條文。

---

103 據該書，當年秋末，北大的「勞改大院」解散，因於其中者歸本係紅衛兵「監改」。是年底，宣佈勞改結束(頁69、70)。

「群眾專政」與運動式執法

「群專學習班」的「群專」，即「群眾專政」。1967年10月7日中共中央整理轉發《毛主席視察華北、中南和華東地區時的重要指示》，其中有「政府和左派都不要捉人，發動革命群眾組織自己處理。」「專政是群眾的專政」(毛《視察華北、中南和華東地區時的談話》，1967年7至9月，《建國以來毛澤東文稿》第十二冊，頁386)。

「群眾專政」的概念因文革而廣為人知，相關實踐卻非肇始於此。1949年之前根據地、解放區「土改」，劉少奇曾說「百分之九十以上群眾的意見就是法律，就是政策」。晉察冀中央局也說「百分之九十以上的群眾意見就是政策，就是法院」(參看楊奎松《中華人民共和國建國史研究1》頁45、49)。1951年5月《中央關於對犯有死罪的反革命分子應大部採取判處死刑緩期執行政策的決定》，有「凡人民不要殺的人一律不要殺」、「人民要求殺的人則必須殺掉」等語(《建國以來毛澤東文稿》第二冊，頁281–282)。1957年2月毛提到「群眾肅反」(《如何處理人民內部的矛盾(講話提綱)》，《建國以來毛澤東文稿》第六冊，頁311)。1963年10至11月毛《關於印發和宣傳農村社會主義教育運動的兩個文件的批語、通知和對〈後十條〉的修改》，將「絕大多數群眾要求逮捕」，作為對「有破壞活動的四類分子」逮捕的條件(《建國以來毛澤東文稿》第十冊，頁390)。1965年6月時任公安部部長的謝富治在第十四次全國公安工作會議上的講話，就談到「依靠群眾專政，少捕，矛盾不要上交問題」(參看《建國以來毛澤東文稿》第十一冊，頁389)。

1969年中共中央《「七·二三」佈告》有「對殺人放火和其他罪大惡極的現行犯罪分子，應當發動群眾檢舉；對確有證據者，要列出他們的罪行，交給當地群眾家家戶戶討論」云云(參看《建國以來毛澤東文稿》第十三冊，頁55)。量刑前的群眾討論，被作為

「群眾辦案」的具體實踐。1970年初中共中央發出《關於打擊反革命破壞活動的指示》（中發〔1970〕3號），其中有如下表述：「要大張旗鼓地、廣泛深入地做好宣傳、動員。殺、判之前要交給群眾討論，……殺、判時要召開群眾大會，公開宣判，立即執行。」量刑經群眾討論，是文革期間的特殊措施。王學泰《監獄瑣記》寫文革中正式宣判前將案情印成傳單交「革命群眾討論」，群眾討論稿與判決公告一起交印刷廠。於此群眾討論更像是一項程序，未必影響判決結果（頁139）。至於召開群眾大會，則由「土改」、「鎮反」、「三反五反」等相沿成習，以獲取震懾效果。公審、公判、遊街示眾，風味古老；[104] 近年來雖遭輿論抨擊，仍難以禁絕。

　　「人民」每被用作「名義」，「群眾」亦然。有「運動群眾」的說法（「群眾運動」／「運動群眾」）。「群眾專政」在文革尤其派仗的情境中，往往是一部分群眾對另一部分群眾的專政。何方說他所在外交部的「群眾專政」，「完全是領導上自上而下一手操持，依靠忠於他們的積極分子並強迫群眾來執行的。」（頁354）譚斌（即譚力夫）接受訪談時說，「1966年底，要把哪些人抓起來，中央文革統一有個名單，全部用『群眾扭送』的由頭來做法律操作。」（《回憶與反思——紅衛兵時代風雲人物》頁309）。群眾組織隨意抓人，「革命群眾」將某人「扭送專政機關」，文革中司空見慣。甚至有「學習班」上一派群眾組織頭頭被另一派「扭送」者（參看楊繼繩《天地翻覆》頁515）。

　　1970年「一打三反」，中共中央《關於打擊反革命破壞活動的指示》，將判處死刑的權力下放：「殺人由省、市、自治區革命委員會批准，報中央備案」。文件中有「對於那些氣焰囂張、罪惡累累、民憤極大、不殺不足以平民憤的反革命分子，要堅決殺掉」云云。是否「氣焰囂張」、「民憤極大」，判斷不能不帶有隨意

104　黃志雄《知青家長李慶霖》記文革後福建省莆田縣的遊街示眾儀式（參看該書頁441）。

性。至於「不殺不足以平民憤」，文革後的「嚴打」中仍時有所
聞。[105]該文件也要求「殺、判時要召開群眾大會，公開宣判，立即
執行」，以期「人心大快」、「敵人震懾」。蕭冬連《從撥亂反正
到改革開放》一書說：「『一打三反』運動錯判、錯殺最多，半數
以上的冤假錯案是在這一年判處的」（頁97）。量刑畸輕畸重，生殺
由我，抓放隨意。輕重之間，決定了一個人的命運以至生死。「一
打三反」中各地被處以極刑的思想犯(包括遇羅克)，即「運動式執
法」的犧牲品。[106]相信經由「運動」可以達成一切預期目標，或亦
承自「革命戰爭年代」。「大轟大嗡」所以有效，因勢不可當，足
以將一切異議淹沒在喧囂中。

　　即使法律法規不完備，正常情況下司法尚能寬嚴相濟；一旦運
動，即突擊審判，從嚴從重從快。誤判錯殺，在所難免。即上海
這樣管理較好的城市，1966、1967年群眾組織間的衝突中，公安機
關也隨意抓人關人，先收押、再立案，甚至根本不立案(李遜《上
海文革運動史稿》頁1140)。文革中常用「颳十二級颱風」的說
法。1967年3月20日林彪在軍以上幹部會議上的講話，即說「颳它
十一級、十二級的颱風」。所謂「亂世用重典」，文革後期整頓鐵
路，可為一例(參看史雲、李丹慧《難以繼續的「繼續革命」》頁
531)。[107]

　　將專政機關的職能下放給「群眾」，其後果不止於將諸種變相

---

105 「嚴打」即「嚴厲打擊……」。「不殺不足以平民憤」作為決定殺否的標準，
　　其來有自。1951年4月毛《轉發西南局關於鎮反問題給川北區黨委的指示的批
　　語》就有此種表述(《建國以來毛澤東文稿》第二冊，頁267)。類似表述另見
　　同書頁281。「國人皆曰可殺」(《孟子‧梁惠王》)，未見得真的徵求過「國
　　人」的意見。

106 參看楊繼繩《天地翻覆》頁638–655。據楊氏該書，西安市余正常竟因保存名
　　人字畫及自己的寫生素描被處以死刑，罪名為「保存黑畫。利用黑畫反黨反社
　　會主義」(頁649)。

107 運動式執法延續至文革後。1979年的「依法從重從快懲處嚴重刑事犯罪分
　　子」；1983年始為期三年的「嚴打」即「嚴厲打擊嚴重刑事犯罪活動」(參看
　　《劉復之回憶錄》第32、35章)。

羈押合法化。發生血腥屠殺的湖南道縣，竟設有「貧下中農最高法院」，隨意殺人（卜偉華《文化大革命的動亂與浩劫》頁601。按「最高法院」亦作「高級法院」）。廣西則除「貧下中農最高人民法院」外，尚有「貧下中農鎮反委員會」（參看中共廣西壯族自治區委員會整黨領導小組辦公室編寫的《廣西文化大革命大事記》，即香港版《文革機密檔案——廣西報告》頁151–152、167–168）；甚至召開「『群眾專政鎮壓反革命暴亂』殺人現場會」（同書，頁180、184），亦作「殺人大會」（同書，頁283）。[108]江西瑞金則有所謂的「民辦槍斃」，「公社、大隊幹部想殺誰就殺誰，不必立案，不要證據，不必審批」（參看楊繼繩《天地翻覆》頁676）。

　　河南造反派骨幹袁庚華2010年接受臺灣學者訪談，將「群眾專政」作為「司法民主」予以肯定（陳宜中《永遠的造反派：袁庚華先生訪談錄》，臺灣聯經版《思想》第18期，頁70），說毛在文革中「大範圍實踐的大砍監獄、大放犯人回家、讓群眾專政的司法改革，是世界上最好的一條經驗」（同上，頁62）。還說，「我們在文革中搞群眾專政的時候，把維護社會治安的責任交給群眾；抓人、判人的問題，也讓所有群眾討論；判後管理犯人的權力也交給群眾，極少設監獄。而且，連續6、7年在全國大、中城市都沒有警察。」（同上，頁76）袁說文革期間「社會犯罪率相當低，民眾的安全感最強」（同頁）。顯然將「破四舊」中對私人財產的劫奪、發生在城市街頭的暴行，京郊大興縣(今大興區)、湖南道縣(今道州)、廣西多地慘絕人寰的血案，內蒙古自治區挖「內人黨」期間「群專」機構的濫用酷刑，各地大規模武鬥的致死致傷排除在「刑事犯罪」、「社會治安問題」之外。「群眾專政」確有威懾力；「威懾」多少也在其隨意性，即不循常規，法外施刑。當年身在「專政機關」者的經驗與袁氏不同。任職瀋陽市公安局的劉麗英說僅瀋陽

---

108 據該書，1967年12月24日，經中央批准，自治區革籌小組和軍區聯合發佈了《取消貧下中農最高人民法院等組織的緊急通知》（頁190）。按「革籌小組」即革命委員會籌備小組。

一地，「從1967年至1975年，共造成冤假錯案3100多件，其中錯捕2500多件，錯判600多件，錯殺16人」（《往事回首》頁136）。

　　有政法界人士比較「專政機關」與「群眾專政」，說「暴虐慘絕」的更是後者(寓真《聶紺弩刑事檔案》頁438-439)。化名「伊林·滌西」寫《致林彪同志的一封公開信》的北京農業大學附中學生劉握中、張立才，據其切身體驗比較「群眾專政」與「專政機關」（如監獄），說前者較後者更暴力（《回憶與反思——紅衛兵時代風雲人物》頁269)。

秦城與其他監獄、看守所

　　王學泰曾關押在北京半步橋看守所K字樓，後轉到與看守所一牆之隔的北京第一監獄，說後者「才是真正的監獄」，「法律意義上的監獄」（《監獄瑣記》頁91)。文革前曾關押在同一看守所的法國人鮑若望，在其《毛澤東的囚徒》一書中寫到K字樓，對於隔壁供外國人參觀的「模範監獄」（即北京第一監獄)羨慕不已。待他關進這所「模範監獄」，確也遇到了令他「感動」、「十分佩服」的監獄管理人員(頁133)，看到了一些「文明生活的象徵」(頁136)。孔丹曾在北京第一監獄短期關押(參看其口述《難得本色任天然黨圀圄生活》)。譚斌(即譚力夫)也曾關入同一所監獄。[109]

　　據《監獄瑣記》，當年關押在半步橋看守所的頗有聞人，佛教協會副會長巨贊大和尚外，另如聶紺弩、楊憲益、鋼琴家劉詩昆、小提琴演奏家楊秉蓀、男高音歌手劉秉義、畫家郁風、話劇導演孫維世等等；用王的說法，「才俊雲集，極一時之盛」(頁32)。對於這間看守所(該書稱之為「北京市公安局七處——預審處和看守所」)的建築形制、格局，監獄設施，王學泰有出於學者習癖的描摹(見該書頁28、31、31-32)。其人長於觀察，又熟於掌故，《瑣

---

[109] 譚在受訪時談到1966年底入獄後，獄友以毛語錄、詩詞為交流手段(《回憶與反思》頁311)。

記》的有些部分,可以作為特定時期的監獄文化考。即如監獄內通行的話語。[110]

徐曉曾以「反革命集團」罪,和她的朋友關押在同一看守所,兩年後被釋放。她說,令他們哭笑不得的是,「通報全國,由當時的公安部部長親自簽發逮捕令,導致了幾十人坐牢、上百人受牽連的一樁大案,其實是一個子虛烏有的故事」(《無題往事》,《半生為人》頁70)。可惜的是,這個故事缺乏更豐富的細節。徐曉說,為了兒子,她最終「把血腥和粗暴的細節刪除了,也把荒誕和滑稽的故事刪除了」(同上,頁71)。在我想來,或許正應當為了兒子,把那些細節和故事留下來。兒子終究要長大。他或許比他的母親所想像的堅強。[111]由徐曉上文或可相信,該看守所有「血腥和粗暴」、「荒誕和滑稽」,也如當時的其他監獄、看守所。楊憲益、戴乃迭夫婦同在半步橋看守所而彼此不知情,即略有點荒誕。

同為「大牆」,各地的監獄與看守所,包括秦城監獄與半步橋看守所,「裏面」的故事容或不同。[112]經了文革後回憶文字的披露,即關押政治要犯的秦城也不再神秘。對於這所監獄,記述而無所顧忌的,以我有限的閱讀經驗,似乎更是吳法憲、邱會作、李敦白等人。吳、邱當因已無需顧忌,李則以外國人寫在國外。

福柯(Paul-Michel Foucault)《規訓與懲罰》所寫監獄的建築格局,與秦城回憶錄記述的有所不同。福柯似乎想像未及其中人犯相互絕對隔絕的監獄,如「林彪集團」主犯所描寫。該監獄的設計,據說出自蘇聯專家,實在精密到了令人恐怖。吳法憲以軍人的觀察力,對秦城監獄的建築格局、非人道的管理方式、人犯惡劣的生活

---

110 趙丹曾被關押在位於上海虹橋的一座少教所。據說文革期間此處關押了三百多名高幹和高級知識分子(參看《趙丹自述》頁97)。用了王學泰的說法,亦應「才俊雲集,極一時之盛」。

111 史學家楊奎松曾因1976年的「天安門事件」,被關押在同一看守所(參看氏著《「邊緣人」紀事·代序》)。

112 下文尚要談到朱正琳《裏面的故事》。「裏面」/「外面」即監獄內外。「裏面」,「進去了」,猶如暗語。其時的語境中,不難懂得。

條件，記述細緻（參看《吳法憲回憶錄》）。他總結道：「秦城監獄是一個讓自己認識自己不是人的地方」（見該書頁918）。吳法憲、李作鵬、邱會作是在「粉碎『四人幫』」後進秦城的，可據考「新時期」之初的監獄狀況。

《文匯讀書週報》2015年4月7日第3版刊登對李銳的訪談。李曾在秦城關押八年。受訪中李說，該監獄原來關押國民黨戰犯，自文革開始改關自己人。「建造監牢的負責人公安部副部長劉奇清關進來了；還關了許多高層領導，如薄一波、安子文、彭真、劉仁以及陸定一等。「『文革』期間，秦城共關了五百零二人，高層幹部有一半多，死在裏面的近三十人，被打傷致殘的二十多人，得精神病的近六十人。這個數字是我後來負責組織編寫中共組織史資料時查清的。」[113]胡鞍鋼《毛澤東與文革》）引時任中國人民解放軍副總參謀長、國防科委副主任張愛萍獄中詩《長夜曲》（1971年冬）：「欲加之罪，何以有證？國難家蔓誅。痛多少英雄千古，長夜綿綿怎度！」（頁252）

較少讀到秦城關押過的知識分子的「獄中紀實」——或許是我孤陋寡聞。文化界知名人士有「秦城歲月」的，吳晗外，尚有周揚、夏衍等（周、夏原羈押於北京衛戍區，1975年關入秦城）。吳晗1969年10月11日死於該監獄。知識人不能如領導幹部的少忌憚，或因不便寫，不忍寫，仍有無形的禁忌，與習慣性的自律。

外籍或有國外背景的囚徒，屬文革前、文革期間監獄中的特殊族類。文革中對外籍專家甚至「中國人民的老朋友」的無端指控、投入監獄，或僅基於懷疑。李敦白以「要犯」關入秦城。典獄長向其展示的入獄文件上，他看到了「無產階級司令部十六位成員的簽名，其中包括毛澤東、周恩來和江青的簽名」（《我在毛澤東身邊

---

113 據《財經》2013年第23期袁凌文，文革十年中，秦城先後關押了兩位第一夫人、3位書記處書記暨國務院副總理、4位文革中的中央政治局常委、560多名各級領導幹部（2013年9月6日《報刊文摘》第7版）。

的一萬個日子》中譯本，頁502），事後看來不免滑稽。如此特殊的待遇，即文革中也應稀有。

據楊憲益《漏船載酒憶當年》，「從1968年年初開始，許多在北京的外國專家都以外國間諜的罪名被捕入獄」。楊認為起因是江青的一次講話(頁216)。楊提到美籍猶太人以斯雷爾·愛潑斯坦(Israel Epstein)和他的英國籍妻子。由楊的該書可知，愛潑斯坦也如李敦白，曾積極投入文革(同上)。愛潑斯坦夫婦關押近五年，始終沒有正式起訴、審訊。[114]楊憲益、戴乃迭夫婦的被囚禁，則與其「涉外」的背景與社交活動有關。與夫人咫尺天涯，應當是楊憲益最慘痛最刻骨銘心的記憶。楊憲益的妹妹楊敏如曾撰文悼念戴乃迭，題作《替我的祖國説一句：「對不起，謝謝！」》(刊《文匯讀書週報》2002年8月9日第8版)。這種道歉不能由楊敏如「替」；即「替」也不應「替我的祖國」。[115]

關於「中國人民的老朋友」(外國專家)被投入監獄，應已有專項考察。包括李敦白這樣在中國生活三十五年，「革命戰爭時期」即已追隨中國共產黨，兩度被捕，在獄中度過十六年的「老朋友」。病態的「革命警惕」，面對外國人時尤甚。文革中涉外的「間諜」案，其思想根柢除「亡我之心不死」，也應當有「非我族類，其心必異」的古老思維。

「東方式」的監獄不是造就哲學家、思想家的適宜場所。監獄的功能，正在使禁錮其中者喪失思想能力。身體受困，思想有可能更活躍，發生在中國的情況卻不然。中國式的監獄管理之下，不可能有羅莎·盧森堡(Rosa Luxemburg)的《獄中書簡》。關進秦城監

---

114 參看方可成《「你愛中國，但中國不愛你？」——中國人民的老朋友在「文革」中》，刊許知遠主編《東方歷史評論》第1輯，廣西師範大學出版社，2013年5月。

115 《上海生與死》一書作者鄭念，則僅據其任職外資企業。鄭旅居歐洲、澳大利亞的經歷、西化的生活方式與社交圈子，的確出於當時司法人員的知識水平與想像力之外。問題在不止於懷疑，而是僅據懷疑即監禁。這才是文革司法更有特色之處。

獄的老革命，文革後未聞有何「思想成果」面世。這種情況據說已有變化，或可以近年來若干貪官在獄中著書(包括寫小説)為證。

　　聶紺弩1967年1月被捕，1976年10月獲釋，在監獄、看守所中度過了「文革十年」(按聶自被捕到釋放，計九年八個月)。由《聶紺弩生平年表》可輯出其1949年後如下與監獄有關的經歷：1958年7月被遣送北大荒勞動改造，是年冬關入虎林監獄，1960年冬返回北京。1967年1月到1968年冬在北京功德林第二監獄──1968年冬到1969年10月在北京半步橋第一模範監獄──1969年10月至1970年4月在山西臨汾第三監獄──1970年4月到1974年10月在山西稷山看守所──1974年經新絳縣看守所、10月至臨汾第三監獄，1976年11月回到北京。輾轉流徙，歷六所監獄、看守所，關於這段非常經歷，傳世的卻只有寫於1981年的一篇《懷監獄》，是否有點可惜？

　　1949年後被審查、羈押、變相羈押的知識分子中，大有既坐過國民黨的牢，又坐過共產黨的牢，甚至還有坐過日本人的牢者。如王造時、張東蓀、聶紺弩、賈植芳、田漢。[116]陳白塵1970年的日記説，自己曾以「危害民國」罪被國民黨監禁了三年，文革中「卻以審查歷史之故，被『半禁閉』了四年」，且到寫日記時「猶無了期」(《牛棚日記》頁187)。可供比較的，就有不同時期、不同政權下的獄政，以及服刑時的精神狀態。由國民黨監獄僥倖逃生者，慘死在自己人的監獄中；在國民黨的酷刑下挺住了的，卻不能承受本黨施加的壓力而尊嚴盡失，凡此，確有十足的荒誕性。沙葉新《斯人獨憔悴──王造時的悲劇》(收入氏編《王造時：我的當場答覆》)感歎道：王「沒有死於蔣介石的『江蘇高等法院看守分所』」，卻「喪生於『四人幫』手下的『上海第一看守所』」(頁12)。按「『四人幫』手下的」是其時的流行説法。沙文引鄒韜奮

　　有三次牢獄經歷。《獄裏獄外》記其1947–1948年所入國民黨監獄，與其同監
　　的有知識分子和工人。賈曾在國民黨監獄裏「教工人文化」，教小知識分子英
　　文(頁4)。

《經歷》所記1936年與王造時等一同關押的江蘇高等法院的看守所，較之於文革中的「上海第一看守所」，條件之優越不可比擬。

1936年蘇州轟動一時的「七人之獄」又回到了人們的視野。「七人之獄」中意氣風發的囚徒，在法庭上宏論滔滔聲震屋瓦的受審者，能否再見於1950–70年代的監獄與法庭？[117]「七人之獄」或應作為特例，不足以概其餘（即如民國時期的司法與獄政）。國民黨治下監獄的暴虐，就有為人熟知的渣滓洞、白公館。

文革期間入獄九年八個月的李敦白，以此比較其1949年的入獄，說，不同的是，「第一次坐牢時被我殺死的那個自我，在我二度入獄時復活了。」（《我在毛澤東身邊的一萬個日子》中譯本，頁511）他說自己在漫長的囚徒歲月裏，「一點一滴的漸漸恢復我的個人意志、個人勇氣及自己思考的能力。我仍然自認是忠貞的共產黨員，但是我的心也愈來愈屬我自己了」（同上，頁519）。武漢的紅衛兵魯禮安也有類似的經驗，即在近十二年的監禁中「漸漸恢復了對自己的信心」，「終於相信自己並沒有犯什麼罪」；他以為自己經歷了「一個漫長艱難的蘇醒過程」（《一個單監十一年的紅衛兵獄中囈天錄》頁11）。這當然並非因了監獄是什麼「學校」，而是曾經篤信的東西（至少部分地）坍塌了。不是文革中的囚徒都有幸經歷覺醒、重生，更為普遍的，應當是精神的斲喪的吧。

具有諷刺意味的還有，1975年，「293名仍然在押的國民黨、偽滿洲國和新疆『偽政權』的戰犯全部獲釋。他們所有人出獄後獲得了充分的公民權利和工作機會。如果他們願意的話，甚至還允許他們去臺灣旅遊。」羅德里克·麥克法夸爾、沈邁克《毛澤東最後的革命》認為與此作為對比，「文革中的第一批受害者無一獲得特

117　1936年11月，沈鈞儒、章乃器、李公樸、王造時、鄒韜奮、史良、沙千里因組織救國會而被捕，在蘇州被關押八個月，是謂「七人之獄」。那是一次對知名人士的審判，涉案人員的身份、社會地位，公眾對該案的關注度，都決定了其不同尋常的性質。這裏我關心的只是七人的精神面貌與姿態。這種面貌與姿態1949年後難以再現。沙千里《七人之獄》，北京：三聯書店，1984。

赦，……只能根據具體案情的不同獲得有條件的釋放，即流放到邊遠省份的農村地區，受到種種的限制。例如，原西北局第一書記劉瀾濤1975年3月秦城出獄後，被強行安置在安徽省，不能與家人進行聯繫。」(中譯本，頁349–350)——一種奇特而又被視為平常的「內外有別」。

混合關押、單監

1949年後的大陸，無「政治犯」之名而有其實。將事實上的政治犯與刑事犯混合關押，更像是對前者的懲罰。聶紺弩1958年所寫《檻房雜記》，追記二十餘年前在東京被關押，說：「檻房中思想犯地位最高，大家都尊敬。」包括女「思想政治犯」(《聶紺弩全集》第四卷，頁297、293)。賈植芳《獄裏獄外》記自己「肅反」後入獄，獄中地位低於刑事犯，被後者輕侮(參看該書頁177)。可覘世風之不同。

秦城監獄之外，將政治犯(往往即「思想犯」)與刑事犯混合關押，亦文革前到文革期間的普遍做法。直至文革結束，聶元梓仍在司法程序有嚴重瑕疵的情況下，與小偷、流氓、殺人犯混合關押(劉貫一致胡耀邦信，《聶元梓回憶錄黨代序》頁11；另見該書頁368)。《牛鬼蛇神錄》的作者引「同犯」的話：「共產黨在號子裏總是利用歷史反革命監視現行反革命，利用刑事犯整反革命犯」(見該書頁23)，[118]或可作為監獄的「管理藝術」。王申酉不能忍受將其與流氓行兇犯、輪姦犯、盜竊犯等關押在一起，受上述人等的侮辱，寧願單獨監禁(《報告(幾點請求)》，《王申酉文集》頁126)。

李敦白卻將在秦城被單獨監禁形容為「活埋」，指囚室為「冰屋」。李敦白對單監的經驗有如下描述：「孤獨、孤獨、孤獨之外，還是孤獨。四面的牆壁盯得人眼睛作痛，日日夜夜，把我的孤

---

118 另見同書頁137。對當時的政治犯與刑事犯，楊使用了「社會精英」與「社會渣滓」的說法。

獨敲進我的頭殼裏。大塊大塊的黑點和色塊在我眼前震動飄浮，無聲的安靜在我的耳朵裏轟隆隆鳴響。」（《我在毛澤東身邊的一萬個日子》中譯本，頁532）紅衛兵魯禮安將他在武漢被單獨監禁的牢房稱作「青春的墳場」（《一個單監十一年的紅衛兵獄中籲天錄》頁10）、「活的棺材」（同書，頁12）。

閻明復稱「單監」為「獨牢」。他說秦城是座「隔離性的監獄，每個犯人住獨牢，不能讓彼此有任何接觸」（《閻明復回憶錄》頁992）。這種監禁方式「讓人恐懼，有時能讓人發瘋」（同書，頁998）。曾任公安部副部長的劉復之被單獨關押15個月，「嘗到了『單間牢房』、『專哨監護』的味道」。說自己「蹲在小屋裏，五個月不放風，不洗澡，不換衣，不說話，不准關燈睡覺，不准臉朝牆，不准自由上廁所等等，身心受到極大折磨、刺激和踐踏」，「一度出現幻聽、幻視」（《劉復之回憶錄》頁269），出獄後「幾乎話都不會說了」（同書頁260）。王力自說被單獨監禁十三年半，「對馬克思為什麼那麼強烈地反對單獨監禁，有深切的體會」（《王力反思錄》頁378）。[119]

單監既出於防範的需要，也未必不暗含了懲罰。李銳《九九感懷》有「最怕單監與餓饑」句。[120]更不堪的，是戚本禹筆下的「單監」。戚說自己與關鋒被關在秦城監獄裏條件最惡劣的單人牢房，除牢門外四周封閉，「在地上挖個洞，供大小便之用。關鋒瘋了的時候，就用手往這洞裏摳屎吃」（《戚本禹回憶錄》頁706）。

即使與世隔絕，結果也有因人之異。確有異人異能。如廖沫沙，雖久住「單身牢房」（《甕中雜俎》頁214），未失機智與幽默感。雖有上文所引云云，在「單監十一年」之後，魯禮安像是並不潦

119　徐曉說她所在看守所，劉少奇的前妻被關了五年單身牢房。另有被在單身牢房關押五年的蘇聯人（〈監獄中的日常生活〉，《半生為人》頁90）。趙丹被單人關押數年，「出獄時曾一度語言遲鈍」（參看《趙丹自述》頁98）。

120　該聯是：一生苦難知多少，最怕單監與餓饑。《文匯讀書週報》對李銳的訪談中，李說西方的刑法，最重的是殺頭，第二位即單監，未知然否。

倒頹唐，筆鋒仍銳不可當；寫文革往事繪聲繪色，更像出諸文學青
年。似乎是，他的成長被單人囚室阻斷，因而滯留在了某個年齡段。

　　非人道的還有，長期不許親屬探監。犯罪嫌疑人在被逮捕後至
法院判決前，依法可以會見律師或其他辯護人；為防止串供，不能
會見親屬，海峽對岸的説法是「羈押禁見」。文革中無論監獄（包
括秦城）、看守所，還是變相羈押，長期不允許家屬探視，甚至不
告知關押地點，則與上述規定無關。據1954年12月20日頒佈的《中
華人民共和國逮捕拘留條例》第四條，「逮捕人犯的時候，必須持
有人民法院、人民檢察院或者公安機關的逮捕證，並且向被逮捕人
宣佈。逮捕後，除有礙偵查或者無法通知的情形外，逮捕機關應當
把逮捕的原因和羈押的處所告知被逮捕人的家屬。」據寓真《聶紺
弩刑事檔案》，「聶紺弩被捕之初，並無出具任何法律憑據」；羈押
服刑近十年，直至1973年春節，其夫人尚不知曉其關押地點（頁193）。

　　黃克誠1967年初被「監護」，直至1972年才准許家屬探視
（《黃克誠自述》頁342）。閻明復關押秦城監獄七年半，案情已
明，卻有六年不曾見到家人（《閻明復回憶錄》頁1004）。陳丕顯
罹患癌症，「隔離審查」中不許家屬探望（李遜《上海文革運動史
稿》頁1082））。魯禮安關押期間，「被剝奪了會見家人的權利」
（《一個單監十一年的紅衛兵獄中籲天錄》頁553）。陳伯達1970年
被拘押，九年後其子才被允許到某醫院犯人病房探視（《陳伯達：
最後口述回憶》頁401）。據《吳法憲回憶錄》，他自林彪事件後
關押八年才獲准親屬探視（頁928）。文革後的1978年12月，王大賓
的妻子到武漢探監仍遭拒（《王大賓回憶錄》頁229–231）。無限期
羈押且禁見，這種違反人道的做法，幾於易地皆然。

　　在我看來，其非人道較之單人監禁更甚的，是貼身監視，如曾
志所寫對失勢的陶鑄在其中南海寓所實行的那種。《曾志回憶錄》
寫對陶鑄的「看管」一再升級，「在屋裏設了三個崗位。一個在房
門口，一個在房後門，第三個像影子似的緊緊盯在陶鑄身邊，寫

字時站在椅子後，睡覺時站在床頭，吃飯時站桌邊，上廁所時站在面前，我倆説話時也是貼身而站」（頁352）。這更是一種特殊的刑罰，由深知人性弱點者設計。在監控探頭已大量使用的條件下，這類刑罰，未知是否針對某些特殊人犯仍在使用。

虐囚

　　據説納爾遜·曼德拉(Nelson R. Mandela)曾援引陀思妥耶夫斯基(Фёдор М. Достоевский)的如下名言：「評判一個國家，不是看它如何對待最尊貴的公民，而是看它怎樣對待最卑微的那群人。」即使不出自陀思妥耶夫斯基或曼德拉，這句話也可作為「名言」。

　　文革期間暴力充斥的環境中，虐囚勢不可免。張郎郎以「現行反革命」入獄後被警方押至多處遊鬥，事後回憶説：「警察為了趕場，往往就乾脆把我們像生豬一樣，直接扔到卡車的車廂裏。我們的臉就被車廂底的鐵皮、雪末子蹭出血道子。我的手腕和腳踝都被鐐銬磨得鮮血淋漓，只得撕開自己的襯衣，嗆着牙花子，慢慢綁裹自己的傷口。」（《寧靜的地平線》，《七十年代》頁124）張記述的獄中非人生活，令人不忍卒讀的，肉體折磨外，更有對尊嚴的恣意踐踏。該篇不事渲染，甚至雜用輕鬆戲謔的口吻，更令人毛骨悚然。監獄作為特殊場域，文革後受難者的自述與關於受難者的敘述，罕有張郎郎上述文字那種驚心動魄的力量。

　　趙丹監禁期間屢遭毆打。逝世後屍體解剖，「沒有一塊地方沒傷，包括兩隻耳朵」（參看《趙丹自述》頁108）。[121]另一藝術家孫維世，慘死後據説遍體鱗傷。《戚本禹回憶錄》為江青開脱迫害孫維世的責任，卻説「不知什麼緣故，總理沒有很好保護孫維世」（參看該書頁526）。關於孫關押期間所受肉體折磨，我所讀記述閃爍其詞，似有不便形諸筆墨者。

---

121 施暴外另有精神折磨。收入《趙丹自述》的趙寫於獄中的「報告」，所涉事項極其瑣細，如用於占卜(自己命運)的小紙條，幾枚鎳幣，與獄友間的幾句話，「偷看」了某處窗口等等：「管理」苛細至此。

　　楊憲益提到所在監獄不許踢、打犯人，「或對犯人進行任何
形式的體罰」，卻可以上銬、給犯人穿「緊身衣」（《漏船載酒憶
當年》頁227）。周恩來下令關押的上海「赤衛隊」頭頭王玉璽，
「四年關押中從不放風，雙腿幾乎萎縮。」（李遜《上海文革運動
史稿》頁554）。魯禮安也寫到看守所變相的肉刑及公然的刑訊逼供
（參看其《一個單監十一年的紅衛兵獄中籲天錄》）。[122]以凌辱他人
為消遣，監獄、看守所確也最是施虐狂們的樂土。

　　關押高層人士的秦城監獄，虐囚不下於普通監獄。《閻明復回
憶錄》記其秦城歲月，使用了「煉獄」、「噩夢」（頁973）、「暗
無天日」（頁986）、「人間地獄」（頁996）一類說法。該書《秦城監
獄七年半》部分，詳細記述了秦城種種，由建築格局到管理方式、
「牢規」、被關押人員的生活條件，其所體驗的日常生活（頁988-
994），痛訴自己在秦城的「辛酸」、「恥辱」、「饑寒交迫、饑餓
難挨」的「非人經歷」（頁979），也寫到了所知秦城監獄對獄囚的
辱罵、毒打（頁995）。

　　1968-1982年關押在秦城監獄的王力，認為自己受到的迫害和
虐待，「是最慘無人道的」，似乎宣洩的，是某個人的仇恨（參看
《王力反思錄》頁221-222）。《戚本禹回憶錄》則寫他本人在秦
城遭受的毒打、辱罵，甚至辱及父母；飯食中經常有死老鼠、蒼
蠅、蟑螂（參看該書頁705、706、707）。麥克法夸爾、沈邁克《毛
澤東最後的革命》引穆欣關於秦城監獄虐囚的記述，包括將被關押
者視為用作實驗的豚鼠，使用多種多樣的藥物。個別醫生「不但不
給病人治病，相反，還給健康的人『接種』疾病，讓病人死得更
快」（中譯本，頁347-348、349）。陸定一在秦城飽受虐待，參看楊
繼繩《天地翻覆》頁151。

　　因特殊身份與經歷，吳法憲、李作鵬、邱會作記述自己的囚

122 該書寫到了所經歷的饑餓，性饑渴，因精神崩潰而導致的神智瞀亂。魯所涉案
　　株連甚廣。據該書附錄四，不止一位與魯同案者因長期監禁而精神失常。鄭世
　　平也寫到了虐囚（見其所著《身邊的江湖》頁73）。

禁及流放生活，無所顧忌。曾在秦城監獄關押近五年的邱會作，指該監獄為「現代黑店」，對自己在該處的囚徒生活，以「饑寒交迫」、「同豬狗無異」形容，以關進秦城為「下了人間地獄」（《邱會作回憶錄》頁855、857、830）。而據獄方人員說，對黃、吳、李、邱等，「比對別人還好十倍」（同上，頁859）。邱會作經驗的特殊之處，在其所經歷的，是1977年後的秦城（邱1976年12月入此監獄）。由邱的記述可知，雖文革結束而秦城監獄的虐囚仍未結束。[123]據邱的個人經驗，1981年，該獄關押人員的待遇有所改善，堪比沈醉的監獄生活（頁928）——亦一種諷刺。邱聽獄方人員說，文革期間，公安部的「壞人」經常在此監獄「挑起武鬥」。傅連暲因監獄「造反派」不給飯吃，活活餓死（頁896）。[124]文革中獄政之混亂，由此可證。李敦白的回憶錄，也記了他在秦城監獄聽到的「犯人被嚴刑拷打的聲音」（《我在毛澤東身邊的一萬個日子》中譯本，頁505）。入秦城監獄，是李敦白參加中國革命後第二次坐牢，發現所在監獄的條件非但沒有改善，且更加不人道（參看其回憶錄《我在毛澤東身邊的一萬個日子》中譯本第七、八章）。

　　李銳在《文匯讀書週報》的訪談中說，在該監獄「常聽到各種呼喊聲：有整天喊『毛主席萬歲』的；也有受不了侮辱痛罵看守的，接下來就會聽到有人開鎖進房，痛打叫罵者，於是又響起被打的慘叫聲。」中共情報工作的傳奇人物閻寶航死在秦城。「北京市委書記劉仁一直戴着手銬，吃飯都不自由，最後銬死在裏面。」聶

123　由回憶錄看，即屬同案，待遇也互有差異。應不止與案情有關，還繫於人事。《吳法憲回憶錄》寫到其在北京衛戍區關押時，周恩來對他的特殊關照（頁897）。《李作鵬回憶錄》雖寫了「共產黨監獄的滋味」（頁743），由具體記述看，李在秦城監獄及流放地的境遇，均較邱會作為優；親屬株連也未及邱嚴酷。

124　1975年5月17日毛《在中央軍委關於賀誠任職的請示報告上的批語》：「傅連暲被迫死，亟應予以昭雪。賀誠倖存，傅已入土。嗚呼哀哉！」（《建國以來毛澤東文稿》第十三冊，頁432）。傅1966年8月、12月曾兩次致信毛，毛的批語有「似應予以保護」云云，陶鑄確也曾指示解放軍總政治部負責人：「按主席批示，對傅加以保護。」（《建國以來毛澤東文稿》第十二冊，頁120，頁121註2）

元梓直至出獄後寫回憶錄，仍憤憤不平，認為以自己的身份、革命歷史，本應進關押重要政治犯的秦城監獄，而非延慶縣普通監獄（《聶元梓回憶錄》頁368）——即使到了這境地，仍計較級別，想必也因不甚知曉秦城條件的嚴酷。

　　文革期間對某些人「監護性羈押」的場所，包括了北京市衛戍區。二十多位大區和省、市委的負責人就曾被「保護」在衛戍區部隊營房（參看王年一《大動亂的年代》頁290）。這種由軍人擔任獄卒的羈押場所，並不較看守所、監獄更人道。夏衍1975年7月12日走出秦城，是拄着雙拐的。其右腿、鎖骨被打斷，眼睛受損傷，即在衛戍區羈押期間。據《黃克誠自述》，該羈押場所封閉了原有的廁所、洗澡間，「在室外偏僻處，挖了一個大坑當廁所」，下雨、下雪，冬天夜晚零下十幾度，「都無遮無庇」（頁339）。[125]令人不解的是，何以對這等人物也如對獄囚，不能稍稍顧及其尊嚴。

　　犯人非人。階級鬥爭的語境中，一旦入獄（或看守所），即是「階級敵人」。「對待敵人要像嚴冬一樣殘酷無情」，[126]無所用古代中國「恤囚」的那一套。

　　上文已引李銳所說「最怕單監與餓饑」。饑餓更像是共同經驗。王學泰寫關押在半步橋看守所者，「長期處在饑餓狀態」（《監獄瑣記》頁33）。朱正琳《裏面的故事》中的一篇，即《饑餓的概念》。賈植芳「肅反」後在獄中對饑餓體驗之深，可謂刻骨銘心（參看氏著《獄裏獄外》）。鄭念《上海生與死》寫到文革中所在監獄於掌摑、腳踢外，以饑餓為懲罰。文革前在中國監獄服刑的法國人鮑若望也寫到了饑餓。他由獄方的角度，說「沒有比食物更

125　關於彭德懷在衛戍區羈押期間，參看《王大賓回憶錄》頁86。據當年看守人員郭雲夢的回憶文章《我的囚徒是「一號」》，與彭德懷同時羈押的，尚有譚政、鄭天翔、羅瑞卿、孔原、榮高棠、班禪‧額爾德尼‧卻吉堅贊、黃克誠、趙凡等（《歷史在這裏沉思——1966–1976年記實》第六卷，頁100）。陳荒煤也曾在該處羈押。譚啟龍曾被短時期保護在京西賓館（參看楊繼繩《天地翻覆》頁365）。「保護」在京西賓館與「保護」在衛戍區，待遇迥別。

126　語出文革前風行一時的《雷鋒日記》，北京：解放軍文藝出版社，1963。

能誘使人合作的武器了」(中譯本，頁37)。獄方用口糧定量獎勤罰懶，以差別化管理和其他激勵手段提高勞動效率(頁79-80)。

束星北「反右」後在月子口勞改農場，也如右派的勞改營夾邊溝，充分領略了饑餓對於人的尊嚴的剝奪。因饑餓而爭食、乞食，甚至到農田偷地瓜，較之批鬥、勞役，或許是束最不堪、最感恥辱的記憶(《束星北檔案·饑饉的日子裏》，頁219、220、221)。直至文革結束，饑餓難耐的李慶霖仍由看守所寫報告向地、縣委領導要求改善待遇(參看黃志雄《知青家長李慶霖》頁438)。

鐵道部原副部長劉建章的妻子劉淑清探監後，1972年10月20日寫信反映秦城監獄虐待在押人員。12月，毛在來信上批示：「請總理辦。這種法西斯式的審查方式，是誰人規定的？應一律廢除。」[127]至此方有此「上諭」，足證上下壅隔，「下情上達」之難。「這種法西斯式的審查方式」絕非文革始有，更非文革中特有。

周恩來1972年12月18日據毛的批語擬《廢除法西斯式的審查方式》(見《周恩來選集》下卷，頁456-457)。次年1月8日，周審閱公安部《關於貫徹執行毛主席對監管工作重要指示的報告》，有針對秦城監獄的批示(史雲、李丹慧《難以繼續的「繼續革命」》頁40)。由此，秦城監獄在押人員的生活及醫療衛生條件有所改善。[128]

監獄條件的改善似不全因毛、周的上述干預。據寓真《聶紺弩刑事檔案》，林彪事件後，「撤銷數年的法院得以恢復，開始加速處理積案，進行在押犯人的清理，並提高了犯人的生活費標準，

127　《對劉建章家屬來信的批語》，見《建國以來毛澤東文稿》第十三冊，頁334。

128　王年一《大動亂的年代》：「1972年12月，在毛澤東根據幹部家屬反映的情況，批評監獄實行法西斯審查方式之後，周恩來立即指示公安部門會同北京衛戍區徹底清查北京監獄待遇問題，並要他們當着在押『犯人』公開宣佈廢除法西斯式的審查方法和虐待毆打行為，如有犯者，當依法懲治，並允許『犯人』控訴。」(頁446)據關押在北京半步橋看守所的王學泰回憶，1974年毛有「要把犯人當人看」的指示，此後該看守所犯人待遇稍有改善(《監獄瑣記》47)。

注意改善羈押場所的管理。」(頁200)楊憲益也體驗到林彪事件後
監獄生活趨於「寬鬆」(《漏船載酒憶當年》頁232)。同一時期,
對高級幹部「監護性羈押」的北京衛戍區,「監管人員態度大大改
變」(《黃克誠自述》頁341)。李敦白的經驗中,囚犯待遇的改善
與1972年的尼克松訪華有關。

　　也應當說,文革期間的獄政仍有文明程度之不同。暴虐無度
者或許是極端的例子。《聶紺弩刑事檔案》的作者説自己所工作過
的看守所,僅就對人犯的管理而言,「確是講文明、講規矩的」,
不像「群眾專政」那樣「暴虐慘絕」(見該書頁438–439)。聶紺弩
寫於1981年的《懷監獄》(《聶紺弩全集》第四卷),雖莊諧雜出,
皮裏陽秋,卻並無矯情。在監獄回憶中獨標一格。對聶所寫監獄的
好處,自可多方解讀。説某處監獄好,也即是説其他某處差;説
監獄的方便處(如醫療),無非在説獄外的不便;説監獄的伙食不太
壞,説的更是當時農村的生活條件甚至不及監獄。聶曾解釋「皮裏
陽秋」,説陽秋就是春秋,「春秋就是評論,批評,褒貶。是暗藏
着的(不是露在表面的)所以謂之『皮裏陽秋』」(《致周健強》,
《聶紺弩全集》第九卷,頁178)。
　　同在監獄、看守所,待遇既繫於時、地,也繫於人(監獄當
局、管理人員)。一個人的逃出生天,可能由於某個執法人員、監
獄管理人員的良知,或所在地區領導人的開明。聶紺弩曾一度關押
的山西稷山看守所,所長蘇某即為犯人購馬列書籍(《聶紺弩生平
年表》,《聶紺弩全集》第十卷附錄三,頁438);臨汾第三監獄獄
方則助聶出獄(同上,頁440)。[129]化名「伊林·滌西」寫《致林彪
同志的一封公開信》的北京農業大學附中兩名學生之一的劉握中,
受訪時一再説到在監獄受到的善待,甚至説自己「真應當感謝第一

129　聶以1935年入黨的老黨員,竟以「特赦國民黨黨政軍警特人員」的身份出獄
　　(同上,頁440),亦一奇。

監獄的丁所長，那位慈祥的長者給了我真善美的啟迪」（《回憶與反思——紅衛兵時代風雲人物》頁276）。魯禮安在其回憶錄中也寫到看守所「靠邊站」的老所長對他的照顧（《一個單監十一年的紅衛兵獄中籲天錄》頁393）。

　　勞改農場的管理人員也並非都面目猙獰。叢維熙對一位「非常關愛受難知識分子的勞改隊長」心懷感激（《我的黑白人生》頁85）。出諸善良的天性，給「專政對象」以較人道的待遇，另如巫寧坤《一滴淚——從肅反到文革的回憶》寫到的興凱湖勞改農場的李隊長。凡此，也證明了即使在文革這樣的非常時期，仍然有個人作為的空間；問題在是否利用即使微小的可能性，作良知認為正確的事。

　　文革後不但有少數受難者的回憶，難得的是，有司法人員、辦案人員發聲。如撰寫《聶紺弩刑事檔案》的李玉臻（即寓真），如口述《我所親歷的胡風案》的王文正（《我所親歷的胡風案》，北京：中共黨史出版社，2007）。有諸相關方的敘述，才有可能還原真相。

文革中與文革結束之初對「思想犯」的判決

　　關於「思想犯」（亦「言論犯」），見本章第一節。

　　據印紅標《文化大革命期間的青年思潮》，文革中以至文革結束之初，對「思想犯」的量刑標準不一。從輕從重，操縱在人。1968年上書毛澤東的湖南新化縣中學生蕭瑞怡，因該縣法院主要負責人的堅持，倖免於極刑且被釋放（頁287–288）。該負責人鼓勵蕭說：「年青人，敢想、敢說、敢做、敢為麼……」（蕭瑞怡《我的上書回憶》，《「文化大革命」上書集》頁33）時在1970年「一打三反」期間。四川萬縣「馬列主義研究會」的成員1975年被抓捕後，據說萬縣法院兩次提議判處其中兩人死刑，一人死緩，時任四川省委書記的趙紫陽沒有批准（參看印紅標《文化大革命期間的青

年思潮》頁399、該章註28)。趙紫陽主政廣東，對「李一哲」批而
不抓。[130]1976年6月重慶鋼鐵公司機修廠的技術員白智清因以大字
報批張春橋而被捕，據説王洪文辦公室催着要將其處以死刑，遭到
了四川省委的抵制(參看《「文化大革命」上書集》頁215。白1978
年7月獲釋)。對四川雅安的李天德，當地中級人民法院曾建議判處
死刑，也有人提出了不同意見(參看同書頁412)。上海的朱錦多，
由於媒體的報道，據説成為「四人幫」倒臺後「全國第一個得到政
治平反的人」(參看同書頁422)，時為1976年11月。[131]貴陽「七人
大字報」的作者中任職某工廠者，所在工廠黨委對其採取了「保護
措施」(參看同書頁499)。

　　即使相似罪案，也有具體處置的差異以至歧見。本章第一節
提到的王容芬雖獲重判，有幸活到「粉碎四人幫」後並得平反，
與她幾乎同時撰文批判文化大革命的劉文輝，則於1967年被執行死
刑。[132]王係實名上書，劉則匿名散發。實名上書者尚有王正志(參
看同書頁179)。也如古代中國的敢言之士，所承的是「冒死進諫」
的那一種傳統。實名上書並不即能保全性命。如陝西青年權佳果
(參看同書第五章《關中農家子弟的理性思考》)。因上書言事而被
判處無期徒刑者，另有河北青年董秀芝(同書同章註19)。

　　1970年1月31日中共中央發出《關於打擊反革命破壞活動的指
示》，其中有「要突出重點。打擊的重點是現行反革命分子」、

130 趙紫陽1975年10月任四川省委第一書記，此前任廣東省委第一書記。對「李
　　一哲」，1975年廣東省委批而不抓；1977年的廣東省委卻定性為「反革命集
　　團」，逮捕多人，株連上百人；1978年由習仲勳主持的廣東省委召開群眾大
　　會平反(參看印紅標同書，頁380-381)，可以作為「思想者」的命運因人、因
　　時、因地而不同的例子。按李正天、陳一揚、王希哲1977年3月以「李一哲反
　　革命集團罪」被逮捕，一年後平反。

131 朱平反後一度任全國政協委員，因在1981年8月的全國政協會議上自動上臺對
　　決議表示不同意見，次年被免去政協委員等職(參看同書頁420、422-423)。

132 參看印紅標《文化大革命期間的青年思潮》頁156。

「要統一掌握批准權限，殺人由省、市、自治區革委會批准，報中央備案」等條(參看《建國以來毛澤東文稿》第十三冊，頁77)。同年1月，馬文秀、王佩英等18人在北京市公檢法軍管會召開「公判大會」後被處決；同年2月，遇羅克、顧文選、沈元等19人「公判大會」後被處決(參看楊繼繩《天地翻覆》頁634)。[133]同年8月，寧夏由十三名大中學生自發組織的自學小組「共產主義自修大學」為首的三人魯志立、吳述森、吳述樟被判處死刑立即執行(參看史雲、李丹慧《難以繼續的「繼續革命」》頁480)；南京則處決了組織馬列主義小組的查金華及其同情者(《天地翻覆》頁635)。判處死刑的「思想犯」，尚有江西南昌的高中生吳曉飛(參看印紅標《文化大革命期間的青年思潮》第三章《「反常的政治運動」》)。要待有關的司法檔案解密，才有可能進一步考察這類極端案例所包含的司法邏輯。

　　1968年4月29日，林昭被執行死刑。荒誕至極的是，林被槍決後，執法機構向其親屬索要子彈費——居然也非孤例。據中共廣西壯族自治區委員會整黨領導小組辦公室編寫的《廣西文化大革命大事記》(香港版《文革機密檔案——廣西報告》)，該自治區有基層政權向受害者家屬、單位徵收「專政費」、「看守費」、抓人「手續費」、「醫藥費」、「槍殺費」者，堪稱亂世奇聞。

　　楊曦光《牛鬼蛇神錄》說，1970年的「一打三反」運動，「所有判處死刑緩期二年執行的政治犯全部被從勞改單位拉出來，立即執行死刑」(頁45)；他一再看到「罪名主要與思想言論有關」的

---

133 同書尚有南京、保定、西安「一打三反」中處決「惡攻」罪犯、「思想犯」的記述(見同書頁635–638)。在此期間被處決的「思想犯」，尚有常州的蔡鐵根，甘肅的張師亮、毛應星，新疆的忻元華，湖南土家族苗族自治州的丁祖曉，貴陽市的馬錦珍，南京市的林舜英、李立榮母子，南昌的吳曉飛，西安的施大偉、余正常，贛南的陳耀庭，安徽和縣的石仁祥，上海的徐惠昌，重慶的方運孚等(參看同書頁642–651)。上述被執行死刑的思想犯中，蔡鐵根曾為軍隊幹部，張師亮為大學教師，施大偉係技術人員。更難得的或許是，知識分子外，尚有普通農民、市民。如丁祖曉與林舜英、李立榮母子。

犯人被判死刑(頁142)；由囚車看到「到處貼着林彪的口號『殺、
殺、殺，殺出一個紅彤彤的新世界』，到處是判處死刑立即執行的
佈告，上面的名字上劃滿了代表已執行死刑的紅叉叉」(頁146)。
該書說「長沙當局開了兩次大的殺人大會，每次處決近百名犯人，
其中一半以上是政治犯」(頁148)。楊發現「同樣的事，可判死刑
也可釋放，完全根據政治形勢的需要」(頁148)。[134]

卜偉華《文化大革命的動亂與浩劫》一書有對「思想犯」濫
用死刑的例子(參看該書頁598–599)。李遜《上海文革運動史稿》
有上海文革期間死刑判決的統計材料，文革結束之初甄別的「冤
殺」、「錯殺」案件數(頁1210–1211)。蕭冬連《從撥亂反正到
改革開放》一書有文革期間判處死刑人數，北京、寧夏、天津等
地「冤殺」、「錯殺」的人數(頁104–105)。對「思想犯」(「言
論犯」)的死刑判決，文革結束後受到了較多關注。何方《黨史筆
記》引胡耀邦的說法：文革期間「像張志新這樣的優秀分子，……
遭到殺害的，有三十萬人」(頁265–266)。

思想者被處以極刑，以遇羅克、張志新之死最為人所知。張志
新被槍決於1975年4月4日，其時不但已到文革後期，且是文革結束
的前夕。對張志新行刑時所用殘暴手段，因媒體的報道引起了普
遍的震驚。[135]當年對張志新之死的敘述，仍沿用了五六十年代的修
辭方式。寫臨刑前的張志新：「四十幾年酷愛整潔的習慣，使她在
臨刑前，很想梳理一下散亂的頭髮。但是，她的手被死死地扣在
手銬裏。於是，她高昂起頭，迎風而立。風好像理解了她的心意，
把飄落在臉頰上的一綹黑髮吹到耳後。她滿意了，臉上露出一絲微

---

134 同書還說，「一九七一年共產黨對涉及『反動』政治言論的精神病人一律作反革
　　命處理，即使醫生極力證明這類人發表與政治有關的言論時是精神病發作，但當
　　時的公檢法軍管會總是一口咬定這是反革命分子裝瘋賣傻，所以這類精神病人總
　　是被判處重刑。」(頁202)楊說自己相信「一九六四年以來中國因政治原因引起
　　精神分裂症的案例一定和一九五九年大躍進後的水腫病例一樣普遍」(頁204)。
135 施之於李九蓮等人的令人髮指的暴行，關注度較低。關於李九蓮之死，參看印
　　紅標《文化大革命期間的青年思潮》第五章註13。

笑。」(張書紳《正氣歌》,《歷史在這裏沉思——1966-1976年記實》第三卷,頁220)剛被切開喉管、忍受着劇痛的張志新,仍能如此從容優雅!讀這類文字,你會想到「再敘事」之必要,即如重新敘述遇羅克、張志新之死。

令人心驚更是,1976年10月後,這架「鎮壓」機器仍依慣性運作。司法機構內部似乎沒有制動裝置。王申酉看到,文革結束前後,「一切建設性機構都麻木不仁,癱瘓無力,唯有鎮壓機器在高速運轉」(《書信摘抄》,《王申酉文集》頁179)。「四人幫」倒臺後被處決的「現行反革命」,李九蓮、王申酉、史雲峰、鍾海源之死在常人看來最不可思議。其中李九蓮、王申酉、鍾海源死於1977年。王申酉1976年9月被捕,1977年在公開宣判大會上,第一次聽到對自己的死刑判決(李遜《上海文革運動史稿》頁1493)。尤為荒唐的是,當時的江西省委常委會竟然票決李九蓮的生死(參看印紅標《文化大革命期間的青年思潮》頁278)。人們會問,死刑何以未能及時制止,比如大喝一聲「刀下留人」?

據蕭冬連《從撥亂反正到改革開放》一書,文革中的《公安六條》外,1977年的「六號文件」提出「對攻擊毛主席、華主席和以華主席為首的黨中央的現行反革命分子,要堅決鎮壓」;「對極少數罪大惡極、證據確鑿、不殺不足以平民憤者」,則殺之(頁99)。因李九蓮一案涉及攻擊華國鋒,甚至平反中還遭遇了較大阻力(頁104)。以此罪名處死者有五十餘人(頁107)。該書說,1977、1978兩年判處的反革命案件3.3萬件,經複查改判糾正錯案2.1萬件,錯案率仍達63%(頁99)。[136]

---

136 1977年2月8日、22日中共中央先後發出《關於堅決打擊政治謠言的通知》(中發〔1977〕5號文件)、批轉《全國鐵路工作會議紀要》(中發〔1977〕6號文件),要求「對極少數罪大惡極,證據確鑿,不殺不足以平民憤的,要堅決殺掉」。中發〔1977〕6號文件,應即《從撥亂反正到改革開放》所說「六號文件」。有關材料參看網刊《往事》第七十四期(2008年11月14日)韓鋼《還原華國鋒——關於華國鋒的若干史實》。關於文革結束後對思想者處以極刑的背景,參看楊繼繩《天地翻覆》頁1115。

　　張志新被追認為「革命烈士」，閻長貴問：「這究竟是對共產黨所稱『革命烈士』稱號的褒揚，還是褻瀆？在烈士陵園中她和夏明翰、江竹筠、董存瑞是什麼關係？人們對這種『追認』是應該感到欣慰，還是辛酸？」《貢獻與缺憾——讀〈國史〉第八卷》，《問史求信集》頁413）其實從來有被「革命」殺害的「革命烈士」，在江西紅區殺「AB團」中，在延安整風「搶救運動」中，在由「革命戰爭年代」到和平時期的一次次內部整肅及其他政治運動中。這樣的「革命烈士」不可數計，也未經統計。許多人不但沒有「烈士」之名，也沒有其他名，是無名的死者。他們只存在於輕描淡寫的「代價」一說中，在更加輕描淡寫的「交學費」一類說法中。

　　由林昭到張志新，並非「莫斯科審判」的易地重演。文革期間的監獄，似乎很有一些不甘於俯首就戮的人犯——至少我讀到的材料如此。即使屈打成招，心態似乎也不像蘇聯「大清洗」中的有些共產黨人。對他們不便稱「殉道者」。這些思想者較少準宗教傾向，未見得有對革命教義的虔信，也未必有系統的異端思想。即使遇羅克、張志新，也絕非自願殉道的聖徒。發表《出身論》的遇羅克確有勇氣，卻無意成為「英雄」，更無論「烈士」。用了時下流行的修辭方式，他們更是「被英雄」、「被烈士」，被時勢與司法黑暗造就的「英雄」、「烈士」。

　　王申酉1976年寫給女友的信中說，自己在艱苦的勞改中，「接受了馬克思主義的觀點，並自認為馬克思主義者了」（《書信摘抄》，《王申酉文集》頁172）。當其1977年4月27日被以反革命罪槍決後，遺物中恩格斯《路德維希·費爾巴哈和德國古典哲學的終結》扉頁的背面，工整地寫着一千多字的「本書內容提要」，寫在被槍決的前一天（參看金鳳《血寫的囑託——王申酉和他的〈供詞〉》，同書頁193）。這是過於殘酷的諷刺：對馬克思主義懵然無知者，殺死了一個馬克思主義的信仰者。

　　文革結束之初，一方面有胡耀邦力推「平反冤假錯案」，一方

面有對「思想犯」、「言論犯」的處決，均如恐不及。發生在領導層以至司法當局內部的博弈，驚心動魄。[137]據李遜《上海文革運動史稿》，其時上海市革委會一天內通過了56個死刑案的判決，「平均每六分鐘通過一個死刑案」（頁1493）。像是正因局勢有變，必欲加速剪除異端。阿根廷作家奧古斯丁·庫塞尼（Agustín Cuzzani）的劇作《中鋒在黎明前死去》曾搬上過中國舞臺。有人套用此劇名，撰文《勇士為什麼在黎明後倒下？》（參看印紅標《文化大革命期間的青年思潮》頁440註40）。的確是沉痛的一問。

「大牆文學」與監獄紀事

　　「大牆文學」或因叢維熙的小說《大牆下的紅玉蘭》而得名。

　　臺灣知識人對於坐牢這一種經歷很坦然。文革前的大陸有入獄的「前科」，乃奇恥大辱。無論出於何種緣故，均被視為不可抹去的人生污點。文革中濫捕濫抓（尤其對「現反」、「惡攻」），入獄成為平常，改變了人們對「囚犯」的認知。知識人有過監獄、看守所經歷的，如吳晗、周揚、夏衍、陳荒煤、聶紺弩、楊憲益、黃苗子、郁風、朱正、鍾叔和等，如著名物理學家葉企孫，如日後成為學者的楊小凱（楊曦光）、楊奎松、張志揚、王學泰，另有其他文化人叢維熙、木心（孫璞）、張郎郎、朱正琳、鄭世平、章詒和、徐曉、馬雲龍，紅衛兵一代的孔丹、譚斌（譚力夫）、牟志京、趙京興、徐浩淵，等等。也如民國時期，「犯人」非即「罪人」，坐牢不再恥辱。監獄甚至「造就」了自己的記錄者。坐牢這一種特殊的人生閱歷，成為某些知識人從事文學創作、學術研究的一部分背景

137　參看曾彥修《平生六記》附錄《我所知道的胡耀邦為「六十一人案件」平反急如星火》。山西太原張璞等人的「反革命集團案」，1977年11月被正式定性並判處張璞等三人死刑，被最高人民法院駁回重審（參看印紅標《文化大革命期間的青年思潮》頁439註38）。即使對王申酉的死刑判決，司法機構內部，甚至司法部門與地方黨政領導之間也有分歧（參看李遜《上海文革運動史稿》頁1493）。

以至資源。大牆之後的種種，由此得以呈現。這種結果對於社會，不知是幸抑不幸。作為代價的，當然有當局司法權威的隳墮。這也是文革後「大牆文學」、監獄紀事興起的一部分背景。某些「大牆文學」或監獄紀事的作者，以文學青年而入獄，有細緻的觀察力與活躍的感受力。記述監獄設施（包括不成文的獄規），掌故軼聞，觀察各色人等，交往奇人怪客，見識「外面」的世界無緣得見的人物，聽「外面」難以聽到的人生故事，又長於描摹，記事生動，寫人物則形神兼備。

據何方《黨史筆記》，張聞天在1959年廬山會議的發言中說，「人總是怕殺頭的，被國民黨殺頭不要緊，被共產黨殺頭還要遺臭萬年。」（頁135）「政治犯」、「思想犯」的坐牢、殺頭，文革尚未結束即已另當別論——亦可歸為當代中國政治文化演變之一端。

監獄——當然指1949年後的監獄——曾經是禁忌性話題。「進去了」、「裏面」等等，近乎隱語。所「進去」的「裏面」，對於絕大多數「守法公民」，是神秘的世界。秦城監獄尤有神秘性。你由文學中讀到的，只能是敵人的而絕非「自己人」的監獄。1980年代的「大牆文學」，打開了這特殊世界的一角；「大牆」後面的世界，漸次向外界開放。那一時期的「大牆文學」，成就不宜高估。稍後陸續問世的監獄紀事，似較文學作品更為有力。只是迄今將此種經歷形諸筆墨者，與文革中遭遇羈押、變相羈押的人數不成比例。有機會得到講述的，仍然更是知識人、知名人士的相關經歷。

除卻戰爭，監獄應當屬極端情境。有「見證文學」一名，指經歷戰爭、大屠殺和集中營的倖存者根據個人經歷撰寫的虛構或非虛構文學作品。我們有「大牆文學」，卻沒有寫勞改營份量足與索爾仁尼琴（Александр И. Солженицын）《伊凡·傑尼索維奇的一天》、《古拉格群島》，瓦爾拉姆·沙拉莫夫（Варлам Шаламов）《科雷馬故事》比肩的經典之作；沒有寫革命者被「自己人」的

審判壓垮如阿瑟‧庫斯勒（Arthur Koestler）《正午的黑暗》那樣的小說。稍可比較的，是上文提到的張郎郎的《寧靜的地平線》，楊曦光的《牛鬼蛇神錄——文革囚禁中的精靈》，朱正琳的《裏面的故事》，王學泰的《監獄瑣記》等。關於秦城監獄，吳法憲、李作鵬、邱會作、李敦白出版於境外的回憶錄，境內出版機構出版的《閻明復回憶錄》，各有史料價值。任何一種言論禁忌的打破，均不妨視為進步。

　　文革後的「大牆文學」寫在走出大牆之後。文革前至文革期間的中國監獄，沒有所謂的「監獄文學」，仍有人利用了一切書寫的可能。即如木心寫於獄中的據說六十五萬言的《The Prison Notes》。魯禮安《一個單監十一年的紅衛兵獄中籲天錄》提到張志揚坐牢時所寫美學筆記。尚有寫於羈押、變相羈押中的舊體詩。「老托洛茨基派」鄭超麟的，文革中李銳的，以及胡風的，被日本學者木山英雄作為分析材料（參看氏著《人歌人哭大旗前：毛澤東時代的舊體詩》）。李銳《龍膽紫集》所謂「龍膽紫」，即俗稱的「紫藥水」；被李用作了墨水，不知是否李的發明。1949年後的舊體詩作，李銳的作品不能稱上乘，但寫作情境畢竟特殊。聶紺弩《北荒草》雖經事後修改，初稿乃寫於勞改地這一「現場」，經了反覆淬煉，確可謂爐火純青，一時罕有其比。倘將散見於各處的文革期間的「獄中吟」——包括上文所引張愛萍將軍的《長夜曲》——裒為一集，詩藝不論，其中的精神意氣，不大可能比之於夏完淳的《南冠草》，更無論文天祥的《正氣歌》的吧。

　　1950–70年代的中國監獄，及為人犯特設的勞改場所，原就彙集了「正常社會」的異類；文革期間的監獄，囚禁其中人物的案情難免極端，如楊曦光《牛鬼蛇神錄——文革囚禁中的精靈》所寫地下政黨案的要犯，如馬雲龍所寫頑強拒絕「集體化」而致死的農民。[138]上述異端、異類，因被封閉於監獄、看守所一類特殊空間而

---

138 文革前在中國監獄服刑的法國人鮑若望，所在監獄即有「拒絕參加合作化運

由公眾視野中消失，保障了社會的「常態」運行。也因此，文革後
對這類人物的記述，衝擊力尤為強烈。

楊曦光《牛鬼蛇神錄》提供的圖景較其他監獄紀事複雜，尤其
關於文革中的政治犯。你可以不同意楊的政治觀點[139]——事實是，
或許因長期喪失自由，楊在該書中的表述，有文革前期的鮮明印
記——楊據其親歷對中國司法黑暗的揭露仍然有可信性。那種黑暗
不止在文革中，也不能僅以文革解釋。該書的「研究性」敘述，有
別於通常的紀事，富於知性。即使有政治傾向，仍保持了學者態
度，並不令人感到蓄意渲染。楊有超常的觀察力與記憶力，甚至
小說才能。《牛鬼蛇神錄》的結構方式的優長顯而易見，即便於展
示人物肖像，而非輪廓模糊或不具輪廓的「群像」，儘管仍不免於
「後見之明」對記憶的過濾、加工。

楊在該書中說自己1970年代初在監牢裏「徹底放棄了對馬克思
列寧主義的信仰，而成為一個極力反對革命民主主義，支持現代民
主政體的人」（頁7）。該書一再使用「仇恨」字樣。即使經歷了他
所經歷的那種迫害與凌辱(那的確是「迫害」與「凌辱」)，是否有
可能不持這種態度？其實我不知道有了他那些經歷之後，何種態度
才「正常」。我厭惡要求摧殘之餘、劫後餘生者「正確對待」的那
一套虛偽的說辭。但楊的「仇恨」確會影響他的敘事方式。張郎郎
《寧靜的地平線》記述較為中性——誰又能說那不是精心選擇的敘
事策略？

城市邊緣人口品類雜多。就我有限的閱讀經驗，他們有可能
更在知識人文革後的「獄中紀事」中。知識人似乎要在這種特殊的
所在，才有緣目睹諸種畸零人，「正常人」眼中的反常族類。文革
期間囚徒類型之多非尋常時期所能想像。諸種人犯的「案由」，較

動」的農民(參看氏著《毛澤東的囚徒》中譯本，頁44)。

139 楊有明確的政治傾向，影響於該書人物的選擇、敘事角度、書寫方式。其人喜
　　好作大判斷。關於左/右、毛(及中央文革)/周、造反派/保守派的言說，仍在文
　　革的視野中。

之平世，包含了更為豐富的社會信息。由楊曦光、朱正琳、王學泰的監獄紀事，固可窺文革中看守所、監獄、勞改隊的生態，彙聚其中的諸種人物，王學泰、朱正琳、鄭世平、馬雲龍筆下那些來自底層的囚徒，其案情豈非社會史的一部分？諸書經由人物，將觸角伸向諸種不為人所知的社會層面，遺落在人們通常的認知範圍之外的角隅，被刻意掩藏的面相。不止於此，由文革中看守所、監獄、勞改隊中刑事犯以外的「人犯」，可知當局最要打壓、控制以至消滅其肉身的，係何種人；務必將何種人裝進籠子裏，以之為經司法認定的「階級敵人」，以至最危險的敵人。在這一意義上，監獄、看守所，更明確地標示出執政者對人類活動的容忍限度——不是「臨界」而是極限，一個社會包容度的極限。

　　我所讀監獄紀事類作品，王學泰的《監獄瑣記》最可資考「獄中江湖」。王學泰1975年關進去的看守所，三教九流，五行八作，成份複雜到無可比擬。從古至今，監獄這個特殊世界都既有惡棍又有聖徒。用王的說法，「監獄是濃縮了的社會」（頁290），有「社會上難得一見的最壞的人和最好的人」（《監獄瑣記》頁56）。該書即記有作者所認為的「極少數世上難見的品行最好」的人（同書，頁141–142）。[140]有「最壞的人」，固然；何以有「最好的人」，才有必要問個究竟。將聖徒或「品行最好」的人關入監獄，或更可據考一個社會的症狀。任何時代的「社會生態」均不能僅據監獄判斷，但文革期間的監獄確有特殊性。如「惡攻罪」之濫，另如「特務」、「間諜」之多，均反映了該運動的荒謬，該時期司法的反常性質。

　　王學泰以學者而寫作該書，其監獄紀事糅合了自述與考察、研究。王的入獄已是文革末期。其監獄生活，「絕大部分的時間是

---

140 最好的人，如朱正琳《裏面的故事》中的基督徒、「反動教會人士」白老頭。因1950–70年代的政治環境，宗教信徒是特殊少數。在獄外固易遭歧視，在監獄亦他囚犯眼中的怪物。白老頭卻是受獄友尊敬的一位（參看該書頁115–122）。

在粉粹『四人幫』以後」（《監獄瑣記》頁89），所見看守所、監獄
狀況，自不足以概其餘。卻也因在兩個時期的交會處，鐵窗中別有
「風味」。文革結束前後監獄的眾生相，有可能映照其時的社會
百態。至於朱正琳所説「裏面和外面」，不止指監獄內外（《裏面
的故事》頁192）。監獄內外固屬同一個世界；即禁錮，也非僅在獄
中。或可套用一種現成的説法，即「監獄小社會」，卻不便套用接
下來的那句，即「社會大監獄」：儘管文革期間的遍地冤獄與思想
禁錮，最接近這個比喻。

　　東方式的監獄，可能有東方式的奇人。如聶紺弩。聶傲骨錚
錚，對於他人以為不堪的，偏能順受。與三教九流一干「同犯」相
處融洽，無論尊卑貴賤等視之，且指導人讀書，也得人照顧。古
代士大夫能和光同塵者，或是庸才，或為名士。如聶，如下文將
要提到的楊憲益，乃真名士，儘管他們多半會拒「名士」之名。聶
一再説自己於「傳統文化」，得之於《莊子》尤其《逍遙遊》、
《齊物論》、《養生主》、《馬蹄》者獨多（如《我和反革命的關
係及其危害性》、《檢討》等，《聶紺弩全集》第十卷，頁132、
192）。[141]他的那種態度，的確近《莊》，與人無町畦，不立崖岸，
必要時不難混跡於馬醫夏畦、市井屠狗之輩。也因此《懷監獄》一
篇，堪稱奇文。以這副筆墨寫鐵窗生活，非聶則不能。

　　出身上流社會的楊憲益文革中被塞進已有二十一人的牢房，
仍不失從容，不難與獄友平等相處（參看其《漏船載酒憶當年》第
三十五至三十七章），有餘裕觀察同監的獄友，瞭解各人的案情（同
書，頁224–225），説從其他犯人那裏「學到了從前所不知道的關
於中國社會的很多知識」（頁223）。楊關於獄中生活的記述，並不
像故作輕鬆，或許得益於他強韌的生存意志與生存能力，以及與生

141　另一處，他又説到自己所近，不是《齊物論》、《養生主》那樣的《莊子》，
　　　而是《逍遙遊》、《馬蹄》、《山木》、《駢拇》那樣的《莊子》（參看其
　　　《在檢討中寫的廢稿四頁》，同書頁308）。

俱來的幽默感。聶、楊的經歷證明了，即使監獄這種所在，知識、教養與人格仍有可能受到尊重。

　　1974年廣州街頭署名「李一哲」的大字報認為，「『四屆人大』應當明文規定，制裁那些知法犯法，執法犯法，製造假案，公報私仇，私立專案，私設監獄，大興肉刑，草菅人命，罪惡極大的『大夫』們的條例」（《「文化大革命」上書集》頁263）。是文革十年間針對司法、變相羈押、肉刑的公開言論。

　　專政機構不循程序捕人、關人，甚至高層直接批捕，乃文革中的常態。即如1966年12月中央文革小組關於鎮壓「西糾」等組織的指示（《中國文化大革命文庫》）。另如1967年2月周恩來接見財貿系統群眾組織代表時當場下令逮捕財政部副部長杜向光（同上）。所謂「毛主席司令部的人」即操生殺予奪之權。權力對於司法的直接介入、干預，由文革前延續至文革時期以至文革結束之後。《聶元梓回憶錄》、《王大賓回憶錄》均披露了文革後的清查、司法審判中高層人士的干預（包括指定刑期）。[142]高層領導直接介入司法，也是一種傳統。1951年「鎮反」及其後的「三反」「五反」等運動中，涉及司法，毛的指示即極其具體，包括殺人（在人口中）所佔比例，應判死刑者的處決比例，不同罪行者刑罰的輕重，以至刑期、死刑判決等。[143]甚至直接指示某人「應予槍決」（見《中央關於在三反中檢查和解決公安司法機關違法亂紀行為的指示》，《建國以來毛澤東文稿》第三冊頁292）。正所謂言出法隨：司法豈止不獨立而已。1957年「反右」前夕黃紹竑批評「各地方或機關黨委五人小

142　參看劉貫一致胡耀邦信，《聶元梓回憶錄黨代序》，頁10；《王大賓回憶錄》頁185。倘聶所知彭真干預對其的判決屬實，亦一諷刺。因文革結束之初的立法工作正由彭主持。

143　參看《建國以來毛澤東文稿》第二冊毛對《第三次全國公安會議決議》的修改，見該書頁296–297；《建國以來毛澤東文稿》第三冊《對薄一波在北京公審大貪污犯大會上的講話稿的批語和修改》，頁126–127）。

組在肅反運動中直接處理案件」（沈志華《從知識分子會議到反右派運動》頁544）。文革中更是「乾綱獨斷」，如對「聯動」，另如對清華大學「四一四」的周泉纓。[144]

　　文革後即使司法檔案未解密，仍有司法文件見諸出版物。《第二次握手》（原題《歸來》）的作者張揚1979年無罪釋放。楊健《文化大革命中的地下文學》一書中張揚案「刑庭研究」記錄，或引自張揚的《一次文字獄》（《藍盾》1986年6月）。《聶紺弩刑事檔案》所錄對聶的「審訊筆錄」、「預審口供」（如該書頁38–42、42–46），亦可作為此類司法文書的樣本。收入《王申酉文集》的《供詞》，乃王應司法機構要求所寫自述。該書另有相關司法檔案的摘錄。《聶元梓回憶錄》錄有起訴書、公訴人發言、辯護律師的辯護詞、刑事判決書和聶本人的上訴書（頁371–455）；《王大賓回憶錄》錄有起訴書、刑事判決書、法庭出示的證據與王本人的辯護（頁186–200）；《戚本禹回憶錄》錄有起訴書、公訴人的發言、律師的辯護詞、刑事判決書（頁716–733）；徐景賢《十年一夢》則錄有徐在最高人民法院特別法庭上的證詞（頁416–423）。黃志雄《知青家長李慶霖》錄有起訴書、刑事判決書（頁448–452、459–460）。儘管均非完整的司法檔案，已足珍貴。不但案情，且司法程序、司法文件，均可資考文革結束之初的司法狀況。[145]蒯大富、王大賓曾就司法不公當庭為自己辯護。王大賓在庭審時說：「起訴書把我這個十六年前跟着黨中央、毛主席在文革初期犯錯誤的紅衛兵頭頭説成是反革命，把黨內路線鬥爭刑事化處理，是適用法律不當。」（《王大賓回憶錄》頁200）[146]劉貫一致信胡耀邦為聶

144　關於毛指示釋放周泉纓，參看《聶元梓回憶錄》頁286。

145　如先由黨委研究決定，再由司法機關出具法律文書（《知青家長李慶霖》頁452、453）。《王大賓回憶錄》署名「史實」所作序，題為《我為王大賓作無罪辯護》，其中涉及「以『反革命罪』指控王大賓適用法律的錯誤」（頁21）。

146　《王大賓回憶錄》以較大篇幅敍述了對其兩次司法審判、並作為定罪的主要依據的文革中奉命將彭德懷從成都揪回北京，意在還原、澄清事實，控訴司法不公（參看該書第三章）。

元梓辯護，說聶的錯誤「是執行毛主席的錯誤指示和黨中央錯誤決定……問題，沒有觸犯刑律，不應以法律來解決」（《聶元梓回憶錄黨代序》，頁5）。聶庭審中的申訴無人駁斥，仍進行了宣判；法庭甚至強行關閉麥克風，強令退庭(同上，頁10)。[147]周一良《畢竟是書生》一書說，「四人幫」倒臺後的「審查」、「批鬥」，對一個「梁效」成員，「未經法庭審判，關進監獄達一年之久」(頁77)。[148]

　　文革後「處遺」中的選擇性執法，重罪輕判(對殺人兇手)與過度執法(對群眾組織頭頭)，對農民工的「收容」(亦變相羈押)，「截訪」中對訪民的羈押，一再見諸媒體；徵地拆遷中對公民住宅的侵犯至今未曾杜絕；超期羈押仍是司法實踐中的頑症痼疾。這裏尚未計及因司法、執法機構的濫權造成的冤案。據說近年來司法改革提速。使憲法賦予的公民權利在司法實踐中得到切實的保障，還有太漫長的路要走。

　　司法文明的程度，獄政的文明程度，是政治文明的重要維度。文革後司法文明的進步儘管緩慢艱難，仍昭昭在人耳目。1979年第五屆全國人民代表大會第二次全體會議通過《中華人民共和國刑法》、《中華人民共和國刑事訴訟法》。[149]《刑事訴訟法》1996、2012年兩度修改。1990年制訂《看守所條例》；2017年出臺《看守

147　《聶元梓回憶錄》說司法審判中不許其自請律師，庭審中不許申辯，被捕後的批鬥中用勒在脖子上的繩子阻止申辯，不待其上訴即作終審判決，獲釋後十四年間無住房、無生活費、無醫療費，直至1998年底才領到生活費，可報銷醫藥費，2004年解決住房問題(參看該書頁360、360–361、355、362、473–474、附錄二頁9–10)。

148　關於文革後「揭、批、查」，以清查「『四人幫』幫派體系」與「三種人」為名的濫刑，參看楊繼繩《天地翻覆》第二九章。據該書，僅河南省即判處2,400多人(頁1023)。其中包括河南省委書記耿起昌。吳法憲、李作鵬、邱會作、李敦白的回憶錄，均涉及了「後文革時期」的司法。

149　據2017年11月7日《法治週末》陳霄所撰文，1997年新刑法頒行20年以來，先後通過了1個單行刑法、9個刑法修正案、13個有關刑法的解釋，刑法條文近三分之一有所變化。

所法(徵求意見稿)》，均可歸入法制不斷完善的過程。倘有此自信，即不但不必諱言上文所述事實，且不妨坦然地以為鏡鑒。

5.5　被援引的憲法

本書其他章節已涉及文革中以至文革前違反《中華人民共和國憲法》的諸種事例。

據《束星北檔案》，「肅反運動」中的束星北，曾在家門上貼出「請勿進門。公民住宅不受侵犯——中國人民共和國憲法第70條」的告示(頁3)。[150]據束的兒子回憶，那年父親被帶走前，手裏不停地搖動着那本憲法(頁4)。時在1955年，1954年憲法頒佈未久。1957年「反右」，束的「家門口和樓梯道仍舊像肅反一樣貼上由他親自書寫的拒客令：……居民住宅受法律保護(中華人民共和國憲法第70條)」(同書，頁163)。如此認真地對待憲法，不但當時、即今天的知識分子中，依然稀有。究竟是束見識超前，或不過自證其迂、不識時務？

據同書，束所在山東大學「反右」前的「鳴放」中，有人批評該校黨委「肅反」中「蔑視憲法」、「侵犯人權」(頁144)。束1957年5月發言的題目，是《用生命維護憲法的尊嚴》。這也是其被劃為「右派」前有影響力的一次發言。束在發言中引用了憲法第八十七條，還引用了憲法中「公民住宅不受侵犯，通信秘密受法律保護」、「中華人民共和國公民的人身自由不受侵犯」等條款，批評「肅反」中的違憲現象(頁148、149)。[151]據同難者回憶，被劃

150　「中華人民共和國公民的住宅不受侵犯」，為1954年《中華人民共和國憲法》第九十條。

151　1954年《中華人民共和國憲法》第八十七條：「中華人民共和國公民有言論、出版、集會、結社、遊行、示威的自由」。「中華人民共和國公民住宅不受侵犯，通信秘密受法律保護」為憲法第九十條；「中華人民共和國公民的人身自由不受侵犯」為第八十九條。

為右派的束星北，一度「仍在宣揚他的法制主張」。束設此一問：「假如黨中央的號召同憲法相悖呢，是聽黨中央的號召，還是遵守憲法呢？」（頁163）到文革爆發，還有誰敢如此發問？

《上海生與死》的作者鄭念記自己文革初期「拿着醒目的《中華人民共和國憲法》」應對闖入者，紅衛兵卻對她說「這本憲法已經廢除了」；鄭說「只有『人民代表大會』有權力修改憲法」，對方卻說：「就算我們廢除它！你能怎樣？」（頁58、59）。鄭念有國外背景。束星北則是曾留學國外的知識分子。

楊奎松《忍不住的「關懷」》寫到1954年公佈《中華人民共和國憲法》草案、組織全民討論時王芸生的精神狀態。其時的王「踔厲風發，全神貫注，始終處於昂奮狀態」；對憲法宣傳，「親自領導擘畫」（頁159）。1957年的知識分子，將「鳴放」作為憲法賦予的公民權利；文革中的「四大」，卻更像最高領袖的一項恩惠。

文革前的「社會主義教育運動」，毛曾在1964年12月28日中央工作會議上，帶去了事先準備的《中國共產黨第八次全國代表大會文件》和《中華人民共和國憲法》，引用憲法第八十五條「中華人民共和國公民在法律上一律平等」，第八十七條「中華人民共和國公民有言論、出版、集會、結社、遊行、示威的自由」（逄先知、金沖及主編《毛澤東傳》第六卷，頁2340–2342），意在向劉少奇叫板。卜偉華《文化大革命的動亂與浩劫》的說法是，那次毛在中央政治局召開的會議上，「曾拿着黨章和憲法，當面敲打劉少奇和鄧小平」；1965年林彪對羅瑞卿「也如法炮製」（頁24）。

十年後文革爆發，這一幕由別人重演，那個人是時任國家主席的劉少奇。陶鐵柱記當時一個國際關係學院的大學生，談到劉少奇當被揪鬥時要求憲法保護，說：「憲法?!他劉少奇10年前堅請主席反右時，想到過憲法嗎？章乃器頂着憲法遊行，要求保障憲法賦予公民的各項權利，卻被關押了幾天，那時他劉少奇想到過憲法嗎？噢，現在輪到自己頭上了，他才想到了憲法——太晚了！」

（《「聯動」與共產主義小組》，《1966：我們那一代的回憶》頁
63）憲法究竟是「根本大法」，還是必要時才請出的一尊神？

　　1966年8月4日中央政治局常委擴大會議上，毛說：「在無產階
級專政條件下，也容許群眾請願、示威遊行和告狀。而且言論、
集會、結社、出版自由，是寫在憲法上的。」（卜偉華《文化大革
命的動亂與浩劫》頁191）儘管前此從未兌現。至今也未見兌現。同
年上海「安亭事件」後，毛在11月16日的中央政治局會議上拿出憲
法，念了其中關於「結社自由」一段，説上海「工總司」符合憲法
（參看陳東林主編《1966–1976年中國國民經濟概況》頁57）。[152]

　　憲法不止被高層人士用作手中的一張牌。王學泰因言獲罪，曾
向預審員提到憲法有保護「言論自由」的條款，對方回答：「《憲
法》是保護人民的言論自由的。你是階級敵人，當然不保護你的自
由。」（《監獄瑣記》頁41）也是當時的標準答案。文革初期較早起
來造反的中學生，也有人用憲法伸張自己「言論自由」的權利（李
冬民《幾度風雨幾度秋》，《回憶與反思》頁168）。北京四中學生
趙京興在監禁中「引用了憲法和毛主席《關於正確處理人民內部矛
盾的問題》」為自己辯護，引起警方震怒（《我的閱讀與思考》，
《暴風雨的記憶》頁298）。到此時對憲法保有信任的，或更是不諳
世事的中學生。普通公民尤其底層民眾甚至未必知曉有所謂「憲法
賦予的權利」。文革後至今，當年的少年也已老於世故，不會再作
此無益之舉了吧。

　　「反右」前的「鳴放」，或許是中共建政後知識人較密集地關
於憲法發聲的時期。過此即無人敢於發表下述言論。1957年毛在有
關講話的基礎上，經反復修改而成《關於正確處理人民內部矛盾的
問題》一文。文中說：「我們的憲法規定：中華人民共和國公民
有言論、出版、集會、結社、遊行、示威、宗教信仰等等自由。」

---

152 羅德里克·麥克法夸爾、沈邁克《毛澤東最後的革命》的有關記述，與上引文
　　字略有出入。該書寫1966年11月4日，毛在政治局常委會上「根據中華人民共
　　和國憲法談到了公民的結社權利」（中譯本，頁156）。

(《毛澤東選集》第五卷，頁366)該文當年6月19日在《人民日報》上發表。同年「反右」前夕的北大學潮，強烈要求兌現憲法許諾的民主權利(沈志華《從知識分子會議到反右派運動》585)。武漢大學學生喊出了「維護民主，維護人權，維護社會主義法制，維護憲法所給予人們的權利」(同書，頁589)。「鳴放」者徑說「建國八年至今，民主空有其名……憲法上賦予人民的一切民主權利，概無保障」(同上)。同一時期黨外人士一再援引憲法作制度批評，如曰「准不准許說不對的話，是對任何民主憲法的嚴重考驗」(蕭乾)；曰「要進一步建立民主法制秩序，我們第一便須重視憲法，奉行憲法。憲法是國家的根本大法，應該被認為神聖不可侵犯」(王造時)；曰「黨制定政策，應在憲法範圍之內」(譚惕吾)；甚至有人說：「肅反是一次有組織有領導的大規模的違反憲法的運動。」冰心也認為「肅反」中的許多做法違反憲法(參看同書頁572、573、549、581)。似乎非黨人士較之黨內對憲法更較真。

1956年應毛之約提意見，李慎之說，資產階級的民主理論，有很多我們是承認的，包括憲法，但實際上未承認；「我們對思想作風犯錯誤處分重，而對違反憲法則不重視」(《李慎之的私人卷宗》，頁249)。至今不依然如此？1957年3月毛《關於加強學校思想政治工作問題給周恩來等的信》，要求「恢復中學方面的政治課，取消憲治〈法〉課」(《建國以來毛澤東文稿》第六冊，頁398)。大中學校的政治課開設至今，而被取消的憲法課未聞恢復。

即使在文革「大民主」的短暫時間裏，也不大能聽到與「違憲」有關的批評。與其說因了禁忌，不如說更因對憲法不在意。民眾不能由經驗體認憲法，即視憲法為一紙空文。文革結束之初的民主運動中論者對憲法的援引，參看蕭冬連《從撥亂反正到改革開放》頁44。事後看去，不過話題而已。「憲政」敏感依舊。本節開頭提到束星北的「用生命維護憲法的尊嚴」。今天如束這樣將憲法當真的，尚有幾人？

　　文革中宋慶齡致信中共中央，問「現在憲法還有效嗎」（尚明軒、唐寶林《宋慶齡傳》頁514）？若宋氏猶在，仍然會一再如此發問的吧。

第六章

公域與私域

　　公/私屬倫理學的重要範疇，本章涉及的，只是有限視野中的公私。文革前的中國，「公共」往往作為「國有」的另一種説法，如「公共財物」。既有公權力對私人空間的隨意進入，也就沒有與「公域」對舉的嚴格意義上的「私欲」。1950–70年代的語境中，公/私，「公」乃居上位的。政治、公權力對私域的干預具有正當性，尤其借諸「革命」、「階級鬥爭」一類名義。現代西方的「公共」概念，即如「公共的政治領域」/「公共的非政治領域」，「公共的權力領域」/「公共的非權力領域」等，我們至今仍感陌生。

6.1　私人信件與日記

　　1954年《中華人民共和國憲法》第九十條：「中華人民共和國公民……通信秘密受法律的保護。」政治運動中，此條即遭廢棄。追究私人交往，以私人交往甚至家人父子間的言談為罪案，偵伺目標人物私人空間中的言動，以僅在私人圈子中流佈、未公開發表的文字(如聶紺弩的舊體詩)入罪，非自文革始。因本書其他章節另有討論，本節不擬重複。

　　古代中國發展出了複雜、多層次的公/私論述。古代知識人於此有細緻的辨析。宋元以降，對於「私」、「己」的壓抑，經由理學一脈得到了強化，克、治「己」、「私」被作為了進德修業的前提。更經由教化，由士林而滲透到民間社會。儘管始終有與之對抗的思想力量，卻終不能成為主流。當代政治中的「公/私」議題，

承此一脈，而將問題愈加簡化：公即國家、集體，私即家庭、個人。兩項對立，輕重顯然。這種公私二分，鼓勵了對「私域」的粗暴對待；一旦壓力解除，又不難於堤防潰決，引發強力反彈，既經形成的倫理觀念中的合理部分一併受到衝擊。

　　早年參加革命的李新，回憶鄧小平領導北方局整風期間，曾將幹部集合，令大家脫下衣服搜查，並翻查宿舍中的私人物品，以至「所有的『隱私』都曝光」；拿走書信、稿件，片紙不留，作為「審查思想和行為的材料」；拿走的甚至有家人、朋友、愛人的照片。他由別人那裏得知的1943年整風審幹中搜查女同志的情況，「駭人聽聞，無法形諸筆墨」（《流逝的歲月：李新回憶錄》頁193–194）。這種做法當時一定被視為正常。《何方自述》也談到了延安「搶救運動」中沒收包括日記在內的私人物品（頁85）。至於李新、何方本人的「隱私」概念，未知是否事後才逐漸明確：當私域被闖入之際，或許只有本能的抵觸，卻沒有表達那種不快、不適的方式。

　　我在一本關於城市規劃設計的書中，讀到了如下有關「隱私」的說法：「窗戶裏的隱私是世上能夠得到的最簡單的商品。你只要把窗簾放下來或調整百葉窗就行了。但是，將你的個人隱私限制在你自己選擇的瞭解你的人之間，並對誰能佔用你的時間以及在什麼時候佔用做出合理控制，這樣的隱私在這個世界的大部分地區是很稀有的商品，和窗戶的朝向毫無關係。」[1]我們這裏至今仍然屬作者所說的「這個世界的大部分地區」。而在上個世紀五六十年代，不但居住條件（即如集體宿舍、沒有家用衛生間的胡同大雜院、多家共用廚房的筒子樓等），而且社會環境，都不提供容納——更無論「尊重」——隱私的空間。

　　那個年代鼓勵「向黨交心」。倘若僅限於組織成員交待其個人

1　〔加〕簡‧雅各布斯(Jane Jacobs)《美國大城市的死與生》中譯本，頁51–52，
　　南京：譯林出版社，2006。

歷史，自然有政治方面的必要性。而不屬上述意義上的「交心」要求，則顯然不承認「內心世界」的私屬性質。且「向黨」、「向組織」，即向黨、組織中的特定個人；這些個人不被認為有公開其內心生活的義務。他們被假定為人格化的「組織」，不再只是其個人。文革前夕更有所謂的「亮私不怕醜，鬥私不怕疼」。在接下來的運動中，搜檢甚至將日記、私人信件示眾更被常態化。將私人書寫作為「自供狀」，羅織成罪，到處皆然。在公眾的「圍觀」下，私域蕩然無存。

　　在知識人，「歷史問題」外，通常由言論肇禍，包括未曾「散佈」的言論。文革中相當數量的「現行反革命」，即此「思想犯」。對於思想、言論是否傳佈、散播及散播範圍不作區分，凡「白紙黑字」，即被認為「鐵證如山」，包括了家書、情書。[2]當然，日記、私人信件確也方便了文革中各級「專案組」的搜證。相信緣私人的日記書信，更有可能進入其人的「內心世界」——與學術研究的思路相近，動機、目的卻不同。更大的不同自然在，前者所用，是公開刊印或被(本人、繼承人)授權使用的日記書信。

日記

　　日記一體，古已有之。運用此體者為其設定的功能互有不同。或錄以備忘，類似記事簿甚至流水賬簿；或既記事亦描述生活情境，以便日後回味；或近乎獨語，用於感情的發抒，緩解心理壓力；或專記治學心得，不過是逐日書寫的札記。理學興起，有所謂的修身日記，用於自省，亦可供同道傳閱以互規——明末嚴於修省的士人中，即有此種風氣。1960年代提倡的《雷鋒日記》、《王杰日記》，功能庶幾近之。至於知識分子的「思想改造日記」，不

2　吳宓於「清理階級隊伍」、「一打三反」運動中均被打成「現行反革命分子」。1971年西南師範學院革委會上報中共萬縣地委，擬給吳正式戴帽定為現行反革命分子(《吳宓日記續編》第十冊，頁570)，所依據的，也非其公開發表的言論，而是日記等。

同於晚明士人的修身日記，後者更出自自願、主動，儘管也不免於
「時風眾勢」的誘導。[3]

　　「私密」作為一個中性的概念，似乎是晚近的事，此前常令人
有與晦黯、曖昧等等有關的聯想。古人所謂「不欺暗室」，被認為
正派人應當具備的私德；至於無不可對人言，則用以自證其襟懷
坦白，心地光明。上面提到的功能各異的日記，其有沒有「私密
性」，視書寫者的功能設定。作為一種著述形式，收入文集的日
記，或許當書寫之時就準備了日後或身後的刊印。但我相信一定也
有作為「私人書寫」的日記，無論生前、身後均不欲公之於眾。

　　1954年《中華人民共和國憲法》第九十條，有「中華人民共
和國公民的住宅不受侵犯，通信秘密受法律的保護」等內容（《建
國以來重要文獻選編》第五冊，頁540）。你先要被承認為「公
民」——在階級鬥爭的語境中，更經常使用的，是「人民」（人民
/敵人）——方可援引上述條款維護自己的權利。更可能的是，你的
住宅、通信秘密受到侵犯在前，而被指為不屬「公民」（尤其「人
民」）在後。事實上，上述條款即使在文革前，即不具備應有的效
力。通信秘密的不受保護，文革前的政治運動中已然，文革不過更
甚、更肆無忌憚而已。

　　據說文革初期工作組期間，有人將梁思成日記抄成大字報張
貼，「其中有兩句自責的話：『我有兩個缺點，一個是好逸惡勞，
二是愛玩女人』」，劉少奇深夜到清華看大字報，說：「梁思成跟
他父親一樣的壞！」（楊繼繩《從清華大學看文革》，孫怒濤《良
知的拷問——一個清華文革頭頭的心路歷程·序》，頁4）這種「公
示」無異於羞辱。

　　1969年年底，吳宓在致南京大學教授郭斌龢而被工宣隊由郵

3　據寓真《聶紺弩刑事檔案》，文革中的監獄，亦要求人犯（未知是否限於政治
　　犯、思想犯）寫「改造日記」（參看該書頁19–20）。凡此，用吳宓的話說，均為
　　供「檢閱」的日記，與「私人書寫」無關。馮亦代的《悔餘日錄》，即馮的
　　「改造日記」。這種日記是可供「檢閱」的。

局截留追回的信中，說1966年9月2日紅衛兵對自己的搜查，僅取去
《吳宓詩集》、《學衡》雜誌、《大公報·文學副刊》，「此外，
全不問，不看，不取」，態度「殊文雅」；1968年6月，監管人員
即「逼令」交出全部日記，對其批判則錄取日記之數語，「不顧
時代，無限『上綱』，深文入罪」，判其為「歷史兼現行反革命分
子」（《吳宓書信集》頁424、425、426）。

　　吳宓一再痛悔將1949、1950年的日記托人秘藏，而其人竟因
懼禍而焚毀，[4]說「此二冊日記，其中記敘宓由武漢飛渝在此度過
解放，並1950父初病至病增，以迄臨沒及沒後諸事，實最驚心動
魄，天翻地覆之情景，附有宓作之詩及諸知友之詩詞甚多且佳，日
記外無存稿，至為可惜。若不交托陳老而秘藏之，及今日記存而宓
亦無禍，悔之晚矣！」（《吳宓日記續編》第八冊，頁39）對此耿耿
於懷，痛心不已。於今看來，吳氏這兩年日記的被焚毀，不惟於他
本人是一大損失。到了文革，當着所有寫有文字的紙片均會被隨時
搜去，他想到的，卻仍然是托人「秘藏」，不自量力地與搜檢者玩
貓鼠遊戲。1971年3月23日，記其命侄某將自己前此及今後所得之
日記及年譜珍存，其侄擬「藏置於廁所、廚房間之空壁中（《吳宓
日記續編》第九冊，頁228）。吳則將此秘密也寫入了日記。吳宓的
無城府，確也到了害人害己、可笑可憫的地步。

　　已出版的吳宓日記、書信集，為我們講述了一個備極曲折、充
滿懸念的關於日記、私人信件的故事。為逃文網，自1949年始，吳
即大費周章，文革中更四處藏匿，用心良苦。以他的迂，以他的拙
於應世，凡用心機，必致「欲蓋彌彰」，弄巧成拙，卻也更見出
其處境之絕望，無計可施的無奈。回頭看他寫於1950年代初的詩句
「率土王臣悔西來」（《再疊前韻酬月波見懷》，《吳宓書信集》
頁314），不能不歎其自謀之不臧。

　　以日記賈禍，吳宓、顧頡剛都是例子。除被紅衛兵所抄或被家

4　參看其1966年8月14日日記，《吳宓日記續編》第七冊，頁520。

人所毀，吳、顧文革期間的日記保存仍相對完整，又賴有積習的頑強。來新夏說自己的十幾本日記到了專案組手裏，即成了「確鑿可據的罪證」，方便了「按圖索驥」，追查所記每一件事，所交往的人，不但自個兒「困擾煩惱」，且累及他人，即發誓不再寫日記（《我與日記的因緣》，《讀書》雜誌2011年12期，頁59）。但據來氏同文，固然有寫了幾十年日記至此而輟筆者，卻也有人如鄭天挺先生，「原有的被抄走，新的還在寫」，只是改變了寫的方式（同上）——吳宓那樣連寫的方式也難改換的，畢竟更在少數。也可證「由舊社會過來」的老知識分子，確也有難以改造者，其可貴也在此。

儘管1968年上半年的日記闕如，顧頡剛1967年12月奉命交出日記的後果，仍然不難由他此後的「認罪書」中得知。回頭看顧氏交出日記時的坦然，實在天真。顧氏以史學大家，顯然忽略了歷來文字獄鍛煉周納的那一套手段。尋章摘句，曲解引申，在文革期間登峰造極。顧氏自以為謹慎，實不長於防範，又好議論，「罪行」必至「纍纍」。他的日記經了「革命群眾」的剪輯拼貼，直使他本人也認不出自己。[5]

知所避忌，其實並不需要怎樣的聰明。經歷過此前的政治運動者，大多獲得了這一方面的教訓。顧準幹校期間的日記，所記多半是所參與的勞動與生理反應，「私密性」的內容僅與亡妻有關。借用吳宓的說法，這種日記是可供「檢閱」的。僅據此瞭解顧準當時的「思想狀況」，顯然遠遠不夠。收入《顧準日記》中的有些文字，甚至不是嚴格意義上的日記，而是筆記、札記，關於經濟，關於國際形勢等等。在資訊極端匱乏的條件下思考經濟問題，做種種預測、展望，確是書生本色，讀之毋寧說令人悽然。也稍稍涉及自己的精神狀態。如1970年在幹校，幾次寫到自己處於「無思慮狀態」（頁209）；可見在顧，此種狀態之稀有。1971年某

5　據其女兒顧潮為《顧頡剛日記》所寫《前言》，專案組取去顧氏日記後，從中搜出「罪行」有兩大冊油印本。這種供批判用的材料，自然是向「革命群眾」公開的。

日，記因與別人交往而受批評指摘，「於是，和人的交往只好愈來愈少」，「參考(按應指《參考消息》)不准看，思想不活躍」，失眠，「『孤老頭子』的淒涼感觸愈來愈深，懷念孩子，懷念死去的采秀(按即顧妻汪璧)。手頭可讀的書少，今後一個長時期還不知幹什麼好。」「如果缺乏耐心，只有一條出路——不等了」；卻又鼓勵自己等，鼓勵自己堅毅(頁282)。上述日記、筆記並非「思想彙報」，只不過在嚴苛的他律下不能不自律，如上的內容只是間或一見而已。

張光年的幹校日記，極力掩飾其負面情緒，對於自己的委屈、不快、思想波動，點到為止。如說想到1968年下半年以來的「一些令人十分不愉快的問題」，無法平靜，「有時霍然披衣坐起來」(《向陽日記》頁76–77)。這部日記的有趣之處，也在有限的私人性內容，真情流露，或偶爾失控。

經人整理的《夏鼐日記》，文革爆發後內容趨簡，尤其1966年9–12月。是年8月25日的日記後注：當晚考古所來人抄家，日記被抄，至1973年3月28日發還(《夏鼐日記 1964–1975》第七卷，頁238)。1967年日記僅有兩則，日記後有1973年3月29日「補記」：在「牛棚」中「工作日記及筆記本」又被查抄，「這日記便完全中斷了」(同書，頁244)。

文革中「日記的故事」，較之吳宓、顧頡剛慘痛的，大有其人。上海師範大學(今華東師範大學)學生王申酉被學生幹部告發的「反動日記」，遇羅克交其妹藏匿後被搜出的日記，均被作為「呈堂證供」。遇、王分別於文革中及文革結束後以「現行反革命罪」處決。[6]

6　關於王申酉，參看上一章。遇羅克兩度因日記而招禍，參看王晨、張天來《劃破夜幕的隕星》，收入《歷史在這裏沉思：1966–1976年記實》第五卷。被監禁達十一年的武漢青年魯禮安，其日記也被列為罪證(《仰天長嘯——一個單監十一年的紅衛兵獄中籲天錄》頁247)。楊曦光《牛鬼蛇神錄》一書中則有文革前因日記而被判刑的例子(頁171)。據王學泰《監獄瑣記》，甚至有部長級幹部因日記中有「違礙」的內容，以「現行反革命罪」被判刑(頁120–121)。

　　甚至文革前，一個中學生也會因「個人日記暴露」而遭到「嚴厲批判」(李寶臣《往事豈堪容易想》，《暴風雨的記憶》頁238)。《動盪的青春——紅色大院的女兒們》的作者之一葉維麗日記的故事，發生在文革中(參看該書頁200)。葉寫到當自己收到退還的日記，發現「它不知被多少陌生人翻閱過，上面有髒兮兮的手印，還有劃的紅線和夾的紙片」，她有被「強暴」了的感覺，甚至在心裏用了「強姦」這個詞(同書，頁201)。要有相當的文學修養，才能想到「強暴」、「強姦」，將那種被侵犯的生理反應表達出來。

　　既然沒有不受侵犯的「私域」，阻擋進入的最可靠的辦法，即《莊子》式的策略，不記日記，信件無不可公之於眾。即便如此，也未必能逃避曲解，深文周納，無中生有。

　　日記既為禍端，文革後不少人戒了此種「不良習慣」，終生不再記日記。陳家琪記自己文革中燒掉部分日記和大字報底稿、傳單，「因為真的有些怕了」(《執着與迷惘——作為一種個人思想與情感經歷的文化大革命》，《1966：我們那一代的回憶》頁308)。燒，是雖古老卻有效的清除手段——比之於「高科技時代」的電子產品。采羅則將日記撕碎了用微火燉，「為避免紙張的味道，還在鍋裏加了各種調料，同時也另外燉了些香味撲鼻的食物」(《燉日記的味道》，《那個年代中的我們》頁279)。

　　崔道怡說，文革伊始，自己便燒毀了全部日記，「並且此後不敢再寫日記」(《回憶在咸寧「五七幹校」的日子》，郭德宏等編《我與「五七幹校」》頁264)。張抗抗19歲那年被抄走日記，「就是在那一年，我從小學三年級開始，已經堅持了10年之久的寫日記的習慣，被我自己徹底放棄。」(《遺失的日記》，《那個年代中的我們》頁629)

私人信件

既然不承認有不可侵入的「私域」、不可窺視以至公然搜檢的「私人」，「私人信件」這一說法到了文革初期，已像是不再適用。

由「私人信件」引發一場政治運動，「胡風反革命集團」一案最是著例。這場運動的其他效應不論，使「私人信件」的危險性廣為人知，是無疑的。[7]文革前文藝界的批判運動中，劉白羽就曾將郭小川寫給他個人的信件交付打印，「供同志們在批判郭小川同志時參考」（《檢討書——詩人郭小川在政治運動中的另類文字》頁8）。文革因局勢部分失控，對私人信件的搜檢，到了肆無忌憚的地步。趙一凡等人的所謂「第四國際反革命集團案」的破獲，就得力於「郵檢」。「拆開一個人的信，根據其內容再拆另一個人的信，不斷擴大『偵察』面，最後擴大到全國範圍」（楊健《文化大革命中的地下文學》，頁297）。就這樣被「拆」成了「反革命」的，大有其人。[8]

某些地方郵政部門全無職業操守。對於吳宓，當地郵局與其所在單位配合，截留其信件，是公然的。[9]吳宓為逃此厄煞費苦心的

7　胡風三十萬言長文《關於解放以來的文藝實踐情況的報告》及與舒蕪間的私人信件引爆「胡風反革命集團」大案。1959年廬山會議，毛將彭德懷給他的信，以《彭德懷同志的意見書》的形式公諸於眾，亦黨內鬥爭以「私人信件」發難的例子。直至1971年8至9月，毛《在外地巡視期間同沿途各地負責人談話紀要》中，還說彭「寫了一封信，公開下戰書，想奪權」（《建國以來毛澤東文稿》第十三冊，頁244）。對於上述中國當代史上最著名的「文字獄」，當時的人們卻未能由公/私的角度質疑其正當性。

8　徐曉主編的《民間書信》即有適例。該書頁30–31附錄的《一封充滿階級仇恨的書信》，開篇即說：「1966年12月初，我分部一位同學拆開了我校教師、大房主、反動官僚、反革命分子的後代肖振綱的母親給肖振綱的一封信，這位同學看完此信後感覺這封信的味道很不對頭……」限於體例，該書未講述有關的故事，未知「後事如何」；但上述指控已令你不難想見那位教師與其母親難以逃脫的厄運。

9　政治運動中為搜證而扣、拆私人信件，應由來已久。馮亦代「反右」前的「鳴放」，即談到「肅反」中信件被人事科扣留、私拆（《我的鳴放——在黨總支召開的民主黨派座談會上的發言》，《悔餘日錄》頁9）。當時或已是通行做法。

種種安排(甚至設計的聯絡方式有如「地下工作者」),用了其時大批判中常引的古語,不過「可憐無補費精神」。更其荒誕的是,在其對策被識破、信件被拆、檢之後,吳宓被告知可以繼續通信。某工宣隊員對他說,凡他所寫出的信,已被全部截留、追回而拆閱、沒收,卻又說:「你盡可隨意、自由,和一切親友通信」(《致吳學淑、吳學文、陳心一》,《吳宓書信集》頁429。着重號為原文所有,下同),在後人看來近於戲弄,非但荒誕而且滑稽。慣於在書信中吐露真情的吳宓,至此才真的陷入了重圍。

吳宓的不安全感不自文革始。他在1964年10月寫給友人的信中就曾叮囑:「為避免無識者之誤會及查問,與任何親友通信,在寫信時,即應當作(假定)此信將要登本地日報,或將在學習小組會上讀出」(《致金月波》,《吳宓書信集》頁339);叮囑友人來信「不必多着議論」(《致金月波》,同書頁346)。文革前的日記中也記有,自己所寫「私人信件,皆假定其將被取去登報公佈」;「與張談話,則假定王、李、趙等皆在座參加」,庶幾避禍(1964年7月7日,《吳宓日記續編》第六冊,頁267)。他自說喜寫明信片,也出自此種計慮:主動公開,以示無他,同時規範了自己的書寫。[10]其人雖迂執,並非全不通世故,只不過在「群眾運動」的天羅地網中,其自以為周嚴的安排,在在顯出顢頇笨拙而已。對私人

<hr>

發言中馮質問「領導上知道不知道中華人民共和國還有一個憲法」(同上)。「領導上」很可能確實未曾想到有所謂的憲法,更無論相關條款;即使知道,也不認為其有約束力。文革中上海復旦大學的「胡守鈞反革命小集團」案,定案的根據也包括了日記與私人信件(參看李遜《上海文革運動史稿》頁1201、1202)。

10　吳宓的郵件遭西南師範學院中文系「檢閱」,「文革」前即已發生(參見《吳宓書信集》頁315、325–326、341。另見吳1964年11月25日、12月15日日記)。1964年「社會主義教育運動」(簡稱「社教運動」)中,他所作會議記錄,也一再被工作隊索要。吳的苦心防範,另見其1969年12月致郭斌龢一札(《吳宓書信集》頁422)。書信集關於此札的註釋說,此札「付郵後為工人毛澤東思想宣傳隊從郵局截留追回,收存於作者專案組檔案中。1979年夏,作者冤案平反,落實政策時,此信歸還家屬。收信人始終未曾收見此信」(同上)。

空間的侵犯，儘管文革中絕不罕見，西南師範學院截留吳宓信件的做法仍駭人聽聞。對於吳宓，這不能不是持續的精神折磨。

　　令顧頡剛痛心不已的，是面臨抄家，其妻、女將其視為「生命史中重要史料」的大量信件、部分文稿、「一生所照相片，及與予生活有關之照片」燒去(《顧頡剛日記》第十卷，頁516)。這一把火「燒至三天方盡」。顧氏一說：「炎炎烈火，使我心痛。」(同書，頁569-570)再說：「火光熊熊，使予心痛」(頁573)。還說，自己「一生所得他人信札，均不廢棄，仿機關檔案例保存」；因「破四舊」，其妻力勸毀之，自己則「不忍盡燒」，想保留一點論學者(或即指王國維、錢玄同等人信札)，為此而與妻爭吵，抱怨其妻「何其忍也」(頁568-569)，可證其史學家職業習慣的頑強。至此，顧頡剛不但所寫「交代」、且私人信件亦由其妻把關。1966年11月15日記其致某人信中寫「父祖餘蔭早已不堪承襲」，其妻囑將「餘蔭」改為「餘孽」(同書，頁562)。

　　沈從文於1969年被宣佈「解放」，單位發還的材料卻「並未包含歷次查抄時被沒收的私人書信」。沈被告知，未發還的材料將由單位「代為消毒」(《沈從文家書》頁470註1)。張光年因屬「中央專案組」審查對象，即使到了幹校，也被命「收發信件經過政工組審閱」(《向陽日記——詩人幹校蒙難紀實》頁3)。由日記看，此後他即主動地要求審閱。這種情況下，即使對妻「非常非常想念」與「感激」，也「採取了極其含蓄的表達方式」(同書，頁77)。直至1972年5月，家信不再被拆閱，張才在日記中表示，他「對取締通信自由是有意見的」，只是「作為紀律遵守」(同書，頁89)。當月14日，日記中寫「兩年來第一次自己封信投郵」(同頁)，以示鄭重。[11]

11　《向黨認罪實錄——李慎之的私人卷宗》，有《交代我在家信中暴露出的問題》(1969年2月10日)。不知家信的事因何而起，緣何落入「革命群眾」之手。在追逼下，李只能說自己苦於記憶不清，「實在無法回憶交代」、「無法作具體的自我揭發」(頁1130、1131)。

　　上一章已寫到因私人信件獲罪、終罹極刑的贛州的女青年李九蓮。王申酉的厄運由日記始，因私人信件而獲罪——甚至尚未寫完發出的給女友的信件。王在1976年9月被收押，於「四人幫」倒臺後的11月，應辦案人員要求根據記憶將寫給女友的情書重寫，被作為《供詞》。《供詞》提到了彭德懷只是「通過正常途徑寫信給中央」（《供詞》，《王申酉文集》頁59）；王本人亦屬「正常途徑」。所謂《供詞》，更像是向司法人員「傾談」，既未發表亦未擴散，卻被作為了定罪量刑的根據，可謂司法史上的奇聞。王申酉向司法當局説：自己的「思想面貌已完全坦露給政府了，可以説五臟六腑都坦露了」（《報告(幾點請求)》，同書頁125）。事後看，那實在是一個過於純正的年輕人致命的誠實與坦白。

　　《顧準文集》陳敏之序，寫到1930年代顧從事中共的地下工作，其母不止一次參與「毀滅『罪證』」；「為了燒毀文件，把一口大鐵鍋都燒裂了」。文革中幫兒子「毀掉『罪證』」，改用「水浸法」，「即把紙張放在水中浸透、揉爛」，用抽水馬桶沖掉，卻因抽水馬桶堵塞而「敗露」（《顧準文集》陳敏之序，頁6）。寫於文革前的顧的文字，因此而幾於片紙無存。

　　顧準生命的最後兩年(1972年10月–1974年10月)有思想的噴發。這期間他的日記極簡(或僅有「同上」字樣)，或許也因他在這期間的思考，在書信、筆記中展開了。顧準與其弟陳敏之1973至1974年間的通信彙集成書，即《從理想主義到經驗主義》。陳敏之説，那期間「兩地之間的通訊，一直到他去世為止，沒有間隔過，其熱烈的程度簡直就像一對正在熱戀中的戀人。似乎有一種默契，彼此收到信以後，都毫無耽擱地立即作覆。有些筆記，就是信函，不過內容是學術討論；有些筆記，一二萬字或甚至更長，幾天之內就寄來了。……筆記，冒了一點風險幸而保存了下來；信，則全部毀掉了」（《從理想主義到經驗主義》陳敏之序，《顧準文集》頁228–229）。如此一來，不止可能的「私密性」內容，而且其他較

理論思考更個人性的敘述，通信者之間的情感交流，都「毀掉」了。可知即使到了文革後期，保存私人信件仍有風險，對此私域的侵犯仍隨時可能。陳敏之另在《顧準生平與學術思想》一文中說：「因為是在兄弟之間的通信中討論民主問題，問題雖然是非常敏感的，但討論卻是放言無憚、無所顧忌的。因此問題也討論得比較深、比較徹底。」（《顧準日記》附錄，頁366）能在信件中「放言無憚、無所顧忌」地討論「非常敏感」的民主問題，又證明了社會氛圍較文革初期確有不同。

楊絳在文革後的隨筆中，一再寫到與私信有關的戒懼。《丙午丁未年紀事》寫為毀掉與妹妹楊必間的信件而煞費苦心（該篇收入《楊絳全集》第二卷）。這種戒備甚至不始於文革。最令其心痛的，是因無處存放，不得不燒毀1958年下鄉期間錢鍾書的來信。那是錢「一輩子寫得最好的情書」（《第一次下鄉》，《楊絳全集》第三卷）。

縱有上文所述種種，對文革期間的有關面向，依然不宜想像過度。《沈從文家書》即可證正常的書信往來仍在繼續，並非均如吳宓的被截留。人的命運為各種因素左右，其中就包括了所在地區（以至街區），所屬單位，等等。沈從文卻並未放鬆警覺，1968年3月的家書中要兒子「處理一下」自己寫給他的信，「免得反而在另外一時引起是非」（見該書頁440）。直至1972年，他對托人轉交寫給巴金的信仍心存顧忌，以至其妻也說沈對於有些事「顧慮害怕得出奇」（《張兆和致沈從文》，同書頁540）。行世的家書中被他本人塗抹的字句，也可作為心理緊張之一證。

不妨相信實時、寫在所謂「現場」的書信多有存留。監控、拆檢畢竟是針對目標人物的，而且集中發生在特定時段。海南的《天涯》雜誌曾設「民間語文」一欄，收入其中的，就有文革中時式的書信。即使今天的知識人，或許也要重讀當年的文字，才能記起曾經如何表述——且限於變化幅度相對較小的書面形式。至於口語，

則部分地保存在了小説等文類中。書信這種在當時不同程度地格式化了的文體，無疑是我們所能據以檢索當年使用的「語言材料」、流行的修辭方式以至文風的重要依據。

　　徐曉主編的《民間書信》，除幾封長輩的家書，其他多為徐的同代人——文革時期的中學生——的來往信件。「民間」固然，還不夠「草根」。也如其時有示範性的「革命日記」，也有可供觀摩的「革命家書」。收入該書的嚴文井寫給插隊的女兒的信，可資考家書「私人性」的限度。該信的大部分內容與官方宣傳口徑一致，只是一再提到擔心女兒「犯錯誤」、「走錯誤道路」（《民間書信》頁130–131）。由信中看，所謂「犯錯誤」，指女兒希望離開農村參軍——亦當時知青中的普遍心態，儘管只有少數有背景者才能如願。嚴給女兒的另一封信，則説自己心裏想的比信上寫的「要多得多」，只不過「邊想就邊自我批判，因而就沒有暴露那些活思想」罷了。寫出來的雖不甜蜜，卻不會「害」自己的兒女（同書，頁134）。「戒慎恐懼」，怕的不是「上帝臨汝」，而是他人窺探。該信還說「希望小資產階級的溫情(是害人的東西)從此少一些，我們父女為革命都變得更剛強一些」（同上），也在當時的風氣中。由收入同書的嚴文井此後的信件看，嚴的女兒在農村三年多後「招工」（電訊局）。

　　家書的「政治正確」與少「私密性」，是革命時期較為普遍的現象。收入《民間書信》的一篇家書，稱其母親為「同志」（頁14）。在寫信者，「同志」關係較之母女關係或是更優先或曰「上位」的。由該信看，「同志」不止於稱謂，也是書寫的態度(即「同志式」的態度)。其時的「私人書信」，往往用了流行文體，甚至像是寫給「組織」的「決心書」，面對群眾的「表態」。頑梗如吳宓者，竟然也習得了某些流行表述(參看《吳宓書信集》1971年《致金月波》，該書頁345–346)。收入《民間書信》的情書，則可資考「革命時期的愛情」。情書也彌散着「革命氣息」，不乏

「勵志」的內容。甚至在「命運不公」的怨艾中，仍夾雜了豪言壯語。而且你會發現，情書裏戀愛中的男女都率性，性別特徵不顯明(如女孩子不發嗲)。「革命時期」的書信與平世的不同，還在抄錄「馬克思主義經典作家」的言論，摘抄「偉大領袖」語錄。這裏也有私人書信的公共化，卻又未見得是門面話，有可能真的不但抄錄，而且篤信。由此亦可考其時社會生活政治化的程度。

　　收入徐編該書的一些信件，討論有關「事業」、「道路」、「方向」、「世界觀」的宏大主題，在寫信、收信雙方，有十足的嚴肅。這裏有文革中一部分青年精神生活的嚴肅(以至莊嚴)的一面。當時的北島(趙振開)在信中與人討論「信仰」問題，批評對方沉醉於由「崇高的理想」、「信仰」帶來的有所皈依的滿足感、幸福感，沒有細看腳下「信仰的基石是什麼石頭的，它的特性和它的結實的程度」，因而失去了「懷疑精神」(《民間書信》頁162，1972年2月)，可資考北島的思想軌跡。李南在信中提到「心靈的死亡」、「理想的死亡」，卻還在為「社會主義陣營」的「變修」求解(頁318–321)。這種討論問題、交流思想的習慣──包括經由書信──1980年代仍有延續，也是那段歷史生活中令人懷念的方面。

　　據我的經驗，上述「公共性」，未必都適於以有關「私密」的禁忌解釋。羞於、恥於「曖昧」，骨子裏未見得沒有「無不可告人」的那一種「傳統文化」作為根柢。「無不可告人」，即可將最私密的「思想感情」以至「念頭」公之於眾。當然傳統儒學中人以此為個人道德修養所應達致的境界，卻非作為普遍施之於人的道德律令。楊絳的小說《洗澡》所寫的，卻是那種使你不得不當眾公佈「私密」的幾於不可抗的壓力。

　　儘管也如日記，古來就有作為「著述」形式的書信，亦文章之一體。生前身後收入士人文集中的，部分即屬此種。當然也一定有確係「私密」的文字，暗中流傳，只是我們無緣得見罷了。即使事先準備了刊佈的書信，與預先想到有可能面對「審查」的當代書

信，書寫時的狀態也肯定不同。也因此文革期間——或擴展時段為1950–70年代——的書信特具研究價值，其中大有中國源遠流長的「書牘文化」的奇葩。古代中國人，積累了「曲筆」、「隱語」之類豐富的修辭手法，或為應對政治險境，或防窺視，或不過用於表達難言之隱。在文革這樣文化匱乏、年輕人的教育普遍缺失的條件下，也自有書寫策略，儘管不是都能「曲」、「隱」得古雅罷了。有圈子中人心照不宣的「密碼」，類似「地下工作者」的接頭暗語或江湖黑話；有諷喻、反話，均可歸為「隱微修辭」；至不濟，「……」一番，盡在不言中，總還是會的。因而即使在壓力下，仍有可能找到縫隙經由信件傳遞心曲，分享信息，將大批判中所說的「障眼法」，做成了一種「藝術」。當然也一向有長於破解隱語、密碼的人才——一種由遙遠的古代沿襲至今的貓鼠遊戲。

　　有必要清理「信檢」的歷史。1950年代以降的「信檢」，單位不論，司法部門的有關操作規範，要待相關檔案解密才能知曉。至於恐懼對於書寫行為的影響，自然是另一值得考察的題目，即不妨以文革期間的部分書信、日記為材料。這應當是一種綜合了寫作情境、心態與文字表現的考察。即如上文所引吳宓的那種對情境的假定對於其人書寫的影響。考察可能的監控以及自我監察之下文字的扭曲變形，需要良好的文體感覺，對表達的細微處的高度敏感，察覺、分辨細微的心理震顫留在文字中的痕跡的能力。關於這一特定時期書信之為「文體」，或早有研究，只是被我錯過了。

　　出於考察的需要，更值得珍視的，自然是未經本人也未經他人（親屬、弟子甚至出版部門）修改的日記、書信。同時你也會不安地想到，這些私人檔案的公開，是否合於作者本人的意願。目下行世的日記、書信中，不知有多少確係原貌，你在使用中不能不對其可靠性心存疑慮。此外，僅據公開出版——且可能經了「處理」——的日記、書信談論本節的題目，顯然不夠。你大可相信，有更多的日記至今藏在抽屜裏，更多的私人信件已被丟棄或焚毀。出版、發

表，本來就與「普通人」無干。你也可以相信，儘管有本節所述種種，仍然有更多的書信平安抵達，更多的日記逃過了「檢閱」。[12] 劉青峰等人《公開的情書》如係「原件」(即未經潤色)，也證明了私人書寫——尤其「文學青年」的私人書寫仍在進行。這並不使得本節所寫諸例稍減其分析價值。「反常」乃所以映照「正常」。且「反常」更可以作為界標(法律、社會規範等)，以確認「正常」的邊界。

知識分子，知名人士，本來就屬文革這一運動的主要對象，其處境、命運對於這一特定「運動」自有指標意義。何況上述「私域」的被侵犯，並不限於知識分子、知名人士。王學泰《監獄瑣記》中即有普通工人因婚外情被其妻告發其「反動日記」而入監服刑的例子(參看該書頁146)。僅據人口比例立論，豈非認定了以眾暴寡的正當性？這一點本來卑之無甚高論，只不過涉及文革考察的方法論，仍有必要一再重申罷了。

徐曉寫她文革中與同在一地的朋友(趙一凡)通信，而且往往是寫得極用心的長信。我自己也有類似的經歷。其中就有1970年代初插隊之後，與一兩個分到其他地方的大學同班同學間的通信。記得那些長信也寫得足夠用心，且均可公之於眾，沒有今人所認為的「私密性」，也不包含「異見」——當時似乎本來就沒有多少「異見」，不過偶爾有牢騷、小小不滿罷了。那也是特殊時世的「創作」。徐說她的書信的「底稿」被朋友保存，我沒有此種幸運。而且不惟信件，日記，除了寫於1975年的一組書信體遊記，文革前與文革中的其他文字，片紙無存。對電子技術的不安全感，卻部分地由那個時期延續下來。有生之年，我已經不打算治癒這種「政治運動後遺症」了。

12　因其人及其所處具體環境，即同為「受難者」，亦互有不同。「文革」後較早刊行的陳白塵《牛棚日記》，雖「冒着危險」，畢竟尚能「偷偷地」記(見該書《前言》)，且不曾像吳宓、顧頡剛那樣奉命上交。監控固有疏密的差異，被監控者也有不適、極度不適、順適的區分，心理以至生理的反應均互有不同。

6.2　人倫的變與常

　　1950–70年代社會生活的政治化，影響及於人倫日用，強力地改造了人與人的關係。而文革對於社會的倫理基礎的破壞，更賴有一個較長時期才能修復——既包括家庭倫理，又包括職業倫理。破壞的後果將長期存留並影響着社會的一般面貌。

　　雅諾什·科爾奈說，在經典社會主義體制下，一方面，「主流意見相當保守，認為家庭應該具有更多的道德和法律約束力，甚至比今天資本主義社會的家庭還有過之而無不及」，另一方面，「總有非常強大的趨勢試圖限制家庭在某些重要領域所發揮的作用並破壞它的功能基礎」（《社會主義體制——共產主義政治經濟學》中譯本，頁100）。「『私人生活』和由家庭協調的活動不斷受到限制，而與此同時，『集體領域』和由官僚協調的『制度化』、『組織化』活動卻在不斷擴張。」（同上，頁101）中國的情況在某些方面更有其極端。即如將「革命戰爭年代」黨組織對其成員私人事務（婚配等）的干預，延續到了奪取政權之後；[13]將個人與集體、家庭與國家作對立觀，視夫妻「兩地分居」為常態；鼓勵為「革命利益」犧牲家庭，「捨小家顧大家」；表彰「過家門而不入」、放棄救助自己的親人一類行為。凡此，無不有傳統思想的淵源。

　　家/國、忠/孝在中國，本是古老的悖論。民間則有「忠孝不能兩全」之說。1950–60年代的意識形態宣傳中，公而忘私、國而忘家，深入人心，有關的悖論已沒有了討論的空間。持續千年的論辯——包括明達之士為「私」的辯護，包括基於具體情境的為「孝」的辯護，均被劃上了句號。處於（相對於「國」的）下位的「家」，隨時可以也理當犧牲、捨棄。意識形態將親情與「階

13　朱子《四書章句集注·孟子集注》卷九《萬章章句》上，關於堯以其二女妻舜而不告舜父母，程子的解釋是：「堯妻舜而不告者，以君治之而已，如今之官府治民之私者亦多。」（頁303，中華書局，1983）官府既能「治民之私」，「組織」干預其成員的婚姻，無非代行傳統社會官府的職權。

級情」作對立觀。「親不親，階級分」；「爹親娘親不如毛主席親」。這種意識形態不鼓勵對於「家」的責任感，刻意淡化親情，包括性愛，以至母愛。「母愛」之被頌揚，在其作為「喻體」、意謂「國」、「黨」的時候（「我把黨來比母親」，「祖國，我的母親」），或者取其延展性，即愛及兒女之外的他人（即母愛之「公」）。將「養」與「教」對立，抽象之「母」優於生身之母（「母親只生了我的身」，「生我是娘，教我是黨」），刻意淡化人最天然的倫理感情。文革更將作為政治倫理的「忠」的價值絕對化，諸種「表忠心」的儀式翻新出奇。「革命意識形態」對於家庭倫理的改造，對於人的情感生活的塑造，由此達於極致。

陳凱歌回憶：「一九六四年，北京的一位小姑娘在以《母親》為題的試卷前慌亂失措。她的母親是被宣佈為階級敵人的地主。最後，她把黨現成地比作母親，頌揚她的光輝和溫暖，又表達了對生母的仇恨。因而得到表揚。其文被作為範文，傳誦一時。」（《少年凱歌》頁46-47）

1950-60年代「階級鬥爭」情境中的倫理難題，也直接延續自革命時期。上個世紀30年代左翼作家蔣光慈的短篇小說《田野的風》（原作《咆哮了的土地》），寫豪紳出身的年輕的革命者，在農民攻打自己的家時內心的糾結。他在這時想到了病床上的母親。已故歷史學家高華曾提到，「在1947年的老區土改中，一大批共產黨員和根據地的區、縣幹部因『包庇地主家庭』而受到開除黨籍等嚴厲的處分。」（《六十年來家國，萬千心事誰訴：讀龍應台〈大江大海一九四九〉札記》，刊《思想》第15輯，頁285，臺北：聯經出版事業股份有限公司，2010年5月）趙瑜《犧牲者——太行文革之戰》提到晉綏邊區土改，著名紳士牛有蘭被穿鼻，命其子（黨員）牽老父遊街（見該書中冊，頁380）。文革中流行的「資產階級（或地主階級）的孝子賢孫」的罪名，往往既是抽象意義上的，又有具體所指，即其人與其「剝削階級」的老子的關係。前於此，「窩藏逃

亡地主」就指為政治錯誤；奉養喪失勞動能力的老人，被由「階級立場」的方面追究。文革初期發生在各城市的大規模「遣返」，對象為「五類分子」，包括依子女為生的地主、富農。驅趕這些人下鄉，無異於斷其生路，顯然不是出於「改造」的目的；在當時激進的紅衛兵，或竟意在由肉體上消滅「剝削階級」。

　　古代中國，父子夫婦有相互容隱之義務。陳鵬《中國婚姻史稿》：「家庭之內，夫婦父子之間，關係基於骨肉，情感出於天性，不幸一人犯罪，全家相為隱匿，是乃情理之常。故孔子曰：『父為子隱，子為父隱，直在其中矣。』(《論語》)父子既宜相隱，夫婦自亦如是。」(頁577，中華書局，1990)[14]當代中國，直至近年來，直系親屬(配偶、父母、子女)才有了不出庭作證的權利。[15]

　　胡適留在大陸的次子胡思杜1949年9月22日在香港《大公報》刊文《對我父親——胡適的批判》。該文1951年11月轉載於《中國青年》雜誌。胡思杜於1957年自殺身亡。儲安平劃為右派分子後，其長子在《文匯報》公開表示與其父斷絕父子關係。政治高壓下對「弒父」的鼓勵，其中包含的殘忍性，被有意忽略。「殘忍」既是對父的，更是對子的。一個有正常的倫理感情的人，弒父亦自戕，創傷難以癒合：不止對於當事者，且對於社會肌體。這種後果，在運動的主持者，非所計也。[16]

14　同書：「……漢律有『親親得相首匿』(公羊傳閔公五年何休注)『大功以上得相容隱』(《漢制考》)之法。夫妻為大功以上親，自應包括容隱範圍之內。」(頁577)蘇冰、魏林《中國婚姻史》說，隋唐五代，「夫妻一方犯罪，他方為之保密，張揚檢舉為不德，法律亦主張除謀反、謀大逆、謀叛以外，其他罪行夫妻相互為隱。《唐律·名例律》：『諸同居，若大功以上親……有罪相為隱。』」(頁198，臺北：文津出版社，1994)《明史·刑法一》：「凡告人者，告人祖父不得指其子孫為證，弟不證兄，妻不證夫，奴婢不證主。」

15　2012年第十一屆全國人民代表大會第五次會議表決通過的《中華人民共和國刑事訴訟法修正案(草案)》，有「證人沒有正當理由不出庭作證的，法院可強制其到庭，但被告人的配偶、父母、子女除外」的表述，可以認作遲來的司法文明。

16　李慎之的「反右」中的檢討，涉及對政治運動中「普遍檢舉」的看法，自承受孔子的影響，「鄉黨之直者其父攘羊，其子證之，子曰：子為父隱，父為子隱，

　　文革前大舉批判「人性論」、「人情味」，鼓勵甚至強制親人間揭發、舉報，文革中有了更為極端的表現。有夫婦間的「背對背」揭發，枕邊的私房話被認為最可據信。更有壓力下的面對面揭發。文革中被「揪」到北京的陳白塵，收到妻發自南京的信，說那裏「四壁都貼有各人子女寫的大字報」，自己因揭發不出陳的罪行，「壓力極大」，「很痛苦」（《牛棚日記》頁11）。楊沫的兒子老鬼說，他母親不能原諒同為革命幹部的父親危難關頭對她致命的揭發（《母親楊沫》頁199）。徐鑄成一再交代與家人（兒、媳）私下的議論，未知出於主動，還是有揭發在前（參看《徐鑄成自述：運動檔案彙編》）。蒯大富在受訪時，提到劉少奇的女兒劉濤在清華大學公開揭發劉少奇、王光美，說對劉少奇「傷害非常大，殺傷力很大」，而劉濤則「像夾在磨盤裏，在兩扇磨盤的壓迫下」。賀龍的兒子賀鵬飛也一樣（米鶴都主編《回憶與反思──紅衛兵時代風雲人物》頁339、355）。[17]韋君宜《思痛錄》提到田漢的兒子田大畏給自己的父親貼大字報，「開口是『狗』，閉口是『叛徒』」（頁98）。[18]

直在其中矣。」說像「反右」那樣，將儲安平之子致儲的信登報，「刺傷天下父母心」（《李慎之的私人卷宗》頁194）。此義，到文革幾已不為人知。復旦大學一份大字報寫道：「只要是牛鬼蛇神，只要是反黨反社會主義分子，只要看得準、抓得對，學者也好、老師也好、親老子也好，統統都逮出來！打倒踏爛……」（徐振保編《復旦大學大字報選》頁19）

17　蒯還談到劉少奇的女兒劉平平、劉婷婷參加了1967年4月清華大學批鬥王光美的大會（同上，頁359）。在當時的環境中，她們沒有不在眾目睽睽下「表現」的權利。顧頡剛1967年1月11日日記，記其看清華《井岡山》特刊劉濤《造劉少奇的反》一文（《顧頡剛日記》第十卷，頁600）。關於劉濤對其父的揭發，參看收入譚放等《文革大字報精選》的《看，劉少奇的醜惡靈魂──劉少奇的女兒劉濤揭發摘錄》。國家主席家庭尚且如此，遑論尋常百姓家！但「尋常百姓家」正有不如是者。

18　由田漢殘存的日記看，文革爆發前，田家內部關係已不睦。1965年2月3日，寫妻安娥睡在沙發上，自己「大半晚沒有脫衣睡，感到很大苦惱」（《田漢全集》第二十卷，頁326）。2月4日，和妻到公園，「彼此沒有談話」（同書，頁327）。2月5日散步，與妻「未說一句話」（頁328）。3月5日，記老母說「一家

　　發生在「紅色家庭」的人倫之變，往往有複雜的背景與動機，值得作專題考察。李南央編輯的《父母昨日書——李銳、范元甄1938年–1960年通信、日記集》，是可供作個案分析的材料。應當說，材料本身是有力的，編輯者的分析（「編者感言」），卻嫌力道不足——尤其編者對其母親范元甄的分析（如該書下冊頁482–483），也證明了這項考察尚有相當大的伸展餘地。將這類「家變」，統統歸結為保全地位、待遇，或失之簡率。卻也要承認，地位與待遇（亦既得利益），確有可能是此類家庭的特殊「負累」。

　　最深巨而難以復原的那一道傷，往往是至親骨肉（夫婦、父子）留下的。「政治運動」一向是製造這類傷口的時機。因兒子告發其母親在自己家裏的「反革命言論」，致使其母被處決（如張紅兵），因男友將其私人信件舉報而被關押、最終殞命（如李九蓮），無不慘絕人寰。據徐友漁《形形色色的造反——紅衛兵精神素質的形成及演變》，清華大學附中王姓學生帶領紅衛兵抄自己的家，親自動手將自己的母親（小業主）打死（頁35）。南湖道縣的屠殺中，則有「女民兵」為表現其革命的堅定性，手刃養母（章成《湖南道縣農村大屠殺》，《文革大屠殺》頁175–176）。[19]那種告發與舉報在文革的特殊環境中，並無道德、道義壓力。倘告發、舉報、對親人施暴者有出身問題，則上述行為正可作為被正面倡導的「劃清界限」、「大義滅親」的例證。

　　就多了她老人家，想搬出去」（頁341）。其妻安娥的情緒，與她本人1956年後因病不能工作，與田的處境，與家庭內部矛盾，或均有關係。由日記看，家庭矛盾顯然加重了田漢的壓力。1966年6月16日，妻出走，田說自己「心裏忽然感到很難受」（頁470）。文革開始後，田漢被隔離審查、逮捕入獄，後送醫。這期間曾為收不到家信、衣物而焦慮（頁487、489）。與他保持通信聯繫、寄錢寄物的似乎是老母。田病逝當年（1968年）寫在醫院的日記殘片，最後的文字是：「久不得家信，不知老母安否？現在還關心我的人，就算她老人家了。」（頁510）

19　張紅兵懺悔其文革中的告發，參看2013年8月7日《新京報》。關於李九蓮，王友琴《文革受難者》一書有記述。在自己家裏議論江青、文革而被揭發、判刑的，另如王學泰《監獄瑣記》中的例子（參看該書頁122）。

　　倫理秩序的顛覆，係由文革意識形態主導。文革前夜的空氣中，就充斥着對此的鼓勵。1966年3月，毛澤東在中央的會議上說：不要壓青年人。又說不要怕年輕人犯「王法」。1966年10月24日中央工作會議的一次彙報會上，說到「過去是『三娘教子』，現在是『子教三娘』」。葉劍英在傳達時說：「毛主席告訴我們，『文化大革命』是『子教三娘』，孫子教爺爺，兒子教老子，青年教育老年」(閻長貴《從「三娘教子」到「子教三娘」》，《問史求信集》頁35、36)。

　　古代中國有所謂的「人倫之變」。發生在文革中的「人倫之變」，或許超出了古人的想像：不但學生打老師，而且兒子打父親。

　　陳凱歌的噩夢，是在批鬥會的場合當眾推了父親。《少年凱歌》對此寫得較為隱晦，像是猶豫不決，不能斷定那是一擊還是一推。他寫自己走上前，用手在父親的背上推了一下；說自己「弄不清」「推得有多重，大約不很重，但我畢竟推了我的父親」(頁72)。他似乎不可克制地要返回這一情景，近於自虐。「在十四歲時，我已經學會了背叛自己的父親，這是怎麼回事？」接下來問：「當一個孩子當眾把自己和父親一點一點撕碎，聽到的仍然是笑聲，這是一群什麼樣的人民呢？」(同上)當然是遙遠事後的一問，當年不可能也不容有此一問。其實較之那一推更生猛兇暴的，大有其人。

　　文革中隨處發生着子之於父的傷害——甚至致命的傷害，無可補救無從救贖，既有「黑五類」子女的「背叛家庭」，也有「紅五類」中的紅二代發洩對其「走資派」的父親的怨恨。當時在清華大學附中的甘鐵生，就寫了子女當眾揭發母親，從自己家中抄「封資修物品」(《虔誠的日子》，收入者永平等編《那個年代中的我們》)。

　　雖未必極端卻不失典型的例子中，就應當有顧準的子女與其父的故事。

　　顧準的弟弟陳敏之《送別——在顧準身邊的最後一個月》

（《顧準日記》附錄），寫顧準父子（女），兄妹（弟），正屬古人所說的「極人倫之變」。顧準子女的態度與其父所在單位相比，尤見荒謬。1969年顧準所在的中國科學院哲學社會科學部（簡稱「學部」）經濟研究所的工宣隊，曾有意辦「家庭學習班」，解決顧氏的家庭關係問題。顧準對此心懷感激，說「宣傳隊是仁至義盡了」（同書，頁161。）顧氏臨終前，經濟研究所為其摘除了「右派」帽子。在這種情況下，他的子女仍不肯到醫院向老父作最後的告別。陳敏之的上述文章，說那些親人對顧準「冷漠到冷酷程度」（頁399），「有悖於常情常理」（頁405），自己「實在不理解這究竟是為什麼」（頁398）。同篇對此歸結為「以所謂堅定的政治立場來掩蓋自私心理」（頁393–394）。[20]陳敏之寫作該文時，顧去世未久，無意掩飾自己的沉痛與憤懣；二十年後發表時有「附記」，申明所寫係實錄，更證明了感憤之深，難以釋懷（頁411）。

　　「劃清界限」亦政治運動中家人子女的自我救贖之道。葉篤義《雖九死其猶未悔》說「反右」後兒子三年沒有同自己講過一句話。「1960年我摘掉右派帽子了，他走到我的面前，同我握手，我哭了，他也哭了。」（頁113）這只是極平常的例子。最足以自證「革命」的「劃清界限」，即宣佈「斷絕（父子、母子）關係」──卻一再被證明並不能有效地自我拯救。文革中「劃清界限」而超出了必要，或曰超出了「革命」所要求的限度，以此為藉口擺脫牽累者，所在多有。陳敏之該文說：「五哥（按即顧準）要求他的孩子原諒他。但我想說，不必要求這種原諒！」（《顧準日記》頁400）該書附錄有顧的長女的《遲到的理解──〈從理想主義到經驗主義〉讀後附記》，仍然不足以解釋顧準自述及陳敏之所記述的上述行為。顧準死於1974年12月，文革的荒謬性已暴露無遺，其子女也有了人生閱歷，那種極端性尤不可解。但你仍然應當想到，不能要求

20　顧準1969年的日記就記有某人說顧的子女拒絕見父親是「考慮個人前途，私字作怪」（同書，頁161）。

受難者都有梅志那樣的妻子，胡風、梅志的子女那樣的子女。[21]

　　後來我讀到顧準子女記述其姑姑、姑父(即顧準的六妹及妹夫)的文字，[22]儘管仍不足以解釋上述反常現象，卻提供了那種現象所由發生的更多線索。顧準的妹夫在顧病重期間勸阻其子女到醫院探視，令我想到了「反右」後父親刻意將我們與四叔隔離的做法，何況顧的妹夫時任公安部核心小組副組長、部革命委員會副主任，有身份的特殊性。

　　本章開頭提到的那種意識形態宣教的結果，也在於使一些人失去了感知他人(即使至親骨肉)痛苦的能力，更以「階級鬥爭」教育與出身壓力，在部分青少年中培養了對於父輩的冷漠以至怨恨；直至壓力解除，也仍然不都能懺悔、回復常態。這裏確有人性中幽深陰暗的角隅，賴更有力的筆才能探入。

　　有經歷過那年月的知識人說，「那是一個可以輕易決裂的時代，親情顯得那樣微不足道。」(朱偉《下鄉第一年》，《七十年代》頁71)經了提示我也留意到，那些當年年輕人的文革記憶少有親情。荒蕪中「野蠻生長」的孩子，因父母無暇看顧，少了那一種羈絆，也少了對愛撫的體驗。(至少一段時間裏)父愛或母愛的缺失，是普遍的經驗，無論在「造反」、「串連」中，還是「插隊」在遠離家人的異鄉。

　　並非「革命」與「兒女情」不能兼容；只不過我們所熟悉的

21　《顧準自述(未刊稿)》，羅銀勝《顧準傳》有摘錄(見該書頁498–499)。考慮到顧準作為「思想史人物」被發現之後，他的子女所承受的壓力，引上述文字或有傷忠厚。但關於政治壓力下的家庭關係，這一個例確有分析價值。作為《顧準文集》附錄一的陳敏之《從詩到散文──〈從現實主義到經驗主義〉出版追記》，寫了顧準子女文革後讀其父遺作、對父親重新認識的過程。顧氏父子(女)的故事至此才較為完整。

22　顧淑林等《懷念姑父》，收入陳楓主編的施義之紀念文集《血與火的歷練》。按施義之即顧準的妹夫。感謝籍傳敏女士向我提供了《血與火的歷練》一書，使我不致忽略了本應瞭解的那部分情況。

「革命意識形態」，的確有對「兒女情」的排斥。[23]這種意識形態鼓勵年輕人挑戰「天然的」人倫感情，以此作為「考驗」、「試煉」，虐待自己，苛待自己，使適應「革命」中的嚴酷，成其為「特殊材料做成的人」，為此不惜扭曲了自己。

郭小川意外死亡一些年後，其子自責對於父親感情的淡漠，說父親不知愛惜自己的生命，我們也「一樣不知道」。「那個時代，幾乎所有的人對『人』的生命都持一種十分冷漠、麻木的態度」。儘管父親因抽煙點燃被褥的事故已一再發生，親屬仍「毫無警覺」，以至其父終於葬身烈焰(郭小林《惶惑與無奈──父親在林縣的日子裏》，郭曉惠等編《檢討書──詩人郭小川在政治運動中的另類文字》附錄一，頁321)。

韋君宜說，袁運熙的妻子(陳布雷的女兒)陳璉，曾背叛家庭，參加革命，因此而被捕，國民黨報紙競相登載。「她有這樣的勇氣。但是到1957年，她卻沒有勇氣去對抗當時如大山一樣壓下來的政治壓力，她和袁運熙(『一二‧九』運動的戰友)離了婚，後來一直沒有再結婚，獨身，至『文化大革命』又遭批鬥，終至自殺」(《思痛錄》頁48)。趙丹的女兒趙青寫到黃宗英與趙丹的離婚，所用標題是「我爹爹的命真苦」(收入《那個年代中的我們》)。韋君宜提到「如大山一樣壓下來的政治壓力」。這種壓力，是不曾經歷過那年代者難以體會的，即親歷過也未必能描述。壓力是漸次增強的，到了「反右」，已「如大山一樣」。此後又有「反右傾」、文革，壓力之大，「大山」已不足以形容。

毛澤東在黨內曾反復講到「五不怕」(按「五不怕」即不怕

23　老鬼所寫《母親楊沫》，其中一節的標題是「兒女情很淡」。該書說母親晚年在特別重親情的老伴(高級工程師)的薰陶下，「恢復了親情」，「潛在的母愛蘇醒」(頁307)。何蜀《為毛主席而戰──文革重慶大武鬥實錄》引1968年2月27日吳宓日記：吳在抄錄了某武鬥死難者之妻哀悼其夫的文章後，感慨於「篇中絕無私情之依戀」，「與中國歷代哀祭之文何其大不同哉」(頁294)！

撤職、不怕開除黨籍、不怕老婆離婚、不怕坐牢、不怕殺頭）。[24]
「坐牢」、「殺頭」，本不應當是為「自己人」準備的，卻成了一
些人的命運。「離婚」與「殺頭」、「坐牢」輕重不等，是更尋常
也普遍的後果。[25]

　　古人就有「夫妻本是同命鳥，大難來時各自飛」的說法。當代
政治壓力下的離婚，有主動，也有被迫、不得已、萬不得已。主動
者往往係劃清界限以自保，被迫、不得已者，則通常為子女的前
途、出路計，無論出自受難的一方還是其伴侶。妻子兒女的態度，
有可能是壓垮駱駝的最後一根稻草。選擇生死相依，就須準備了付
出代價，如梅志的「伴囚」。患難之際，女人有可能比男人更有擔
當。梅志之外，另如賈植芳的妻子任敏（參看賈著《獄裏獄外》），
巫寧坤頑強堅忍的妻子（參看巫《一滴淚》），無不繼續演繹着患難
夫妻，既貧且賤，廝守終生的古老故事。

　　在後人看來不免詭異的是，文革期間維持了低離婚率。據金大
陸《非常與正常——上海文革時期的社會生活》引用的材料，文革
十年中上海的離婚率低到了不可思議。作者將此歸因於強大的政治
/道德壓力。革命年代以「情感不合」為由申請離婚，被認為有違
「革命道德」；而「性生活不和諧」云云，是羞於出口的，更像是
「流氓語言」。由該書所舉之例看，這一時期的離婚，往往與政治
有關：為保護子女而不得不「劃清界限」，因相互揭發導致夫妻反
目（參看該書上冊，頁32–36）。對文革中的家庭倫理，絕不宜於一
味的道德拷問。更值得做的，是呈現使上述家庭悲劇得以發生的歷
史條件。至於由此探察「政治中的人性」、「政治之於人性」，則
需要更廣闊的視野，與更深厚的理論修養，已非我能力所及。

24　曾志說毛曾對她說，自己在蘇區「受到錯誤路線打擊」後，想到的就有「不怕
　　殺頭，不怕坐牢，不怕開除黨籍，不怕處分，也不怕老婆離婚」（《百戰歸來
　　認此身——曾志回憶錄》頁255）。「五不怕」尚有其他版本。
25　李銳與范元甄的兩次離婚，均與政治運動有關。參看其女兒李南央編輯的《父
　　母昨日書——李銳、范元甄1938年–1960年通信、日記集》。

　　即使有上述諸例，對於那一時期的家庭倫理，仍不宜想像過度，似乎隨處是一片崩解、坼裂之聲。較之於「常」，「不常」從來更吸引關注，也更有機會被講述，尤其知名人士的「家變」；普通民眾的生活，卻多半依舊如常地進行。[26]近年來發表、出版的家庭紀事，不妨歸為「倫理修復」過程的一部分。那裏有一些不離不棄、患難相依的故事。相信這類故事尚多，只是並不總能形之於文字罷了。

　　處相似情境的父子夫婦，對厄運的應對本互有不同。即使在壓力如山之時，也仍然有流沙河所自述的貧賤夫妻的故事，令你感動於惟亂世才有的溫情與深情。歷次政治運動中，均不乏患難同心的夫妻，於艱難竭蹶中勉力撐持，給了子女一個完整的家。陳寅恪的女兒陳流求等寫她們父母的書，題作「也同歡樂也同愁」（取自其父詩句）。由該書看，陳寅恪、唐篔夫婦在文革中，也正如書名所示。該書説，「父親與母親攜手走過四十餘載，風雨同舟，患難與共。母親更是在生活、事業、學術上給予父親全力支持，不僅僅是生活中的賢妻良母，更是父親的心靈伴侶和精神支柱。」（頁64）家人父子患難中相擁取暖的例子外，另有絕境中的生死與共。最稱慘烈的，如傅雷夫婦、翦伯贊夫婦的同死，顧聖嬰與母親、弟弟的同死。

　　上文提到老鬼談其父親對母親的揭發。同篇作為對比，説母親的前夫「老夫子」張中行，面對外調人員，堅持説那時自己不革命，楊沫是革命的（《母親楊沫》頁199）。美國專家李敦白也寫到自己的中國妻子在其入獄後「從未猶豫，從未認罪」，也從未説出對其不利的話（《我在毛澤東身邊的一萬個日子》中譯本，頁567）。家人的溫情，往往成為受難者最後的繫念，他們對於生的留戀。

　　《沈從文家書》收入了沈與妻兒間文革中的通信，令人可窺「一個家庭在『文革』中」；因沈從文所受衝擊不甚嚴重，亦可資

26　也不應當忽略了因不知名而不被關注的大量「黑五類」家庭。他們的苦難或許永遠沒有機會訴説。差異是各個層面的。知名人士與非知名人士外，尚有城鄉、地區間、單位間，當然，更有不同的家庭之間。

考一個普通知識分子家庭在文革中。家書中的親情平淡而綿長。各自提到所在單位的運動，更多的是家常瑣屑。儘管這對夫婦精神狀態有不同，卻無妨於沈從文以其婦為傾訴對象，是一個正常家庭成員間的訴說，而非時式的「革命書信」。其子似乎也不像顧頡剛、吳宓的子女，以推動其父「改造」為己任。

溫情與關愛在沈從文夫婦父子間，也在葉聖陶、葉至善父子間(參看《葉聖陶葉至善幹校家書(1969–1972)》)。梁漱溟日記中的梁氏父子，即使在非常時期也保持了常態。僅由日記看，梁似乎不曾承受來自家庭內部的壓力。原本穩固的關係，有可能依舊穩固，即使在強力衝撞下。人類基本的倫理紐帶、人與人之間正常的倫理感情依然存在，或只是暫時地扭曲變形而已。由這一方面看，家庭在文革中，既有其脆弱又有堅韌。家庭，家庭關係，仍然一定程度地充當了動盪歲月的社會穩定器，社會生活也將賴以回歸正常。[27]

此外也應當說，文革後期與文革初期、更與「反右」之後，畢竟有了相當大的不同。即使上文提到的顧準，其處境也仍未至孤絕，這由其病重之際所在單位(包括工宣隊)的態度，他的同事、友人對他的照料即可知。有同事朋友「真摯的友情」，還有體貼且能與其作理論交流、為其整理遺文的弟弟，使有關顧準的種種終於為人所知，豈非大不幸中的萬幸？

不曾在高壓下坍塌的家庭，家人間的思想差異，仍然複雜化了一些知識人的倫理處境。

楊絳的《洗澡》寫到了1950年代初知識分子家庭兩代人的疏離，為人父母者對此的憂懼。顧頡剛日記中1964、1965年的顧氏與子女，有甚於是者。1964年11月23日，顧氏記侯外廬告知，自己的女兒在學校批評自己，「資料已送至所中」(《顧頡剛日記》

27　出於細心體察，王瑤的子女由其父的檢查交代中，讀出了其父保護學生與親友家人的良苦用心(參看王超華《父親王瑤：「文革」期間的一個案例》，《王瑤與現代中國學術》頁563–564)。

第十卷，頁168）。1965年1月31日，日記錄有女兒用「階級觀點」
對自己的分析，認為其父「屬小資產階級右翼」（同上，頁206），
「有嚴重的名利思想」（頁207）；其父的道路「就是反黨反人民的
道路」（頁209），「與黨對立」（頁210）；認為自己「是資產階級和
無產階級爭奪的主要對象」（同上），應當將家裏的鬥爭「彙報給團
組織」（頁209）。1966年4月30日錄女兒作文中涉及自己的內容，如
「對父親的好多壞思想」，開始「警惕」、「痛恨」、「批判」
（同書，頁452）。未知當顧氏抄錄上述內容時作何感想。他顯然極
其在意子女對自己的看法。這一時期大中學校「革命化」的教育提
速。顧頡剛對其子女的表現，不能沒有緊張地關注。馮亦代《悔餘
日錄》也寫到了為牽累妻子而痛悔，為兒子升學、女兒入團而焦
慮。其「改造」的最大動力，或也在使家人脫困。

　　余英時以為顧頡剛的長期追求「進步」，「直接的原動力」來
自他的夫人（《未盡的才情——從〈日記〉看顧頡剛的內心世界》
頁69，《顧頡剛日記》第一卷），由顧氏1964年後的日記看，大致
符合事實，只是還應加上「及子女」。直至文革，顧氏不堪承受的，
似乎也更是來自家庭內部的壓力：過求「進步」的妻，對父親持批判
態度的子女。家庭內「政治空氣」之濃厚，較家外猶有過之。

　　日記中顧妻的歇斯底里，未始不緣於所感受的外部壓力。[28]日
記1971年5月12日，記其妻堅持讓其住院療疾，直截了當道：「老
實說，我不是愛你，而是為吾家五人設想，四個孩子皆插隊，未
獲正式職業，必待五年後方能成立也。」（《顧頡剛日記》第十一
卷，頁308）這也應當是其妻的真實想法。女性往往對環境、「政治

---

[28] 由1964、1965年的顧氏日記看，其妻精神之緊張更甚於顧。顧氏日記一再記其
妻「怒嚷」、「大吵」，說其妻在外受氣，即向其發洩，「時時打罵」（《顧
頡剛日記》第十卷，頁560）；寫其妻以手、以掃把批其頰，說自己「擇業不
合時宜，致為家人所憾如此」（同書，頁540）；抱怨其妻「如此焦躁，直欲將
予逼死」（同書，頁631）。顧氏失言，其妻竟威脅要到「文革小組」檢舉（頁
635）；甚至一再焚毀他作為史料而珍藏的信札，以至顧氏怨歎「得偶如此，所
不料也」（頁202）。

氣候」更為敏感，對風險、危機更有本能的防範；鑒於歷次政治運動的經驗，更有「家破」的恐懼。為人妻、為人母者所承受的重負，是顧氏這樣的迂夫子難以感同身受的。其妻保護家庭、翼蔽子女的苦心，作兒女的也未必能體察。在家庭中的女性，這實在是一份過於沉重的責任。我所知不止一位著名文化人，妻較夫為急進，或也多少有上述背景。

也應當說，少有哪個老人，能如顧頡剛那樣，由其妻、女那裏得到如此細緻的照料。即使文革中女兒對其父的勸戒，也充滿了溫情，始終不曾「決裂」，不曾在生活上「劃清界限」。1969年顧氏處境最艱難的時期，還得到女兒的鼓勵(當然是鼓勵其「改造思想」)。文革後期，顧氏更得以含飴弄孫，享天倫之樂。顧氏對其婦，也雖有抱怨而並無憤恨，甚或不勝憐惜，對其懷有歉疚。妻病，顧「為之愁絕」(《顧頡剛日記》第十卷，頁643)。顧氏的深情，真情，也在對妻子兒女及孫輩上流露無餘。而吳宓晚年的淒苦，「政治迫害」外，也應因了遠離親人的孤弱無助。

友於弟妹，篤於友情；對長期離異的「故妻」及女兒，恪盡責任；在一個長時間裏，每以薪資「匯助」親友，尤其於政治運動中落難的親友，為此召禍而不恤。1964年的吳宓日記中，一再寫到已與「故妻」陳心一「復合」(參看《吳宓日記續編》第六冊，頁129、134、141、147、441等)，此後卻依舊天各一方。但由日記看，吳宓處境最艱窘之時，得到的正是陳心一細心溫存的關愛。陳對吳多方接濟，由衣物到錢財。但在「思想改造」一事上，吳宓卻以其一貫的「頑固」，拒絕來自家人的敦促。其1964年7月7日有覆其女吳學昭的長信，拒絕其女的批評，態度堅決，說：「昭恒自任為宓之政治輔導員，督促提高宓不遺餘力，宓敬謝，然昭可不必。」(同書，頁267。所引吳宓日記、書信中的着重號均為原文所有)吳宓曾簡述其所以不擬應清華大學之邀回北京，理由就有雖已與離婚的妻子「復合」，但其妻「進步」，與自己「思想不合」

一條(同書，頁147)。[29]但吳仍不免有老人的脆弱，對於老無所依的憂慮(參看《吳宓日記續編》第七冊，頁162、163)。對晚年生活的計慮，每見於日記。這或許也是保存個人精神生活空間的一份代價。寧要遠離家人的孤獨，也不能苟且從眾如吳宓者，在當時亦稀有的例子。

吳宓生前頑強拒絕其女吳學昭的「改造」(參看《吳宓書信集》頁360、431)，卻未能逆料其身後由這女兒整理遺作(日記、書信)、記述事蹟(如《吳宓與陳寅恪》)。顧頡剛的情況與此類似。顧氏身後，整理其遺編、撰寫其學述的，正是他的兩個女兒。這也是知識分子家庭並不罕見的故事。我以為「學二代」(杜撰此名，以區別於「官二代」、「富二代」、「星二代」等)中，顧頡剛、吳宓的女兒所作貢獻，尤其值得尊敬。

其時的知名人士中，頗有其妻極力推動其夫「改造」的例子。即如沈從文。只不過顧妻態度激烈，而據沈從文本人說，其婦張兆和對他抱有信心也較為耐心。[30]依當年的標準，張兆和的精神狀態始終較沈從文「健康」，夫婦、父子仍能相互扶攜，並未發生內外壓力下家庭破碎的危機，沈的抗壓能力亦得以增強。也如吳宓的「故妻」陳心一，張兆和對沈從文不乏溫存體貼。沈從文寫給其妻的信，一往情深，說其妻對自己「從不失望」；沒有妻，自己「早崩毀了」(《致張兆和》，同書頁527)。說其妻是使自己「永遠保持童心的一個重要原因」(同書，頁545)。給兒子的信寫

29　其他類似表述，參看同書頁303、441。吳宓自說「痛恨思想改造」(同書，頁133)，對來自親友的督促，一概婉拒。在1962年寫給李賦寧的信中也說，「家中人均進步，長年同居，反多心情上之閡礙與語言行動之不自由」(《吳宓書信集》頁384)。而其妻在信中所提醒的，有時不過人事、人情之常，足見對吳瞭解、關切之深(參看《吳宓日記續編》第六冊，頁302)。

30　張兆和在1966年8月18日寫給兒、媳的信中，說沈「腦子裏舊的資產階級包袱很重，對自己很不清醒，對運動很不理解，將來在橫掃時，應當在革命的烈火中好好燒一燒」(《沈從文家書》頁413)。沈從文也曾在家書中分析自己與妻的差異，不無沉痛；說妻抱怨沈拖其後腿，「話說得使我極痛苦」(《覆張兆和》，同書頁510)。

到「媽媽」（即張兆和），既體貼欣賞而又心疼（《致沈龍朱》，同書頁535–536）。1974年更以長信回顧幾十年間的同甘共苦，極其動情（《致張兆和》，同書頁584–596）。其妻良好的群眾關係與對環境的適應能力，對沈也應有益，甚至是一種保護。

發生在動盪的十年間的，有撕裂，破碎，崩坍，也有點點滴滴的修復與重建。1990年代作為史學分支的「宗族史」研究興起，近年來家族史考索持續升溫，與1950–60年代作為「階級鬥爭教育」形式的村史、家史、社史、廠史宣傳，大異其趣。由本節的角度，不也可歸入人倫修復的大工程的一部分？

至於家庭在派仗中的分裂，亦文革中有普遍性的現象，不在本節討論的範圍。不擬在此展開的，另有因父母受難而子女流落以至淪落的故事，如吳晗夫婦的養女。廖沫沙在寫於1979年關於《三家村札記》的文章中提到吳晗的妻女，「被迫害而死的袁震同志和受殘酷虐殺的吳小彥」（《甕中雜俎》頁221）。王年一《大動亂的年代》的說法則是，吳的夫人袁震被送進「勞改隊」，雙腿癱瘓，得不到認真治療，與世長辭；其女兒吳小彥精神失常，死於獄中（頁628）。王學泰在獄中聽到的吳小彥的故事，版本又有不同，似更為殘酷。王說：「吳晗是幸運的，他在1969年已經死去。」（《監獄瑣記》頁88。按吳晗1969年瘐死秦城監獄）「三家村」中遭遇奇慘的，或即吳晗一家。知名人士中，家庭不幸與吳晗可有一比的，如王造時，均可謂慘絕。

政治的強力衝擊下的，不止於家人父子。

你的履歷表上的重要欄目，「家庭成員」外，尚有「社會關係」。由現存且刊印的知識人政治運動中的「檢查」、「交代」，尤其知名人士如聶紺弩、徐鑄成一流人物的有關文字，可知「社會關係」——指直系親屬之外的其他親戚，朋友，以至有工作關係、職業聯繫者等等——的至關重要。1969年9月5日顧頡剛日記記錄大

字報所揭他的「黑關係」，「帝國主義方面」共十人，「國民黨方面」共二十一人，「修正主義方面」(應指蘇聯學者)共二十四人，說自己「讀之心悚」(《顧頡剛日記》第十一卷，頁137)。政治運動所訓練的對「關係」的敏感，不能不影響於人際交往。至親間必要時固然要「劃清界限」，處理「社會關係」，更宜隨時防閑，知所避忌。人與人之間互信的破壞，想必也在這種無休止的審查、追查中。而政治上被認為不可信任，往往即與「社會關係複雜」有關。如聶紺弩那種不拘小節、與人交往「無町畦」的名士作派，其被當道以「異己」視之，無可避免。

混淆「政治關係」與「私人關係」，是政治運動中的常態，迫使人不斷過濾、刪除以求自保。聶紺弩在「肅反」對其個人歷史、社會關係的一再審查後，「向黨保證」自己「今後決不會再和明知他是反革命、明知他的思想有問題的人來往」，「將和一切舊社會的人割斷任何關係」(《檢討》，《聶紺弩全集》第十卷，頁201)。「反右」後卻只能和右派同類來往，因別人也都有了他的那種教訓與「覺悟」。[31]

1964–1965年的「社會主義教育運動」告一段落，吳宓察覺到自運動以來，「院系辦公人員及青年黨員助教等，對一切教職員，態度頓異前日，殊有炎涼之感，與今昔之悲」(《吳宓日記續編》第七冊，頁170–171)。文革爆發，更發現「揭發宓者皆曾受宓惠者也」(同書，頁500)。1971年1月27日記，記某人「以其來謁見宓為莫大之罪戾，故惟恐人知人見，其來其去，皆再三審慎、窺伺，乘間而行。既如此，吾寧願其不來之為善也」(《吳宓日記續編》第九冊，頁177)。這其實早已是政治運動中人與人關係的常態。

季羨林說自己在文革中變成了「不可接觸者」。「在很長時間內，……沒有人敢來找我，很少人有勇氣同我談上幾句話。一

31　聶紺弩文革後曾感歎道：「活見鬼，有些事把人同人的關係弄得天昏地暗！」(《致高旅》，《聶紺弩全集》第九卷，頁337)

兩年內，沒收到一封信。」（《八十述懷》，《季羨林文集》第二卷，頁193-194）。周一良也說政治運動中形成了「有中國特色的『不可接觸者』」，一般人見到他們即「相見不相識」，其人也怕使對方為難而對多年老友「形同路人」。文革開始後周圍孩子對自己的稱呼，由「周爺爺」而「周一良」而「反動派」；文革結束，周因曾在名噪一時的寫作班子「梁效」而接受審查，同院的老太太甚至外籍專家，「都為了劃清界限而成為路人」（《畢竟是書生》頁86）。遠嫌，不惟普通百姓，即高層亦然。文革前夕彭真遭毛嚴厲指責，「大區書記們飯後散步，沒有一個敢和彭真並行，也不和他講話。」（卜偉華《文化大革命的動亂與浩劫》頁71）陳伯達說，1970年廬山會議後，回京的飛機上，「人們不再敢和我打招呼」（《陳伯達：最後口述回憶》頁396）。1973年中央政治局根據毛的指示批周恩來，「原來主動向周請示問好的一些中央政治局成員」，見面盡量迴避，「即使迎面相遇也表示冷淡」；「連對周的隨從工作人員也不敢理睬」（史雲、李丹慧《難以繼續的「繼續革命」》頁176）。上上下下均不缺少避禍全生的這點世故。[32]

　　文革這樣的政治運動，使人對於他人的惡意得到了恣意發洩的機會。1966年的顧頡剛，已是七十多歲的高齡，偶爾乘人力車，會為街頭兒童所斥，說：「這是黑幫，不許坐車！」顧氏說，「是亦予所未有之經驗也」（《顧頡剛日記》第十卷，頁520）。季羨林說自己成為「牛鬼蛇神」後，連小孩都可以「任意污辱」，「甚至拿着石灰向我們眼裏撒」。曾有七八歲的小男孩手裏拿着一塊磚頭，命令自己：「過來！我拍拍你！」自己只能逃走（《牛棚雜記》頁89）。日記中的吳宓，則被監視，被羞辱，被惡意拖拽致殘，被勒索敲詐，甚至同類相殘。他的日記、書信，一再記同在難中，「牛

32　李慎之批判以群眾運動治國，認為後果之一即造成「人與人之間關係的緊張」，使「人情淡薄「（《李慎之的私人卷宗》頁156、166）。這種社會層面上的破壞，當局者似在所不計。

鬼蛇神隊」某某對自己的「殘虐」(如《致郭斌龢》，《吳宓書信集》頁427)。[33]

　　至於文革後文化界人士的幾場引人矚目的筆仗，都有一點「黑色」。事後看去，你感受最尖銳的，或不是當事者間的是非恩怨，而是一個時代的荒謬。那不是正常年月會有的人事糾葛。事件的反常性質令人不忍直視，像是衣服上的污漬，牆面上的垢斑，或者乾脆是裸露的創口。這類荒唐怪誕的「文化事件」見諸媒體，所幸在「前網絡時代」，影響限於知識分子圈子，而未引起公眾的圍觀。

　　古人有所謂的「石交」、「刎頸之交」。「朋友」一倫在20世紀的革命衝擊下，一再顯現出其脆弱性。

　　何方《黨史筆記》引劉白羽的回憶，說「搶救運動」中其親歷的中央黨校的「坦白大會」，「愈是親近的人，愈要表明態度，於是夫婦之間、朋友之間喊得愈加聲嘶力竭，以表示自己的忠誠」(頁360)。李新關於自己和某位好友，有詩道：「凶終隙末尋常事，惟我與君到白頭。」(《李新回憶錄》附錄一《我的好友王方名》，頁405)。徐鑄成說自己即使在右派「摘帽」後，「原來很熟的朋友，相見若不相識如故」(《徐鑄成回憶錄(修訂版)》頁263)。友之一倫，竟以「有始有終、至死不渝」為難能；這一方面俯仰無愧的，罕有其人。[34]

　　顧頡剛日記中說某人解放前靠自己周濟度日，垂二十年，「解放後即若不相識」(《顧頡剛日記》第十卷，頁506)。顧氏日記一

33　王學泰《監獄瑣記》附錄五《號子裏的戰爭》寫到監獄的監管人員「鼓勵犯人互相鬥爭，甚至以減刑為獎勵」(頁291)。同書附錄二《鮮為人知的「反動學生」案》則記有同被「勞改」的「反動學生」「為了爭奪那一點虛無縹緲的利益便無情地打擊別人」(頁257)。「裏面」和「外面」在這一點上略同。

34　1949年丁玲發表文章指摘沈從文，亦文壇的一樁公案，王蒙對此有分析。作為背景的，或有來自根據地、解放區的文化人對於國統區文化人的偏見。雖屢遭磨難，丁的那種居高臨下的優越感仍形諸文字，毫不掩飾，即使到了衰憊的暮年，也不惜對老友施以重擊。創造力下降，「戰鬥力」卻至老不衰，亦畸態政治文化中的現象。參看張新穎《沈從文的後半生》頁293-297，頁297註1。

再致慨於世態炎涼(參看其1954年4月30日日記)。他本人1965年12月10日的日記，則提到當年9月曾在中山公園看到羅隆基，「假作不見而過之」(同書，頁374)。李慎之1965年交代與某人的關係時說，「右派分子最大的痛苦就是『孤立』」，自己說過「孤立實際上是最重的處分」(《李慎之的私人卷宗》頁640)。

北島說：「那年頭，友情往往取決於政治上的信任程度。」(《斷章》，《七十年代》頁23)那是一種特殊的「人倫鑒」，憑藉久經訓練的直覺。「信任」不止於不叛賣，還包括能否談論敏感話題及談到何種程度。[35]文革後期即已流行的所謂「鐵哥兒們」(可媲美於古人所謂的「金石交」)，其「鐵」，也正是在這種環境中鍛造的。[36]上文一再提到的《民間書信》一書，除一組情書、一些家書外，其他多為朋友間往來的信件，也可證「朋友」一倫在「革命時期」的重要性，亦一代人的用情處，他們的深情處。

當着人與人的關係在震盪中剝蝕、崩解，世界變得陌生之時，尤其會激發對穩定、可靠、信賴感的需求。家人父子的離散，來自家庭的支撐的不足恃，也鼓勵了向外的尋求。串連，派仗，地下沙龍，插隊，都是機緣。社會關係的「再生產」也就在破壞中進行。

文革中的派仗，不乏父子夫婦、同事朋友反目成仇的例子，卻也使平世絕無可能「交集」的不同職業背景的人們聚合在了一起。當時稱之為「戰友」的那一種關係，甚至當派仗結束後還有延續。在一些人的記憶中，那是一種與私利無關的純淨感情，此後再也不可能重複地體驗。「同一條戰壕」不一定是純粹的比喻，而是實況。這些准戰爭的參與者，不但體驗到平世所難以體驗的奇特激情，體驗到生死與共的「戰友」情誼，而且其中的曾受壓抑者，體驗了與同一組織中人「並肩戰鬥」的平等感。僅僅這種體驗，就

35　王超冰《父親王瑤》一文細緻地分析了王瑤應對故交對私人間交談的揭發而陷入的倫理困境。參看《王瑤與現代中國學術》頁593–599。

36　即在此前的政治運動中，也仍有「金石交」，高純度的金，與高硬度的石，如王淦昌之於束星北(參看《束星北檔案》)，堪稱古道、古風，也因此稀有而難能。

能鼓舞一個人從容赴死。事實確實也是，因出身而備受打擊者一旦
被接納，會成為最英勇無畏的「戰士」。陳家琪甚至說，「有時
候大家寧願永遠處於文化大革命的狀態之中，因為只有在那種狀
態下，一切才都是公有的，人與人之間不但有福同享，而且生死
與共」（《執着與迷惘——作為一種個人思想與情感經歷的文化大
革命》，《1966：我們那一代的回憶》頁316）。他對此解釋道，這
可能與他自己文革中與貧下中農的子弟們生活在一起有關。鄭州
「二七公社」搶軍械庫後，有中學生玩槍，失手打死了「戰友」的
弟弟。在「革命」的狂熱中，既無法律過問，死者的父母竟也不予
追究。「戰友」的份量，也體現在這種場合。[37]

　　事實是，種種撕裂與縫合，集中發生在了文革中。也是周一
良，在上文所引的那段文字後，接着說，在文革結束後的審查中，
「被目為『無恥之尤』的我，也並未顯得那麼『不可接觸』」，以
下即舉仍然保持正常往來的例子（《畢竟是書生》頁86）。據我的經
驗，文革高潮過後，人際關係修復即已開始，與1957年「反右」後
大有不同，亦世風漸變之一端。

　　近年來「背叛」、「告發」故事由深水中浮出，使1950–60年
代政治生活中隱蔽的醜陋面呈現，卻似乎無助於「撫平創傷」。[38]
聶紺弩之於告發他的友人，是稀見的例子（參看寓真《聶紺弩刑事
檔案》頁435–436）。聶剛腸嫉惡，卻又能不糾纏於個人恩怨。其嫉惡
或可及，闊達大度則不可及。聶是奇人，其奇，或無過於此的吧。

37　文革中的「戰友情」有可能包含極嚴肅的內容。如徐曉主編的《民間書信》一
　　集中「戰友」間相互勉勵的書信，其中就有1968年7月孫康致朱晨晨等人的信
　　（頁51–59）。也因相互期許的鄭重，事後會有對昔日「戰友」的深刻失望（參看
　　同書頁38）。

38　文革初期沈從文的大字報稿，駁斥了范曾對其「最有煽動性」的揭發（《表態
　　之一——一張大字報稿》，《沈從文全集》第二十七卷，頁172）。關於沈從文
　　與范曾，參看陳徒手《午門城下的沈從文》（刊1998年10月《讀書》雜誌）、張
　　新穎《沈從文的後半生》頁187–189、265–267。文革臨近結束的1975年范對沈的
　　無禮，已不便假借大義開脫。沈從文指為「得志便猖狂」的中山狼。有此種人格
　　缺陷者，文革中無不大行其道，成為社會病態的一部分，文革結束後仍有市場。

　　我想到了父親與某些親戚、母親與她曾經的閨中密友1949年之後關係的變化。存留至今的老照片中，有年輕的母親與同樣年輕的關姨的合影，有她們與其他女伴乘牛車郊遊時擺拍的照片。記得母親說關姨是滿族人，品味細膩，性情柔和。我家與鍾姨夫婦的合影上，鍾姨的丈夫眉目清秀。聽父親說，那個書生模樣的男人，曾供職國民黨某機構，1949年選擇留在大陸。1950年代初「鎮反」時，曾到父親任教的師範專科學校向父親討主意，父親建議他自首，卻仍被處決。那個朗聲說笑的鍾姨，從此不再出現在我們的生活中，她的下落也不記得母親提起，卻聽母親說到過關姨後來精神錯亂，曾赤身裸體跑到郊外草叢中。母親也是輾轉得知的。她與曾經如此親密的女友，竟完全斷了聯繫。我其實明白父母親的不得已與無奈——未見得只是為了自保，或更為了保全自己的家。

　　學生打老師，是更驚悚的故事，發生在文革之初，使得幾千年營造的「師道尊嚴」掃地以盡。打老師主要發生在中學——卻也不儘然，如吳宓在西南師範學院所遭遇。文革中，無論大、中、小學，學生對於老師的揭發批判以至羞辱毆打，一度成了尋常風景。我所讀回憶錄中，不止一篇寫到自己曾參與批鬥甚至對老師動過手（如收入《那個年代中的我們》的《流在心中的眼淚》等篇），最殘忍的打手卻迄未現身。[39]

　　魯迅提到過所謂的「可惡罪」。[40]在文革這樣的「群眾運動」中，眾人皆以其人為「可惡」，就有可能成為被打的理由——明白宣示的，卻不妨是另一種罪名。尤其在學生那裏。認定該老師「可

39　師生這一倫，前此的政治運動中即一再遭受重創，無論1950年代初的「三反」、「思想改造運動」，還是1958年「雙反」（反貪污、反保守），以至文革前夕的「社會注意教育運動」。王瑤「雙反」中就曾談到師生接觸時心存戒懼（參看陳徒手《文件中的王瑤》，氏著《故國人民有所思》頁188）。文革中學生對師長的迫害摧殘，造成的傷害難以修復。蒯大富就說到清華大學被傷害了的老師拒絕他的探視。

40　《可惡罪》，《魯迅全集》第三卷，頁494。

惡」，或許只因曾被其批評、處罰，或不過打低了分數。發生在中小學的暴行，往往基於如此簡單而直接的原因。

　　陸鍵東《陳寅恪的最後20年》所寫陳寅恪門下金應熙政治運動中的批判其師(參看該書頁254-257)，絕非稀有的例子。在當年並不需要怎樣的內心交戰、痛苦糾結，或不過順勢而為。[41]葛劍雄寫到譚其驤的學生以對其師的批判為表態，「以示與他劃清了界限」(《悠悠長水：譚其驤後傳》頁7)。為證「切割」之徹底，即不惜於過。學生(包括高足)揭批老師，入室操戈，確也能擊中要害。[42]吳宓於1965年的「社會主義教育運動」中被其所指導的助教揭發(《吳宓日記續編》第七冊，頁126、頁134)。較之他文革所遭學生的侮辱謾罵甚至因拖拽而致殘，那些揭發已是小小不言的事。[43]與其師以揭發批判「劃清界限」，所在多有，亦自古以來前所未有的人文景觀。這種運動對於師生一倫的塑造，影響於學界、知識界的生態，是值得深入考察的題目。凡此，無不證明了「傳統」的脆弱，不堪現實政治之一擊。但我仍以為「叛師」、「賣友」等說法不宜濫用。魯迅說「師如荒謬，不妨叛之」；接下來說，「但師如非罪而遭冤，卻不可乘機下石，以圖快敵人之意而自救」(《致曹聚仁》，《魯迅全集》第十二卷，頁185)。在文革的特殊情境中，無論對師對友，不落井下石，即已難得。那種壓力，非親歷者即不能體會。

41　陸鍵東該書關於陳寅恪與汪籛、陳寅恪與金應熙的敘述，均較平情，而不為苛責，也是一種尊重歷史的態度。

42　葛劍雄在該書中寫到了譚其驤在文革中領略的人情冷暖，其身邊的勢利小人(參看頁23-24)。季羨林《牛棚雜憶》一再寫到其及門弟子以至高足的中傷、落井下石，「聲調激昂」的控訴(如該書頁14、64、168-169)，亦歷次政治運動中司空見慣。

43　吳宓文革期間的日記，一再寫到被學生辱罵、威脅、毆打，被勒索錢財，甚至記下某個欺辱他的學生的樣貌衣着，即如着紅運動裝的男生。吳氏曾向工宣隊員陳述：「學生等，只緣宓最年老，恒喜以遊戲、侮弄之心情，在林中道上打宓罵宓」，令他不得不繞道而行(《吳宓日記續編》第八冊，頁616)。譚其驤也有被紅衛兵「借」錢的經歷。

　　王學典主撰的《顧頡剛和他的弟子們（增訂本）》，寫到政治高壓下師生關係的扭曲。如顧頡剛的高足1952年為「應付思想改造」而對其師「不得不作過情之打擊」（參看該書頁181–182）。對愛才若渴、特重師弟子關係的顧氏，這一種打擊的疼痛可以想見。但顧頡剛既與其師胡適「劃清界限」，其弟子與其「劃清界限」，甚至其弟子的弟子亦與其師「劃清界限」（參看該書頁177–178），原是順理成章的事，倒是顧氏的反應有時不免過於強烈。[44]

　　能自外於「時風眾勢」，事後被許為古風古道者，也有其人。劫難中固然有「也同歡樂也同愁」的夫妻，也有同樣動人的師弟子故事。最有古典風味的，就有劉起釪之於顧頡剛，劉節、蔣天樞之於陳寅恪，費孝通之於潘光旦，證明了（在有限的範圍裏）古道猶在，古風尚存（參看《顧頡剛和他的弟子們（增訂本）》第七章《顧頡剛與劉起釪》、陸鍵東《陳寅恪的最後20年》、楊奎松《忍不住的「關懷」》第三章《潘光旦的「思想」與「改造」》）。[45]弟子之於師，另有束星北的學生王景明（參看《束星北檔案》頁82–83）。趙越勝與其所私淑的北大哲學系教授周輔成，亦此類故事（參看趙作《燃燈者·輔成先生》）。或也正因亂世，才更有那份

44　顧頡剛對此歸因於自己過於愛才，「而其人一得社會地位之後即行反噬」（《顧頡剛日記》第十一卷，頁546、573、570）。前此的日記中提到某弟子，說：「險哉此人，渠為開脫自己計斥賣師友一至於此。」（《顧頡剛日記》第十卷，頁659）對此一公案，《顧頡剛和他的弟子們（增訂本）》有分析，認為該弟子對顧「感情未變」，「而且這種感情老而彌篤，至顧逝世後愈加濃烈」（頁218），可備一說。該書第五、六章，大可作為研究1949年後師弟子關係變異的文獻。卻也應當說，政治運動中的師生關係，不便簡單歸類。如顧頡剛與楊向奎、童書業；另如陳寅恪與汪籛（參看陸鍵東《陳寅恪的最後20年》頁99–103）。上述關係或有更深刻的悲劇性。汪籛、金應熙、劉節，由陳門亦可覘這一時期發生在知識界的分化。

45　陳寅恪1953年書面回覆邀其任職「學部」歷史所二所，說自己「要請的人，要帶的徒弟都要有自由思想、獨立精神。不是這樣，即不是我的學生。你以前的看法是否和我相同我不知道，但現在不同了，你已不是我的學生了」（《對科學院的答覆》，引自陸鍵東《陳寅恪的最後20年》頁112）。則是師道猶存、古道猶存的例子。

情感的深摯，為生當承平者難以體驗。[46]

長不再尊，師不再尊。應當說，文革對於等級秩序的衝擊，其意義並非一概負面。只不過某些衝擊，如弟子之於師，卻絕非以近代的平等觀念為根柢。與其他地域的華人社會比較，文革這一方面的後果尤其看得清楚。在被粗暴地踐踏之後，即使恢復了形式上的尊敬，內心深處的輕慢，至少在親歷文革的幾代人那裏，難以消除。我自己文革後再見到王瑤先生，稱「老師」竟有點兒不大自然。久已淡忘了的，有在北大中文系讀書期間的孔姓「年級主任」（亦「政治輔導員」）。這位畢業後留校從事學生工作的老師，想來很為系方所器重，文革前在同學中也口碑甚佳。年輕，出身好，黨員，成長順利。文革初期目睹此前擁戴他的學生的兇狠面目，打擊之沉重，更在慣受挫折者之上。此後不太久，孔姓老師突發腦疾去世。

回想起來我自己也不解的，是得知其病重的消息時似乎竟並未動心，自然也不曾到校醫院探視。文革使你不難習於苦難以至死亡。直至1976年後，才像是心防潰決。冷凍的「心靈」一旦融化，情感即脆弱到了不可收拾，動輒熱淚盈睫或淚流滿面。關於孔姓老師，卻依然很少記起。近些年年事已高，重又趨於冷漠，那個脆弱易感的1980年代多少有點令我懷念。

「溫情脈脈的面紗」是大批判中的常用語，典出《共產黨宣言》。中文譯文是：「資產階級撕破了籠罩在家庭關係上面的溫情脈脈的紗幕，把這種關係變成了單純的金錢關係。」文革中，「溫情脈脈」被用在了與此不相干的上下文中。階級鬥爭的情境中，「溫情」顯見得不合時宜。其時有所謂的「溫情主義」。當年北大哲學系學生陳煥仁，在日記中記某同學說，「溫情主義，調和主

---

46 不止弟子之於師，而且師之於弟子。即如顧頡剛對其弟子童書業的體恤。巫寧坤寫自己文革期間在難中，竟收到了其西南聯大老師沈從文的來信（《一滴淚》頁335）。

義，是一種危險的資產階級思潮。」（《紅衛兵日記》頁204）[47]

　　文革前的「社會主義教育運動」，吳宓即被揭發「常以黨所給之錢（月薪），匯助其地主親戚們，為數甚多」（《吳宓日記續編》第六冊，頁424）。壓力下吳宓不得不供述其「用工資經常匯助地主反革命親戚」（同書，頁433）。吳自奉儉約，卻長期「濟助」各地親友，「援救」及於亡友的子女，有時數額之大，超出了自己的「薪津收入」（《吳宓日記續編》第七冊，頁179），不惜四處告貸為人償債。受惠於他的慷慨的，就有土改中被殺者的遺孀、遺孤；被開除公職、無計謀生的「右派」。不但以錢財「濟助」，且以藏書贈人，均極慷慨。吳宓的同情心似乎是無限的，在「階級鬥爭」的年月尤其難能。此種美德在惡劣的環境中不免為人利用，即如被當作提款機，被迫應付無度的需索。或許在吳宓，這種困擾較之人饑人溺，稍易於忍受？[48]顧頡剛的愛惜人才，吳宓的濟助貧弱，均屬古風，可惜犯了「時代錯誤」。吳宓迂腐不通世務，在「濟助」一事上卻毋寧說思慮過細，為他人著想太周全。他會預作安排，對受助者叮嚀再三，且囑對方「勿有『報恩』之心」，「視助款只如風中一枝草管、地上一粒沙土」（《致金月波》，《吳宓書信集》頁342–343）。倒不全是出於「無私」，或更是怕因了對方的感恩，陷自己於更為不利的境地。不知吳宓因扣發工資中斷了對一些親友的接濟後，那些人何以為生。

　　吳宓的周邊也絕非荒漠。仍然有善意，有勸慰與同情，勸以順受，告誡以慎言。他的日記一再記述勞改組同人傳授「運動」經驗，為他分析處境，甚至冒了風險教以應對之策，關心及於他的營

47　周一良說自己雖然在政治運動中「誠心實意努力緊跟」，涉及自己親近的人，仍「不免真情流露」，因此而受到「溫情」、「立場不堅定」的批評（《畢竟是書生》頁49–50）。

48　吳宓文革中寫過《交代我的罪行：第十七篇 匯錢幫助地主及右派親戚》（見1967年3月8日日記，《吳宓日記續編》第八冊，頁62）。他的一再被扣發工資，致使難以維持正常生活，也與此種「罪行」有關。

養，建議他積儲錢財為異日生活計，使其相信種種不堪終會過去，只要活下去就有希望，證明了高壓下仍未失去人情的溫暖。吳宓對自己的處境有高度的感知能力，無論善意還是惡意，均點點滴滴地記錄下來，可見對善意與溫情的饑渴。

在文革受難者，一個眼神，一句問候，一聲「背地裏」的勸慰，都會成為慰藉、對人世的眷戀。吳宓對某軍宣隊員(他稱之為「許公」)「懷念」不置(《吳宓日記續編》第九冊，頁32)；說在某「學習班」(亦勞改隊)「管理及保護下，心安」，不願離去(同書，頁73)；記某解放軍外調人員「甚和藹，無責難，且曾對宓稱謝」(同書，頁4)。被直呼其名，呵斥、詬詈已成常態，稍許一點溫情(或不過客氣)，即足以令其人感激莫名。陳白塵《牛棚日記》1966年9月某日，記管理「牛棚」(「黑窩」)的張姓司機與自己談話十分鐘，「極感溫暖」；還說張的一席話，「勝過幾次鬥爭會，是自文化大革命以來，包括在南京所聽到的最動人的聲音，是與人為善的」(頁7–8)。同年11月某日，記勞動時某同志遞給一張凳子，「感到了人的溫暖」(頁13)。由日記看，陳當時無論對所在作家協會還是外調人員的態度，都極其在意。1968年1月10日，記軍委來人，「是外調者中最好的典型。一般漫談，不施壓力，善於誘發，暢所欲言……」(頁72)1969年2月18日，記軍宣隊某政委與自己談話十幾分鐘，給自己的「鼓舞」極大，「回北京以來，這是第一次聽到負責同志和我用親切的口吻談話」；說「遇到這樣的同志，即使有再大的罪行，也是願意向他坦白的」(頁128)。同年6月26日，記某政委問到他的身體狀況，「極感溫暖」(頁142)。受審查中的張光年，也極其敏於感受他人的態度，如誠懇與否，善意與否，是否「勢利」(參看其《向陽日記》)。[49]

---

[49] 至於能回到「群眾」的隊伍中，即使偶然的一次，也激動萬分。陳白塵記自己能與群眾一起上街遊行，「雖疲乏而興奮」(《牛棚日記》頁145)。郭小川1969年3月14日日記，也記能與「群眾」一起遊行，「興奮極了，時時都想流淚」(《郭小川全集》第十卷，頁379)。

　　2016年出版的徐方《幹校札記》，記述了「學部」經濟所的幾位同事、尤其張純音母女對顧準的體貼與幫助(按徐方即張純音的女兒咪咪)。楊絳《幹校六記》、《丙午丁未年紀事》，都寫到了由同事尤其年輕同事處感受的照顧。那也應當是錢、楊夫婦關於文革的最溫暖的記憶。[50]文潔若也寫到在自己「淪落為人人都躲得遠遠的麻瘋女後」，某同事向自己點頭致意，「露出跟過去一樣親切的微笑」，意識到「出版社畢竟還有像他這樣的同志，在神州大地，人性尚未泯滅」(《蕭乾與文潔若》頁178)。由一個(或許是禮節性的)微笑，竟引出了這樣的感慨。文革後接受審查的周一良，寫到一個紅衛兵對他的關照，說：「對在極端困難情況之下的人，給與稍微一點點同情，其份量都會遠遠超過給與者本人所能想像，所謂『饑者易為食，渴者易為飲』也。」(《畢竟是書生》頁63)吳法憲在其回憶錄中，也寫到為善意所感動，如秦城監獄管理人員的一句客氣話(《吳法憲回憶錄》頁912)，如送別時北京醫院醫護人員的「招手致意」(同書，頁926)：的確是點滴入心。[51]

　　人情寒暖，世態炎涼，在1950–70年代的政治運動中，被體驗到了刻骨銘心。1952年「三反」「五反」，即有對於目標人物家屬的動員(參看本書上編第七章附錄《楊絳的〈洗澡〉與1950年代初的思想改造運動》)。1957年「反右」，動員更其廣泛，不但家人父子，而且「同居女友」(參看沈志華《從知識分子會議到反右派運動》第九章《親朋好友的「背叛」》，見該書頁644–646)，[52]

50　1992年，楊絳《烏雲與金邊》法譯本在巴黎出版。「烏雲與金邊」即應包括嚴酷年代獲得的善意與溫情。

51　1957年被劃為「右派」的王造時，曾一再寫到領導與自己握手以至擁抱，對此感激莫名。說被對方擁抱時，自己「像觸了電一般，被感動得幾乎流下淚來」(《思想彙報——對黨的感情變化》，葉永烈編《王造時：我的當場答覆》頁269)。韓石山《李健吾傳》則寫了文革期間李健吾之於汝龍，楊絳之於李健吾，李健吾、汝龍之於巴金(見該書頁364–365、366、371–373)。那年月不乏受難者以沫相濡的故事。

52　該書寫到戴煌之妻對戴的致命揭發(頁644)，與羅隆基同居十年的女友浦熙修

全不顧及人倫的撕裂——或竟沒有這一種思路。即使如此，也仍有特例。1966年5月運動即將爆發之際，張元勳赴上海提籃橋監獄探望林昭，堪稱壯舉(參看張元勳《北大一九五七》，香港：明報出版社有限公司，2004)；文革後期司法人員朱靜芳由獄中打撈聶紺弩，更有古義士之風(參看寓真《聶紺弩刑事檔案》)。「傳統文化」的正面價值或正於此體現。

1957年的「反右」壁壘分明，文革期間則敵我瞬間變化，使一些宿敵有了同在難中的機會，於是就有文革結束後為人樂道的周揚、馮雪峰間的故事。回歸常態、常識、常情常理，也正在這個諸種荒謬被極盡形容的過程中發生。就人倫而言，修復的不止於文革造成的破壞，也有前此的政治運動中的破壞——非出於當局的「自我糾錯」，而是在理應的主導者缺位的情況下，社會肌體緩慢的「自我修復」。[53]破壞的後果也仍未消泯，即如近一時期被反復提到的社會生活中的「戾氣」。愛是一種能力，同情也是。古人所謂的「惻隱之心」看來並非「人皆有之」，至少在當代中國，尚有待培育。文革後弗羅姆(Erich Fromm)的《愛的藝術》、房龍(Hendrik Willem van Loon)的《寬容》等，充當了啟蒙讀本。當代中國固然缺乏「寬容」，古代中國也罕有與「救贖」有關的思路。文革後的中國人不但要學習「愛」，而且要學習「寬容」，學習「珍愛生命」。所有這些，豈不也是自我救贖？

倫理學也與法學、社會學，被作為「資產階級學說」，文革前即已處在取消、半取消狀態。強調道德的階級性，不承認普適的道德規範，導致了普遍道德水準的下降。道德教育陳義過高，而忽略基礎道德(如善待鄰人、更無論善待動物)，亦準備了有朝一日堤防

對羅絕情的揭發批判(頁646)。

53　社會關係的修復，既是達於極端後的回擺，也因恐懼的淡化。文革衝擊之廣泛前所未有，由己及人，喚醒了「同情心」、「同理心」。黃宗英說，「人，經過『文革』，還能相信這個世界，相信人群，相信自己，不容易，真不容易。」(《但願長睡不願醒》，《無罪流放》頁388)

潰決。「後文革時期」推動人性復甦——文學承擔了此種使命。試着大聲地說「美」，說「愛」，說性愛、親子之愛，等等，甚至像是一種誇張的姿態。近一時期陳小魯、宋彬彬等人向被傷害的老師公開道歉，[54]張紅兵公開懺悔，其意義當不止於為個人尋求救贖，亦「社會和解」的努力。儘管這種努力由民間發起，且被大大延遲了。至於當局為倫理修復而徵用傳統資源，力圖重建家庭價值，為此而重提家風、家規等等，不免過於功利，且對「傳統文化」未作區分。作為一種姿態，仍不妨暫且由正面看取。文革與1990年代以降的市場化，各在瓦解傳統的社會倫理方面起了何種作用，不同性質的作用間有無交集或纏繞，則是一片有待繼續開發的廣闊論域。

職業倫理屬公共道德，本宜於在別一題目下討論，這裏不過略及而已。

經歷過1950–70年代的，通常會記得「國營商店」售貨員、公交車售票員的冷臉。那張臉的確屬一個時代。文革更將職業道德政治化、階級化，鼓勵商業從業者的「反商業」的「文化」。在這種反常的氛圍中，商業活動雖提倡「為人民服務」，卻強調服務對象的階級屬性（即是否「人民」），而非服務的品質（亦職業倫理）；更以某種具體的服務（如「端盤子」）為被「剝削」。至於將某些具體個人排除在服務對象之外（如某些醫院的拒收「牛鬼蛇神」），甚至不惜違反「救死扶傷」的「人道主義」原則——「人道主義」已被批判，經過修訂的說法，是「革命的人道主義」。徐鑄成說，1968年其母親中風，癱瘓床褥，「按革命紀律，牛鬼蛇神家屬一律不許醫生上門診治」（《徐鑄成回憶錄（修訂版）》頁273）。陳白塵《牛棚日記》記阜外醫院因張天翼是「批鬥對象」而「拒不肯收」（頁135）。吳宓1972年8月2日，記校醫之「極端不負責任」，遠不如1953–1955年其妻重病住院時期之「態度、行為」（《吳宓日記續

54　學生向老師、向文革受害者公開道歉，並不始於陳小魯等人。參看2010年11月4日《南方週末》A1、A2、A6、E23版。

編》第十冊，頁157）。至於吳被批鬥時傷腿，要求到骨科醫院正骨復位，未蒙工宣隊恩准，致終身殘疾（參看《吳宓日記續編》第九冊，頁128），則是工宣隊嚴別敵我的例子。牛棚期間的季羨林因睪丸腫大不良於行，往返數小時爬到某軍隊診所，卻被拒診（《牛棚雜憶》頁106）。引發廣泛關注的師大女附中校長卞仲耘之死，據說也與醫院有意延誤治療有關。直至1975年，301醫院仍一度拒收黃克誠入院治療（《黃克誠自述》頁344）。原清華大學附中紅衛兵卜大華在接受訪談中說，文革開始後，「醫院基本上都有規定，凡是自殺的，如果沒有證明，一律不管」（《回憶與反思——紅衛兵時代風雲人物》頁58）。這裏還沒有提到郵局截留信件以配合運動，如吳宓所經歷。

　　讀到過一條有趣的文獻。明清之交，奴僕造主子的反，說既然皇帝已換，主子也就該伺候我輩了。於是主僕兄弟相稱，以示「平等」。更有意思的是，某地有嫁娶者，「新人皆步行，竟無一人為僮僕」（《明季南略》卷四《黟縣僕變》，頁270–271，中華書局，1984）。

　　文革對職業規範的破壞，屬所謂的「重災區」的，當為「服務業」。當時的上海，商業文化（包括服務業）之發達，據全國之首，也未能免於衝擊。[55]陳煥仁《紅衛兵日記》1969年5月23日，記所乘火車上「沒有乘務員，沒有廣播，沒有開水和飯」（頁684）。顧頡剛1966年11月6日的日記，記因自己家成「被鬥戶」，致「煤廠不肯送煤，板車不肯運煤」，感歎「群眾威力，斯可畏也」（《顧頡剛日記》第十卷，頁557）。[56]1967年5月30日去北海公園的餐館「仿膳」，見該餐館已改為「工農兵食堂」，「只有五六種聽選，

55　金大陸《非常與正常——上海文革時期的社會生活》據關於上海市國民經濟各部門職工人數及比例的官方統計，發現「關係並直接有利於人們生活的商飲服供、城市公用，科教文衛等職工比均下降」，可證其時該市的城市功能有所弱化（上冊，頁58）。

56　同年11月26日，「得居民委員會通知，許送煤矣。」顧氏感慨道：「為此事擾攘至一月之久，知無錢猶可，失去政治則不容於今世也。」（同書，頁567）

飯菜均須自己搬」，說「城鄉差別幾無存矣」（同書，頁680）。甚至「服務人員拒絕為住在北京飯店的外國人提供服務」（麥克法夸爾、沈邁克《毛澤東最後的革命》中譯本，頁78）。以某種服務(所謂「伺候人」)為卑下，淵源古老，至此卻與「革命造反」發生了關係。對於體力勞動，對於服務性行業的隱蔽的歧視，借了「革命意識形態」的價值紊亂浮現在了表層。[57]

1966年8月23日《人民日報》刊發新華社8月22日北京電，正面報道紅衛兵「向廣大服務行業的革命職工倡議，決不再給某些顧客理怪髮、做奇裝異服、出售和出租黃色書刊」。北京二中紅衛兵《向舊世界宣戰》一文，鋒芒直指「為資產階級服務的理髮館、裁縫鋪、照相館、舊書攤」，倡議「港式的髮型不理！港式的衣裙不做！下流的像不照！黃色的書不賣！」並對牛仔褲、「火箭鞋」、高跟鞋如何改造，提出極具體的建議(該文刊1966年8月26日《人民日報》)。同一時期紅衛兵街頭的「革命行動」，就包括了惡作劇式的攔截行人，剪窄褲腳、毀尖頭皮鞋、羞辱「飛機頭」、「奇裝異服」，等等。

職業倫理扭曲的後果，文革後仍有表現。事業單位有所謂的「九三學社」，即上午九點上班，下午三點下班。餐館不再由顧客為自己端盤子(「自我服務」)，醫院令家屬護理病患，卻延續了相當一段時間，迄今未能恢復文革前的服務水準。市場化中職業道德的敗壞，更由上述服務員到公務員，到素受尊敬的職業，如教師、醫生。[58]

文革期間的職業道德也仍不便作一概之論。即如上文提到的上

---

57 陳東林主編《1966–1976年中國國民經濟概況》寫到「破四舊」期間，一些傳統的服務項目被取消，「飲食業取消了服務到桌，理髮店取消吹風、洗頭、修面、燙髮，浴池取消擦背、搓澡、修腳等」(頁280)。被賤視的服務項目中，就包括了端盤子、擦背、搓澡、修腳、掏糞等。

58 倡導空洞的「共產主義新人」的道德，而忽略培養「職業道德」；不着力規範日常的職業行為，卻熱衷於形式主義的運動式的「學雷鋒」(如街頭問診)——更像是演出活動；既作為「政績」亦以之為宣教手段，其效果之有限已被驗證。

海。據金大陸《非常與正常——上海文革時期的社會生活》一書，上海的菜場營業，「起碼在運作方式上、在行為態度上，與『文革』前以虹口區三角地菜場為中心的優質服務經驗別無二致，那就是在管理上體現城市服務的有序；在服務上體現城市管理的水準。」（下冊，頁30）。同時，「圍繞着蔬菜供應與服務，存在着相當嚴重的『開後門』現象和貪污盜竊活動」（同上，頁33）。張戎寫自己送被打斷肋骨的父親去醫院，看到醫生「滿臉同情地輕輕觸摸父親」，「小心翼翼地為他檢查」，喉嚨竟哽住了：「仇恨、打鬥我已見得太多了，而愛心、溫柔卻太少太少」（《鴻——三代中國女人的故事》中譯本，頁288）。

　　「職業倫理」更與行業規範相關，基於該行業從業者的共識。發生在文革中的，不止於個人職業道德的敗壞——事實是，清者自清，濁者自濁——更是上述共識的損毀，不良從業者不能由「共識」監督、校正，久經形成的職業倫理失去了規範個人行為的力量。這種情況也延伸到「後文革時期」及其後。就服務業(如舊稱「八大員」中的售貨員、理髮員、炊事員等)而言，卻又像是在市場化、商業競爭中，才有了職業行為矯正的機會。最初，被善待甚至使慣看服務人員冷臉的人們「受寵若驚」。於是，一方面是假冒偽劣、坑蒙拐騙，是素稱高尚的職業聲譽的敗壞，一方面你有可能在餐館、酒店，享受到以往惟權勢者才能享受到的服務，只要你足額支付了錢款。商業社會發達的「社會服務」逐漸使你習以為常，對劣質服務的記憶隨之淡去。也像頭一回聽說自己「納稅人」的身份，你得知有所謂的「消費者權益」，儘管這「權益」的保障還有漫長的路要走。發生在社會這一層面上的變化，或者說，社會在混亂無序中的某些方面的進步，難免令你心情複雜。

　　局部的變化仍不足以消除破壞留在社會生活中的印跡。公德、私德的敗壞，無疑是文革後「社會潰敗」的近因。你隨處發現有那種「渾不吝」的人物。前一時由老人的失德引發討論，有人問是老

人變壞了，還是壞人變老了？據說中國遊客在國外為人側目的，多為中老年人；相信其中確有經歷了文革者變老了，仍未脫年輕時的痞子習氣。中國遊客帶出國的，是他們在國內就有的道德面貌；中國企業帶出國的，是他們形成於國內的企業文化。中國形象的改善，只能由重塑公民道德、職業倫理做起。

本節題作「『變』與『常』」。不消說無論「常」還是「變」，都難以訴諸統計學意義上的考量。也因此這題目想必還有相當大討論的餘地。

6.3 私人財物與「公物」

據說歐洲有私人住宅「風能進，雨能進，國王不能進」的說法，直到文革過去了數十年我才聽到。1954年通過的《中華人民共和國憲法》第十一條，「國家保護公民的合法收入、儲蓄、房屋和各種生活資料的所有權」；第九十條，有「中華人民共和國公民的住宅不受侵犯」云云。文革興起，上述承諾頓成具文。被「橫掃」所及的家庭門戶洞開，任由他人出入；私人物品任由他人毀壞、沒收。儘管前於此，「私有財產」之為「原罪」，早已深入人心，這一次縱容暴民明火執仗的侵犯、劫奪，仍在多數人的意想之外。

私人財物

對私人財產的「打砸搶」，文革初起時的「破四舊」，是一次集中的展演。1966年8、9兩個月，各城市抄家成風，任何紅衛兵組織，任何時間，以任何理由——甚至無需理由。[59]凡此，均被宣稱為「革命行動」。1950年代農村土地改革中的分田地、分「浮財」與集體化，城市個體工商業的「公私合營」，尚有政策(也即規則)

59　文革中的抄家甚至發生在中南海，即如對劉少奇實施抄家(參看卜偉華《文化大革命的動亂與浩劫》頁551)。

可循，「破四舊」則猶如戰勝方放任軍隊肆行抄掠，是不設限、無約束的。被侵佔、抄沒的，大如房產，小如私人物品(由手錶、現金、存摺到書籍文物)。「私有財產制度」既為革命的對象，紅衛兵的上述行動，即有了正當性。2007年《中華人民共和國物權法》艱難出臺，所應對的，既有近幾十年來愈演愈烈的強徵土地、暴力拆遷，更有長期意識形態宣傳與「私有財產」有關的觀念。利用公權力侵害私有產權的現象，自不會因此而終結。[60]

梁漱溟在文革後的迴溯中，說到所經歷的1966年8月24日的抄家，說中學的紅衛兵「來勢洶洶」，在其家「翻箱倒櫃」，把除毛與馬列著作外所有的書籍，「撕的撕，燒的燒」，將其曾祖、祖父和父親在清朝三代為官購置的書籍、字畫，梁本人珍藏的從戊戌維新到東西文化論戰的各家手札，統統付之一炬。把《辭源》、《辭海》扔進火堆時，說，「我們『革命』的『紅衛兵小將』，有《新華字典》就足夠了，用不着這些封建老古董。」(《梁漱溟自述》頁156-159)包惠僧收藏的陳獨秀一百多封信，「破四舊」中付之一炬(參看卜偉華《文化大革命的動亂與浩劫》頁239)。梁宗岱珍藏的瓦萊里十四封信、羅曼‧羅蘭的五封回信，連同字畫、其文稿均被焚毀(《中華讀書報》2016年12月21日第9版)。[61]《夏鼐日記》1966年8月26日，記考古所紅衛兵查封其家圖書、文件、存摺、存單等(卷七，頁238)。陳白塵1966年9月的日記，説張光年被抄家時，「宋、元版書籍和宋瓷都有損失。」(《牛棚日記》頁7)。沈從文曾被八次抄家，抄走了唱片等(張新穎《沈從文的後半生》頁192-193)。[62]抄家中抄沒的私人物品，尚有被某些專業人士

---

60 2016年11月27日，新華社受權發佈中共中央、國務院《關於完善產權保護制度依法保護產權的意見》，針對的有「利用公權力侵害私有產權、違法查封扣押凍結民營企業財產等現象」，仍有人批評該《意見》對私有財產保護力度不夠(參看同年11月30日《中國青年報》朱達志文)。

61 《何方自述》寫「破四舊」中主動銷毀影像資料與重要人物的手跡，包括「十多年跟張聞天在國內外的百餘幅照片」與張的大量手跡(頁320)。

62 季羨林《牛棚雜憶》中《抄家》一章可抽出，作為樣本。雖季家的被抄發生在

視同生命的文稿。《陳寅恪的最後20年》寫陳為避免文稿「再度散失」而預作安排，卻不能如白居易的將著作「別錄三本」、分藏三處，所抄寫、複寫者「終躲不過被『一網打盡』的厄運」（頁407）。

　　文革初期上海的抄家風潮中，「許多人被迫自行破壞珍藏的文物書畫。如名畫家吳昌碩後人，將許多字畫撕毀，當廢紙就賣掉一百多斤。著名畫家林風眠，將自己存留作品浸入浴缸、倒進馬桶。著名書法家沈尹默，將畢生積累的一大批明清大書法家真跡，以及自己的作品，撕成碎片，在夜深人靜時倒進蘇州河。」尚有大量的文物古董、名家字畫被抄家者作為「四舊」，當場燒毀砸爛(參看李遜《上海文革運動史稿》頁116)。這種情況在當年的中國，幾於易地皆然，損失無從評估。[63]

　　顧頡剛在1966年8月24日日記中，記紅衛兵在其居住區抄家，「東鄰金荷清(溥儀之姑母)抄出不少金條，吳瑞燕家掃地出門，西鄰某家被抄後，其夫於夜中殺死其妻，而後自縊」（《顧頡剛日記》第十卷，頁516）。[64]顧氏當年的日記，一再記所聞因抄沒財產(尤其房產)、斷絕生計導致的自殺(參看同書頁548、553)。10月22日，記侯外廬家為「學部」歷史研究所紅衛兵所封，侯「住入門房，而電影學院之學生竟撕封條，毀壞其古物，復搜括其錢財，至於無吃飯之資」（同書，頁549）。顧氏本人似較幸運，其所在研究所的紅衛兵，聞街道居委會將抄其家，急來封房(按即加封條。同

　　　1967年北大派仗之時，但地無分南北，時間也不限於運動初興，文革中的抄家大同小異，只不過「橫掃」中不但抄沒、破壞財物，且往往對人施暴而已。《譚其驤日記》1966年9月1日，記紅衛兵抄走舊唱片、小古玩等」（頁117）。

63　無可計量的損失，更是學者學者、藝術家書稿、畫作抄家中的毀壞散失。程千帆說對自己打擊很大的，是書稿文稿被紅衛兵抄走。失而復得，實屬幸運（《桑榆憶往》，《程千帆全集》第十五卷，頁33）。李健吾費盡心血所編《外國戲劇理論譯叢》抄家中被搬走，自此消失（《李健吾傳》頁366）。此種事例不勝枚舉。

64　同年9月10日：「聞金荷清家從地窖子中取去之金條已發還」（同書，頁528）。

書，頁519）；這種好意，顧氏後來才領會。[65]由日記看，顧頡剛雖於1971年就被委以主持標點二十四史的重任，卻直至1975年，單位才送還抄去的書畫古物，且於送還前曾送至故宮，未為接受（《顧頡剛日記》第十一卷，頁350-351）。[66]

吳宓日記則記有其「目睹心愛之書物不得取回，不勝傷心憤恨」（《吳宓日記續編》第八冊，頁124）。陳凱歌以為「抄家的用意，不僅使被難者在經濟上無立身之地，也因舊物的毀滅在精神上失了寄寓。許多老人在抄家之後故去，就是精神被摧毀的明證」（《少年凱歌》頁82）。[67]陳家也在被抄之列。當年的北京四中學生陳凱歌，一些年後回想那個日子，說自己眼看着被同學抄家，燒書，「沒有想到說理或抗議，也沒有想到怒斥或者索性用生命一搏」，他問自己：「如果那樣，會比現在更壞嗎？」（同書，頁79）

文革過去幾十年後，一些故事漸次浮出水面。蘇州「過雲樓」主人的故事，因2012年此藏書樓流出的書籍在拍賣市場上拍出了高價，才進入了媒體與公眾的視野。由此人們知曉了此樓主人顧公碩1959、1960年對珍藏文物古籍的無償捐獻，1966年「破四舊」中藏品的被洗劫，顧的被當街批鬥與自沉。也是在此前不久，人們記起了無償捐獻其無價藏品的張伯駒，張1957年與文革中的厄難。較之文物古籍的命運，更令人動心的，是人的命運，一代人文的命運。這種毀滅性的洗劫與1990年代商業大潮中猖狂至極的盜掘、走私，

---

65 文革中不但有「保護性」批鬥，亦有「保護性」抄家、封房，當事人對此通常心領神會。甚至有「保護性」的關押，使避開「群眾運動」的衝擊，無性命之虞。

66 顧氏1967年4月9日日記，記自家木器、衣服、瓷器、銅錫器等，由先祖傳下，至此即被其妻「斥賣」，自己也「任其所為」，「惟彼將文化遺產，如真定大佛寺攝影銅版亦以廢銅出賣，則深拂予心」（1967年4月9日日記，《顧頡剛日記》第十卷，頁652）。4月14日記其妻將其家數十年來賬本、禮簿也作為廢紙賣去（同上，頁655），顧氏痛惜而又無奈。

67 該書還說，「短短的幾個月內，全國範圍有總數幾百萬以上的家庭被抄，有的知名人士家竟反復被抄幾十次，白天黑夜擊門聲不絕於耳，真正是片瓦無存。」「被抄者的子女淪為盜賊乞丐者則比比皆是」（同上）。

使張伯駒、顧公碩一流人物終於成為古人。[68]

　　文物古籍之劫，四五十年代之交即一度發生。吳宓1952年作舊體詩，有「舊文蕩滅難藏壁」句，自註曰：「此間舊書，車載擔挑，售與造紙廠作漿，每斤一二千元。」（《吳宓書信集》頁312、313。按其時幣值，「千元」即一角錢）時吳宓在重慶。1951年2月吳宓出於文化信念與職業操守，寫信給其高弟、愛徒李賦寧，殷殷叮囑以耐心地「守護其所學」，珍視、保存書籍，說「中國舊書，今方以廢紙出售，大事銷毀」（同書，頁370–371）。[69]1949年後的此種文化災難，豈不值得以一部大書記述？

　　文革爆發未久，就有關於損毀文物、抄家中沒收私人財物（包括現金、存款、公債、黃金、金銀飾品、銀元、圖書、字畫、文物等）以至「沒收私房」、沒收其他財產。因作為紅衛兵運動的「戰果」，或較為可信（參看胡鞍鋼《毛澤東與文革》頁181–182所引材料）。據何立波《「文革」初期的破「四舊」風潮》一文，「在

68　據寓真《張伯駒身世鉤沉》，張捐獻八件國寶級文物之翌年，被打成右派分子。文革中遭批鬥、遊街，1970年被遣送至吉林農村插隊勞動，其時張已七十三歲。生產隊不予落戶，返回北京。住宅經抄沒，家徒四壁，無戶口，無糧食供應。後經章士釗周旋，周恩來批示，受聘為中央文史館館員（頁197、258）。張伯駒捐獻文物的不完整清單，見該書頁247–249。當局是否認為對如張伯駒這樣有重大貢獻的文化人有虧欠？關於當代中國的「文物捐獻」，捐獻者的隱曲與補償的微薄（甚至言而無信），參看同書頁250–255。沈從文也一再談到其無償捐贈文物，如收入《沈從文全集》第二十七卷的《上交家中破瓷器的報告》、《我為什麼研究雜文物》等。大收藏家及其藏品文革中的命運，想必已有專項調研。緣此可考1950–70年代涉及私人藏品（亦一種私有財產）的態度。文革中私人收藏之不受保護，亦如其他私人財物。文革後勃興的「鑒寶」、「收藏」，與傳統的收藏，已有底蘊、質地的不同。部分地由文革造成的文化流失，亦見之於此。

69　其時的文物古籍之厄，也因收藏家經濟拮据，力不足以保存其藏品。顧頡剛1952年日記，記著名收藏家吳湖帆「窮極，將珂羅版印書畫出售，每冊只一千元。今願以家藏銅器售與文管會，希望得一億元」（《顧頡剛日記》第七卷，頁225）。按一億乃當時幣值，相當於今一萬元。不尊重私人財產的，抄家的紅衛兵外，尚有低價收購的政府部門。因文革中的洗劫而殞命的大收藏家中，即有吳湖帆。

破『四舊』過程中，北京市有十一點四萬多戶被抄家，粗略統計，僅抄走古舊圖書就達二百三十五萬多冊，瓷器、字畫、古典傢具三項近四百萬件」，大批字畫、古籍被焚燒（《思想者》雜誌2006年第3期，頁109）。王年一《大動亂的年代》一書關於抄沒私人財物（包括黃金、白銀、現金、文物）、查抄、焚毀圖書、字畫、沒收私房，有統計數字（頁71）。所謂「據不精確統計」或「據不完全統計」，是留有餘地的說法，卻未必意味着會有較為「精確」、「完全」的統計。[70]

無論是否可稱「民粹主義」，中國從來不乏暴民「劫富」的傳統。阿Q式的「革命」，是農民戰爭中反復上演戲碼。無需「發動」，只消給一點暗示，何況來自高層的鼓動與縱容。文革中對私人財產的劫奪，儘管與任何意義上的平等要求無關，仍然包含了長期社會不平等中積蓄的能量。倒是事後那種對上述劫奪的來自知識人的辯護，更可稱「民粹主義」：自覺地利用「平等」的名義為「暴民政治」辯護。

仇富所激發的既有破壞欲，又有佔有欲──「革命行動」由此

---

[70] 卜偉華《文化大革命的動亂與浩劫》：「1966年8、9月，北京市……被抄家的有11.4萬戶。」「上海市的抄家更甚於北京。據不完全統計，從1966年8月23日至9月25日，上海全市被抄家的共15.77萬餘戶，佔全市總戶數的6.5%，有的人還被反復抄家。全市原工商業者幾乎無一倖免被抄了家。天津市被抄家的有12000戶。」（頁243）京、津、滬外其他城市抄家的情況，參看同頁註87。「據不完全統計，全國各大城市8月23日至10月3日，在抄家中共抄走黃金119.8萬兩，白銀1200萬兩，銀元978.9萬塊，美元355.8萬元，英鎊和其他外幣373.9萬元，現鈔、存款、公債券等4328萬元，金銀首飾1719萬件，綢緞和布95萬尺，文物約一億件，書刊524萬冊。」（同書，頁240）相關統計尚可參看楊繼繩《天地翻覆》頁259-260。據楊著，文革初期「破四舊」後，「清隊」中甘肅、江蘇、江西、湖南、廣西的部分地區有二次抄家，「經過這場『大掃除』，中國民間的黃金及銀元大致搜羅殆盡。」（頁608）蕭冬連《從撥亂反正到改革開放》，截止1984年，文革中被查抄的原工商業者（包括其他方面人士）約300萬兩黃金、700萬兩白銀、15萬件金銀製品和800萬枚銀元，按上繳銀行時的牌價作價退還；退還被查抄尚存的350萬件文物、字畫、珠寶、玉器、工藝品和264萬冊私人圖書。文革中被侵佔、沒收的私房，採取騰退歸還原主，或其他協商同意的辦法，有一半多得到解決（頁132）。

而變質。1967年3月20日中共中央《關於在文化大革命運動中處理紅衛兵抄家物資的幾項規定》，就針對了紅衛兵抄家物資不上交，抄家物資原物遺失或損壞，貪污、盜竊查抄財物、私自查抄財物等現象，大可相信有關現象的普遍性。將「抄家物資」據為己有（即私有），無疑是對革命純潔性的敗壞。其實假借大義遂其私欲，亦古往今來「群眾運動」中的常態，文革不過提供了近例而已。[71]

　　違反「一切繳獲要歸公」的「革命紀律」，侵吞抄家物資，上下皆然。康生囤積大量文物即一例。文革中隨處可見阿Q式的「革命」，以證阿Q的子孫綿綿不絕，魯迅作品持久的生命力。當年的紅衛兵徐友漁，看到那些有資格去抄家的同學，「一般左右手腕上各戴一隻手錶，甚至戴上一排」，「女同學身上有許多別致的繡花手帕」（《我在一九六六年》，《1966：我們那一代的回憶》頁34）——較之康生之類文物大鱷，實屬小巫。「牛鬼蛇神」的財物、私人物品自然更不受保護。當時的北京四中學生劉東，事後寫被該校關押的「牛鬼蛇神」，「手中僅剩的財物，成為紅衛兵巧取豪奪的對象，有的『借』手錶，有的『借』自行車」（《親歷者的見證》，北島等主編《暴風雨的記憶》頁156）。[72]陳白塵在日記中記「×××之流在抄家時，首先索取的書則是《金瓶梅》，在好多

71　抄家物資據為己有，參看譚放等《文革大字報精選》中《徹底砸爛貴族化的北京十一學校》一篇（頁582）。吳亮《我的羅陀斯——上海七十年代》也提到了所知「抄家物資」的去向之一，即舊貨店（頁147–148）。《戚本禹回憶錄》寫毛接見紅衛兵後打掃清理天安門廣場，擠掉的東西除鞋子等外，「還有大量的黃金和珠寶，足足裝了滿滿一大籮筐」，是抄家時裝入私囊的（頁475）。

72　程千帆說畢煥午的手錶被紅衛兵拿走，事後追究，學生說「他是右派」（《桑榆憶往》，《程千帆全集》第十五卷，頁33）。《譚其驤日記》1966年11月6日，記被紅衛兵「索去200元」（頁125）。吳宓日記中亦有類似記錄。據金大陸所寫1968年9月工宣隊對復旦大學學生宿舍、教授家的查抄，抄獲的「高檔生活用品」及銀元、存款、現金、珠寶首飾等，「失散現象」較嚴重（《非常與正常——上海「文革」時期的社會生活》上冊，頁236–237）。可知「幹沒」不止發生在「破四舊」期間。關於1968年工宣隊查抄高校師生的私人物品，另見李遜《上海文革運動史稿》，參看該書頁1178。據同書，上海「破四舊」中的抄家戰果，尚未下臺的上海市委書記說，僅黃金就是北京的十倍（頁113）。

人家亦都如此」（《牛棚日記》頁7）。想必覬覦已久，至此收入了
囊中。

　　1966年8月22日，「（北京）二十六中紅衞兵到《工人日報》社
要求印一個宣言，內容有三項：一、取消資本家的定息；二、所
有公私合營企業馬上改為國有；三、房產主的房屋，除本人住的
外，其他一律歸公。」（卜偉華《文化大革命的動亂與浩劫》頁
235）1966年9月24日中共中央轉發國務院財貿辦公室、國家經濟委
員會關於財政貿易和手工業方面若干政策問題的報告，決定將公私
合營企業改為國營企業，將資本家的定息一律取消，將合作商店有
條件有步驟地轉為國營商店（參看同書頁253）。涉及產權，處理方
式如此粗暴！[73]

　　1984年7月6日，中共中央落實政策小組召開擴大會議，要求清
退文革中查抄的物資，開放存有查抄物資的倉庫（包括文物倉庫），
物歸原主；退還文革中擠佔的房產。[74]此前的6月14日，中央統戰
部、全國政協機關黨組就起草制訂了《關於妥善處理「文化大革
命」中查抄財物遺留問題的意見》。此後落實政策，退還了抄家
中被沒收的部分私人財物——確也往往是「部分」。[75]也如歷次政

73　李維漢《回憶與研究》一書提到，「中央於1956年決定，定息七年，在1962年
　　結束。」（頁693）據楊奎松《中華人民共和國建國史研究1》頁505註2，「所謂
　　定息是中國在實行了資本主義工商業全行業公私合營後，對資本家的生產資料
　　進行贖買的一種形式，即不論企業盈虧，統一由國家每年按照私股股額付給資
　　本家5%的固定利息。從1956年1月1日計息，直至1966年『文化大革命』爆發
　　後停止發放。」「定息」於文革結束後是否恢復；1990年代「國企改制」中對
　　原資方企業或公私合營企業的原資方財產有何政策？

74　卜偉華《文化大革命的動亂與浩劫》：「北京市在文化大革命中被非法沒收的
　　私房達52萬間，其中私人自住房82230間。」（頁243）關於京滬兩地私人房產的
　　數量，尚可參看楊繼繩《天地翻覆》頁259。對原公私合營企業、合作商店是
　　否落實政策，資本家的定息是否恢復，待考。

75　蕭冬連《從撥亂反正到改革開放》：「據上海市民主建國會、工商業聯合會
　　的統計，在上海市的248名工商聯市委委員中，被查抄的有236人，佔95%。」
　　（頁130）據同書，「在各階層中，對民族資產階級在經濟上的退賠和補償較為
　　徹底，數額最大。各級政府堅決發還了原工商業者被查抄、凍結的存款，並且

治運動，仍然有「遺留問題」。據李遜《上海文革運動史稿》，「抄家物資集中堆放，沒有任何交接手續和賬冊」。「收繳597架鋼琴，後來都沒歸還原主」（頁116）。章立凡則說所知兩位被抄的老人，多次到「抄家物資清理辦公室」查詢，「永遠被告知『還沒查到』，窮愁潦倒中苦等到去世，也沒領回一錢一物」（《我的「低種姓」生活見聞》，《烙印》頁29）。直至2012年，民國教育總長傅增湘之孫申請公開文革被查抄文物清單，被有關部門擋在門外（參看《南方週末》2012年4月12日A8版《「為什麼我家的財產我不能知道」》）。有力的後人尚難討得公道，何況不擁有特殊身份地位者。但也較少聽說有追索不已者（「多麼好的人民！」）。劫後餘生，多半都沒了脾氣，何況又有「身外之物」之類古訓。劫奪據有他人財物，也如施暴致死致傷，事後均難以追究，也不鼓勵追究，有些甚至無從追究。

　　1950年代合作化中對農民「地權」的處置，是近年來「土地流轉」必須面對的難題。城市土地的國有化，有其演變過程。1982年憲法第十條第一款「城市的土地屬國家所有」，此種表述不見於1954年憲法。法學界人士認為，這種增改源於文革中紅衛兵的「革命行動」。[76] 上述涉及產權的政策、條款，在近幾十年的徵地拆遷

發給利息；恢復了他們原來的工資，並補發了『文化大革命』中被扣減的部分工資；允許他們領取應領未領的定息。」（頁131）關於文革後清退被查抄的原工商業者（及其他方面人士）財物的情況，參看2012年4月出版的《文史參考》第56期盛平文。

76　參看程雪陽《重新理解「城市的土地屬國家所有」》一文，刊2013年7月18日《南方週末》E31版。楊俊鋒《現行城市土地制度的來龍去脈》一文說，「最早主張一次將城鎮土地全部國有的，是『文革』開始後1967年11月4日國家房產管理局、財政部稅務總局關於『答覆關於城鎮土地國有化請示提綱的記錄』。」「親歷者回憶，當時『革命群眾』高呼『不交出土地證，砸爛你的狗頭』！並將收繳的地契上繳甚至直接付之一炬。不少人主動將土地證上交。」刊2012年7月12日《南方週末》E31版。1948年12月11日《中央關於處理礦產與城市房地產政策問題給中原局的指示》中說：「除公地及官僚資本與被法庭判決之戰犯的地產房產應予接收與沒收」，「其他私人地產房產均不應沒收，應承認其所有權，由市政府徵收一定之地產稅及房產稅」（《中共中央文件選集

中，一再成為「群體事件」的誘因。半個多世紀以來，無視「恆產」、「恒心」的古訓，以出諸「權宜」的考量為大經大法，對公民權益造成了無可補償的損害。近年來關涉「土地流轉」的政策討論，隱含了有關「合作化」的反思。凡此，均證明了有關話題在「脫敏」中。這真的是好消息。[77]

　　對私營工商業的打擊，由1950年代的「三反五反」、「公私合營」到文革，是一個有連續性的過程。[78]「三反五反」期間的顧頡剛日記，一再寫到因當局的刁難其所在私營書局經營的艱難（《顧頡剛日記》第七卷，頁196、197、199、201）。說受「三反五反」影響，上海書業五分之四無法維持（頁239）。或也因此，勢不得不交出私產，以「公私合營」為出路。抵抗「公私合營」者，苟延殘喘了一時，到文革即遭遇滅頂之災。楊曦光《牛鬼蛇神錄——文革囚禁中的精靈》所記盧瞎子即一例。文革初期「破四舊」的紅衛兵小將不但仇富，仇商，而且仇及小商販及其他個體經營者以至個體勞動者。顧頡剛1966年9月5日日記：「凡私人營業，如磨刀、補鞋之微亦在制止之中」，「房租、定息、金銀珠寶，皆不許私人有所沾濡」（《顧頡剛日記》第十卷，頁526），以此「杜絕資本主義及修正主義」。顧氏記某牙醫私人營業，因技術高，曾門庭若市，文革中，「家產全部被抄，亦不給以醫院位置，其生活遂困頓若乞丐，向人借數元以自存」，顧氏說「此單幹者之下場也」（同上，頁546）。以最簡單粗暴的方式變更所有權，取締私人以至集體的商

77　農民的地權與「合作化運動」，參看唐宗焜的《合作社真諦》（北京：知識產權出版社，2012）。

78　楊奎松《中華人民共和國建國史研究1》：「受『三反』、『五反』運動的影響，公私關係的改變尤其重大，私企私商的信譽在公家人的眼裏，幾乎蕩然無存。而國營、公營，包括公私合營企業的規模以及生產能力則日漸壯大，無論原料採購、加工訂貨，還是產品銷售及價格方面，都處於絕對優勢地位。國營商業更是全面控制了市場各種產銷渠道，幾乎掌握了私企私商的命脈，私營企業的生存空間已經十分狹小。」（頁363）

業活動，麥克法夸爾、沈邁克《毛澤東最後的革命》提供了一例：江西省「清隊」期間，「關閉和解散了全省所有的合作商店和零售店，撤銷了所有小商小販的營業執照。小商小販（大約15900人）和集體商店的大約三分之一的員工（18800人）被安置在農村」（中譯本，頁265–266）。[79]「公私合營」演變為國營，數十年後部分國企改制，又回到了私人。只是此「私人」已非彼「私人」。「改制」中的受益者，正無需知曉誰是那一企業曾經的主人。[80]

79　《關於建國以來黨的若干歷史問題的決議》中有「對手工業和個體商業的改造要求過急，工作過粗，改變過快，形式也過於簡單單一」的表述。至於「把原為勞動者的小商小販、手工業者從原資產階級工商業者中區別出來」，對於受到打擊的上述人群，似乎還不夠。倘認真「落實政策」，應不止於此。

80　據《黃克誠自述》，紅軍時期「缺乏明確的城市政策。為了籌款，曾把長沙城裏的資本家、商人統統抓來，以殺頭和燒房子相要挾」（頁88）。1948年12月11日有《中央關於處理礦產與城市房地產政策問題給中原局的指示》，收入《中共中央文件選集（一九四八）》第十七冊。該指示有如下內容：「除公地及官僚資本與被法庭判決之戰犯的地產房產應予接收與沒收」，「其他私人地產房產均不應沒收，應承認其所有權，由市政府徵收一定之地產稅及房產稅」（頁557）。關於私營企業、「公私合營」商店在文革中，參看李遜《上海文革運動史稿》頁102。據該書，衝擊甚至及於私人診所、畫室。關於搶佔私人房產，參看該書頁655–656。王年一《大動亂的年代》據1966年10月毛主持召開的工作會議印發的「參考材料」，其中有「沒收了一批剝削階級的不義之財」等內容，說：據統計，全國各城市截至10月3日為止，「沒收黃金118.8萬兩」（頁100）。私人財產不受保護，文革前已然。楊曦光《牛鬼蛇神錄——文革囚禁中的精靈》有《盧瞎子》一節，記1964年推行城市私房改造政策，將城市所有私人房屋「改造」為國家所有，「盧瞎子的商業樓房和他的私人住宅被正式充公。他反過來要向政府交房租住他自己的房子」（頁31–32）。這種房子即屬所謂的「經租房」，即由國家進行統一租賃、統一分配使用和修繕維護的原屬私人的房產。「經租房」作為「歷史遺留問題」至今未獲解決。至於三門峽水利工程、新安江水電開發等大型建設項目中對私人財產的處置，或將永遠湮沒在歷史歲月中。由此而被改寫的家庭與個人的命運，是否還有迴溯的可能？依據2004年憲法修正案，修改後的憲法第十三條，有「國家依照法律規定保護公民的私有財產權和繼承權」。不惟文革後的暴力徵地、拆遷，近年來「首善之區」強行驅離「低端人口」，對公民財產權的踐踏，沿襲的不仍然是權力一貫的蠻橫與傲慢？

「公物」

私人財物不受保護，文革前已然。「公物」卻界限明確。相關教育的成效，文革中得到了一次檢驗。

紅衛兵運動興起後的「造反行動」，首當其衝的，就有中小學的教學設施，與城市的市政設施。我1972年春到鄭州的一所中學任教，那學校的教學樓上，幾無完整的窗玻璃。事後看來不免令人詫異的，是在持續十幾年的「愛護國家財產」、「愛護公物」的宣傳教育之後，青少年竟如此輕鬆地越過了這條底線。

有人寫到所見「破四舊」衝擊下的國營商店，「絲綢被扔在地上，踏在腳下；各種化妝品，被丟在大街上，甚至連痱子粉都成了資產階級的奢侈品」（穆靜《坐「革命車」所見》，者永平等編《那個年代中的我們》頁382）。在當年，這更是道德的清潔運動。將奢侈品傾倒在馬路上恣意踐踏，所踐踏的，是被認為「不正當」（即不道德)的生活方式——抄家者據為己有的，卻正有高檔消費品。

文革初期曾一度在「中央文革辦公室」的王廣宇說，外地紅衛兵發給「中央文革」的電報，有「長達幾米的電報紙」（《中央文化革命小組的辦事機構》，閻長貴、王廣宇著《問史求信集》頁5）。[81]所謂「慷國家之慨」，此之謂也。超常的電文或被認為足以彰顯「小將」的氣概。

「慷國家之慨」的，更是最高當局。1966–1967年的「大串連」，堪稱一擲千萬金的豪舉。[82]到1966年11月底，毛連續八次接

81　當年的復旦大學學生安文江在回憶中說，聽到電報大樓播送「凡拍發毛主席接見內容的電報概不收費」的通知，自己「一口氣連寫四份，每份電文都長達四百多字」（《我不懺悔》，周明主編《歷史在這裏沉思——1966–1976年記實》第五卷，頁307）。

82　參看1966年9月5日中共中央、國務院《關於組織外地高等學校革命學生、中等學校革命學生代表和革命教職工代表來北京參觀文化大革命運動的通知》。偉大領袖一時興起，卻由公共財政買單。事先預算，事後未聞有明細賬。王年一《大動亂的年代》說，此舉「使國家花掉了數以億計的金錢」（頁78），未知有無可靠數據。至於麥克法夸爾、沈邁克《毛澤東最後的革命》所寫因大串連導

見全國各地師生與紅衛兵，人數累計達1100多萬人次，財政支出之大，僅憑常識也不難想像。金大陸《非常與正常——上海「文革」時期的社會生活》據上海市關於「大串連」期間錢、糧出入的清理情況認為，「借東西要還」的正常的道德判斷和社會情感還存在，而「遲還」、「不還」也證實了「社會集體心理已發生的蛻變和扭曲」（上冊，頁154）。[83]對「大串連」由物質方面考察，金大陸該書提供了一個樣本。陳徒手依據檔案，考察當時北京的市政機構應對此種非常情勢的諸項舉措，也涉及了豐富的物質細節（《紅衛兵大串聯北京接待記》，刊《炎黃春秋》雜誌2013年第12期）。當年的工人陳益南在其回憶文字中，寫到了京城郵電招待所「文革接待站」的慷慨：借錢手續「非常簡單」，無需證件，「你要借多少，他們就發你多少」，而與他同行的工人則尚能誠信，即如不填假名字，過後還款（《青春無痕——一個造反派工人的十年文革》頁79）——由此亦可覘世風。[84]這類物質層面的事實，或將被繼續披露，以還原這段歷史的樣貌。

至於「大批判」的物資消耗，至今尚被忽略不計。金光耀說，僅1966年6月份，復旦大學僅貼大字報即用糨糊七千斤、白報紙五百令，墨汁則是成桶成桶購買的（《一份重要的歷史資料》，

致疫病爆發（參看該書中譯本頁128），當時未聞報道，事後也未見記述。

83　與「大串連」有關的賬單，免費交通、提供食宿、發放衣被，不過是大項，其他雜項支出尚多。據金大陸同書，大串連期間，上海方面向外省市接待單位所借「預計糧食一千萬斤以上，現款也有幾百萬元」；同時，上海市向外省市師生借出糧食二千萬斤，現款五百萬元。一向務實高效的上海，於1967年7月曾由市革委會啟動「清理大串聯錢糧物往來工作」。「據當時的統計數據，上海已收到各地轉來的單據『計有糧五百萬斤，款三百餘萬元』。後現金單據又增至『四百萬元』」（上冊，頁150–151）。上海以外地區是否做了類似的物資財務清理，待考。至於由「革命串連」演變為免費旅遊，或旅遊並購物，由該書所引上海一地的有關文獻，不難推知其他（參看同書，頁68）。陳徒手《紅衛兵大串聯北京接待記》、吳德晚年的口述《十年風雨紀事》，均有關於「大串連」期間北京市政當局艱難應對的敘述（見該書頁31–32）。

84　該書也寫到了該招待所「清理文革物資小組」兩年後催還借款的情況（同上）。

《書城》雜誌2014年3月號，頁84）。顧頡剛在1967年5月18日的日記中提到，由兒輩處得知，有人統計，由運動開始到當時，僅北京一地，「所用於大字報之漿糊紙張，已達十二億(元)」（《顧頡剛日記》第十卷，頁673）。其時似乎沒有「公共財政」的概念，只知有「國家財政」，而「國家」略等於黨和政府。如若想到文革時期農村地區的貧窮，那種一擲千金的氣概，不能不令人慨歎。文革隨處可見的對「公共財物」的揮霍，也是一種「教育」，足以抵銷此前「愛護公共財物」的教育而有餘。

　　1967年3月16日中共中央、國務院、中央軍委發佈《關於保護國家財產、節約鬧革命的通知》。同年6月1日中共中央、國務院、中央軍委、中央文革小組發佈《關於堅決維護鐵路、交通運輸革命秩序的命令》。9月13日，又發出《關於嚴禁搶奪國家物資商品，衝擊倉庫，確保國家財產安全的通知》。所針對的，只能是是日趨高發的事實、漸不可控的事態。由1975年3月5日《中共中央關於加強鐵路工作的決定》可知，直至其時，尚有「阻攔火車、中斷運輸、損壞列車和鐵路設施」，「製造事故、殺人搶劫、煽動停工停產、煽動哄搶物資、盜竊鐵路器材」等事件發生。[85]文革後一段時間中的類似亂象，即由此而來。至於派仗中工礦企業停工停產，大規模武鬥中軍工企業為「群眾組織」提供武器裝備，軍用物資(包括「援越」物資)被哄搶、「徵用」，所造成的經濟損失，僅能讀到遠非完整準確的統計數字。[86]文革的

85　1966年11月上海造反工人攔截火車，受到中共高層的肯定(參看李遜《上海文革運動史稿》第九章)。上海「安亭事件」前，已有多次攔截火車事件發生(參看該書頁310註19)。

86　由1968年7月3日中共中央、國務院、中央軍委、中央文革小組發佈的《佈告》(即《七‧三佈告》)、同年7月24日發佈的《佈告》(即《七‧二四佈告》)，不難想見武鬥期間對於公共設施、公共財物破壞規模之大、破壞方式之多樣、破壞程度之嚴重。關於文革中盜竊、搶奪鐵路倉庫、貨場、火車上的運輸物資，破壞鐵路、毀壞橋樑的情況，參看胡鞍鋼《毛澤東與文革》所引材料(該書頁272及註)。重慶大武鬥造成的直接經濟損失達一億元，全市工農業總產值較1966年下降19%(何蜀《為毛主席而戰——文革重慶大武鬥實錄》頁347–

「經濟賬」也如「政治賬」，迄今未得到充分的清理。

　　私人收藏既如上文所說，「國家文物」也在劫難逃。因係有組織有目標(針對「舊文化」)的破壞，較之戰亂，猶有甚者。書籍的損毀也較戰亂更甚。最引人注目的事件，是北京師範大學群眾組織對孔府的「造反行動」。宗教文物外，大量毀壞的，尚有名勝古跡，古建築。據王明賢、嚴善錞《新中國美術圖史1966–1976》，「1958年第一次文物普查中北京保存下來6842處文物古跡，在80年代第二次文物普查中，竟有4922處被毀，其中絕大多數毀於『文革』中。被毀的文物古跡中，最嚴重的是古代建築、各種塑像和石刻石碑。共計有200多處古建築被拆毀、拆除，700多尊佛像被砸毀，120多塊石碑被毀」(頁6)。這裏的統計尚限於北京一地。[87]由此開啟的盜掘、走私，文革後愈演愈烈。文物的

---

　　348)。對此，重慶當地政府至少有初步統計(如何蜀該書所引《重慶市志》、重慶市公安局史志辦公室《重慶公安大事記(1949–1979)》)。據徐勇《韋國清剿殺四二二派》一文，僅軍隊對南寧一派群眾組織武裝鎮壓造成的國家財產損失，即達6000萬元以上(《文革大屠殺》頁249)。另如晉東南、西安、成都、保定一帶的大規模武鬥，造成的物質損失，尚未見統計數字。陳東林主編《1966–1976年中國國民經濟概況》總結文革造成的國民經濟損失，其中「武鬥、造反、打砸搶、停工停產」造成的物質損失雖「有形」且「巨大」，卻「無法計算總量」(頁362)。

87　有關情況尚可參看卜偉華《文化大革命的動亂與浩劫》頁234–235。發生在河南洛陽、山東曲阜、冠縣的文物破壞，參看同書頁237。關於文革中發生於北京地區的毀壞文物(包括宗教文物)、古建築、古籍，同書有統計材料(見該書頁234–235)。與文物古跡破壞相關的統計，尚可參看楊繼繩《天地翻覆》頁261、麥克法夸爾、沈邁克《毛澤東最後的革命》中譯本頁133–136。《毛澤東最後的革命》一書說：「今日不為人們大加承認的是，至少對部分公共財產的毀壞活動是有組織的，是得到官方支持的，有的當地政府就是同謀，有的中央領導人負有直接責任，如周恩來。」下文錄有廣東佛山市政府下達的一項與破壞文物有關的命令(中譯本，頁135)。被破壞的不少文物價值連城，古跡更是無價的。中央文革與譚厚蘭等在曲阜的「革命行動」的關係，參看《戚本禹回憶錄》頁505–506。何立波《「文革」初期的破「四舊」風潮》、丁抒《中華國恥：文化大浩劫之焚寶錄(節錄)》及附錄的《文革中被毀壞珍貴文物不完全清單》，均刊《思想者》2006年第3期。兩篇文字中有諸項統計數字，來源不明。本應由權威機構清點與發佈的統計數字，至今似尚無消息。

破壞與流失，損失之鉅，較「破四舊」更有過之。[88]

　　橫遭洗劫的，尚有各地各級圖書館。文革中在成都的解全，說武鬥逐漸升級時，該城的某處竟出現了一個「自由舊書籍市場」，其中出售的，就有紅衛兵抄家抄來的書，從各種圖書館偷來的書（《我在文化大革命中的經歷》，《1966：我們那一代的回憶》頁154）。張戎的《鴻——三代中國女人的故事》關於這個「書籍黑市」及其間進行的交易，有更細緻的描寫（參看該書中譯本頁298-299）。顧頡剛1967年3月19日，見北京圖書館、中國書店、故宮博物院、科學院圖書館、歷史博物館諸文化機關造反派共同署名之大字報，「勸人們保護古書及字畫，勿事毀壞，俾得留存精華，批判糟粕」（《顧頡剛日記》第十卷，頁640）。可惜的是，這種清醒、理性的聲音，在「革命」狂潮中總顯得過於微弱。[89]

　　有趣的是文革回憶者敘述當年偷書經歷時的輕鬆坦然，似乎一致如孔乙己似的以為「竊書不能算偷」，至多不過「雅賊」的行徑。當年的北京中學生曹一凡事後回憶說，當時自己所擁有的書，有些是同學由圖書館「順」來的；「到別人家看到如意的，順手牽羊，沒有偷與被偷的概念」（《留在北京》，《暴風雨的記憶》頁352）。朱正琳《裏面的故事》也寫了到各個學校的圖書館偷書（頁188）。當時武漢的大學生魯禮安，說自己文革中不止一次扮演過「樑上君子」的角色；除因買不到、借不到書外，也因認可了孔乙己的那套「歪理」（《仰天長嘯——一個單監十一年的紅衛兵獄中

88　文革後期即已興起的對地下文物的瘋狂盜掘，與文革初期對地面文物的破壞，有「意識形態」背景之不同。前者更是商業行為。證明了文革十年未過，「文革意識形態」已瀕臨破產。盜掘與「破四舊」造成的破壞何者更甚，難以論定。可以相信的是，盜掘造成的破壞多屬永久性、不可修復的。這種破壞延續到「改革開放」，規模更有擴大。房地產開發中出於經濟利益的蓄意破壞，也如中共建政之初的拆毀城牆，令人痛心疾首而又無可奈何。

89　麥克法夸爾、沈邁克《毛澤東最後的革命》一書說，「到文革結束之際，中國1100處縣級或縣級以上的圖書館，三分之一已經關門，僅在遼寧、吉林、河南、江西、貴州五省，就有700多萬冊圖書遺失、失竊或者毀壞。」（中譯本，頁136）

籲天錄》頁228）。[90]這應當是魯迅寫作《孔乙己》時始料未及的。

　　遊戲態度不止在偷書之時。上文所引曹一凡的回憶，還寫到為進北京圖書館而塗改介紹信，為「逃避上山下鄉」製造疾病對付體檢，畫假月票乘公交車等，均如頑童的惡作劇。徐浩淵也曾回憶過當年的種種「怪招」，即如熱衷於「實用工藝美術」，畫內部電影票、月票，甚至給蓋過郵戳的郵票塗色，重新使用（《詩樣年華》，收入《七十年代》）。插隊期間我也曾跟了幾個知青無票乘火車，還記得被檢票員抓獲時的狼狽。文革期間上述「青少年亞文化」中包含的破壞性，「後文革」時期繼續發酵，也值得作為考察的題目。對規則的蔑視、對界限的逾越，多少出於玩世心態：以亂世為不值得鄭重對待、不妨和光同塵的那種態度。

　　有當年的紅衛兵說，「我們砸毀了除思想以外的幾乎所有的東西」（《流在心中的眼淚》，《那個年代中的我們》頁443）。另一位也說，「那會兒好像除了思想，其餘都在可破之列」（《剃過光頭》，同書頁440）。「其餘」，就包括了公德。說「砸毀了除思想以外……」也並不準確。對於文革這一運動而言，最要「砸毀」、破除的，不正是除某種思想外的「思想」？

　　這一時期演成風氣的公物私用、私有，遠不止此。有人說他所知文革中的逍遙派，「養魚的從工廠偷回角鐵、玻璃、膩子等物做魚缸；養鳥的從單位偷回銅絲銅條製作精美的鳥籠子；養花的花盆不是從單位拿回來的，就是直接去公園看哪盆花好就將它搬回家中。」（關聖力《屠鴿》，《那個年代中的我們》頁20）。另有人寫自己所見本廠工人盜竊「國家財產」，「開始時還僅僅是小打小鬧地偷着幹，比如，把車間的墩布的木把卸掉，把布拿回家紮個墩布

90　者永平等編《那個年代中的我們》一書中，有不止一個作者寫文革中偷圖書館書的故事。吳金良《兩次偷書的經歷》一文，小標題即有「第一次偷書，沒有半點當賊的感覺」。「李一哲」之一的王希哲也曾自述「偷書」的經歷，所偷的書包括《三個國際的歷史》、《托洛茨基傳》、《聯共布黨史》、《經濟學辭典》等（參看宋永毅、孫大進《文化大革命和它的異端思潮》頁63）。

自家用；比如當時車間裏報失的工具基本上是鉗子、改錐和鋼鋸。
工人們一上班便開始忙乎，有人用有機玻璃做香煙盒，有人用不銹
鋼做勾針討好女人，有人做各種樣式的帶小孩用的自行車座，有人
則為安樂小屋做檯燈。」「後來，工人們的膽子更大了，開始做菜
刀、寶劍，做木工工具，做大型魚缸，做自行車，做傢具，做門
窗，做沙發，更有甚者，連廠裏的暖氣片和鋼板、盤條大宗大宗地
往外搬。開始還偷偷摸摸地掖着藏着，後來就順着圍牆往外扔，再
後來就公開地搬運。有的單位，司機、庫房管理員、門衛、搬運工
串通一氣，明目張膽地從工廠大門向外運貨，成噸成包的鋼板、木
材、水泥流到黑市上，流到了地上，流到了自己的錢包裏。」（方
繼紅《公物還家》，同書頁462-463）文革前嚴於公私之辨的風氣
中，上述「公共財物」即使不能說「神聖」，亦絕非普通百姓所敢
覬覦。「工人是工廠的主人」的宣傳，文革中竟以此種方式落到了
實處。匈牙利經濟學家雅諾什·科爾奈說，「所謂『全體人民的財
產』在本質上僅僅是意識形態上的一種說法而已，它根本沒有說明
經典社會主義的國有企業的實際產權關係」（《社會主義體制——
共產主義政治經濟學》中譯本，頁69）。說穿這一點，在中國至今
仍然需要勇氣。[91]

　　農民對於「集體財產」的態度與此相似。楊絳《幹校六記》寫
到幹校所種糧、菜及其他物品為當地農民劫奪。我所在村子裏的村
民，收甘蔗吃甘蔗，收芝麻則連吃帶拿，大把大把的芝麻粒兒往嘴
裏填往衣袋裏塞；甚至生吃茄子，凡能「入口」的無不吃，公然坦
然，集體/個體界限幾不存在。竊鉤者誅，竊國者侯，自古已然。
想到當權的大奸大惡，眼見得鄉村的貧窮，這類損公肥私的行為，
確也只能算是小小不言。

　　也始終有破壞與搶救、保護間的較量。北京一些中學的紅衛

91　莫里斯·邁斯納《毛澤東的中國及後毛澤東的中國》一書說，「文化大革命不
　　曾預期到的結果之一是破壞了工礦企業中的集體主義、道德觀念、紀律和促使
　　人們奮發工作的動力。」（中譯本，頁479-480）這當然是多種原因造成的。

兵曾醞釀衝擊故宮，周恩來指示關閉故宮，並派軍隊保護（卜偉華
《文化大革命的動亂與浩劫》頁231）。「據不完全統計，北京僅從
各個煉銅廠就搶救出各類金屬文物117噸，從造紙廠就搶救出圖書
資料320多噸；從各個查抄物資的集中點挑揀出字畫18.5萬件，古
舊圖書235.7萬冊，其他各類雜項文物53.8萬件。」（同書，頁235）
中共洛陽市委對龍門石窟的保護，參看同書頁237。閻長貴說他文
革後所見安徽亳縣花戲樓的磚雕、木雕，是因當地駐軍用泥巴將
雕刻糊上，上寫「偉大領袖毛主席萬歲」，才得以保存的（《「文
革浩劫論」不容否定》，《問史求信集》頁398）。當時北京四中
的學生劉東就得知，「破四舊」期間，既有圖書館「燒『四舊』
書籍」，又聽說「全市的圖書館都在收集古籍」（《親歷者的見
證》，《暴風雨的記憶》頁160）。這種博弈、爭奪或許在許多地方
發生，只是不能都見之於記述。

　　輿論稍稍放開，塵封已久的某些往事開始浮出水面。有人寫到
了1976年唐山大地震廢墟上的搶劫風潮（參看2011年第11期《文史
博覽》錢鋼所撰文）。由該文看，搶劫者公私通吃，無所不敢搶。
該文還引用了有關的統計材料：關於地震期間唐山民兵查獲的被哄
搶的物資，包括糧食、衣服、布匹、手錶、乾貝、現金等等。[92]

　　文革期間的上述亂局，文革後的一段時間裏仍在延續：由盜竊
城市街道的窨井蓋、護欄、電纜電線，到鐵路、公路沿線對運輸物
資有組織的哄搶，到輸油、輸氣管道上的油耗子、氣耗子，到國企
「改制」中對國有資產的鯨吞。至於公然當街兜售可供報銷的「發
票」及其他單據，商場為購買私人物品者開具「辦公用品」報銷
憑證，更是司空見慣，人們也恬不為怪。城市居民的偷水偷電，則
防不勝防。由此看上去，發生在文革中工廠農村的公物私用、化公
為私，其意義之嚴重，更在某種價值觀、普遍道德規範的崩解；而

92　麥克法夸爾、沈邁克《毛澤東最後的革命》寫到1972年10月31日北京市民「挖掘
　　並運走了種植在人民英雄紀念碑周圍的帶萬多株裝飾性的花木」。該書認為「天
　　安門廣場的挖運花木事件象徵着社會主義控制力的崩潰」（中譯本，頁380）。

那種價值觀、道德規範，是1949年之後辛辛苦苦營建起來的。應當說，文革中一再批判「經濟主義」、「物質刺激」，不漲工資，取消獎金，「順」一點「公物」，不失為自我補償、救濟。用了文革中流行的「大批判」話語，此之謂「反其道而行之」。但這種逆行是破壞性的，破壞的種子就埋藏在「無私」、「滅私」的極端道德化的水土中。一旦遭遇另一種空氣、濕度，頓時萌生以至瘋長，潰敗到不可收拾。由「滅私」，到直截了當地將「公物」、「國有財產」據為己有，其間幾無過渡。回頭想起上個世紀五六十年代流行的兒歌，「我在馬路邊揀到一分錢，送到警察叔叔手裏邊」，「路邊有個螺絲帽……」，你不能不驚歎短時間內世風之轉移。當着盜賣窨井蓋成風，一分錢和螺絲帽的故事不能不令人失笑。

「社會成本」在所不計——甚至沒有所謂「社會成本」的概念——亦1950-70年代政治文化的特點之一。看得見的可計量的損失尚且無可以據信的統計，何況看不見的、不能體現為數字的「成本」！政治舉措、行為、設施之於社會風氣、普遍心性、社會道德面貌的影響，關係子孫後代，豈能不計！極端的道德化引發的反彈，對於社會倫理的破壞，是文革後尤其1990年代後「社會潰敗」、「道德失守」的遠緣——倘若將無序的「市場化」視為近緣的話。公私界域的損毀，成為文革後的社會治理的難題，亦屬「『文革』遺留問題」，至今並未得到解決。

有必要細細地清理1954、1975、1982年憲法與私人財物、私有產權有關的表述及其變遷。公權、私權互為依存。抹殺私權，公權亦將失據。侵犯私域、劫掠私人財產，與破壞、佔有公物，看起來更像是一體兩面。有必要追問，一個不尊重私域、任意侵奪私人財物的社會，有沒有可能培養「愛護公共財物」的「公民道德」？[93]

93　1957年「反右」前的「鳴放」中，高校學生有較為「尖端」的言論，即如「共產黨的經費不能從國家經費中開支」（參看沈志華《從知識分子會議到反右派運動》頁588），於今讀來確屬駭人之論。1948年12月11日《中央關於處理礦產與城市房地產政策問題給中原局的指示》中就曾有如下表述：「中央決定不要

　　徐曉主編的《民間書信》中一封寫於1973年的信，討論公私問題，說勞動者「是最樸素的唯物主義者，他們從來不認為自己是大公無私的，也從來不把自身的利益與社會割裂開來（自覺或不自覺地），也從來不會產生那種看似革命實則荒謬的大公無私的想法」，「他們以社會的『公』對他們的『私』的態度如何來自然調節其積極性」（頁226）。這應當得自知青對於勞動者切近的觀察。寫該信者認為「大公無私」的高調「看似革命實則荒謬」。文革破壞了公私間的平衡；而「『公』字在『私』名下的破產，是私要求本身權力的勝利和反抗」（同上）。該信作者認為，使社會的人「為自己也為社會創造財富，就必須保證社會的每一個人都是在自己的條件下、地位下各盡其能，而且按其所盡之能取得其一定的報酬，這樣人們的積極性才會調動起來」（頁227）。與蕭瑞怡、「李一哲」的思路有不謀之合。收入同書的另一封信，也應針對「大公無私」的意識形態宣傳，認為車爾尼雪夫斯基《怎麼辦》中描寫的兩個社會主義者的行動「頗有道理」，即「作為一個利己主義者，他首先想到的永遠是他自己，關於自己沒有什麼可想時才會想及別人」，「並自認為（按此處應當是寫信者認為）：這是在社會主義時代，一個社會主義者所必須具備的品質，除非到共產主義才會消失。」（頁278）不妨相信，上述思考為解構與公/私相關的「革命意識形態」預作了準備。

　　本書其他處寫到了文革後對珍視個體生命的意識的重建（或更是「新建」）。重建或曰新建的，也有關於個人權利的觀念，包括個人的隱私權，財產權，等等。重建（或曰新建）中的無窮曲折，不也可證文革尾聲之漫長，走出文革之難？[94]

　　將很多國有財產劃為黨產，將來黨的經費另想辦法解決。」（《中共中央文件選集（一九四八）》第十七冊，頁557–558）。此義不聞也久矣。國有財產、「黨產」不分，是否也方便了據所謂的「公產」為私產，成為官員貪腐的一部分根源？

94　1979年五屆人大通過的《刑法》，有保護社會主義社會的公共財產和私人所有的合法財產的內容。私人合法財產包括公民的合法收入、儲蓄、房屋和其他生

　　最後應當說，本章的公私二分，基於論述的需要；至於這種分析框架本身的問題，留待其他場合討論。實際生活中，尤其當代中國社會、個人生活中，公與私均不能截然二分，是不消說得的。

　　活資料，以及依法歸個人、家庭所有或使用的自留地、自留畜、自留樹等生產資料（蕭冬連《從撥亂反正到改革開放》頁184）。